Stephan Kirschnick

Der hinreichend qualifizierte Verstoß als Voraussetzung des unionsrechtlichen Staatshaftungsanspruchs

Stephan Kirschnick

Der hinreichend qualifizierte Verstoß als Voraussetzung des unionsrechtlichen Staatshaftungsanspruchs

Tectum Verlag

Stephan Kirschnick

Der hinreichend qualifizierte Verstoß als Voraussetzung des unionsrechtlichen Staatshaftungsanspruchs.

Zugl. Diss. Universität Osnabrück 2015
ISBN: 978-3-8288-3622-8

Druck und Bindung: CPI buchbücher.de, Birkach
Printed in Germany

Bibliografische Informationen der Deutschen Nationalbibliothek
Die Deutsche Nationalbibliothek verzeichnet diese Publikation in der Deutschen Nationalbibliografie; detaillierte bibliografische Angaben sind im Internet über http://dnb.ddb.de abrufbar.

Die vorliegende Arbeit wurde im Wintersemester 2014/2015 vom Fachbereich Rechtswissenschaften der Universität Osnabrück als Dissertation angenommen. Das Manuskript wurde im Oktober 2014 fertiggestellt.

Mein besonderer Dank gilt zunächst und zuvorderst meinem Doktorvater Herrn Prof. Dr. Oliver Dörr, LL.M. für sein entgegengebrachtes Vertrauen, die Anregung zu diesem Thema, seine Unterstützung und sein persönliches Engagement bei der Betreuung dieser Arbeit. Weiterer Dank gilt Herrn Prof. Dr. Bernd J. Hartmann, LL.M. für die Erstellung des Zweitgutachtens.

Dankend möchte ich auch die Teilnehmer der Doktorandenwerkstätten am Fachbereich Rechtswissenschaften erwähnen. Der kollegiale Austausch mit den Doktoranden, die hilfreichen Kommentare der Professoren und die Möglichkeit, die gemeinsamen Probleme und Fragen in vertrauter Atmospähre zu erläutern, waren eine große Unterstützung auf dem Weg zur Vollendung dieses Werkes.

Berlin, im Juni 2015 Stephan Kirschnick

Inhaltsübersicht

Inhalt

Einleitung

23 Jahre ist es nunmehr her, dass der EuGH mit der Leitentscheidung *Francovich*[1] den Grundsatz der unionsrechtlichen Staatshaftung aufgestellt hat. Mit den nachfolgenden Entscheidungen, genannt seien insbesondere *Brasserie du Pêcheur, Hedley Lomas, Dillenkofer* und *Köbler*[2] hat der EuGH den Grundsatz gefestigt und die wesentlichen Eckpunkte präzisiert. Existenz, zentrale Voraussetzungen und Rechtsfolgen des Haftungsanspruchs gelten (nach anfänglicher Skepsis[3]) als allgemein anerkannt und waren, zusammen mit den Auswirkungen dieser Rechtsprechungslinie auf das deutsche, stark kasuistisch geprägte Staatshaftungsrecht bereits vielfach Gegenstand wissenschaftlicher Untersuchungen[4].

Betrachtet man die Haftungsrechtsprechung des EuGH, die dazugehörige nationale Judikatur und die entsprechende wissenschaftliche Literatur jedoch genauer, kommen Zweifel auf, inwieweit auch die Details allgemein anerkannt sind. Das gilt insbesondere für das Tatbestandsmerkmal des hinreichend qualifizierten Verstoßes. Die Voraussetzung, ein Unionsrechtsverstoß sei nur dann haftungsbegründend, wenn er „hinreichend qualifiziert" ist, stellt der EuGH erstmals mit der Entscheidung

---

1 EuGH 19.11.1991, Rs. C-9/90 u. 9/90, *Francovich*, Slg. 1991, 5357.

2 EuGH 05.03.1996, verb. Rs C-46/93 u. C-48/93, *Brasserie du Pêcheur/Factortame III*, Slg. 1996, I-1029; EuGH 23.05.1996, Rs. C-5/94, *Hedley Lomas*, Slg. 1996, I-2553; EuGH 08.10.1996, Rs. C-178/94, C-179/94 u. C-188/94 bis C-190/94, *Dillenkofer*, Slg. 1996, I-4845; EuGH 30.09.2003 Rs. C-224/01, *Köbler*, Slg. 2003, I-10239.

3 Nachweise bei *Tomuschat*, in: FS Everling, S. 1585 (1586).

4 Vgl. nur die Dissertationen dazu, u.a: *Albers*, Die Haftung der Bundesrepublik Deutschland für die Nichtumsetzung von EG-Richtlinien; *Cornils*, Der gemeinschaftsrechtliche Staathaftungsanspruch; *Henrichs*, Haftung der EG-Mitgliedstaaten für Verletzung von Gemeinschaftsrecht; *Wehlau*, Die Rechtsprechung des Gerichtshofes der Europäischen Gemeinschaft zur Staatshaftung der Mitgliedstaaten nach Gemeinschaftsrecht; *Geiger*, Der gemeinschaftsrechtliche Grundsatz der Staatshaftung; *Wolf*, Die Staatshaftung der Bundesrepublik Deutschland und der Französischen Republik für Verstöße gegen das Gemeinschaftsrecht (EGV); *Beljin*, Staatshaftung im Europarecht; *Bertelmann*, Die Europäisierung des Staatshaftungsrechts; *Tietjen*, Das System des gemeinschaftsrechtlichen Staatshaftungsrechts; *Zantis*, Das Richterspruchprivileg in nationaler und gemeinschaftsrechtlicher Hinsicht.

Brasserie du Pêcheur auf[5]. Obwohl die Formulierung der *Schöppenstedt*-Formel zur Unionshaftung entnommen wurde[6], verursachen Auslegung und Anwendung vielfach praktische Probleme. Das konkrete Prüfmuster gilt als „alles andere als ausgegoren"[7] und noch „keine klaren Konturen" besitzend[8], der hinreichend qualifizierter Verstoß als „problematisches Kriterium"[9] und „Crux"[10]. Begründen lässt sich die mangelnde Konkretisierung unter anderem damit, dass Tatbestand und Rechtsfolge des unionsrechtlichen Staatshaftungsanspruchs nicht kodifiziert sind; der Rechtsschöpfung und -fortbildung durch den EuGH kommt damit erhebliche Bedeutung zu. Anwendungsbereich, Konturen und Bedeutung der Formel vom hinreichend qualifizierten Verstoß haben jedoch in den letzten Jahren erhebliche Änderungen durch die Rechtsprechung des Gerichtshofs erfahren.

Trotz der beschriebenen Unklarheiten, kommt dem Tatbestandsmerkmal eine zentrale Bedeutung für Erfolg oder Misserfolg von auf die *Francovich*-Rechtsprechung gestützten Staatshaftungsverfahren zu. Die Frage der Qualifikation des Verstoßes spielt in einer Vielzahl von Fällen die entscheidende Rolle[11]. Es kann daher auch als „Nadelöhr" des Haftungsanspruchs bezeichnet werden. Am Merkmal des hinreichend qualifizierten Verstoßes entscheidet sich damit auch der Ausgleich zwischen öffentlichen und privaten Interessen. An ihm lässt sich festmachen, in welchem Verhältnis insbesondere Rechtsschutzinteressen des Einzelnen

---

5 EuGH 05.03.1996, verb. Rs C-46/93 u. C-48/93, *Brasserie du Pêcheur/Factortame III*, Slg. 1996, I-1029, Rn. 51, 55ff.

6 Zu Auslegungsschwierigkeiten bereits im Rahmen der Unionshaftung *Fuß*, Zur Rechtsprechung des Europäischen Gerichtshofs über die Gemeinschaftshaftung für rechtswidrige Verordnungen, in: Kipp/Mayer/Steinkamm [Hrsg.], FS v.d. Heydte, S. 173f.

7 *Hakenburg*, DRiZ 2004, 113 (117).

8 *Frenz/Götzkes*, EuR 2009, 622 (630f.).

9 *Streinz*, EuZW 1996, 201 (203).

10 *Ossenbühl/Cornils*, Staatshaftungsrecht, S. 607.

11 U.a. EuGH 08.10.1996, verb. Rs C-178/94, C-179/94, C-188/94, C-189/94 u. C-190/94, *Dillenkofer*, Slg. 1996, I-4845; EuGH 17.10.1996, verb. Rs. C- 283/94, C-291/94 u. C-292/94, *Denkavit*, Slg. 1996, I-5063 EuGH 01.06.1999, Rs. C-302/97, *Konle*, Slg. 1999, I-3099; EuGH 04.07.2000, Rs C-424/97, *Haim*, Slg. 2000, I- 5123; LG Bremen, 27.12.2007 , Az. 1 O 2375/06, *Trikot-Werbung*; EuGH 16.08.2008, Rs. C-452/06, *Synthon*, Slg. 2008, I-7681; LG Berlin, 11.02.2009, Az. 23 O 44/08, *Anlegerentschädigungs-RL („Phoenix")*; BGH 22.01.2009, Az. III ZR 233/07, *Verpackungsverordnung*, NJW 2009, 2534; BGH, 11.09.2008, Az. III ZR 212/07, *Führerscheintourismus*, NJW 2008, 3558.

und Interessen des Mitgliedstaates zueinander stehen. Die genauen Konturen der Verstoßqualifikation begrenzen oder erweitern eine mögliche gerichtliche Kontrolle im Rahmen des unionsrechtlichen Haftungsanspruchs.

Aufbauend auf einer Darstellung und Analyse der Grundlagen, zentralen Voraussetzungen und Rechtsfolgen des Haftungsanspruchs, den Grundprinzipien zur innerstaatlichen Wirkung des Unionsrechts und des Individualrechtsschutzes soll die Dissertation daher die europäische Rechtsprechung zum hinreichend qualifizierten Verstoß analysieren. Ziel sind einheitliche Konturen für die Prüfung der Verstoßqualifikation - Ausgangspunkt ist der vom EuGH angeführte Kriterienkatalog und die ergangene Rechtsprechung. Die Dissertation soll zudem dazu dienen, den unionsrechtlichen Haftungsanspruch in die Systematik der Haftungsansprüche einzuordnen. Schließlich und abschließend sollen die Gründe untersucht und hinterfragt werden, die dafür sprechen, am Erfordernis des hinreichend qualifizierten Verstoß auch zukünftig festzuhalten. Diese sind den Gründen, die für eine reine Unrechtshaftung sprechen gegenüberzustellen.

KAPITEL I: Grundlagen

I. Grundprinzipien zur innerstaatlichen Wirkung des Unionsrechts

Die unmittelbare Wirkung des Unionsrechts und dessen Vorrang beschreiben das Verhältnis von Unionsrecht und nationalem Recht und bilden so die wesentlichen Grundlagen der Europäischen Union als einheitlicher Rechtsgemeinschaft. Ihre Regelungen gelten aufgrund der unmittelbaren Wirkung einheitlich in allen Mitgliedstaaten und genießen im Kollisionsfall Anwendungsvorrang vor jeglichem nationalen Recht. Die unionsrechtliche Staatshaftung fußt auf diesem Verhältnis und sichert es gleichsam ab. Die unionsrechtlichen Anforderungen an einen Staatshaftungsanspruch für mitgliedstaatliche Verstöße gegen Unionsrecht gelten in allen Mitgliedstaaten einheitlich und vorrangig vor etwaigen nationalen Regelungen. Zudem bietet der Staatshaftungsanspruch einen Ausgleich, wenn der Anwendungsvorrang nicht beachtet wird oder Vertrauensschutz des Einzelnen einer unmittelbaren Wirkung entgegensteht.

1. Unmittelbare Wirkung des Unionsrechts

Mit der Entscheidung in der Rechtssache *Van Gend & Loos* wurde vom Europäischen Gerichtshof die unmittelbare Wirkung des Unionsrechts erstmals benannt[12]. In dem Rechtsstreit um die zollrechtliche Behandlung des in die Niederlande eingeführten Harnstoff-Formaldehyds entschied der Gerichtshof, dass das Unionsrecht nicht nur Pflichten für die Mitgliedstaaten, sondern auch Rechte für die einzelnen Marktbürger begründet. Der EuGH stellte klar: Das Unionsrecht ist kein rein völkerrechtliches Staatenabkommen, welches nur wechselseitige Verpflichtungen zwischen den Mitgliedstaaten begründet, sondern Rechtssubjekte des Unionsrechts sind auch die Marktbürger[13]. Der EuGH erläuterte damit zum einen die unmittelbare Geltung des Unionsrechts in den Mit-

---

12 EuGH 05.02.1963, Rs. 26-62, *Van Gend und Loos*, Slg. 1963, 1.

13 *Hirsch*, ZGR 2002, 1 (15).

gliedstaaten[14]. Darauf aufbauend führte er zugleich aus, dass einzelne Normen auch unmittelbar wirksam bzw. anwendbar sein können[15].

a. Prinzip der unmittelbaren Wirkung

Das Unionsrecht insgesamt, einschließlich des daraus abgeleiteten Sekundär- und Tertiärrechts[16], ist ohne Transformationsakt eigenständiger Teil der innerstaatlichen Rechtsordnungen. Einzelne unionsrechtliche Normen können unmittelbar wirksam sein und in diesem Sinne für eine (richterliche) Entscheidung herangezogen werden[17]. Voraussetzung für die unmittelbare Wirksamkeit ist, dass die Normen abschließend und

---

14 Geltung bedeutet nach der allgemeinen Rechtslehre, dass Bürger, Exekutive und Judikative die Norm zu beachten haben; dazu: *Klein*, Vorträge, Reden und Berichte aus dem Europa-Institut; *Rüthers*, Rechtstheorie, S. 233ff; *Frenz*, Handbuch Europarecht, Bd. 5, Rn. 1ff; *Szczeponek*, Die Umsetzung des Völkerrechts und des europäischen Gemeinschaftsrechts in Polen, S. 72, 105ff; *Röhl/Röhl*, Allgemeine Rechtslehre, S. 311; ebenso: EuGH 09.03.1978, Rs. 106-77, *Simmenthal*, Slg. 1978, 629, Rn. 14/16; zu den verschiedenen dogmatischen Erklärungen der Geltung: *Baumann*, Die Rechtsprechung des EuGH zum Vorrang von Gemeinschaftsrecht vor mitgliedstaatlichen Verwaltungsakten und Gerichtsurteilen, 2010, 9ff.

15 Zur hier vorgenommenen Unterscheidung zwischen Geltung und unmittelbarer Wirkung auch: *Winter*, CMLRev. 1972, 425; *GA Warner*, Schlussanträge zu EuGH, Rs. 31/74, *Galli*, Slg. 1975, 6 (70); *Pescatore*, ELRev, 1983, 155 (164); *Oldenbourg*, Die unmittelbare Wirkung von EG-Richtlinien im innerstaatlichen Bereich, S. 14ff; *Schaefer*, Die unmittelbare Wirkung des Verbots der nichttarifären Handelshemmnisse S. 6ff; *Bach*, JZ 1990, 1108 (1110); *Klein*, Vorträge, Reden und Berichte aus dem Europa-Institut; *Schroeder/Selmayr*, JZ 1998, 344 (345); *Wegener*, Rechte des Einzelnen, S. 126f; *Borchardt*, Die rechtlichen Grundlagen der Europäischen Union, 95; *Schroeder*, in: Streinz, EUV/AEUV, 2012, Art. 288 Rn. 37ff; a.A: *Prokopf*, Das gemeinschaftsrechtliche Rechtsinstrument der Richtlinie, S. 88ff, m.w.N.; zur uneinheitlichen Verwendung der Begriffe in einem EuGH-Urteile (deutsche Fassung): EuGH 10.02.2000, Rs. C-50/96, *Deutsche Telekom AG/ Schröder*, Slg. 2000, I-774, Rn. 31-33; EuGH 10.02.2000, verb. Rs. C-234/96 und C-235/96, *Deutsche Telekom AG / Vick u.a.*, Slg. I-803, Rn. 33-35; EuGH 02.03.1999, C-416/96, *El-Yassini*, Slg. 1999, I-1209, Rn. 25, 32.

16 Ständige Rechtsprechung seit: EuGH 06.10.1970, Rs. 9/70, *Grad/Finanzamt Traunstein*, Slg. 1970, 825, Rn. 5.

17 Für eine grundsätzliche Vermutung für die unmittelbare Wirkung der Normen des Unionsrechts: *Jarass/Beljin* JZ 2003, 768 (769); *Wolfahrt*, ZaöRV 2010, 523 (537); hingegen den Ausnahmecharakter der unmittelbaren Wirkung von Richtlinien betonend: *Sydow*, JZ 2009, 373 (375); *Schroeder*, in: Streinz, EUV/AEUV, 2012, Art. 288, Rn. 106.

vollständig[18], folglich rechtlich vollkommen sind und daher zu ihrer Anwendbarkeit keiner weiteren Ausführungsakte bedürfen[19]. Insbesondere auch wegen der Menge der Fälle, bei denen eine unmittelbare Wirkung praktisch relevant ist, unterscheidet sich die Unionsrechtsordnung dadurch wesentlich von gewöhnlichen internationalen Organisationen sowie dem Völkerrecht und begründet ihren supranationalen Charakter[20].

Die Frage, wann sich der Einzelne auf unmittelbar wirksame Normen, insbesondere auf nicht umgesetzte Richtlinien direkt gegenüber den Gerichten und Behörden der Mitgliedstaaten und der Union berufen kann, ist noch immer umstritten. Die lange Zeit überwiegend in der deutschen Literatur vertretene Ansicht hat die für den Einzelnen begünstigende Wirkung zur Voraussetzung der Anwendungsfähigkeit der Norm erklärt, so dass dann stets auch eine Berufungsmöglichkeit gegeben sei[21]. Nach anderer Ansicht ist die unmittelbare Wirkung zwar nicht von subjektiven Voraussetzungen abhängig, liegen die objektiven Voraussetzungen jedoch vor, so sei als Folge stets auch eine Berufungsmöglichkeit des Einzelnen gegeben, der damit einen generellen Normvollziehungs-

---

18 In jüngerer Rechtsprechung ist stets von „inhaltlich unbedingt" und „hinreichend genau" die Rede: EuGH 27.06.1989, Rs. 50/88, *Kühne*, Slg. 1989, 1925, Rn. 23ff; EuGH 22.06.1989, Rs. 103/88, *Fratelli Costanzo*, Slg. 1989, 1839, Rn. 30; EuGH 23.02.1994, *Cava*, C-236/92, Slg. 1994, I-483, Rn. 9; EuGH 04.03.1999, Rs. C-258/97, *Hospital Ingenieure*, Slg. 1999, I-1405, Rn. 34; EuGH 10.09.2002, Rs. C-141/00, *Ambulanter Pflegedienst Kügler*, Slg. 2002, I-6833, Rn. 51; EuGH 12.07.2012, verb. Rs. C-55/11, C-57/11 und C-58/11, *Vodafone España*, noch nicht in der amtlichen Sammlung veröffentlicht, Rn. 37; EuGH 15.01.2014, Rs. C-176/12, *Association de médiation sociale*, noch nicht in der amtlichen Sammlung veröffentlicht, Rn. 45f.

19 *Eilmansberger*, Rechtsfolgen und subjektives Recht im Gemeinschaftsrecht, S. 186; *Dörr/Lenz*, Europäischer Verwaltungsrechtsschutz, S. 105f; *Herdegen*, Europarecht, § 8 Rn. 13.

20 *Nettesheim* in: Oppermann/Classen/Nettesheim, 2009 (neu: 2011), § 10 Rn. 20; zum Durchgriff des Völkerrechts auf nationales Recht im menschenrechtlichen Bereich: *Steiger*, in: Völkerrecht im innerstaatlichen Bereich, S. 129 ff.

21 *Winter*, NuR 1989, 197 (204); *Pernice*, NVwZ 1990, 424; *Winter*, DVBl 1991, 657 (659); *Pieper*, NJW 1992, 2454 (2457); *Papier*, DVBl 1993, 809; *Haneklaus*, DVBl 1993, 129 (132); *Schmidt-Preuß*, DVBl 1995, 485 (494f.); *Calliess*, NVwZ 1996, 339 (340); *Gellermann*, DÖV 1996, 433 (438); *Pühs*, Vollzug des Gemeinschaftsrecht, S. 378; *Böhm*, ZUR 2002, 6 (7); *Brenn*, ÖJZ 2005, 41 (44); in diese Richtungen auch die Betonung der Berufungsmöglichkeit des Einzelnen durch den EuGH: EuGH 19.01.1982, Rs. 8/81, *Becker*, Slg. 1982, 53, Rn. 22; EuGH 24.10.1996, Rs. C-72/95, *Kraaijeveld*, Rn. 56.

anspruch besitze[22]. Die mittlerweile wohl nach Anhängern führende Ansicht unterscheidet hingegen zwischen einer objektiven und einer subjektiven unmittelbaren Wirkung[23]. Nur die subjektive Wirkung und damit Berufungsmöglichkeit verlange eine Norm, die subjektiv geprägt ist. Die objektive unmittelbare Wirkung sei auch ohne Individualbezug gegeben und mache strukturell geeignete Normen[24] zum Maßstab für Rechtsetzung und Rechtsanwendung. Die letztgenannte Ansicht kann sich auf die jüngere Rechtsprechung des EUGH, insbesondere die Entscheidungen *Großkrotzenburg*[25] stützen. Der EuGH hatte die unmittelbare Verpflichtung aus der nicht umgesetzten UVP-Richtlinie[26] zur Durchführung einer Umweltverträglichkeitsprüfung für das Wärmekraftwerk bejaht, ohne dass es nach seiner Ansicht in diesem Vertragsverletzungsverfahren für die unmittelbare Wirkung der Richtlinie auf die Einräumung

---

22 *Klein*, Vorträge, Reden und Berichte aus dem Europa-Institut, S. 20; *Breuer*, Entwicklungen des europäischen Umweltrechts, S. 15; *v. Dannwitz*, Verwaltungsrechtliches System und europäische Integration, S. 246; *Scherzberg*, in: Erichsen/Ehlers [Hrsg.], Allgemeines Verwaltungsrecht, S. 408; *Ohler*, in: Hummer [Hrsg.], Neueste Entwicklungen im Zusammenspiel von EU-Recht und nationalem Recht der Mitgliedstaaten, S. 171.

23 *Grabitz*, EuR 1971, 1 (22); *Bach*, JZ 1990, 1108 (1111ff); *Huber*, EuR 1991, 31 (36); *Langenfeld*, DÖV 1992, 955 (957); *Pechstein*, EWS 1996, 261; *Epiney*, DVBl 1996, 409; *Eilmansberger*, Rechtsfolgen und subjektives Recht im Gemeinschaftsrecht, S. 209; *Triantafyllou*, DÖV 1997, 192 (195); *Wegener*, Rechte des Einzelnen, S. 130f; *Ruffert*, DVBl 1998, 70f; *Nettesheim*, Die mitgliedstaatliche Durchführung von EG-Richtlinien, S. 83; *Klagian*, ZÖR 2001, 305 (348); *Gellermann*, in: Rengeling/Middeke/Gellermann [Hrsg.], Handbuch des Rechtsschutzes in der EU, § 33, Rn. 30; *Jarass/Beljin* JZ 2003, 768 (771); *Hartisch*, Die unmittelbare Wirkung von Richtlinien in dreipoligen Rechtsbeziehungen, S. 51; *Fisahn/Mushoff*, EuR 2005, 222 (224f.); *Dörr/Lenz*, Europäischer Verwaltungsrechtsschutz, S. 105f.; *Sydow*, JZ 2009, 373 (376); *Sagmeister*, ZEuS 2011, 1 (20); *Palm*, GewArch 2011, 424 (426); *Schroeder*, in: Streinz, EUV/AEUV, 2012, Art 288 Rn. 51; *Bievert*, in: Schwarze [Hrsg.], EU-Kommentar, 2012, Art. 288 AEUV, Rn. 31.

24 Auch „subsumstionsfähige" Normen: *Schroeder*, in: Streinz, EUV/AEUV, 2012, Art. 288 Rn. 48 oder „Vollzugsfähigkeit": *Dörr/Lenz*, Europäischer Verwaltungsrechtsschutz, S. 105, oder „anwendungsfähig": *Götze*, Vorläufiger Rechtsschutz im deutschen Verwaltungsprozess im Wirkfeld von EG-Richtlinien, S. 137.

25 EuGH 11.08.1995, Rs. C-431/92, *Großkrotzenburg*, Slg. 1995, I-2189; ebenso zur unmittelbaren Wirkung der UVP-Richtlinie: EuGH 24.10.1995, Rs. C-72/95, *Kraaijeveld*, Slg. 1996, I-5403, Rn. 54ff; EuGH 16.09.1999, Rs. C-435/97, *WWF*, Slg. 1999, I-5613, Rn. 68ff; EuGH 07.01.2004, Rs. C-201/02, *Delena Wells*, Slg. 2004, I-723, Rn. 54ff.

26 Richtlinie 85/337/EWG über die Umweltverträglichkeitsprüfung (UVP-Richtlinie) bei bestimmten öffentlichen und privaten Projekten, ABlEG 1985 Nr. L 175, S. 40.

von Individualrechten ankam[27]. Die Berufungsmöglichkeit, der Unterschied folglich zwischen objektiver und subjektiver Wirkung, ist damit als Frage des Rechtsschutzsystems und somit der prozessualen Einklagbarkeit einzuordnen[28].

Diese grundsätzliche Unterscheidung zwischen objektiver und subjektiver Wirkung kann zunächst als Ausschluss von Popularklagen angesehen werden, stellt jedoch unweigerlich die Frage nach der für die Berufungsmöglichkeit notwendigen Qualität des Individualbezuges. Virulent wurde diese Frage unter anderem dann in Bezug auf mitgliedstaatliche Notifizierungspflichten. Während der EuGH eine Berufungsmöglichkeit des Einzelnen auf die unterbliebene Information der Kommission durch den Mitgliedstaat über technische Normen angenommen hat[29], verneinte er eine Berufungsmöglichkeit wegen fehlenden Individualbezugs, wenn die Mitgliedstaaten die Kommission nicht über die Verbringung von Abfällen entgegen ihrer Abfallbewirtschaftungspläne unterrichteten[30]. Zur Abgrenzung werden verschiedenen Theorien vertreten: Die Schutznormtheorie nach deutschem Vorbild[31], eine am Schutz qualifizierter Interessen orientierte Theorie[32] oder eine lediglich auf die faktische Betroffenheit abstellende Meinung[33]. Unabhängig davon, welcher Theorie zu folgen sein mag, soll an dieser Stelle der Verweis auf die Existenz der sub-

27 Vgl. auch die Wiedergabe der diesbezüglichen deutschen Argumentation in: EuGH 11.08.1995, Rs. C-431/92, *Großkrotzenburg*, Slg. 1995, I-2189, Rn. 24.

28 Ebenso: *Wegener*, Rechte des Einzelnen, S. 126f; *Sagmeister*, ZEuS 2011, 1 (22).

29 EuGH 30.04.1996, C-194/94, *CIA Security International*, Slg. 1996, I-2201, Rn. 6f, 12-17, 54; EuGH 26.09.2000, Rs. C-443/98, *Unilever*, Slg. 2000, I-7535, Rn. 50; EuGH 06.06.2002, Rs. C-159/00, *Sapod Audic*, Slg. 2002, I-5031, Rn. 49ff; Art. 8 der Richtlinie 83/189/EWG vom 28. März 1983 über ein Informationsverfahren auf dem Gebiet der Normen und technischen Vorschriften (ABl. L 109, S. 8) in der Fassung der Richtlinie 94/10/EG vom 23. März 1994 zur zweiten wesentlichen Änderung der Richtlinie 83/189 (ABl. L 100, S. 30).

30 EuGH 13.07.1989, Rs. 380/87, *Enichem Base*, Slg. 1989, 2491, Rn. 23f; EuGH 23.05.2000, Rs. C-209/98, *Sydhavens Sten & Grus*, Slg. 2000, I-4269, Rn. 96ff; Art. 7 Abs. 3 der Richtlinie 91/156/EWG des Rates vom 18. März 1991 zur Änderung der Richtlinie 75/442/EWG über Abfälle (ABl L 78, 26.03.1991, S. 32).

31 *Triantafyllou*, DÖV 1992, 564 (569); *Triantafyllou*, DÖV 1997, 192 (195f); *Stern*, JuS 1998, 769 (771); wenn auch für eine weniger strenge Prüfung der Voraussetzungen: *Jarass*, NJW 1991, 2665 (2667); *Frenz*, DVBl 1995, 408 (412).

32 *Winter*, NuR 1991, 453 (455); *Fischer*, EuZW 1992, 41 (43); *Hailbronner*, JZ 1992, 284 (288); *Nettesheim*, Die mitgliedstaatliche Durchführung von EG-Richtlinien, S. 93.

33 *Calliess*, NVwZ 1996, 339 (340).

jektiven unmittelbaren Wirkung genügen[34]. Der Einzelne kann sich auf bestimmte Bestimmungen des Unionsrechts berufen. Er wird persönlich in die Rechtsordnung einbezogen und ist Subjekt der Unionsrechtsordnung.

Für die Mitgliedstaaten folgt daraus, dass sie nicht nur gegenüber den anderen Mitgliedstaaten, ihren Vertragspartnern, sondern auch gegenüber den Unionsbürgern verpflichtet sind, die Vorgaben des Unionsrechts einzuhalten. Begründet wird dies mit der Eigenständigkeit des Unionsrechts[35] und dem teleologisch hergeleiteten Prinzip der Sicherung der Funktionsfähigkeit der Union[36]. Der EuGH führt in der Entscheidung *Van Gend & Loos* zum zweitgenannten aus, dass die „[d]ie Wachsamkeit der an der Wahrung ihrer Rechte interessierten Einzelnen [...] eine wirksame Kontrolle dar[-stellt]“[37]. Damit wurde der Bürger zur Durchsetzung des Unionsrechts funktionalisiert bzw. mediatisiert und neben der Kommission zum Garanten für die dezentrale Durchsetzung des Unionsrechts[38]. Die Einbeziehung Privater in den Kreis derer, denen gegenüber die Verpflichtungen des Unionsrechts zu erfüllen sind, stellt die Grundlage des Staatshaftungsgrundsatzes dar. Nur dadurch, dass die Mitgliedstaaten zur Einhaltung der unionsrechtlichen Vorgaben auch gegenüber den Bürgern verpflichtet sind, kommt eine haftungsrechtliche Einstandspflicht ihnen gegenüber in Betracht[39]. Diese Verbindung macht auch die Verweisung in der Entscheidung *Francovich* auf die Rechtssache *Van Gend & Loos* deutlich[40].

b. Die unmittelbare Wirkung von Richtlinien

Unionsrecht aller normativen Ebenen kann unmittelbar wirksam sein[41]. Teilweise lässt sich diese Wirkung aus der Norm selbst entnehmen[42],

---

34 Vgl. zur Frage des subjektiven Rechts unter: B. II. 1.

35 EuGH 05.02.1963, Rs. 26-62, *Van Gend und Loos,* Slg. 1963, 1, S. 24.

36 *Ehlers,* in: Schulze/Zuleeg/Kadelbach [Hrsg.], Europarecht, 2010, § 11, Rn. 12.

37 EuGH, 05.02.1963, Rs. 26-62 *Van Gend & Loos,* Slg. 1963, 1 Rn. 26.

38 *Calliess,* EuR Beiheft 1/2007, 7 (11); vgl. dazu auch: *Masing,* Die Mobilisierung des Bürgers für die Durchsetzung des Rechts; kritisch zur Begründung mittels Mobilisierung: *Classen,* VerwArch 1997, 645 (677); ausführlich unter: B. II. 1.

39 *Tomuschat,* in: FS Everling, S. 1585 (1596).

40 EuGH 19.11.1991, Rs. C-6/90 u. 9/90, *Francovich,* Slg. 1991, 5357, Rn. 31; zur Bezugnahme auf die Entscheidung Van Gend & Loos auch: *Cornils,* Der gemeinschaftsrechtliche Staathaftungsanspruch, S. 143.

41 Für staatengerichtete Entscheidungen: EuGH 06.10.1970, Rs. 9/70, *Grad/Finanzamt Traunstein,* Slg. 1970, 825.

teilweise ergibt sie sich erst aus der Auslegung durch den EuGH. Von besonderer Bedeutung für den unionsrechtlichen Staatshaftungsanspruch und folglich damit eng verbunden ist die Rechtsprechung zur unmittelbaren Wirkung von Richtlinien[43]. Die unterlassene Richtlinienumsetzung war Anlass für den EuGH, den Staatshaftungsanspruch zu begründen. Zudem wohnt sowohl der Rechtsprechung zur unmittelbaren Wirkung von Richtlinien als zum unionsrechtlichen Staatshaftungsanspruch ein den Mitgliedstaat sanktionierendes Moment inne.

aa. Grundsatz der unmittelbaren Wirkung von Richtlinien

Obschon nach Art. 288 Abs. 3 AEUV die Richtlinie - anders als Verordnungen nach Abs. 2 - für ihre unmittelbare Wirkung grundsätzlich der Umsetzung durch den Mitgliedstaat bedarf und nur die Mitgliedstaaten bindet und verpflichtet[44], entschied der EuGH bereits frühzeitig, dass sich der Einzelne auch auf nicht umgesetzte Richtlinienbestimmungen gegenüber dem Staat berufen kann, wenn diese unbedingt und hinreichend bestimmt sind und die Umsetzungsfrist abgelaufen ist[45]. Ungeachtet des Wortlauts ist diese Wirkung heute anerkannt[46]. Sie beruht auf der Prämisse, dass es dem Mitgliedstaat, der zur fristgerechten Umsetzung der Richtlinie verpflichtet ist, verwehrt sei, sich gegenüber dem Unionsbürger auf die fehlende Implementierung zu berufen (Estoppel-Prinzip)[47]. Ferner wäre die einheitliche Wirksamkeit des Unionsrechts gefährdet, wenn die Mitgliedstaaten gegen die Umsetzungspflicht ver-

---

42 Wie beispielsweise der sich direkt an Unternehmen wendende Art. 101 AEUV.

43 *Ukrow*, NJW 1994, 2469.

44 *Nettesheim*, in: Grabitz/Hilf/Nettesheim, 2012, Art. 288 AEUV, Rn 104.

45 EuGH 04.12.1974, Rs. 41-74, *Van Duyn*, Slg. 1974, 1337; EuGH 05.04.1979, Rs.148-78, *Ratti*, Slg. 1979, 1629; Seitdem ständige Rechtsprechung, vgl. nur: EuGH 19.01.1982, Rs. 8/81, *Becker*, Slg. 1982, 53, Rn. 20; EuGH 26.02.1986, Rs. 152/84, *Marshall*, Slg. 1986, 723, Rn. 46; EuGH 08.10.1987, Rs. 80/86, *Kolpinghuis Nijmegen*, Slg. 1987, 3969, Rn. 7; EuGH 25.07.1991, Rs. C-208/90, *Emmott*, Slg. 1991, I-4269, Rn. 20; EuGH 05.10.2004, verb. Rs. C-397/01 bis C-403/01, *Pfeiffer*, Slg. 2004, I-8835, Rn. 103; EuGH 15.01.2014, Rs. C-176/12, *Association de médiation sociale*, noch nicht in der amtlichen Sammlung veröffentlicht, Rn. 31.

46 BVerfGE 75, 223 - *Kloppenburg-Beschluß*; auch der französische Conseil d'Etat hat sich von seiner zurückhaltenden „Cohn-Bendit-Rechtsprechung" abgewandt, vgl. dazu: *Classen*, EuR 2010, 557.

47 Erstmals betonte der EuGH die besondere Bedeutung des Estoppel-Prinzips in: EuGH 05.04.1979, Rs.148-78, *Ratti*, Slg. 1979, 1629; zur Argumentation des EuGH auch: *Ress*, JuS 1992, 985 (986); *Steiner*, ELR 1993, 3 (5).

stoßen könnten, ohne dass das Unionsrecht hierauf effektiv reagierte (effet-utile)[48].

Die unmittelbare Wirkung der Richtlinie ermöglicht es dem Unionsbürger - im Zusammenwirken mit dem Vorrang - dem Mitgliedstaat so gegenüberzutreten, als hätte dieser die Richtlinie ordnungsgemäß umgesetzt. Trotz Umsetzungsdefizits kommt der Einzelne so in den Genuss der Rechte aus der Richtlinie, wenn diese unbedingt und hinreichend bestimmt formuliert sind. Damit wird der Grundsatz der Sicherung der Funktionsfähigkeit der Union ebenso wie die Sicherung der Rechtspositionen des Einzelnen vorangetrieben. Beide Aspekte würden beeinträchtigt, wenn der Umsetzungsbefehl in der Richtlinie durch die Mitgliedstaaten folgenlos ignoriert werden könnte. Dem Prinzip der unmittelbaren Wirkung der Richtlinie wohnt folglich ein Sanktionscharakter inne[49], was für die unmittelbare Wirkung anderer Unionsrechtsbestimmungen nicht in gleicher Weise gilt.

bb. Voraussetzungen der unmittelbaren Wirkung von Richtlinien

Eine unmittelbare Wirkung ist erst nach Ablauf der Umsetzungsfrist möglich. Zudem muss die jeweilige Richtlinienbestimmung inhaltlich unbedingt und hinreichend genau sein[50]. Nach Art. 288 Abs. 3 AEUV ist es grundsätzlich den innerstaatlichen Stellen überlassen, Form und Mittel zu bestimmen, um das verbindlich vorgegebene Ziel zu erreichen. Hinreichende Genauigkeit ist daher nur gegeben, wenn eine Richtlinie bestimmt formulierte und eindeutige Verpflichtungen der Mitgliedstaaten aufstellt[51]. Stehen dem Mitgliedstaat bestimmte Optionen ausdrücklich zur Wahl, fehlt es an der Unbedingtheit[52]. Hat der Mitgliedstaat ein Gestaltungsspielraum hinsichtlich der materiellen Rechtsgestaltung, kommt eine unmittelbare Wirkung nur in Betracht, wenn der Richtlinie

---

48 *Nettesheim*, in: Grabitz/Hilf/Nettesheim, 2012, Art. 288 AEUV, Rn 137.

49 *Klein*, Unmittelbare Geltung, Anwendbarkeit und Wirkung von Europäischem Gemeinschaftsrecht, S. 24; *Spetzler*, RIW 1989, 362; *Ruffert*, in: Calliess/Ruffert, 2011, Art. 288 AEUV, Rn. 49; *Gellermann*, Beeinflussung des bundesdeutschen Rechts durch Richtlinien der EG, S. 165; ebenso: BVerfGE 75, 223 (241) - *Kloppenburg-Beschluß*.

50 Nicht auf die Richtlinie selbst ist abzustellen, vgl: EuGH 05.04.1979, Rs. 148-78, *Ratti*, Slg. 1979, 1629; EuGH 19.01.1982, Rs. 8/81, *Becker*, Slg. 1982, 53, Rn. 29.

51 EuGH 23.02.1994, *Cava*, C-236/92, Slg. 1994, I-483, Rn. 10.

52 EuGH 19.11.1991, Rs. C-6/90 u. 9/90, *Francovich*, Slg. 1991, 5357, Rn. 25.

ein justiziabler Mindeststandard entnommen werden kann[53]. Entscheidend ist folglich auf die Möglichkeit der gerichtlichen Kontrolle abzustellen. Mit Blick auf das im Einzelfall gewählte Rechtsschutzziel bietet sich folgende Differenzierung hinsichtlich der Justiziabilität an[54]: Begründet der Einzelnen seinen Anspruch mit einer Richtlinienbestimmung (positive unmittelbare Wirkung)[55], so muss sich das geltend gemachte Recht im Sinne eines Mindeststandards hinreichend klar aus der Richtlinie ergeben. Begehrt der Einzelne hingegen die Abwehr eines belastenden nationalen Rechtsaktes unter Berufung auf dessen Richtlinienwidrigkeit (negative unmittelbare Wirkung)[56], lassen einige Urteile des EuGH erkennen[57], dass lediglich die Grenzen des Gestaltungsspielraums heranzuziehen sind. Zwar lässt sich aus der Richtlinie kein Mindeststandard im Sinne eines Mindestrechts entnehmen, gleichwohl ist die Richtlinienbestimmung Prüfungsmaßstab für nationale Maßnahmen, die bei Überschreitung des Gestaltungsspielraums unangewendet blei-

---

53 Einen Mindeststandard bejahend: EuGH 19.11.1991, Rs. C-6/90 u. 9/90, *Francovich,* Slg. 1991, 5357, Rn.17; EuGH 14.07.1994, Rs. C-91/92 *Faccini Dori,* Slg. 1994, 3325, Rn. 17; EuGH 05.10.2004, Rs. C-397/01 bis C-403/01, *Pfeiffer,* Slg. 2004, I-8835, Rn. 105.

54 In diesem Sinne auch: *D. Degenhard,* Voraussetzungen und Folgen der unmittelbaren Wirkung von EG-Richtlinien, S. 47; *Claßen,* Nichtumsetzung von Gemeinschaftsrichtlinien, S. 69; *Schroeder,* in: Streinz, EUV/AEUV, 2012, Art. 340, Rn. 108; dagegen die Maßstabswirkung als eigenständige dogmatische Kategorie betrachtend: *Suerbaum,* Die Kompetenzverteilung beim Verwaltungsvollzug des Europäischen Gemeinschaftsrecht in Deutschland, S. 129; *Götze,* Vorläufiger Rechtsschutz im deutschen Verwaltungsprozess im Wirkfeld von EG-Richtlinien, S. 158.

55 Auch „substition-effect“ (Ersetzungsfunktion): *GA Léger,* Schlussanträge zu EuGH, Rs. C-287/98, *Linster,* Slg. 2000, I-6917, Rn. 57 m.w.N; *Tridimas,* Yearbook of European Law (21), 2001/2002, 327 (330); *Götze,* Vorläufiger Rechtsschutz im deutschen Verwaltungsprozess im Wirkfeld von EG-Richtlinien, S. 163.

56 Auch „exclusion-effect“ (Ausschlussfunktion): *GA Léger,* Schlussanträge zu EuGH, Rs. C-287/98, *Linster,* Slg. 2000, I-6917, Rn. 67ff; *v. Oettingen,* Effet utile und individuelle Rechte, S. 131f.

57 EuGH 01.02.1977, Rs. 51/76, *Verbond van Nederlandse Ondernemingen,* Slg. 1977, 113 Rn. 20ff; EuGH 24.10.1996, Rs. C-72/95, *Kraaijeveld,* Slg. 1996, I-5403, Rn. 59ff; EuGH 16.09.1999, Rs. C-435/97, *WWF,* Slg. 1999, I-5613, Rn. 68ff; EuGH 16.09.1999, Rs. C-435/97, *WWF,* Slg. 1999, I-5613, Rn. 68ff; EuGH 19.09.2000, Rs. C-287/98, *Linster,* Slg. 2000, I-6917, Rn. 37ff; EuGH 15.06.2000, Rs. C-365/98, *Brinkmann,* Slg. 2000, I-4619, Rn. 27ff.

ben müssen[58]. Im Falle der Abwehrkonstellation ist die strukturelle Eignung der Norm zur unmittelbaren Anwendbarkeit daher leichter zu bejahen, was zur Anwendung der Kollisionsregel des Vorrangs führt. Gleichwohl gilt diese Ausweitung nicht für die Anspruchskonstellation, in der die Richtlinie den Einzelnen begünstigt. Sie kann zudem nicht greifen, wenn Richtlinienbestimmungen die Wahl zwischen verschiedenen Optionen vorsehen.

cc. Grenzen der unmittelbaren Wirkung von Richtlinien

Die unmittelbare Wirkung von Richtlinien hat der EuGH an Fällen entwickelt, bei denen der Staat[59] Adressat der Verpflichtung aus der Richtlinie ist und der Einzelne Begünstigter (vertikale Wirkung). Passen die vorgenannten Begründungselemente auf diesen Fall und ist die Anwendung der unmittelbaren Wirkung insoweit unstreitig, gilt dies umgekehrt genauso für die entgegengesetzte Konstellation. Der Mitgliedstaat kann nicht selbst aus einer nicht umgesetzten Richtlinienbestimmung gegen den Bürger vorgehen (umgekehrt vertikale Wirkung), so dass es insbesondere keine strafrechtliche Verantwortlichkeit des Einzelnen unmittelbar aufgrund Richtlinienrechts geben kann[60]. Nicht ganz so eindeutig sind die Aussagen dann, wenn der Belastung Privater durch die unmittelbare Wirkung nicht unmittelbar eine Berechtigung des Staates gegenübersteht.

(1) Richtlinienwirkung im Horizontalverhältnis

Eine direkte Erstreckung der unmittelbaren Wirkung der Richtlinie auf das Verhältnis zwischen Privaten (unmittelbare horizontale Wirkung)

---

58 Dazu insgesamt: *Langenfeld*, DÖV 1992, 955; *Herrmann*, Richtlinienumsetzung durch die Rechtsprechung, S. 64ff.

59 Zum weiten Verständnis von „Staat“: EuGH 26.02.1986, Rs. 152/84, *Marshall*, Slg. 1986, 723, Rn. 49, 51; EuGH 12.07.1990, Rs. C-188/89, *Foster*, Slg. 1990, 3313, Rn. 20.

60 EuGH 11.06.1987 Rs. 14/86, *Pretore di Salò*, Slg. 1987, 2545, Rn. 19; EuGH 08.10.1987, Rs. 80/86, *Kolpinghuis Nijmegen*, Slg. 1987, 3969, Rn. 9; EuGH 13.11.1990, Rs. C-106/89, *Marleasing*, Slg. 1990, I-4135, Rn. 6; EuGH 26.09.1996, Rs. C-168/95, Slg. 1996, I-4705, Rn. 37; EuGH 03.05.2005, verb. Rs. C-387/02, C-391/02 und C-403/02, *Berlusconi u. a.*, Slg. 2005, I-3565, Rn. 74; Die Gewinnung von Beweismitteln ist von diesem Grundsatz nicht erfasst: EuGH 16.06.1998, Rs. C-226/97, *Lemmens*, Slg. 1998, I-3711, Rn. 34 (kein Abwehrrecht von Verkehrsteilnehmern gegen die Verwendung von Alkoholtest-Geräten, deren Normung nicht nach der Richtlinie gemeldet wurde).

hat der EUGH trotz Vorstößen von drei Generalanwälten[61] und Stimmen aus der Literatur[62] unter stetigem Verweis darauf, dass eine Richtlinie nicht selbst Verpflichtungen für Einzelne begründen kann, abgelehnt[63]. Obwohl damit dem Gedanken des effet-utile weiter gedient würde[64] und die Unterscheidung zwischen staatlichen und privaten Stellen unter Umständen zu Wertungswidersprüchen, etwa bei öffentlichen und privaten Arbeitgebern führen kann[65], hat der EuGH sich stets dagegen ausgesprochen[66].

Beachtung finden Richtlinien indes im Privatrechtsverkehr trotzdem: Über das Instrument der richtlinienkonformen Auslegung ist der Richtlinieninhalt bei der Auslegung des nationalen Rechts im Rahmen der mitgliedstaatlichen Methodenlehre zu berücksichtigen[67]. Die nationale Methodenlehre, der Grundsatz der Rechtssicherheit und das Rückwirkungsverbot bestimmen dabei die Grenzen der zulässigen Auslegung[68].

---

61 GA *Jacobs*, Schlussanträge zu EuGH, Rs. C-316/93, *Vaneetveld*, Slg. 1994, I-765, Rn. 20 ff.; GA *Lenz*, Schlussanträge zu EuGH, Rs. C-91/92 *Faccini Dori*, Slg. 1994, I-3325 Rn. 43ff.; GA *v.Gerven*, Schlussanträge zu EuGH, Rs. C-271/91, *Marshall*, Slg. 1993, I-4367; in diese Richtung auch: GA *Bot*, Schlussanträge zu EuGH, Rs. C-555/0, *Kücükdeveci*, Slg. 2010, I-365, Rn. 67, 70.

62 Vgl. nur: *Emmert*, EWS 1992, 56; *Mastroianni*, 5 EPL (1999), 417.

63 EuGH 26.02.1986, Rs. 152/84, *Marshall*, Slg. 1986, 723; EuGH 12.05.1987, verb. Rs. 372 bis 374/85, *Traen*, Slg. 1987, 2141, Rn. 24; EuGH 11.06.1987, Rs. 14/86, *Pretore di Salò/X*, Slg. 1987, 2545, Rn. 19; EuGH 08.10.1987, Rs. 80/86, *Kolpinghuis Nijmegen*, Slg. 1987, 3969, Rn. 9; EuGH 22.02.1990, Rs. C-221/88, *Busseni*, Slg. 1990, I-495, Rn. 23; EuGH 13.11.1990, Rs. C-106/89, *Marleasing*, Slg. 1990, I-4135, Rn. 6; EuGH 14.07.1994, Rs. C-91/92 *Faccini Dori*, Slg. 1994, 3325, Rn. 20; EuGH 07.03.1996, Rs. C-192/94, *El Corte Inglès*, Slg. 1996, I-1281; EuGH 04.12.1997, Rs. C-97/96, *Daihatsu Deutschland*, Slg. 1997, I-6843, Rn. 24; EuGH 07.01.2004, Rs. C-201/02, *Delena Wells*, Slg. 2004, I-723, Rn. 62; EuGH 05.10.2004, Rs. C-397/01 bis C-403/01, *Pfeiffer*, Slg. 2004, I-8835, Rn. 109; EuGH 19.01.2010, Rs. C-555/07, *Kücükdeveci,*, Slg. 2010, I-365, Rn. 46; EuGH 15.01.2014, Rs. C-176/12, *Association de médiation sociale*, noch nicht in der amtlichen Sammlung veröffentlicht, Rn. 36.

64 *Ruffert*, in: Calliess/Ruffert, 2011, Art. 288 AEUV, Rn. 60.

65 *Götz*, NJW 1992, 1849 (1856).

66 Kürzlich offen lassend: EuGH 24.03.2011, Rs. C-194/10, *Abt u.a.*, Slg. 2011, I-39, Rn. 35; dazu: *Foerster*, EuR 2012, 190, der darin den Anfang einer Rechtsprechungsänderung zu erkennen meint.

67 EuGH 05.10.2004, Rs. C-397/01 bis C-403/01, *Pfeiffer*, Slg. 2004, I-8835, Rn. 119; EuGH 15.01.2014, Rs. C-176/12, *Association de médiation sociale*, noch nicht in der amtlichen Sammlung veröffentlicht, Rn. 38.

68 EuGH 08.10.1987, Rs. 80/86, *Kolpinghuis Nijmegen*, Slg. 1987, 3969, Rn. 11; EuGH 26.09.1996, Rs. C-168/95, *Strafverfahren gegen Luciano Arcaro*, Slg. 1996, I-4705, Rn. 42; EuGH 04.07.2006, Rs. 212/04, *Adeneler*, 2006, I- 6057, Rn. 110; EuGH

Die Pflicht dazu ergibt sich aus der Richtlinie selbst, dem Umsetzungsauftrag aus Art. 288 Abs. 3 AEUV und aus Art. 4 Abs. 3 UAbs. 2 EUV. Diese Vorschriften richten sich an alle Träger öffentlicher Gewalt in den Mitgliedstaaten und verpflichten so auch die Gerichte im Rahmen ihrer Zuständigkeiten, alle geeigneten Maßnahmen zu treffen, um die Ziele der Richtlinie zu erreichen[69]. Die Gerichte haben so insbesondere die zur Umsetzung einer Richtlinie erlassenen nationalen Gesetze, aber auch sämtliche anderen nationalen Normen im Lichte der Richtlinie auszulegen[70]. Ergänzend ergibt sich aus nationaler Perspektive eine Pflicht zu einer solchen Auslegung für Gesetze, die in Umsetzung einer Richtlinie erlassen wurden[71]. Insoweit ist anzunehmen, dass der nationale Gesetzgeber mit der Umsetzung das in der Richtlinie vorgegebene Ziel erreichen wollte[72], was im Rahmen der teleologischen und historischen Auslegung zu berücksichtigen ist[73]. Eine Verpflichtung Privater tritt dann nicht direkt durch die Richtlinienbestimmung ein, sondern ergibt sich vielmehr aus dem nationalen Recht[74]. Der Inhalt des nationalen Rechts wird hingegen maßgeblich im Wege der Auslegung durch die Richtlinienbestimmung bestimmt, so dass sich die Funktion des nationalen Rechts bisweilen auf die einer Hülle beschränkt[75]. Die Grenze zur unmittelbaren horizontalen Wirkung ist somit fließend.

15.04.2008, Rs. 268/06, *Impact*, Slg. 2008, I-2483, Rn. 100ff; EuGH 24.01.2012, Rs. C-282/10, *Dominguez*, noch nicht in der amtlichen Sammlung veröffentlicht, Rn. 25; EuGH 15.01.2014, Rs. C-176/12, *Association de médiation sociale*, noch nicht in der amtlichen Sammlung veröffentlicht, Rn. 39.

69 EuGH 10.04.1984, Rs. 14/83, *Von Colson und Kamann*, Slg. 1984, 1891 Rn. 26.

70 EuGH 05.10.2004, Rs. C-397/01 bis C-403/01, *Pfeiffer*, Slg. 2004, I-8835, Rn. 110ff; EuGH 15.05.2003, Rs. C-160/01, *Mau*, Slg. 2003, I-4791, Rn. 34; EuGH 18.12.1997, Rs. C-129/96, *Inter-Environnement Wallonie*, Slg. 1997, I-7411 Rn. 40.

71 Vgl. zur Vorwirkung / Frustrationsverbot: EuGH 18.12.1997, Rs. C-129/96, *Inter-Environnement Wallonie*, Slg. 1997, I-7411; *Ehricke*, EuZW 1999, 553 (554); *Frenz*, RdA 2010, 229 (230f.).

72 *Gellermann*, Beeinflussung des bundesdeutschen Rechts durch Richtlinien der EG, S. 105; kritisch zum Vorrang des allgemeinen Umsetzungswillens vor einer konkreten Sachentscheidung: *Höpfner*, EuZW 2009, 159 (160).

73 *Wehlau*, Die Rechtsprechung des Gerichtshofes der Europäischen Gemeinschaft zur Staatshaftung der Mitgliedstaaten nach Gemeinschaftsrecht, S. 22.

74 *Ruffert*, in: Calliess/Ruffert, 2011, Art. 288 AEUV, Rn. 81.

75 Vgl. dazu: BGH 16.08.2006, Az. VIII ZR 200/05 - *Vorlagebeschluss Quelle*, Rn. 15: „Eine einschränkende Auslegung des § 439 Abs. 4 BGB dahin, dass die Verweisung auf die Rücktrittsvorschriften nicht auch einen Anspruch des Verkäufers auf Nutzungsvergütung begründet, widerspräche somit dem Wortlaut und dem eindeutig erklärten Willen des Gesetzgebers. Eine solche Auslegung ist un-

Ebenso kann der Inhalt einer nicht unmittelbar anwendbaren Richtlinie über parallele allgemeine Rechtsgrundsätze zur Anwendung gebracht werden[76]. Auch in diesem Fall ergibt sich die Belastung des Privaten rechtsdogmatisch nicht aus der Richtlinie. Die Richtlinie stellt aber den Anwendungsbereich des Unionsrechts her und hat folglich Öffnungsfunktion[77]. Verstößt dann die nationale Norm gegen andere Vorschriften des Unionsrechts, die unmittelbar anwendbar sind, wie die Grundrechte der Charta, hat die nationale Norm in der Folge unangewendet zu bleiben.

(2) Richtlinienwirkung in mehrpoligen Rechtsverhältnissen

In mehrpoligen Rechtsverhältnissen (Dreiecksverhältnisse[78]) ist die unmittelbare Wirkung weder per se ausgeschlossen, noch stets anzunehmen[79]. Gemeint sind damit Dreiecksverhältnisse, bei denen sich die unionsrechtliche Verpflichtung des Mitgliedstaates, zugunsten einer Privat-

---

ter Berücksichtigung der Bindung der Rechtsprechung an Recht und Gesetz (Art. 20 Abs. 3 GG) nicht zulässig. […]"; aufgrund von EuGH, 14.04.2008, Rs. C-404/08, *Quelle*, Slg. 2008, I-2685 dann BGH, 26.11.2008, Az. VIII ZR 200/05, Rn. 21: „[…] Der Grundsatz der richtlinienkonformen Auslegung fordert deshalb auch, das nationale Recht, wo dies nötig und möglich ist, richtlinienkonform fortzubilden […]. Daraus folgt hier das Gebot einer richtlinienkonformen Rechtsfortbildung durch teleologische Reduktion […]", Rn. 30: „ Die Rechtsfortbildung verletzt […] auch nicht die Bindung der Gerichte an Recht und Gesetz (Art. 20 Abs. 3 GG) […]".

76 EuGH 22.11.2005, Rs. C-144/04, *Mangold*, Slg. 2005, I-9981; EuGH 23.09.2008, Rs. C-427/06, *Bartsch*, Slg. 2008, I-7245, Rn. 17; EuGH 18.06.2009, Rs. C-88/08, *Hütter*, Slg. 2009, I-5325, Rn. 32; EuGH 19.01.2010, Rs C-555/07, *Kücükdeveci*, Slg. 2010, I-365; BVerfGE 126, 286 - *Honeywell*; vgl. dazu: *Hailbronner*, NZA 2006, 811; *Bauer/Arnold*, NJW 2006, 6; *Körner*, NZA 2005, 1395; *Preis*, NZA 2006, 401; *Reichold*, ZESAR 2006, 55; *Herrmann*, EuZW 2006, 69; *Streinz/Herrmann*, RdA 2007, 165; *v. Danwitz*, JZ 2007, 697 (704); *Preis/Temming*, NZA 2008, 1209; *Mörsdorf*, EuR 2009, 219 (232); *Huster*, EuR 2010, 325; *Kingreen*, EuR 2010, 338;

77 *Schubert*, EuZW 2010, 180 (182); kritisch dazu: *Thüsing*, ZIP 2010, 199.

78 Gebraucht werden auch: Begünstigende Richtlinien mit belastender Drittwirkung; Doppelwirkung von Richtlinien; mittelbare Drittwirkung; Mehrpolige Rechtsverhältnisse; Mittelbare Horizontalwirkung.

79 In Richtung einer Abwägung zwischen Begünstigung des Einen und Belastung des anderen: *Langenfeld*, DÖV 1992, 955 (960); *Gellermann*, Beeinflussung des bundesdeutschen Rechts durch Richtlinien der EG, S. 182; für eine Unterscheidung nach möglicher Duldungspflicht oder unzulässiger Handlungspflicht für den Dritten: *Stuyck/Wytinck*, CMLR 1991, 205 (212); für einen generellen Ausschluss: *Classen*, EuZW 1993, 84 (85); ausführlich: *Hartisch*, Die unmittelbare Wirkung von Richtlinien in dreipoligen Rechtsbeziehungen.

person und zu Lasten einer anderen auswirkt. Zur oben angesprochenen Ausgangssituation der unmittelbaren Wirkung im vertikalen Verhältnis tritt also die gleichzeitige Belastung eines Dritten hinzu. Solche Situationen können sich vor allem im Umweltrecht[80] und öffentlichen Vergaberecht[81] ergeben.

Wie der EuGH bereits mehrfach entschieden hat[82], kann einer Richtlinie, die Verfahrenspflichten für den Erlass mitgliedstaatlicher Rechtsnormen festlegt, streitentscheidende Bedeutung zwischen Privaten zukommen[83]. Hat beispielsweise der Mitgliedstaat eine nationale Vorschrift, entgegen der Verpflichtung zur Mitteilung technischer Vorschriften nach der Richtlinie 83/189[84] der Kommission nicht mitgeteilt, ist diese nationale Norm auch in einem Rechtsstreit zwischen Privaten unanwendbar[85]. Für einen Privaten, der sich auf diese Vorschrift berufen möchte, da er wie in der Entscheidung *Unilever* wegen unzureichender Etikettierung die Zahlung verweigern möchte, kann diese Folge eine Belastung darstellen. Die Richtlinie selbst begründet in einem solchen Fall jedoch weder Rechte noch Pflichten des Einzelnen. Sie trifft keine Regelung über die Rechtsstellung des Einzelnen. Die Belastung ist rein faktischer Natur[86]. Darin ist auch die wesentliche Unterscheidung zur unmittelbaren horizontalen Wirkung zu sehen. Begründet die staatliche Verpflichtung unmittelbar eine echte Rechtspflicht für einen Dritten, ist er Adressat der Richtlinienbestimmung. Dann ist die unmittelbare Wirkung insoweit ausgeschlossen. Ist einzig der Mitgliedstaat rechtlich verpflichtet, sind auch faktische Belastungen, deren Eintritt gewiss ist, nicht geeignet, die unmittelbare

80 Dazu: EuGH 07.01.2004, Rs. C-201/02, *Delena Wells,* Slg. 2004, I-723.

81 Dazu: EuGH 22.06.1989, Rs. 103/88, *Fratelli Costanzo,* Slg. 1989, 1839.

82 EuGH 30.04.1996, C-194/94, *CIA Security International,* Slg. 1996, I-2201, Rn. 6f, 12-17, 54; EuGH 26.09.2000, Rs. C-443/98, *Unilever,* Slg. 2000, I-7535, Rn. 50; EuGH 06.06.2002, Rs. C-159/00, *Sapod Audic,* Slg. 2002, I-5031, Rn. 49ff.

83 Die vom Mitgliedstaat verletzte Mitteilungspflicht ergibt in diesem Fall das Dreiecksverhältnis.

84 Richtlinie 83/189/EWG vom 28. März 1983 über ein Informationsverfahren auf dem Gebiet der Normen und technischen Vorschriften (ABl. L 109, S. 8) in der Fassung der Richtlinie 94/10/EG vom 23. März 1994 zur zweiten wesentlichen Änderung der Richtlinie 83/189 (ABl. L 100, S. 30).

85 Gleiches gilt für die Nichtanwendbarkeit andere richtlinienwidriger Verbotsgesetze, vgl. dazu: EuGH 23.11.1989, Rs. 150/88, Slg. 1989, 3891; dazu und zur Abgrenzung von rein horizontalen Rechtsverhältnissen: *Gundel,* EuZW 2001, 143.

86 *Jarass/Beljin,* EuR 2004, 714.

Wirkung der Richtlinie zu begrenzen[87]. Rechtliche Verpflichtung des Einzelnen aus der nicht umgesetzten Richtlinie sind daher nicht möglich[88], faktische Belastungen indes hinzunehmen[89]. Die Sanktionierung des Mitgliedstaates wird insoweit über die schutzwürdigen Interessen des Einzelnen gestellt[90].

2. Vorrang des Unionsrechts

In der Entscheidung *Costa / E.N.E.L.*[91], in der es vordergründig um die Verstaatlichung der Erzeugung und Verteilung elektrischer Energie ging, begründete der EuGH den Vorrang des Unionsrechts als weiteren wesentlichen Grundsatz. Die Unionsrechtsordnung gehe danach als autonome Rechtsquelle stets jeglichem nationalem Recht vor[92]. Dieser Vorrang erstreckt sich dabei auf sämtliche Normen des Unionsrechts, auf das Primärrecht ebenso wie auf das Sekundärrecht und auch auf Einzelfallentscheidungen der Kommission[93] und des Rates[94]. Entgegenstehendes nationales Recht habe somit unangewendet zu bleiben, unabhängig von seinem Rang[95] und dem Datum seines Inkrafttretens[96]. Mit dem

87 Ebenso: *Albin*, NuR 1997, 29 (31); *Kühling/Röckingshausen*, DVBl 1999, 1614 (1617); *Klagian*, ZÖR 2001, 305 (369).

88 EuGH 07.01.2004, Rs. C-201/02, *Delena Wells*, Slg. 2004, I-723, Rn. 56f; EuGH 17.07.2008, verb. Rs. C-152/07 bis C-154/07, *Arcor*, Slg. 2008, I-5959, Rn. 36.

89 Zu Recht auf Abgrenzungsschwierigkeiten hinweisend: *Ruffert*, in: Calliess/Ruffert, 2011, Art. 288 AEUV, Rn. 65; *Palm*, GewArch 2011, 424 (427).

90 Kritisch zur Belastung des Einzelnen mit den Folgen des Verstoßes auch: *Jochum*, Europarecht, S. 133f.

91 EuGH 15.07.1964, Rs. 6-64, *Costa / E.N.E.L.*, Slg. 1964, 1253.

92 Zunächst wurde der Vorrang nur gegenüber generell-abstrakten Rechtsakten betont, nach jüngerer Rechtsprechung gilt er indes auch gegenüber individuell-konkreten Rechtsakten, wie Urteile und Verwaltungsakte: EuGH 29.04.1999, Rs. C-224/97, *Ciola*, Slg. 1999, I-2517, Rn. 32; dazu: *Obwexer*, in: Hummer [Hrsg.], Neueste Entwicklungen im Zusammenspiel von EU-Recht und nationalem Recht der Mitgliedstaaten, S. 49ff.

93 U.a.: EuGH 13.02.1969, Rs. 14-68, *Walt Wilhelm u.a. gegen Bundeskartellamt*, Slg. 1969, 1, Rn. 6; ebenso: EuGH 10.07.1980, *Giry und Guerlain*, Slg. 1980, 2327, Rn. 18; GA *Tesauro*, Schlussanträge zu EuGH, Rs. C-70/93, *Bayerische Motorenwerke*, Slg. 1995, I-3439, Rn. 40.

94 Dazu: EuGH 06.10.1970, Rs. 9-70, *Grad/Finanzamt Traunstein*, Slg. 1970, 825.

95 EuGH 17.12.1970, Rs. 11-70, *Internationale Handelsgesellschaft*, Slg. 1970, 1125, Rn. 3.

96 EuGH 09.03.1978, Rs. 106-77, *Simmenthal*, Slg. 1978, 629, Rn. 24.

Anwendungs-, nicht Geltungsvorrang[97] legte der EuGH die entscheidende Kollisionsregel für das Verhältnis von Unionsrecht und mitgliedstaatlichem Recht fest[98].

a. Das Vorrangkonzept aus europäischer Sicht

Der EuGH betont zur Begründung des Vorrangs erneut den besonderen Charakter des EWG-Vertrages. Durch diesen Vertrag sei eine eigenständige Rechtsordnung geschaffen, die in die Rechtsordnung der Mitgliedstaaten aufgenommen wurde und von den mitgliedstaatlichen Gerichten vorrangig anzuwenden sei. Die Beschränkung der Zuständigkeiten der Mitgliedstaaten beziehungsweise Übertragung von Hoheitsrechten auf die Gemeinschaft lässt nach dem EuGH die Rückgängigmachung durch einseitige staatliche Maßnahmen nicht zu. Daher habe nationales Recht im Kollisionsfall mit Unionsrecht unangewendet zu bleiben. Nur auf diesem Weg können sowohl die Einheitlichkeit der Unionsrechtsordnung gewahrt werden als auch die Ziele des Vertrages überhaupt erst sinnvoll erreicht werden. Andernfalls stünde es den Mitgliedstaaten frei, durch einseitige Maßnahmen die mit den Verträgen intendierte Vereinheitlichung zu unterlaufen[99]. Der Vorrang beruht auf einer ungeschriebenen Norm des primären Unionsrechts, die ebenfalls unmittelbar an-

---

97 EuGH 16.07.1998, Rs. C-264/96, *ICI*, Slg. 1998, I-4695, Rn. 31ff.; EuGH 22.10.1998, Rs. 10/97 bis C-22/97, *IN.CO.GE.*, Slg. 1998 I-6307, Rn. 21; zur Anwendung der nationalen Normen ohne Unionsbezug: BGH 18.09.1989, Az. AnwZ (B) 24/89; zur sich daraus ergebenden Inländerdiskriminierung: *Riese/Poll*, NVwZ 2007, 516.

98 Nicht behandelt wird hier die Pflicht zur Rechtsbereinigung, welche über den bloßen Vorrang hinausgeht und die Anpassung des nationalen Rechts an die Vorgaben des Unionsrechts verlangt. Auch in diesem Zusammenhang ist der Grundsatz der Rechtssicherheit als Grenze zu beachten, vgl. insoweit zur Rückforderungspflicht unionsrechtswidriger Beihilfen: EuGH 20.03.1997, Rs. C-24/95, *Alcan*, 1997, I-1591; EuGH 18.07.2007, Rs. C-119/05, *Lucchini*, Slg. 2007, I-6199; EuGH 22.12.2010, Rs. C-507/08, *Kommission/Slowakei*, Slg. 2010, I-13489; vgl. zu den unterschiedlichen Abwägungsergebnissen, die mit den unterschiedlichen Durchsetzungsmöglichkeiten des Unionsrechts erklärt werden: *Potacs*, in: FS Ress, S. 729 (740); zur Aufhebung unionsrechtswidriger, belastender Verwaltungsakte: EuGH 19.09.2006, verb. Rs. C-392/04 und C-422/04, *i-21 Germany und Arcor*, Slg. 2006, I-8559, Rn. 55ff.

99 EuGH 15.07.1964, Rs. 6-64, *Costa / E.N.E.L.*, Slg. 1964, 1253; EuGH 17.12.1970, Rs. 11-70, *Internationale Handelsgesellschaft*, Slg. 1970, 1125, Rn. 3f.; EuGH 19.06.1990, Rs. C-213/89, *Factortame*, Slg. 1990, I-2433, Rn. 18ff.

wendbar ist[100]. Nach zwischenzeitlicher Anerkennung des Vorrangs im Subsidiaritätsprotokoll[101] findet sich die ausdrückliche primärrechtliche Verankerung dieses Grundsatzes nunmehr in der dem Vertrag von Lissabon beigefügte Erklärung Nr. 17 unter Einbeziehung eines Gutachtens des Juristischen Dienstes des Rates, der insoweit auf die ständige Rechtsprechung des EuGH verweist[102].

Entschärft wird dieser so begründete, absolute Vorrang auch gegenüber nationalem Verfassungsrecht durch die Gewährleistung von Verfassungsinhalten auf europäischer Ebene. So verweist der EuGH in der Entscheidung *Internationale Handelsgesellschaft*, in der er den Vorrang vor der nationalen Verfassung betont hat, auf die Prüfung „entsprechender gemeinschaftsrechtlicher Garantie[n]"[103] hin.

b. Unionsrechtliche Grenzen des Vorrangs

Der Vorrang steht unter der Bedingung, dass die unionsrechtliche Norm, die Vorrang vor dem nationalen Recht beansprucht, selbst mit höherrangigem Recht vereinbar ist[104]. Dabei spricht für das Unionsrecht jedoch die Vermutung der Rechtmäßigkeit, bis es aufgehoben, für nichtig[105]

---

100 *Dörr*, Der europäisierte Rechtsschutzauftrag deutscher Gerichte, S. 138; ebenso: *Knauff*, Der Regelungsverbund: Recht und Soft Law im Mehrebenensystem, S. 189; als „Meta-Regel" bezeichnend: *Terhechte*, EuR 2008, 143 (155); als „an sich gesicherte(n) und anerkannte(n) Bestandteil des Europarechts": *Streinz/Herrmann*, BayVBl 2008, 1; „implizit im EU-Primärrecht niedergelegt": *Uerpmann-Wittzack*, in: v. Münch/Kunig, 2012, Art. 23, Rn. 41.

101 Ziff. 2 des Protokolls über die Anwendung der Grundsätze der Subsidiarität und der Verhältnismäßigkeit (ABl. EG 1997, C-340/105): Beide Prinzipien werden „die vom Gerichtshof aufgestellten Grundsätze für das Verhältnis zwischen einzelstaatlichem Recht und Gemeinschaftsrecht nicht berühren"; dazu: *Streinz*, in: FS Söllner, S. 1139 (1148).

102 Art. 1-6 der Verfassung der Europäischen Union sah folgende Regelung vor: „Die Verfassung und das von den Organen der Union in Ausübung der der Union übertragenen Zuständigkeiten gesetzte Recht haben Vorrang vor dem Recht der Mitgliedstaaten."

103 EuGH 17.12.1970, Rs. 11-70, *Internationale Handelsgesellschaft*, Slg. 1970, 1125, Rn. 4.

104 Zur Normenhierarchie des Unionsrechts: *Wölker*, EuR 2007, 32; auch Art. 53 GRC ist keine Einschränkungsmöglichkeit über nationale Grundrechte zu entnehmen, vielmehr soll damit das derzeitige Grundrechtsschutzniveau gesichert werden, anders: *Seidel*, EuZW 2003, 97.

105 Im Rahmen der Nichtigkeitsklage nach Art. 263 AEUV.

oder für ungültig erklärt[106] wird. Eine Ausnahme bildet die Fallgruppe der sogenannten rechtlichen Inexistenz[107], die jedoch nur bei einem derart offenkundigen Fehler angenommen wird, der von der Unionsrechtsordnung „nicht tolerieren [werden] kann“[108]. Die Feststellung der Inexistenz ist daher praktisch selten[109] und auf „ganz außergewöhnliche Fälle“ beschränkt[110], die vor allem noch bei Zuständigkeitsüberschreitung in Betracht kommen[111].

Wesentlich bedeutsamer ist die Einschränkung des Vorrangs gegenüber nationalen, individuell-konkreten Rechtsakten, wie Urteilen und Verwaltungsakten. Zwar spricht der Grundsatz der Effektivität grundsätzlich für eine Überprüfung auch nationaler bestands- bzw. rechtskräftige Einzelfallentscheidungen durch nationale Gerichte am Maßstab des Unionsrechts. Innerstaatliche Verfahrensvorschriften, aufgrund derer eine gerichtliche Entscheidung Rechtskraft bzw. eine Entscheidung der Verwaltung Bestandskraft erlangt, müssten dann nicht angewandt werden[112]. Allerdings ist gleichsam der unionsrechtliche Grundsatz der Rechtssicherheit zu beachten, der zur Sicherung des Rechtsfriedens und zur Beständigkeit rechtlicher Beziehungen beitragen soll. Zudem stehen nicht zwei Rechtsnormen, die Anwendung auf den gleichen Sachverhalt finden in Kollision zueinander, so dass der Anwendungsvorrang nicht unmittelbar zu beachten ist. Vielmehr verhindert die nationale Verfahrensvorschrift, auf die die materiellen Unionsrechtsnormen in ihrem Vollzug angewiesen sind, deren Verwirklichung. Es handelt sich daher um eine

---

106 Im Rahmen eines Vorabentscheidungsersuchens nach Art. 267 AEUV oder einer Rechtswidrigkeitseinrede in einem sonstigen Verfahren.

107 EuGH 08.07.1999, Rs. C-245/92 P, *Chemie Linz*, Slg. 1999, I-4643, Rn. 92ff; EuGH 5.10.2004, *Kommission/Griechenland*, C-475/01, Slg. 2004, I-8923, Rn. 20; EuGH 20.09.2007, *Kommission/Spanien*, C-177/06, Slg. 2007, I-7689, Rn. 30f; EuGH 18.10.2012, C-37/11, *Kommission/Tschechische Republik*, noch nicht in der amtlichen Sammlung veröffentlicht, Rn. 46; ausführlich dazu: *Annacker*, EuZW 1995, 755; *Schärf*, EuZW 2004, 333.

108 EuGH 08.07.1999, Rs. C-245/92 P, *Chemie Linz*, Slg. 1999, I-4643, Rn. 94.

109 Ebenso: *Cremer*, in: Calliess/Ruffert, 2011, Art. 263 AEUV, Rn. 9.

110 EuGH 15.06.1994, Rs. C-137/92 P, *Kommission/BASF*, Slg. 1994, I-2555, Rn. 50; zuvor noch abweichend in dieser Sache ein solchen Fall annehmend: EuG 27.02.1992, verb. Rs. T-79/89, T-84/89, T-85/89, T-86/89, T-89/89, T-91/89, T-92/89, T-94/89, T-96/89, T-98/89, T-102/89 und T-104/89, *BASF/Kommission*, Slg. 1992, II-315 , Rn. 96.

111 So in: EuGH 10.12.1957, verb. Rs. 1-57 und 14-57, *Société des usines à tubes de la Sarre*, 1957, 215.

112 Vgl. dazu auch: *Schmahl/Köber*, EuZW 2010, 927 (932).

sogenannte „indirekte" Kollision[113]. Für Fälle der indirekten Kollision gilt die Vorrangregel nicht uneingeschränkt und greift mit Rücksicht auf den Grundsatz der Rechtssicherheit nur, sofern das nach dem Äquivalenz- oder Effektivitätsgebot geboten ist[114]. Diese Kriterien sind daher Tatbestandsvoraussetzungen des Anwendungsvorrangs bei der indirekten Kollision[115]. Nur wenn das Äquivalenz- oder Effektivitätsgebot es erfordert, greift in diesen Fällen der Vorrang und innerstaatliche Verfahrensvorschriften müssen unangewendet bleiben[116].

Zudem wird insbesondere zum Glücksspielrecht eine mögliche temporäre Grenze (Aussetzung) des Vorrangs diskutiert[117]. Der EuGH hat indes

---

113 *Kahl*, in: Hummer [Hrsg.], Neueste Entwicklungen im Zusammenspiel von EU-Recht und nationalem Recht der Mitgliedstaaten, S. 267 (270); *Jarass*, DVBl 1995, 954 (959); *Niedobitek*, VerwArch 2001, 58 (74f); ausführlich: *Huthmacher*, Der Vorrang des Gemeinschaftsrechts bei indirekten Kollisionen; ebenfalls verwandt wird der Begriff der „unechten" oder „mittelbaren" Kollission, *v. Danwitz*, Europäisches Verwaltungsrecht, S. 154; einen Fall der indirekten Kollision bezüglich der unionsrechtlichen Haftungsvorgaben bejahend: *Säuberlich*, EuR 2004, 954 (965); *Beljin*, EuR 2002, 351 (357).

114 EuGH 21.09.1983, verb. Rs. 205 bis 215/82, *Deutsche Milchkontor*, Slg. 1983, 2633, Rn. 19ff; EuGH 09.02.1999, Rs. C-343/96, *Dilexport*, Slg. 1999, I-579, Rn. 25ff; *Jarass/Beljin*, NVwZ 2004, 1 (5); um einen Fall der direkten Kollision handelt es sich hingegen in der Entscheidung *Ciola*, wobei die unmittelbar anwendbare Dienstleistungsfreiheit und der bestandskräftige Bescheid unterschiedliche Regelungen vorsahen, so dass die Frage, wie weit die österreichischen Normen, welche die Bestandskraft herbeiführen, unangewendet bleiben müssen, nicht zu diskutieren war: EuGH 29.04.1999, Rs. C-224/97, *Ciola*, Slg. 1999, I-2517; Ebenso: *Weiß*, DÖV 2008, 480.

115 Ebenso: *Jarass*, DVBl 1995, 954 (960); hingegen als Begrenzung des Anwendungsvorrangs auffassend: *Kadelbach*, KritV 1999, 378 (381).

116 EuGH 09.03.1978, Rs. 106-77, *Simmenthal*, Slg. 1978, 629, Rn. 22; EuGH 19.06.1990, Rs. C-213/89, *Factortame*, Slg. 1990, I-2433, Rn. 20; EuGH 01.06.1999, Rs. C-126/97, *Eco Swiss*, Slg. 1999, I-3055, Rn. 46f; EuGH 28.06.2001, Rs. C-118/00, *Larsy*, Slg. 2001, I-5063, Rn. 51; EuGH 30.09.2003 Rs. C-224/01, *Köbler*, Slg. 2003, I-10239, Rn. 38; EuGH 13.01.2004, Rs. C-453/00, *Kühne & Heitz*, Slg. Slg. 2004, I-837, Rn. 24ff; EuGH 16.03.2006, Rs. C-234/04, *Kapferer*, Slg. 2006, I-2585, Rn. 20; EuGH 03.09.2009, Rs. C-2/08, *Agenzia delle Entrate gegen Fallimento Olimpiclub*, 2009, I-7501, Rn. 23; EuGH 19.04.2012, C-221/10 P, *Artegodan*, noch nicht in der amtlichen Sammlung veröffentlicht, Rn. 86.

117 Zur Diskussion insbesondere im Glückspielrecht: Eine solche temporäre Begrenzung annehmend: VGH Kassel 25.07.2006, Az. 11 TG 1465/06, NVwZ 2006, 1435; OVG Münster 28.06.2006, Az. 4 B 961/06, NVwZ 2006, 1078; bejahend auch: *Vallone/Dubberke*, GewArch 2006, 240 (241); ablehnend: VG Frankfurt (Oder) 23.04.2007, Az. 4 L 38/07; OVG Saarlouis 04.04.2007, Az. 3 W 18/06, NVwZ 2007, 717; mit Bezug auf die vom BVerfG gewährte Übergangszeit beja-

in der Entscheidung *Winner Wetten* klargestellt, dass dies überhaupt nur in engen Grenzen möglich sei und stets von ihm angeordnet werden müsse. Nur bei zwingenden Erwägungen der Rechtssicherheit komme eine analoge Anwendung der auf Grundlage von nunmehr Art. 264 Abs. 2 AEUV entwickelten Rechtsprechung zur vorübergehenden Aufrechterhaltung der Wirkung von Rechtsakten der Union die für ungültig oder nichtig erklärt wurden, in Betracht. Nur unter diesen Umständen könne der Vorrang vorübergehend ausgesetzt werden. Auch eine vom BVerfG übergangsweise angeordnete Fortgeltung verfassungswidrigen Rechts begrenze den Vorrang des Unionsrechts nicht. Die Befugnis, über eine „temporäre Durchbrechung“[118] des Vorrangs zu entscheiden, stehe nur dem EuGH zu[119]. Unbeachtet bleibt dabei das Prinzip der Gewaltenteilung, das es erforderlich machen könnte, dem Gesetzgeber ausreichend Zeit für eine Neuregelung zu schaffen, um den unionsrechtlichen Vorgaben zu entsprechen.

Einschränkungen des Vorrangs können sich zudem noch daraus ergeben, dass Private nicht vollends durch das Unionsrecht verpflichtet werden[120]. Nur soweit das Unionsrecht Private unmittelbar bindet, müssen sich diese im Kollisionsfall auch an das Unionsrecht und nicht an das kollidierende nationale Recht halten[121]. Schließlich ist auf die Achtung

---

hend: VGH München 10.07.2006, Az. 22 BV 05.457, BeckRS 2006, 24670; OVG Bremen 07.09.2006, Az. 1 B 273/06, BeckRS 2006, 27148; zusammenfassend: *Beljin*, NVwZ 2008, 156 (160); *Dederer*, EuZW 2010, 771 (773); *Paulus*, NJW 2011, 3686; *Schwarze*, Das Verhältnis von nationalem Recht und Europarecht im Wandel der Zeit, Bd II, S. 26ff.

118 *Terhechte*, EuR 2006, 828.

119 EuGH 08.092010, Rs. C-409/06, *Winner Wetten*, Slg. 2010 I-8015, Rn. 67; bestätigt in: EuGH 24.01.2013, verb. Rs. C-186/11 und C-209/11, *Stanleybet u.a.*, noch nicht in der amtlichen Sammlung veröffentlicht, Rn. 38 – dort ebenfalls betont ist die Gestaltungsfreiheit zur Herstellung eines unionsrechtsgemäßen Zustands, so könnten Wettvermittler u.U. nach den allgemeinen Vorschriften des Gewerberechts kontrolliert werden.

120 Zur Bindung Privater an die Grundfreiheiten: Für den Personen- und Dienstleistungsverkehr: EuGH 12.12.1974, Rs. 36/74, *Walrave und Koch*, Slg. 1974, 1405; EuGH 15.12.1995, Rs. C-415/93, *Bosman*, Slg. 1995, I-4921; EuGH 06.06.2000, Rs. C-281/98, *Angonese*, Slg 2000, I-4139; EuGH 17.07.2008, Rs. C-94/07, *Raccanelli*, Slg. 2008, I-5939; für die Niederlassungs- und Dienstleistungsfreiheit: EuGH 11.12.2007, Rs. C-438/05, *Viking*, Slg. 2007, I-10779; EuGH 18.12.2007, Rs. C-341/05, *Laval*, Slg. 2007, I-11767; ausführlich dazu: *Streinz/Leible*, EuZW 2000, 459; *Körber*, EuR 2000, 932; *Körber*, Grundfreiheiten und Privatrecht; *Birkemeyer*, EuR 2010, 662.

121 *Ehlers*, JURA 2011, 187 (190).

der nationalen Identität hinzuweisen (Art. 4 Abs. 2 EUV). Diese kann als Rechtfertigungsgrund für mitgliedstaatliche Beschränkungen der Grundfreiheiten oder des Freizügigkeitsrechts aus Art. 21 AEUV die Bedeutung des absoluten Vorrangs abmildern[122].

c. Grenzen des Vorrangs aus mitgliedstaatlicher Sicht

National kann der Vorrang auf den mitgliedstaatlichen Anwendungsbefehl gegründet werden. Dieser ist je nach nationaler Ausgestaltung in der Verfassung verankert[123], ausdrücklich gesetzlich geregelt[124] oder dem jeweiligen Zustimmungsgesetz[125] zu entnehmen. Damit unterliegt der Vorrang auch den Grenzen des jeweiligen Anwendungsbefehls. Zwar ist der Grundsatz allgemein anerkannt, aber der vom EuGH begründeten Rechtsprechung, wonach das Unionsrecht auch gegenüber der Verfassung Vorrang beanspruche, wird nicht vollständig gefolgt[126]. In einer Vielzahl der Mitgliedstaaten haben die nationalen Obergerichte zumindest die Möglichkeit einer Überprüfung des Unionsrechts am Maßstab des nationalen Verfassungsrechts für sich beansprucht. Bisher hat jedoch noch kein nationales Gericht einen konkreten Konflikt zwischen absolutem Vorrang aus unionsrechtlicher und relativem Vorrang aus mitgliedsstaatlicher Sicht riskiert[127].

Auch nach Ansicht des BVerfG kann der Vorrang nur soweit gehen, wie er vom Anwendungsbefehl gedeckt ist und der Anwendungsbefehl selbst mit höherrangingen Recht, dem Grundgesetz, vereinbar ist[128]. Ein

---

122 In diese Richtung: EuGH 14.10.2004, Rs. -36/02, *Omega*, Slg. 2004, I-9609; EuGH 14.02.2008, Rs. C-244/06, *Dynamic Medien*, Slg. 2008, I-505; EuGH 22.12.2010, Rs. C-208/09, *Sayn-Wittgenstein*, Slg. 2010, I-13693.

123 So in Frankreich (Art. 55), Italien (Art. 117 Abs. 1), Niederlande (Art. 93f), Polen (Art. 91 Abs. 2 und 3).

124 So in Großbritannien (Sec. 2 Abs. 1 European Communities Act 1972).

125 So in Deutschland oder Schweden; Zur Brückenfunktion des Zustimmungsgesetz: *Kottmann/Wohlfahrt*, ZaöRV 2009, 443 (462f.); *Voßkuhle,* NVwZ 2010, 1 (6).

126 Als die wohl zumindest in der Theorie umstrittenste Richterrechtsfigur des Europarecht bezeichnet den Vorrang des Unionsrechts vor nationalem Verfassungsrecht: *Mayer,* in: Terhechte [Hrsg.], Verwaltungsrecht der Europäischen Union, S. 307 (311).

127 Ausführliche Übersicht bei: *Streinz,* in: FS Steinberger, S. 1437 (1456ff); *Huber,* in: v. Bogdandy/Villalón/Huber [Hrsg.], Handbuch Ius Publicum Europaeum, Bd. II, § 26, Rn. 24ff; *Mayer,* in: v. Bogdandy [Hrsg.], Europäisches Verfassungsrecht, S. 559 (578ff).

128 Ausführlich: *Häde,* in: Pechstein [Hrsg.], Integrationsverantwortung, S. 163; zur Übersicht der Grenzen in Frankreich, Großbritannien, Italien, Polen, Österreich,

Anwendungsvorrang besteht daher nicht, wenn die Union außerhalb der übertragenen Kompetenzen handelt (*ultra-vires*)[129] oder einzelne Unionsrechtsakte beziehungsweise die Entwicklung der Union insgesamt den Anforderungen des Art. 23 Abs. 1 GG nicht mehr gerecht werden[130]. Vor dem Hintergrund eines kooperativen Miteinanders zwischen nationalen Gerichten und dem EuGH hat das BVerfG jüngst betont, dass vor allem Entscheidungen des EuGH stets grundgesetzfreundlich zu verstehen sind. Sie sind so zu interpretieren, dass sie grundsätzlich keinen ultra-vires-Akt darstellen und Art. 23 Abs. 1 GG gerecht werden[131].

aa. Grenze des Nicht-übertragenen - ultra-vires-Kontrolle

Das BVerfG hatte in der Sache *„Honeywell"* Gelegenheit zum *Mangold-Urteil* des EuGH[132] seinen Prüfungsmaßstab zur *ultra-vires*-Kontrolle zu präzisieren[133]. Der EuGH hatte 2005 entschieden, dass die zeitweise nach

---

Griechenland, Ungarn, Estland, vgl. die jeweiligen Länderbeiträge in: Schwarze [Hrsg.], Das Verhältnis von nationalem Recht und Europarecht im Wandel der Zeit, Bd. I, S. 117ff; sowie die Zusammenfassungen und Analysen in Band II.

129 Zuvor: „ausbrechender Rechtsakt" in: BVerfGE 89, 155 - *Maastricht*, Rn. 106; BVerfGE 75, 223 - *Kloppenburg*, Rn. 58; Als „Grenze des Übertragenen" bezeichnet in: *Klein*, VVDStRL (50), S. 56 (68); *Burgi*, Verwaltungsprozess und Europarecht, S. 24; *Dörr/Lenz*, Europäischer Verwaltungsrechtsschutz, S. 113f; ausführlich dazu und zum folgendem: *Dörr*, Der europäisierte Rechtsschutzauftrag deutscher Gerichte, S. 109ff.

130 „Grenze des Übertragbaren" nach: *Dörr/Lenz*, Europäischer Verwaltungsrechtsschutz, S. 113f; vgl. zu den Grenzen des Anwendungsvorrangs in der Rechtsprechung des BVerfG: BVerfGE 22, 292 (zum EWG-Vertrag); BVerfGE 37, 271 - *Solange I*; BVerfGE 73, 339 - *Solange II*; BVerfGE 89, 155 - *Maastricht*; BVerfGE 102, 147 - *Bananenmarktordnung*; BVerfGE 123, 267 - *Lissabon-Urteil*; BVerfGE 126, 286 - *Honeywell*; BVerfGE 129, 124 - *EFS*.

131 BVerfG 24.04.2013, Az. 1 BvR 1215/07, NJW 2013, 1499 - *Antiterrordatei*, Rn. 91; ebenso: OLG München, Beschluss, 15.05.2013, Az. OLG Ausl 31 Ausl A 442/13 (119/13), OLGAusl 31 Ausl A 442/13 (119/13), StV 2013, 710, Rn. 27.

132 EuGH 22.11.2005, Rs. C-144/04, *Mangold*, Slg. 2005, I-9981.

133 Zur ultra-vires Kontrolle in der Rechtsprechung des BVerfG: *Proelß*, EuR 2011, 241; weitere Aussagen zur ultra-vires-Kontrolle sind in der Hauptsacheentscheidung zum ESM-Vertrag zu erwarten. Das BVerfGE hat sich die ultra-vires-Kontrolle der Ankäufe von Staatsanleihen auf dem Sekundärmarkt durch die EZB dafür ausdrücklich vorbehalten: BVerfG 12.09.2012, Az. 2 BvR 1390/12, NJW 2012, 3145, Rn. 202, vgl. dazu das anhängige EuGH-Verfahren Rs. C.-62/14, *Gauweiler u.a* auf Grundlage des Vorlagebeschlusses des BverfG 14.01.2014, Az. 2 BvR 2728/13; ebenfalls sind Aussagen des BVerfG in dem Verfahren zu einer Verfassungbeschwerde betreffend die Verhängung eines kartellrechtlichen Bußgeldes durch die Europäischen Kommission, sowie hierüber

deutschem Recht bestehende Möglichkeit, mit Arbeitnehmern ab dem 52. Lebensjahr ohne weitere Gründe befristete Arbeitsverträge abzuschließen[134] gegen den Grundsatz der Altersdiskriminierung verstoße und die entsprechende nationale Regelung unangewendet bleiben müsse. Dabei berief er sich auf eine Vorwirkung der Richtlinie 2000/78/EG[135] vor Ablauf der Umsetzungsfrist sowie einen Grundsatz des Gemeinschaftsrechts, welcher Altersdiskriminierung verbiete[136]. Das BVerfG sah darin keinen Fall eines ausbrechenden Rechtsaktes[137]. Es billigte dem EuGH eine Fehlertoleranz[138] zu, die erst dann eine gefundene Auslegung als nicht mehr vom Zustimmungsgesetz gedeckt ansieht, wenn der Verstoß hinreichend qualifiziert ist und der EuGH zuvor Gelegenheit hatte, den Unionsrechtsakt zu korrigieren[139]. Das BVerfG greift folglich zur Konkretisierung der Reichweite der Kompetenzkontrolle auf das hier im Rahmen der unionsrechtlichen Staatshaftung im Mittelpunkt stehende Tatbestandsmerkmal des hinreichend qualifizierten Verstoßes

---

ergangene Entscheidungen des EuGH denkbar (Az. 2 BvR 2752/11); zur ultra-vires-Kontrolle durch den EuGH selbst: EuGH 23.04.1986, Rs. 294/83, *Les Verts,* Slg. 1986, 1339 (keine Gemeinschaftskompetenz für Wahlkampfkostenerstattung); EuGH 09.07.1987, verb. Rs. 281, 283, 284, 285 und 287/85, *Deutschland u.a. /Kommission,* Slg. 1987, 3203 (Kompetenz der Kommission im Bereich der Wanderungspolitik); EuGH 28.03.1996, Gutachten 2/94, EMRK, Slg. 1996, I-1759 (keine Kompetenz der Gemeinschaft für EMRK-Beitritt); vgl. dazu auch: *Mayer,* ZaöRV 2001, 577 (594ff).

134 § 14 Abs. 3 TzBfG sah für den Zeitraum 1.01.2003 bis 31.12.2006 folgende Regelung vor: „Die Befristung eines Arbeitsvertrages bedarf keines sachlichen Grundes, wenn der Arbeitnehmer bei Beginn des befristeten Arbeitsverhältnisses das 58. Lebensjahr vollendet hat. Bis zum 31. Dezember 2006 ist Satz 1 mit der Maßgabe anzuwenden, dass an die Stelle des 58. Lebensjahres das 52. Lebensjahr tritt. […]"

135 Richtlinie 2000/78/EG des Rates vom 27. November 2000 zur Festlegung eines allgemeinen Rahmens für die Verwirklichung der Gleichbehandlung in Beschäftigung und Beruf, Abl. L 303, 16.

136 Ausführlich und kritisch zum gesamten Verfahren: *Gerken/Rieble/Roth/Stein/Streinz,* "Mangold" als ausbrechender Rechtsakt; *Ziegenhorn,* NVwZ 2010, 803 (806).

137 Kritisch zur letztverbindlichen Kontrollbefugnis des BVerfG: *Proelß,* EuR 2011, 241 (248).

138 BVerfGE 126, 286 - *Honeywell,* Rn. 66: […] „Zum anderen hat der Gerichtshof Anspruch auf Fehlertoleranz. […] ", dazu auch: *Pötters/Traut,* EuR 2011, 580 (581); *v. Ooyen,* Die Staatstheorie des Bundesverfassungsgericht und Europa, S. 104ff.

139 BVerfGE 126, 286 - *Honeywell,* Rn. 60f.

zurück[140] und sieht einen ausbrechenden Rechtsakt nur dann als gegeben an, wenn der offensichtlich kompetenzwidriger Akt zu einer strukturell bedeutsamen Kompetenzverschiebung im Zuständigkeitsgefüge zwischen Mitgliedstaat und EU führt[141].

bb. Grenze des Nicht-übertragbaren - Identitätskontrolle

Im Rahmen der Identitätskontrolle prüft das BVerfG, ob der unantastbare Kerngehalt der Verfassungsidentität des Grundgesetzes nach Art. 23 Abs. 1 Satz 3 i.V.m. Art. 79 Abs. 3 GG gewahrt ist[142]. Art. 79 Abs. 3 GG i.V.m. Art. 1 und 20 GG stellen damit den Identitätskern der Verfassung dar[143], aus denen sich eine absolute Grenze für die Übertragbarkeit ergibt. Die Identitätskontrolle wirkt dabei in zweifacher Weise. Sie begrenzt zum einen zukünftige Integrationsschritte und ist somit Maßstab für folgende Zustimmungsgesetze. Zum anderen ist sie auch bei der Ausführung von bereits geltendem Unionsrecht zu beachten[144].

Bei den Strukturanforderungen an die Europäische Union, die in Art. 23 Abs. 1 S. 1 GG genannt sind, stand zunächst der Grundrechtsschutz auf europäischer Ebene im Mittelpunkt[145]. Zur „Verfassungsstruktur des Grundgesetzes" gehöre ein ausreichender und effektiver Grundrechtsschutz gegenüber der öffentlichen Gewalt[146]. Das BVerfG hatte es sich daher in seinem *Solange I-Beschluss* noch vorbehalten, Gemeinschaftsrecht an den Vorgaben des Grundgesetzes zu messen, solange die Europäische Gemeinschaft nicht über einen dem Grundgesetz adäquaten Grundrechtskatalog verfüge[147]. Die Konturierung der Grundrechte durch den EuGH haben indes dazu geführt, dass das BVerfG im *Solange II-Beschluss* diesen Zustand als weitestgehend gegeben ansah und seine

---

140 Die Übertragbarkeit wird unter C. V. ausführlich diskutiert.

141 Die abweichende Meinung des Richters Landau sieht darin ein zu enges Verständnis der ultra-vires-Kontrolle, eine Verengung des Lissabon-Urteils und bezweifelt, dass es jemals einen Fall geben würde, beim dem diese Kriterien erfüllt seien: BVerfGE 126, 286, Rn. 94, 101-103.

142 BVerfGE 123, 267- *Honeywell*, 4. Leitsatz.

143 BVerfGE 129, 124 - *EFS*, Rn. 126.

144 BVerfGE 123, 267 (398) - *Lissabon-Urteil*; *Walter*, ZaöRV 2012, 177 (183).

145 Als eigenen verfassungsrechtlichen Kontrollmaßstab bezeichnend: *Herdegen*, Europarecht, S. 248.

146 BVerfGE 37, 271 (280) - *Solange I*.

147 BVerfGE 37, 271 - *Solange I*.

Prüfungskompetenz diesbezüglich nicht mehr ausübt[148]. Der Grundrechtsschutz erfolgt danach auf europäischer Ebene. Das BVerfG hat darüber hinaus in der Lissabon-Entscheidung konkret einzelne Sachbereiche aufgelistet, welche die deutsche Verfassungsidentität ausmachten und daher nicht supranationalisiert werden könnten[149]. In diesen Bereichen müsse ausreichend Raum für politische Gestaltung auf der Ebene der Mitgliedstaaten verbleiben. Es bestünden insoweit materielle Integrationshürden[150].

148 BVerfGE 73, 339 - *Solange II*; Bestätigt in: BVerfGE 89, 155 - *Maastricht*; BVerfGE 102, 147 - *Bananenmarktordnung*; BVerfGE 123, 267 - *Lissabon-Urteil*; Es bestehe nur noch ein „Notvorbehalt", so dass tatsächlich die bundesverfassungsrechtliche Grundrechtsprüfung von Unionsrechtsakten kaum mehr auftreten kann, vgl. dazu auch: *Mayer*, in: Grabitz/Hilf/Nettesheim, 2012, Art. 19 EUV, Rn. 78 ff.

149 Genannte werden: Die Staatsbürgerschaft, das zivile und militärische Gewaltmonopol, das Budgetrecht, die für Grundrechtsverwirklichungen maßgeblichen Eingriffstatbestände, vor allem bei intensiven Grundrechtseingriffen wie Freiheitsentzug in der Strafrechtspflege oder bei Unterbringungsmaßnahmen, sozial-kulturelle Gestaltung von Lebensverhältnissen, BVerfGE 123, 267 (357f) - *Lissabon-Urteil*.

150 BVerfGE 123, 267, Rn. 249; dazu: *Nettesheim*, NJW 2009, 2867 (2868); *Calliess*, ZeuS 2009, 559 (569 ff.); *Grimm*, Der Staat 2009, 475; *Denninger*, JZ 2010, 969 (972 f.); *Walter*, ZaöRV 2012, 177 (182); *Möllers/Redcay*, EuR 2013, 409 (415f); die Debatte zum Lissabon-Urteil im Überblick: *Ruffert*, ZSE 2009, 381; ebenso zum Budgetrecht des Bundestages, BVerfGE 129, 124 - *EFS*, Rn. 120ff.

II. Grundprinzipien des Individualrechtsschutzes im Unionsrecht

Die vorhergehenden Ausführungen haben bereits gezeigt, dass sich auch der Einzelne gegenüber den Mitgliedstaaten unmittelbar auf das Unionsrecht berufen kann, sofern gewisse Mindestbedingungen erfüllt sind. Natürliche und juristische Personen sind somit anerkannte Rechtssubjekte der Unionsrechtsordnung und können Träger von Rechten und Pflichten dieser Rechtsordnung sein[151].

Die Zuweisung einer Rechtsposition durch eine Rechtsnorm verleiht dem Einzelnen ein subjektives Recht[152]. Auch wenn der EuGH den Begriff des subjektiven Recht nicht verwendet und stattdessen von „individuellen Rechten" und „Rechten einzelner" spricht, soll nachfolgend an die deutsche Dogmatik anknüpfend der Terminus des subjektiven Rechts verwandt werden. Dabei ist zu berücksichtigten, dass die Qualifikation subjektiver Rechte im Unionsrecht von der nach nationalem Recht zu trennen ist.

An die Verleihung eines subjektiven Rechts knüpft die Möglichkeit, dieses Recht durchzusetzen sowie eine eventuelle Rechtsverletzung zu sanktionieren. Sind subjektive Rechte und deren Schutz bzw. Durchsetzung daher auch begrifflich und rechtlich zu unterscheiden, besteht dennoch ein enger faktischer Zusammenhang. Die Verleihung subjektiver Rechte ist notwendige Voraussetzung für einen eventuellen Schutzanspruch. Zudem können materielle Rechtspositionen, die nicht von einer korrespondierenden Rechtsschutznorm begleitet werden, nicht effektiv durchgesetzt werden und haben daher nur einen minderen Wert[153].

---

151 Vgl. *Pasemann*, Die Entwicklung des Schutzes subjektiver Rechte unter Berücksichtigung des europäischen Einflusses, S. 250f.

152 Zu den in der deutschen Diskussion zum subjektiven Recht im Unionsrecht verwandten, unterschiedlichen Definitionen, vgl nur: *Nettesheim*, AöR (132) 2007, 333 (345).

153 *Grzeszick*, EuR 1998, 417 (419); *Schoch*, Die Verwaltung, 2001, 261 (275); vgl. zum Rangverhältnis von Recht und Anspruch: *Eilmansberger*, Rechtsfolgen und subjektives Recht im Gemeinschaftsrecht, S. 62ff; kritisch zur Trennung von Recht und Rechtsbehelf: *Ruffert*, Calliess/Ruffert, 2011, Art. 288 AEUV, Rn. 75; das subjektive Recht über das Merkmal der Rechtsmacht zur Erzeugung einer Norm definierend: *Kelsen*, Reine Rechtslehre, 1960, 139ff; vgl. zur hier nicht weitere relevanten Klagemöglichkeit ohne Vorliegen subjektiver Rechte: EuGH 12.05.2011, Rs. C-115/09, *Trianel*, Slg. 2011, I-3673.

1. Subjektive Rechte des Unionsrechts

Unmittelbar anwendbarem Unionsrecht jeden Ranges können subjektive Rechte entnommen werden[154]. Primäres Unionsrecht[155] und Verordnungen[156] können ein solches unmittelbar verleihen. Eine Richtlinienbestimmung kann dies, wie oben ausgeführt[157], grundsätzlich erst nach erfolglosem Ablauf der Umsetzungsfrist[158]. Sofern die Rechte einzelner nicht ausdrücklich erwähnt werden[159], ist dabei zunächst durch Auslegung zu ermitteln, ob die jeweilige Bestimmung ein klares und uneingeschränktes Gebot oder Verbot enthält, was den Mitgliedstaat bzw. die Union zu einem Tun oder Unterlassen verpflichtet[160]. Insofern kann auf obige Ausführung zu den synonymen Begrifflichkeiten der inhaltlichen Unbedingtheit und Konkretheit verwiesen werden. Nicht jeder Pflicht steht jedoch auch ein Recht des Einzelnen, sich auf die Pflicht berufen zu können, gegenüber. Welche weitere Voraussetzung nach dem Unionsrecht noch vorliegen muss, ist noch nicht abschließend geklärt[161].

---

154 Vgl. den Überblick bei: *Hölscheidt*, EuR 2001, 376 (381ff.); *Grzeszick*, Rechte und Ansprüche, S. 485; für eine einheitliche Konzeption der subjektiven Rechte: *Gellermann*, Beeinflussung des bundesdeutschen Rechts durch Richtlinien der EG, S. 160ff; *Wegener*, Rechte des Einzelnen, S. 126; *Epiney*, VVDStRL (61), S. 362 (388); anders: *Ruffert*, Subjektive Rechte im Umweltrecht der Europäischen Gemeinschaft, S. 166ff.

155 Vgl. dazu ausführlich: *Kingreen/Strörmer*, EuR 1998, 263.

156 EuGH 14.12.1971, Rs. 43/71, *Politi*, Slg. 1971, 1039 (1049); EuGH 10.10.1973, Rs. 34/73, *Variola*, Slg. 1973, 981 (990).

157 Unter: B. I. 1. a) bb).

158 Vgl. zu subjektiven Rechten aus Entscheidungen: EuGH 06.10.1970, Rs. 9/70, *Grad / Finanzamt Traunstein*, Slg. 1970, 825; EuGH 21.10.1970, Rs. 23/70, *Haselhorst*, Slg. 1970, 881 (894).

159 So bspw. Art. 45 Abs. 3 AEUV und die Grundrechte der GRC.

160 Vgl. dazu: EuGH 04.12.1974, Rs. 41-74, *Van Duyn*, Slg. 1974, 1337; EuGH 05.04.1979, Rs.148-78, *Ratti*, Slg. 1979, 1629; EuGH 19.01.1982, Rs. 8/81, *Becker*, Slg. 1982, 53; EuGH 23.02.1994, *Cava*, C-236/92, Slg. 1994, I-483, Rn. 8ff; vgl. zur Bezugnahme des EuGH auf Wortlaut, Begründungserwägungen, sowie Sinn und Zweck zur Auslegung der Richtlinienbestimmung auch: EuGH 08.10.1996, Rs. C-178/94, C-179/94 u. C-188/94 bis C-190/94, *Dillenkofer*, Slg. 1996, I-4845, Rn. 33ff; *Classen*, VerwArch 1997, 645 (653f).

161 Ablehnend zur Bestimmung der weiteren Voraussetzungen nach dem nationalen Recht auch: *Papier*, DVBl 1993, 809 (811); *Hölscheidt*, EuR 2001, 376 (386).

a. Keine rein objektiv-rechtliche Konzeption

Zunächst kommt in Betracht, dass dem Einzelnen ein Durchsetzungsanspruch gewährt wird, der sich lediglich auf die Durchsetzung des objektiven Rechts bezieht, ohne dass ein primär eigenes Interesse verfolgt wird[162]. Individualbefugnisse stünden danach in erster Linie im Unionsinteresse, es würden keine weiteren Voraussetzungen verlangt, und der Kreis derjenigen, die sich auf subjektive Rechte berufen könnten, wäre nahezu unbeschränkt. Dem liegt die insbesondere von *Masing* geprägte Ansicht zugrunde, dass „die Zuerkennung von Befugnissen insbesondere dazu dienen [soll], eine in mancher Hinsicht widerstrebende oder nachlässige Verwaltung um der allgemeinen Durchsetzung des Europarechts willen zu kontrollieren"[163]. Nahezu alleiniger Zweck der Verleihung subjektiver Rechte im Unionsrecht wäre es demnach, den Vollzug des Unionsrechts integrationspolitisch zu fördern[164]. Der Einzelne wäre nur eine mit Klagebefugnis ausgestatteten Kontrollinstanz[165] und trüge dadurch für die effektive Durchsetzung der Unionsrechtsordnung Sorge[166]. Das französische Modell der Interessentenklage wird dafür als Vorbild genannt[167].

Für diese Ansicht lassen sich einige Belege in der Rechtsprechung des EuGH finden. Bereits in *van Gend & Loos* heißt es, „die Wachsamkeit der an der Wahrung ihrer Rechte interessierten einzelnen stelle eine wirksa-

---

162 Vgl. dazu: *Everling*, RIW 1992, 379 (384 f.); *Everling* NVwZ 1993, 209 (214); zur „Versubjektivierung" der Belange des Umweltschutzes vgl. auch: *Erichsen*, NVwZ 1992, 409 (418f); *Kokott*, Die Verwaltung, 1998, 335 (356); *v. Danwitz*, Verwaltungsrechtliches System und Europäische Integration, S. 233; *Classen*, VerwArch 1997, 645 (648); vgl. zur Übersicht über vertretene Ansichten: *Baumgartner*, Die Klagebefugnis nach deutschem Recht vor dem Hintergrund des Gemeinschaftsrechts, S. 119ff.

163 *Masing*, Die Mobilisierung des Bürgers für die Durchsetzung des Rechts, S. 176.

164 *Nettesheim*, AöR (132) 2007, 333, (354); vgl. dazu den ehemaligen Generaldirektor des Juristischen Dienstes der Kommission: *Ehlermann*, in: FS Pescatore, S. 205 (220).

165 *Masing*, Die Mobilisierung des Bürgers für die Durchsetzung des Rechts, S. 39; *Schenke*, in: FS Schenke, S. 305 (312); bereits zuvor: *Pernice* NvWZ 1990, 414 (423);

166 *v. Danwitz*, Verwaltungsrechtliches System und Europäische Integration, S. 108.

167 So: *Everling*, NVwZ 1993, 209 (214f.); *v. Danwitz*, DÖV 1996, 481 (484); *v. Danwitz*, Verwaltungsrechtliches System und Europäische Integration, S. 236; *Calliess*, NJW 2002, 3577 (3579f.); *Finger*, JA 2005, 228 (230); *Schmidt-Preuß*, NVwZ 2005, 489 (492); *Schwerdtfeger*, Der deutsche Verwaltungsrechtsschutz unter dem Einfluss der Aarhus-Konvention, S. 57.

me Kontrolle dar, welche die durch die Kommission und die Mitgliedstaaten [...] ausgeübte Kontrolle ergänzt“[168]. Ebenso betont der EuGH die „volle Wirksamkeit des Gemeinschaftsrecht“ bei der Konkretisierung der Voraussetzungen des einstweiligen Rechtsschutzes und der Begründung des Staatshaftungsanspruchs[169]. Als Bestätigung einer rein objektiv-rechtliche Konzeption lassen sich zudem Urteile in Vertragsverletzungsverfahren zur unzureichenden Richtlinienumsetzung deuten. Das Umsetzungsdefizit bestand dabei darin, dass der Einzelne nicht in die Lage versetzt wurde, ausreichend Kenntnis von seinen Rechten aus der Richtlinie zu erlangen und diese gegebenenfalls vor nationalen Gerichten geltend zu machen[170]. Verfahrensgegenständlich waren Richtlinien zum materiellen Umweltrecht, bei denen der EuGH die Einklagbarkeit damit begründete, dass sich der Einzelne zum Schutz der „Volksgesundheit“[171], zum Schutz „des Menschen“[172] bzw. der „menschlichen Gesundheit“[173] auf die entsprechenden Vorschriften berufen könne müsse. Ebenso genügt das Ziel des Schutzes vor Willkür bei der öffentlichen Vergabe zur Begründung der Klagebefugnis[174]. In diesem Zusammenhang genannt wird zudem die Entscheidung *Verholen*, bei der sich der

168 EuGH 05.02.1963, Rs. 26-62, *Van Gend und Loos*, Slg. 1963, 1 (26); vgl. zur privaten Durchsetzungsmöglichkeit auch: EuGH 17.09.2002, Rs. C-253/00, *Muñoz und Superior Fruiticola*, Slg. 2002, I-7289, Rn. 31.

169 EuGH19.06.1990, Rs. C-213/89, *Factortame*, Slg. 1990 Seite I-2433, Rn. 21; nahezu wortgleich: EuGH 19.11.1991, Rs. C-6/90 u. 9/90, *Francovich*, Slg. 1991, 5357, Rn. 33; für weitere Begründungsansätze: *Masing*, Die Mobilisierung des Bürgers für die Durchsetzung des Rechts, S. 21ff.

170 Vgl. insbesondere die vier gegen Deutschland im Jahr 1991 ergangenen Urteile: EuGH 28.02.1991, Rs. C-131/88, *Grundwasser*, Slg 1991, I-825; EuGH 08.05.1991, Rs. C-58/89, *Oberflächenwasser*, Slg. 1991, I-4983, Rn. 14; EuGH 30.05.1991, Rs. C-59/89, *Blei*, Slg. 1991, I-2607; EuGH 30.05.1991, Rs. C-361/88, *Schwefeldioxid*, Slg. 1991, I-2567; ebenso drei Urteile gegen Frankreich, welche die Umsetzung der Luftqualitätsrichtlinie durch sog. *circulaires*, die nur eine Kommentierung und Erläuterung der Rechtsvorschriften enthalten: EuGH 01.10.1991, Rs. C-13/90, Slg. 1991, I-4327; EuGH 01.10.1991, Rs. C-14/90, Slg. 1991, I-4331; EuGH 01.10.1991, Rs. C-64/90, Slg. 1991, I-4335 – jeweils ohne Begründung.

171 EuGH 08.05.1991, Rs. C-58/89, *Oberflächenwasser*, Slg. 1991, I-4983, Rn. 14.

172 EuGH 30.05.1991, Rs. C-59/89, *Blei*, Slg. 1991, I-2607, Rn. 19.

173 EuGH 30.05.1991, Rs. C-361/88, *Schwefeldioxid*, Slg. 1991, I-2567, Rn. 16.

174 EuGH 11.08.1995 , Rs. C-433/93, *Kommission/Deutschland*, Slg. 1995, I-2303 (2317), Rn. 19.

Ehemann auf den Unionsrechtsverstoß einer seine Ehefrau diskriminierenden Regelung des niederländischen Rechts berufen kann[175].

Betrachtet man die genannten Fälle indes genauer, zeigt sich, dass zwar nach der deutschen Schutznormtheorie nicht immer ein subjektives Recht gegeben wäre, jedoch auch kein allgemeiner Normvollziehungsanspruch, der eine objektive Kontrolle vorgibt, verlangt wird[176]. In den genannten Urteilen zum materiellen Umweltrecht fordert der EuGH für eine ordnungsgemäße Umsetzung, dass „die Begünstigten in der Lage sind, von allen ihren Rechten Kenntnis zu erlangen [...]"[177]. In der Rechtssache *Verholen* betrafen die Folgen der diskriminierenden Rentenneufestsetzung auch den Ehemann, da seine Rentenansprüche ebenfalls gekürzt worden waren. Der EuGH betonte auch hier, der Ehemann könne sich auf die Richtlinie berufen, da er ein „unmittelbares Interesse daran haben könne [...], daß das Diskriminierungsverbot zugunsten der geschützten Personen beachtet wird"[178]. Schließlich betont der EuGH, dass nicht die gesamte Bau- und Lieferkoordinierungsrichtlinie, sondern deren spezifische „Vorschriften über die Teilnahme und die Publizität den Bieter vor Willkür des öffentlichen Auftraggebers schützen sollen"[179].

Damit grenzt der EuGH zum einen implizit die Nicht-Betroffenen, die kein unmittelbares Interesse haben, aus dem Kreis der Klagebefugten aus. Zum anderen beschränkt er auch die Überprüfung der benannten Richtlinien auf jene Vorschriften, die gerade dem Schutz der Betroffen dienen. Beide Beschränkungen stehen dem Konzept des allgemeinen Gesetzesvollziehungsanspruchs und der Popularklagen entgegen[180]. Eine

---

175 EuGH 11.07.1991, verb. Rs. C-87/90 bis C-89/90, *Verholen u.a.*, Slg. 1991, I-3757, Rn. 22ff.

176 *Frenz,* Handbuch Europarecht, Bd. 5, Rn. 1115.

177 EuGH 08.05.1991, Rs. C-58/89, *Oberflächenwasser,* Slg. 1991, I-4983, Rn. 13; EuGH 30.05.1991, Rs. C-361/88, *Schwefeldioxid,* Slg. 1991, I-2567, Rn. 16; EuGH 30.05.1991, Rs. C-59/89, *Blei,* Slg. 1991, I-2607, Rn. 18 - Hervorhebung nur hier; nahezu wortgleich: EuGH 28.02.1991, Rs. C-131/88, *Grundwasser,* Slg 1991, I-825, Rn. 6.

178 EuGH 11.07.1991, verb. Rs. C-87/90 bis C-89/90, *Verholen u.a.*, Slg. 1991, I-3757, Rn. 23 - Hervorhebung nur hier; eingeschränkt wird die Berufungsmöglichkeit anschließend noch dadurch, dass die Ehefrau selbst in den Geltungsbereich der Richtlinie fallen müsse.

179 EuGH 11.08.1995 , Rs. C-433/93, *Kommission/Deutschland,* Slg. 1995, I-2303 (2317), Rn. 19.

180 GA *Capotorti,* Schlussanträge zu EuGH Rs. 158/80, *Rewe,* Slg. 1981, 1805 (1850 f.); *Papier,* DVBl 1993, 809 (814); *Zuleeg,* NJW 1993, 31 (37); *Kahl,* ThürVBl, 1994,

Entscheidung, bei der es nicht um die Förderung von Individualrechtsgütern geht und bei welcher der EuGH dennoch dem Einzelnen eine subjektive Rechtsposition zugeschrieben hat, existiert nicht[181]. Schließlich steht bei der Frage, ob die maßgebliche Norm eine solche verleiht, stets die Auslegung der Rechtsnorm im Mittelpunkt[182]. Eine rein faktische Betroffenheit ist somit nicht ausreichend, entscheidend ist vielmehr der gesetzliche bezweckte Interessenschutz[183]. Damit lassen sich auch die oben angeführten Entscheidungen zu den Notifizierungspflichten erklären. Während die Notifizierungspflicht der Richtlinie über technische Normen letztlich die Teilnahme des Einzelnen am Warenverkehr erleichtern soll[184], diente die Notifizierungspflicht nach Art. 7 Abs. 3 der Abfallrichtlinie nicht den Interessen Einzelner, sondern ausschließlich der Information der Kommission[185].

Eine „Mobilisierung des Einzelnen" ist daher eher im Bereich der Normsetzung als Motivation des Gesetzgebers auf Unionsebene anzutreffen und keine Frage der Konzeption subjektiver Rechte[186]. Mit der Entwick-

---

225 (256ff); *Classen*, NJW 1995, 2457 (2458 f.); *Ruthig*, BayVBl. 1997, 289 (295); *Classen*, VerwArch 1997, 645 (653f); *Ruffert*, DVBl 1998, 69 (73).

181 Ebenso: *Nettesheim*, AöR (132) 2007, 333, (359).

182 EuGH 28.02.1991, Rs. C-131/88, *Grundwasser*, Slg 1991, I-825, Rn. 7, 61; EuGH 30.05.1991, Rs. C-59/89, *Blei*, Slg. 1991, I-2607, Rn. 19; EuGH 04.12.2003, Rs. C-63/01, *Evans*, 2003, I-14447, Rn. 36.

183 Ebenso: *Röben*, Die Einwirkung der Rechtsprechung des Europäischen Gerichtshofs auf das Mitgliedstaatliche Verfahren in öffentlich-rechtlichen Streitigkeiten, S. 240.

184 EuGH 30.04.1996, C-194/94, *CIA Security International*, Slg. 1996, I-2201, Rn. 40f; EuGH 26.09.2000, Rs. C-443/98, *Unilever*, Slg. 2000, I-7535, Rn. 50; EuGH 06.06.2002, Rs. C-159/00, *Sapod Audic*, Slg. 2002, I-5031, Rn. 49ff; Art. 8 der Richtlinie 83/189/EWG vom 28. März 1983 über ein Informationsverfahren auf dem Gebiet der Normen und technischen Vorschriften (ABl. L 109, S. 8) in der Fassung der Richtlinie 94/10/EG vom 23. März 1994 zur zweiten wesentlichen Änderung der Richtlinie 83/189 (ABl. L 100, S. 30).

185 EuGH 23.05.2000, Rs. C-209/98, *Sydhavens Sten & Grus*, Slg. 2000, I-4269, Rn. 98; Art. 7 Abs. 3 der Richtlinie 91/156/EWG des Rates vom 18. März 1991 zur Änderung der Richtlinie 75/442/EWG über Abfälle (ABl L 78, 26.03.1991, S. 32); Ebenso zur Notifizierungspflicht in Art. 3 Abs. 2 der vorherigen Fassung der Richtlinie: EuGH 13.07.1989, Rs. 380/87, *Enichem Base*, Slg. 1989, 2491, Rn. 21ff.

186 Vgl. zur normativen Verankerung weiter Klagerechte: Richtlinie 2003/4/EG, 28.01.2003 über den Zugang der Öffentlichkeit zu Umweltinformationen, ABl. 2003 L 41/26; Art. 9 der Richtlinie 2003/35/EG , 26.05.2003 über die Beteiligung der Öffentlichkeit bei der Ausarbeitung bestimmter umweltbezogener Pläne und Programme (Verbandsklage), ABl. 2003 L 156/17; Richtlinie 2004/18/EG , 31.03.2004 über die Koordinierung der Verfahren zur Vergabe öffentlicher Bau-

lung der Union zu einem politischen Verbund, der nicht mehr das Leitbild des Marktbürgers, sondern das des Unionsbürgers verfolgt[187], ist eine Abkehr von dieser legislativen Subjektivierung denkbar. Letztlich wird aber wohl ein Ansatz, der den Unionsbürger zum Mittelpunkt des eigenen Handelns macht[188], dessen Rechtsstellung nicht schmälern können. Es ist vielmehr ein Wandel ob der Funktion und Rolle subjektiver Rechte vorstellbar[189].

b. Kein Alternativverhältnis von individueller und öffentlicher Schutzrichtung

Folgte man der rein objektiv-rechtlichen Konzeption subjektiver Rechte, bedingte der Schutz öffentlicher Interessen stets auch einen Individualrechtsbezug. Wird diese Konzeption hingegen - wie hier - abgelehnt und damit dieser Gleichgang verneint, stellt sich unweigerlich die Frage nach dem Verhältnis von Individualinteressen zu öffentlichen Interessen. Die eben dargestellte Rechtsprechung des EuGH zeigt, dass bei der Bestimmung von „Rechten Einzelner" allgemeinwohlbezogene Begrifflichkeiten verwendet werden. Weisen die konkreten Regelungen zwar auch nach der Schutznormtheorie deutscher Prägung grundsätzlich individualschützenden Charakter auf[190], wäre ein solcher Allgemeinwohlbezug im nationalen Kontext kritisch zu sehen. Hintergrund ist das Kriterium der Abgrenzbarkeit des Betroffenenkreises[191]. Nach der Rechtsprechung des BVerwG ist insoweit zu fragen, ob sich aus individualisierenden Merkmalen ein Personenkreis entnehmen lässt, der sich von der

aufträge, Lieferaufträge und Dienstleistungsaufträge, ABl. 2004 L 134/114; vgl. dazu: *Classen*, in: Grabitz/Hilf/Nettesheim, 2012, Art. 197 AEUV, Rn. 44; Dazu auch: EuGH 12.05.2011, Rs. C-115/09, *Trianel*, Slg. 2011, I-3673.

187 Vgl. zu diesem Prozess: *Calliess*, EuR Beiheft 1/2007, 7 (11); *Schorkopf*, Der Europäische Weg, S. 67ff.

188 Vgl. dazu die Präambel der GRC: „[die Union] stellt die Person in den Mittelpunkt ihres Handelns […]".

189 Ebenso: *Nettesheim*, AöR (132) 2007, 333, (336).

190 *Classen*, in: Grabitz/Hilf/Nettesheim, 2012, Art. 197 AEUV, Rn. 44; *Reiling*, Zu individuellen Rechten im deutschen und im Gemeinschaftsrecht, S. 387ff.

191 Ebenso: *v. Danwitz* DÖV 1996, 481 (485); *Baumgartner*, Die Klagebefugnis nach deutschem Recht vor dem Hintergrund des Gemeinschaftsrechts, S. 92; a.A: *Wolf*, Die Staatshaftung der Bundesrepublik Deutschland und der Französischen Republik für Verstöße gegen das Gemeinschaftsrecht (EGV), S. 124.

Allgemeinheit unterscheidet[192]. Damit soll zwischen individueller und allgemeiner Schutzrichtung von Rechtssätzen differenziert werden. Nur Normen mit individueller Schutzrichtung verleihen danach ein subjektives Recht. Diese Unterscheidung beruht auf der historischen Grundannahme, dass der Bürger nur dort Rechte gegenüber der monarchistischen Staatsgewalt zugewiesen bekommen konnte, wo es um den Schutz der dem Staat abgerungenen persönlichen Freiheitssphäre ging[193]. Übernommen ist diese Konzeption im modernen demokratischen Verfassungsstaat unter der Prämisse, dass Entscheidungen, die die Allgemeinheit betreffen, dem politischen Prozess überlassen bleiben sollen. Auch wenn Individualrechtsgüter betroffen sind, negiert die Schutznormtheorie mit diesem Kriterium das subjektive Recht und räumt dem Allgemeininteresse und somit dem politischen Gemeinwesen den Vorrang ein. Das führt zu dem paradoxen Ergebnis, dass der Schutz des Einzelnen umso geringer wird, je stärker und umfangreicher Individualrechtsgüter beeinträchtigt werden[194]. Die Ausgestaltung des subjektiven Rechts trifft damit stets auch Aussagen über das Verhältnis von Gerichtsbarkeit und politischem Prozess.

Eine solche Einschränkung kennt das Unionsrecht für die Begründung subjektiver Rechte nicht[195]. Das lässt sich mit unionalen Erwägungen zum Verhältnis von Gerichtsbarkeit und politischem Prozess begründen. Zum einen wird der politische Prozess auf Unionsebene durch die dezentrale Kontrolle über subjektive Rechte gestärkt. An die Stelle der nach deutschem Recht geforderten Individualisierbarkeit tritt demnach der Sanktionsgedanke. Zum anderen hat der politische Prozess auf mitgliedstaatlicher Ebene gerade nicht dazu geführt, dass ein unionsrechtskonformer Zustand erreicht wird; auf diesen ist daher auch aus unionsrechtlicher Perspektive keine gesonderte Rücksicht zu nehmen.

---

192 BVerwG 15.07.1987, Az. 4 C 56/83, NJW 1988, 434 (435); BVerwG 16.09.1993, Az. 4 C 28/91, NJW 1994, 1546; BVerwG 06.09.2004, Az. 7 B 62/04, NVwZ 2005, 84 (85); Vgl. auch: BGHZ 28.06.1984, Az. III ZR 35/83, NJW 1984, 2516 (2519).

193 *Nettesheim*, AöR (132) 2007, 333, (356); *Reiling*, Zu individuellen Rechten im deutschen und im Gemeinschaftsrecht, S. 384ff.

194 *Winter*, NVwZ 1999, 467 (468).

195 EuGH 19.12.1968, Rs.13/68, *Salgoil*, Slg 1968, 679 (693): „Die Vorschriften […] verpflichten […] insbesondere die zuständigen Gerichte der Mitgliedstaaten dazu, die Interessen der durch eine etwaige Verletzung der genannten Vorschriften betroffenen einzelnen zu wahren, indem sie diesen einen unmittelbaren und sofortigen Schutz gewähren. Hierbei kommt es nicht darauf an, wie sich diese Interessen nach innerstaatlichem Recht zu dem in der vorliegenden Frage erwähnten öffentlichen Interesse verhalten.".

Statt eines Alternativverhältnises von individueller und allgemeiner Schutzrichtung der Gesetze sind Überschneidungen möglich und zur effektiven Durchsetzung des Unionsrechts normtechnisch gewollt. Die subjektiven Rechte, die das Unionsrecht dem Bürger verleiht, dienen daher häufig dem Einzelnen und zugleich dem öffentlichen Interesse der Union an der Einhaltung und Durchsetzung unionsrechtlicher Vorgaben. Ein spezielles Näheverhältnis, das den Einzelnen besonders aus dem Kreis der Allgemeinheit heraushebt, ist daher nicht nötig. Auch dann, wenn der Einzelne den Schutz nur als Teil der Allgemeinheit erfahren soll, kann er zu dem Personenkreis gehören, denen ein subjektives Recht zusteht. Für eine Vereinbarkeit mit der Schutznormtheorie nach deutscher Prägung, die ebenfalls lediglich verlangt, dass zumindest *auch* Individualinteressen geschützt werden, gilt es, diese beim Wort zu nehmen und im Schutz von Individual- und Allgemeininteresse keinen Gegensatz zu sehen[196].

c. Normativ verankerter Individualinteressenschutz

Insgesamt ist daher der Begriff des subjektiven Rechts dementsprechend weiter zu verstehen[197] und bereits dann als gegeben anzunehmen, wenn nach dem objektiven Zweck der Norm *auch* Interessen Einzelner geschützt werden sollen[198]. Die unionsrechtliche Verankerung von Individualinteressen führt dann zu subjektiven Rechten[199]. Nicht ausreichend

---

196 *Wegener*, in: Lübbe-Wolff [Hrsg.], Der Vollzug des europäischen Umweltrechts S. 160; *Herdegen/Rensmann*, ZHR 1997, 255 (539); *Epiney*, NVwZ 1999, 485 (487); *Winter*, NVwZ 1999, 467 (468, 473); *Schoch*, NVwZ 1999, 457 (464); *Epiney*, VVDStRL (61), S. 362 (400); *Nettesheim*, in: Grabitz/Hilf/Nettesheim, 2012, Art. 288 AEUV, Rn. 127f; *Schwerdtfeger*, EuR 2012, 80 (87); in diese Richtung: BVerwG 10.04.2008, Az. 7 C 39.07 (Schutzanspruch Drittbetroffener gegen Anschläge auf ein atomrechtliches Zwischenlager), ZUR 2008, 363, Rn. 23, 33; gegen eine mögliche Einschränkung des subjektiven Rechts durch die 12. Atomgesetznovelle: *Roller*, NVwZ 2011, 1431; a.A. wohl: *Ziehm* ZUR 2011, 3 (7f.).

197 *Grzeszick*, Rechte und Ansprüche, S. 504; *Jarass*, NJW 1994, 881(883).

198 Ebenso: *Ruffert*, Calliess/Ruffert [Hrsg.], 2011, Art. 340 AEUV, Rn. 55; *Epiney*, VVDStRL (61), S. 362 (388); in diese Richtung auch: *Kadelbach*, Allgemeines Verwaltungsrecht unter europäischem Einfluß, S. 370f; *Gellermann*, in: Rengeling/Middeke/Gellermann [Hrsg.], Handbuch des Rechtsschutzes in der EU, § 36, Rn. 13ff; *Reiling*, Zu individuellen Rechten im deutschen und im Gemeinschaftsrecht, S. 330.

199 Vgl. zum Gesundheitsschutz: EuGH 30.05.1991, Rs. C-361/88, *Kommission/Bundesrepublik Deutschland (Luftverschmutzung)*, Slg. 1991, I-2567, Rn. 16; EuGH 30.05.1991, Rs. C-59/89, *Kommission/Bundesrepublik Deutschland (Luftverschmutzung)*, Slg. 1991, I-2607, Rn. 19; EuGH 17.10.1991, Rs. C-58/89, *Kommissi-*

ist hingegen, wenn ausschließlich Allgemeininteressen verfolgt werden[200]. Notwendig ist daher stets die normative Verankerung des Schutzes von Individualinteressen. Eine solche liegt unstreitig vor, wenn sich aus der Auslegung der Norm ergibt, dass mit der Verpflichtung des Mitgliedstaates ein Individualrechtsgut geschützt werden soll. Von großer Bedeutung ist dabei die personelle und inhaltliche Reichweite der unionsrechtlichen Individualrechtsgüter. Insbesondere für den Bereich der Grundfreiheiten ist insoweit von einem inhaltlich sehr weiten Anwendungsbereich auszugehen[201].

Bisher hingegen nicht eindeutig zu beantworten ist die Frage, ob auch Interessen schutzwürdig sind, die unterhalb der Schwelle des Rechtgüterschutzes anzusehen sind. So ist fraglich, ob etwa die Umweltverschmutzung unterhalb der Schwelle der Gesundheitsgefährdung bereits ein schutzwürdiges Individualinteresse darstellt. Dafür spricht, dass der EuGH generell ein subjektives Recht auf Durchführung der UVP angenommen hat, ohne die besondere Gesundheitsgefahr zu betonen[202].

Der Kreis derjenigen, die sich auf das subjektive Recht berufen können, ist auf die Betroffenen begrenzt. Die Betroffenheit verlangt zunächst,

---

on/Bundesrepublik Deutschland (Trinkwasser), Slg. 1991, I-4983, Rn. 14; EuGH 25.07.2008, Rs. C-237/07, *Janecek* , Slg 2008, I-6221, Rn. 39ff; EuGH 25.11.2010, Rs. C-429/09, *Fuß gegen Halle*, Slg. 2010, I-12167, Rn. 49f; zum Vergaberecht: EuGH 11.08.1995, Rs. C-433/93, *Kommission/Bundesrepublik Deutschland*, Slg. 1995, I-2303, Rn. 19.

200 EuGH, 12.10.2004, Rs. C-222/02, *Paul (Bankenaufsicht)*, Slg. 2004, I-9425, Rn. 40 ff.

201 Vgl. zur negativen (bzw. passiven) Dienstleistungsfreiheit: EuGH 31.01.1984, verb. Rs. 286/82 und 26/83, *Luisi und Carbone*, 1984, 377, Rn. 16; vgl. zum weiten Verständnis der Vergütung als Gegenleistung für die Arbeitnehmereigenschaft: EuGH 05.10.1988, Rs. 196/87, *Steymann*, Slg. 1988, 6159, Rn. 12.

202 EuGH 07.01.2004, Rs. C-201/02, *Delena Wells*, Slg. 2004, I-723, Rn. 57; ebenso aber auch mit Verweis auf eventuelle Vermögenseinbußen: EuGH 14.03.2013, Rs. C-420/11, *Leth*, noch nicht in der amtlichen Sammlung veröffentlicht, Rn. 32; eher gegen eine solche Annahme sprechend: EuGH 30.05.1991, Rs. C-361/88, *Kommission/Bundesrepublik Deutschland (Luftverschmutzung)*, Slg. 1991, I-2567, Rn. 16; EuGH 30.05.1991, Rs. C-59/89, *Kommission/Bundesrepublik Deutschland (Luftverschmutzung)*, Slg. 1991, I-2607, Rn. 19: „daß die Betroffenen in allen Fällen, in denen *die Überschreitung des Grenzwertes die menschliche Gesundheit gefährden könnte*, in der Lage sein müssen, sich auf zwingende Vorschriften zu berufen, um ihre Rechte geltend machen zu können"; EuGH 25.07.2008, Rs. C-237/07, *Janecek* , Slg 2008, I-6221, Rn. 39ff: „dass natürliche oder juristische Personen, die *unmittelbar von der Gefahr einer Überschreitung der Grenzwerte oder der Alarmschwellen betroffen* sind" - Hervorhebungen nur hier; *Nettesheim*, in: Grabitz/Hilf/Nettesheim, 2012, Art. 288 AEUV, Rn. 127.

dass der Einzelne in den Anwendungsbereich der Norm fällt. Zum anderen müssen sich zumindest potentiell die Auswirkungen der Rechtsverletzung in seinem Interesse niederschlagen und er faktisch betroffen sein. Unerheblich ist, wie groß der Kreis der Betroffenen ist[203].

2. Gerichtlicher Individualrechtsschutz

Der EuGH spricht im Zusammenhang mit den subjektiven Rechten davon, dass sich der Einzelne auf diese berufen können müsse bzw. dass er diese geltend machen können soll. Dazu gehört die Geltendmachung in bereits anhängigen gerichtlichen Verfahren, beispielsweise durch die unmittelbare Wirkung von Richtlinien. Ebenfalls darunter zu fassen ist auch die offensive, klageweise Durchsetzung[204]. Dafür spricht, dass die Existenz effektiver gerichtlicher Kontrollmöglichkeiten seitens der Bürger gegenüber der gemeinschaftlichen Hoheitsgewalt ein Kernstück der Rechtsstaatlichkeit bildet, auf die sich die Union nach Art. 2 EUV gründet. Ferner ist das Grundrecht auf effektiven Zugang zu einem Gericht auch in Art. 47 der von der Europäischen Union gemäß Art. 6 EUV nunmehr verbindlich zu achtenden Grundrechtecharta erfasst. Die Möglichkeit zur Durchsetzung realisiert sich im europäischen System des individuellen Rechtsschutzes prozessual sowohl im Rahmen des zentralen Rechtsschutzes direkt vor den Unionsgerichten als auch im dezentralen Rechtschutz vor den nationalen Gerichten.

a. Unionsrechtliche Verankerung des Individualrechtsschutzes

Materiell ist der Individualrechtsschutz in der Europäischen Union sowohl individualrechtlich als objektivrechtlich verankert. Ein umfassender und effektiver Rechtsschutz ist zum einen zur Erfüllung des nach Art. 47 GRC zu verwirklichendem individuellen Justizgewährleistungsanspruchs notwendig. Zudem ergeben sich individuelle Schutzansprüche aus den Grundfreiheiten. Schließlich versteht sich die Europäische

---

203 Die Betroffenheit prüft der EuGH nicht in jedem Fall: EuGH 29.09.1999, Rs. 56/98, *Modelo,* Slg. 1999, I-6427, Rn. 33f; 03.10.2000, Rs. C-303/98, *Sindicato de Médicos,* Slg. 2000, I-7963; die Betroffenheit verneinend: EuGH 24.02.1994, Rs. C-343/92, *M. A. Roks,* Slg. 1994, I-571, Rn. 41ff.; *Winter,* NVwZ 1999, 467 (470); *Schoch,* NVwZ 1999, 457 (461); *Stüber,* JURA 2001, 798 (801).

204 Ebenso: *Pasemann,* Die Entwicklung des Schutzes subjektiver Rechte unter Berücksichtigung des europäischen Einflusses, S. 268ff; a.A: *Eilmansberger,* Rechtsfolgen und subjektives Recht im Gemeinschaftsrecht, S. 91ff.

Union als Rechtsgemeinschaft, so dass es Aufgabe der europäischen Gerichtsbarkeit ist, die Wahrung des Rechts bei Auslegung und Anwendung des Vertrages zu wahren (Art. 19 Abs. 1 EUV). Daraus lässt sich ergänzend eine allgemeine rechtstaatliche Justizgewährpflicht ableiten.

aa. Grundrechtliche Dimension des Individualrechtsschutzes

Individualrechtsschutz im Sinne eines Grundrechtsschutzes war in den Gründungsverträgen der Europäischen Wirtschaftsgemeinschaft gänzlich unerwähnt geblieben, was mit der Konzentration auf die wirtschaftliche Integration erklärt werden kann[205]. Der EuGH entwickelte einen fallbezogenen unionsrechtlichen Grundrechtsschutz. In der Rechtssache *Stauder* führt der EuGH erstmalig aus, dass zu den „allgemeinen Grundsätzen der Gemeinschaftsrechtsordnung, deren Wahrung der Gerichtshof zu sichern hat", auch „Grundrechte der Person" zählen[206]. Grundlage war eine wertende Rechtsvergleichung der nationalen Verfassungen, später kam als weitere Rechtserkenntnisquelle die in völkerrechtlichen Verträgen garantierten Menschenrechte hinzu, wobei der EMRK besondere Bedeutung zukam[207]. Diese Herangehensweise entwickelte sich zu einer ständigen Rechtsprechung[208], so dass der Gerichtshof den Grundrechten zur frühzeitigen Anerkennung in der Rechtsordnung der Union verhalf. 1992 führte das zur Übernahme der Früchte dieser Rechtsprechung in den Vertrag über die Europäische Union. In dem damaligen Art. 6 Abs. 2 EUV wurde erstmalig[209] die Verpflichtung der Union niedergelegt, die so gewonnenen Grundrechte zu achten[210]. Der EuGH

---

205 *Frenz*, Handbuch Europarecht, Bd. 4, Rn. 1.

206 EuGH 12.11.1969, Rs. 29/69, *Stauder*, Slg. 1969, 419, Rn. 7.

207 Die EMRK wird erstmalig genannt in: EuGH 28.10.1975, Rs. 36/75, *Rutili*, Slg. 1975, 1219, Rn. 32.

208 EuGH 17.12.1970, Rs. 11/70, *Internationale Handelsgesellschaft*, Slg. 1970, 1125, Rn. 4; EuGH 14.05.1974, Rs. 4/73, *Nold*, Slg. 1974, 491, Rn. 13; EuGH 13.09.1979, Rs. 44/79, *Hauer*, Slg. 1979, 3727, Rn. 3; EuGH 21.09.1989, Rs. 46/87 u. 227/88, *Hoechts*, Slg. 1989, 2859, Rn. 13.

209 In der Präambel zur Einheitlichen Europäischen Akte vom 1. Juli 1987 wurde der Bezug zur EMRK bereits hergestellt, doch fand sich keine Verpflichtung der Union oder Mitgliedstaaten. Dort heißt es: „ ENTSCHLOSSEN, gemeinsam für die Demokratie einzutreten, wobei sie sich auf die in den Verfassungen und Gesetzen der Mitgliedstaaten, in der Europäischen Konvention zum Schutze der Menschenrechte und Grundfreiheiten und der Europäischen Sozialcharta anerkannten Grundrechte, insbesondere Freiheit, Gleichheit und soziale Gerechtigkeit, stützen."

210 GA *Sharpston*, Schlussanträge zu EuGH, Rs. C-34/09, *Zambrano*, Slg. 2011, I-1177, Rn. 153.

hat eine Vielzahl von Grundrechten anerkannt; darunter u.a. die Eigentums-[211] und Berufsfreiheit[212], die häufig auch zusammen Gegenstand der Verfahren waren, die Würde des Menschen[213], die Wettbewerbsfreiheit[214], der Sache nach auch die allgemeine Handlungsfreiheit[215] sowie justizielle bzw. Verfahrensrechte[216]. Von besonderer Bedeutung ist dabei im vorliegenden Zusammenhang der Anspruch auf effektiven Rechtsschutz, der den materiellen Grundrechten erst zu ihrer praktischen Wirksamkeit verhilft[217].

Ein solcher Anspruch fand sich zunächst in vereinzelten Richtlinienbestimmungen[218], was der EuGH in der Entscheidung *Johnston* zum Anlass

---

211 EuGH 13.09.1979, Rs. 44/79, *Hauer*, Slg. 1979, 3727, Rn. 4.

212 EuGH 14.05.1974, Rs. 4/73, *Nold*, Slg. 1974, 491, Rn. 12.

213 EuGH 09.10.2001, Rs. C-377/98, *Bio-Patentrichtlinie I*, Slg. 2001, I-7079, Rn. 70, 77; EuGH 18.10.2011, C-34/10, *Bio-Patentrichtlinie II*, noch nicht in der amtlichen Sammlung veröffentlicht, Rn. 32ff.

214 EUGH 21.05.1987, verb. Rs. 133 bis 136/85, *Berlin-Butter*, Slg. 1987, 2289, Rn. 15ff.

215 EUGH 21.05.1987, verb. Rs. 133 bis 136/85, *Berlin-Butter*, Slg. 1987, 2289, Rn. 15: „Die […] Frage geht […] dahin, ob gemeinschaftliche Maßnahmen, […], den allgemeinen Rechtsgrundsätzen des Gemeinschaftsrechts, insbesondere den Grundsätzen der freien Berufsausübung, der allgemeinen Handlungsfreiheit und der Wettbewerbsfreiheit zuwiderlaufen."; der Sache nach ebenfalls in EuGH 21.09.1989, verb. Rs. 46/87 und 227/88, *Hoechst*, Slg. 1989, 2859, Rn. 19; EuGH 17.10.1989 verb. Rs. 97/87 bis 99/87, *Dow Chemical Ibérica*, 1989, 3165, Rn. 16.

216 Vgl. zu den Verfahrens- und Prozessgrundrechten: *Grzybek*, Prozessuale Grundrechte im Europäischen Gemeinschaftsrecht, S. 89; *Abetz*, Justizgrundrechte in der Europäischen Union, S. 74ff.

217 Vgl. zur Verbindung materieller Grundrechte und dem Gebot effektiven Rechtsschutzes: *Huthmacher*, Der Vorrang des Gemeinschaftsrechts bei indirekter Kollision, S. 115f; *Sack*, EuR 1985, 319 (326); *Munding*, Das Grundrecht auf effektiven Rechtsschutz im Rechtssystem der Europäischen Union, S. 136; Das nationale Pendant, Art. 19 Abs. 4 GG wird daher auch als „Schlusstein im Gewölbe des Rechtsstaates" bezeichnet, u.a. von: *Thoma*, in: Wandersleb/Traumann [Hrsg.], Recht-Staat-Wirtschaft, Bd. III, S. 9; Als „Krönung" des Rechtsstaates von: *Klein*, VVDStRL (8) S. 67 (78ff).

218 U.a. Art. 6 der Richtlinie 76/207/EWG, 9. Februar 1976 zur Verwirklichung des Grundsatzes der Gleichbehandlung von Männern und Frauen hinsichtlich des Zugangs zur Beschäftigung, zur Berufsbildung und zum beruflichen Aufstieg sowie in Bezug auf die Arbeitsbedingungen; In eingeschränkter Form bereits: Art. 8, 9 der Richtlinie 64/221/EWG, 25. Februar 1964 zur Koordinierung der Sondervorschriften für die Einreise und den Aufenthalt von Ausländern, soweit sie aus Gründen der öffentlichen Ordnung, Sicherheit oder Gesundheit gerecht-

genommen hat, die Bedeutung einer solchen Bestimmung zu betonen. Die Klägerin Marguerite *Johnston* fühlte sich dadurch, dass ihr Beschäftigungsverhältnis als polizeiliche Hilfskraft in Nordirland nicht verlängert worden war und ihr keine Ausbildung im Gebrauch von Schusswaffen zuteil wurde, in dem durch die Gleichbehandlungsrichtlinie (76/207)[219] statuierten Diskriminierungsverbot verletzt. Die Polizeibehörde führte zur Rechtfertigung aus, dass die Nichtverlängerung zum Schutz der öffentlichen Sicherheit und Ordnung erfolgt wäre. Das versicherte eine ministerielle Bescheinigung, die nach dem nationalen Verfahrensrecht als unwiderleglicher Beweis anzusehen war, so dass keine Möglichkeit der Widerlegung für die Klägerin bestand. Damit war jegliche richterliche Kontrolle des Rechtfertigungsgrundes ausgeschlossen. Der EuGH führte in dieser Entscheidung aus, dass der in Art. 6 der Gleichbehandlungsrichtlinie vorgeschriebene gerichtliche Rechtschutz zur Geltendmachung der durch die Richtlinie verliehenen Rechte „Ausdruck eines allgemeinen Rechtsgrundsatzes“[220] sei, „der den gemeinsamen Verfassungstraditionen der Mitgliedstaaten zugrunde liegt [und] auch in den Artikeln 6 und 13 der Konvention zum Schutze der Menschenrechte und Grundfreiheiten […] verankert ist“[221]. Kurze Zeit später bestätigte der EuGH in der Entscheidung *Heylens* diesen Rechtsgrundsatz ohne sekundärrechtliche Anknüpfung[222] und wiederholte anschließend in weiteren Urteilen die Notwendigkeit effektiven gerichtlichen Rechtsschutzes[223].

Auch wenn eine ausdrückliche Zuordnung des Rechts auf effektiven Rechtsschutz zum Grundrechtsregime durch den EuGH nicht ausdrück-

---

fertigt sind; vgl. dazu: EuGH 08.04.1976, Rs. 48-75, *Royer*, Slg. 1976, 497, Rn. 53ff; EuGH 05.03.1980, Rs. 98/79, *Pecastaing,* Slg. 1980, 691, Rn. 9ff - dort auch ausdrücklich Anforderungen durch Art. 6 EMRK nicht prüfend, Rn. 20.

219 Richtlinie 76/207 des Rates vom 9. Februar 1976 zur Verwirklichung des Grundsatzes der Gleichbehandlung von Männern und Frauen (Abl. L 39, 40).

220 EuGH 15.05.1986, Rs. 222/84, *Johnston*, Slg. 1986, 1651, Rn. 18.

221 EuGH 15.05.1986, Rs. 222/84, *Johnston*, Slg. 1986, 1651, Rn. 18; vgl. zum Nachweis als allgemeinen Rechtsgrundsatz und für einen Vergleich Deutschlands, Frankreichs und Italiens: *Serini*, Sanktionen der Europäischen Union bei Verstoß eines Mitgliedstaats gegen das Demokratie- oder Rechtsstaatsprinzip, S. 84ff.

222 EuGH 15.10.1987, Rs. 222/86, *Heylens*, Slg. 1987, 4097, Rn. 14f.

223 Vgl. nur: EuGH 03.12.1992, Rs. C-97/91, *Borelli*, Slg. 1992, I-6313, Rn. 14; EuGH 07.05.1992, Rs. C-104/91, *Colegio Oficial de Agentes de la Propriedad Inmobiliaria*, Slg. 1992, I-3023, Rn. 15.

lich erfolgte[224], ist mit dem Inkrafttreten des Vertrages von Lissabon nunmehr die grundrechtliche Verankerung außer Frage gestellt. Die maßgeblichen normativen Grundlagen für den individualrechtlichen Justizgewährleistungsanspruch finden sich jetzt nicht nur in Art. 6 und 13 EMRK und den gemeinsamen Verfassungsüberlieferungen der Mitgliedstaaten, sondern über Absatz 1 des zentralen „Grundrechtsanerkennungsartikels"[225], Art. 6 EUV auch in dem verbindlichen Art. 47 GRC[226]. Dieser geht in seinem Schutzbereich sogar über den Schutzbereich von Art. 6 EMRK hinaus, indem für das Recht der Union keine begriffliche Beschränkung auf Zivil- und Strafverfahren vorgenommen wird[227]. Die autonome Auslegung von Art. 6 EMRK durch den EGMR hat zwar zu einem weiten Verständnis beider Begriffe geführt, Streitigkeiten aus dem Kernbereich des öffentlichen Rechts liegen aber außerhalb des Schutzbereiches von Art. 6 EMRK[228]. Eine solche Einschränkung enthält Art. 47 GRC indes nicht[229]. Bereits vor Geltung von Art. 47 GRC

---

224 In der Aufzählung der dem Rubrum vorangestellten Schlusswörter: EuGH 24.04.2005, Rs. C-186/04, *Housieaux*, Slg. 2005, I-3299; in einer Gliederungsüberschrift: EuGH 12.09.2006, Rs. C-131/03 P, Slg. 2006, I-7795, Rn. 73; ausdrücklich hingegen als Grundrecht bezeichnend: EuG 17.07.1998, Rs. T-111/96, *ITT Promedia*, Slg. 1998, II-2937, Rn. 60; vgl. auch mit Auswertung des Schrifttums dazu: *Munding*, Das Grundrecht auf effektiven Rechtsschutz im Rechtssystem der Europäischen Union, S. 120ff.

225 *Weber*, EuZW 2008, 7.

226 *Classen*, in: Schulze/Zuleeg/Kadelbach [Hrsg.], Europarecht, 2010, § 4, Rn. 1; bereits zuvor ist in der Rechtsprechung auf Art. 47 GRC Bezug genommen worden: EuG, 03.05.2002, Rs. T-177/01, *Jégo-Quéré*, Slg. Slg. 2002, II-2365, Rn. 42; EuGH 13.03.2007, Rs. C-432/05, *Unibet*, Slg. 2007, I-2271, Rn. 37.

227 *Grabenwarter*, DVBl 2001, 1 (8f.); vgl. zum Verhältnis der EMRK zur GRC allgemein: *Schneiders*, Die Grundrechte der EU und die EMRK; *Ehlers*, in: Ehlers [Hrsg.], Europäische Grundrechte und Grundfreiheiten, S. 449; vgl. speziell zu den Unterschieden von Art. 47 GRC und Art. 6 und 13 EMRK: *Alber*, in: Tettinger/Stern [Hrsg.], Europäische Grundrechte-Charta, 2006, 725ff; *Ottaviano*, Der Anspruch auf rechtzeitigen Rechtsschutz im Gemeinschaftsprozessrecht, S. 40ff; *Munding*, Das Grundrecht auf effektiven Rechtsschutz im Rechtssystem der Europäischen Union, S. 106; *Eser*, in: Meyer [Hrsg.], Kommentar Charta der Grundrechte der EU, 2011, 578.

228 Vgl. dazu: EGMR 12.07.2001, Nr. 44759/98, *Ferrazzini*; Zur Abwägungsjudikatur bei Sozialrechtsstreitigkeiten: EGRM 09.12.1994, Nr. 19005/91, *Schouten u. Meldrum*, Z. 51; EGMR 29.05.1986, Nr. 9384/81, *Deumeland*, Z. 60ff; *Peukert*, in: EMRK-Kommentar Frowein/Peukert [Hrsg.], Art. 6, Rn. 5ff; *Meyer*, in: Karpenstein/Meyer, 2012, Art. 6, Rn. 13ff.

229 Vgl. dazu auch die Erläuterung des Präsidiums des Europäischen Konvents, welches ebenfalls betont, dass die Tragweite von Art. 47 GRC über Art. 6 EMRK

hatte der EuGH das Erfordernis eines generellen gerichtlichen Rechtsschutzes unter Rückgriff auf die Verfassungsüberlieferungen der Mitgliedstaaten bereits entsprechend weit verstanden, so dass materiell keine Änderungen mit dem weiteren Schutzbereich und der Betonung gerichtlichen Rechtsschutzes einhergeht. Der Grundsatz des effektiven gerichtlichen Rechtsschutzes gewährt als allgemeine Rechtsweggarantie den Bürgern, die sich in allen ihren durch das Unionsrecht verliehenen Rechten für beschwert erachten, demnach Anspruch auf Zugang zu einem Gericht[230].

bb. Grundfreiheitliche Dimension des Rechtsschutzanspruchs

Aus der Rechtsprechung des EuGH zu den Grundfreiheiten lässt sich ergänzend auf die Notwendigkeit grundfreiheitsunmittelbaren Rechtsschutzes schließen[231]. Bereits in der oben angesprochenen Entscheidung *Heylens* hatte das vorlegende Gericht gefragt, ob die Grundfreiheit, in diesem Fall das Arbeitnehmerfreizügigkeitsrecht[232] unmittelbar eine gerichtliche Überprüfbarkeit nationaler Entscheidungen verlange[233]. Die Frage stellte sich in einem französischen Strafverfahren gegen den belgischen Fußballtrainer der französischen Mannschaft „Lille Olympic Sporting Club", Georges *Heylens*. Dieser verfügte zwar über eine belgische Fußballtrainerlizenz, deren Gleichwertigkeit mit einer notwendigen französischen Lizenz war jedoch ohne Begründung und ohne die Möglichkeit, diese Entscheidung gerichtlich zu überprüfen, von französi-

---

hinausgeht: Amtsblatt Nr. C, Nr. 303 vom 14.12.2007; 17 (34); Ebenso geht Art. 47 GRC insoweit über Art. 13 EMRK hinaus, als dass dort lediglich von einer Beschwerde, die bei einer innerstaatlichen Instanz eingelegt werden kann die Rede ist, diese Instanz aber kein Gericht sein muss. Art. 47 GRC verlangt indes gerichtlichen Rechtsschutz.

230 *Pache*, NVwZ 2001, 1342 (1344); *Calliess*, NJW 2002, 3577; zu den Einschränkungsmöglichkeiten nach Art. 52 Abs. 1 GRC: EuGH 18.07.2013, verb. Rs. C-584/10 P, C-593/10 P und C-595/10 P, *Kadi II*, noch nicht in der amtlichen Sammlung veröffentlicht, Rn. 101ff.

231 Vgl. zum Verhältnis im deutschen Recht von grundrechtsunmittelbarem Rechtsschutz und Art. 19 Abs. 4 GG: für ein nebeneinander: BVerfGE 53, 135 - *Schokoladenosterhase;* keine zusätzlichen und weitergehenden Anforderungen aus Art. 16 Abs. 2 S. GG gegenüber Art. 19 Abs. 4 GG annehmend: BVerfGE, 60, 253 (266ff, 303)-*Anwaltsverschulden;* Eine separate Protokollierungspflicht aus Art. 19 Abs. 4 GG ableitend: BVerfGE 65, 1 (70)-*Volkszählung;* ausführlich dazu: *Schmidt-Aßmann*, in: Maunz/Dürig [Hrsg.], Grundgesetz, 66. Ergänzungslieferung, 2012, Art. 19 Abs. 4, Rn. 23ff.

232 Nunmehr: Art. 45 AEUV; Zur Zeit der Entscheidung: Art. 48 EWG.

233 EuGH 15.10.1987, Rs. 222/86, *Heylens*, Slg. 1987, 4097, Rn. 5, 7.

schen Behörden verneint worden. Der EuGH begründet zunächst die Notwendigkeit einer gerichtlichen Überprüfung, ohne genau auf die Vorlagefrage einzugehen, mit dem oben beschriebenen allgemeinen Grundsatz des Unionsrechts, was auf eine eigenständige grundrechtliche Verbürgung schließen lässt. In der Antwort an das vorlegende Gericht führte er die Notwendigkeit einer gerichtlichen Überprüfbarkeit indes auf das Arbeitnehmerfreizügigkeitsrecht zurück[234]. Eine gerichtliche Überprüfungsmöglichkeit ist folglich Voraussetzung der Rechtmäßigkeit eines mitgliedstaatlichen Eingriffs in die Grundfreiheiten. Auch in Bezug auf präventive Genehmigungsverfahren formuliert der EuGH, dass das Verhältnismäßigkeitsprinzip erfordert, dass ein Rechtsbehelf gegeben sein muss, der die gerichtliche Überprüfung der entsprechenden behördlichen Maßnahme ermöglicht. Nur dann kann der darin grundsätzlich liegende Eingriff in die Warenverkehrsfreiheit[235], Dienstleitungsfreiheit[236], Niederlassungsfreiheit oder Arbeitnehmerfreizügigkeit[237] oder auch Kapitalverkehrsfreiheit[238] gerechtfertigt sein.

Kann ein Eingriff in Grundfreiheiten nur rechtmäßig sein, wenn er gerichtlich überprüfbar ist, dann besteht aus den Grundfreiheiten heraus

---

234 EuGH 15.10.1987, Rs. 222/86, *Heylens*, Slg. 1987, 4097, Rn. 17: „Deshalb ist auf die [...] gestellte Frage zu antworten, daß es, [...] der in Artikel 48 EWG-Vertrag verankerte Grundsatz der Freizügigkeit der Arbeitnehmer gebietet, daß die Entscheidung, mit der einem Arbeitnehmer, der Angehöriger eines anderen Mitgliedstaats ist, die Anerkennung der Gleichwertigkeit eines von diesem Mitgliedstaat ausgestellten Diploms versagt wird, gerichtlich auf ihre Rechtmäßigkeit im Hinblick auf das Gemeinschaftsrecht überprüft werden [...] kann".

235 EuGH 12.03.1987, Rs. 178/84, *Reinheitsgebot für Bier*, Slg. 1987, 1227, Rn. 46; EuGH 13.12.1991, Rs. 18/88, *GB-Inno-BM*, Slg. 1991, I-5941, Rn. 34; EuGH 16.07.1992, Rs. C-344/90, *Kommission / Frankreich*, Slg. 1992 I-04719, Rn. 8f; EuGH 05.02.2004, Rs. C-95/01, *Greenham und Abel*, Slg. 2004, I-1333, Rn. 35; EuGH 05.02.2004, Rs. C-24/00, *Kommission / Frankreich*, Slg. 2004, I-1277, Rn. 26; EuGH 14.02.2008, Rs. C-244/06, *Dynamic Medien*, Slg. 2008, I-505, Rn. 50.

236 EuGH 20.02.2001, Rs. C-205/99, *Analir*, Slg. 2001 I-1271, Rn. 38; EuGH 12.07.2001, Rs. C-157/99, *Smits und Peerbooms*, Slg. 2001, I-5473, Rn. 90; EuGH 13.05.2003, Rs. C-385/99, *Müller-Fauré und van Riet*, Slg. 2003, I-4509, Rn. 85; EuGH 16.05.2006, Rs. C-372/04, *Watts*, Slg. 2006, I-4325, Rn. 116; EuGH 05.10.2010, Rs. C-512/08, *Kommission / Frankreich*, Slg. 2010, I-8833; EuGH 08.09.2010, Rs. C-46/08, *Carmen Media Group*, Slg. 2010, I-8149, Rn. 87; EuGH 03.06.2010, Rs. C-203/08, *Sporting Exchange Ltd*, Slg. 2010, I-4695, Rn. 50.

237 EuGH, 07.05.1991, Rs. C-340/89, *Vlassopoulou* Slg. 1991, I-2357, Rn. 22; EuGH 31.03.1993, Rs. C-19/92, *Kraus*, Slg. 1993, I-1663, Rn. 40.

238 EuGH 14.03.2000, Rs. C-54/99, *Eglise de scientologie*, Slg. 2000, I-1335, Rn. 17; EuGH 13.05.2003, Rs. C-463/00, *Kommission / Spanien*, Slg. 2003, I-4581, Rn. 69; EuGH 04.06.2002, Rs. C-367/98, *Kommission / Portugal*, Slg. 2002, I-4731, Rn. 50.

ein eigener, selbstständiger Anspruch auf effektiven gerichtlichen Rechtsschutz[239]. Sofern dabei auf den allgemeinen Grundsatz und Art. 47 GRC[240] verwiesen wird, soll damit konkretisierend der Umfang nötigen Rechtsschutzes parallel zur grundrechtlichen Verbürgung ausgestaltet werden. Grundfreiheitliche Rechtsschutzanforderungen werden daher auch für den Unterschwellenbereich im Vergaberecht diskutiert[241].

cc. Individualrechtsschutz als Teil der „rule-of-law"

Wie der EuGH zudem in ständiger Rechtsprechung und verstärkt im Zusammenhang mit Rechtsschutzaspekten betont, ist die Europäische Union eine Rechtsgemeinschaft bzw. Rechtsunion[242]. Die Notwendigkeit gerichtlicher Überprüfbarkeit lässt sich auch auf diesen Aspekt stützen. Neben den materiellen Teil der „rule-of-law", der sich primär im Grundrechtsschutz und in der Achtung des Verhältnismäßigkeitsprinzips ausdrückt[243], ist dabei insbesondere der formelle Aspekt von Relevanz. Danach wird die Ausübung hoheitlicher Gewalt durch geordnete Verfahren rechtlich gebunden. So heißt es in EuGH-Entscheidungen, dass in der Rechtsunion „weder die Mitgliedstaaten noch die Gemeinschaftsorgane der Kontrolle darüber entzogen sind, ob ihre Handlungen im Einklang mit der Verfassungsurkunde der Gemeinschaft, dem Vertrag, stehen"[244].

---

239 Im Ergebnis ebenso: *Frenz,* Handbuch Europarecht, Bd. 1, Rn. 196; *Nowak,* in: Terhechte [Hrsg.], Verwaltungsrecht der Europäischen Union, S. 467.

240 So bisher nur hier: EuGH 17.03.2011, Rs. C-372/09 und C-373/09, *Josep Peñarroja Fa,* Slg. 2011, I-1785.

241 Dazu insgesamt: *Huerkamp/Kühling,* NVwZ 2011, 1409; *Pencereci/Schustereit,* KommJur 2011, 367; *André/Sailer,* NZBau 2011, 394; *Martlreiter,* Europäisierung des vergaberechtlichen Primärrechtsschutzes bei Unterschwellenaufträgen; gegen die bundesgesetzliche Kompetenz zu einer Einführung primärrechtlichen Rechtsschutzes: *Niestedt/Hölzl,* NJW 2006, 3680 (3683); *Sauer/Hollands,* NZBau 2006, 763 (767f); Mitteilung der Kommission zu Auslegungsfragen, Amtsblatt Nr. C 179 vom 01.08.2006, 2 (5f.); *Burgi,* NVwZ 2011, 1217; *Bitterich,* NVwZ 2007, 890 (892f.); für einen primärrechtlichen Rechtsschutz: OLG Düsseldorf 13.01.2010, Az. I-27 U 1/09, NZBau 2010, 328 (330); OLG Schleswig 09.04.2010, Az. 1 U 27/10, m.w.N; Das BVerfG hält den Ausschluss von Primärrechtsschutz in diesem Bereich für verfassungsgemäß: BVerfG 13.06.2006, 1 BvR 1160/03, NZBau 2006, 791.

242 Erstmals fand der Begriff Verwendung in: EuGH 29.06.2010, Rs. C-550/09, *DHKP-C,* Slg. 2010, I-6213, Rn. 44; zur Terminologie und Dogmatik ausführlich: *Ullerich,* Rechtsstaat und Rechtsgemeinschaft im Europarecht.

243 *Calliess,* Calliess/Ruffert, 2011, Art. 2 AEUV, Rn. 25.

244 EuGH 23.04.1986, Rs. 294/83, *Les Verts,* Slg. 1986, 1339, Rn. 23; EuGH 13.07.1990, Rs. 2/88, *Zwartveld,* Slg. 1990, I-3365, Rn. 16; EuGH 23.03.1993, Rs.

Dieses Prinzip der Rechtsstaatlichkeit - sprachlich treffender ist in der englischen Fassung von „rule-of-law" die Rede[245] - findet seine normative Verankerung nach dem Vertrag von Lissabon nunmehr in Art. 2 EUV. Zudem beschreibt Art. 6 EUV auf programmatischer Ebene die Union als Rechts- und Wertegemeinschaft, welche insbesondere der Wahrung der Menschenrechte verpflichtet ist und die Freiheit und Gleichheit der Bürger zu achten hat[246]. Danach gründet sich die Union auch auf der Rechtsstaatlichkeit. „Folglich unterliegen die Organe [der EU] der Kontrolle, ob ihre Handlungen mit den Verträgen und den allgemeinen Rechtsgrundsätzen vereinbar sind; Gleiches gilt für die Mitgliedstaaten, wenn sie das Recht der Union durchführen"[247]. Ferner bildet der Normenkomplex über die Europäische Gerichtsbarkeit (Art. 251-281) einen materiellrechtlichen Schwerpunkt der Rechtsgemeinschaft[248]. Die Beachtung der rule-of-law ist nach Art. 49 EUV zudem Beitrittsvoraussetzung, und deren Verletzung kann nach Art. 7 EUV sanktioniert werden. Ungeachtet der unterschiedlichen nationalen Ausprägungen kann es als gemeineuropäisches Verfassungsprinzip und als Verfassungsgrundsatz der EU bezeichnet werden[249]. Aus der Herkunft dieses Begriffes aus den nationalen Rechtsordnungen erklärt sich auch die Begrifflichkeit selbst[250].

Neben weiteren aus dem Rechtsstaatsprinzip abgeleiteten Grundsätzen[251] wird das Rechtsstaatsprinzip vor allem im Zusammenhang mit der Gewährleistung von Rechtsschutz herangezogen[252]. Der EuGH hat so

---

C314/91, *Weber*, Slg. 1993, I-1093, Rn. 8; EuGH 10.07.2003, Rs. C15/00, *Kommission / EIB*, Slg. 2003, I-7342, Rn. 75.; EuGH 03.09.2008, Rs. C-402/05 P und C-415/05 P, *Kadi*, Slg. 2008, I-06351, Rn. 281; zuletzt: EuGH, 20.09.2011, Rs. T-461/08, *Dynamiki / EIB*, Slg. 2011, II-6367, Rn. 118.

245 Der Wortlaut entspricht der auf die Mitgliedstaaten bezogenen Formulierung in der Präambel und ist nicht als Zielbestimmung zu verstehen.

246 *Schorkopf*, in: Grabitz/Hilf/Nettesheim, 2011, Art. 6 EUV, Rn. 11.

247 EuGH 27.02.2007, Rs. C-354/04, *Gestoras Pro Amnistía u.a.*, Slg. 2007, I-1579, Rn. 51; EuGH 27.02.2007, Rs. C-355/04 P, Slg. 2007, I-1657, Rn. 51; EuGH 03.05.2007, Rs. C-303/05, *Advocaten voor de Wereld*, Slg. 2007, I-3633, Rn. 45.

248 *Ullerich*, Rechtsstaat und Rechtsgemeinschaft im Europarecht, S. 196.

249 *Scheuing*, in: Schulze/Zuleeg/Kadelbach [Hrsg.], Europarecht, 2010, § 6, Rn. 2ff; *Hidien*, Die gemeinschaftsrechtliche Staatshaftung der EU-Mitgliedstaaten, S. 15; zur Bedeutung der Verfasstheit der Union als Rechtsgemeinschaft vgl.: *Zuleeg*, NJW 1994, 545.

250 *Calliess*, in: Calliess/Ruffert, 2011, Art. 2 AEUV, Rn. 25.

251 Vgl, die Übersicht bei: *Classen*, EuR Beiheft 3/2008, 7 (12ff).

252 Vgl. u.a. zu konkurrierende Unterlassungsverfügungen im Europäischen Justizraum: *GA Léger* in Schlussanträge zu EuGH 06.06.2002, Rs. C-80/00, *Italian*

auf das Rechtsschutzprinzip zurückgegriffen, um in den Entscheidungen *Les Verts*[253] und *Weber / Parlament*[254], eine gerichtliche Überprüfungsmöglichkeit von Parlamentshandlungen zu eröffnen, obwohl diese in der damaligen Fassung des Art. 173 EWG nicht erwähnt waren und daher vom Wortlaut her nicht Gegenstand der Nichtigkeitsklage sein konnten. Ebenso verweist der EuGH in den Rechtssachen *Kadi* und *Al Barakaat* auf das Rechtsstaatsprinzip, um die Möglichkeit einer Überprüfung der in Umsetzung einer Resolution des Sicherheitsrates nach Kapitel VII der UN-Charta ergangenen Verordnung zu begründen[255]. Der Grundsatz des effektiven Rechtsschutzes findet so neben der Begründung aus der Rechtsposition des Einzelnen heraus einen weiteren Anknüpfungspunkt im Rechtsstaatsprinzip[256].

b. Unionsrechtliche Anforderungen an den Individualrechtsschutz

In einer Vielzahl von Entscheidungen hat der EuGH einzelne prozessuale Aspekte des effektiven Rechtsschutzes herausstellen können. Dabei ist eine dynamische Entwicklung zu konstatieren, die für zunehmend konkretisierte und intensivierte Rechtsschutzanforderungen gesorgt hat. Damit wird das Unionsrecht auch etwaigen Vorgaben nationalen Verfassungsrechts nach äquivalenten Gewährleistungen auf der Ebene des europäischen Verwaltungsrechts gerecht. Trotz der eben dargelegten, unterschiedlichen normativen Verankerung des effektiven Rechtsschutzes ist wegen der fehlenden Differenzierung in der Rechtsprechung des

---

Leather, Slg. 2002, I-4995, Rn. 65; dazu: *Hess*, IPRax 2005, 23; zur Anfechtbarkeit einer Kontensperrung auch nach angeblicher Auflösung der als terroristisch eingestuften Organisation: EuGH 18.01.2007, Rs. 229/05 P, *PKK und KNK*, Slg. 2007, I-439, Rn. 109; zur Neudefinition des Gerichtsbegriffs zur Sicherung der Funktionsfähigkeit des Vorabentscheidungsverfahrens: *GA Colomer* in Schlussanträgen zu EuGH 29.11.2001, Rs. C-17/00, *De Coster*, Slg. 2001, I-9445, Rn. 72.

253 EuGH 23.04.1986, Rs. 294/83, *Les Verts*, Slg. 1986, 1339, Rn. 23ff.

254 EuGH 23.03.1993, Rs. C-314/91, *Weber / Parlament*, Slg. 1993, I-1093, Rn. 7ff.

255 EuGH 03.09.2008, verb. Rs. C-402/05 P und C-415/05 P, *Kadi und Al Barakaat*,Slg. 2008, I-6351, Rn. 281ff; vgl. dazu: *Schwarze*, Zukunftsaussichten für das Europäische Öffentliche Recht, S. 113ff; *Kämmerer*, EuR 2009, 114; *Neudorfer* ZaöRV 2009, 979 (992); *Spranger*, EuR 2009, 514 (520); *Sauer*, NJW 2008, 3685; eher den Grundrechtsschutz in den Mittelpunkt stellend: EuG 30.09.2010, Rs. T-85/09, *Kadi II*, Slg. 2010, II-5177, Rn. 151; EuGH 18.07.2013, verb. Rs. C-584/10 P, C-593/10 P und C-595/10 P, *Kadi II*, noch nicht in der amtlichen Sammlung veröffentlicht, Rn. 65ff, 97ff.

256 Vgl. zu diesem „hybriden Charakter" des Anspruchs auf effektiven Rechtsschutz auch: *Breuer*, Staatshaftung für judikatives Unrecht, S. 378f.

EuGH von einheitlichen materiellen Anforderungen an den Individualrechtsschutz auszugehen[257].

Anfänglich beschränkte sich der EuGH rein ergebnisbezogenen auf die Feststellung, dass die nationalen Gerichte dem Schutz der Rechte des Einzelnen verpflichtet seien[258]. Konkretere Vorgaben machte der EuGH erstmals in den beiden Entscheidung *Rewe*[259] und *Comet*[260]. Dort führte er aus, dass es nach der Mitwirkungspflicht des Grundsatzes der loyalen Zusammenarbeit gemäß Art. 5 EGV Aufgabe der nationalen Gerichte sei, die Gemeinschaftsrechte zu schützen[261]. Sofern es keine unionsrechtlichen Harmonisierungsmaßnahmen gibt, finden dabei die nationalen Rechtsschutzvorschriften Anwendung. Die Bedingungen solcher Klagen dürfen jedoch weder „ungünstiger gestaltet werden als für gleichartige Klagen, die das innerstaatliche Recht betreffen“[262] (Äquivalenzgebot) noch die Verfolgung von Gemeinschaftsrechten, „praktisch unmöglich machen“[263] „oder übermäßig erschweren“[264] (Effektivitätsgebot). Diese beiden Prinzipien sind die wesentlichen Einfallstore für Einwirkungen des Unionsrechts auf das nationale Prozessrecht[265] und somit für die Begrenzung der Verfahrensautonomie der Mitgliedstaaten[266].

In der Folge hat der EuGH einzelne Facetten der Rechtsschutzgewähr besonders herausgearbeitet. Diese betreffen unter anderem den An-

---

257 Vgl. zum nationalen Recht: „Im rechtsstaatlichen Kerngehalt unterscheiden sich der allgemeine Justizgewährungsanspruch und als dessen Spezialregelung die Rechtsweggarantie des Art. 19 Abs. 4 GG nicht“, BVerfGE 107, 395 (403) - *Rechtsschutz gegen den Richter*.

258 EuGH 19.12.1968, Rs.13/68, *Salgoil*, Slg 1968, 679.

259 EuGH 16.12.1976, Rs. 33-76, *Rewe*, Slg. 1976, 1989.

260 EuGH 16.12.1976, Rs. 45-76, *Comet*, Slg. 1976, 2043.

261 EuGH 16.12.1976, Rs. 33-76, *Rewe*, Slg. 1976, 1989, Rn 5; EuGH 16.12.1976, Rs. 45-76, *Comet*, Slg. 1976, 2043, Rn. 8ff.

262 EuGH 16.12.1976, Rs. 33-76, *Rewe*, Slg. 1976, 1989, Rn 5; EuGH 16.12.1976, Rs. 45-76, *Comet*, Slg. 1976, 2043, Rn. 11/18.

263 EuGH 16.12.1976, Rs. 33-76, *Rewe*, Slg. 1976, 1989, Rn 5; EuGH 16.12.1976, Rs. 45-76, *Comet*, Slg. 1976, 2043, Rn. 11/18.

264 Diesen Zusatz verwendete der EuGH zwar in den beiden benannten Entscheidungen noch nicht, nunmehr jedoch in ständiger Rechtsprechung, vlg. nur: EuGH 14.07.1988, verb. Rs. 123 und 330/87, *Jeunehomme*, Slg. 1988, 4517, Rn. 17; EuGH 05.03.1996, verb. Rs C-46/93 u. C-48/93, *Brasserie du Pêcheur/Factortame III*, Slg. 1996, I-1029, Rn. 67.

265 Ebenso sind diese Prinzipien beim Vollzug des EU-Rechts zu beachten.

266 Für eine Übersicht zum Einfluss auf die nationale Prozessordnung: *Steinbeiß-Winkelmann*, NJW 2010, 1233; *Galetta*, EuR Beiheft 1/2012, 37.

spruch auf ein faires Verfahren[267], verbunden mit den Aspekten des Rechts auf rechtliches Gehör[268] und auf eine Entscheidung binnen einer angemessen Frist[269]. Von besonderer Bedeutung sind im Rahmen des Haftungsrechts die zeitliche Dimension des Rechtsschutzes und der effektive Zugang zum Gericht.

aa. Zeitliche Dimension des Rechtsschutzes

Eine erste Aussage zur zeitlichen Dimension des Rechtsschutzes traf der EuGH in der Entscheidung *Simmenthal*[270]. Der EuGH hatte zuvor bereits entschieden, dass die Gebührenerhebung für gesundheitspolizeiliche Rindfleischkontrollen unionsrechtswidrig war[271]. Der Rückzahlung der Gebühren stand nun ein italienisches Gesetz im Wege. Nach damaliger Auffassung des italienischen Verfassungsgerichts besaß es ausschließlich selbst das Normverwerfungsmonopol zur Feststellung des Verfassungsverstoßes, der unmittelbare Folge eines Gemeinschaftsrechtsverstoßes war. Das Gericht, welches über die Rückzahlung zu befindet hatte, wollte nun vom EuGH geklärt wissen, ob der Vorrang des Unionsrechts es verlange, dass jedes Gericht aus eigener Entscheidungsbefugnis gemeinschaftsrechtswidriges nationales Recht für unanwendbar zu erklären befugt sei oder die Frage der Verfassungsmäßigkeit dem italienischen Verfassungsgericht vorgelegt werden könne[272]. Insbesondere die zweite Vorlagefrage erläutert die zeitliche Dimension der Entscheidung. Das vorle-

---

267 EuGH 01.04.1987, Rs. 257/85, *Dufay*, Slg. 1987, 1561, Rn. 10; EuGH 07.01.2004, Rs. C-204/00 P u.a., *Aalborg Portland*, Slg. 2004, I-123, Rn. 64; EuGH 28.06.2005, verb. Rs. C-189/02 P, C-202/02 P, C-205/02 P bis C-208/02 P und C-213/02 P, *Dansk Rørindustri*, Slg. 2005, I-5425, Rn. 82.

268 EuGH 10.12.1998, Rs. C-221/97, *Schröder*, Slg. 1998, I-8255, Rn. 24; EuGH 28.02.2005, Rs. C-260/02 P, *Becker/Rechnungshof*, nicht in amtlicher Sammlung veröffentlicht; EuGH 02.05.2006, Rs. C-341/04, *Eurofood*, Slg. 2006 I-3813, Rn. 65f.

269 EuGH 17.12.1998, Rs. C-185/95 P, *Baustahlgewebe/Kommission*, Slg. 1998, I-8417, Rn. 20f; EuGH 15.10.2002, verb. Rs. C-238/99 P, C-244/99 P, C-245/99 P, C-247/99 P, C-250/99 P bis C-252/99 P und C-254/99 P, *Limburgse Vinyl Maatschappij u.a.*, Slg. Slg. 2002, I-8375, Rn. 179ff, 205; EuGH 25.01.2007, verb. Rs. C-403/04 P und C-405/04 P, Slg. 2007, I-729, Rn. 115ff.

270 EuGH 09.03.1978, Rs. 106-77, *Simmenthal*, Slg. 1978, 629; vgl. dazu auch: *Tonne*, Effektiver Rechtsschutz durch staatliche Gerichte als Forderung des Europäischen Gemeinschaftsrechts, S. 195.

271 EuGH 15.12.1976, Rs. 35/76, *Simmenthal I*, Slg. 1976, 1871.

272 Vgl. zur ähnlichen Frage, in welchem Verhältnis die Kontrolle der Verfassungsgemäßheit zur Kontrolle der Unionsrechtswidrigkeit stehen: EuGH 22.06.2010, verb. Rs. C-188 und C-189/10, *Melki*, Slg. 2010, I-5665.

gende Gericht fragte, ob das Gemeinschaftsrecht verlangt, dass „dann, wenn es nach Gemeinschaftsrecht zulässig ist, daß der Schutz der aus „unmittelbar geltenden" Gemeinschaftsbestimmungen erwachsenen subjektiven Rechte bis zu dem Zeitpunkt hinausgeschoben wird, zu dem etwaige entgegenstehende nationale Maßnahmen durch die zuständigen nationalen Stellen effektiv beseitigt werden, diese Beseitigung auf jeden Fall uneingeschränkt rückwirkende Kraft haben, so daß alle nachteiligen Folgen für die subjektiven Rechte vermieden werden?"[273]. Wie bekannt, antwortete der EuGH bereits auf die erste Frage, dass auch lediglich vorübergehende Wirksamkeitshindernisse für das Gemeinschaftsrecht nicht hingenommen werden können. Das zuständige Gericht hat daher aus eigener Entscheidungsbefugnis das nationale gemeinschaftsrechtswidrige Recht unangewendet zu lassen[274]. Die Entscheidung ist hauptsächlich als Konkretisierung des Vorrangs aufgefasst worden. Ihr lässt sich jedoch auch entnehmen, dass die effektive Rechtsverwirklichung auch eine zeitliche Komponente enthält. Ein Aufschub der Rechtsverwirklichung, selbst mit einer Kompensation der Verzögerungsfolgen ist nicht ausreichend, um effektiven Rechtschutz zu gewährleisten[275]. In Bestätigung dessen entschied der EuGH anschließend in der Entscheidung *Factortame*, dass eine Vorschrift des britischen Rechts, wonach keine einstweiligen Anordnungen gegen die Krone getroffen werden können, nicht angewendet werden dürfte. Auch Hindernisse, die lediglich die Wirksamkeit in zeitlicher Hinsicht aufschieben, könnten nicht hingenommen werden[276]. Der Grundsatz effektiven Rechtsschutzes verlangt daher auch, dass vorläufiger Rechtsschutz zu gewähren ist, wenn das „für die volle Wirksamkeit der künftigen Endentscheidung erforderlich ist, um eine Lücke [...] im Rechtsschutz zu verhindern"[277]. Effektiver Rechtsschutz verlangt daher auch Rechtsschutz in angemessener Zeit.

---

273 EuGH 09.03.1978, Rs. 106-77, *Simmenthal,* Slg. 1978, 629, Rn. 2/7.

274 EuGH 09.03.1978, Rs. 106-77, *Simmenthal,* Slg. 1978, 629, Rn. 23f.

275 Vgl. zum unionsrechtlichen Anspruch auf Entscheidung in angemessener Frist: EuGH 17.12.1998, Rs. C-185/95 P, *Baustahlgewerbe,* Slg. 1998, I-8417, Rn. 20f.

276 EuGH 19.06.1990, Rs. C-213/89, *Factortame,* Slg. 1990 Seite I-2433, Rn. 20f.

277 EuGH 12.12.1968, Rs. 27/68 R, *Renckens,* Slg. 1969, 274 (276); EuGH 19.06.1990, Rs. C-213/89, *Factortame,* Slg. 1990, I-2433, Rn. 21; EuGH 21.02.1991 verb. Rs. C-143/88 und C-92/89, *Zuckerfabrik Süderdithmarschen und Zuckerfabrik Söst,* Slg. 1991, I-415, Rn. 16–18; EuGH 06.05.1996, C-399/95 R, *Deutschland/Kommission,* Slg. 1996, I-2441, Rn. 46.

bb. Effektiver Zugang zum Gericht

Große Bedeutung im Rahmen der Rechtsschutzgarantie hat das Recht auf Zugang zu einem zuständigen Gericht. Dieses muss umfassend und somit lückenlos gewährleistet werden[278]. Jeder Einzelne muss in der Lage sein, bei einem unabhängigen öffentlichen Gericht seine Rechte einzuklagen. Das kommt einer Rechtsschutzgarantie gleich[279].

Ein solcher effektiver Rechtsschutz steht in einer durch Verbundstrukturen gekennzeichneten Verwaltungsrechtsordnung, in der europäische und mitgliedstaatliche Elemente im Sinne eines Verwaltungs- und Gerichtsverbundes ineinandergreifen, vor einer besonderen Herausforderung[280]. Wie der Vollzug des Unionsrecht, der sowohl durch unionseigene Organe oder Einrichtungen als auch durch die Mitgliedstaaten geschieht, werden auch justizielle Aufgaben sowohl zentral durch den Gerichtshof der Union[281], als auch dezentral über die mitgliedstaatlichen Gerichte wahrgenommen[282]. Es gilt dabei das prozessuale Trennungsprinzip[283]. Vollzugsakte der Unionsorgane sind danach vor den Unionsgerichten und Maßnahmen des indirekten Vollzuges durch die Mitgliedstaaten vor den mitgliedstaatlichen Gerichten anzugreifen. Das Rechtsschutzsystem der Union ruht damit auf zwei Pfeilern, die zusammen die Gewährleistung effektiven gerichtlichen Rechtsschutzes sicherzustellen

278 EuGH 23.04.1986, Rs. 294/83, *Les Verts*, Slg. 1986, 1339, Rn. 23; EuGH 15.05.1986, Rs. 222/84, *Johnston*, Slg. 1986, 1651; EuGH 15.10.1987, Rs. 222/86, *Heylens*, Slg. 1987, 4097; EuGH 07.05.1992, Rs. C-104/91, *Colegio Oficial de Agentes de la Propriedad Inmobiliaria*, Slg. 1992, I-3023; EuGH 03.12.1992, Rs. C-97/91, *Borelli*, Slg. 1992, I-6313; EuG 15.01.2003, verb. Rs. T-377/00, T-379/00, T-380/00, T-260/01, T-272/01, *Philip Morris International*, Slg, Slg. 2003, II-1, Rn. 121; vgl. dazu *Classen*, in: Schulze/Zuleeg/Kadelbach [Hrsg.], Europarecht, 2010, § 4, Rn. 1.

279 GA *Lenz* spricht in diesem Zusammenhang von „Rechtswegegarantie", in: Schlussanträge zu EuGH 22.06.1989, Rs. 103/88, *Fratelli Costanzo*, Slg. 1989, 1839, Rn. 34.

280 Als „funktionierende Arbeitsteilung" beschreibend: *Mayer*, in: Terhechte [Hrsg.], Verwaltungsrecht der Europäischen Union, S. 307 (320f.).

281 Der Gerichtshof der Europäischen Union umfasst nach Art. 19 Abs. 1 EU-Vertrag den Gerichtshof, das Gericht und Fachgerichte.

282 *Kraus*, EuR Beiheft 3/2008, 109 (112); zur Begrifflichkeit auch: *Nowak*, EuR 2000, 724f.; *Calliess* spricht alternativ von prinzipalem und inzidentem Rechtsschutz, in: NJW 2002, 3577.

283 *Ehlers*, Die Europäisierung des Verwaltungsprozeßrechts, S. 16ff; *Hofmann*, Rechtsschutz und Haftung im Europäischen Verwaltungsverbund, S. 163.

haben[284]. Die beiden Teile des Systems arbeitsteiligen Rechtsschutzes[285] bilden eine Einheit und sind über das Vorabentscheidungsverfahren nach Art. 267 AEUV miteinander verbunden[286]. Zudem führt die verfassungsrechtliche Kontrolle der Vorlagepflicht durch das BVerfG zu einer verstärkten Verzahnung beider Rechtsschutzebenen[287]. In der Rechtsprechung des BVerfG ist anerkannt, dass der EuGH gesetzlicher Richter im Sinne von Art. 101 Abs. 1 S. 2 GG ist[288]. Besteht eine Vorlagepflicht, wird diese aber unvertretbar[289] bzw. willkürlich[290] durch das nationale Gericht nicht befolgt, so verletzt das nationale Gericht das Recht auf einen gesetzlichen Richter nach Art. 101 Abs. 1 S. 2 GG[291].

(1) Zentraler Rechtsschutz vor den Unionsgerichten

Der gerichtliche Rechtsschutz vor den Unionsgerichten findet in verschiedenen Verfahrensarten statt, die enumerativ in den Art. 258 ff. AEUV aufgelistet sind. Für Klagen von Individuen ist dabei stets erstinstanzlich das Gericht nach Art. 256 Abs. 1, Art. 51 EuGH-Satzung zuständig, gegen dessen Urteile ein auf Rechtsfragen beschränktes Rechtsmittel zum EuGH eingelegt werden kann (Art. 256 Abs. 1 UAbs. 2). Zu nennen sind als Individualrechtsschutzverfahren die Untätigkeitsklage nach Art. 265 Abs. 3 AEUV, die Nichtigkeitsklage nach Art. 263 f. AEUV und für vorläufigen Rechtsschutz die einstweilige Anordnung nach Art. 279 AEUV sowie die Aussetzungsanordnung nach Art. 278 S. 2 AEUV. Sekundärer Rechtsschutz kann der Einzelne im Rahmen der Haftungs-

---

284 *Nowak*, EuR 2000, 724 (725); *Jarass*, EU-GRCharta, Art. 47, Rn. 23.

285 *Nettesheim*, JZ 2002, 928 (932); zur gegenseitigen Beeinflussung, vgl. auch: *Nowak*, EuR 2000, 724.

286 *Iglesias*, NJW 2000, 1889; *Grzeszick*, Rechte und Ansprüche, S. 489; *v. Danwitz*, Europäisches Verwaltungsrecht, S. 274; *Dörr*, Europäischer Verwaltungsrechtsschutz, in: Sodan/Ziekow [Hrsg.], VwGO-Kommentar, 2014, Rn. 2; vgl. dazu eingehend auch: EuGH 23.04.1986, Rs. 294/83, *Les Verts*, Slg. 1986, 1339.

287 Verstärkt wurde die Verzahnung jüngst durch die Vorlagepflicht bei Zweifeln ob der Reichweite der unionsrechtlichen Determinierung: BVerfGE 129, 186 - *Investitionszulage 1996*.

288 BVerfGE 73, 339 (366ff) - *Solange II*; BVerfGE 75, 223 (233ff.) - *Kloppenburg-Beschluß*; BVerfGE 82, 159 (19ff) – *Absatzfonds*; vgl. dazu *Mößlang*, EuZW 1996, 69; *Fastenrath*, Der Europäische Gerichtshof als gesetzlicher Richter, in: FS Ress, 2005, 461.

289 BVerfG 25.02.2010, 1 BvR 230/09, NJW 2010, 1268, Rn. 19.

290 BVerfGE 126, 286 – *Honeywell*, Rn. 89.

291 Vgl. zu den unterschiedlichen Maßstäben in der Rechtsprechung des BVerfG: *Roth*, NVwZ 2009, 345 (349); *Thüsing/Pötters /Traut*, NZA 2010, 930 (931); *Bäcker*, NJW 2011, 270; *Selder*, ZRP 2011, 164.

klage gegen die Union nach Art. 340, 268 AEUV gelten machen[292]. Zudem ergibt sich aus der Pflicht aller nationalen Behörden, den im Vertragsverletzungsverfahren ergangenen Urteilen Rechnung zu tragen, dass auch das Vertragsverletzungsverfahren nach Art. 258ff AEUV mittelbar im Dienste von Privaten stehen kann[293].

Von besonderer Bedeutung für den effektiven Individualrechtsschutz vor den Unionsgerichten ist dabei die Nichtigkeitsklage[294]. Natürliche oder juristische Personen besitzen nach Art. 263 Abs. 4 AEUV dann eine Klagebefugnis, wenn sie sich gegen an sie gerichtete oder sie unmittelbar und individuell betreffende Handlungen wehren. Zudem können sie seit dem Lissaboner Vertrag Klage „gegen Rechtsakte mit Verordnungscharakter, die sie unmittelbar betreffen und keine Durchführungsmaßnahmen nach sich ziehen", erheben. Eine individuelle Betroffenheit ist dann nicht notwendig. Wie der Terminus des „Rechtsaktes mit Verordnungscharakter" zu verstehen ist, wird unterschiedlich gesehen. Einerseits wird der Begriff so gedeutet, dass der normative Gehalt des Rechtsaktes betont wird und in Anlehnung an Art. 288 Abs. 2 AEUV die unmittelbare und allgemeine Geltung des Rechtsaktes verlangt wird, so dass neben Verordnungen, unmittelbar anwendbare Richtlinien Gegenstand der Nichtigkeitsklage sein können[295]. Andere Stimmen in der Literatur[296], das EuG[297] und die Generalanwältin Kokott[298] stellen hingegen vor allem

---

292 Vgl. zur Abgrenzung der Zuständigkeit für außervertragliche Haftung (Unionsgerichte nach Art. 340 Abs. 2, 268 AEUV) und vertraglicher Haftung (nur bei entsprechender Schiedsklausel Unionsgerichte nach Art. 272 AEUV): EuGH 18.04.2013, Rs. C-103/11 P, *Systran*, noch nicht in der amtlichen Sammlung veröffentlicht, Rn. 56ff.

293 EuGH 24.03.2009, Rs C-445/06, *Danske Slagterier*, Slg. 2009, I-2119, Rn. 67; *U. Karpenstein*, in: Grabitz/Hilf/Nettesheim, 2013, Art. 258, Rn. 20.

294 Ausführlich dazu: *Pilafas*, Individualrechtsschutz durch Nichtigkeitsklage nach EG-Recht; *Thiele*, Individualrechtsschutz vor dem Europäischen Gerichthof durch die Nichtigkeitsklage, S. 58.

295 *Everling*, EuR Beiheft 1/2009, 71 (74); *Frenz/Distelrath*, NVwZ 2010, 162 (165); *Kottmann*, ZaöRV 2010, 547 (559f); *Everling*, EuZW 2010, 572 (576); *Görlitz/Kubicki*, EuZW 2011, 248 (250f); *Kotzur*, EuR Beiheft 1/2012, 7 (18).

296 *Schröder*, DÖV 2009, 61 (63); *Cremer*, DÖV 2010, 58; *Thiele*, EuR 2010, 30 (43f); *Herrmann*, NVwZ 2011, 1352; *Thalmann*, EuR 2012, 452 (459ff); *Pötters/Werkmeister/Traut*, EuR 2012, 546.

297 EuG 06.09.2011, Rs. T-18/10, *Inuit Tapiriit Kanatami u.a.*, Slg. 2011, II-5599, Rn. 42ff, 56; dazu auch: EuG 25.10.2011, Rs. T-262/10, *Microban*, Slg. 2011, II-7697, 21; *Petzold*, EuR 2012, 443; zu beiden Entscheidungen: *Everling*, EuZW 2012, 376; *Gundel*, EWS 2012, 65; ebenso: EuG 04.06.2012, T-381/11, *Eurofer*, noch nicht in der amtlichen Sammlung veröffentlicht, Rn. 41ff; offen lassend insoweit: EuG

unter Berufung auf die Normentstehung auf eine formelle Sicht ab. Danach ist eine Abgrenzung zum Gesetzgebungsakt in Art. 289 Abs. 3 AEUV notwendig und insbesondere Rechtsakte ohne Gesetzescharakter (Art. 290 AEUV) und Durchführungsakte (Art. 291 AEUV) seien als Rechtsakte mit Verordnungscharakter anzusehen, Verordnungen im Sinne von Art. 288 Abs. 2 AEUV selbst hingegen nicht. Der EuGH hat sich nunmehr der zweitgenannten Auffassung angeschlossen[299].

Unabhängig davon, ob der Verordnungscharakter von angreifbaren Rechtsakten materiell nach dessen Inhalt oder formell nach dessen Erlassverfahren zu bestimmen ist, ergibt sich danach lediglich die konkrete Zuständigkeits- und Aufgabenabgrenzung für normative Rechtsakte zwischen den Unionsgerichten und den innerstaatlichen Gerichten im arbeitsteiligen europäischen Rechtsschutzsystem[300].

(2) Dezentraler Rechtsschutz vor nationalen Gerichten

In der Regel wird der gerichtliche Schutz des Einzelnen über ein Verfahren vor nationalen Gerichten aktiviert[301]. Der Zugang zu den mitgliedstaatlichen Gerichten spielt in der Praxis daher die weitaus größere Rolle[302]. Diese haben bei ihrer Entscheidung unmittelbar anwendbares, entscheidungserhebliches Unionsrecht in den bei ihnen anhängigen Verfahren anzuwenden und entgegenstehendes nationales Recht nach dem Vorrangprinzip unangewendet zu lassen[303]. Jeder nationale Richter wird damit funktional zum Unionsrichter[304].

08.03.2012, T-221/10, *Iberdrola* (Kommissionsentscheidung mit Notwendigkeit von Durchführungsvorschriften), noch nicht in der amtlichen Sammlung veröffentlicht, Rn. 45ff; EuG 25.04.2013, Rs. T-526/10, *Inuit Tapiriit Kanatami* (Verordnung der Kommission mit Durchführungsvorschriften), noch nicht in der amtlichen Sammlung veröffentlicht, Rn. 18ff.

298 GA *Kokott*, Schlussanträge zu EuGH Rs. C-583/11 P, *Inuit Tapiriit Kanatami u. a.*, Rn. 29ff.

299 EuGH 03.10.2013, Rs. C-583/11 P, *Inuit Tapiriit Kanatami*, noch nicht in der amtlichen Sammlung veröffentlicht, Rn. 50ff; vgl. dazu ausführlich: *Thalmann*, Nichtigkeitsklagen gegen Rechtsakte mit Verordnungscharakter, 2011.

300 GA *Kokott*, Schlussanträge zu EuGH Rs. C-583/11 P, *Inuit Tapiriit Kanatami u. a.*, Rn. 21.

301 *Kirchhof*, NJW 2011, 3681 (3684).

302 Vgl. dazu: *Munding*, Das Grundrecht auf effektiven Rechtsschutz im Rechtssystem der Europäischen Union, S. 107f.

303 *Dauses*, NJW-Beil. 1994, 12 (13).

304 *Pernice*, EuR 1996, 27f; *Iglesias*, NJW 2000, 1889 (1892); *Cremer*, EuZW 2001, 453 (456); *Hirsch*, Ansprache des Präsidenten des BGH zum Schöffentag, 15. 09.2001,

Der nationale Rechtsschutz bestimmt sich dabei grundsätzlich nach dem mitgliedstaatlichen Prozessrecht. Die nationale Verfahrensautonomie wird indes dadurch eingeschränkt, dass die nationalen Gerichte den autonomen Wirkungsanspruch des Unionsrechts zu beachten haben, welcher sich insbesondere aus unmittelbarer Wirkung und Vorrang ergibt[305]. Zudem sind, wie oben dargestellt, der Effektivitäts- und Äquivalenzgrundsatz zu beachten. Diese Prinzipien sollen sicherstellen, dass die Wirksamkeit des Rechtsbehelfs und der gerichtlichen Kontrolle gewährleistet wird[306]. Die Sicherung der Letztentscheidungsbefugnis des EuGH hinsichtlich der Auslegung von Unionsrecht und der Gültigkeit von Sekundärrecht erfolgt prozessual über die Vorlagepflicht nach Art. 267 Abs. 3 AEUV.

Auch der dezentrale Rechtsschutz dient so der Sicherung der Individualrechte. Allerdings führt die limitierte Stellung des Einzelnen im Vorabentscheidungsverfahren, der insbesondere kein Recht besitzt, ein Vorabentscheidungsersuchen erzwingen zu können[307], dazu, dass der dezentrale Rechtsschutz diesbezüglich hinter dem zentralen Rechtsschutz zurückbleibt[308].

Karlsruhe; *Sasserath* Schadensersatzansprüche von Konkurrenten zur Effektivierung der Beihilfenkontrolle?, 2001, 46; *Kokott/Henze/Sobotta,* JZ 2006, 633; *Meller-Hannich,* Verbraucherschutz im Schuldvertragsrecht, 2005, 99; vgl. auch die Umschreibung: „juge communautaire de droit commun", GA *Léger,* Schlussanträge zu EuGH 30.09.2003, Rs C-224/01, *Köbler,* Slg. 2003, I-10239, Rn. 66; Ähnlich: „le juge national agit en qualité de juge communautaire de droit commun", in der deutschen Fassung: „Das nationale Gericht handelt [...], als Gericht, das normalerweise für die Anwendung des Gemeinschaftsrechts zuständig ist"; ebenso: EuG 10.07.1990, Rs. T-51/89, *Tetra Pak Rausing* Slg. 1990, II-309, Rn. 42.

305 *Dörr,* Europäischer Verwaltungsrechtsschutz, in: Sodan/Ziekow [Hrsg.], VwGO-Kommentar, 2014, Rn. 213ff..

306 Vgl exemplarisch dazu: EuGH 07.06.2007, Rs. C-222/05 bis C-225/05, *Van der Weerd,* Slg. 2007, I-4233, Rn. 28ff; EuGH 15.04.2010, Rs. C-542/08, *Barth,* Slg. 2010, I-3189, Rn. 17ff.

307 Für einen Subjektivierung des Vorabentscheidungsverfahrens: EuGH 31.03.2000, Rs. C-6/99, *Greenpeace France u.a.,* Slg. 2000, I-1651, Rn. 54: „Der gemeinschaftsrechtlich gewährleistete Rechtsschutz umfaßt [...] das Recht der Bürger, vor dem nationalen Gericht die Rechtmäßigkeit dieser Entscheidung inzident zu bestreiten und zu beantragen, den Gerichtshof mit Vorlagefragen zur Prüfung der Gültigkeit dieser Entscheidung zu befassen"; vgl. dazu: *Schröder,* EuR 2011, 808 (810).

308 Vgl. zu den Schwächen des dezentralen Rechtsschutzes auch: *Hofmann,* Rechtsschutz und Haftung im Europäischen Verwaltungsverbund, in: Schmidt-

(3) Schließen von Rechtsschutzlücken durch dezentrale Ebene

Im Rahmen der zweigleisigen Vollzugskontrolle[309] kommt es der dezentralen, folglich mitgliedstaatlichen Komponente zu, etwaige Rechtsschutzlücken für den Einzelnen zu schließen. Die ausdrückliche Aufnahme des Art. 19 Abs. 1 UAbs. 2 EUV ist dabei eine direkte Reaktion auf die Urteile des EuGH und EuG im Fall *Jégo-Quéré*[310] und in *Unión de Pequeños Agricultores*[311]. Damit werden die Mitgliedstaaten in die Pflicht genommen, die erforderlichen Rechtsbehelfe zu schaffen, damit so ein wirksamer Rechtsschutz in den vom Unionsrecht erfassten Bereichen gewährleistet ist. Die mitgliedstaatlichen Gerichte als funktional europäische Gerichte sind danach primär für den effektiven Rechtsschutz in der Union verantwortlich[312]. Diese zuvor aus dem Grundsatz der Gemeinschaftstreue gefolgerte Pflicht[313] verlangt von den Mitgliedstaaten, dass sie die nationalen Vorschriften über die Einlegung von Rechtsbehelfen dergestalt auslegen, dass eine gerichtliche Kontrolle jedes unionsrechtlich determinierten Handelns möglich sein muss[314]. Die Verpflichtung ergibt sich auch und insoweit überlappend aus den Unionsrechten in Verbindung mit den grundrechtlichen Justizgewährleistungsansprüchen der Unionsbürger.

Selbst wenn eine solche gerichtliche Kontrolle unter Anwendung nationaler Methodenlehre nicht mit den vorhandenen Rechtsbehelfen im Wege der Auslegung zu erreichen ist, ist vom Wortlaut des Art. 19 Abs. 1 UAbs. 2 EUV her gefordert („schaffen"), dass die Mitgliedstaaten trotzdem den Zugang zu ihren Gerichten einräumen müssen. Bestehen Zu-

---

Aßmann/Schöndorf-Haubold [Hrsg.], Der Europäische Verwaltungsverbund, S. 353 (370).

309 *Dörr,* Europäischer Verwaltungsrechtsschutz, in: Sodan/Ziekow [Hrsg.], VwGO-Kommentar, 2014, Rn. 179.

310 EuG, 03.05.2002, Rs. T-177/01, *Jégo-Quéré,* Slg. 2002, II-2365, Rn. 39ff; EuGH 01.04.2004, C-263/02 P, *Jégo-Quéré,* Slg. 2004, I-3425, Rn. 29ff.

311 EuG, 23.11.1999, Rs. T-173/98, *Unión de Pequeños Agricultores,* Slg. 1999, II-3357, Rn. 61ff; EuGH 25.07.2002, C-50/00 P, *Unión de Pequeños Agricultores,* Slg. 2002, I-6677, Rn. 38ff; so auch: *Wegener,* in: Calliess/Ruffert, 2011, Art. 19 AEUV, Rn. 42.

312 *Pernice,* EuR 2011, 151 (153ff.).

313 EuGH 14.12.1995, C-312/93, *Peterbroeck,* Slg. 1995, I-4599, Rn. 12.

314 EuGH 25.07.2002, C-50/00 P, *Unión de Pequeños Agricultores,* Slg. 2002, I-6677, Rn. 42; EuGH 01.04.2004, C-263/02 P, *Jégo-Quéré,* Slg. 2004, I-3425, Rn. 32; EuGH 08.11.2005, Rs. C-443/03, *Leffler,* Slg. 2005, I-9611, Rn. 50; EuGH 03.10.2013, Rs. C-583/11 P, *Inuit Tapiriit Kanatami,* noch nicht in der amtlichen Sammlung veröffentlicht, Rn. 97ff.

lassungsbeschränkungen für eine spezielle Klageart, handelt es sich um einen Fall einer indirekten Kollision. Das vorrangig zu beachtende Effektivitätsprinzip erfordert dann, dass diese Beschränkungen unangewendet bleiben müssen[315]. Kann allein über die Zulassungsbeschränkung ein Zugang zum Gericht nicht erreicht werden, kann sich auch die Pflicht der Legislative ergeben, einen entsprechenden Rechtsbehelf einzuführen. Selbst wenn das nationale Verfahrensrecht keinen Rechtsbehelf vorsieht, muss ein solcher zur Verfügung gestellt werden[316]. In der Entscheidung *Unibet* hat der EuGH insoweit aus der Mitwirkungspflicht der nationalen Gerichte ausdrücklich folgende Pflicht formuliert: Für den Fall, dass es „nach dem System der betreffenden nationalen Rechtsordnung keinen Rechtsbehelf gäbe, mit dem wenigstens inzident die Wahrung der den Einzelnen aus dem Gemeinschaftsrecht erwachsenden Rechte gewährleistet werden könnte"[317] seien „zusätzlich zu den nach nationalem Recht bereits bestehenden Rechtsbehelfen neue Klagemöglichkeiten zur Wahrung des Gemeinschaftsrechts vor den nationalen Gerichten [zu] schaffen"[318].

3. Der Staatshaftungsanspruch als Element des Individualrechtsschutzes

Der Staatshaftungsanspruch kann als ein Element eines effektiven, umfassenden Rechtsschutzsystems angesehen werden[319]. Er stellt einen weiteren Rechtsbehelf bei der Verletzung der Rechte des Bürgers dar und erweitert so die Rechtsschutzmöglichkeiten des Einzelnen. Unbestritten ist die komplementäre Funktion des Haftungsanspruchs. Sofern Rechtsverletzungen nicht mehr durch im Wege des Primärrechtsschutzes zu erreichende Unterlassung beziehungsweise Beseitigung verhindert wer-

315 Vgl. dazu: EuGH 03.12.1992, Rs. C-97/91, *Oleificio / Kommission*, Slg. 1992, I-6313, Rn. 13: „eine entsprechende Klage ist somit zulässig, selbst wenn die innerstaatlichen Verfahrensvorschriften dies in einem solchen Fall nicht vorsehen."; in ähnlicher Weise bereits: EuGH 19.06.1990, Rs. C-213/89, *Factortame*, Slg. 1990, I-2433.

316 *Haratsch* , EuR Beiheft 3/2008, 81 (91); *Kraus*, EuR Beiheft 3/2008,109 (123f.).

317 EuGH 13.03.2007, Rs. C-432/05, *Unibet*, Slg. 2007, I-2271, Rn. 41.

318 EuGH 13.03.2007, Rs. C-432/05, *Unibet*, Slg. 2007, I-2271, Rn. 40; kritisch: *Petzold*, Individualrechtsschutz an der Schnittstelle zwischen deutschem und Gemeinschaftsrecht, S. 66f; bereits zuvor: *Feddersen*, EuZW 2002, 532 (533f.).

319 *Wetter*, Die Grundrechtscharta des Europäischen Gerichtshof, S. 196; GA *Léger*, Schlussanträge zu *Hedley Lomas*, Rn. 74; *Grzeszick*, EuR 1998, 417 (420).

den können, dient die haftungsrechtliche Ebene dem Schadensausgleich; beide Rechtsschutzmöglichkeiten stellen somit ergänzende Modi dar[320]. Neben den defensiv-negatorischen Primärrechtsschutz tritt der kompensierende Schutz des Haftungsrechts[321]. Das hat zur Folge, dass das Haftungsrecht grundsätzlich den gleichen Anwendungsbereich wie der Primärrechtsschutz hat und nicht auf den Schutz von bestimmten Rechtsgütern, wie etwa das Eigentum, begrenzt sein kann[322].

Ob der Anspruch indes alleine zur Wahrung des Rechts auf effektiven Rechtsschutz ausreicht, ist umstritten[323]. Der Staatshaftungsanspruch wirkt lediglich reaktiv und kann daher nur eingeschränkten Rechtsschutz bieten. Zudem ermöglicht der Haftungsanspruch vor allem eine monetäre Kompensation bereits erlittener Schäden. Der Primärrechtsschutz zielt hingegen darauf ab, drohende Rechtsgutverletzungen vorbeugend abzuwehren, bzw. den behaupteten Verstoß zu beseitigen und damit weitergehenden Schaden zu verhindern, indem rechtswidrige Handlungen aufgehoben werden[324]. Sind neben dem Haftungsanspruch auch primärrechtliche Rechtsschutzmöglichkeiten gegeben, stellt sich zudem die Frage des Verhältnisses von Primär- zu Sekunddärrechtsschutz; insbesondere die Frage des Vorrangs des Primär-, respektive die Subsidiarität des Haftungsanspruchs ist dabei zu thematisieren.

a. Staatshaftung als einzige Rechtsschutzmöglichkeit

Noch nicht hinreichend geklärt ist, ob der so verstandene Staatshaftungsanspruch alleine genügen kann, um die unionsrechtlichen Anforderungen an effektiven Rechtsschutz zu erfüllen. In der deutschen Diskussion, insbesondere um Art. 19 Abs. IV GG wird nach traditioneller Ansicht vertreten, dass in erster Linie Primärrechtsschutz zu gewähren sei[325], da nur dann „das Gericht […] genügend Entscheidungsbefugnisse

---

320 *Schoch,* Die Verwaltung, 2001, 261 (276).

321 *Reiling,* Zu individuellen Rechten im deutschen und im Gemeinschaftsrecht, S. 51; zum Einfluss des Haftungsanspruch auf das Rechtsschutznmiveau, unter:, B. III. 2. c).

322 EuGH 05.03.1996, verb. Rs C-46/93 u. C-48/93, *Brasserie du Pêcheur/Factortame III,* Slg. 1996, I-1029, Rn. 86ff; *Schoch,* Die Verwaltung, 2001, 261 (276).

323 Vgl. *Dörr/Lenz,* Europäischer Verwaltungsrechtsschutz, S. 121 f.

324 Zur Begriffsbestimmung, Ausgrenzung und Unterscheidung: *Erbguth,* VDStRL (61), S. 221 (222ff.); *Höfling,* VDStRL (61), S. 260 (264ff).

325 *Ibler,* in: Friauf/Höfling [Hrsg.], Berliner Kommentar zum GG, 2012, Art. 19 IV GG, Rn. 233; *Schmidt-Aßmann,* in: Maunz/Dürig [Hrsg.], GG Kommentar, 66. Ergänzungslieferung, 2012, Art. 19 Abs. 4, Rn. 28, 283; *R. Schenke,* in: FS Schenke, S. 305 (323); *Huber,* in: v. Mangoldt/Klein/Starck [Hrsg.], Kommentar zum

besitzt, um drohende Rechtsverletzungen abzuwenden oder erfolgte Rechtsverletzungen zu beheben"[326]. Insbesondere durch zwei neuere Entscheidungen des BVerfG, bei denen jeweils der Ausschluss des Primärrechtsschutzes als verfassungsgemäß angesehen wurde[327], scheint auch im Rahmen der nationalen Rechtsschutzanforderungen die Notwendigkeit des Primärrechtsschutzes nicht mehr so eindeutig anzunehmen sein[328].

aa. Fehlen eindeutiger Aussagen des Gerichtshofes der EU

Das EuG hat Schadensersatzansprüche gegen die Union noch in der Entscheidung *Salamander*, bei der es um die Tabakwerbe-Richtlinie I[329] ging, für ausreichend angesehen, um den „Anspruch auf einen effektiven Rechtsbehelf" einzuhalten[330]. In der Entscheidung *Jégo-Quéré* führt es hingegen wenig später aus, dass solche Schadensersatzklagen nicht zu einer den effektiven Rechtsschutz vollständig verwirklichenden Lösung führen, da die Folge und die Voraussetzungen einer solchen Klage nicht ausreichend sind, um eine vollständige Rechtmäßigkeitsüberprüfung der Handlungen der Union zu ermöglichen. Ferner kann der betroffene Rechtsakte nicht aus der Gemeinschaftsrechtsordnung „entfernt" wer-

---

GG, Bd. I, Art. 19, Rn. 455; *Sachs*, in: Sachs/Battis [Hrsg.], GG Kommentar, Art. 19, Rn. 136; *Dörr*, DÖV 2001, 1014 (1020); *Burgi*, JZ 2001, 930 (931); zumeist wird dabei verwiesen auf: BVerfGE 58, 300 (324) – *Nassauskiesungsbeschluss.*

326 BVerfGE 101, 106 (123) - *Akteneinsichtsrecht*; BVerfGE 61, 82 (111) – *Sasbach.*

327 BVerfGE 116, 1 (19ff) – *Insolvenzverwalter* (zu Art. 19 Abs. 4 GG) ; BVerfGE 116, 135 (155) - *Gleichheit im Vergaberecht* (zum Justizgewährungsanspruch).

328 Notwendig scheint vielmehr eine Abwägung im Sinne praktischer Konkordanz mit anderen Gütern von Verfassungsrang; vgl. zur Diskussion: *Barth*, Das Vergaberecht außerhalb des Anwendungsbereichs der EG-Vergaberichtlinien, S. 155ff; *Breuer*, Staatshaftung für judikatives Unrecht, S. 88ff; *Wollenschläger*, Verteilungsverfahren, S. 131 (90); bereits zuvor: *Erbguth*, VDStRL (61), S. 221; *Höfling*, VDStRL (61), S. 260.

329 Richtlinie 98/43/EG des Europäischen Parlaments und des Rates vom 6. Juli 1998 zur Angleichung der Rechts- und Verwaltungsvorschriften der Mitgliedstaaten über Werbung und Sponsoring zugunsten von Tabakerzeugnissen, Amtsbl. Nr. L 213, 30.07.1998, 9.

330 EuG 27.06.2000, verb. Rs T-172/98 und T-175/98 bis T-177/98, *Salamander*, Slg. 2000, II-2487, Rn. 77f; Ebenso wurde die Unionshaftung als ausreichender Rechtsschutzes gegen eine Kommissionsentscheidung, mit der die Erhebung zivilrechtlicher Klagen im Kampf gegen den Schmuggel von Zigaretten beschlossen wurde angesehen: EuG 15.01.2003, verb. Rs. T-377/00, T-379/00, T-380/00, T-260/01, T-272/01, *Philip Morris International*, Slg, Slg. 2003, II-1, Rn. 121

den. Mit Verweis auf Art. 6 und 13 EMRK und Art. 47 GRC meint das EuG, dass nunmehr „nicht mehr davon ausgegangen werden [kann], dass die Verfahren nach Artikel 234 EG [nunmehr: Art. 267 AEUV] einerseits und nach den Artikeln 235 EG [Art. 268 AEUV] und 288 Absatz 2 EG [Art. 340 Abs. 2 AEUV] andererseits den Rechtsbürgern ein Recht auf einen wirksamen Rechtsbehelf gewährleisten, das es ihnen ermöglichen würde, die Rechtmäßigkeit von Gemeinschaftsvorschriften allgemeiner Geltung zu bestreiten, die ihre Rechtsposition unmittelbar beeinträchtigen"[331]. Das EuG hat daraus die Lockerung der Zulässigkeitsvoraussetzungen von Nichtigkeitsklagen Einzelner begründet.

Der EuGH hat sich zu der Frage, ob der Staatshaftungsanspruch ausreicht, um ausreichenden Individualrechtsschutz zu gewähren in den Rechtsmittelverfahren zu *Unión de Pequeños Agricultores* und *Jégo-Quéré* nicht ausdrücklich geäußert. Er hat nur, wie oben ausgeführt, betont, dass etwaige Rechtsschutzlücken durch die Mitgliedstaaten zu schließen seien[332]. In der Entscheidung *Masdar* hat der EuGH entschieden, dass die Voraussetzungen einer Haftungsklage gegen die Union entsprechend anzupassen seien, wenn nur so dem Gebot, effektiven Rechtsschutz zu schaffen, genügt werden kann[333]. Dabei ging es um einen Ersatzanspruch aus behaupteter ungerechtfertigter Bereicherung gegen die Kommission, für die keine nationalen Rechtsschutzverfahren in Betracht kamen. Der EuGH hat zudem in der Entscheidung *Unibet* dargelegt, dass eine nationale Schadensersatzklage, welche die inzidente Überprüfung der Unionsrechtswidrigkeit einer nationaler Norm ermöglich, dem effektiven Rechtsschutz genügt[334]. Daraus könnte geschlussfolgert werden, dass Sekundärrechtschutz grundsätzlich ausreichen kann, um den unionsrechtlichen Anforderungen an gerichtliche Überprüfung zu genügen. Es sind jedoch die Einzelheiten der Rechtssache, bei der es um die Vereinbarkeit des schwedischen Lotteriegesetzes mit der Dienstleistungsfreiheit ging, zu beachten. Die Klägerin war nicht von einer konkreten Maßnahme betroffen, sondern verlangte die allgemeine Feststellung, dass das nationale Gesetz gegen die Dienstleistungsfreiheit verstoße. Gleichzeitig begehrte sie Ersatz des aus der Befolgung der Norm bereits entstande-

---

331 EuG 03.05.2002, Rs. T-177/01, *Jégo-Quéré*, Slg. Slg. 2002, II-2365, Rn. 42 Rn. 47.

332 EuGH 25.07.2002, C-50/00 P, *Unión de Pequeños Agricultores*, Slg. 2002, I-6677, Rn. 41f; EuGH 01.04.2004, C-263/02 P, *Jégo-Quéré*, Slg. 2004, I-3425, Rn. 31.

333 EuGH 16.12.2008, C-47/07, *Masdar*, 2008, I-09761, Rn. 49f.

334 EuGH 13.03.2007, Rs. C-432/05, *Unibet*, Slg. 2007, I-2271, Rn. 56; dafür, dass Schadensersatzansprüche ausreichend sein können, um Art. 6 der Gleichbehandlungsrichtlinie zu genügen: EuGH 05.02.2004, Rs. C-380/01, *Schneider*, Slg. 2004 I-1389, Rn. 27f.

nen Schadens. Der EuGH führte nun aus, dass die Möglichkeit der inzidenten Überprüfung der Unionsrechtswidrigkeit dem Effektivitätsgrundsatz genügt. Einer gesonderten Feststellungsklage bedurfte es nicht, da im Rahmen des Schadensersatzprozesses die Vereinbarkeit des schwedischen Lotteriegesetzes mit dem Unionsrecht geprüft werden konnte. Zudem weist der EuGH darauf hin, dass Unibet einen Antrag auf Befreiung von dem gesetzlichen Werbeverbot für Lotteriedienste stellen und die dann eventuell getroffene ablehnende Entscheidung gerichtlich überprüfen lassen könnte[335]. Eine Gleichwertigkeit von Primärrechtsschutz und Haftungsklage kann daher dem Urteil nur für den Fall entnommen werden, dass der Kläger noch nicht von einem konkreten Normumsetzungsakt betroffen ist[336]. Soll die Haftungsklage in diesem Fall dem Recht auf einen effektiven gerichtlichen Rechtsschutz genügen, verlangt das zu beachtende Effektivitätsgebot zudem, dass die Unionsrechtswidrigkeit vom nationalen Gericht unabhängig von der Frage des Schadenseintritts und der Kausalität geprüft wird[337].

In Entscheidung des EuGH zum unterschwelligen Rechtsschutz im Vergabeverfahren, bei denen die sekundärrechtlichen Vorgaben des EU-Vergaberechts nicht anwendbar sind und daher auf allgemeine unionsrechtliche Anforderungen an einen effektiven Rechtsschutz zurückzugreifen ist, lässt sich ebenfalls keine klare Aussage zur Notwendigkeit eines Primärrechtsschutzes erkennen[338]. So heißt es in der *Wall-Entscheidung* vielsagend, dass Primärrechtsschutz zumindest „nicht in allen Fällen" notwendig sei[339].

---

335 EuGH 13.03.2007, Rs. C-432/05, *Unibet*, Slg. 2007, I-2271, Rn. 53ff, 60; vgl. dazu auch: *Huerkamp/Kühling*, NVwZ 2011, 1409 (1412).

336 Ebenso: *Huerkamp/Kühling*, NVwZ 2011, 1409 (1412).

337 EuGH 13.03.2007, Rs. C-432/05, *Unibet*, Slg. 2007, I-2271, Rn. 59.

338 Vgl. dazu ausführlich: *Martlreiter*, Europäisierung des vergaberechtlichen Primärrechtsschutzes bei Unterschwellenaufträgen; zu den verschiedenen Ansätzen des Primärrechtsschutzes: *Ax/Schneider/Ottenströer*, Rechtsschutz bei der öffentlichen Auftragsvergabe, S. 151.

339 EuGH 13.04.2010, Rs. C-91/08, *Wall AG*, Slg. 2010, I-2815, Rn. 33; offen diesbezüglich auch die Mitteilung zu Auslegungsfragen in Bezug auf das Gemeinschaftsrecht, das für die Vergabe öffentlicher Aufträge gilt, die nicht oder nur teilweise unter die Vergaberichtlinien fallen, vom 23.06.2006, Abschnitt 2.3.3; jedenfalls für die Notwendigkeit einer individuellen Schadensersatzklage einzelner Bieter einer Bietergemeinschaft: EuGH 06.05.2010, Rs. C-145/08 und C-149/08, Slg. 2010, I-4165, Rn. 80; Das BVerfG hält den Ausschluss von Primärrechtsschutz in diesem Bereich für verfassungsgemäß: BVerfGE 116, 135 - *Gleichheit im Vergaberecht*; Ebenso: BVerwGE 129, 9.

bb. Rechtsschutzanforderungen der Art. 6 und 13 EMRK

Zu fragen ist zudem nach den Anforderungen, die die EMRK an den Rechtsschutz in der Union stellt. Neben der bereits angesprochenen Bedeutung der Art. 6 und 13 EMRK als Rechtserkenntnisquellen für den Grundrechtsstandard innerhalb der Union und als Rechtsquelle nach einem möglichen Beitritt der Union zur EMRK nach Art. 6 Abs. 2 EUV, haben die Verpflichtungen aus Art. 6 und 13 EMRK auch insoweit Bedeutung, als dass die Mitgliedstaaten der Union zugleich ihre Verpflichtung als Konventionsstaaten der EMRK erfüllen müssen. Dazu hat der EGMR ausgeführt, dass die Konventionsrechte in einem mit dem von der Konvention gewährten Schutz als gleichwertig zu erachtenden Schutzniveau auch durch die Union gewahrt werden müssen[340]. Die Mitgliedstaaten müssen daher nicht nur bei unionsrechtlich determinierten, nationalen Handlungen die EMRK beachten[341], sondern sind zudem verpflichtet, die Wahrung des Grundsatzes des effektiven Rechtsschutz nach Art. 6 EMRK auch innerhalb der Union sicherzustellen[342]. Legt die EMRK demnach ein bestimmtes Rechtsschutzniveau fest, ist dieses auch im Rahmen der Union zu verfolgen. Durch einen auf Art. 6 Abs. 2 EUV gestützten Beitritt der Union zur EMRK würde diese auch unmittelbar daran gebunden[343].

Es ist jedoch nicht davon auszugehen, dass Art. 6 Abs. 1 EMRK verlangt, dass stets Primärrechtschutz gewährt werden muss[344]. Dafür spricht, dass die Wiedergutmachung von Konventionsverletzungen nach Art. 41 EMRK im Regelfall durch finanzielle Entschädigungen erfolgt[345]. Bei Anwendung von Art. 13 auf Art. 6 EMRK sieht der EGMR ebenfalls die Schadensersatzklage als ausreichend wirksamen innerstaatlichen

340 EGMR 20.01.2009, 13645/05, *Cooperatieve Producentenorganisatie van de Nederlandse Kokkelvisserij U.A./Niederlande*, NJOZ 2010, 1914.

341 Vgl. dazu und zur Rücknahme der Prüfungskompetenz des EGMR: EGMR 30.06.2005, 45036/98, *Bosphorus/Irland*, NJW 2006, 197.

342 EGMR 20.01.2009, 13645/05, *Cooperatieve Producentenorganisatie van de Nederlandse Kokkelvisserij U.A./Niederlande*, NJOZ 2010, 1914.

343 Vgl. dazu aktuell: Gutachten 2/13 zur Frage der Vereinbarkeit Beitrittsübereinkommens der Europäischen Union zur EMRK mit den Unionsverträgen.

344 Vgl. zur davon zu unterscheidenden Frage, ob Art. 6 EMRK auch auf Schadensersatzklagen anwendbar ist, bejahend nur: EGMR 08.07.1987, 9749/82.

345 Vgl. zur Ablehnung anderer Formen der Wiedergutmachung: EGRM 21.01.1999, Nr. 26103/95, *Van Geyseghem* (Nichtvollstreckung einer Freiheitsstrafe); EGMR 26.06.2003, Nr. 45019/98, *Pascolini*, Wiederaufnahme eines abgeschlossen innerstaatlichen Verfahrens).

Rechtsbehelf an[346]. Ergänzend ist Art. 5 Abs. 5 EMRK aufzuführen, der jedem, der von konventionswidriger Festnahme oder Freiheitsentziehung betroffen ist, ebenfalls einen Anspruch auf Schadensersatz zubilligt. Es ist daher davon auszugehen, dass die Gewährung lediglich sekundärem Rechtsschutz den Anforderungen der EMRK genügt[347]. Allerdings stellt die EMRK nach Art. 52 Abs. 3 GRC lediglich einen Mindeststandard für die Union dar. Die Notwendigkeit, stets Primärrechtsschutz zu gewähren, kann sich demnach davon unbeschadet dennoch aus dem Unionsrecht ergeben.

cc. Tendenz zur Notwendigkeit des Primärrechtschutzes im Unionsrecht

Weder aus der normativen Anknüpfung, noch aus den angeführten Rechtsprechungsbelegen sind klare Aussagen zu entnehmen, ob Sekundärrechtsschutz eine hinreichende Rechtsschutzgewähr darstellt. Den aufgeführten Entscheidungen ist lediglich eine Tendenz zu entnehmen, welche die Notwendigkeit des Primärrechtsschutzes präferiert[348]. Dafür sprechen vier Gründe: Zunächst ist zu beachten, dass der effektive Rechtsschutz auch der einheitlichen Anwendung des Unionsrechts und dessen Durchsetzung dient. Die Aufhebung eines unionsrechtswidrigen Rechtsaktes dient diesem Ziel eher als die finanzielle Sanktionierung unionsrechtswidrigen Verhaltens durch singuläre Haftungsansprüche[349].

---

346 EGMR 26. 10. 2000, 30210/96, *Kudla/Polen,* NJW 2001, 2694, Rn. 154ff; EGMR 11.09.2002, 57220/00, *Mifsud/Frankreich,* Slg. 2002-VIII Rdnr. 15; EGMR 08.06.2006, 75529/01, *Sürmeli/Deutschland,* NJW 2006, 2389, Rn. 99; EGMR 31.07.2003, 50389/1999 Nr. 59, *Doran/Irland,* Slg. 03-X; EGMR 27.01.2005, 55057/00 Nr. 38, *Sidjimov/Bulgarien;* EGMR 02.09.2010, 46344/06, *Rumpf/Deutschland,* NJW 2010, 3355, Rn. 71.

347 Ebenso: *Dörr/Lenz,* Europäischer Verwaltungsrechtsschutz, 2006 , Rn. 640.

348 Für die Notwendigkeit von Primärrechtsschutz: *Bungenberg,* WuW 2005, 899 (901); *Nowak,* Recht auf effektiven Rechtsschutz, in: Heselshaus/Nowak [Hrsg.], Handbuch der Europäischen Grundrechte, Art. 51, Rn. 35; *Wollenschläger,* NvWZ 2007, 388 (395); *Englisch,* VerwArch 2007, 410 (433); *Frenz,* VergabeR 2007, 1 (9); *Dörr,* WiVerw 2007, 211 (215f); *Bungenberg,* SächsVBl 2008, 53 (57); *Wollenschläger,* Verteilungsverfahren, S. 131; *Reindl,* Effektivität des vergaberechtlichen Rechtsschutzes in Ungarn, S. 177; *Huerkamp/Kühling,* NVwZ 2011, 1409 (1411); *Martlreiter,* Europäisierung des vergaberechtlichen Primärrechtsschutzes bei Unterschwellenaufträgen, 2011, 88f; anders: *Hailbronner,* Gutachten, BT-Drs.13/9340, 25ff; für einen Überblick über nationale gerichtliche Entscheidungen: *Hausmann,* GewArch 2012, 107 (110f); Zuletzt: BGH 30.08.2011, Az. X ZR 55/10, NZBau 2012, 46.

349 EuGH 09.12.1997, Rs. C-265/95, *Kommission/Frankreich,* Slg. 1997, I-6959, Rn. 59f: „Auf den Ausgleich der den Opfern entstandenen Schäden, den die Französi-

Nur wenn die unionsrechtswidrige Handlung aufgehoben wird, ist die Durchsetzung des Unionsrechts unmittelbar sichergestellt. Bei Staatshaftungsansprüchen bleibt der Unionsrechtsverstoß zunächst grundsätzlich in der Welt und das Unionsrecht erlangt erst über die abschreckende Wirkung des Haftungsanspruchs somit lediglich mittelbar eine einheitliche Anwendung. Die Beschränkung auf den Sekundärrechtsschutz ginge mithin mit einer Schwächung des effet-utile einher.

Ferner ist der Staatshaftungsanspruch nicht in der Lage jeden Unionsrechtsverstoß auszugleichen. Aus der Rechtsprechung des EuGH ist insoweit beispielhaft an die unionsrechtswidrige Ablehnung der Eintragung in das Wählerverzeichnis für die Wahl des Europäischen Parlaments erinnert. Fraglich ist dabei zum einen, welcher konkrete Schaden dem Einzelnen dadurch entstanden sein soll, und zum anderen, wie dieser mittels Staatshaftung ausgeglichen werden kann[350]. Zudem ist die grundfreiheitliche Dimension zu beachten. Unzulässig sei insoweit nicht nur die kompensationslose Diskriminierung, sondern jegliche Diskriminierung ohne rechtliche Überprüfungsmöglichkeit. Wie oben ausgeführt, hat der EuGH verschiedentlich betont, dass es dem Betroffenen möglich sein muss, die entsprechende Entscheidung anzufechten[351]. Schließlich spricht auch die oben angesprochene zeitliche Dimension des effektiven Rechtsschutzes für einen Vorrang des Primärrechtsschutzes[352]. Der EuGH hat betont, dass auch bei einem vollständigen Ausgleich der Verzögerungsfolgen durch Haftungsansprüche, nachträglicher Rechtsschutz nicht geeignet ist, effektiven Rechtsschutz zu gewährleisten. Damit

---

sche Republik gewähre, kann sich deren Regierung nicht berufen, um sich von ihren gemeinschaftsrechtlichen Pflichten zu befreien. Eine Entschädigung ist zwar geeignet, den von den betroffenen Wirtschaftsteilnehmern erlittenen Schaden zumindest teilweise auszugleichen, kann aber die Vertragsverletzung des Mitgliedstaats nicht beseitigen."

350 Dennoch auf die Möglichkeit der Haftung verweisend: EuGH 12.09.2006, Rs. C-300/04, *Eman und Sevinger*, Slg. 2006, I-8055, Rn. 69f.

351 EuGH 15.10.1987, Rs. 222/86, *Heylens*, Slg. 1987, 4097, Rn. 14f; EuGH, 07.05.1991, Rs. C-340/89, *Vlassopoulou* Slg. 1991, I-2357, Rn. 22; EuGH 13.12.1991, Rs. 18/88, *GB-Inno-BM*, Slg. 1991, I-5941, Rn. 34; EuGH 16.07.1992, Rs. C-344/90, *Kommission / Frankreich*, Slg. 1992 I-04719, Rn. 8f; EuGH 03.12.1992, Rs. C-97/91, *Borelli*, Slg. 1992, I-6313, Rn. 12ff; EuGH 03.02.2000, Rs. C-228/98, *Dounias*, Slg. Slg. 2000, I-577, Rn. 6f; EuGH 05.02.2004, Rs. C-95/01, *Greenham und Abel*, Slg. 2004, I-1333, Rn. 35; EuGH 05.02.2004, Rs. C-24/00, *Kommission / Frankreich*, Slg. 2004, I-1277, Rn. 26; EuGH 14.02.2008, Rs. C-244/06, *Dynamic Medien*, Slg. 2008, I-505, Rn. 50.

352 Unter: B. II. 2. a) aa).

kommt deutlich zum Ausdruck, dass grundsätzlich Primärrechtsschutz zu gewähren ist.

Letztlich lässt sich das Ausbleiben einer endgültigen Entscheidung des EuGH zur Notwendigkeit von Primärrechtsschutz nur damit erklären, dass bei fehlenden konkreten Vorgaben des Unionsrechts die nationalen Rechtsschutzvorschriften unter Beachtung des Äquivalenz- und Effektivitätsgebots Anwendung finden. Die Ausgestaltung nationaler sekundärrechtlicher Klagen ist dabei zu unterschiedlich, als dass der EuGH allgemeine Aussagen hat treffen können. Maßgeblich kommt es darauf an, dass eine vollständige Rechtmäßigkeitsprüfung möglich sein muss. Eine solche Überprüfung ist durch Primärrechtsschutz eher gegeben. Wie die Entscheidung *Unibet* zeigt, kann im Einzelfall auch Sekundärrechtsschutz diesen Anforderungen genügen, sofern die konkreten Tatbestandsvoraussetzungen dies erlauben. Wird im Wege des Haftungsanspruchs sichergestellt, dass zumindest inzident eine vollständige Rechtmäßigkeitsprüfung erfolgt, die zudem so rechtzeitig[353] und so effektiv[354] vorgenommen werden kann, dass zukünftige Folgen unterbunden werden, dann kann im Einzelfall auch Sekundärrechtsschutz ausreichen, um dem Grundsatz des effektiven Rechtsschutzes zu genügen. Dafür dürfen die Voraussetzungen des Haftungsanspruchs nicht zu eng und die Abschreckungswirkung des Schadensersatzes muss ausreichend hoch sein[355]. Ein starker Sekundärrechtsschutz kann dann fehlenden Primärrechtsschutz kompensieren. Im Regelfall wird jedoch eher der Primär-

---

353 Vgl. dazu: Sekundärrechtsschutz ist dann ausreichend wenn der Kläger noch nicht von einem konkreten Normumsetzungsakt betroffen ist: EuGH 13.03.2007, Rs. C-432/05, *Unibet*, Slg. 2007, I-2271; ebenso: *Huerkamp/Kühling*, NVwZ 2011, 1409 (1412).

354 Vgl. dazu auch die Aussage des EuGH, es stünde den Mitgliedstaaten im Hinblick auf die Richtlinie 76/207/EWG frei, als Rechtsfolge einer Diskriminierung aufgrund des Geschlechts einen Erfüllungs- oder Schadensersatzanspruch vorzusehen, wobei bei Privatpersonen von einer höheren Steuerungswirkung von Haftungsansprüchen auszugehen ist: EuGH 10.04.1984, Rs 14/83, *Von Colson und Kamann*, Slg. 1984, 1891, Rn. 22f; EuGH 22.04.1997, Rs C-180/95, *Draehmpaehl*, Slg. 1997, I-2195, Rn. 18, 24f

355 Ebenso: *Bitterich*, NVwZ 2007, 890 (894); *Martlreiter*, Europäisierung des vergaberechtlichen Primärrechtsschutzes bei Unterschwellenaufträgen, S. 89f; *Huerkamp/Kühling*, NVwZ 2011, 1409 (1412); Auch das BVerfG weist in seiner Entscheidung zur Rechtmäßigkeit des Ausschlusses des Primärrechtsschutzes im unterschwelligen Vergaberechtsschutz darauf hin, dass die Tatbestandsvoraussetzungen und Rechtsfolgen des Schadensersatzanspruches dann unter Beachtung von Art. 3 Abs. 1 GG bestimmt werden müssen: BVerfGE 116, 135-*Gleichheit im Vergaberecht*, Rn. 82.

rechtsschutz geeignet sein, die umfassenden Rechtsschutzziele zu erreichen.

b. Vorrang des Primärrechtsschutzes

Der EuGH hat bereits frühzeitig die eigene Funktion der Schadensersatzklage im System der Klagemöglichkeiten betont[356]. Er hat sich damit gegen einen prozessualen Vorrang des Primärrechtsschutzes beziehungsweise eine Subsidiarität des Haftungsanspruchs ausgesprochen. Verzichtet der Einzelne auf Primärrechtsschutz, so ist ihm die Möglichkeit, Staatshaftungsanspruchs geltend zu machen, nicht per se genommen. Der Haftungsanspruch ist nicht präkludiert[357]. Für die Haftungsklage gegen die Union hat der EuGH diesen Grundsatz indes dahingehend eingeschränkt, dass mit der Haftungsklage nicht die Voraussetzungen der nicht rechtzeitig erhobenen Nichtigkeitsklage umgangen werden können. Wird die Haftungsklage gegen dieselbe rechtswidrige Maßnahme erhoben und zielt sie auf die gleichen finanziellen Folgen wie eine von dem Verletzten fahrlässig nicht rechtzeitig erhobene Nichtigkeitsklage, kann die Schadensersatzklage für unzulässig erklärt werden[358]. Sofern jedoch Ersatz eines darüber hinausgehenden Schadens verlangt wird, ist die Haftungsklage davon unbeeindruckt zulässig.

Im Rahmen der Haftung der Mitgliedstaaten kann das Verhältnis von Primärrecht- zu Sekundärrechtsschutz vom nationalen Gericht im Rahmen der Bestimmung des ersatzfähigen Schadens Berücksichtigung finden[359]. Hat der Geschädigte sich nicht in angemessener und zumutbarer Form um die Verhinderung des Schadenseintritts oder die Begrenzung des Schadensumfangs bemüht, kann im Sinne eines Mitverschuldens der Anspruch gekürzt werden.

---

356 EuGH 28.04.1971, Rs 4-69, *Lütticke*, Slg. 1971, 325 Rn. 6; EuGH 02.12.1971, Rs 5-71, *Schöppenstedt*, Slg. 1971, 975 , Rn. 3.

357 *Siegerist*, Die Neujustierung des Kooperationsverhältnisses zwischen dem Europäischen Gerichtshof und den mitgliedstaatlichen Gerichten, S. 126.

358 EuGH 15.12.1966, Rs. 59/65 *Schreckenberg*, Slg. 1966 , 815; EuGH 12.11.1981, Rs. 543/79, *Birke/Kommission und Rat*, Slg. 1981, 2669, Rn. 28, EuGH 12.11.1981, Rs. 799/79, *Bruckner/Kommission und Rat*, Slg. 1981, 2697, Rn. 19; EuGH 26.02.1986, Rs. 175/84, *Krohn*, Slg. 1986, 753, Rn. 33; EuGH 14.09.1999, *Kommission/AssiDomän Kraft Products u. a.*, Rs. C-310/97 P, Slg. 1999, I-5363, Rn. 59; EuG 21.06.2006, Rs. T-47/02, *Danzer*, Slg. 2006, II-1779, Rn. 28ff; EuG, 06.06.2013, T-279/11; *T&L Sugars Ltd/Kommission*, Rn. 104.

359 Vgl. zur Paralle im deutschen Recht: BGH 08.10.1990, Az. 2 BvR 643/90, NJW 1991, 1168 (1170); vgl zur möglichen Anspruchskürzung unter: B. V. 2.

4. Zusammenfassung

Subjekte Rechte des Unionsrechts bestehen nicht nur zur objektiven Rechtskontrolle. Vielmehr bedarf es dafür stets einer staatlichen Verpflichtung, einer normativen Verankerung von dadurch zu schützenden Individualinteressen und der Betroffenheit des Einzelnen. Gleichwohl erfolgt mit dem Individualrechtsschutz immer auch eine Kontrolle im allgemeinen Interesse. Ein Alternativverhältnis zwischen individueller Schutzrichtung und Schutz des Allgemeininteresses ist dem Unionsrecht fremd. Ebenso ist dem Grundsatz des effektiven Rechtsschutzes ein hybrider Charakter[360] zu attestieren. Es ist zum einen die individuelle Komponente in Ableitung aus den Grundrechten und Grundfreiheiten und zum anderen eine Anknüpfung an die „rule-of-law" dargelegt worden. Dem Unionsrecht ist damit zu entnehmen, dass der Einzelne in der Wahrnehmung seiner Rechte eine Doppelfunktion erfüllt. Neben dem Schutz der individuellen Interessen dienen diese Rechte auch einer gewissen Legalitätskontrolle. Dieser Aspekt ist sowohl bei der Frage der Rechtsverleihung als auch bei der Kontrolldichte zu berücksichtigen.

Zum Schutz der subjektiven Rechte ist unionsrechtlich ein inhaltlich umfassender und rechtzeitiger Rechtsschutz gefordert. Wie ausgeführt, erfolgt der Rechtsschutz zweigliedrig. Nicht nur die Unionsgerichte, sondern auch die nationalen Gerichte gewähren gerichtlichen Schutz. Jeder nationale Richter ist damit auch funktional Unionsrichter. In dieser Weise nimmt das Unionsrecht auch Einfluss auf die nationalen Rechtsschutzverfahren. Der unionsrechtliche Staatshaftungsanspruch dient diesem Grundsatz eines umfassenden und rechtzeitigen Rechtsschutzes ebenso. Er ist als eigenständiger Teil des Individualrechtsschutzsystems anzusehen. Er erweitert und ergänzt die Rechtsschutzmöglichkeiten des Einzelnen. Wie dargelegt, ist der Anspruch hingegen grundsätzlich nicht geeignet, alleine dem Grundsatz des effektiven Rechtsschutzes zu genügen.

360 *Breuer*, Staatshaftung für judikatives Unrecht, S. 378; als „Doppelfunktion" bezeichnend: *Epiney*, VVDStRL (61), S. 362 (393).

III. Grundlagen der unionsrechtlichen Staatshaftung

Mit der Rechtssache *Francovich* formulierte der EuGH den Grundsatz der unionsrechtlichen Staatshaftung erstmals explizit und ohne Anknüpfung an eine Haftung, die sich bereits aus nationalem Recht ergeben hätte. Damit wurde die Autonomie der Unionsrechtsordnung weiter akzentuiert[361]. Der Sachverhalt macht zudem deutlich, welche Rolle der Haftungsanspruch für die Wirksamkeit der Unionsrechtsordnung und den Individualrechtsschutz einnimmt. Italien hatte die Richtlinie zum Schutz der Arbeitnehmer bei Zahlungsunfähigkeit[362] nicht rechtzeitig umgesetzt, was der EuGH auch bereits in einem vorangegangenen Urteil festgestellt hatte[363]. Dennoch blieb Italien untätig, so dass der in der Richtlinie vorgesehene Schutz des Arbeitnehmers bei Zahlungsunfähigkeit des Arbeitgebers nicht gewährleistet war. Da die Richtlinie den Mitgliedstaaten hinsichtlich der Art der Absicherung und insbesondere der Person des Schuldners eine Wahlmöglichkeit ließ, lehnte der EuGH auch eine unmittelbare Wirkung der Richtlinie nach Ablauf der Umsetzungsfrist ab[364]. Herr Andrea Francovich und andere betroffene Arbeitnehmer konnten daher den Schutz der Richtlinie wegen der unterlassenen Umsetzung Italiens nicht genießen und ihre rückständigen Lohnforderungen weder aus der Insolvenzmasse noch vom italienischen Staat einfordern. Hilfsweise hatten die vorlegenden Gerichte die Frage nach einer Schadensersatzpflicht gestellt. Der Verfahrensverlauf hatte damit erstens das Sanktionsdefizit des Vertragsverletzungsverfahren aufgezeigt, zweitens die Grenzen der unmittelbaren Wirkung der Richtlinien und in der Konsequenz auch drittens die eingeschränkten Individualrechtsschutzmöglichkeiten. Der EuGH nahm die Entscheidung daher zum Anlass, den unionsrechtlichen Staatshaftungsanspruch zu begründen[365].

---

361 *Gellermann*, EuR 1994, 342 (343).

362 Richtlinie 80/987/EWG des Rates vom 20. Oktober 1980 zur Angleichung der Rechtsvorschriften der Mitgliedstaaten über den Schutz der Arbeitnehmer bei Zahlungsunfähigkeit des Arbeitgebers, Amtsblatt, Nr. L, 283 vom 28.10.1980, 23.

363 EuGH 02.02.1989, Rs. 22/87*Kommission/Italien*, Slg. 1989, 143.

364 EuGH 19.11.1991, Rs. C-6/90 u. 9/90, *Francovich*, Slg. 1991, 5357, Rn. 23ff.

365 Sogar von einer „Existenzerhaltungsmaßnahme" des Gemeinschaftsrechts sprechen *Ossenbühl/Cornils*, Staatshaftungsrecht, S. 598.

1. Erstattungs- und Haftungsfälle in der Rechtsprechung vor Francovich

Vor der Entscheidung *Francovich* hat der EuGH bereits aus dem jeweils verletzten Unionsrecht gefordert, dass eine unionsrechtswidrig von nationalen Stellen erhobene Abgabe zu erstatten ist. Er prägte damit einen unionsrechtlichen Erstattungsanspruch zur Rückgewähr von unionsrechtswidrig Erlangtem. Mit dem Haftungsanspruch gemein hat der Erstattungsanspruch, dass er als Folge einer Unionsrechtsverletzung eintritt[366] und vom Einzelnen unmittelbar und zu seinen Gunsten geltend gemacht werden kann. Sowohl der Erstattungsanspruch als auch die Staatshaftung sollen folglich unionsrechtswidrige Belastungen ausgleichen. Sie dienen nicht der Abwehr von Eingriffsmaßnahmen. Der Haftungsanspruch soll dabei den Bestand des unionsrechtlichen Rechts wiederherstellen, wohingegen der Erstattungsanspruch nur einen Wertausgleich leistet. Beide Institute sind mithin nicht deckungsgleich, jedoch eng miteinander verbunden[367]. Bei der Durchsetzung des Erstattungsanspruchs ist grundsätzlich das nationale Recht anzuwenden[368]. Die gegebenen nationalen Rechtsbehelfe sind indes einer Kontrolle anhand der Prüfungsmaßstäbe des Äquivalenz- und des Effektivitätsgebots unterzogen. Eine Schadensersatzpflicht bei der Verletzung von Unionsrecht thematisierte der EuGH sowohl in Vertragsverletzungsverfahren als auch in Vorabentscheidungsersuchen. Dabei verwies er bis zur Entscheidung *Francovich* lediglich auf das Recht der Mitgliedstaaten.

a. Erstattungsfälle – Bereicherungsrecht

Bereits 1960, und damit vor den oben angesprochenen Entscheidungen zu Vorrang und unmittelbarer Anwendbarkeit, stellte der Gerichtshof in

366 Vgl. zur Frage einer möglichen unionsrechtlichen Rechtmäßigkeitshaftung: Kapitel 1, IV. 2 aa. (2).

367 Ebenso: *Wehlau*, Die Rechtsprechung des Gerichtshofes der Europäischen Gemeinschaft zur Staatshaftung der Mitgliedstaaten nach Gemeinschaftsrecht, S. 25; Das zeigt auch die Verweisung des EuGH 19.11.1991, Rs. C-6/90 u. 9/90, *Francovich*, Slg. 1991, 5357, Rn. 36 auf *Humblet*; Der EuGH nimmt auch eine Einordnung in die beiden Kategorien nicht selbst vor, vgl. dazu: EuGH 22.041997, Rs. C-66/95, *Sutton*, Slg. 1997, I-2163, Rn. 34; EuGH 08.03.2001, verb. Rs. C-397/98 und C-410/98, *Metallgesellschaft*, Slg. 2001, I-1727, Rn. 81; EuGH 12.12.2006, Rs. C-446/04, *Test Claimants in the FII Group Litigation*, Slg. 2007, I-2107, Rn. 201.

368 Zu vorrangigen sekundärrechtlichen Erstattungsansprüchen des Unionsrechts, vgl. *Karpenstein*, EuR 1980, 258 (268); *Weber*, EuR 1986, 5.

der Entscheidung *Humblet* fest, dass die Mitgliedstaaten eine Verpflichtung treffe, nicht nur den als gemeinschaftsrechtswidrig erkannten Akt aufzuheben, sondern auch die zu Unrecht erhobenen Beträge zu erstatten[369]. Damit entwickelte der EuGH einen allgemeinen Erstattungsanspruch für zu Unrecht erhobene Abgaben. Gegenstand des Verfahrens bildete die Frage, ob bei der Besteuerung der Ehefrau eines EGKS-Bediensteten dessen von nationalen Steuern freigestellte Dienstbezüge berücksichtigt werden dürften. Die belgische Steuerfestsetzung nahm eine solche Berücksichtigung vor, was zu einer höheren Steuerstufe der Ehefrau und daher zu einer höheren Steuerlast führte. Der EGKS-Bedienstete, dessen Einkünfte nach Art. 11 li. b) des Protokolls über die Vorrechte und Immunitäten der EGKS von jeglichen nationalen Steuern freigestellt waren, sah darin eine unzulässige indirekte Besteuerung seiner Bezüge. Dieser Auffassung schloss sich der EuGH an. Zwar verneinte er die eigene Kompetenz, einen Mitgliedstaat zum Ersatz des Schadens zu verurteilen, der durch nationale gemeinschaftsrechtswidrige Akte entstanden ist, betonte jedoch, dass der Mitgliedstaat zur Rückgängigmachung und dazu, „auch die möglicherweise durch ihn [den gemeinschaftsrechtswidrigen Akt] verursachten rechtswidrigen Folgen zu beheben“ [370], verpflichtet sei. Diese Verpflichtung der „Staaten, diejenigen Maßnahmen zu ergreifen, die sich aus dem Urteil ergeben“[371], begründete der EuGH mit Art. 86 EGKS und dem angesprochenen Protokoll über die Vorrechte und Immunitäten. Die in Art. 86 Abs. 1 und 2 enthaltene Formulierung ist nunmehr nahezu wortgleich in Art. 4 Abs. 3 UAbs. 2 und UAbs. 3 EUV aufgenommen worden[372] und enthält den Grundsatz der loyalen Zusammenarbeit[373], wonach die Mitgliedstaaten verpflichtet sind, umfassend die Union bei der Erfüllung der Aufgaben, die sich aus den Verträgen oder den Handlungen der Organe der Union ergeben, zu unterstützen[374]. Die Erstattungspflicht für zu Unrecht erho-

---

369 EuGH 16.12.1960, Rs 6-60, *Humblet*, Slg. 1960, 1165 (1185).

370 EuGH 16.12.1960, Rs 6-60, *Humblet*, Slg. 1960, 1165 (1185).

371 EuGH 16.12.1960, Rs 6-60, *Humblet*, Slg. 1960, 1165 (1184).

372 Zuvor in Art. 10 EGV enthalten, der an Art. 5 EGV und dieser wiederum an Art. 5 EWGV anschließt.

373 Der EuGH verwandet auch den Begriff „Gemeinschaftstreue“ (u.a. in EuGH 10.02.1983, Rs. 230/81, *Sitz und Arbeitsort des Parlaments*, Slg. 1983, 255, Rn. 37f.). Eebenfalls Verwendung findet der Begriff der Unionstreue.

374 Art. 86 EGKS lautete:

(1) Die Mitgliedstaaten verpflichten sich, alle geeigneten allgemeinen oder besonderen Maßnahmen zu ergreifen, um die Erfüllung der Verpflichtungen zu sichern, die sich aus den Entscheidungen und Empfehlungen der Organe der

bene Geldleistungen entwickelte sich in der Folgezeit zu einer ständigen Rechtsprechung des EuGH. Zentrale Bedeutung kam dabei der *Rewe/Comet*-Formel[375] zu. Die Verfahren haben vor den nationalen Gerichten, nach nationalem Recht und unter Berücksichtigung des unionsrechtlichen Äquivalenz- und des Effektivitätsgebots zu erfolgen[376]. Die Einzelheiten zu Verzinsung[377], Rechtsmittelfristen[378], Beweisregeln[379], Vorteilsausgleich[380] und Umfang[381] der Erstattung von unter Verstoß gegen Vorschriften des Gemeinschaftsrechts erhobenen Beträgen sind dabei dem nationalen Recht zu entnehmen, welches sich jedoch am unionsrechtlichen Äquivalenz- und Effektivitätsgebot zu messen hat. Die Mitgliedstaaten haben insoweit einen Gestaltungsspielraum, der sowohl prozessuale Fragen umfasst (insbesondere Rechtsmittelfristen), als auch die materiellen Tatbestandsmerkmale erfasst. Trotz der unionsrechtlich grundsätzlich bestehenden Erstattungspflicht kann der Mitgliedstaat über die konkrete Ausgestaltung des Erstattungsanspruchs, so auch über

---

Gemeinschaft ergeben, und der Gemeinschaft die Erfüllung der Aufgaben zu erleichtern.

(2) Die Mitgliedstaaten verpflichten sich, jede Maßnahme zu unterlassen, die mit dem Bestehen des gemeinsamen Marktes gemäß Artikel 1 und 4 unvereinbar ist.

375 *Tonne,* Effektiver Rechtsschutz durch staatliche Gerichte als Forderung des europäischen Gemeinschaftsrechts, S. 193.

376 *Barav,* Damages in the domestic courts for breach of community law by national public authorities, in: Schermers/Heukels/Mead [Hrsg.], Non-Contractual Liability of the European Communities, S. 149, (155); Zum Ganzen auch: *Gundel,* Die Erstattung gemeinschaftswidriger Gebühren, in: FS Götz, S. 191ff.

377 EuGH 16.12.1960, Rs 6-60, *Humblet,* Slg. 1960, 1165 (1186); EuGH 12.06.1980, Rs. 130/79, *Express Dairy Foods,* Slg. 1980, 1887, Rn. 15ff.

378 EuGH 16.12.1976, Rs. 33-76, *Rewe,* Slg. 1976, 1989, Rn 5; EuGH 16.12.1976, Rs. 45-76, *Comet,* Slg. 1976, 2043, Rn. 8ff; EuGH 29.06.1988, Rs. 240/87, *Deville,* Slg. 1988, 3513.

379 EuGH 09.11.1983, Rs. 199/82, *San Giorgio,* Slg. 1983, 3595, Rn. 14ff; EuGH 25.02.1988, verb. Rs. 331/85, 376/85 und 378/85, *Bianco und Girard,* Slg. 1988, 1099, Rn. 17; EuGH 14.01.1997, verb. Rs. C-192/95 bis C-218/95, *Comateb,* Slg. 1997, I-165, Rn. 25ff.

380 EuGH 27.02.1980, Rs. 68/79, *Hans Just/Ministerium für Steuerwesen,* Slg. 1980, 501, Rn. 26; EuGH 09.11.1983, Rs. 199/82, *San Giorgio,* Slg. 1983, 3595, Rn. 14ff.

381 EuGH 26.06.1979, Rs. 177/78, *Pigs and Bacon Commission,* Slg. 1979, 2161, Rn. 25; EuGH 27.02.1980, Rs. 68/79, *Hans Just/Ministerium für Steuerwesen,* Slg. 1980, 501, Rn. 25f; EuGH 27.03.1980, Rs. 61/79, *Denkavit Italiana,* Slg. 1980, 1205, Rn. 26; EuGH 10.07.1980, Rs. 811/79, *Amministrazione delle Finanze dello Stato/Ariete SpA,* Slg. 1980, 2545, Rn. 17; EuGH 10.07.1980, Rs. 826/79, *Amministrazione delle Finanze dello Stato/ Mirceo,* Slg. 1980, 2559, Rn. 16.

das „Ob" der Erstattung entscheiden[382]. Die Gestaltungsfreiheit ist dabei durch die *Rewe/Comet*-Formel begrenzt.

Die Erwähnung des Grundsatzes der loyalen Zusammenarbeit als Begründung einer objektiv zu verstehenden Wiedergutmachungspflicht fehlt in späteren Entscheidungen[383]. Mit dem Urteil *San Giorgio* wird dieses Begründungselement nicht weiter verfolgt[384]. Stattdessen wird zunehmend ausschließlich auf das jeweils verletzte Recht Bezug genommen und der subjektive Erstattungsanspruch in den Mittelpunkt gestellt. Danach ist das Recht auf die bereicherungsrechtliche Erstattung „eine Folge und eine Ergänzung der Rechte [...], die den einzelnen durch die gemeinschaftsrechtlichen Vorschriften [...] eingeräumt worden sind[385]. Der Erstattungsanspruch wird damit aus dem verletzten Recht in Verbindung mit dem Rechtsschutzpostulat abgeleitet.

b. Haftungsfälle

Neben der Erstattung von zu Unrecht erhobenen Beiträgen wurde auch die weitergehende Haftung der Mitgliedstaaten in der Judikatur des EuGH vor der *Francovich*-Entscheidung bereits thematisiert. So hat der EuGH in Vertragsverletzungsverfahren zur Begründung des Rechtsschutzinteresses der Kommission bereits auf die Haftung der Mitgliedstaaten gegenüber den Einzelnen für Unionsrechtsverstöße verwiesen.

aa. Schadensersatzpflichten in Vertragsverletzungsverfahren

Ein Schadensausgleich über die eben angesprochenen Erstattungen hinaus spielte in Vertragsverletzungsverfahren eine Rolle, bei denen der Vertragsverstoß zum Zeitpunkt der gerichtlichen Entscheidung nicht mehr vorlag. In dem ersten dieser Fälle machte die Kommission in einem

---

382 Vgl. dazu: EuGH 26.06.1979, Rs. 177/78, *Pigs and Bacon Commission,* Slg. 1979, 2161, Rn. 25: "Darüber hinaus ist es Sache des staatlichen Gerichts, in jedem Einzelfall nach seinem nationalen Recht zu prüfen, *ob und in welchem Umfang* die gezahlte Abgabe zurückverlangt werden kann" (Hervorhebung nur hier).

383 Die zunächst objektive Anknüpfung verkennend: *Grzeszick,* EuR 1998, 417 (426).

384 EuGH 09.11.1983, Rs. 199/82, *San Giorgio,* Slg. 1983, 3595, Rn. 12.

385 EuGH 09.11.1983, Rs. 199/82, *San Giorgio,* Slg. 1983, 3595, Rn. 12; EuGH 02.02.1988, Rs. 309/85, *Barra,* Slg. 1988, 355, Rn. 17; EuGH 29.06.1988, Rs. 240/87, *Deville,* Slg. 1988, 3513, Rn. 11; EuGH 11.07.2002, Rs. C-62/00, *Marks & Spencer,* Slg. 2002, I-6325, Rn. 30; EuGH 02.10.2003, Rs. C-147/01, *Weber's Wine World,* Rn. 94f; EuGH 15.09.2011, C-310/09, *Ministre du Budget, des Comptes publics et de la Fonction publique ./.Accor SA,* Slg. 2011, I-8115, Rn. 73.

Vertragsverletzungsverfahren gegen die Italienische Republik[386] geltend, dass Italien nicht die gemeinschaftsrechtlich geforderten und notwendigen Maßnahmen zur Verminderung der damals in der Europäischen Gemeinschaft bestehenden Überschüsse an Milch und Milcherzeugnissen ergriffen hatte[387]. Da sich eine Besserung der Lage auf dem Sektor für Milch und Milcherzeugnisse feststellen ließ, hatte der Rat eineinhalb Jahre nach Erlass die Regelungen über die Schlacht- und Nichtvermarktungsprämien wieder außer Kraft gesetzt[388]. Italien hatte wegen Zweifel an der Zweckmäßigkeit der Nichtvermarktungsprämien keine Durchführungsmaßnahmen erlassen, und die Auszahlung der Schlachtprämie war erst verspätet angelaufen. Nachdem die Verpflichtung zur Einführung beider Prämien außer Kraft gesetzt wurde, erhob die Kommission Klage gegen die Italienische Republik. Italien führte aus, dass die Nichtvermarktungsprämie nicht mehr zu zahlen sei und die anfänglichen Probleme bei der Schlachtprämie behoben wären, so dass der EuGH lediglich feststellen konnte, dass der Rechtsstreit erledigt sei. Der EuGH nahm indes die Zulässigkeit der Vertragsverletzungsklage an. Ein Rechtsschutzbedürfnis bestehe fort, da sein Urteil die Grundlage für eine Haftung des Mitgliedstaats sein könne, welche den vertragsbrüchigen Staat auch gegenüber Einzelnen treffen könne[389].

Der EuGH führte also aus, dass es auch dann, wenn der mitgliedstaatliche Verstoß bereits abgestellt ist, ein objektiv zu verstehendes Rechtsschutzinteresse der Kommission noch bestehen kann. Dabei rekurriert der EuGH nicht auf eine Erstattung von unionsrechtswidrig gezahlten Abgaben, sondern nimmt auf eine mögliche Haftung des Mitgliedstaates gegenüber den Unionsbürgern Bezug. Es geht demnach um

---

386 EuGH 07.02.1973, Rs 39-72, *Kommission der Europäischen Gemeinschaft gegen Italienische Republik*, Slg. 1973, 101.

387 Die Verpflichtung zur Einführung einer Prämie für die Schlachtung von Kühen und für die Nichtvermarktung von Milch und Milcherzeugnissen ergab sich aus der Verordnung Nr. 1975/69 (Abl. L 252, 1), ergänzt durch die Verordnung Nr. 2195/69 (Abl. L 278, 6) und geändert durch die Verordnung Nr. 580/70 (Abl. L 70, 30).

388 Verordnung Nr. 1290/71 des Rates vom 21.06.1971 (Abl. L 137, 1).

389 EuGH 07.02.1973, Rs 39-72, *Kommission der Europäischen Gemeinschaft gegen Italienische Republik*, Slg. 1973, 101, Rn. 9ff; ebenso: EuGH 20.02.1986, Rs 309-84, *Kommission der Europäischen Gemeinschaft gegen Italienische Republik*, Slg. 1986, 599, Rn. 18; EuGH 05.06.1986, Rs 103/84, *Kommission der Europäischen Gemeinschaft gegen Italienische Republik*, Slg. 1986, 1759 Rn. 9; EuGH 17.06.1987, Rs 154/85, *Kommission der Europäischen Gemeinschaft gegen Italienische Republik*, Slg. 1987, 2717, Rn. 6; EuGH 20.06.2001, Rs. C-299/01, *Kommission der Europäischen Gemeinschaften gegen Großherzogtum Luxemburg*, Slg. 2002, I-05899, Rn. 11.

einen Schadensersatzanspruch des Einzelnen für unionsrechtswidriges Handeln des Mitgliedstaates, jene Konstellation, die später auch der *Francovich*-Rechtsprechung zu Grunde lag. Der EuGH führt aus, dass mit einer Entscheidung im Vertragsverletzungsverfahren „die Grundlage für eine Haftung geschaffen wird, die einen Mitgliedstaat wegen seiner Pflichtverletzung möglicherweise gegenüber [...] einzelnen trifft."[390] Prozessökonomische Überlegungen sind zwar bei dieser Begründung ebenso wenig von der Hand zu weisen wie eine bewusst hypothetische Formulierung; den benannten Entscheidungen kann aber entnommen werden, dass der EuGH grundsätzlich vom Bestehen einer Haftung der Mitgliedstaaten gegenüber dem Unionsbürger für Unionsrechtsverletzungen ausgegangen ist. Eine Herleitung einer solchen Haftungspflicht erfolgt dabei lediglich andeutungsweise unter Hinweis auf Art. 171 EWGV (nunmehr: Art. 260 AEUV).

bb. Schadensersatzpflichten in Vorabentscheidungsverfahren

Im Rahmen von Vorabentscheidungsverfahren in nationalen Schadensersatzverfahren bekräftigte der EuGH die Auffassung, dass der jeweilige Mitgliedstaat verpflichtet ist, Ersatz zu leisten, wenn "infolge der Verletzung des Gemeinschaftsrechts"[391] durch einen Mitgliedstaat ein Schaden entstanden ist. Die Verpflichtung zum Ersatz etwaiger Schäden sind dabei „im Rahmen der Bestimmungen des nationalen Rechts über die Staatshaftung"[392] zu erfüllen. In der Entscheidung *Granaria*[393] führte der EuGH ebenfalls aus, dass die Frage einer solchen Ersatzpflicht durch die „nationalen Gerichte[n] nach dem nationalen Recht des jeweiligen Mitgliedstaates zu klären"[394] sei. In der gleichen Urteilspassage lehnte er es ab, die Haftung des Mitgliedstaates wegen eines Gemeinschaftsrechtsverstoßes unter Berücksichtigung der Haftung der Union zu bestimmen, so dass keine Anlehnung an Art. 340 AEUV erfolgte. Dem Urteil ist folglich zu entnehmen, dass, soweit das nationale Recht eine Haftung für Verstöße gegen Unionsrecht vorgesehen hatte, diese nach den gleichen Voraussetzungen wie Verstöße gegen nationales Recht sanktioniert werden mussten. Das folgt insoweit aus dem Äquivalenzgebot und der unmittelbaren Wirkung.

390 EuGH 25.07.1991, Rs C-353/89, *Kommission/Königreich der Niederlande*, Slg. 1991, I-4069, Rn. 28.

391 EuGH 22.01.1976, Rs 60-75, *Russo*, Slg. 1976, 45, Rn. 7/9.

392 EuGH 22.01.1976, Rs 60-75, *Russo*, Slg. 1976, 45, Rn. 7/9.

393 EuGH 13.12.1979, Rs 101-78, *Granaria*, Slg. 1979, 623.

394 EuGH 13.12.1979, Rs 101-78, *Granaria*, Slg. 1979, 623, Rn. 14.

2. Begründung/Herleitung des unionsrechtlichen Staatshaftungsanspruchs

Die Existenz des unionsrechtlichen Staatshaftungsanspruchs ist heute in der Rechtspraxis der mitgliedstaatlichen Gerichte allgemein anerkannt[395] und gibt kaum mehr Anlass zu Streitigkeiten[396]. Es erscheint daher nicht notwendig, die Frage nach der Zulässigkeit der Rechtsfortbildung durch den EuGH in der Entscheidung *Francovich* erneut zu thematisieren[397]. Nicht eindeutig geklärt ist hingegen die Frage der Begründung des Staatshaftungsanspruchs. Entgegen der Haftung der Union selbst, die in Art. 340 AEUV geregelt ist, besteht dafür keine explizite vertragliche Grundlage[398]. Der EuGH bedient sich vielmehr einer Vielzahl von Anknüpfungspunkten. Die Haftungsgrundlage kann für die Ausformung und die inhaltliche Prägung des Haftungstatbestandes eine gewisse Rolle spielen[399].

a. „Effet-utile"

Der EuGH hat im *Francovich* Urteil an vorderster Stelle zur Begründung des Grundsatzes der Staatshaftung „die volle Wirksamkeit der gemein-

---

395 Zur Aufnahme in Italien: *Malferrari*, ZaöRV 1999 (59), 809 (838); Frankreich: *Dantonel-Cor*, RTDE 1995 (31), 471 (475ff.); Großbritannien: *Barav*, State Liability in Damages for Breach of Community Law in National Courts, in: Heukels/McDonnell [Hrsg.], The Action for Damages in Community Law, S. 363 (383); Spanien (zur legislativen Haftung Spaniens gegenüber einem Sendeunternehmen): *Lage/Brokelmann*, ELRev 2004 (29), 530; Irland: *Travers*, ELRev 1997 (22), 173.

396 *Herdegen/Rensmann*, ZHR 1997, 255 (533); *Wolf*, Die Staatshaftung der Bundesrepublik Deutschland und der Französischen Republik für Verstöße gegen das Gemeinschaftsrecht (EGV), S. 19ff, 283ff; *Gundel*, DVBl 2001, 95; *Schoch*, JURA 2002, 837 (838); *Scholl*, Haftung zwischen den EG-Mitgliedstaaten bei Verletzung von Gemeinschaftsrecht, S. 144; *Ossenbühl/Cornils*, Staatshaftungsrecht, S. 599; kritisch insoweit noch: *Prieß*, NVwZ 1993, 118 (125); *v. Danwitz*, JZ 2004, 301 (302).

397 Vgl. dazu nur: *Ukrow*, Richterliche Rechtsfortbildung durch den EuGH, S. 273ff; *Wehlau*, Die Rechtsprechung des Gerichtshofes der Europäischen Gemeinschaft zur Staatshaftung der Mitgliedstaaten nach Gemeinschaftsrecht, S. 99ff.

398 Vgl. zum Vorschlag des EuGH eine Staatshaftung der Mitgliedstaaten durch Vertragsänderung einzuführen: Bulletin der EG Beil. Nr. 9/1975, 17 (18 f.).

399 *Ossenbühl/Cornils*, Staatshaftungsrecht, S. 600 f., sie halten dies zugleich für wenig ergiebig.

schaftsrechtlichen Bestimmungen"[400] angeführt, welche beeinträchtigt wäre, „wenn die einzelnen nicht die Möglichkeit hätten, für den Fall eine Entschädigung zu erlangen, dass ihre Rechte durch einen Verstoß gegen das Gemeinschaftsrecht verletzt werden, der einem Mitgliedstaat zuzurechnen ist."[401] Durch die Sanktionierung sollen die Mitgliedstaaten somit zu unionstreuem Verhalten veranlasst werden. Das Prinzip der „vollen Wirksamkeit" [402] des Unionsrechts, l'effet utile, war bereits ausschlaggebend für die Begründung der unmittelbaren Wirkung[403]. Damit wird deutlich, dass der EuGH an diese Rechtsprechung anknüpft.

Es erscheint allerdings fraglich, ob der EuGH die effet-utile-Maxime als autonomen Rechtsgrundsatz gebraucht hat, um so die unionsrechtliche Staatshaftung zu legitimieren[404]. Dabei überzeugt schon nicht, warum unter Berufung auf den Wirksamkeitsgedanken eine bestimmte Rechtsfolge herzuleiten sei, wenn zugleich auch andere Rechtsfolgen die gleiche Funktion ausfüllen könnten. Dem Prinzip der vollen Wirksamkeit ist nicht zu entnehmen, in welcher Weise diese Wirkung zu erreichen ist[405]. Insoweit wäre auch eine Änderung der Rechtsprechung zur unmittelbaren Wirkung von Richtlinien möglich gewesen. Haupteinwand gegen die Begründung der Staatshaftung aus dem effet-utile-Grundsatz ist jedoch, dass das Effektivitätsprinzip eine Rückbindung an ein bereits vorhandenes Recht braucht und nicht selbst begründende Wirkung haben kann[406]. Nach dem völkerrechtlichen Ursprung ist der effet-utile ledig-

---

400 EuGH 19.11.1991, Rs. C-6/90 u. 9/90, *Francovich,* Slg. 1991, 5357, Rn. 32f.

401 EuGH 19.11.1991, Rs. C-6/90 u. 9/90, *Francovich,* Slg. 1991, 5357, Rn. 33.

402 In älteren Urteilen findet sich als deutsche Übersetzung des Klammerzusatzes von „effet utile" auch: „nützliche Wirkung" (EuGH 04.12.1974, Rs. 41-74, *Van Duyn,* Slg. 1974, 1337, Rn. 12) oder „praktische Wirksamkeit" (EuGH 08.04.1976, Rs. 48-75, *Royer,* Slg. 1976, 497, Rn 69/73); mit jeweils identischem Inhalt, vgl. *Seyr,* Der effet utile in der Rechtsprechung des EuGH, S. 281ff.

403 Vgl. unter: B. I. 1.

404 Kritisch dazu u.a: *Cornils,* Der gemeinschaftsrechtliche Staatshaftungsanspruch, S. 176f; *v. Danwitz,* Verwaltungsrechtliches System und europäische Integration, S. 144ff.

405 *Mosiek,* Effet utile und Rechtsgemeinschaft, S. 10; *Grzeszick,* Rechte und Ansprüche, S. 509f.

406 Ebenso: *Cornils,* Der gemeinschaftsrechtliche Staatshaftungsanspruch, S. 176f; *v. Danwitz,* Verwaltungsrechtliches System und europäische Integration, S. 176f; *Hidien,* Die gemeinschaftsrechtliche Staatshaftung der EU-Mitgliedstaaten, S. 14; *Schoißwohl,* Staatshaftung wegen Gemeinschaftsrechtsverletzung, 2002, 78; *Mosiek,* Effet utile und Rechtsgemeinschaft, S. 42; *Bertelmann,* Die Europäisierung des Staatshaftungsrechts, S. 63f; *Potacs,* EuR 2009, 465 (479ff.); *Breuer,* Staatshaftung für judikatives Unrecht, S. 384.

lich eine spezielle teleologische Auslegungsregel[407]. Auch in der Entscheidung *Francovich* geht der EuGH nicht darüber hinaus. Die Verbindung zu konkretem Unionsrecht ergibt sich schon aus der entsprechenden Urteilspassage, bei der von der „vollen Wirksamkeit dieser Bestimmungen" die Rede ist[408]. Damit wird der Bezug zu einer anderen Norm klar hergestellt. Die Ergänzung der Begründungsstränge zur unmittelbaren Wirkung von Richtlinien durch den EuGH spricht ebenfalls gegen eine eigenständige, legitimierende Funktion dieses Grundsatzes. Hatte der EuGH die unmittelbare Wirkung zunächst auf den effet-utile-Grundsatz gestützt[409], so ergänzte er später die Begründung um das Element der Estoppel-Doktrin[410]. Daher kann die Urteilsbegründung in der Rechtssache *Francovich* nur dahingehend verstanden werden, dass das Effektivitätsprinzip zusammen mit weiteren Begründungserwägungen und damit weiteren normativen Anknüpfungspunkten zu sehen ist.

b. Grundsatz der loyalen Zusammenarbeit

Als weitere argumentative Stütze für die Haftung der Mitgliedstaaten führt der EuGH den nunmehr in Art. 4 Abs. 3 UAbs. 2 und UAbs. 3 EUV verankerten Grundsatz der loyalen Zusammenarbeit[411] auf. Dieser stellt einen übergreifenden Rechtsgrundsatz dar, der im Unterschied zu allgemeinen Rechtsgrundsätzen nicht im Wege wertender Rechtsvergleichung nationalen Rechtsordnungen zu entnehmen ist, sondern originär unionsrechtlich ist und somit als Verfassungsstrukturprinzip für das ge-

---

407 Ausführlich: *Böhm,* Kompetenzauslegung und Kompetenzlücken im Gemeinschaftsrecht, S. 63ff; *Pühs,* Der Vollzug von Gemeinschaftsrecht, S. 81f; *Seyr,* Der effet utile in der Rechtsprechung des EuGH; Das Bundesverfassungsgericht hat in der Maastricht-Entscheidung dieses Prinzip ebenfalls als „Vertragsauslegung im Sinne einer größtmöglichen Ausschöpfung der Gemeinschaftsbefugnisse" verstanden (BVerfGE 89, 155 - *Maastricht* (210).

408 EuGH 19.11.1991, Rs. C-6/90 u. 9/90, *Francovich,* Slg. 1991, 5357, Rn. 32 - Hervorhebung nur hier.

409 EuGH 04.12.1974, Rs. 41-74, *Von Duyn,* Slg. 1974, 1337.

410 Erstmals in: EuGH 05.04.1979, Rs.148-78, *Ratti,* Slg. 1979, 1629; vgl. dazu unter: B. I. 1. b).

411 Der EuGH verwandte sprachlich abweichend auch: „Pflicht zur Solidarität" (EuGH 07.02.1973, Rs. 39-72, *Kommission der Europäischen Gemeinschaft gegen Italienische Republik,* Slg. 1973, 101, Rn. 25) „Gemeinschaftstreue", „Grundsatz loyaler Zusammenarbeit" und „Grundsatz zur loyalen Zusammenarbeit", (EuGH 10.02.1983, Rs. 230/81, *Sitz und Arbeitsort des Parlaments,* Slg. 1983, 255, Rn. 37f.); „Unionstreue"; zum Begriffsverständnis auch: *Kahl,* in: Calliess/Ruffert, 2011, Art. 4 EUV, Rn. 29ff.

samte Unionsrecht angesehen werden kann[412]. Nach diesem Grundsatz sind die Mitgliedstaaten verpflichtet, alle geeigneten Maßnahmen zur Erfüllung ihrer unionsrechtlichen Pflichten zu treffen. Dazu gehört auch, die rechtswidrigen Folgen eines Verstoßes gegen Unionsrecht zu beheben[413].

Ebenso wie schon der effet-utile-Grundsatz, ist jedoch auch dieser Grundsatz nicht dazu geeignet, aus sich heraus neue Verpflichtungen zu begründen. Er bezweckt bereits nach seiner Formulierung lediglich bereits bestehende Verpflichtungen der Mitgliedstaaten zu verstärken und setzt daher ebenfalls einen konkreten, externen Bezugspunkt, eine anderweitig bestehende Verpflichtung voraus[414]. Die Unbestimmtheit und inhaltliche Offenheit des Grundsatzes der Unionstreue erlaubt zudem grundsätzlich keine Ableitung von konkreten mitgliedstaatlichen Pflichten[415]. Die Akzessorietät des Grundsatzes der loyalen Zusammenarbeit wird auch durch den Urteilsaufbau in der Entscheidung *Francovich* widergespiegelt. Nach der materiellen Begründung des Haftungsanspruchs dient die Loyalitätspflicht lediglich der Absicherung des gefundenen Ergebnisses. Damit wird die anderweitig begründete Verpflichtung verstärkt.

Sofern indes ein Bezugspunkt vorhanden ist oder dem Mitgliedstaat keine Wahl der Maßnahmen zukommt, kann dieser Grundsatz zur Begründung auch ergänzender neuer Rechte und Pflichten herangezogen werden[416]. Als solch ein Bezugspunkt kommt dabei zunächst die Pflicht zur

---

412 *Lück*, Die Gemeinschaftstreue als allgemeines Rechtsprinzip im Recht der Europäischen Gemeinschaft, S. 145 ff; *Hummer/Obwexer*, ZÖR 2000, 269 (277); *Hatje*, Loyalität als Rechtsprinzip in der Europäischen Union, S. 17, 36ff; *Unruh*, EuR 2002, 41 (45 f., 60 ff.); *Röcker*, Die Pflicht zur rahmenbeschlusskonformen Auslegung nationalen Rechts, S. 111.

413 EuGH 19.11.1991, Rs. C-6/90 u. 9/90, *Francovich*, Slg. 1991, 5357, Rn. 36.

414 *Eilmansberger*, Rechtsfolgen und subjektives Recht im Gemeinschaftsrecht, S. 43; *Hidien*, Die gemeinschaftsrechtliche Staatshaftung der EU-Mitgliedstaaten, S. 13; *Hatje*, Loyalität als Rechtsprinzip in der Europäischen Union, S. 60; *Grzeszick*, Rechte und Ansprüche, S. 510; *Kahl*, in: Calliess/Ruffert, 2011, Art. 4 EUV, Rn. 46; *Röcker*, Die Pflicht zur rahmenbeschlusskonformen Auslegung nationalen Rechts, S. 113.

415 *Bertelmann*, Die Europäisierung des Staatshaftungsrechts, S. 60.

416 *Wolf*, Die Staatshaftung der Bundesrepublik Deutschland und der Französischen Republik für Verstöße gegen das Gemeinschaftsrecht (EGV), S. 102; *Hummer/Obwexer* EuZW 2000, 485 (492); *Hatje*, Loyalität als Rechtsprinzip in der Europäischen Union, S. 60f; zu weitgehend insoweit: *Due*, Der Grundsatz der Gemeinschaftstreue, S. 8ff; *Wilhelm*, ecolex 2000, 181.

Richtlinienumsetzung nach Art. 288 Abs. 3 AEUV in Betracht. Allerdings wird diese Pflicht dem alle Verstoßkonstellationen umfassenden Charakter des unionsrechtlichen Staatshaftungsanspruchs nicht gerecht und ist daher als Bezugspunkt abzulehnen[417]. Ebenso wenig kommt als Bezugspunkt Art. 260 AEUV in Betracht, da einem Staatshaftungsanspruch kein Urteil des EuGH in einem Vertragsverletzungsverfahren vorauszugehen hat. Eine Ableitung eines Staatshaftungssystems mit hinreichend bestimmten Rechtsfolgen für unionsrechtswidriges Verhalten ist aus der allgemeinen Pflicht zur Unionstreue daher nicht möglich[418].

c. Schutz der Individualrechte

Als weiteres Begründungselement hat der EuGH den „Schutz der durch sie [die Unionsrechtsordnung] begründeten Rechte“[419] angeführt. Dieser Individualrechtsschutz wäre „gemindert, wenn der einzelne nicht die Möglichkeit hätte, für den Fall eine Entschädigung zu erlangen, daß seine Rechte durch einen Verstoß gegen das Gemeinschaftsrecht verletzt werden, der einem Mitgliedstaat zuzurechnen ist.“ Die Begründung des Haftungsanspruchs aus dem Gedanken des Individualrechtsschutzes heraus kann dabei wie oben dargelegt zum einen als Herleitung aus dem verletzten Recht in Verbindung mit Art. 47 GRC und, beziehungsweise alternativ eine Anbindung an den „rule-of-law“- Grundsatz bedeuten.

Zwar nennt der EuGH das Rechtsstaatsprinzip nicht ausdrücklich, aber bereits in der *Francovich*-Entscheidung führt er aus: „[D]er Grundsatz einer Haftung des Staates für Schäden, die dem einzelnen durch dem Staat zurechenbare Verstöße gegen das Gemeinschaftsrecht entstehen, folgt [...] aus dem Wesen der mit dem EWG-Vertrag geschaffenen Rechtsordnung“[420]. Dieser Begründungsansatz, aus dem „Wesen der Rechtsordnung“, ist in den nachfolgenden Entscheidungen an vorderster Stelle der

417 Das verkennend: *Lembach*, Grundlagen und Ausgestaltung gemeinschaftsrechtlicher Staatshaftung, S. 107ff; *Tietjen*, Das System des gemeinschaftsrechtlichen Staatshaftungsrechts, S. 131.

418 *Danwitz*, Verwaltungsrechtliches System und europäische Integration, S. 314f.; *Eilmansberger*, Rechtsfolgen und subjektives Recht im Gemeinschaftsrecht, S. 45; *Grzeszick*, Rechte und Ansprüche, S. 510; *Schoißwohl*, Staatshaftung wegen Gemeinschaftsrechtsverletzung, S. 78; *Bertelmann*, Die Europäisierung des Staatshaftungsrechts, S. 59f; *Hidien*, Die gemeinschaftsrechtliche Staatshaftung der EU-Mitgliedstaaten, S. 13; *Breuer*, Staatshaftung für judikatives Unrecht, S. 384.

419 EuGH 19.11.1991, Rs. C-6/90 u. 9/90, *Francovich*, Slg. 1991, 5357, Rn. 31, 33.

420 EuGH 19.11.1991, Rs. C-6/90 u. 9/90, *Francovich*, Slg. 1991, 5357, Rn. 35.

Begründung zum Grundsatz der Staatshaftung genannt worden[421]. Soll dieses Prinzip geachtet werden, so ist umfassender Rechtsschutz zu gewähren und materielle Gerechtigkeit, die durch eigenes staatliches Handeln gestört wurde, wiederherzustellen[422]. Es ist bereits gezeigt worden, dass der Staatshaftungsanspruch als Element eines solchen effektiven, umfassenden Rechtsschutzsystems angesehen werden kann und insoweit eine Rechtsschutzergänzung darstellt. Nach Ansicht der Generalanwältin Trstenjak stellt die unionsrechtliche Staatshaftung sogar die „wesentliche Ausformung" des Rechtsstaatsprinzips dar[423].

Ansätze für die Ableitung von Haftungsansprüchen gegen Mitgliedstaaten aus subjektiven Rechten finden sich in den Urteilen zur rechtswidrigen Erhebung von Gemeinschaftsabgaben durch nationale Organe. Der nachfolgende Erstattungsanspruch beruht dabei auf der Verbindung subjektiver Unionsrechte mit dem Rechtschutzgebot. Soweit erlangte Abgaben im Widerspruch zu unmittelbar wirksamen Gemeinschaftsrecht stehen, sind die Mitgliedstaaten grundsätzlich verpflichtet, für diese subjektiven Rechte einen Schutz in der Form eines Erstattungsanspruchs zu gewähren[424].

aa. Individualrechtsschutz und Richtlinienumsetzung

Soll der unionsrechtliche Staatshaftungsanspruch auf den Schutz der Individualrechte gestützt werden, ist das Vorliegen eines solchen Individualrechtes in allen Konstellationen notwendige Voraussetzung. Einer Verordnung, Entscheidung oder einer Primärrechtsnorm kann dabei

---

421 EuGH 05.03.1996, verb. Rs C-46/93 u. C-48/93, *Brasserie du Pêcheur/Factortame III*, Slg. 1996, I-1029, Rn. 31; EuGH, 26.03.1996, Rs. C-392/93, *British Telecommunications*, Slg. 1996, I-1631, Rn. 38; EuGH 23.05.1996, Rs. C-5/94, *Hedley Lomas*, Slg. 1996, I-2553, Rn. 24; EuGH 08.10.1996, Rs. C-178/94, C-179/94 u. C-188/94 bis C-190/94, *Dillenkofer*, Slg. 1996, I-4845, Rn. 20; EuGH 02.04.1998 Rs. C-127/95, *Norbrook Laboratories*, Slg. 1998, I-1531, Rn. 106; EuGH 04.07.2000, Rs. C-424/97, *Haim*, Slg. 2000, I-5123, Rn. 26; EuGH 30.09.2003, Rs C-224/01, *Köbler*, Slg. 2003, I-10239, Rn.30.

422 *Pieper*, NJW 1992, 2454 (2457); *Hidien*, Die gemeinschaftsrechtliche Staatshaftung der EU-Mitgliedstaaten, S. 15, *Breuer*, Staatshaftung für judikatives Unrecht, S. 389f.

423 GA'in *Trstenjak*, Schlussanträge zu EuGH 28.06.2007, Rs. C-331/05, *Internationale Hilfsfonds* , Slg. 2007, I-5475, Rn. 72; ebenso: *Breuer*, Staatshaftung für judikatives Unrecht, S. 390.

424 Vgl. dazu unter: B. III. 1.

unmittelbar ein subjektives Recht entnommen werden[425]. Gleiches gilt für unmittelbare Wirkung von Richtlinienbestimmungen, die inhaltlich unbedingt und hinreichend genau sind. Voraussetzung ist stets die unmittelbare Wirkung der Bestimmungen[426]. Bei nicht umgesetzten und nicht unmittelbar wirksamen Richtlinien besteht indes die Besonderheit, dass Rechte aus der Richtlinie erst mit der unterbliebenen Umsetzung zu schaffen sind und daher im Zeitpunkt des Verstoßes als solche noch nicht existieren[427]. Die Umsetzungspflicht in Art. 288 Abs. 3 AEUV hat hingegen ausschließlich objektiven Charakter. Deren Verletzung wäre daher nicht unter Individualrechtsschutzüberlegungen zu sanktionieren.

(1) Subjektives Recht aus Richtlinienbestimmung in Verbindung mit Umsetzungspflicht

In der Entscheidung *Francovich* sprach der EuGH, nach Ablehnung der unmittelbaren Wirkung der nichtumgesetzten Richtlinie, davon, dass „das durch die Richtlinie vorgeschriebene Ziel die Verleihung von Rechten an einzelne beinhalten"[428] muss. Seit der Entscheidung *Brasserie du Pêcheur* und *Factortame III* verwendet der EuGH nunmehr die Formulierung „daß die Rechtsnorm, gegen die verstossen worden ist, bezweckt, dem einzelnen Rechte zu verleihen" [429]. Ausreichend ist danach, dass die Richtlinie als Ziel ihrer Umsetzung die Schaffung subjektiver Rechte vorsieht.

Allerdings ist aus dieser Zielrichtung bzw. dem Zweck der Richtlinie alleine noch keine Grundlage für den Staatshaftungsanspruch zu gewinnen. Bei zumindest potentiell horizontal wirkenden Richtlinien sind der Anspruchsgegner der Primärverpflichtung, also derjenige, der das Recht schließlich zu erfüllen hat, und der Sekundärverpflichtete, der Mitglied-

425 EuGH 23.05.1996, Rs. C-5/94, *Hedley Lomas*, Slg. 1996, I-2553, Rn. 27; EuGH 30.09.2003, Rs C-224/01, *Köbler*, Slg. 2003, I-10239, Rn. 102f.

426 Vgl. zur unmittelbaren Wirkung ausführlich unter: B. I. 1.

427 *v. Danwitz*, DVBl 1997, 1; GA *Tesauro*, Schlussanträge zu EuGH 05.03.1996, verb. Rs C-46/93 u. C-48/93, *Brasserie du Pêcheur/Factortame III*, Slg. 1996, I-1029, Rn. 33.

428 EuGH 19.11.1991, Rs. C-6/90 u. 9/90, *Francovich*, Slg. 1991, 5357, Rn. 40.

429 EuGH 05.03.1996, verb. Rs C-46/93 u. C-48/93, *Brasserie du Pêcheur/Factortame III*, Slg. 1996, I-1029, Rn. 51; EuGH 08.10.1996, Rs. C-178/94, C-179/94 u. C-188/94 bis C-190/94, *Dillenkofer*, Slg. 1996, I-4845, Rn. 33ff ; EuGH 25.11.2010, Rs. C-429/09, *Fuß gegen Halle*, Slg. 2010, I-12167, Rn.47; zuletzt: EuGH 14.03.2013, Rs. C-420/11, *Leth*, noch nicht in der amtlichen Sammlung veröffentlicht, Rn. 41.

staat, nicht zwingend identisch[430]. Wegen fehlender Identität der Verpflichteten kann folglich aus der Richtlinie kein „Anwartschaftsrecht“[431] abgeleitet werden, aus dem dann wiederum der Staatshaftungsanspruch erwächst[432].

Ein subjektives Recht ist daher einzig aus Art. 288 Abs. 3 AEUV in Verbindung mit dem jeweiligen Richtlinieninhalt zu bestimmen. Auf den Fall *Francovich* übertragen bedeutet diese Verbindung, dass Art. 3 Abs. 1 der umzusetzenden Richtlinie 80/87[433] das Ziel vorgibt, bestimmte Ansprüche der Arbeitnehmer zu schützen, und Art. 288 Abs. 3 AEUV dieses Ziel für jeden Mitgliedstaat verbindlich macht[434]. Aus diesem Zusammenwirken ergibt sich folglich eine Rechtsposition des Bürgers gegenüber dem Staat. Notwendig und ausreichend ist danach, dass die Richtlinie als Ziel ihrer Umsetzung die Schaffung subjektiver Rechte vorsieht. Das ist bereits dann anzunehmen, wenn ein Mindestgehalt im Sinne eines Mindestrechts aus der Richtlinienvorschrift zu bestimmen ist[435]. Sofern ein solcher Mindestgehalt nicht ermittelt werden kann, fehlt es an der notwendigen Rechtsposition. Eine Umsetzung im Rahmen des Haftungsanspruchs wäre auch mangels Bestimmbarkeit eines Mindestschadens ebenfalls nicht möglich.

(2) Systematische Problematik eines isolierten Sekundärrechtsschutzes

Sofern indes die Verletzung des so bestimmten Rechts als Sekundäranspruch einen Staatshaftungsanspruch des Bürgers gegen den Staat vorsieht, müsste grundsätzlich auch ein Primäranspruch im Verhältnis Bürger-Staat auf Verschaffung der durch die Richtlinie bezweckten Rechtsposition, mithin ein Normerlassanspruch gegeben sein[436]. Einen solchen

---

430 Vgl. dazu: *Cornils,* Der gemeinschaftsrechtliche Staatshaftungsanspruch, S. 232 ff.

431 *Cornils,* Der gemeinschaftsrechtliche Staatshaftungsanspruch, S. 231.

432 *Breuer*, Staatshaftung für judikatives Unrecht, S. 388.

433 Art. 3 Abs. 1: „Die Mitgliedstaaten treffen die erforderlichen Maßnahmen, damit vorbehaltlich des Artikels 4 Garantieeinrichtungen die Befriedigung der nichterfüllten Ansprüche der Arbeitnehmer aus Arbeitsverträgen oder Arbeitsverhältnissen, die das Arbeitsentgelt für den vor einem bestimmten Zeitpunkt liegenden Zeitraum betreffen, sicherstellen.“

434 Nach: *Albers,* Die Haftung der Bundesrepublik Deutschland für die Nichtumsetzung von EG-Richtlinien, S. 99.

435 *Berg,* in: Schwarze [Hrsg.], EU-Kommentar, 2012, Art. 340 AEUV, Rn. 83.

436 Dazu: *Leonard,* Die Rechtsfolgen der Nichtumsetzung von EG-Richtlinien, S. 197 ff; *Musil,* EuR 1998, 705 (708); bereits thematisiert, jedoch als zum Staatshaftungsanspruch alternativer Rechtsschutz: *Triantafyllou,* DÖV 1992, 564 (658), *Langenfeld,* DÖV 1992, 955 (961); *v. Dannwitz,* Verwaltungsrechtliches System

Anspruch indes hat der EuGH in der Entscheidung *Francovich* gerade nicht angenommen[437]. Es ist jedoch zu erwägen, dass der derart als Vorstufe des Haftungsanspruchs ermittelte Primäranspruch lediglich in seiner Geltendmachung eingeschränkt sein könnte. In Parallele zur unmittelbaren Wirkung von Richtlinien erscheint denkbar, dass ein Primäranspruch zwar besteht, jedoch für den Fall, dass dadurch Private verpflichtet würden, ist die Geltendmachung dieses Anspruchs eingeschränkt[438]. Der Einzelne könnte dann nicht die Erfüllung der Primärverpflichtung des Staates auf Erlass einer Richtlinie verlangen - obschon sie bestünde -, wenn dadurch Pflichten von Bürgern begründet werden.

Vor dem Hintergrund des Grundsatzes des effektiven Rechtsschutzes als allgemeine Rechtswegegarantie ist der Staatshaftungsanspruch damit besonders relevant. Dieser Grundsatz gewährt, wie oben ausgeführt, den Unionsbürgern, die sich in ihren durch das Unionsrecht verliehenen Rechten für beschwert erachten, Anspruch auf Zugang zu einem Gericht. Der effektive Schutz individueller Rechte, auch solcher ohne grundrechtlichen Charakters ist seinerseits zudem grundrechtlich (vgl. Art. 47 Abs. 1 GRC) gefordert. Zu den zu schützenden Rechten gehört auch das so ermittelte Recht aus Richtlinie und Umsetzungspflicht. Für den Fall des Ausschlusses des Primäranspruches kommt folglich dem Sekundäranspruch als einziger Möglichkeit, Rechtsschutz zu erlangen, besondere Bedeutung zu.

Im Umkehrschluss müsste ein Normerlassanspruch immer dann gegeben sein, wenn keine Pflichten für Bürger in der Richtlinie begründet würden. Das derart angegangene Gericht hätte dann entweder lediglich die bereits feststehende Umsetzungspflicht erneut auszusprechen oder aber den von der Richtlinie belassenen Spielraum, den der EuGH gerade als Ursache für die fehlende unmittelbare Anwendbarkeit in der Ent-

und Europäische Integration, S. 314; zur Einpassung eines solchen Anspruchs in das deutsche Rechtsschutzsystem: *Dörr*, Der europäisierte Rechtsschutzauftrag deutscher Gerichte, S. 213f; *Dünchheim*, DÖV, 2004, 137 (142).

437 Ebenso: *Detterbeck*, VerwArch 1994, 159 (179); *Gellermann*, Beeinflussung des bundesdeutschen Rechts durch Richtlinien der EG, S. 248; *Albers*, Die Haftung der Bundesrepublik Deutschland für die Nichtumsetzung von EG-Richtlinien, S. 134; *Breuer*, Staatshaftung für judikatives Unrecht, S. 388; einen solchen Anspruch befürwortend: *Leonard*, Die Rechtsfolgen der Nichtumsetzung von EG-Richtlinien, S. 197ff; *Musil*, EuR 1998, 705ff.

438 In diese Richtung: *Grzeszick*, Rechte und Ansprüche, S. 522; zur Unterscheidung von unmittelbarer Anwendbarkeit und Berufung darauf: GA *Darmon*, Schlussanträge zu Rs. C-87/90, C-88/90 u. 89/90, *Verholen*, Slg. 1991, I-3757, Rn. 17; *Geiger*, DVBl 1993, 465.

scheidung *Francovich* erkannt hatte, selbst auszufüllen, um auf diesem Wege die Voraussetzungen für eine unmittelbare Anwendbarkeit zu schaffen. Sofern dagegen Einwände erhoben werden, die die Gewaltenteilung betreffen, sind diese mit den gegenüber dem Staatshaftungsanspruch bestehenden Einwänden identisch. Bei der gerichtlichen Bestimmung der Höhe einer Entschädigung hat das Gericht ebenfalls Erwägungen zur unionsrechtskonformen Rechtslage als Vergleichsmaßstab anzustellen und daher auch zu ermitteln, in welcher Weise die Umsetzung zu erfolgen hätte. Die Staatshaftungsklage ist jedoch insoweit schonender für das Gewaltenteilungsprinzip, als dass eine Entschädigungsregelung nur das Verhältnis der Verfahrensparteien betrifft. Ein Anspruch auf Normerlass führt zu einer über den Kreis der Beteiligten hinausgehenden Wirkung. Bisher ist eine unionsrechtliche Normerlassklage daher auch weder in der nationalen noch EuGH-Rechtsprechung thematisiert worden[439].

bb. Einfluss der Staatshaftung auf das Rechtsschutzniveau

Unionsrechtlich ist gefordert, dass der Einzelne umfassend und rechtzeitig vor staatlich zu verantworteten Beeinträchtigungen zu schützen ist[440]. Dabei ist es ohne unionsrechtliche Harmonisierungsvorschriften grundsätzlich Sache der Mitgliedstaaten, unter Anwendung nationaler Rechtsschutzvorschriften die Einzelheiten der Rechtsschutzverfahren und damit auch des Rechtsschutzniveaus zu bestimmen. Als Grenzen sind grundsätzlich lediglich das Effektivitäts- und Äquivalenzgebot zu beachten.

(1) Staatshaftung als Rechtsschutzminimum

Ein Staatshaftungsanspruch für Verstöße gegen unionsrechtliche Bestimmungen ist danach zumindest dann zu gewähren, wenn ein solcher auch für rein nationale Sachverhalte in dem Mitgliedstaat existiert. Darüber hinaus ist zur Wahrung eines Rechtsschutzminimums die Staatshaftung immer dann notwendig, wenn die gerichtliche Kontrolle durch den Primärrechtsschutz dem Effektivitätsgebot nicht gerecht wird. Kann Rechtsschutz gar nicht oder nicht rechtzeitig erlangt werden oder reicht er aus anderen Gründen nicht aus, um den vollständigen Schutz zu gewähren, ist Sekundärrechtsschutz unerlässlich, um dem Gebot effektiven

---

439 Zu den engen Voraussetzungen eines nationalen Anspruchs auf Normsetzung in der Judikatur des BVerfG: BVerfGE 56, 54 - *Fluglärm;* BVerfG 28.07.1987, NJW 1987, 2287.

440 *Kingreen/Störmer,* EuR 1998, 263 (264f.).

Rechtsschutzes nachzukommen[441]. Andernfalls läge unweigerlich ein Verstoß gegen den Effektivitätsgrundsatz vor. Mit dem Staatshaftungsanspruch wird insoweit ein Rechtsschutzdefizit beseitigt. In der Entscheidung *Francovich* führt der EuGH selbst an, dass der Schadensersatzanspruch „vor allem dann unerlässlich" ist, wenn der einzelne ansonsten rechtsschutzlos gestellt würde[442]. Damit betont der EuGH die Funktion des Staatshaftungsanspruchs zur Sicherung eines Rechtsschutzminimums[443].

Sofern sich sekundärer Rechtsschutz auf diese Funktion beschränken würde, bestünde allerdings nur ein begrenzter Anwendungsbereich, da häufig primäre Rechtsschutzmöglichkeiten gegeben sind: Bei unterlassener Richtlinienumsetzung kommt dafür die Normerlassklage, bei exekutivem Handeln alle Formen des primären (abwehrenden) Rechtsschutzes unter Nutzung des Eilrechtsschutzes in Betracht[444]; für Fälle judikativen Unrechts ist auf nationale Haftungsansprüche zu verweisen[445]. In all diesen Konstellationen könnte es zwar dazu kommen, dass Primärrechtsschutz zeitlich keinen umfassenden Schutz böte und daher zumindest in diesem Teilbereich der Staatshaftungsanspruch für umfassenden Rechtsschutz erforderlich wäre. Zudem könnte aufgrund der Notwendigkeit, umfassend die materielle Gerechtigkeit wiederherzustellen, ebenfalls die Erforderlichkeit sekundären Rechtsschutz begründen werden, da mit den primären Rechtsschutzmöglichkeiten nicht jegliche Schadenseinbußen verhindert werden können. Die Konzeption des Staatshaftungsanspruchs geht indes darüber hinaus.

(2) Staatshaftung als Rechtsschutzergänzung

Der Staatshaftungsanspruch soll nach der Begründung des EuGH nicht nur der Sicherung eines Rechtsschutzminimums dienen. Bereits in der Entscheidung *Francovich* heißt es, dass „der Schutz der durch sie [die gemeinschaftsrechtlichen Bestimmungen] begründeten Rechte gemin-

---

441 *Lengauer*, EuR Beiheft 3/2008, 69 (71).

442 EuGH 19.11.1991, Rs. C-6/90 u. 9/90, *Francovich*, Slg. 1991, 5357, Rn. 34.

443 *Geiger*, DVBl 1993, 465 (468); *Bitterich*, NVwZ 2007, 890 (894); dazu insgesamt: *Cornils*, Der gemeinschaftsrechtliche Staatshaftungsanspruch, S. 184f.

444 Die unmittelbare horizontale Wirkung der Richtlinie ist an dieser Stelle nicht zu erwähnen, da dies keine Rechtsschutzmöglichkeit darstellt; anders: *Bertelmann*, Die Europäisierung des Staatshaftungsrechts, S. 65.

445 Vgl. dazu: *Zantis*, Das Richterspruchprivileg in nationaler und gemeinschaftsrechtlicher Hinsicht; zur Erweiterung der Rechtsschutzmöglichkeiten, vgl. ÜVerfBesG.

dert [wäre], wenn" keine Entschädigungsmöglichkeit bestünde[446]. Damit wird deutlich, dass die Staatshaftung nicht nur ein Mindestniveau an Rechtsschutz sichern soll, sondern darüber hinausgeht und eine eigene Funktion im System der Klagemöglichkeiten einnimmt[447]. Nicht nur wenn keine sonstigen Rechtsschutzmöglichkeiten bestehen, sondern auch zu deren Ergänzung dient der Haftungsanspruch. Diese Rechtsschutzverstärkung durch eine zusätzliche Rechtsschutzmöglichkeit, die neben einen möglichen Primärrechtsschutz tritt, stellt das eigentliche Novum der Entscheidung *Francovich* dar.

Diese zusätzliche Rechtsschutzmöglichkeit lässt sich nicht ohne weiteres aus den bisherigen unionsrechtlichen Anforderungen an den Individualrechtschutz herleiten. Zwar ist zuzugestehen, dass es dem Rechtsstaatsprinzip geradezu widersprechen würde, wenn Mitgliedstaaten sich einer Haftung für Schäden entziehen könnten, die sie selbst durch einen Verstoß gegen das Unionsrecht ausgelöst haben[448]. Der „rule-of-law" kann indes weder der Rückschluss auf einen bestimmten Rechtsbehelf[449] noch die doppelte Überprüfungsmöglichkeit in Form eines primären und sekundären Rechtsschutzverfahrens entnommen werden. Ebenso wenig kann Art. 47 GRC entnommen werden, welcher konkrete Rechtsbehelf zur Absicherung eines subjektiven Rechts bereitgestellt werden muss[450]. Wie oben ausgeführt, besteht nur allgemein gefasst die Verpflichtung zur Gewährung umfassenden und effektiven Rechtsschutzes unter Achtung des Äquivalenz- und Effektivitätsgebots. Der Einzelne ist daher umfassend und rechtzeitig vor staatlich verantworteten Beeinträchtigungen zu schützen[451]. Nach Ansicht von Grzeszick ist für einen voll-

---

446 EuGH 19.11.1991, Rs. C-6/90 u. 9/90, *Francovich*, Slg. 1991, 5357, Rn. 33.

447 EuGH 05.03.1996, verb. Rs C-46/93 u. C-48/93, *Brasserie du Pêcheur/Factortame III*, Slg. 1996, I-1029, Rn. 22, 84ff; EuGH 24.03.2009, Rs C-445/06, *Danske Slagterier*, Slg. 2009, I-2119, Rn. 59ff ; vgl. dazu auch unter: B. II. 3.

448 *Pieper*, NJW 1992, 2454 (2457).

449 *v. Danwitz*, JZ 1994, 335 (339); *Bertelmann*, Die Europäisierung des Staatshaftungsrechts, S. 65; zur Begründung von Entscheidungen der Unionsgerichtsbarkeit mit dem Grundsatz der Rechtstaatlichkeit: *Classen*, EuR Beiheft 3/2008, 7ff.

450 Für eine Verbürgung einer Staatsunrechtshaftung in Art. 19 Abs. 4 GG: *Huber*, in: v. Mangoldt/Klein/Starck [Hrsg.], Kommentar zum GG, 2010 Bd. I, Art. 19, Rn. 457; dagegen: BVerfGE 61, 149-*Amtshaftung*; BVerfG 20.11.1997, Az. 1 BvR 2068/93, NVwZ 1998, 271; dafür, dass effektiver Rechtsschutz nach Art. 19 Abs. 4 GG auch einen Anspruch auf Folgenbeseitigung umfasst: BVerwGE 94, 100.[451] *Kingreen/Störmer*, EuR 1998, 263 (264f.).

451 *Kingreen/Störmer*, EuR 1998, 263 (264f.).

ständigen effektiven Individualrechtsschutz auch ein Haftungsanspruch erforderlich, da er eine (zusätzliche) gerichtliche Kontrolle staatlicher Akte erlaubt und rechtswidrige Handlungen sanktioniert[452]. Die Rechtsprechung des EuGH zum unionsrechtlichen Staatshaftungsanspruch kann ebenso in Richtung einer Begründung mit dem effektiven Rechtsschutz verstanden werden. Der EuGH gibt nicht mehr nur ein Rechtsschutzmindestniveau vor, sondern hebt das unionsweit zu beachtende Rechtsschutzniveau[453]. Damit ist es nicht mehr nur Sache der Mitgliedstaaten, unter Anwendung nationaler Rechtsschutzvorschriften die Einzelheiten der Rechtsschutzverfahren zu bestimmen. Danach verlangt folglich das Effektivitätsgebot stets auch die Gewährung eines Haftungsanspruchs nach unionsrechtlichen Vorgaben.

d. Geltungsgrundlage in Parallele zur außervertraglichen Haftung der Union

Auch wenn der EuGH in der *Francovich*-Entscheidung die außervertragliche Haftung der Gemeinschaft[454] trotz Vorschlags des Generalanwalts Mischo[455] nicht angeführt hat, fand doch in den nachfolgenden Urteilen zur Ausgestaltung der Haftung der Union und der Mitgliedstaaten eine wechselseitige Beeinflussung statt[456]. Es liegt daher die Überlegung nahe, dass der Staatshaftungsanspruch seine Geltungsgrundlage in einer Analogie zur Unionshaftung finden könnte[457]. Dieser Gedanke wird noch dadurch gestützt, dass die Vorschrift zur Regelung der außervertraglichen Haftung der Union den einzigen expliziten normativen Anknüpfungspunkt im Vertragstext für eine Haftung darstellt[458].

452 Vgl. ausführlich zur Begründung des nationalen Staatshaftungsrecht aus den deutschen Grundrechten: *Grzeszick*, Rechte und Ansprüche, S. 186ff, zum unionsrechtlichen Haftungsrecht: 513ff; ebenso: *Haratsch*, EuR Beiheft 3/2008, 81 (96); in diese Richtung auch: LG Bonn, 06.12.1996, Az. 1 O 294/96, *MP-Travel Line International* (Reisevertragsschluss vor Ablauf der Umsetzungsfrist).

453 *Cornils*, Der gemeinschaftsrechtliche Staatshaftungsanspruch, S. 186f.

454 Nunmehr ist die Haftung der Union in Art. 340 AEUV geregelt.

455 GA *Mischo*, Schlussanträge zu Rs. C-6/90 u. 9/90, *Francovich*, Slg. 1991, 5370, Rn. 71ff.

456 Vgl. dazu im Einzelnen unter: C. I. 2.

457 In diese Richtung: *Wolf*, Die Staatshaftung der Bundesrepublik Deutschland und der Französischen Republik für Verstöße gegen das Gemeinschaftsrecht (EGV), S. 104ff.

458 Mittlerweile wortgleich auch in Art. 41 Abs. 3 GRC.

Allerdings ist zwischen Geltungsgrundlage und Ausgestaltung zu unterscheiden. Der Verweis auf die Unionshaftung erfolgt nicht als Geltungsgrundlage, sondern nur im Rahmen der Ausgestaltung. Erstmalig erwähnt wird die Haftung der Union in der *Brasserie*-Entscheidung. Dort führt der EuGH nach der Begründung des Haftungsgrundsatzes aus, dass „[b]ei der Bestimmung der Voraussetzungen, unter denen der Verstoß eines Mitgliedstaats gegen das Gemeinschaftsrecht den Geschädigten einen Entschädigungsanspruch eröffnet, [...] das System heranzuziehen [ist], das für die ausservertragliche Haftung der Gemeinschaft entwickelt worden ist"[459]. Der EuGH nimmt damit lediglich eine Anleihe bei der Haftung der Union für die konkreten Anspruchsvoraussetzungen; die jeweiligen Geltungsgrundlagen sind weder identisch noch erfolgt ein Analogieschluss[460]. Auch in den folgenden Entscheidungen wird lediglich im Rahmen der Ausformung der Haftung der Mitgliedstaaten auf die Voraussetzungen der Haftung der Gemeinschaft respektive der Union verwiesen[461]. Zur Ableitung aus Art. 340 Abs. 2 AEUV könnte einzig ein Erst-recht-Schluss herangezogen werden. Sofern ein Unionsrechtsverstoß durch die Union die Haftung derselben auslöst, müsste danach gleiches auch für die Mitgliedstaaten gelten. Allerdings greift wegen der Unterschiedlichkeit der Haftungsadressaten ein solches argumentum a minore ad maius nicht. Die Haftung der Mitgliedstaaten stellt keine Varianz der Unionshaftung dar, sondern ist ein Aliud dazu[462]. Lediglich aus der Sicht des Unionsbürgers, der sich in seinen Rechten verletzt sieht, liegt eine vergleichbare Situation vor. Bezogen auf die verletzten Rechtspflichten unterscheidet sich indes der Verstoß durch den Mitgliedstaat von dem durch die Union dadurch, dass der Mitgliedstat stets auch eine Rechtspflicht gegenüber der Union verletzt. Art. 340 Abs. 2 AEUV kann daher nicht als Rechtsgrundlage herangezogen werden.

---

459 EuGH 05.03.1996, verb. Rs C-46/93 u. C-48/93, *Brasserie du Pêcheur/Factortame III*, Slg. 1996, I-1029, Rn. 4.

460 Ebenso: *Seltenreich*, Die Francovich-Rechtsprechung des EuGH und ihre Auswirkung auf das deutsche Staatshaftungsrecht, S. 61f; *Grzeszick*, Rechte und Ansprüche, S. 512f;

461 Vgl. nur: EuGH 23.05.1996, Rs. C-5/94, *Hedley Lomas*, Slg. 1996, I-2553, Rn. 25; EuGH 08.10.1996, Rs. C-178/94, C-179/94 u. C-188/94 bis C-190/94, *Dillenkofer*, Slg. 1996, I-4845, Rn. 21;

462 Zum Ganzen: *Bertelmann*, Die Europäisierung des Staatshaftungsrechts, S. 61f.

e. Art. 260 AEUV

Sofern der EuGH feststellt, dass ein Mitgliedstaat gegen eine Verpflichtung aus dem Unionsrecht verstoßen hat, folgt aus Art. 260 Abs. 1 AEUV, dass „dieser Staat die Maßnahmen zu ergreifen [hat], die sich aus dem Urteil des Gerichtshofs ergeben." Daraus ist vereinzelt der Schluss gezogen worden, dass die Folgen eines solchen Verstoßes auch rückwirkend im Rahmen eines Staatshaftungsanspruchs zu beseitigen seien[463]. Eine Ableitung des Haftungsanspruch aus Art. 260 Abs. 1 EGV hätte jedoch zur Folge, dass stets eine Verurteilung des betreffenden Staates vorangehen müsste. Auf die Einleitung eines solchen Verfahrens durch die Kommission oder einen anderen Mitgliedstaat hat der Einzelne aber keinen Anspruch, und er verbliebe bis zum Urteil des EuGH zunächst ohne Rechtsschutz[464]. Daher hat sich der EuGH in der *Francovich*-Entscheidung bewusst gegen eine Begründung des Staatshaftungsanspruchs mit der Regelung, die nunmehr in Art. 260 Abs. 1 AEUV normiert ist, ausgesprochen. Zudem nimmt der EuGH bereits in der Entscheidung *Wagner Miret*[465] Bezug auf den Staatshaftungsanspruch, ohne dass in diesem Fall eine Verurteilung des spanischen Staates vorausgegangen war. Ausdrücklich bestätigt wird diese Sichtweise in der Entscheidung *Brasserie*[466].

f. Staatshaftung als allgemeiner Grundsatz des Unionsrechts

Der Gerichtshof führt abschließend in der Entscheidung *Francovich* aus, dass „nach alledem" die unionsrechtliche Haftung „ein Grundsatz des Gemeinschaftsrechts"[467] sei. Damit werden die vorherigen Begründungselemente gebündelt und zur Ermittlung eines allgemeinen Rechtsgrundsatzes genutzt. In der Entscheidung *Brasserie*[468] ergänzt er diese Begründung um den Verweis auf die Rechtsordnungen der Mitgliedstaaten. Dort gelte der „allgemeinen Grundsatzes, daß eine rechtswidri-

---

463 *Prieß*, NVwZ 1993, 118 (119f.); GA *Mischo*, Schlussanträge zu Rs. C-6/90 u. 9/90, *Francovich*, Slg. 1991, 5370, Rn. 33,4 und 77.

464 Ebenso: *Wolf*, Die Staatshaftung der Bundesrepublik Deutschland und der Französischen Republik für Verstöße gegen das Gemeinschaftsrecht (EGV), S. 104.

465 EuGH 16.12.1993, Rs. C-334/92, *Wagner Miret*, Slg. 1993, I-6911, Rn. 22.

466 EuGH 05.03.1996, verb. Rs C-46/93 u. C-48/93, *Brasserie du Pêcheur/Factortame III*, Slg. 1996, I-1029, Rn. 97ff.

467 EuGH 19.11.1991, Rs. C-6/90 u. 9/90, *Francovich*, Slg. 1991, 5357, Rn. 37.

468 EuGH 05.03.1996, verb. Rs C-46/93 u. C-48/93, *Brasserie du Pêcheur/Factortame III*, Slg. 1996, I-1029, Rn. 27ff.

ge Handlung oder Unterlassung die Verpflichtung zum Ersatz des verursachten Schadens nach sich zieht"[469]. Dieser Grundsatz finde sich gleichsam gespiegelt in Art. 340 Abs. 2 AEUV wieder, und auf diesen könne der EuGH auch zurückgreifen.

Damit führt der EuGH letztlich aus, dass es einen allgemeinen Rechtsgrundsatz im Unionsrecht gibt, der die Mitgliedstaaten zum Ausgleich von Schäden durch Unionsrechtsverstöße verpflichtet[470]. Dabei knüpft der EuGH an die wesentlichen Prinzipien der Unionsrechtsordnung, wie die „rule-of-law" und den Individualrechtsschutz an und beruft sich auf die Rechtsordnungen der Mitgliedstaaten. Damit lässt sich der Grundsatz der Staatshaftung gewinnen. Die konkreten Konturen des Haftungsgrundsatzes können hingegen nicht ohne weiteres mitgliedstaatlichen Rechtssätzen entnommen werden. Dafür sind die Wertungen des Unionsrechts miteinzubeziehen, um den Anforderungen dieser Rechtsordnung gerecht zu werden. Damit lässt sich erklären, dass der EuGH eine ausführliche Rechtsvergleichung der nationalen Rechtsordnungen auch nicht vornimmt, sondern vielmehr die Besonderheiten der Unionsrechtsordnung herausstellt[471].

g. Zusammenfassung

Die Geltungsgrundlage des Haftungsanspruchs im Unionsrecht lässt sich nicht ohne weiteres singulär bestimmen. Auch wenn das Prinzip mitgliedstaatlicher Haftung in der Judikatur vor *Francovich* präsent war, erfolgte eine ausdrückliche Bezugnahme auf Voraussetzung und Grundlage nicht. In der Entscheidung *Francovich* präsentierte der EuGH hingegen einen ganzen Strauß von Begründungselementen. Die Darstellung hat gezeigt, dass nicht alle Begründungselemente gleichermaßen relevant sind. Die Herleitung ist vielmehr sowohl aus dem Schutz der Individualrechte und damit aus dem verletzten Recht, in Verbindung mit Art. 47 GRC und, beziehungsweise alternativ den „rule-of-law"- Grundsatz als auch aus einem allgemeinen Grundsatz der Union denkbar. Entscheidend ist, dass mit der Begründung des Haftungsanspruchs das Rechtsschutzniveau innerhalb der Union erheblich erhöht wurde. Diese zusätzliche Dimension der Rechtsschutzgarantie wird dabei richterrecht-

469 EuGH 05.03.1996, verb. Rs C-46/93 u. C-48/93, *Brasserie du Pêcheur/Factortame III*, Slg. 1996, I-1029, Rn. 29.

470 Ebenso: *Prieß*, NVwZ 1993, 118 (119f.); *Wolf*, Die Staatshaftung der Bundesrepublik Deutschland und der Französischen Republik für Verstöße gegen das Gemeinschaftsrecht (EGV), S. 113ff.

471 *Säuberlich*, EuR 2004, 954 (958).

lich ausgeformt: Nach der Entscheidung *Francovich* ist stets ein Haftungsanspruch nach unionsrechtlichen Vorgaben zu gewähren. Umfassender Rechtsschutz bedeutet fortan auch Gewährung von Sekundärrechtsschutz. Die Mitgliedstaaten sind daher verpflichtet, für Schäden, die sich aus der Verletzung ihrer unionsrechtlichen Pflichten bei Einzelnen ergeben, einen Staatshaftungsanspruch vorzusehen. Die Konturen eines solchen Rechtsgrundsatzes sind dabei an den Erfordernissen der Unionsrechtsordnung auszurichten. Dabei sind die effektive Durchsetzung, die volle Wirksamkeit, der Grundsatz der loyalen Zusammenarbeit aber auch ein effektiver Individualrechtsschutz zu beachten. Daraus folgt, dass auch das jeweils verletzte Individualrecht berücksichtigt werden muss. Folglich ist nicht ausschließlich auf die Schwere eines Rechtsverstoßes zu rekurrieren, sondern auch der Schutzzweck der verletzten Norm ist in die Erwägungen zu den Voraussetzungen mit einzustellen.[472] Schließlich muss auch die Ausgestaltung der Unionshaftung in den Blick genommen werden.

3. Zwecke des Haftungsanspruchs

Eine besondere Rolle bei der Anspruchskonkretisierung kommt zudem der Zweckbetrachtung zu[473], da, wie gezeigt, positivrechtliche Vorgaben nur sehr begrenzt die Ausgestaltung des unionsrechtlichen Haftungsanspruchs bestimmen[474]. Der EuGH führt dazu aus, dass zur Bestimmung der Voraussetzungen der Haftung des Mitgliedstaates wegen Verstößen gegen das Unionsrecht die Grundsätze der Unionsrechtsordnung zu berücksichtigen sind, welche die Grundlage der Staatshaftung bilden[475].

a. Wesentliche unionsrechtsspezifische Zwecke

Bereits in der Entscheidung *Francovich* weist der EuGH einleitend und unter Verweis auf die wesentlichen Entscheidungen *Van Gend & Loos*

---

472 Ebenso: *Grzeszick*, Rechte und Ansprüche, S. 524.

473 Ebenso: *v. Bogdandy/Jacob*, Grabitz/Hilf/Nettesheim, 2014, Art. 340 AEUV, Rn. 8.

474 Zum Verhältnis von Zwecken des Haftungsanspruchs zu seinen Voraussetzungen: EuGH 28.04.1971, Rs 4-69, *Lütticke*, Slg 1971, 325 Rn 6; *Deutsch*, JZ 1971, 244; *Säuberlich*, Die außervertragliche Haftung im Gemeinschaftsrecht, S. 39.

475 EuGH 05.03.1996, verb. Rs C-46/93 u. C-48/93, *Brasserie du Pêcheur/Factortame III*, Slg. 1996, I-1029, Rn. 39; In EuGH 28.04.1971, Rs. 4-69 *Lütticke*, Slg. 1971, 325 heißt es zur Gemeinschaftshaftung, dass die Schadensersatzklage von Voraussetzungen abhängig ist, die ihrem besonderen Zweck angepasst sind.

und *Costa / E.N.E.L.* auf die oben dargelegten Grundprinzipien zur innerstaatlichen Wirkung des Unionsrechts hin[476]. Er erinnert zum einen daran, dass der EWG-Vertrag eine eigenständige Rechtsordnung geschaffen habe, die in den Mitgliedstaaten mit Vorrang anzuwenden sei. Zum anderen weist er daraufhin, dass sich auch der Einzelne auf Rechte dieser Rechtsordnung unmittelbar berufen kann. Diese Einleitung bereitet den Boden für die nachfolgende eigentliche Begründung der Staatshaftung.

Das Prinzip des Vorrangs ist dabei als Bezugnahme auf die volle Wirksamkeit des Unionsrechts zu verstehen. Bereits bei dessen Begründung hat der EuGH die Wirksamkeit unionsrechtlicher Normen betont, die nicht durch nationale Maßnahmen gefährdet werden dürfe. Die unmittelbare Wirkung ist hingegen eng mit dem Gedanken des Individualrechtsschutzes verbunden. Die Verleihung unionsrechtlicher Individualrechte ist notwendige Grundlage eines Staatshaftungsanspruchs. Rechtsschutz setzt zu schützende Rechte voraus[477]. So heißt es dann auch in der Urteilsbegründung weiter: „Die volle Wirksamkeit der gemeinschaftsrechtlichen Bestimmungen wäre beeinträchtigt und der Schutz der durch sie begründeten Rechte gemindert, wenn der einzelne nicht die Möglichkeit hätte, für den Fall eine Entschädigung zu erlangen, daß seine Rechte durch einen Verstoß gegen das Gemeinschaftsrecht verletzt werden, der einem Mitgliedstaat zuzurechnen ist.“[478] Damit werden der Zweck, die sich aus dem Unionsrecht für die Mitgliedstaaten ergebenden Pflichten einzuhalten, und der Zweck, dem Einzelnen die volle Wirkung seiner Rechte aus dem Unionsrecht zu gewährleisten, beide zugleich verfolgt[479].

aa. Stärkung des Individualrechtsschutzes - Kompensation

Ein wesentlicher Zweck der unionsrechtlichen Staatshaftung ist folglich darin zu sehen, die Rechtsschutzmöglichkeiten des Einzelnen zu stär-

---

476 EuGH 19.11.1991, Rs. C-6/90 u. 9/90, *Francovich,* Slg. 1991, 5357, Rn. 31ff.

477 Insgesamt dazu: *Cornils,* Der gemeinschaftsrechtliche Staathaftungsanspruch, S. 141ff,

478 EuGH 19.11.1991, Rs. C-6/90 u. 9/90, *Francovich,* Slg. 1991, 5357, Rn. 33; EuGH 05.03.1996, verb. Rs C-46/93 u. C-48/93, *Brasserie du Pêcheur/Factortame III,* Slg. 1996, I-1029., Rn. 39.

479 GA *Mengozzi,* Schlussanträge zu EuGH 22.12.2010, Rs. C-279/09, *Deutsche Energiehandels- und Beratungsgesellschaft,* Slg. 2010, I-13849, Rn. 45.

ken[480]. Wie ausgeführt, hebt der EuGH mit dessen Begründung das unionsrechtliche Mindestrechtsschutzniveau.

Wie bereits der Fall *Francovich* gezeigt hat, bestanden nicht in jedem Fall eines mitgliedstaatlichen Verstoßes gegen das Unionsrecht nationale Rechtsschutzmöglichkeiten[481]. Es war somit nicht sichergestellt, dass dem Einzelnen stets ein angemessener Rechtsschutz zur Verfügung stand. Dies galt im Besonderen für Fälle des legislativen Unrechts wie der unterbliebenen Umsetzung von Richtlinien und bei judikativem Unrecht, insbesondere der unterbliebenen Vorlage trotz Pflicht nach Art. 267 Abs. 3 AEUV. Der Staatshaftungsanspruch verstärkt als Instrument subjektiven Rechtsschutzes das Individualrechtsschutzsystem[482]. Er fügt sich damit in das System von Vorrang, unmittelbarer Anwendbarkeit, vorläufigem Rechtsschutz, Effektivitäts- und Äquivalenzgrundsatz ein und schließt offengebliebene Rechtsschutzlücken[483]. Auch wenn der Staatshaftungsanspruch dabei nicht lediglich komplementär zum bereits bestehenden Rechtsschutzsystem ist und auch dann Anwendung findet, wenn sich der Einzelne auf unmittelbar anwendbare Normen berufen könnte, deren Verletzung er in einem Staatshaftungsprozess rügt[484], liegt doch ein wesentlicher Zweck des Anspruchs in der Verbesserung der Rechtsstellung des Einzelnen. Eng damit verbunden ist der Schadensausgleich, der Ausgleich erlittener Nachteile (Kompensation). Auch in den Rechtsordnungen der Mitgliedstaaten wird die Ausgleichsfunktion als wesentlicher Zweck der Haftung angesehen[485]. Diesen Ausgleich kann das Staatshaftungsrecht leisten, da es zu einer Verlagerung eines Schadens, den der Staat zu verantworten hat, vom betroffenen Bürger auf den Staat führt[486]. Ein Schadensausgleich kann vor allem bei materi-

---

480 EuGH 30.09.2003, Rs C-224/01, *Köbler*, Slg. 2003, I-10239, Rn.5; *Deckert*, EuR 1997, 203 (205); Hartmann, Öffentliches Haftungsrecht, S. 230.

481 Zur hartnäckigen Säumnis im Fall Francovich: *v. Danwitz*, JZ 1994, 335 (336).

482 Vgl. dazu unter: B. II. 3.

483 *Krieger*, JuS 2004, 855 (856).

484 Vgl. EuGH 05.03.1996, verb. Rs C-46/93 u. C-48/93, *Brasserie du Pêcheur/Factortame III*, Slg. 1996, I-1029, Rn. 18 ff.

485 Dänemark: *Nørgaard/Vagner*, in: v. Bar/Grothe [Hrsg.], Deliktsrecht in Europa, S. 15; Deutschland: *Ebert*, Pönale Elemente im deutschen Privatrecht, S. 443; England und Wales: *Shaw*, in: v. Bar/Grothe [Hrsg.], Deliktsrecht in Europa, S. 60; Frankreich: *Errera*, The scope and meaning of no-fault liability in French administrative law, Current Legal Problems, 1986, 157; Schweden: *Witte*, in: v. Bar/Grothe [Hrsg.], Deliktsrecht in Europa, S. 66; dazu auch insgesamt: *Wurmnest*, Grundzüge eines europäischen Haftungsrechts, S. 94 ff. m.w.N.

486 Vgl. zur Rechtsfolge unter: B. V.

ellen Schäden durchgeführt werden. Diese Konstellation stellt trotz der Zunahme von die wirtschaftliche Komponente flankierenden Belangen den Hauptanwendungsfall des Staatshaftungsrechts im Unionsrecht dar. Der Schaden lässt sich zumeist genau beziffern und gibt demnach die Schadenssumme an. Bei immateriellen Schäden kann über eine Geldzahlung kein voller Ausgleich erreicht werden. Der Schadensersatz hat hier nur im begrenzten Maß eine Ausgleichsfunktion. Folge der staatlichen Ausgleichspflicht ist dabei stets eine Schadenssolidarisierung[487]. Tritt ein Schaden ein und wird die Schadensersatzpflicht des Mitgliedstaates ausgelöst, dann kommt es über die Finanzierung des Haushalts und als Teil davon auch des konkreten Schadensersatzes zu einer Solidarisierung des Schadens.

bb. Durchsetzung des Unionsrechts - Prävention

Die volle Wirksamkeit des Unionsrechts zu erreichen, ist ein weiterer Hauptzweck des unionsrechtlichen Staatshaftungsanspruchs[488]. Befugnisse der Bürger sollen die allgemeine Durchsetzung des Unionsrechts gewährleisten, welche durch die Institutionen der Union gegenüber den Mitgliedstaaten nicht gewährleistet werden kann. Ergänzend zum individualrechtschützenden Ansatz führt die dezentrale Kontrolle der Mitgliedstaaten im Wege des Staatshaftungsanspruchs auch zu einer Kompensation der Sanktionsdefizite des Vertragsverletzungsverfahrens[489]. Der Einzelne trägt hierdurch auch für die effektive Durchsetzung der Unionsrechtsordnung Sorge[490].

---

487 Zur Schadenssolidarisierung als eigener Zweck: *Dreier*, Kompensation und Prävention, S. 146.

488 *Steiner*, ELR 1993, 3 (11); *Deckert*, EuR 1997, 203 (208); *Bröhmer*, JuS 1997, 117 (118f.); *Diehr*, ThürVBl 1998, 224; *Schoch*, Die Verwaltung, 2001, 261 (276).

489 *Ossenbühl*, DVBl 1992, 993 (995); *Strickrodt*, Die Haftung der Mitgliedstaaten der Europäischen Gemeinschaft bei Verstößen gegen das Gemeinschaftsrecht, S. 28; Zehnter Jahresbericht über die Kontrolle der Anwendung des Gemeinschaftsrechts - 1992, Amtsblatt Nr. C 233 vom 30.08.1993, 1 (8); zur Parallele zur Argumentation im Rahmen der unmittelbaren Anwendbarkeit: GA *Tesauro*, Schlussanträge zu EuGH 05.03.1996, verb. Rs C-46/93 u. C-48/93, *Brasserie du Pêcheur/Factortame III*, Slg. 1996, I-1029, Rn. 27 ff.

490 *v. Danwitz*, Verwaltungsrechtliches System und Europäische Integration, S. 108; zum Beitrag der Schadensersatzklage zur Durchsetzung der unionsrechtlichen Wettbewerbsregeln: EuGH 20.09.2001, Rs.C-453/99, *Courage*, Slg. 2001, 6297, Rn. 26f: „Die volle Wirksamkeit des Artikels 85 EG-Vertrag und insbesondere die praktische Wirksamkeit des in Artikel 85 Absatz 1 ausgesprochenen Verbots wären beeinträchtigt, wenn nicht jedermann Ersatz des Schadens verlangen könnte, der ihm durch einen Vertrag, der den Wettbewerb beschränken oder

Die Rechtsfolge des Haftungsanspruchs ist für den Bürger Anreiz und Belohnung, für den säumigen Staat zunächst Sanktion[491]. Präventiv führt der Haftungsanspruch darüber hinaus auch zur Beeinflussung zukünftigen staatlichen Handelns. Die Schadensersatzpflicht ist damit gleichsam Anreiz für zukünftig rechtmäßiges Handeln[492]. Es ist zwar zuzugestehen, dass sich staatliches Handeln am Gemeinwohl zu orientieren hat und demnach bereits ohne die Gefahr möglicher Haftungsansprüche die Kosten, welche die Entscheidung bei den Bürgern hervorrufen, grundsätzlich zu berücksichtigen sind. Zudem sprechen gute Gründe für eine ohnehin gesteigerte Rechtsbindung der öffentlichen Hand[493]. Die Praxis zeigt indes, dass es rechtswidriges Staatshandeln gibt und daher die Notwendigkeit besteht, externe Effekte über das Haftungsrecht zu internalisieren[494]. Zudem wird gegen den präventiven Effekt des Staatshaftungsrechts argumentiert, dass die zu zahlenden Entschädigungssummen für einen möglichen handlungsleitenden Effekt zu gering sind. Es wird schließlich angezweifelt, dass diese präventive Wirkung greift, wenn Haftungs- und Handlungssubjekt auseinanderfallen[495]. Zuzustimmen ist dabei zunächst der Ausgangsprämisse, dass die Höhe der zu befriedigenden Schadensersatzforderungen die Präventionswirkung be-

verfälschen kann, oder durch ein entsprechendes Verhalten entstanden ist. Ein solcher Schadensersatzanspruch erhöht nämlich die Durchsetzungskraft der gemeinschaftlichen Wettbewerbsregeln und ist geeignet, von - oft verschleierten - Vereinbarungen oder Verhaltensweisen abzuhalten, die den Wettbewerb beschränken oder verfälschen können. Aus dieser Sicht können Schadensersatzklagen vor den nationalen Gerichten wesentlich zur Aufrechterhaltung eines wirksamen Wettbewerbs in der Gemeinschaft beitragen."

491 *Calliess*, NvWZ 2006, 1 (3); *Ehlermann*, in: FS Pescatore, S. 205 (220); kritisch zum Begriff der Sanktion im Rahmen der Staatshaftung: *Bitter*, Die Sanktion im Recht der Europäischen Union, S. 246.

492 Exemplarisch GA *Mischo*, Schlussanträge zu Rs. C-6/90 u. 9/90, *Francovich*, Slg. 1991, 5370, Rn. 92: „Schließlich hat der hier vorgeschlagene Weg den großen Vorteil, einen starken Anreiz dafür zu bieten, daß die Mitgliedstaaten die Richtlinien innerhalb der vorgeschriebenen Frist umsetzen."

493 *Grzeszick*, Rechte und Ansprüche, S. 260; mit Hinweis auf eine im nationalen Kontext in Grenzen zuzugestehende staatliche Befugnis über die Rechtsbindung zu verfügen: *Rebhahn*, Staatshaftung wegen mangelnder Gefahrenabwehr, S. 169.

494 Zum Anreiz des Haftungsrechts für rechtmäßiges Staatshandeln, ausführlich die Ausführungen zur ökonomischen Analyse des öffentlichen Haftungsrechts: *Hartmann*, Der Staat 2011, 61, (67ff).

495 BVerfG, NJW 2000, 2187 (2188); *Lee*, Harvard Jean Monnet Working Paper 9/99, 35; zur präventiven Wirkung auf privates Handeln: *Schwarzer*, UCLA Law Review 1994, 377; *Harlow*, European Law Journal, 1996, 43 (51).

einflussen kann[496]. Wegen der Vielzahl der potentiell Geschädigten, die Ersatzansprüche geltend machen können, kann jedoch nicht generell von einer für den jeweiligen Mitgliedsstaatshaushalt irrelevant niedrigen Schadensersatzhöhe bei der Verletzung von Unionsrecht ausgegangen werden[497]. Das gilt umso mehr, als dass auch ein Schadensersatz, der über die Kompensation des erlittenen Schadens hinausgeht, vom EuGH ausdrücklich für zulässig erachtet wird[498]. Zudem können Regress- und Disziplinarmaßnahmen für eine Weitergabe des handlungsleitenden Effekts auf den agierenden Amtsträger sorgen[499], auch wenn die finanzielle Belastung zumeist nicht den Handelnden trifft und durch eventuelle haushaltspolitische Maßnahmen wieder ausgeglichen werden[500]. Schließlich bietet auch die Budgetierung, die dezentrale Budget- und damit Finanzverantwortung die Möglichkeit, die jeweiligen staatlichen Organisationseinheiten zu einem unionsrechtskonformen Handeln anzuhalten, auch wenn der jeweilige Amtswalter selbst keine finanziellen Folgen befürchten muss[501].

Demnach führt allein die Tatsache, dass sich der Mitgliedstaat mit der Möglichkeit eines Staatshaftungsanspruchs konfrontiert sieht, unabhängig von im Weiteren tatsächlich angestrengten Haftungsklagen und der Dauer eines solchen Verfahrens[502] bereits im Vorfeld zu einer Konditio-

---

496 *Säuberlich*, Die außervertragliche Haftung im Gemeinschaftsrecht, S. 52.

497 Zu Zahlen im Zusammenhang mit der Entscheidung Dillenkofer vgl. unter: D. I. 3; Zudem beeinflussten mögliche Staatshaftungsansprüche die Debatte um den deutschen Glücksspielstaatsvertrag: *Streinz/Kruis*, NJW 2010, 3745 (3750); *Reichert/Karpenstein*, Staatshaftung für Verletzungen der Dienstleistungsfreiheit aufgrund des Sportwetten-Monopols der deutschen Bundesländer, Kurzgutachten, 2006.

498 Vgl. zur Rechtsfolge unter: B. V.

499 *Harlow*, European Law Journal, 1996, 43 (50).

500 *Röder*, Die Haftungsfunktion der Grundrechte, S. 57; *Luhmann*, spricht davon, dass die Handlungsoptionen staatlicher Akteure sogar zunehmen, mit der Möglichkeit für rechtswidriges Verhalten finanziellen Ausgleich zu gewähren, in: Öffentlich-rechtliche Entschädigung rechtspolitisch betrachtet, S. 28

501 *Korioth*, in: Hoffmann-Riem/Schmidt-Aßmann/Voßkuhle [Hrsg.], Grundlagen des Verwaltungsrechts, Bd. III, § 44, Rn. 16ff, 59; ausführlich zur Budgetierung: *Küchler-Stahn*, Leistungs- und wirkungsorientierte Budgetierung, S. 168ff; *Seiwald/Meyer/Hammerschmid/Egger-Peitler/Höllerer*, Neue Wege des Haushaltsmanagements, S. 96ff; für einen entsprechenden Ansatz zur Verteilung von Sanktionen wegen Verstoßes gegen den Europäischen Stabilitäts- und Wachstumspakt, vgl: Art. 109 Abs. 5 S. 2 S. Halbsatz GG iVm § 2 Abs. 1 SZAG.

502 Dazu: *Säuberlich*, Die außervertragliche Haftung im Gemeinschaftsrecht, S. 54.

nierung des mitgliedstaatlichen Verhaltens und hat demnach einen positiven Effekt auf die Durchsetzung des Unionsrechts[503].

b. Weitere Haftungszwecke

Die beiden wesentlichen Haftungszwecke sind durch ergänzende Erwägungen zu komplettieren. Diese werden zwar nicht explizit vom EuGH genannt, ergeben sich jedoch teilweise aus den beiden angeführten Zwecken und tragen so in untergeordneter Weise zur Anspruchskonkretisierung bei. Sie können als Sekundärzwecke bezeichnet werden.

aa. Durchsetzung von Urteilen des EuGH

Die Staatshaftung dient auch der besseren Durchsetzung von Urteilen des EuGH. Zwar kann die Staatshaftung, wie gezeigt, nicht auf Art. 260 Abs. 1 AEUV gestützt werden. Dennoch unterstützt der Haftungsanspruch die Durchsetzung bereits ergangener Urteile. Es wird in der Literatur unterschiedlich gesehen, inwieweit Sanktionsurteile des EuGH selbst gegenüber den Mitgliedstaaten vollstreckt werden können. Gegenstand der Kontroverse bildet die Frage, inwieweit die Verweisung von Art. 280 auf Art. 299 Abs. 1 AEUV umfassend zu verstehen und die Vollstreckung gegenüber den Mitgliedstaaten daher generell ausgeschlossen ist[504]. Erfolgreiche Haftungsansprüche führen indes unstreitig zu einem national vollstreckbaren Titel. Sie unterstützen damit die Durchsetzung von Urteilen. Voraussetzung ist die Verbindung zwischen der Entscheidung im Vertragsverletzungsverfahren und eventuellen Staatshaftungsansprüchen. Diesen Zusammenhang hat der EuGH bereits

503 GA *Tesauro*, Schlussanträge zu EuGH 05.03.1996, verb. Rs C-46/93 u. C-48/93, *Brasserie du Pêcheur/Factortame III*, Slg. 1996, I-1029, Rn. 26; Insoweit aA: *Prosser/Keeton*, Law of Torts, S. 26; erst durch punitive damages die Prävention als Haftungszweck ansehend: *Rebhahn*, in: Kritik und Fortschritt im Rechtsstaat, S. 149 (161).

504 Vollstreckung gegenüber Mitgliedstaaten ausschließend: *Cornils*, Der gemeinschaftsrechtliche Staatshaftungsanspruch, S. 163ff; *Gedschold*, Zwangsgelder gemäß Art. 228 Absatz 2 EGV und die bundesstaatliche Ordnung der Bundesrepublik Deutschland, S. 12f; *Heidig*, EuR 2000, 782 (790); *Härtel* EuR 2001, 617 (622); *Schwarze*, in: Schwarze [Hrsg.], EU-Kommentar, 2012, Art. 280 AEUV, Rn. 2; a.A: *Pache*, in: Vedder/Heintschel von Heinegg [Hrsg.], Europäisches Unionsrecht, Art. 280, Rn. 2; *Borchardt*, in: Lenz/Borchardt, Art. 280 AEUV, Rn. 2, 8; *Stoll/Rigod*, Grabitz/Hilf/Nettesheim, 2012, Art. 280, Rn. 5; *Wegener*, in: Calliess/Ruffert, 2011, Art. 280 AEUV, Rn. 1; ausführlich dazu: *Hummer*, in: Hummer [Hrsg.], Neueste Entwicklungen im Zusammenspiel von EU-Recht und nationalem Recht der Mitgliedstaaten, S. 599ff.

frühzeitig hergestellt[505]. Ab der Entscheidung im Vertragsverletzungsverfahren ist eine dann noch aufrechterhaltene Unionsrechtsverletzung hinreichend qualifiziert[506]. Sofern die anderen Voraussetzungen ebenfalls gegeben sind, kann der einzelne folglich die Nichtumsetzung eines Urteils des EuGH mittels unionsrechtlichen Staatshaftungsanspruchs sanktionieren.

bb. Beeinflussung des Vorlageverhaltens der mitgliedstaatlichen Gerichte

Ein weiterer Zweck kann im präventiven Einfluss auf das Vorlageverhalten der nationalen Gerichte gesehen werden. Der Staatshaftungsanspruch kann auch durch Handlungen der nationalen Judikative ausgelöst werden, wobei insbesondere die unterlassene Vorlage entgegen einer Pflicht dazu nach Art. 267 Abs. 3 AEUV von Bedeutung ist[507]. Ein mitgliedstaatliches, letztinstanzliches Gericht kann daher zur Vermeidung dieser Haftung eher geneigt sein, eine entscheidungserhebliche Frage dem EuGH vorzulegen[508]. Über die Einbeziehung des EuGH kann dann die Einheit, Einhaltung und Fortentwicklung der Unionsrechtsordnung gewährleistet werden[509]. Ein solcher Effekt manifestiert sich in nachfolgender Statistik. Betrachtet man die Anzahl der Vorlageverfahren der EG-12 (Belgien, Deutschland, Frankreich, Italien, Luxemburg, Niederlande, Dänemark, Irland, Vereinigte Königreich, Griechenland, Portugal und Spanien), lässt sich ein Anstieg der an den EuGH gerichteten Vorlagen für den Zeitraum nach der *Francovich*-Entscheidung (19. November 1991) und der Entscheidung des EuGH in der Rechtsache *Köbler* (30. September 2003) ersehen. Es ist einzuräumen, dass die Anzahl der Vorabentscheidungsersuchen nicht ausschließlich auf mögliche Staatshaftungsverfahren zurückzuführen ist. Jedoch lässt insbesondere der

505 Vgl. dazu unter : B. III. 1. b).

506 EuGH 05.03.1996, verb. Rs C-46/93 u. C-48/93, *Brasserie du Pêcheur/Factortame III*, Slg. 1996, I-1029, Rn 59.

507 EuGH 30.09.2003, Rs C-224/01, *Köbler*, Slg. 2003, I-10239; ausführlich unter: C. II. 2. a) ee).

508 GA *Villalón* (Schlussanträge zu Rs C-173/09, *Elchinov*, Rn.28) führt dazu aus, dass die zusätzliche Sanktionierung der letztinstanzlichen Gerichten mittels Staatshaftungsanspruch es rechtfertigen würde, dass im Gegenzug die Stellung dieser Gerichte im nationalen Verfahrensrecht gestärkt würde und folglich keine Möglichkeit mehr gegeben sein sollte, bei bereits erfolgter Vorlage an den EuGH durch das letztinstanzliche Gerichte nach Zurückverweisung an das unterinstanzliche Gericht erneut dem EuGH vorzulegen.

509 Vgl. EuGH 06.12.2005, Rs c-461/03, *Gaston Schul*, Slg. 2005, I-10513, Rn. 21.

starke und nur ein Jahr betreffende Anstieg der neuen Verfahren von 2003 (187/210) zu 2004 (226/249) einen Einfluss der Entscheidung *Köbler*, welche unmittelbar die Vorlagefrage betraf, annehmen.

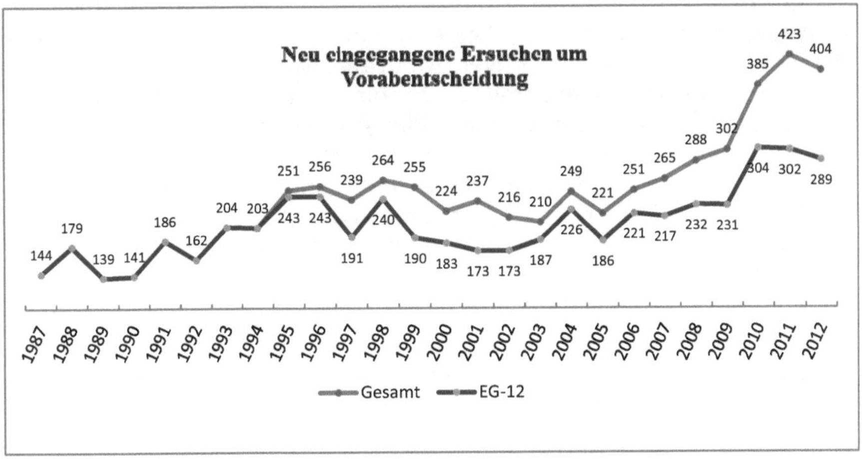

[510]

cc. Legitimierung der Hoheitsgewalt

Die Debatte über die demokratische Legitimation der Europäischen Union besteht bereits seit ihrer Gründung[511] und dauert ungeachtet der Festschreibung partizipativer Elemente in Art. 10-12 EUV durch den Vertrag von Lissabon an[512]. Es soll hier nur begrenzt darauf eingegangen werden, um darzustellen, dass der Haftungsanspruch auch zur weiteren Legitimierung der Hoheitsgewalt beiträgt.

Wie Art. 10 Abs. 2 EUV beschreibt, ist die europäische Hoheitsgewalt zum einen über die jeweiligen Mitgliedstaaten und zum anderen origi-

---

510 Beruhend auf dem Jahresbericht des Gerichtshofes 2012, abrufbar unter: http://curia.europa.eu/jcms/upload/docs/application/pdf/2013-04/192685_2012_6020_cdj_ra_2012_de_proof_01.pdf - abgerufen am: 27.06.2013; der Anstieg der Verfahrenszahlen von 1997 zu 1998 ist hauptsächlich auf das Vorlageverhalten spanischer Gerichte zurückzuführen und stellt keinen allgemeinen Trend dar (Spanische Vorlageverfahren 1997: 9; 1998: 55; 1999: 4).

511 *Nettesheim*, Grabitz/Hilf/Nettesheim, 2010, Art. 10 EUV, Rn 2ff.

512 BVerfGE 123, 267 – *Lissabon-Urteil* , Rn. 276 ff; *Menéndez*, European Law Journal, 2009, 277ff; *Enzensberger*, Sanftes Monster Brüssel oder Die Entmündigung Europas, S. 50ff; *Habermas*, Zur Verfassung Europas: Ein Essay.

när europäisch demokratisch legitimiert[513]. Die input-orientierte Legitimation über die nationalen Parlamente und das Europaparlament wird zudem ergänzt durch den eigenständigen Legitimationsstrang der Output-Legitimation[514]. Die input-orientierte Legitimation fußt auf der Rückführbarkeit staatlicher Handlungen auf Äußerungen der Regierten in Wahlen und Abstimmung (Legitimationskette). Die output-orientierte Perspektive nimmt die objektiven Anforderungen an die Regierenden in den Blick und betrachtet somit die Problemlösungskapazität, die Qualität der Ergebnisse und die Auswirkungen der Herrschaftsausübung[515]. Die funktionale Ausrichtung der Europäischen Union und die inhaltlichen Zielvorgaben in den Vertragstexten[516] zeigen die Bedeutung dieses weiteren, kumulativen Legitimationsstranges auf europäischer Ebene. Gerade weil die Problemlösungskompetenzen der einzelnen Mitgliedstaaten nicht ausreichen, sind entsprechende Kompetenzen auf die europäische Ebene verlagert, was das in Art. 5 Abs. 3 EUV verankerte Subsidiaritätsprinzip bestätigt[517].

Sind die Ergebnisse der Herrschaftsausübung relevant, stellt sich stets die Frage, wie die Qualität, die Gemeinwohldienlichkeit der Entschei-

---

513 Zur dualen Legitimation: *Schliesky*, Souveränität und Legitimität von Herrschaftsgewalt, S. 698ff; *Claassen*, Demokratische Legitimation im offenen Rechtsstaat, S. 95ff; *Grzeszick*, in: Maunz/Dürig [Hrsg.], Grundgesetz, 60. Ergänzungslieferung, 2010, Art. 20, Rn. 265; Das BVerfG hält die Legitimation über nationale Parlamente und Regierungen für zentral, diese werde lediglich „ergänzt und abgestützt […] durch das unmittelbar gewählte Europäische Parlament", BVerfGE 123, 267 - *Lissabon-Urteil* , Rn. 262; bereits zuvor: BVerfGE 89, 155, (184) - *Maastricht*; Zustimmend: *Lienbacher/Kröll*, in: Schwarze [Hrsg.], EU-Kommentar, 2012, Art. 10 EUV, Rn. 14ff; *Huber*, in: Streinz, EUV/AEUV, Art. 10 EUV, Rn. 29, 36; zum Primat der nationalen Legitimationsbasis auch die Übersicht bei: *Baltes*, Die demokratische Legitimation und die Unabhängigkeit des EuGH und des EuG, S. 73ff.

514 Zur Output-Legitimation ausführlich: *Scharpf*, Demokratietheorie zwischen Utopie und Anpassung, S. 21ff; *Scharpf*, Legitimationskonzepte jenseits des Nationalstaats, in: Schuppert/Pernice/Haltern [Hrsg.], Europawissenschaft, S. 705; *Hermes*, Legitimationsprobleme unabhängiger Behörden, in: Bauer/Huber/Sommermann [Hrsg.], Demokratie in Europa, S. 457 (470ff); *Hilscher*, Legitimität und Legitimation von international und europäisch determiniertem Recht, S. 161; *Trute*, in: Hoffmann-Riem/Schmidt-Aßmann/Voßkuhle [Hrsg.], Grundlagen des Verwaltungsrechts, Bd. I, § 6, Rn. 53ff.

515 *Scharpf*, MPIfG Working Paper 04/6, November 2004; *Schliesky*, Souveränität und Legitimität von Herrschaftsgewalt, *S.* 601; *Hilscher*, Legitimität und Legitimation von international und europäisch determiniertem Recht, S. 125f.

516 Vgl. nur Art. 2, 3 EUV und Art. 8, 11 AEUV.

517 *Schliesky*, Souveränität und Legitimität von Herrschaftsgewalt, S. 603.

dungen, bestimmt werden kann. Von besonderer Bedeutung ist insoweit, dass nicht lediglich die Interessen einzelner gesellschaftlicher Gruppen befriedigt werden[518]. Es kann damit nach *Scharpf* zwischen einer negativen und einer positiven Output-Legitimation unterschieden werden[519]. Geht es bei der positiven Seite um die Qualität der Problemlösungen, umfasst die negative Seite klassisch liberale Vorkehrungen gegen Machtmissbrauch wie Kontrollrechte, Gewaltenteilung und Rechtsstaatlichkeit[520]. Diese können in ihrer Qualität einfacher bewertet werden. Danach gehören auch die Grundrechte und ihre Wahrung zu den unabdingbaren Faktoren für die Legitimität der Union als politisches Gemeinwesen[521]. Die Öffnung und Erweiterung des Zugangs zum Gericht bindet gleichsam die Bürger stärker in den Vollzug des Unionsrechts ein. Akzeptanz, Kontrolle und Entscheidungsrichtigkeit werden befördert.

Der Schutz der auf europäischer Ebene begründeten Rechte kann somit als Voraussetzung für die Übertragung von Kompetenzen auf diese Ebene angesehen werden. Diese Rechtsschutzgarantie steht damit auch im engen Zusammenhang zum Vorranganspruch des Unionsrechts. Wie der EuGH betont hat, wird der absolute Vorrang auch gegenüber nationalem Verfassungsrecht durch die Gewährleistung von entsprechenden Verfassungsinhalten auf europäischer Ebene rechtsstaatlich abgesichert[522]. Der Rechtsschutz ist zu diesen Verfassungsinhalten zu zählen. So hat der GA Roemer in seinen Schlussanträgen zur Rechtssache *Schöppenstedt* die Unionshaftung für Rechtssetzungsakte auch mit der fehlenden parlamentarischen und damit demokratischen Verantwortlichkeit auf Unionsebene begründet[523]. In Anbetracht des drohenden Konfliktes mit dem BVerfG sollte die Unionshaftung für Rechtssetzungsakte die kritische

518 *Peters*, Elemente einer Theorie der Verfassung Europas, S. 570; *Groß*, VVDStRL (66), S. 174f; *Hilscher*, Legitimität und Legitimation von international und europäisch determiniertem Recht, S. 126.

519 *Scharpf*, MPIfG Working Paper 04/6, November 2004; ausführlich: *Scharpf*, Regieren in Europa - Effektiv und demokratisch?.

520 *Wihl*, Forum Recht, 02/09, 49 (51).

521 Vgl. Schlussfolgerungen des Vorsitzes beim Europäischen Rat, 3./4. Juni 1999, Anhang IV; *Calliess*, Optionen zur Demokratisierung der EU, in: Bauer/ Huber/Sommermann [Hrsg.], Demokratie in Europa, S. 281 (310, 313f.); *Kingreen*, EuR 2010, 338 (350 f.).

522 EuGH 17.12.1970, Rs. 11-70, *Internationale Handelsgesellschaft*, Slg. 1970, 1125, Rn. 4.

523 GA *Roemer*, Schlussanträge zu Rs 5-71, *Schöppenstedt*, Slg. 1971, 987 (990); vgl. dazu: *v. Bogdandy*, AöR 1997, 268 (279).

Legitimität der europäischen Rechtssetzung stärken[524]. In gleicher Weise muss das für die unionsrechtliche Staatshaftung gelten. Auch sie ist Teil unionsrechtlicher Rechtsschutzanforderungen. Die gerichtliche Kontrolle mitgliedstaatlichen Verhaltens auf Unionsrechtsverstöße ermöglicht die demokratische Rückkoppelung zwischen Unionsgewalt und Unionsbürgern[525]. Wie oben dargestellt, wird über die Haftung der Mitgliedstaaten die Schutzfähigkeit der dergestalt begründeten Rechte gestärkt, was folglich die Legitimation der Herrschaftsausübung durch die Europäische Union erhöht[526].

4. Rechtsqualität des Haftungsanspruchs

Die *Francovich*-Entscheidung ist von einigen Stimmen in der Literatur dahingehend gedeutet worden, dass aus dem Unionsrecht nur die mitgliedstaatliche Verpflichtung stammt, einen nationalen Staatshaftungsanspruch nach gemeinschaftsrechtlichen Vorgaben zu schaffen[527]. Es sei entweder die jeweilige nationale Anspruchsgrundlage entsprechend der vom EuGH aufgestellten Tatbestandsmerkmale zu interpretieren oder eine eigene nationale Anspruchsgrundlage für unionsrechtliche Haftungsfälle zu schaffen. Vermittelnd ist vertreten worden, dass ein unmittelbarer Anspruch aus dem Unionsrecht bestehe, sofern das nationale Recht Schadensersatzansprüche negiert[528]. Der dualistischen Kon-

524 *v. Bogdandy/Jacob*, Grabitz/Hilf/Nettesheim, 2012, Art. 340 AEUV, Rn. 9.

525 Vgl. *Wegener*, Rechte des Einzelnen, S. 69; *Heitsch*, EuR 2001, 809 (819); *Craig*, Legitimacy in Administrative Law: European Union, in: Ruffert [Hrsg.], Legitimacy in European Administrative Law: Reform and Reconstruction, S. 197 (201).

526 Zur Unionshaftung: *Hix*, Zur außervertraglichen Haftung der Gemeinschaft, in: Moreira de Sousa/Heusel [Hrsg.], Durchsetzung des Gemeinschaftsrecht von Francovich zu Köbler, S. 199 (201).

527 *Fischer*, EuZW 1992, 41 (44); *Nettesheim*, DÖV 1992, 999 (1000); *Streinz*, EuZW 1993, 599; *Geiger*, DVBl 1993, 465 (471); *Jarass*, NJW 1994, 881f; *Martin-Ehlers*, EuR 1996, 376 (396ff); *Ehlers*, JZ 1996, 776 (777□f.); *Deckert*, EuR 1997, 203 (214f.); *Claßen*, Nichtumsetzung von Gemeinschaftsrichtlinien, S. 138; *Albers*, Die Haftung der Bundesrepublik Deutschland für die Nichtumsetzung von EG-Richtlinien, S. 180f; *Säuberlich*, Die außervertragliche Haftung im Gemeinschaftsrecht, S. 133ff; *Zantis*, Das Richterspruchprivileg in nationaler und gemeinschaftsrechtlicher Hinsicht, S. 158ff; ebenso: LG Bonn 06.06.1994, NJW 1994, 2489 (2490).

528 *Weber*, NVwZ 2001, 287 (289); *Gundel*, DVBl 2001, 95; *Säuberlich*, EuR 2004, 954; *Tietjen*, Das System des gemeinschaftsrechtlichen Staatshaftungsrechts, S. 152.

zeption[529], wonach der unionsrechtliche Staatshaftungsanspruch eigenständig und somit neben die bestehenden nationalen Haftungsansprüche tritt, ist jedoch zumindest für Deutschland der Vorzug zu geben[530].

a. Trennung zwischen Grundsatz und Haftungsanspruch

Zu unterscheiden ist dabei zunächst zwischen dem Grundsatz der Staatshaftung und dem eigentlichen Haftungsanspruch[531]. Auch der EuGH unterscheidet zwischen diesen beiden Punkten bereits in der Entscheidung *Francovich*. Er stellt zunächst dar, dass „es […] ein Grundsatz des Gemeinschaftsrechts [ist], daß die Mitgliedstaaten zum Ersatz der Schäden verpflichtet sind, die dem einzelnen durch Verstöße gegen das Gemeinschaftsrecht entstehen, die diesen Staaten zuzurechnen sind"[532], und benennt im Folgenden „[d]ie Voraussetzungen, unter denen diese gemeinschaftsrechtlich gebotene Staatshaftung einen Entschädigungsanspruch eröffnet"[533]. Während die Pflicht der Mitgliedstaaten zur Ermöglichung eines Staatshaftungsanspruchs klar im Unionsrecht verankert ist, kann aus den variierenden Formulierungen des EuGH aber keine unmittelbare Entscheidung für oder gegen eine bestimmte Rechtsqualität des Entschädigungsanspruchs entnommen werden[534]. Zudem ist zu berück-

529 *Ossenbühl/Cornils*, Staatshaftungsrecht, S. 628.

530 Ebenso: *Detterbeck*, VerwArch 1994, 159; *Cornils*, Der gemeinschaftsrechtliche Staatshaftungsanspruch, S. 110 ff.; *Tomuschat*, in: FS Everling, S. 1585 (1598); *Hatje*, EuR 1997, 297 (303f.); *Hidien*, Die gemeinschaftsrechtliche Staatshaftung der EU-Mitgliedstaaten, S. 75f.; *Beljin*, Staatshaftung im Europarecht, S. 163, 173; *Nacimiento*, Gemeinschaftsrechtliche und nationale Staatshaftung in Deutschland, Italien und Frankreich, S. 71; *Ruffert*, in: Calliess/Ruffert, 2011, Art. 340 AEUV, Rn. 70.

531 Vgl. dazu auch: *Schwarzenegger*, Gemeinschaftsrechtliche Vorgaben und ihre Auswirkungen auf nationales Recht, S. 179ff.

532 EuGH 19.11.1991, Rs. C-6/90 u. 9/90, *Francovich*, Slg. 1991, 5357, Rn. 31ff, 37.

533 EuGH 19.11.1991, Rs. C-6/90 u. 9/90, *Francovich*, Slg. 1991, 5357, Rn. 38ff.

534 EuGH 19.11.1991, Rs. C-6/90 u. 9/90, *Francovich*, Slg. 1991, 5357, Rn. 41: "Diese Voraussetzungen reichen aus, um dem einzelnen einen Anspruch auf Entschädigung zu geben, der unmittelbar im Gemeinschaftsrecht begründet ist"; EuGH 05.03.1996, verb. Rs C-46/93 u. C-48/93, *Brasserie du Pêcheur/Factortame III*, Slg. 1996, I-1029, Rn 67: der „Entschädigungsanspruchs, der […] seine Grundlage unmittelbar im Gemeinschaftsrecht findet"; EuGH 08.10.1996, Rs. C-178/94, C-179/94 u. C-188/94 bis C-190/94, *Dillenkofer*, Slg. 1996, I-4845, Rn. 20: „die Voraussetzungen, unter denen die Haftung des Staates einen Entschädigungsanspruch eröffnet"; EuGH 23.05.1996, Rs. C-5/94, *Hedley Lomas*, Slg. 1996, I-2553, Rn. 27: „wie sich aus der Rechtsprechung des Gerichtshofes ergibt, muß jeder Mitgliedstaat sicherstellen, daß dem einzelnen der Schaden ersetzt wird, der

sichtigen, dass der EuGH stets nur Gemeinschaftsrecht beziehungsweise Unionsrecht auslegen kann und nicht nationales Recht hervorzubringen vermag[535]. Entscheidend aus der Sicht des Unionsrechts ist ausschließlich, dass der vor den nationalen Gerichten zu erhebende Anspruch inhaltlich den unionsrechtlichen Anforderungen entspricht, bezüglich der Frage der Rechtsqualität eines solchen Anspruchs sind die diesbezüglichen Urteile des EuGH daher indifferent[536].

b. Rechtsqualität für jeden Mitgliedstaat eigenständig zu bestimmen

Die unionsrechtlichen Vorgaben für einen mitgliedstaatlichen Haftungsanspruch sind durch nationale Elemente, insbesondere zur Haftungsausfüllung, zu vervollständigen[537]. Daher gehen einige Literaturmeinungen davon aus, dass eher eine Vergleichbarkeit der Staatshaftung zur Richtlinie als zur Verordnung gegeben ist. Daraus wird der Schluss gezogen, dass der Anspruch mitgliedstaatliche Rechtsqualität haben müsse[538]. Die Frage nach der Rechtsqualität des Anspruchs ist jedoch unter Berücksichtigung des Subsidiaritätsgedankens für jeden Mitgliedstaat getrennt zu beantworten. Danach ist den Mitgliedstaaten ausreichend Raum für nationale Entscheidungen zu lassen und der Grundsatz der nationalen Verfahrensautonomie in diesem Sinne zu beachten, sofern die Notwendigkeit einer einheitlichen Regelung auf Unionsebene nicht besteht[539].

---

ihm durch einen Verstoß gegen Gemeinschaftsrecht entstanden ist , gleichgültig, […] welche Stelle nach dem Recht des betreffenden Mitgliedstaats diesen Schadensersatz grundsätzlich zu leisten hat" (ebenso EuGH 01.06.1999, Rs. C-302/97, *Konle,* Slg. 1999, I-3099, Rn. 62); EuGH 18.01.2001, Rs. C-150/99, *Stockholm Lindöpark,* Slg. 2001, I-493, Rn. 37: „der Gerichtshof [hat] entschieden, dass das Gemeinschaftsrecht einen Entschädigungsanspruch anerkennt, sofern drei Voraussetzungen erfüllt sind".

535 *Beljin,* Staatshaftung im Europarecht, S. 164 m.w.N.

536 *Cornils,* Der gemeinschaftsrechtliche Staatshaftungsanspruch, S. 132.

537 EuGH 19.11.1991, Rs. C-6/90 u. 9/90, *Francovich,* Slg. 1991, 5357, Rn. 42f; vgl. dazu unter: B. V.

538 *Hidien,* Die gemeinschaftsrechtliche Staatshaftung der EU-Mitgliedstaaten, S. 19; für einen Vergleich mit einer Richtlinie: *Ossenbühl,* DVBl 1992, 994 (996, 998); *Jarass,* NJW 1994, 881; *Ukrow,* Richterliche Rechtsfortbildung durch den EuGH, S. 260.

539 Vgl. dazu Nr. 7 S. 2 zum Protokoll über die Anwendung der Grundsätze der Subsidiarität und der Verhältnismäßigkeit a.F., Amtsblatt Nr. C 340, 10.11.1997: „Unter Einhaltung der gemeinschaftlichen Rechtsvorschriften sollten bewährte nationale Regelungen sowie Struktur und Funktionsweise der Rechtssysteme der Mitgliedstaaten geachtet werden."

Während, wie oben ausgeführt, das Erfordernis eine unionsrechtliche Staatshaftung vorzusehen, für jeden Mitgliedstaat gleich besteht, bleibt es jedem Mitgliedstaat frei zu wählen, in welcher Art und Weise er dafür Sorge tragen will, dass dieser Anspruch den jeweiligen Unionsbürgern zur Verfügung steht[540]. Eines gleichförmigen Haftungsanspruchs über Mindestregelungen und Garantien hinaus bedarf es nicht[541].

Wenngleich rein formal die Stellung der Mitgliedstaaten stärker durch einen nationalen Anspruch gewahrt wird[542], würde diese Herangehensweise in Deutschland dazu führen, dass etwaige nationale Haftungsinstitute in Fällen mit Unionsrechtsbezug bis zur Unkenntlichkeit zu verändern wären und sich dann erheblich in ihrer Ausprägung von rein nationalen Fällen unterschieden[543]. Das würde zu einer Aufspaltung des Tatbestandes und somit faktisch zu zwei verschiedenen Tatbeständen führen, so dass von einem schonenden Einpassen in die nationale Rechtsordnung nicht mehr gesprochen werden könnte[544]. Dabei nimmt mit jeder weiteren konkretisierenden Entscheidungen des EuGH ein etwaig verbleibender nationaler Spielraum ab. Sofern also im nationalen Recht vorhandene grundlegende Wertungen nicht beachtet werden können, wie die Drittgerichtetheit der Amtspflicht[545] oder das Richterspruchprivileg[546] im Rahmen des deutschen Amtshaftungsanspruchs, und sich die grundlegenden Entscheidungen vielmehr aus der Rechtsprechung des EuGH ergeben, ist ein Einpassen in nationale Anspruchsgrundlagen kaum mehr möglich. Auch vor dem Hintergrund von Rechtssicherheit und Rechtsklarheit ist ein eigener Anspruch zu fordern. Zudem kann die Anpassung einer Norm an unionsrechtliche Vorgaben einen Rechtfertigungsdruck über den Anwendungsbereich der unionsrechtlichen Staatshaftung hinaus erzeugen. Haftungsvoraussetzungen, die daher bei rein nationalen Sachverhalten bestehen bleiben könnten, unterlägen möglicherweise insgesamt einem Rechtsfertigungsdruck, so

---

540 Ebenso: *Kischel*, EuR 2005, 441 (456).

541 *Diehr*, Der Staatshaftungsanspruch des Bürgers wegen Verletzung des Gemeinschaftsrechts durch die deutsche öffentliche Gewalt, S. 63.

542 *Jarass*, NJW 1994, 881f; *Zantis*, Das Richterspruchprivileg in nationaler und gemeinschaftsrechtlicher Hinsicht, S. 161.

543 Vgl. dazu: *Bertelmann*, Die Europäisierung des Staatshaftungsrechts, S. 55f, der indes hervorhebt, dass damit eine positive Modernisierungschance des nationalen Haftungsrecht einhergeht.

544 *Schoißwohl*, Staatshaftung wegen Gemeinschaftsrechtsverletzung, S. 145.

545 BGH 24.10.1996 - Brasserie du Pêcheur, NJW 1997, 123 (124).

546 Vgl. zu einer ähnlichen italienischen Regelung: EuGH 13.06.2006, Rs C-173/03, *Traghetti del Mediterraneo*, Slg. 2006, I-5177, Rn. 46.

dass sogar stärker in die nationale Eigenständigkeit der Mitgliedstaaten eingegriffen würde. Außerdem wäre eine Umsetzungspflicht zur Schaffung einer eigenen nationalen Anspruchsgrundlage nach den Vorgaben des EuGH[547] als weiterer Grund anzuführen, der eine unionsrechtliche Anspruchsgrundlage als schonender für die Mitgliedstaaten erscheinen lässt[548]. Schließlich ist auch ein Zusammenwirken beider Rechtsordnungen in Form eines Baukastenprinzips abzulehnen[549]. Zwar ist der Haftungstatbestand auf nationale Ergänzungen angewiesen. Der partielle Verweis auf nationale Regelungen zur Bestimmung des haftungsausfüllenden Teils des Tatbestandes führt jedoch nicht zu einer derartigen Vermischung. Auch für die Bestimmung der Passivlegitimation und des Schadensumfangs sind unionsrechtliche Vorgaben zu beachten.

Wegen der Verwurzelung des unionsrechtlichen Haftungsanspruchs im Unionsrecht und seiner europarechtlich Determinierung ist daher eine bewusste Trennung von rein nationalen und unionsrechtlichen Sachverhalten sinnvoll[550]. Auch der BGH hat entschieden, dass der unionsrechtliche Staatshaftungsanspruch nicht in die nationalen Anspruchskategorien einzuordnen ist, sondern unmittelbar aus dem Unionsrecht fließt[551]. Der Staatshaftungsanspruch hat damit stets nur unionsrechtliche Rechtsqualität.

---

547 Vgl. dazu: *Streinz*, EuZW 1993, 599.

548 *Beljin*, Staatshaftung im Europarecht, S. 198f.

549 *Albers*, Die Haftung der Bundesrepublik Deutschland für die Nichtumsetzung von EG-Richtlinien, S. 119, 157ff. *v. Danwitz*, DVBl 1997, 1 (6); *Geiger*, Der gemeinschaftsrechtliche Grundsatz der Staatshaftung, S. 177; *Hidien*, Die gemeinschaftsrechtliche Staatshaftung der EU-Mitgliedstaaten, S. 17.

550 *Iglesias* EuR 1992, 225; *Cornils*, Der gemeinschaftsrechtliche Staatshaftungsanspruch, S. 122 ff.

551 BGH 24.10.1996, Az. III ZR 127/91, *Brasserie du Pecheur*, NJW 1997, 123 (124).

IV. Zentrale Voraussetzungen der unionsrechtlichen Staatshaftung

Die zentralen, haftungsbegründenden Voraussetzungen des Anspruchs lassen sich unmittelbar der Rechtsprechung des EuGH entnehmen. In der *Francovich*-Entscheidung führt der EuGH aus, dass „[e]rstens das durch die Richtlinie vorgeschriebene Ziel die Verleihung von Rechten an einzelne beinhalten [muss]. Zweitens muss der Inhalt dieser Rechte auf der Grundlage der Richtlinie bestimmt werden können. Drittens muss ein Kausalzusammenhang zwischen dem Verstoß gegen die dem Staat auferlegte Verpflichtung und dem den Geschädigten entstandenen Schaden bestehen".[552] Die Formulierung der unionsrechtlichen Mindestbedingungen des Haftungsanspruchs wird in der Folge sprachlich angepasst, um für alle Verstoßkonstellationen einheitlich angewandt werden zu können. Deutlich ist, dass zunächst noch das Kriterium des hinreichend qualifizierten Verstoßes fehlt. Dieses findet erstmals in der Rechtssache *Brasserie du Pêcheur*[553] Verwendung.

1. Charakteristika des Haftungsanspruchs

Die unionsrechtlichen Tatbestandsvoraussetzungen sind lediglich als für alle Verstoßkonstellationen einheitliche Mindestbedingungen eines Staatshaftungsanspruchs anzusehen. Sie konstituieren aus sich heraus noch keinen vollständigen Haftungsanspruch.

a. Einheitliche Haftungsbedingungen für alle Fallkonstellationen

Mit der Umschreibung der Haftungsvoraussetzungen in der Entscheidung *Francovich* führte der Gerichtshof zunächst nur die Voraussetzungen für die unionsrechtliche Staatshaftung wegen der Nichtumsetzung einer Richtlinie an, auch wenn er zuvor den allgemeinen, für alle potentiellen Verstoßkonstellationen gültigen Grundsatz einer Staatshaftung wegen Gemeinschaftsrechtsverstoßes begründet hatte. Zudem führte er in den ersten Entscheidungen aus, dass „[d]ie Voraussetzungen, unter denen diese gemeinschaftsrechtlich gebotene Staatshaftung einen Ent-

552 EuGH 19.11.1991, Rs. C-6/90 u. 9/90, *Francovich*, Slg. 1991, 5357, Rn. 40.

553 EuGH 05.03.1996, verb. Rs C-46/93 u. C-48/93, *Brasserie du Pêcheur/Factortame III*, Slg. 1996, I-1029, Rn. 51; ausführlich zur Anwendungsbereichserweiterung unter: C. I..

schädigungsanspruch eröffnet, von der Art des Verstoßes gegen das Gemeinschaftsrecht ab[hängen]"[554]. Es lag daher die Vermutung nahe, dass die jeweilige Art eines Unionsrechtsverstoßes zu unterschiedlichen Tatbeständen, zumindest unterschiedlichen Tatbestandsvoraussetzungen führen würde[555]. Diese Ansicht wurde noch dadurch bestärkt, dass die zweite der drei benannten Voraussetzungen in den ersten Entscheidungen abhängig von der Art des Verstoßes unterschiedlich formuliert wurde. In den Fällen der Nichtumsetzung von Richtlinien war die zweite Voraussetzung, dass „der Inhalt [der aufgrund der Richtlinie zu verleihenden Rechte Einzelner] auf der Grundlage der Richtlinie bestimmt werden" kann[556]. Bei den Entscheidungen, in denen es um legislatives Unrecht wegen eines Primärrechtsverstoßes ging, hieß es hingegen, zweite Voraussetzung sei, „daß der Verstoß hinreichend qualifiziert ist".[557] Zudem hieß es in der ersten Voraussetzung nicht mehr, dass die Richtlinie als Ziel die Verleihung von Rechten an einzelne beinhalte, sondern allgemeiner formuliert, dass „die verletzte gemeinschaftsrechtliche Vorschrift bezweckt", dem Einzelnen Rechte zu verleihen. Erst mit der Entscheidung *Dillenkofer* stellte der EuGH klar: „Mit seiner Feststellung, daß die Voraussetzungen, unter denen ein Entschädigungsanspruch besteht, von der Art des Verstoßes gegen das Gemeinschaftsrecht abhängen, [...] geht der Gerichtshof in der Sache davon aus, daß diese Voraussetzungen je nach Fallgestaltung zu beurteilen sind."[558] Die zuvor formulierten Voraussetzungen seien im Wesentlichen die gleichen und das Erfordernis eines hinreichend qualifizierten Verstoßes sei in der Entscheidung *Francovich* zwar nicht erwähnt worden, jedoch hätte dieser offenkundig vorgelegen[559].

---

554 EuGH 19.11.1991, Rs. C-6/90 u. 9/90, *Francovich,* Slg. 1991, 5357, Rn. 38; ebenso: EuGH 05.03.1996, verb. Rs C-46/93 u. C-48/93, *Brasserie du Pêcheur/Factortame III,* Slg. 1996, I-1029, Rn. 38.

555 Vgl. nur: *Ossenbühl,* in: FS Everling, S. 1031 (1040).

556 EuGH 19.11.1991, Rs. C-6/90 u. 9/90, *Francovich,* Slg. 1991, 5357, Rn. 40; EuGH 14.07.1994, Rs. C-91/92 *Faccini Dori,* Slg. 1994,3325, Rn. 27; EuGH 07.03.1996, Rs. C-192/94, *El Corte Inglès,* Slg. 1996, I-1281, Rn. 22.

557 EuGH 05.03.1996, verb. Rs C-46/93 u. C-48/93, *Brasserie du Pêcheur/Factortame III,* Slg. 1996, I-1029, Rn. 51; EuGH, 26.03.1996, Rs. C-392/93, *British Telecommunications,* Slg. 1996, I-1631, Rn. 39; EuGH 23.05.1996, Rs. C-5/94, *Hedley Lomas,* Slg. 1996, I-2553, Rn. 25.

558 EuGH 08.10.1996, Rs. C-178/94, C-179/94 u. C-188/94 bis C-190/94, *Dillenkofer,* Slg. 1996, I-4845, Rn. 24.

559 EuGH 08.10.1996, Rs. C-178/94, C-179/94 u. C-188/94 bis C-190/94, *Dillenkofer,* Slg. 1996, I-4845, Rn. 23..

Damit geht der EuGH ersichtlich davon aus, dass für jegliche Konstellationen die identischen Tatbestandsvoraussetzungen gelten, deren Handhabung lediglich vom Einzelfall abhängt[560]. Die Homogenität des Anspruchs wird auch dadurch bestätigt, dass in der Entscheidung *Köbler*, bei der erstmalig ein Staatshaftungsanspruch für judikatives Unrecht thematisiert wurde, der EuGH die gleichen Tatbestandsvoraussetzungen aufführte[561]. Das hat zur Folge, dass insbesondere die Voraussetzung des hinreichend qualifizierten Verstoßes, die aus dem Bereich der Haftung der Gemeinschaft als sogenannte *Schöppenstedt*-Formel ausschließlich zur Begrenzung der Haftung der Legislative diente, auf alle Verstoßkonstellationen anzuwenden ist[562].

b. Ergänzungsbedürftigkeit der unionsrechtlichen Vorgaben

Die Konturen des Haftungsanspruchs, die sich aus der Rechtsprechung des EuGH ergeben sind nicht abschließend. Sie geben vielmehr nur den Rahmen eines Haftungsanspruchs vor. Vorgaben etwa zu Verfahren, gerichtlicher Zuständigkeiten, Fristen oder ersatzfähigem Schaden sind nicht unmittelbar unionsrechtlich bestimmt.

Weitere Haftungsvoraussetzungen können auch nicht unter Rückgriff auf die Rechtsprechung zur Unionshaftung nach Art. 340 Abs. 2 AEUV unionsrechtlich bestimmt werden. Zwischen beiden Haftungsinstituten besteht nur eine grundsätzliche Kongruenz, keine unbedingte Identität der Haftungsvoraussetzungen. Der EuGH hat zwar zunächst in der *Brasserie*-Entscheidung für die unionsrechtliche Staatshaftung ausgeführt, dass „sich die Voraussetzungen für die Begründung der Haftung des Staates für Schäden, die dem einzelnen wegen Verstosses gegen das Gemeinschaftsrecht entstehen, nicht ohne besonderen Grund von den Voraussetzungen unterscheiden [dürfen], die für die Haftung der Gemeinschaft unter vergleichbaren Umständen gelten", da „[d]er Schutz der Rechte, die der einzelne aus dem Gemeinschaftsrecht herleitet, [...] nicht unterschiedlich sein [kann], je nachdem, ob die Stelle, die den Schaden verursacht hat, nationalen oder Gemeinschaftscharakter hat"[563]. Gleiches hat er ebenfalls für die Unionshaftung in der Entscheidung *Bergaderm*

560 *Detterbeck*, AöR 2000, 202 (234).

561 EuGH 30.09.2003, Rs C-224/01, *Köbler*, Slg. 2003, I-10239, Rn. 51f.

562 Vgl. zum Anwendungsbereich der Voraussetzung des hinreichend qualifizierten Verstoß ausführlich unter: C. I.

563 EuGH 05.03.1996, verb. Rs C-46/93 u. C-48/93, *Brasserie du Pêcheur/Factortame III*, Slg. 1996, I-1029, Rn. 42.

und Goupil wiederholt[564]. Die Voraussetzungen beider Haftungsinstitute sind also von einer gewissen Parallelität geprägt. Aus der Sicht des Unionsbürgers besteht somit grundsätzlich ein kohärentes Haftungssystem[565]. Das entspricht der zunehmenden funktionalen Verschmelzung beider Ebenen aus der Sicht des Rechtsunterworfenen[566] für den es keine besondere Rolle spielt, welche Ebene letztlich für einen ihm zugeführten Schaden verantwortlich ist. Dafür spricht auch, dass sich die außervertragliche Haftung der Union über Art. 340 Abs. 2 AEUV an den allgemeinen Rechtsgrundsätzen, die den Rechtsordnungen der Mitgliedstaaten gemeinsam, sind orientiert[567]. Wie die benannten Passagen allerdings zeigen, besteht diese Kohärenz eben nur im Grundsatz. Sofern ein „besonderer Grund" eine Abweichung erfordert, ist auch ein Auseinanderfallen möglich. Als solcher Grund kommt dabei ganz generell in Betracht, dass die Staatshaftung neben dem Individualrechtsschutz auch Mittel zur Durchsetzung des Unionsrechts ist und Defizite der sonstigen Durchsetzungsverfahren kompensiert. Eine solche Integrationsförderung ist der reinen Unionshaftung nicht zu attestieren. Zum anderen ist zu beachten, dass der EuGH für die Haftung der Union einen vollumfänglichen Haftungstatbestand entwickeln muss und nicht auf das Recht der Mitgliedstaaten zur Ausfüllung und Durchsetzung verweisen kann[568]. Ein zwingender Gleichlauf besteht folglich nicht[569].

Zur Ergänzung des Haftungstatbestandes ist daher vor allem auf das Recht der Mitgliedstaaten zu rekurrieren[570]. Die Ergänzung des Rumpftatbestandes mit mitgliedstaatlichen Regelungen entspricht auch der aufgezeigten Systematik des Individualrechtsschutzes bei der Verletzung von Normen des Unionsrechts. Die Gewährleistung dieses Schutzes obliegt in erster Linie den mitgliedstaatlichen Gerichten, wobei mangels unionsrechtlicher Normierung dabei ebenfalls die Modalitäten des gerichtlichen Rechtsschutzes der nationalen Regelungsbefugnis unterfal-

564 EuGH 04.07.2000, Rs C-352/98 P, *Bergaderm und Goupil*, Slg. 2000, I-5291, Rn. 41.

565 *Ruffert*, in: Calliess/Ruffert, 2011, Art. 340 AEUV, Rn. 1.

566 *v. Bogdandy/Jacob*, Grabitz/Hilf/Nettesheim, 2014, Art. 340 AEUV, Rn. 6.

567 Mit Verweis auf die große Zustimmung der Mitgliedstaaten laut Sitzungsbericht zu Brasserie zur Gleichstellung der Haftungsvoraussetzungen: *Wollgast*, Das haftende Subjekt der gemeinschaftsrechtlich gebotenen Staatshaftung in der Bundesrepublik Deutschland, S. 22f

568 EuGH, 24.03.2009, Rs C-445/06, *Danske Slagterier*, Slg. 2009, I-2119, Rn. 31.

569 *Kischel*, EuR 2005, 441 (446f.).

570 Vgl. zur Anwendbarkeit deutscher Rechtsvorschriften im System des unionsrechtlichen Haftungsrechts ausführlich: *Tietjen*, Das System des gemeinschaftsrechtlichen Staatshaftungsrechts, S. 215ff.

len. Die Verfahrens- und Gerichtsautonomie der Mitgliedstaaten findet wiederum ihre Grenzen im Äquivalenz- und Effektivitätsgrundsatz[571].

2. Unionsrechtliche Mindestbedingungen des Staatshaftungsanspruchs

Die unionsrechtlichen Mindestbedingungen bestimmen maßgeblich die Konturen des Staatshaftungsanspruchs. Sie sind unmittelbar dem Unionsrecht zu entnehmen und unterliegen als autonome unionsrechtliche Voraussetzungen der Auslegungshoheit des EuGH. Von ihnen kann nur zugunsten des Einzelnen abgewichen werden. Sie stellen insoweit einen Mindeststandard dar[572]. Gibt das Unionsrecht eine weniger intensive gerichtliche Kontrolle vor, steht es einer weitergehenden nationalen Kontrolle damit nicht entgegen. Aus der Sicht des Unionsrechts sind insoweit auch nationale Unterschiede hinnehmbar. Der EuGH betont stets die Möglichkeit im Rahmen des Staatshaftungsanspruchs eine über den Mindeststandard hinausgehende Kontrolle durch nationale Gerichte, durch weniger strenge Haftungsvoraussetzungen vorzusehen[573].

a. Unionsrechtsverstoß durch Mitgliedstaat

Zusätzlich zu den drei vom EuGH stets explizit genannten Voraussetzungen des Anspruchs, ist erforderlich, dass die haftungsauslösende Handlung ein dem Mitgliedstaat zurechenbares Verhalten darstellt, welches gegen Unionsrecht verstößt[574]. Beide Aspekte finden auch indirekt in den weiteren Voraussetzungen Erwähnung[575], und sind daher als

571 GA *Mengozzi*, Schlussanträge zu EuGH 22.12.2010, Rs. C-279/09, *Deutsche Energiehandels- und Beratungsgesellschaft*, Slg. 2010, I-13849, Rn. 46f; *Herdegen/Rensmann* ZHR 1997, 522 (533f, 550).

572 EuGH 05.03.1996, verb. Rs C-46/93 u. C-48/93, *Brasserie du Pêcheur/Factortame III*, Slg. 1996, I-1029, Rn. 66.

573 EuGH 13.03.2007, Rs. C-524/04, *Test Claimants in the Thin Cap Group Litigation*, Slg. 2007, I-2107, Rn. 115; EuGH 25.11.2010, Rs. C-429/09, *Fuß gegen Halle*, Slg. 2010, I-12167, Rn. 66.

574 Als vierte Voraussetzungen diese beiden Aspekte zusammenfassend: *Greb*, Der einheitliche gemeinschaftsrechtliche Staatshaftungsanspruch in Deutschland als Teil des europäischen Verwaltungsrecht, S. 128f; ebenso: OLG Koblenz 08.10.2003, Az. 1 U 1554/02, Rn. 16.

575 Vgl. dazu auch: *Beljin*, Staatshaftung im Europarecht, S. 22, 87ff, die auch deshalb insgesamt auf 5 Haftungsvoraussetzungen kommt.

Grundvoraussetzungen zu betrachten. Sie werden zudem vom EuGH zur Begründung des Haftungsgrundsatzes herangezogen[576].

aa. Unionsrechtswidrigkeit der Handlung

Voraussetzung ist zunächst die Unionsrechtswidrigkeit der dem Mitgliedstaat zuzurechnenden Handlung. Haftungsbegründend kann dabei grundsätzlich die Verletzung jeglicher unionsrechtlicher Verpflichtungen sein.

(1) Haftung nur für unionsrechtswidriges Verhalten

Grundsätzlich kann der Begriff der Staatshaftung auch in einem weiten Sinne verstanden werden, so dass er die Einstandspflicht für rechtswidrige und rechtmäßige Akte des Hoheitsträgers umfasst[577]. Die unionsrechtliche Staatshaftung bezieht sich jedoch nur auf unionsrechtswidriges Handeln.

Für die Unionshaftung hatten sowohl das EuG als auch der EuGH die Möglichkeit einer Rechtmäßigkeitshaftung zunächst offen gelassen[578].

---

576 EuGH 19.11.1991, Rs. C-6/90 u. 9/90, *Francovich,* Slg. 1991, 5357, Rn. 35; EuGH 05.03.1996, verb. Rs C-46/93 u. C-48/93, *Brasserie du Pêcheur/Factortame III,* Slg. 1996, I-1029, Rn. 17.

577 Zur Begriffsbestimmung: *Windthorst,* in: Detterbeck/Windthorst/Sproll [Hrsg.], Staatshaftungsrecht, S. 4; vgl. für eine Übersicht zur Rechtsmäßigkeitshaftung in einigen europäischen Mitgliedstaaten: *Bronkhorst,* The valid legislative acta s a cause of liability oft he communities, in: Heukels/McDonnell [Hrsg.], The Action for Damages in Community Law, S. 153 (155ff); vgl. dazu auch: Principle II der Empfehlung des Europarates zur Haftung 1984 (15):

„I Reparation should be ensured for damage caused by an act due to a failure of a public authority to conduct itself in a way which can reasonably be expected from it in law in relation to the injured person. Such a failure is presumed in case of transgression of an established legal rule.

II 1. Even if the conditions stated in Principle I are not met, reparation should be ensured if it would be manifestly unjust to allow the injured person alone to bear the damage, having regard to the following circumstances: the act is in the general interest, only one person or a limited number of persons have suffered the damage and the act was exceptional or the damage was an exceptional result of the act. 2. The application of this principle may be limited to certain categories of acts only."

578 Offen lassend: EuG 13.06.1972, verb. Rs. 9/71 und 11/71, *Compagnie d'approvisionnement de transport et de crédit und Grands Moulins de Paris,* Slg. 1972, 391, Rn. 45 f; EuGH 06.12.1984, Rs. 59/83, *Biovilac,* Slg. 1984, 4057, Rn. 28; EuGH 29.09.1987, Rs. 81/86, *De Boer Buizen BV,* Slg. 1987, 3677, Rn. 17; EuGH 15.06.2000, Rs. C-237/98 P, *Dorsch Consult;* Slg. 2000, I-4549, Rn. 19; EuG

Die dafür benannten notwendigen Voraussetzungen, insbesondere dass ein besonderer und außergewöhnlicher Schaden vorliegen müsse, was an das Sonderopfer im Rahmen des deutschen enteignenden Eingriffs erinnert[579], waren in den entschiedenen Fällen jeweils nicht erfüllt. Die Haftung für rechtmäßiges Handeln war damit lediglich angedeutet worden. Eine Entscheidung der grundsätzlichen Frage, ob eine solche Haftung überhaupt in Betracht kommt, nahm die Rechtsprechung aber gerade nicht vor. Erst mit der Entscheidung *FIAMM* hat der EuGH diese Frage beantwortet und die Haftung für rechtmäßiges Handeln der Union verneint[580]. Einschränkend führt er dabei auf, „dass beim derzeitigen Stand" des Unionsrechts eine solche Haftung nicht gegeben sei[581]. Für Rechtssetzungsakte erscheint die Relevanz einer Haftung für rechtmäßiges Verhalten auch eher gering zu sein. Ist doch in Konstellationen, in denen unverhältnismäßige und besondere Schäden drohen, eine entsprechende Härtefallregelung Rechtsmäßigkeitsvoraussetzung. Fehlt eine solche Regelung, kann eine Haftung wegen rechtswidrigen Verhaltens ausgelöst werden. Ist eine solche Härtefallbestimmung getroffen, ergibt sich daraus ein Ausgleich der Belastung[582].

Auch wenn die Entscheidung *FIAMM* ausschließlich dem Bereich der Unionshaftung zuzuordnen ist und lediglich den Bereich legislativer Tätigkeit betraf, kann auch für die mitgliedstaatliche Haftung geschlussfol-

---

06.12.2001, Rs. T-196/99, *Area Cova u.a.*, Slg. 2001, II-3597, Rn. 171ff; EuG 10.04.2003, Rs. T-195/00, *Travelex Global and Financial Services Ltd*, Slg. 2003, II-1677, Rn. 161; EuG 02.07.2003, Rs. T-99/98, *Hameico Stuttgart*, Slg. 2003, II-2195, Rn. 60; EuG 14.12.2005, Rs. T-320/00, *CD Cartondruck*, Slg. 2005, II-27, Rn. 152 ff; EuG 14.12.2005, T-151/00, *Le Laboratoire du Bain*, Slg. 2005, II-23, Rn. 149; vgl. dazu auch: *Emsinghoff*, Entschädigung für Eigentumseingriffe infolge rechtmäßiger Rechtsetzungsakte der Europäischen Gemeinschaft; skeptisch zur Unionshaftung für rechtmäßiges Handeln: *Ruffert*, in: Calliess/Ruffert, Art. 340 AEUV, Rn. 25; eher befürwortend; *von Bogdandy/Jacob*, in: Grabitz/Hilf/Nettesheim, 2012, Art. 340 AEUV, Rn. 103ff.

579 Vgl. dazu: *Voßkuhle*, Das Kompensationsprinzip, S. 273; *Detterbeck*, AöR 2000, 202 (222f.);.

580 EuGH 09.09.2008, Rs. C-120/06 P und C-121/06 P, *FIAMM*, Slg. 2008, I-6513, Rn. 169ff; anders noch zuvor: *GA Maduro*, Schlussanträge zu EuGH, Rs. C-120/06 P und C-121/06 P, Rn. 54; EuG 14.12.2005, Rs. T-69/00, *FIAMM*, Slg. 2005, II-5393, Rn. 157ff; dazu: *Haack*, EuR 2006, 696; *Verlage*, EuZW 2009, 9; *Haack*, EuR 2009, 667.

581 EuGH 09.09.2008, Rs. C-120/06 P und C-121/06 P, *FIAMM*, Slg. 2008, I-6513, Rn. 176.

582 EuGH 26.11.1996, Rs. C-68/95, *T. Port*, Slg. 1996, I-6065, Rn. 38, 57f.

gert werden, dass eine Rechtmäßigkeitshaftung abzulehnen ist[583]. Eine unionsrechtliche Staatshaftung auch für unionsrechtsgemäßes Handeln ist daher nicht gefordert. Dafür spricht, dass die Haftung der Mitgliedstaaten und der Union eng miteinander verbunden sind. Ferner fordert der EuGH für die unionsrechtliche Staatshaftung stets einen hinreichend qualifizierten Verstoß. Ohne bereits auf die Einzelheiten dieses Merkmals einzugehen, lässt sich bereits hier sagen, dass damit die einfache Rechtswidrigkeit vorausgesetzt wird und sogar darüber hinausgehende Anforderungen aufgestellt werden[584]. Zudem dient die unionsrechtliche Staatshaftung auch der Durchsetzung des Unionsrechts. Die Durchsetzung ist indes nicht gefährdet, wenn eine Unionsrechtwidrigkeit gerade nicht besteht. Der unionsrechtliche Staatshaftungsanspruch ist daher ausschließlich als Haftung für rechtswidriges Verhalten zu verstehen und kann damit terminologisch dem Sekundärrechtsschutz zugeordnet werden; abgegrenzt werden kann damit der Bereich von Entschädigungen im Zusammenhang mit rechtmäßigen Staatshandeln, wie er einer Aufopferungshaftung zugrunde liegt.

(2) Unionsrechtswidrigkeit bei Unterlassen

Grundsätzlich ist es für die Haftung des Mitgliedstaates unerheblich, ob dessen Handlung in positivem Tun oder Unterlassen liegt[585]. Voraussetzung für die Haftung für ein Unterlassen ist jedoch die Verletzung einer Handlungspflicht. Eine solche stellt beispielsweise die Umsetzungspflicht für Richtlinien dar (Art. 288 Abs. 3 AEUV). Zudem trifft den Mitgliedstaat auch eine stetige Pflicht, die Vereinbarkeit seiner Rechtsordnung mit dem Unionsrecht zu überprüfen und entsprechende Anpassungen im nationalen Recht vorzunehmen[586]. Eine Handlungspflicht kann sich darüber hinaus auch als staatliche Pflicht zum Schutz der Unionsgrundrechte und Grundfreiheiten gegenüber dem Verhalten von Privaten ergeben[587]. Für die Unionshaftung hat der EuGH in der Entschei-

---

583 Ebenso: *Detterbeck*, AöR 2000, 202 (235);

584 Vgl. dazu ausführlich unter: C.

585 EuGH 05.03.1996, verb. Rs C-46/93 u. C-48/93, *Brasserie du Pêcheur/Factortame III*, Slg. 1996, I-1029, Rn. 32.

586 EuGH 15.10.1986, Rs. 168/85, *Kommission/Italien*, Slg. 1986, 2945, Rn. 11, 13; EuGH 05.10.2010, Rs. C-512/08, *Kommission/Frankreich*, Slg. 2010, I-8833, Rn. 55; *v. Bogdandy/Jacob*, in: Grabitz/Hilf/Nettesheim, 2012, Art. 340 AEUV, Rn. 170; ausführlich: *Zenner*, Die Haftung der EG-Mitgliedstaaten für die Anwendung europarechtswidriger Normen, S. 109ff, 210ff.

587 EuGH 09.12.1997, Rs. C-265/95, *Kommission/Frankreich*, Slg. 1997, I-6959; EuGH 12.06.2003, Rs. C-112/00, *Schmidberger*, Slg. 2003, I-5659; dazu: *Hidien*, Die ge-

dung *Francesconi*[588] die Haftung für ein Unterlassen, speziell sekundärrechtlich vorgesehene Aufsichtsmaßnahmen der Union über den Weinmarkt, ausdrücklich benannt.

Die Verletzung einer Handlungspflicht darzulegen, ist vor allem dann schwierig, wenn verschiedene Handlungsoptionen für den Mitgliedstaat in Betracht kommen. Insbesondere im Rahmen der staatlichen Schutzpflicht bestehen regelmäßig mehrere Möglichkeiten, wie der Schadenseintritt verhindert werden kann. Die Feststellung eines hinreichend qualifizierten Verstoßes wird dadurch erschwert[589].

bb.Zurechenbarkeit der Verletzung zum Mitgliedstaat

Anknüpfungspunkt der unionsrechtlichen Staatshaftung ist eine Handlung des Mitgliedstaats. Notwendig ist daher ein Ursachenzusammenhang zwischen staatlichem Verhalten und Unionsrechtsverstoß. Zudem ist im Rahmen der haftungsbegründenden Kausalität mitgliedstaatliches Handeln von Handlungen Privater abzugrenzen.

(1) Zurechenbares staatliches Verhalten

Bereits in der Entscheidung *Francovich* hat der EUGH von der Zurechnung „zum Mitgliedstaat"[590] gesprochen und sich damit implizit für eine alle Gewalten umfassende Haftung ausgesprochen. In der Entscheidung *Brasserie* formulierte er diesen Grundsatz noch klarer. Danach gilt der Grundsatz der unionsrechtlichen Haftung „für jeden Fall des Verstosses eines Mitgliedstaats gegen das Gemeinschaftsrecht unabhängig davon [...], welches mitgliedstaatliche Organ durch sein Handeln oder Unterlassen den Verstoß begangen hat."[591] Nach den anfänglichen Entscheidungen zur Haftung wegen legislativer Tätigkeit wird in der Entscheidung *Hedley Lomas* daher folgerichtig eine Haftung auch für exekutives

---

meinschaftsrechtliche Staatshaftung der EU-Mitgliedstaaten, S. 31; *Kainer*, JuS 2000, 431 (436); *Suerbaum*, EuR 2003, 390; ausführlich: *Hoppe*, Staatshaftung und Rechtsschutz bei Verletzung grundfreiheitlicher Schutzpflichten.

588 EuGH 04.07.1989, verb. Rs. 326/86 und 66/88, *Francesconi*, Slg. 1989, 2087, Rn. 12ff.

589 GA *Jacobs*, Schlussanträge zu Rs. C-112/00, *Schmidberger*, Slg. 2003, I-5659, Rn. 50ff, 113ff; vgl. zum nationalen Haftungsrecht: BGH 10.12.1987, Az. III ZR 220/86 (Waldsterben); BGH 11.01.2007, Az. III ZR 302/05 (Verzögerte Grundbucheintragungen).

590 EuGH 19.11.1991, Rs. C-6/90 u. 9/90, *Francovich*, Slg. 1991, 5357, Rn. 33.

591 EuGH 05.03.1996, verb. Rs C-46/93 u. C-48/93, *Brasserie du Pêcheur/Factortame III*, Slg. 1996, I-1029, Rn. 32.

Unrecht und in der Entscheidung *Köbler*[592] für judikatives Unrecht anerkannt. Darüber hinaus können neben Handlungen des Bundesstaates auch solche der Gliedstaaten[593] die Haftung nach dem Unionsrecht auslösen[594]. Die horizontale oder vertikale Gewaltenteilung ist ebenso unbeachtlich wie die Frage, ob innerstaatliche Handlungskompetenzen tatsächlich bestanden und eingehalten wurden. Es kommt einzig auf die unionsrechtliche Beurteilung des einheitlich aufgefassten mitgliedstaatliche Handeln an.

(2) Abgrenzung zur Haftung Privater

Der in der Rechtsprechung des EuGH geprägte weite Staatsbegriff bildet den Ausgangspunkt für die Abgrenzung der Staatshaftung von einer möglichen Haftung Privater[595]. Danach gehört eine Einrichtung, die kraft staatlichen Rechtsaktes unter staatlicher Aufsicht steht und eine Dienstleistung im öffentlichen Interesse zu erbringen hat, unabhängig von ihrer Rechtsform zu den staatlichen Stellen. Die Zurechnung zum Mitgliedstaat kann danach nicht mit Verweis auf die interne Kompetenzverteilung verneint werden. Werden Aufgaben der Gesetzgebung oder der Verwaltung von öffentlich-rechtlichen Einrichtungen, die vom Staat rechtlich verschieden sind, vorgenommen, ist somit dennoch der Bereich der Staatshaftung eröffnet[596]. Ebenso sind Handlungen, die der jeweilige Träger öffentlicher Gewalt in seiner Eigenschaft als öffentlicher Arbeit-

---

592 Vgl. insoweit nur klarstellend: EuGH 30.09.2003, Rs C-224/01, *Köbler*, Slg. 2003, I-10239, Rn. 31f.

593 EuGH 01.06.1999, Rs. C-302/97, *Konle*, Slg. 1999, I-3099, Rn. 66ff.

594 Nunmehr allg. Ansicht, vgl. nur: *Ehlers,* JZ 1996, 776 (778); *Saenger,* JuS 1997, 865 (869); *Detterbeck,* AöR 2000, 203 (232f); *Beljin*, Staatshaftung im Europarecht, S. 15; vgl. zur Diskussion zur Haftung für legislatives Unrecht: *Fetzer,* Die Haftung des Staates für legislatives Unrecht, S. 189ff; *Deckert,* EuR 1997, 203 (225); *Wegener,* EuR 2002, 785.

595 *Ruffert,* in: Calliess/Ruffert, 2011, Art. 288 AEUV, Rn. 42; *Anagnostaras,* ELRev 2001, 139 (151); vgl. zu diesem weiten Staatsbegriff: EuGH 26.02.1986, Rs. 152/84, *Marshall,* Slg. 1986, 723, Rn. 49, 51; EuGH 15.05.1986, Rs. 222/84, *Johnston*, Slg. 1986, 1651, Rn. 56; EuGH 22.06.1989, Rs. 103/88, *Fratelli Costanzo,* Slg. 1989, 1839, Rn. 32; EuGH 12.07.1990, Rs. C-188/89, *Foster*, Slg. 1990, 3313, Rn. 20; EuGH 15.04.2008, Rs. C-268/06, *Impact*, Slg. 2008, I-2483, Rn. 85; EuGH 25.11.2010, Rs. C-429/09, *Fuß gegen Halle,* Slg. 2010, I-12167, Rn. 39, 85.

596 Zur Kassenzahnärztliche Vereinigung: EuGH 04.07.2000, Rs. C-424/97, *Haim,* Slg. 2000, I-5123, Rn. 27; zu Sozialversicherungsträger: EuGH 28.06.2001, Rs. C-118/00, *Larsy*, Slg. 2001, I-5063, Rn. 35; vgl. zur Frage des richtigen Haftungssubjekts, vgl. unter: B. V. 1.

geber vornimmt, dem Staat zuzurechnen[597]. Wie bereits zuvor ausgeführt, können auch unterlassene Handlungs- und Schutzpflichten eine Haftung des Staates begründen: Die Beeinträchtigung der Grundfreiheit geht dabei zwar primär von Maßnahmen Privater aus, trifft der Mitgliedstaat jedoch nicht die erforderlichen und notwendigen Maßnahmen zum Schutz der Grundfreiheit vor solchen Eingriffen, so liegt eine haftungsrechtlich relevante Pflichtverletzung des Staates vor. Der Staat haftet nicht für das Verhalten Privater, sondern für eigenes Verhalten, das damit im Zusammenhang steht.

Ob eine öffentliche Erklärung eines Beamten dem Staat zugrechnet werden kann oder als private Meinungsäußerung aufgefasst werden muss, ist schließlich in der Entscheidung *A.G.M.COS.MET* thematisiert worden. Danach ist anhand der Form und Umstände der Äußerung zu entscheiden. Entsteht beim Empfänger der Eindruck, dass es sich um eine offizielle staatliche Verlautbarung handelt, welche der Beamte mit Amtsautorität formuliert, ist die Zurechnung zum Mitgliedstaat gegeben[598].

b. Anforderung an verletzte Norm – individuelle Rechtsverletzung

Seit der Entscheidung *Brasserie* hat der Gerichtshof fortwährend als erste Voraussetzung angeführt, dass „die Rechtsnorm, gegen die verstoßen worden ist, bezweckt, dem einzelnen Rechte zu verleihen“[599]. Damit werden Schutzzwecküberlegungen in den Haftungstatbestand aufge-

---

597 EuGH 25.11.2010, Rs. C-429/09, *Fuß gegen Halle,* Slg. 2010, I-12167, Rn. 39, 85.

598 Die konkrete Entscheidung darüber hat der EuGH dem vorlegenden Gericht überlassen und diesem nur eine Vielzahl von zu berücksichtigenden Kriterien genannt. Diese nicht abschließend aufgeführten Kriterien sind im Einzelnen: Zuständigkeit des Beamte im Allgemeinen für den betroffenen Bereich; Verwendung des offiziellen Briefkopfs der zuständigen Stelle bei schriftlicher Äußerung; Ort des Fernsehinterviews sind Räume seiner Dienststelle; kein Hinweis des Beamten auf den privaten Charakter seiner Äußerungen und Abweichung von offizieller Position der zuständigen Stelle; zuständige staatliche Stelle unternimmt nicht umgehend notwendige Schritte zur Beseitigung des Eindrucks einer offiziellen Verlautbarung; EuGH 17.04.2007, Rs. C-470/03, *A.G.M.-COS.MET,* Slg. 2007, I-2749, Rn. 66.

599 Vgl. nur: EuGH 24.11.2011, Rs. C-379/10, *Europäische Kommission/Italienische Republik,* Slg. 2011, I-180, Rn. 40.

nommen[600] und die Verletzung eines subjektiven Rechts zur Voraussetzung des Haftungsanspruchs erklärt. Das macht die Ausrichtung des Haftungsanspruchs als grundsätzlich subjektive Rechtsschutzmöglichkeit deutlich.

Sofern das subjektive Recht nicht ausdrücklich erwähnt ist (sog. explizite Rechte), ist es durch Auslegung der jeweiligen Norm zu ermitteln (sog. implizite Rechte)[601]. Wie zuvor beschrieben, ist daher zunächst zu fragen, ob der Mitgliedstaat durch ein klares und uneingeschränktes Gebot oder Verbot zu einem bestimmten Tun oder Unterlassen verpflichtet wird. Anschließend ist zu prüfen, ob nach dem Zweck der Norm damit zumindest auch Interessen Einzelner geschützt werden sollen[602].

Die unmittelbare Wirkung ist dabei keine notwendige Voraussetzung[603]. Zwar ergeben sich aus unmittelbar anwendbaren primärrechtlichen Bestimmungen, wie den Grundfreiheiten oder Normen, wie Art. 30 oder Art. 110 AEUV wesentliche subjektive Rechte[604]. Ebenso kann unmittelbar anwendbarem sekundärem Unionsrecht, wie Verordnungen und Entscheidungen, solche Rechte entnommen werden. Subjektive Rechte ergeben sich jedoch auch aus solchen Bestimmungen, die zwar den Mitgliedstaaten ebenfalls eindeutige Verpflichtungen im Interesse des Einzelnen auferlegen, jedoch nicht unmittelbar anwendbar sind. Das gilt insbesondere für nichtumgesetzte und nicht unmittelbar wirksame Richtlinien. Das subjektive Recht ergibt sich insoweit aus Art. 288 Abs. 3

---

600 Vgl. zur Unionshaftung: EuG 06.03.2003, Rs. T-57/00, *Banan-Kompaniet/Rat und Kommission*, Slg. 2003, II-607, Rn. 64: „Auch ein Schutzcharakter der verletzten Rechtsnorm ist zu bejahen".

601 Begrifflichkeit nach: *Hidien*, Die gemeinschaftsrechtliche Staatshaftung der EU-Mitgliedstaaten, S. 47.

602 Vgl. zur Bezugnahme des EuGH auf Wortlaut, Begründungserwägungen, sowie Sinn und Zweck zur Auslegung der Richtlinienbestimmung: EuGH 08.10.1996, Rs. C-178/94, C-179/94 u. C-188/94 bis C-190/94, *Dillenkofer*, Slg. 1996, I-4845, Rn. 33ff; EuGH 14.03.2013, Rs. C-420/11, *Leth*, noch nicht in der amtlichen Sammlung veröffentlicht, Rn. 32ff; vgl. zum subjektiven Recht ausführlich unter; B. II. 1.

603 Ebenso: *Ruffert*, in: Calliess/Ruffert, 2011, Art. 340 Rn. 56; *Deckert*, EuR 1997, 203 (216f); vgl. zur Frage der Kausalität unter: B. IV. 2. d).

604 EuGH 23.05.1996, Rs. C-5/94, *Hedley Lomas*, Slg. 1996, I-2553, Rn. 27; EuGH 30.09.2003, Rs C-224/01, *Köbler*, Slg. 2003, I-10239, Rn. 102f; vgl. zur Frage der Rückgriffsmöglichkeit auf Primärrecht im Bereich harmonisierten Sekundärrechts: bejahend, sofern keine Vollharmonisierung erfolgte: OLG Köln 09.08.2007, Az. 7 U 147/06 (Pflichtpfand); bestätigend: BGH 22.01.2009, Az. III ZR 233/07, Rn. 13; für den Fall der Vollharmonisierung ablehnend: *Giesberts/Eickelberg*, EuZW 2005, 231.

AEUV in Verbindung mit dem jeweiligen Richtlinieninhalt. Da im Rahmen des Staatshaftungsrechts - genauso wie bei der unmittelbaren Wirkung von Richtlinien - neben Individualrechtsschutzaspekten der Beitrag des Einzelnen zur dezentralen Vollzugskontrolle zu beachten ist, kann zur Bestimmbarkeit des subjektiven Rechts jedoch ein ähnlicher Maßstab verwandt werden[605]. Die unmittelbare Wirkung der Richtlinie erfordert allerdings, dass die jeweilige Bestimmung bereits ohne weitere Konkretisierungen durch Gerichte und Behörden angewandt werden kann und sich daher beispielsweise die Person des Verpflichteten eindeutig aus der Richtlinie ergibt und sich das Richtlinienrecht gegen den Staat richtet. Für die Staatshaftung ist dies nicht notwendig[606]. Erforderlich ist lediglich die hinreichende Bestimmbarkeit des Mindestinhalts eines subjektiven Rechts[607].

c. Hinreichend qualifizierter Verstoß

Seit der Rechtssache *Dillenkofer*[608] wendet der EuGH das Kriterium des hinreichend qualifizierten Verstoßes als zumindest sprachlich einheitliche Voraussetzung für alle Verstoßkonstellationen an. Nach seiner Rechtsprechung ist ein Verstoß hinreichend qualifiziert, wenn ein Mitgliedstaat bei der Wahrnehmung seines Gestaltungsspielraums die Grenzen, die der Ausübung seiner Befugnisse gesetzt sind, offenkundig und erheblich überschritten hat[609]. Um festzustellen, ob eine Verletzung des Unionsrechts einen hinreichend qualifizierten Verstoß darstellt, stellt er einen nicht abschließenden Katalog von zu berücksichtigenden Gesichtspunkten auf. Das Erfordernis einer besonderen Qualifikation des Verstoßes führt zu einer bedeutsamen Haftungsbegrenzung und ist in einer Vielzahl von Fällen entscheidendes Kriterium für die Verneinung eines Haftungsanspruchs. Die detaillierte Auseinandersetzung mit dieser Haftungsvoraussetzung bleibt dem nächsten Teil vorbehalten.

605 So: BGH 14.12.2000, Az. III ZR 151/99 (Gebühren für Hygienekontrollen über Pauschalbeträgen), NVwZ 2001, 465.

606 EuGH 19.11.1991, Rs. C-6/90 u. 9/90, *Francovich*, Slg. 1991, 5357.

607 *Ossenbühl*, DVBl 1992, 993 (996); *Hailbronner*, JZ 1992, 284 (288); *Tietjen*, Das System des gemeinschaftsrechtlichen Staatshaftungsrechts, S. 188; eine fehlende Bestimmbarkeit annehmend: KG 06.02.2009, Az. 9 U 10/08 (Nicht rechtzeitige Umsetzung der Antidiskriminierungsrichtlinie).

608 EuGH 08.10.1996, verb. Rs C-178/94, C-179/94, C-188/94, C-189/94 und C-190/94, *Dillenkofer*, Slg. 1996, I-4845.

609 Bei judikativem Unrecht ist lediglich von einem offenkundigen Verstoß die Rede: EuGH 30.09.2003, Rs C-224/01, *Köbler*, Slg. 2003, I-10239, Rn. 53; EuGH 13.06.2006, Rs C-173/03, *Traghetti del Mediterraneo*, Slg. 2006, I-5177, Rn. 32.

d. Unmittelbarer Kausalzusammenhang zwischen Verstoß und Schaden

Es muss schließlich zu einem Schaden gekommen sein, und dieser muss auch unmittelbar auf dem Unionsrechtsverstoß des Mitgliedstaates beruhen. Notwendig ist somit die haftungsausfüllende Kausalität. Sie entfällt, wenn der Schaden ohne das in Rede stehende Verhalten beziehungsweise bei rechtmäßigem Alternativverhalten auch eingetreten wäre[610]. Das ist unter dem Stichwort der „hypothetischen Kausalität" zu prüfen. Über das Unmittelbarkeitserfordernis enthält die Prüfung dabei wertende Elemente.

Ist die Zurechnung des Schadens zum Mitgliedstaat gegeben, hat die Kausalität zudem wesentliche Bedeutung bei der Bestimmung der verantwortlichen mitgliedstaatlichen Stelle. Der EuGH hat in der Rechtssache *Brinkmann Tabakfabriken* entschieden, dass es sich trotz Nichtumsetzung einer Richtlinie dann nicht um einen Fall legislativen Unrechts handelt, wenn die nationalen Behörden die Richtlinie unmittelbar angewandt haben, da die Nichtumsetzung dann nicht kausal für den Schaden sei. Entsteht überhaupt ein Schaden, kommt eine Haftung in diesem Fall nur in Betracht, wenn der Verwaltung ein hinreichend qualifizierter Verstoß nachgewiesen werden kann[611]. Wie noch dargelegt wird, können die Voraussetzungen, unter denen ein hinreichend qualifizierter Verstoß zu bejahen ist, für Fälle des legislativen und administrativen Unrechts unterschiedlich sein, so dass zur Abgrenzung auf die Schadenskausalität zurückzugreifen ist[612].

---

610 LG Bonn 16.04.1999, Az. 1 O 186/98, (Einlagensicherungs-Richtlinie), EuZW 1999, 732 (735); OLG Köln 15.03.2012, Az. 7 U 29/04, (Danske Slagetier), Rn. 28ff; BVerwG 16.05.2013, Az. 8 C 14.12, (Klagen bayerischer Sportwetten-Vermittler wegen erledigter Vermittlungsverbote), Rn. 51f; OGH Wien, 21.05.2013, Gs. 1Ob56/13m (Fehlende UVP für Erweiterung Flughafen Wien); OLG Brandenburg 28.05.2013, Az. 2 U 13/08, (Vorsteuerabzug), Rn. 75ff; vgl. dazu im Rahmen der Haftung der Union: EuGH 04.02.1975, Rs. 169/73, *Compagnie Continentale France*, Slg. 1975, 117, Rn. 24/27; EuG 01.02.2001, Rs. T-1/99, *T. Port GmbH & Co. KG (Bananen)*, Slg. 2001, II-465, Rn. 76ff.

611 EuGH 24.08.1998, Rs C-319/96, *Brinkmann Tabakfabriken*, Slg. 1998, I-5255, Rn. 27ff.

612 Vgl. dazu unter: C. III. 2.b).

aa. Schadenszurechnung zum Haftungssubjekt – Abgrenzung zur Unionshaftung

Schwierigkeiten kann die Zurechnung des Schadens vor allem dann bereiten, wenn der Schaden zumindest auch auf Verhalten der Unionsorgane zurückgeführt werden kann[613]. Die Abgrenzung von der Unionshaftung wird im Schrifttum zumeist unter dem Stichwort der Kausalität behandelt[614]. Sie hat indes als Zulässigkeitsvoraussetzung auch eine prozessuale Komponente und wird daher in der Rechtsprechung der Unionsgerichte zumeist dort verortet.

(1) Materielles Kriterium der Schadenszurechnung

Für die Schadenszurechnung bieten sich grundsätzlich verschiedene Anknüpfungen an[615]. In der Rechtsprechung hat sich das Kriterium der Verantwortungsbereiche durchgesetzt. Diese sind voneinander abzugrenzen. Sofern der Mitgliedstaat eigenständige rechtliche Gestaltungsmacht hat und nicht lediglich vollziehend tätig wird, ist eine Schadensverursachung ihm zuzurechnen. Hat das mitgliedstaatliche Organ keine eigene Befugnis und somit keine rechtliche Möglichkeit, die verletzte Rechtsposition zu gestalten, oder ist ihm nur ein unionsrechtswidriges Verhalten möglich, ist dem Mitgliedstaat der Verstoß hingegen nicht zuzurechnen[616].

Da die Mitgliedstaaten grundsätzlich das Unionsrecht eigenständig ausführen und kein Weisungsrecht der Unionsorgane gegeben ist, besteht auch grundsätzlich ein rechtlicher Gestaltungsspielraum der Mitglied-

613 Ausführlich: *Renzenbrink*, Gemeinschaftshaftung und mitgliedstaatliche Rechtsbehelfe, S. 103ff; *Hofmann*, Rechtsschutz und Haftung im Europäischen Verwaltungsverbund, S. 303ff; *Säuberlich*, Die außervertragliche Haftung im Gemeinschaftsrecht, S. 74ff; *Shirvani*, EuR 2011, 619.

614 *Berg*, in: Schwarze [Hrsg.], EU-Kommentar, 2012, Art. 340 AEUV, Rn. 66, 92; *Gellermann*, in: EUV/AEUV-Kommentar, Streinz [Hrsg.], 2012, Art. 340 AEUV, Rn. 28, 52; unter der Voraussetzung „Handlung eines Unionsorgans" hingegen: *Ruffert*, in: Calliess/Ruffert [Hrsg.], 2011, Art. 340 Rn. 11.

615 Etwa: stets Handeln der mitgliedstaatlichen Stellen als Unionsorgane, anknüpfen an die letzte oder erste schädigende Handlung; faktische Einflussnahme.

616 *Säuberlich*, Die außervertragliche Haftung im Gemeinschaftsrecht, 2005, 89; *Renzenbrink*, Gemeinschaftshaftung und mitgliedstaatliche Rechtsbehelfe: Vorrang, Subsidiarität oder Gleichstufigkeit, 2000, 108; *Czaja*, Die außervertragliche Haftung der EG für ihre Organe, 1996, 135; *Aubin*, Die Haftung der Europäischen Wirtschaftsgemeinschaft und ihrer Mitgliedstaaten bei gemeinschaftsrechtswidrigen nationalen Verwaltungsakten, 1982, 180.

staaten, der eine entsprechende Schadenszurechnung begründet[617]. Eine Haftung der Union kommt daher erst dann in Betracht, wenn das umzusetzende Sekundärrecht selbst nicht mit dem höherrangingen Unionsrecht vereinbar und der rechtliche Gestaltungsspielraum des Mitgliedstaates auf ausschließlich unionsrechtswidrige Maßnahmen begrenzt ist[618]. Setzt der Mitgliedstaat beispielsweise eine unionsrechtswidrige Richtlinie um oder führt eine unionsrechtswidrige Verordnung aus, wird seine Haftung dadurch nicht begründet und kommt ausschließlich eine Unionshaftung in Betracht[619].

Ist in Sekundärrechtsakten rechtlich verbindlich die Möglichkeit der Einflussnahme durch Eingriffsbefugnisse der Unionsstellen vorgesehen und wird diese unionsrechtswidrig wahrgenommen, ist ebenfalls eine Zurechnung zur Union gegeben[620]. Bei rechtlich unverbindlichen Handlungsformen der Union bleibt die Haftung der Mitgliedstaaten hingegen

617 *Tietjen*, Das System des gemeinschaftsrechtlichen Staatshaftungsrechts, 2010, 156; *Säuberlich*, Die außervertragliche Haftung im Gemeinschaftsrecht, 2005, 89; a.A: der bei der mitgliedstaatlichen Anwendung unionsrechtswidriger Normen stets eine Haftung der Union befürwortet: *Berg*, in: Schwarze [Hrsg.], EU-Kommentar, 2012, Art. 340 Rn. 92; in diese Richtung auch: *Ophüls*, Staatshoheit und Gemeinschaftshoheit, in: Festschrift Carl Heymanns Verlag, 1965, 519 (546); strittig für den Fall nationaler, auf einer Verordnung beruhender Gesetzgebung: eigene mitgliedstaatliche Gestaltungsmacht ablehnend: BGH 27.01.1994, Az. III ZR 42/92, *Irak-Embargo der EG*, EuZW 1994, 219; mit Hinweis auf Strafbewährtheit der Umsetzungsnorm und Fortbestand der nationalen Norm bei Ungültigkeitserklärung der Verordnung bejahend: *Ress*, EuZW 1994, 223.

618 Vgl. dazu: EuGH 04.10.1979, Rs. 238/78, *Ireks-Arkady*, Slg. 1979, 2955, Rn. 6; EuGH 06.12.1984, Rs. 59/83, *Biovilac*, Slg. 1984, 4057, Rn. 5f; EuGH 19.05.1992, verb. Rs. C-104/89, C-37/90, *Mulder*, Slg. 1992, 3061, Rn. 8f; OLG Sachsen-Anhalt 20.09.2012, Az. 2 U 9/12, (Umsetzung der Richtlinie über Elektro- und Elektronik-Altgeräte), Rn. 29; vgl. zur Umsetzungspflicht auch bei Zweifeln an der Rechtmäßigkeit der anzuwendenden Verordnung: EuGH 13.12.1979, Rs 101-78, *Granaria*, Slg. 1979, 623, Rn. 6.

619 *Renzenbrink*, Gemeinschaftshaftung und mitgliedstaatliche Rechtsbehelfe, S. 79ff.; *Schockweiler* EuR 1993, 107 (129); ebenso: BGH 11.03.1993, Az. III ZR 44/92 (Milchgarantiemengenverordnung), NVwZ-RR 1993, 449.

620 EuGH 15.01.1987, Rs. 175/84, *Krohn*, Slg. 1987, 97, Rn. 15ff; *Aubin*, Die Haftung der Europäischen Wirtschaftsgemeinschaft und ihrer Mitgliedstaaten bei gemeinschaftsrechtswidrigen nationalen Verwaltungsakten, S. 143; *Czaja*, Die außervertragliche Haftung der EG für ihre Organe, S. 135 *Renzenbrink*, Gemeinschaftshaftung und mitgliedstaatliche Rechtsbehelfe, S. 109; *Säuberlich*, Die außervertragliche Haftung im Gemeinschaftsrecht, S. 91.

grundsätzlich bestehen[621]. Lediglich in der Entscheidung *KYDEP* hat der EuGH nach Feststellung, dass die Auslegung durch die Kommission den Mitgliedstaat gerade nicht bindet, trotzdem eine Haftung der Union geprüft, da er eine faktische Bindung der Mitgliedstaaten an die Auslegung nicht ausschließen konnte[622]. Dabei hat er eine Haftung der Union jedoch im Ergebnis verneint und sich nicht mit seiner bisherigen Rechtsprechung auseinandergesetzt. Eine Tendenz zur Betonung der faktischen Einflussnahme im Rahmen der Zurechnung ist daraus nicht abzuleiten[623].

Ausnahmsweise kommt schließlich noch eine gesamtschuldnerische Haftung in Betracht, wenn sowohl die Union als auch der Mitgliedstaat unionsrechtswidrig gehandelt haben und die Union damit Aufsichts- und Kontrollpflichten verletzt hat[624]. Insbesondere der *Kampffmeyer*-Entscheidung lässt sich dabei eine Subsidiarität der Unionshaftung entnehmen. Die Einstandspflicht der Union machte der EuGH davon abhängig, dass die Kläger nicht bereits in den nationalen Verfahren vollständig entschädigt wurden. Um zu vermeiden, dass die Kläger sowohl

621 So auch für den Fall, dass die Anwendung einer Billigkeitsklausel für den Währungsausgleich von der Zustimmung der Kommission abhängig gemacht werden muss aber letztlich der Verantwortung des Mitgliedstaates überlassen bleibt: EuGH 02.03.1978, Rs. 12, 18, 21/77, *Debayser* 1978, 553, Rn. 20/23; ebenso für die interne Zusammenarbeit zwischen Union und Mitgliedstaat: EuGH 26.11.1975, Rs. 99/74, *Grands moulins des Antilles*, Slg. 1975, 1531, Rn. 17/19; EuGH 27.03.1980, Rs. 133/79, *Sucrimex*, Slg. 1980, 1299, Rn. 22; EuGH 10.06.1982, Rs. 217/81, *Interagra*, Slg. 1982, 2233, Rn. 8; EuGH 18.10.1984, Rs. 109/83, *Eurico*, Slg. 1984, 3581, Rn. 18ff; für den umgekehrten Fall der abgelehnten Unionshaftung wegen Entscheidung der Mitgliedstaaten, die diese binden: EuGH 03.12.1992, Rs. C-97/91, *Borelli*, Slg. 1992, I-6313, Rn. 10ff; EuGH 20.01.1993, verb. Rs. C-106/90, C-317/90 und C-129/91, *Emerald Meats*, Slg. 1993, I-209, Rn. 38; EuGH 08.04.1992, Rs. C-55/90, *Cato*, Slg. 1992, I-2533, Rn. 22, 28.

622 Im Ergebnis verneint: EuGH 15.09.1994, Rs. C-146/91, *Koinopraxia Enóséon Georgikon Synetairismon Diacheiríséos Enchorion Proïonton Syn. PE (KYDEP)*, Slg. 1994, I-4199, Rn. 20ff; ebenso: EuG 26.10.1995, Rs. T-185/94, *Geotronics*, Slg. 1995, II-2795, Rn. 33, 40 - der EuGH bejaht indes die Bindungswirkung in diesem Fall: EuGH 22.04.1997, Rs. C-395/95 P, *Geotronics*, Slg. 1997, I-2271, Rn. 14f.

623 Ebenso ein Abstellen auf die faktische Einflussnahme ablehnend und darin eine Tendenz zur verstärkt komplementären Haftung der Union sehend: *Renzenbrink*, Gemeinschaftshaftung und mitgliedstaatliche Rechtsbehelfe, S. 111; a.A: *v. Bogdandy/Jacob*, in: Grabitz/Hilf/Nettesheim, Art. 340 AEUV, Rn. 65.

624 EuGH 17.12.1959, Rs. 23/59, *Feram*, Slg. 1959, 521 (537); EuGH 14.07.1967, Rs. 5, 7 und 13 bis 24/66, *Kampfmeyer*, Slg. 1967, 332 (354); EuGH 30.11.1967, Rs. 30/66, *Firma Kurt A. Becher*, Slg. 1967, 386 (401f).

vor den nationalen als auch durch den EuGH Entschädigung zugesprochen bekommen, sprach sich der EuGH damit für eine Subsidiarität der Unionhaftung aus[625]. Dabei verkennt der EuGH jedoch, dass die Gefahr doppelter Entschädigung erst durch die Vollstreckung beider Urteile eintritt und nicht bereits durch den Titel selbst[626]. Zudem ist unklar, warum ein etwaig doch notwendiges Stufenverhältnis zu Lasten des Mitgliedstaates ausgestaltet sein muss.

(2) Zurechnung des Schadens als Zulässigkeitsvoraussetzung

Die Zurechnung des Schadens ist auch notwendig, um die Zuständigkeit der nationalen oder europäischen Gerichtsbarkeit zu ermitteln. Für Klagen gegen die Union ist nach Art. 268, 256 Abs. 1 AEUV erstinstanzlich das EuG ausschließlich zuständig; für Schadensersatzklagen Einzelner gegen die Mitgliedstaaten hingegen die mitgliedstaatlichen Gerichte[627]. In der Rechtsprechung von EuGH und EuG ist das Kriterium der Zurechnung des Schadens daher - weit überwiegend - als Zulässigkeitsvoraussetzung geprüft worden[628]. Lediglich vereinzelt ist die Zurechnung im Rahmen der Begründetheit verortet worden[629]. Die Prüfung der Zurechnung als Zulässigkeitsvoraussetzung ist wegen ihrer Verknüpfung mit der Frage der Gerichtsbarkeit konsequent und prozessökonomisch sinnvoll[630]. Der materiell-rechtliche Charakter der Zurechnungsprüfung als Anspruchsvoraussetzung wird dadurch nicht negiert.

---

625 EuGH 14.07.1967, Rs. 5, 7 und 13 bis 24/66, *Kampfmeyer*, Slg. 1967, 332 (358).

626 Vgl. zur Vollstreckungsabwehrklage: Art. 165 ff. der Verfahrensordnung des Gerichtshofs.

627 Vgl. nur: EuGH 26.02.1986, Rs. 175/84, *Krohn*, Slg. 1986, 753, Rn. 18.

628 EuGH 25.10.1972, Rs. 96/71, *Haegeman*, Slg. 1972, 1005, Rn. 5/8; EuGH 12.04.1984, Rs. 281/82, *Unifrex*, Slg. 1984, 1969, Rn. 8ff; EuGH 26.02.1986, Rs. 175/84, *Krohn*, Slg. 1986, 753, Rn. 16ff; EuGH 07.07.1987, Rs. 89/86 und 91/86, *L'Étoile commerciale und CNTA/Kommission*, Slg. 1987, 3005, Rn. 17f; EuG 13.12.1995, verb. Rs. T-481/93 und T-484/93, *Exporteurs in Levende Varkens*, Slg. 1995, II-2941, Rn. 64ff; EuG 15.09.1998, Rs. T-54/96, *Oleifici Italiani SpA*, Slg. 1998, II-3377, Rn. 67.

629 EuGH 14.07.1967, Rs. 5, 7 und 13 bis 24/66, *Kampfmeyer*, Slg. 1967, 332 (353); EuGH 08.04.1992, Rs. C-55/90, *Cato*, Slg. 1992, I-2533, Rn. 17, 22, 28.

630 *Hofmann*, Rechtsschutz und Haftung im Europäischen Verwaltungsverbund, S. 304.

bb. Unmittelbarkeit des Schadens

Das Unmittelbarkeitselement, das in der *Francovich*-Entscheidung noch fehlte und dessen Einführung der Orientierung an der Unionshaftung geschuldet ist, erlaubt eine wertende Zurechnung von Schäden zu einem Unionsrechtsverstoß. Zu entfernte oder unvorhersehbare Folgen sollen aus dem Bereich des ersatzfähigen Schadens ausgeschlossen werden[631].

(1) Maßstab der Adäquanz

Die Unmittelbarkeit eines Schadens ist daher zu verneinen, wenn es sich lediglich um eine „entfernte nachteilige Folge"[632] handelt. Unmittelbar kausal sind insoweit nur Schäden, die objektiv vorhersehbar waren. Als Maßstab kann folglich die Adäquanz gewählt werden. Ein haftungsbegründendes Ereignis ist folglich nur dann unmittelbar kausal, wenn es bei einem gewöhnlichen Verlauf nach der Prognose eines erfahrenen Beobachters geeignet ist, den Schaden herbeizuführen[633]. Wesentliche Bedeutung kommt dabei dem Schutzzweck der Norm zu. Entscheidend ist, ob der Schaden noch in einem Bereich eingetreten ist, der von der Norm geschützt werden soll.

In der Rechtsprechung des EuGH hat die Unmittelbarkeit der Schäden bisher keine große Rolle gespielt und ist nur in wenigen Fällen geprüft worden. Grund dafür ist vor allem, dass eine Einschränkung der Haftung bereits im Rahmen des haftungsbegründenden Teils des Anspruchs, insbesondere über den hinreichend qualifizierten Verstoß und die subjektive Schutzrichtung der verletzten Norm erfolgt. Einer weiteren Einschränkung im Rahmen der haftungsausfüllenden Kausalität bedarf es daher zumeist nicht. Lediglich in zwei im Anschluss kurz dargestellten Fällen war die Schadenszurechnung von Relevanz.

In der Rechtssache *Danfoss* spielte die Unmittelbarkeit im Zusammenhang mit der Abwälzung unionsrechtswidriger Abgaben vom Abgabepflichtigen auf den Endabnehmer eine Rolle. Generalanwältin Kokott sah den Schaden des Endabnehmers noch als adäquat kausal an, da „es für indirekte Abgaben geradezu typisch [sei], dass sie wirtschaftlich

---

631 Kritisch zum Mehrwert des zusätzlichen Kriteriums: *Hidien,* Die gemeinschaftsrechtliche Staatshaftung der EU-Mitgliedstaaten, S. 54f.

632 So zur Unionshaftung: EuGH 04.10.1979, verb. Rs. 64 und 113/76, 167 und 239/78, 27, 28 und 45/79, Slg. 1979, 3091, Rn. 21.

633 OLG Brandenburg 28.05.2013, Az. 2 U 13/08 (Vorsteuerabzug) , Rn. 73; *Beljin,* Staatshaftung im Europarecht, S. 63; *Frenz,* Handbuch Europarecht, Bd. 5, Rn. 2108; *Gellermann,* in: EUV/AEUV-Kommentar, Streinz [Hrsg.], Art. 340 AEUV, Rn. 28, 52; *Ossenbühl/Cornils,* Staatshaftungsrecht, S. 73.

nicht vom Abgabenpflichtigen getragen werden, sondern vom Endabnehmer"[634]. Der EuGH stellte indes auf die Rückgriffmöglichkeiten des Endabnehmers ab. Hat dieser die Möglichkeit, beim Abgabepflichtigen Ersatz des entstandenen Schadens zu verlangen, so kann ihm die fehlende Unmittelbarkeit im Haftungsprozess gegenüber dem Staat entgegengehalten werden[635]. Der typische Geschehensablauf sieht nach Ansicht des EuGH folglich einen Rückgriff beim jeweiligen Vertragspartner vor.

Eine weitere Entscheidung zur Unmittelbarkeit des Schadens hat der EuGH unlängst in der Rechtssache *Leth* getroffen[636]. Gegenstand des Verfahrens war die unionsrechtswidrig unterlassene Umweltverträglichkeitsprüfung für die Erweiterung des Flughafens in Wien. Das vorlegende Gericht wollte wissen, ob Frau Jutta Leth, Eigentümerin und Bewohnerin einer Liegenschaft in der Sicherheitszone des Flughafens, einen Anspruch auf Ersatz eines Vermögensschadens habe. Dieser sei dadurch eingetreten, dass als Folge der Auswirkungen des fraglichen Projekts auf die Umwelt, der Wert ihrer Liegenschaft gemindert sei. Unter Rückgriff auf den Schutzzweck von Art. 3 der UVP-Richtlinie führte der EuGH aus, dass Wertminderung von Liegenschaften im Umkreis des Flughafens im Rahmen der UVP nicht zu beurteilen gewesen wären. Allerdings führt er anschließend auch aus, dass die Verhütung von Vermögensschäden vom Schutzzweck der Richtlinie erfasst sei, soweit diese Schäden unmittelbare wirtschaftliche Folgen von Auswirkungen eines öffentlichen oder privaten Projekts auf die Umwelt sind. Diese seien von lediglich mittelbaren Folgen, wie etwa solchen durch Wettbewerbsnachteile, abzugrenzen. Zwar überlässt der EuGH die abschließende Beurteilung der Unmittelbarkeit dem nationalen Gericht, weitere Anhaltspunkte für die durch das nationale Gericht vorzunehmende Beurteilung ergeben sich aber aus den Schlussanträgen der Generalanwältin Kokott. Diese stellt die Warnfunktion der Öffentlichkeitsbeteiligung und -information nach der UVP-Richtlinie heraus. Werden Mitglieder der betroffenen Öffentlichkeit nicht über zunehmenden Fluglärm informiert und ziehen daher beispielsweise unwissend in ein solches Gebiet, kann eine anschließende Wertminderung des erworbenen Grundstückes durch die Umwelteinwirkungen einen unmittelbar kausalen Schaden darstellen,

---

634 GA *Kokott*, Schlussanträge zu EuGH 20.10.2011, Rs. C-94/10, *Danfoss A/S*, Slg. 2011, I-9963, Rn. 80ff.

635 EuGH 20.10.2011, Rs. C-94/10, *Danfoss A/S*, Slg. 2011, I-9963, Rn. 34ff.

636 EuGH 14.03.2013, Rs. C-420/11, *Leth*, noch nicht in der amtlichen Sammlung veröffentlicht, Rn. 23ff.

der auf die Verletzung der UVP-Richtlinie zurückzuführen sei[637]. Der Ausgangsfall bot indes keine Anhaltspunkte dafür, dass die unterbliebene Warnfunktion der UVP eine Rolle spielte[638]. Wohl auch deshalb hat sich der EuGH dazu knapp fassen können.

(2) Erweiterte Zurechnung bei Garantieverpflichtung

In der Rechtssache *Rechberger* führt der EuGH aus, dass die Unmittelbarkeit nicht durch fahrlässiges Verhalten Dritter oder den Eintritt außergewöhnlicher oder unvorhersehbarer Ereignisse entfällt, wenn den Mitgliedstaat eine Garantieverpflichtung trifft[639]. Mit dieser Garantie ist gerade bezweckt, unabhängig vom Verhalten Dritter oder besonderer Ereignisse dem Einzelnen ein Recht einzuräumen, das im Falle der Nichtgewährung davon unabhängig eine Ersatzpflicht des Staates begründet. Erneut ist daher der Schutzzweck der Norm von zentraler Bedeutung, um die Unmittelbarkeit zu bestimmen. Dieser kann unter Umständen zu einer Erweiterung der Vorhersehbarkeit von Schäden und folglich auch der Unmittelbarkeit führen. Dann sind auch außergewöhnliche oder unvorhersehbare Schäden als unmittelbare Schäden einzuschätzen.

---

637 GA *Kokott*, Schlussanträge zu EuGH 14.03.2013, Rs. C-420/11, *Leth*, noch nicht in der amtlichen Sammlung veröffentlicht, Rn. 54.

638 Das OHG Wien verneint die Kausalität mit der Begründung, dass Art. 3 der UVP-Richtlinie nur eine Genehmigungspflicht vorsehe und Projekte, die nachteilige Umweltauswirkungen hätten, nicht verbiete: OGH Wien, 21.05.2013, Gs. 1Ob56/13m.

639 EuGH 15.06.1999, Rs. C-140/97, *Rechberger*, Slg. 1999, I-3499, Rn. 74ff.

V. Rechtsfolge des Staatshaftungsanspruchs

Für den haftungsausfüllenden Teil des Tatbestands verweist der EuGH auf das Recht der Mitgliedstaaten[640]. Zur Bestimmung des Umfangs, der Form und zur Art und Weise der Berechnung der Entschädigung ist also auf das nationale Haftungsrecht zurückzugreifen. Grenzen der mitgliedstaatlichen Verfahrensautonomie ergeben sich abermals aus dem des Effektivitäts- und Äquivalenzgrundsatz. Die nationalen Voraussetzungen dürfen daher weder ungünstiger sein als bei rein nationalen Sachverhalten, noch so ausgestaltet, dass sie es praktisch unmöglich machen oder übermäßig erschweren, Ersatz zu erlangen[641]. Mit zunehmender Entscheidungspraxis des EuGH konkretisieren sich dabei die Konturen des mitgliedstaatlichen Gestaltungsspielraums heraus. Die Rechtspraxis führt somit zur Ausformung und Vereinheitlichung auch der Rechtsfolgenseite.

1. Haftungssubjekt - Passivlegitimation

Rechtsfolge des Staatshaftungsanspruchs ist die Schadensbeseitigungspflicht des Mitgliedstaates. Wie ausgeführt, ist bei der Zurechnung der Handlungen zum Mitgliedstaat ein weiter Staatsbegriff anzuwenden, der auch rechtlich selbstständige Einrichtungen umfasst. Nach dem Unionsrecht verpflichtet ist jedoch - wie bereits angeführt - der Mitgliedstaat. Dieser muss allerdings nach der Rechtsprechung des EuGH nicht stets Haftungssubjekt sein[642]. Er kann seine unionsrechtliche Verpflichtung auch erfüllen, indem er lediglich sicherstellt, dass ein wirksamer

---

640 EuGH 19.11.1991, Rs. C-6/90 u. 9/90, *Francovich,* Slg. 1991, 5357, Rn. 42; EuGH 05.03.1996, verb. Rs C-46/93 u. C-48/93, *Brasserie du Pêcheur/Factortame III,* Slg. 1996, I-1029, Rn. 67; EuGH 23.05.1996, Rs. C-5/94, *Hedley Lomas,* Slg. 1996, I-2553, Rn. 31; EuGH 10.07.1997, verb. Rs. C-94/95 und C-95/95, *Bonifaci,* Slg. 1997, I-3969, Rn. 49; EuGH 10.07.1997, Rs. C-261/95, *Palmisani,* Slg. 1997, I-4025 Rn. 27; EuGH 10.07.1997, Rs. C-373/95, *Federica Maso,* Slg. 1997, I-4051, Rn. 37.

641 Vgl. nur: EuGH 05.03.1996, verb. Rs C-46/93 u. C-48/93, *Brasserie du Pêcheur/Factortame III,* Slg. 1996, I-1029, Rn. 83; EuGH 03.02.2000, Rs. C-228/98, *Dounias,* Slg. 2000, I-577, Rn. 70ff; EuGH 22.12.2010, Rs. C-279/09, *Deutsche Energiehandels- und Beratungsgesellschaft,* Slg. 2010, I-13849, Rn. 28.

642 EuGH 01.06.1999, Rs. C-302/97, *Konle,* Slg. 1999, I-3099, Rn. 63f; EuGH 04.07.2000, Rs. C-424/97, *Haim,* Slg. 2000, I-5123, Rn. 30; *Gundel,* DVBl 2001, 95 (98f.); *Weber,* NVwZ 2001, 287 (288); *Breuer,* Staatshaftung für judikatives Unrecht, S. 478; ausführlich: *Wollgast,* Das haftende Subjekt der gemeinschaftsrechtlich gebotenen Staatshaftung in der Bundesrepublik Deutschland.

Schutz der Rechte des Einzelnen gewährleistet ist[643]. Nationale Verfahrensregeln können also vorsehen, dass nicht der Mitgliedstaat selbst, sondern Gliedstaaten[644], Kammern[645], Sozialversicherungsträger[646] oder andere öffentlich-rechtliche Einrichtungen, die vom Staat rechtlich verschieden sind, haften. Ob der Mitgliedstaat selbst zudem noch gesamtschuldnerisch[647] oder subsidiär haftet[648] oder die nationale Haftungsaufteilung derart absolut zu berücksichtigen ist, dass stets nur das jeweilige Rechtssubjekt haftet[649], ist unter Anwendung des Effektivitäts- und Äquivalenzgrundsatzes zu beantworten. Ein Verstoß gegen den Äquivalenzgrundsatz kommt beispielsweise dann in Betracht, wenn nach nationalem Recht die Haftung ausschließlich gegen eine öffentlich-rechtliche Einrichtung zu erheben ist, die nicht über ausreichende finanzielle Mittel verfügt, welche für eine volle Entschädigung notwendig sind[650]. In einem solchen Fall wäre die nationale Haftungsaufteilung nicht zu beachten und würde die Haftung des Mitgliedstaates wieder aufleben[651].

---

643 EuGH 01.06.1999, Rs. C-302/97, *Konle*, Slg. 1999, I-3099, Rn. 63f; auch: EuGH 04.07.2000, Rs. C-424/97, *Haim*, Slg. 2000, I-5123, Rn. 30.

644 EuGH 01.06.1999, Rs. C-302/97, *Konle*, Slg. 1999, I-3099, Rn. 63f; in Deutschland gegen das Bundesland, dessen Behörden gegen das Recht der Union verstoßen haben, unter Abstellung auf die Aufteilung der Verantwortlichkeit nach Art. 34 GG: BGH 02.12.2004, Az. III ZR 358/03, BGHZ 161, 224, 234ff; BGH 12.05.2011, Az. III ZR 59/10, Rn. 13.

645 EuGH 04.07.2000, Rs. C-424/97, *Haim*, Slg. 2000, I-5123, Rn. 31.

646 EuGH 28.06.2001, Rs. C-118/00, *Larsy*, Slg. 2001, I-5063, Rn. 34f.

647 So die Andeutung in Beantwortung der Vorlagefrage des LG Düsseldorf in: EuGH 04.07.2000, Rs. C-424/97, *Haim*, Slg. 2000, I-5123, Rn. 32: „Gemeinschaftsrechtlich ist es auch nicht zu beanstanden, wenn die Haftung einer öffentlichrechtlichen Körperschaft auf Ersatz des Schadens, […], neben derjenigen des Mitgliedstaats selbst gegeben ist."; eine gesamtschuldnerische Haftung kommt auch dann in Betracht, wenn sowohl Gliedstaat als auch Bundesstaat gegen die unionsrechtlichen Verpflichtungen verstoßen haben.

648 So: *Diehr*, Der Staatshaftungsanspruch des Bürgers wegen Verletzung des Gemeinschaftsrechts durch die deutsche öffentliche Gewalt, S. 153ff.

649 So mit Hinweis auf die fehlende Einflussmöglichkeit des Mitgliedstaates auf die rechtlich selbstständigen Gliedstaaten: GA *Mischo*, Schlussanträge zu Rs. 424/97, *Haim*, Rn. 31.

650 Beispiel nach: *Lengauer*, CMLRev 2000, 177, 186f.

651 Im Ergebnis ebenso: *Anagnostaras*, ELRev 2001 (26), 139 (156).

2. Art und Umfang des Schadensersatzes

Bei der Bestimmung der Schadensart und -höhe verlangen die unionsrechtlichen Vorgaben, dass der Schadensersatz dem erlittenen Schaden angemessen ist. Erst dann ist ein effektiver Rechtsschutz gewährleistet[652]. Grundsätzlich ist ein Schadensersatz angemessen, der sich am erlittenen Schaden orientiert. Eine billige Entschädigung ist nicht ausreichend[653]. Eine Pflicht zur Gewährung von „exemplary damages" besteht nur, wenn dieser für rein nationale Sachverhalte auch gewährt würde[654]. Eine nationale Regelung, die vorsieht, „den entgangenen Gewinn [...] vollständig vom ersatzfähigen Schaden auszuschließen", verstößt gegen den Effektivitätsgrundsatz[655]. Eine konkrete Entscheidung für oder gegen Naturalrestitution vor Entschädigung in Geld ist dem Unionsrecht nicht zu entnehmen[656]. Sofern möglich[657], kann demnach auch die ursprünglich gebotene Handlung rückwirkend nachgeholt werden[658].

---

652 EuGH 05.03.1996, verb. Rs C-46/93 u. C-48/93, *Brasserie du Pêcheur/Factortame III*, Slg. 1996, I-1029, Rn. 82; EuGH 10.07.1997, Rs. C-373/95, *Federica Maso*, Slg. 1997, I-4051, Rn. 36.

653 *Ehlers*, JZ 1996, 776 (783); *Schoch*, Die Verwaltung, 2001, 261 (277).

654 EuGH 05.03.1996, verb. Rs C-46/93 u. C-48/93, *Brasserie du Pêcheur/Factortame III*, Slg. 1996, I-1029, Rn. 89f.

655 EuGH 05.03.1996, verb. Rs C-46/93 u. C-48/93, *Brasserie du Pêcheur/Factortame III*, Slg. 1996, I-1029, Rn. 87; zum entgangenen Gewinn ebenso: GA *Jacob*, Schlussanträge zu EuGH 12.06.2003, Rs. C-112/00, *Schmidberger*, Slg. 2003, I-5659, Rn. 32ff.

656 EuGH 25.11.2010, Rs C-429/09, *Fuß gegen Halle*, Rn. 94: Schadensersatz „in Form von Freizeitausgleich oder in Form einer finanziellen Entschädigung zu gewähren ist"; vgl. dazu BVerWG 26.07.2012, Az. 2 C 70.11, (Wochenarbeitszeit Berliner Feuerwehr), Rn. 28: „Die so errechneten Zuvielarbeitsstunden sind vorrangig durch Freizeit auszugleichen. Kann aber aus vom Beamten nicht zu vertretenden Gründen ein Freizeitausgleich nicht in angemessener Zeit gewährt werden, so gebieten sowohl der an Treu und Glauben orientierte Interessenausgleich als auch der unionsrechtliche Effektivitätsgrundsatz, dass die Ansprüche nicht untergehen, sondern sich in solche auf finanziellen Ausgleich umwandeln. Dies betrifft zunächst Fälle, in denen Feuerwehrbeamte nicht mehr in einem aktiven Beamtenverhältnis zur beklagten Körperschaft stehen. Dies gilt aber auch, wenn - wie hier - zwingende dienstliche Gründe der zeitnahen Gewährung von Freizeitausgleich entgegenstehen."; zum deutschen Recht vgl. nur: BVerfG 27.12.2005, Az. 1 BvR 1359/05 (Schadensersatz bei menschenwürdewidriger Unterbringung in der Haft), Rn. 16; BGH 19.12.1960, Az. GSZ 1/60; BGH 22.05.2003, Az. III ZR 32/02.

657 Unmöglich ist die Naturalrestitution wenn privatrechtliche Gestaltungsrechte dem Bürger nicht gewährt wurden, vgl. dazu: EuGH 14.07.1994, Rs. C-91/92,

Der konkrete Umfang des Schadens hat sich stets an dem jeweils in Rede stehenden subjektiven Recht zu orientieren. Sind solche Rechte erst ab einem bestimmten Zeitpunkt zu gewähren, besteht für Schäden vor diesem Zeitpunkt eine zeitliche Limitierung[659]. Sind Höchstgrenzen zu beachten, gelten diese auch für den Schadensumfang. Soll das subjektive Recht auch vor immateriellen Schäden schützen, so sind auch diese zu ersetzen[660]. Die Ersatzpflicht richtet sich demnach auch in Bezug auf den Schadensumfang nach der primären Rechtsposition[661]. Zudem kann berücksichtigt werden, inwieweit der Einzelne sich mittels zumutbaren primären Rechtsschutzes um die Verhinderung des Schadenseintritts bemüht hat. Der EuGH hat zwar ausgeführt, dass die Möglichkeit, primären Rechtsschutz zu erlangen, dem Staatshaftungsanspruch dem Grunde nach nicht entgegensteht[662]. Wenn der Geschädigte die Möglichkeit der Feststellung der Unionsrechtswidrigkeit nicht genutzt hat, entfällt eine mögliche Schadensersatzpflicht nicht bereits tatbestandlich. Das Verhalten des Geschädigten zur Schadensverhütung kann indes bei der Bestimmung der Anspruchshöhe Berücksichtigung finden. Die Möglichkeit einer etwaigen Schadensverhinderung beziehungsweise -minderung kann im Sinne eines Mitverschuldens zu einer Anspruchskürzung führen. Entscheidend ist dabei, ob die Inanspruchnahme des primären

---

Faccini Dori, Slg. 1994, 3325, Rn. 29; zudem wenn die Naturalrestitution wegen Zeitablaufs nicht mehr möglich ist: OVG Berlin-Brandenburg, 18.10.2011, Az. OVG 4 B 13.11, Rn. 29.

658 EuGH 10.07.1997, Rs. C-373/95, *Federica Maso*, Slg. 1997, I-4051, Rn. 42: „ein Mitgliedstaat [kann] im Rahmen des Ersatzes des Schadens, der Arbeitnehmern durch die verspätete Umsetzung der Richtlinie entstanden ist, die verspätet erlassenen Durchführungsmaßnahmen einschließlich der Antikumulierungsbestimmungen oder sonstigen Begrenzungen der Zahlungspflicht der Garantieeinrichtung rückwirkend anwenden [...], sofern die Richtlinie ordnungsgemäß umgesetzt worden ist"; ebenso: EuGH 10.07.1997, verb. Rs. C-94/95 und C-95/95, *Bonifaci*, Slg. 1997, I-3969, Rn. 51; EuGH 25.02.1999, Rs. C-131/97, *Carbonari*, Slg. 1999, I-1103, Rn. 53; EuGH 03.10.2000, Rs. C-371/97, *Gozza*, Slg. 2000, I-7881, Rn. 39.

659 Zum Anspruch auf Zinsen: EuGH 22.041997, Rs. C-66/95, *Sutton*, Slg. 1997, I-2163, Rn. 23ff; EuGH 08.03.2001, verb. Rs. C-397/98 und C-410/98, *Metallgesellschaft*, Slg. 2001, I-1727, Rn. 93ff.

660 EuGH 12.03.2002, Rs. C-168/00, *Leitner*, Slg. 2002, I-2631, Rn. 21ff; zum diesbezüglichen Staatshaftungsanspruch auch: *Tonner/Lindner*, NJW 2002, 1475 (1476).

661 Ebenso: *Schwarzenegger*, Gemeinschaftsrechtliche Vorgaben und ihre Auswirkungen auf nationales Recht, S. 121f.

662 EuGH 05.03.1996, verb. Rs C-46/93 u. C-48/93, *Brasserie du Pêcheur/Factortame III*, Slg. 1996, I-1029, Rn. 20ff.

Rechtsschutzes dem Geschädigten zumutbar war[663]. Anspruchsmindernd kann auch der Umstand berücksichtigt werden, dass der Geschädigte durch den Eintritt des Schadens eine Begünstigung erfährt, die den erlittenen Schaden zumindest teilweise ausgleicht[664].

---

663 EuGH 05.03.1996, verb. Rs C-46/93 u. C-48/93, *Brasserie du Pêcheur/Factortame III*, Slg. 1996, I-1029, Rn. 22, 85; ausdrücklich zu § 839 Abs. 3 BGB: EuGH 24.03.2009, Rs C-445/06, *Danske Slagterier*, Slg. 2009, I-2119, Rn. 62ff; die Zumutbarkeit verneinend: EuGH 08.03.2001, verb. Rs. C-397/98 und C-410/98, *Metallgesellschaft*, Slg. 2001, I-1727, Rn. 105f; EuGH 25.11.2010, Rs. C-429/09, *Fuß gegen Halle*, Slg. 2010, I-12167, Rn. 75ff; unter Hinweis auf die mangelnden Erfolgsaussichten eines Rechtsmittels die Anwendung von § 839 Abs. 3 BGB ablehnend: BGH 09.10.2003, Az. III ZR 342/02 (Gebührenerhebung für Fleischuntersuchungen), NJW 2004, 1241; OLG Köln 02.06.2005, Az. 7 U 29/04 (Danske Slagterier), Rn. 58ff, Rechtssprechungsdatenbank NRW; zur parallelen Überlegung im deutschen Recht auch: *Ehlers*, VVDStRL (51), S. 211 (245); *Axer*, DVBl 2001, 1322 (1325).

664 *Deckert*, EuR 1997, 203 (231f.);

VI. Zusammenfassung

Wie die dargestellte Entwicklung und deren Analyse gezeigt haben, kann das Urteil *Francovich* nicht als Überraschungsurteil gewertet werden[665]. Vielmehr stellt es einen weiteren Schritt in einer bereits mit der Entscheidung *Van Gend & Loos* begründeten Rechtsprechung dar, die vorrangig zwei Zwecke verfolgt. Zum einen zielt sie darauf ab, die nationale Anwendung des Unionsrechts zu gewährleisten, um damit etwaige Vollzugsdefizite zu beheben; zum anderen soll der Individualrechtsschutz gestärkt werden.

Die Grundprinzipien zur innerstaatlichen Wirkung des Unionsrechts und zum Individualrechtsschutz, auf die der EuGH in der Entscheidung *Francovich* Bezug nimmt, bilden somit den Grundstein für die Begründung der unionsrechtlichen Staatshaftung. Mittels unmittelbarer Wirkung und Vorrang sind die Mitgliedstaaten auch gegenüber dem Einzelnen verpflichtet, unionsrechtliche Normen einzuhalten. Das Unionsrecht genießt ebenso zu seinen Gunsten Anwendungsvorrang gegenüber jeglichem nationalen Recht. Der Einzelne kann sich ebenfalls zu seinem Vorteil als eigenständiges Rechtssubjekt gegenüber dem Staat unter anderem auf nicht umgesetzte Richtlinien vor nationalen Gerichten berufen. Neben der Integrationskomponente steht dabei immer auch die Rechtsposition des Unionsbürgers im Fokus.

In dieses System fügt sich der Staatshaftungsanspruch als weiteres Element ein. Auf Primärrechtsverpflichtungen aufbauend wird mit der Staatshaftung sekundärrechtlicher Schutz nach unionsrechtlichen Bedingungen eingeführt und so die bisherige Entwicklung fortgeführt. Deutlich zeigt sich dieses Verhältnis im Rahmen von nicht umgesetzten Richtlinien mit unmittelbar horizontaler Wirkung. Durch die Ablehnung der unmittelbaren Wirkung von Richtlinien unmittelbar in Privatrechtsverhältnissen kann der Mitgliedstaat durch die Nichtumsetzung einer Richtlinie die unionsrechtlich vorgesehenen Rechte des Einzelnen diesem vorenthalten. Eine Durchsetzung mittels unmittelbarer Wirkung gelingt nicht. Ebenso scheitert eine unmittelbare Wirkung dann, wenn die Richtlinienbestimmungen nicht hinreichend bestimmt und unbedingt sind. Der Staatshaftungsanspruch wirkt insoweit ergänzend und schließt etwaige Rechtsschutz- und Durchsetzungslücken. Im Zusammenspiel mit der unmittelbaren Wirkung wird damit das Bestreben in der Rechtsprechung des EuGH deutlich, dem Einzelnen aus der Unionsrechtsord-

665 *Wehlau,* Die Rechtsprechung des Gerichtshofes der Europäischen Gemeinschaft zur Staatshaftung der Mitgliedstaaten nach Gemeinschaftsrecht, S. 27.

nung fließende Rechte zuzuerkennen, die auch von den nationalen Rechtsordnungen stets anzuerkennen sind. Diese mitgliedstaatliche Verpflichtung wird durch die unionsrechtliche Staatshaftung für den Fall der Nichtbeachtung mit einer Sanktion belegt. Vor diesem Hintergrund ist es nur konsequent, einen Verstoß gegen das Prinzip des Vorrangs des Unionsrechts sowie gegen alle anderen Normen des Unionsrechts, die aufgrund der unmittelbaren Wirkung und des Vorrangs in den mitgliedsstaatlichen Rechtsordnungen zu beachten sind, haftungsrechtlich zu sanktionieren.

Die Bedeutung des Haftungsanspruchs geht jedoch darüber hinaus. Er stellt auch eine zusätzliche Rechtsschutzmöglichkeit dar. Der EuGH erhöht mit der Entscheidung *Francovich* das Mindestniveau unionsrechtlich geforderten Rechtsschutzes. Umfassender Rechtsschutz bedeutet unionsrechtlich fortan auch Gewährung von Sekundärrechtsschutz. Der Haftungsanspruch ist seitdem Teil des Rechtsschutzminimums für unionsrechtlich begründete Rechte.

Als Teil des Individualrechtsschutzes gewährleistet der unionsrechtliche Haftungsanspruch zudem die Beachtung von Verfassungsinhalten auf europäischer Ebene. Auch wenn bezüglich des haftungsausfüllenden Teils des Tatbestands weiterhin auf das Recht der Mitgliedstaaten unter Achtung des Effektivitäts- und Äquivalenzgrundsatz zurückzugreifen ist, führt die Hochzonung des Haftungstatbestandes zu einer in allen Mitgliedstaaten im Wesentlichen gleichwertigen Sicherung der unionsrechtlich begründeten Individualrechte.

Die vom EuGH benannten Haftungsvoraussetzungen sichern dabei die Stellung des Rechtsschutzinstruments ab. Es ist damit nicht mehr nur Sache der Mitgliedstaaten, unter Anwendung nationaler Rechtsschutzvorschriften die Einzelheiten der Rechtsschutzverfahren zu bestimmen. Vielmehr sind unionsrechtlich bereits die wesentlichen Voraussetzungen eines Haftungsanspruchs vorgegeben. Damit stellen Äquivalenz- und Effektivitätsgebot nicht mehr nur allgemeine Grenzen auf, sondern das Unionsrecht bestimmt selbst die wesentlichen Inhalte des Haftungsanspruchs. Restriktivere nationale Regelungen haben nichtangewendet zu bleiben.

Bei der Analyse der konkreten Voraussetzungen dieses Anspruchs, ist daher stets auch an diese Entwicklungsdynamik zu erinnern, da sich der Staatshaftungsanspruch in ein gewachsenes System eingefügt hat. Er muss damit auch vor dem Hintergrund einer Ergänzung der bestehenden Instrumente gesehen werden.

KAPITEL II: Der hinreichend qualifizierte Verstoß als Haftungsvoraussetzung

I. Der Anwendungsbereich des hinreichend qualifizierten Verstoßes

Die Verwendung des Tatbestandsmerkmals des hinreichend qualifizierten Verstoßes ist von wechselseitiger Beeinflussung der Rechtsprechung zur Unionshaftung und zur unionsrechtlichen Haftung der Mitgliedstaaten gekennzeichnet. War es anfänglich auf den Bereich normativen Handelns im Rahmen der Unionshaftung beschränkt, weitete der EuGH den Anwendungsbereich im Laufe der Rechtsprechung auf alle Verstoßkonstellationen sowohl in der Unions-, als auch in der Staatshaftung aus. Diese Entwicklung soll nachfolgend nachgezeichnet werden.

1. Das Merkmal in der Haftung der Gemeinschaft/Union vor der Parallelisierung

Sowohl der EGKS-Vertrag, als auch der EWG-Vertrag sahen keine vollständigen Haftungstatbestände vor. Wesentliche Charakteristika entwickelte vielmehr die europäische Rechtsprechung. Auch der hinreichend qualifizierte Verstoß hat auf diese Weise Aufnahme in den Haftungstatbestand gefunden. Als Element der sogenannten *Schöppenstedt*-Formel findet dieses Tatbestandsmerkmal erstmalig im Rahmen der Unionshaftung Erwähnung.

a. Grundlagen der Haftung der Gemeinschaft/Union

Alle Gründungsverträge der Europäischen Gemeinschaften enthielten bereits Rechtsgrundlagen für Haftungsansprüche. Betroffenen, denen durch außervertragliches Handeln der Bediensteten und Organe der Gemeinschaften ein Schaden entstanden war, sollte ein Ausgleich gewährt werden. Im EGKS-Vertrag, der zum 23.07.2002 auslief, war die Haftung in Art. 34 und 40 geregelt. Im Rahmen der EWG sah Art. 215 Abs. 2 EWG eine Regelung vor, die mit der derzeitigen in Art. 340 Abs. 2

AEUV[666] vergleichbar ist[667]. Ein einheitliches Haftungssystem bestand nicht. Dennoch lassen sich übereinstimmende Grundstrukturen ausmachen. Diese Angleichung ist dabei auf die Rechtsprechung des EuGH zurückzuführen[668]. Von Anfang an hatte damit die Rechtsprechung eine bedeutende Rolle in der Ausprägung der Haftungstatbestände übernommen. Auch wesentliche Grundaussagen zur Qualität des haftungsbegründenden Verhaltens ergaben sich nicht unmittelbar aus den Rechtsgrundlagen, sondern sind der Rechtsprechung zu entnehmen.

aa. Die Haftungsgrundlage der EGKS

Der EGKS-Vertrag ist nicht nur sechs Jahre vor dem EWG-Vertrag in Kraft getreten, es boten sich auch bereits früher als im Rahmen der EWG Konstellationen, bei denen Einzelne Haftungsklagen gegen die EGKS angestrengt haben, da sie sich durch die EGKS geschädigt wähnten. Im Gegensatz zu den Regelungsbereichen der EWG, wo dem Einzelnen in der Anfangszeit hauptsächlich die nationalen Behörden als Vollzugsinstanzen gegenübertraten, war die Hohe Behörde in die Maßnahmen der EGKS stärker eingebunden. Zudem wurden Haftungsverfahren auch von Beamten der EGKS angestrengt. Bereits frühzeitig wurde die Haftung der EGKS daher relevant.

(1) Haftungsgrundlagen im EGKS-Vertrag

Art. 34 Abs. 1 EGKS-Vertrag sah vor, dass nach einer Nichtigkeitserklärung durch den Gerichtshof die Hohe Behörde[669] selbst die geeigneten Maßnahmen zu ergreifen hat, um den Unternehmen, die einen unmittelbaren und besonderen Schaden erlitten haben, „eine angemessene Wiedergutmachung des durch die für nichtig erklärte Entscheidung oder Empfehlung unmittelbar verursachten Schadens und, soweit erforderlich, eine billige Entschädigung zu gewähren". Ergreift die Hohe Behörde nach der Nichtigerklärung keine Maßnahme zur Durchführung des Nichtigkeitsurteils[670], so kann ein Unternehmen nach Art. 34 Abs. 2

---

666 Entspricht: Art. 288 Abs. 2 EG-Vertrag.

667 Wortgleich ist auch in Art. 188 Abs. 2 EAG die außervertragliche Haftung geregelt; Die Haftungsregelung in Art. 28 Abs. 1 EAG zum Schutz von Patent- oder Gebrauchsmusteranmeldungen ist bislang wenig praxisrelevant und wird hier nicht weiter dargestellt.

668 *Wurmnest*, Grundzüge eines europäischen Haftungsrecht, S. 28f.

669 Mit Inkrafttreten des Fusionsvertrags (1967) ging die Hohe Behörde in der Kommission der Europäischen Gemeinschaften auf.

670 Oder einer anderen Entscheidung, in der die Nichtigkeit einer Handlung der Hohen Behörde festgestellt wurde, vgl. dazu: GA *Lagrange*, Schlussanträge zu

EGKS-Vertrag den Gerichtshof im Wege einer Schadensersatzklage anrufen. Art. 40 Abs. 1 EGKS-Vertrag sah zudem vor, dass der Gerichtshof auch zuständig war, auf Antrag der geschädigten Partei „eine Entschädigung in Geld zu Lasten der Gemeinschaft zuzuerkennen, falls in Durchführung dieses Vertrages durch einen Amtsfehler der Gemeinschaft ein Schaden verursacht worden ist." Nach Art. 40 Abs. 1 EGKS-Vertrag kann die geschädigte Partei danach eine Haftung der Gemeinschaft geltend machen, wenn andere als der in der für nichtig erklärten Entscheidung bestehende Fehler zu dem geltend gemachten Schaden beigetragen haben. Beide Normen standen damit nebeneinander[671].

(2) Der Fehlerbegriff in Art. 34 und 40 EKGS-Vertrag

Entscheidend bei der Bewertung, ob ein der EGKS zurechenbares Verhalten eine Haftung begründete, war die Qualität des „Fehlers". Art. 34 Abs. 1 EGKS-Vertrag spricht insoweit von „einem die Haftung der Gemeinschaft begründenden Fehler". In Art. 40 Abs. 1 EGKS-Vertrag wird der Begriff „Amtsfehler der Gemeinschaft" verwendet. Der EuGH führte in der Entscheidung *Finsider* aus, dass beide Fehlerbegriffe, in Art. 34 und 40 EGKS-Vertrag einheitlich ausgelegt werden müssen. Danach ist es für die Fehlerqualifikation unerheblich, auf welche Grundlage der Schadensersatzanspruch gestützt wird[672].

EuGH 07.06.1961, verb. Rs. 14, 16, 17, 20, 24, 26 und 27/60 und 1/61, *Meroni*, Slg. 1961, 347 (377f.).

671 EuGH 30.01.1992, verb. Rs. C-363/88 und 364/88, *Finsider*, Slg 1992, I-359, Rn. 15; ebenso: EuGH 18.05.1993, *Stahlwerke Peine-Salzgitter*, Rs. C-220/91 P, Slg. 1993, I-2393, Rn. 21; ausführlich zum Verhältnis auch: *Bebr*, The Non-contractual Liability of the European Coal and Steel Community, in: Heukels/McDonnell [Hrsg.], The Action for Damages in Community Law, S. 71 (77); zunächst hatte der EuGH noch ein Exklusivitätsverhältnis angenommen: EuGH 14.07.1961, verb. Rs. 9, 12/60, *Vloeberghs*, Slg. 1961, 429 (463f); zu den Unterschieden in der Rechtsfolge: *Much*, Die Haftung der Europäischen Gemeinschaft für das rechtswidrige Verhalten ihrer Organe, in: Mosler [Hrsg.], Haftung des Staates für rechtswidriges Verhalten seiner Organe, Länderberichte und Rechtsvergleichung, S. 723 (739ff).

672 EuGH 30.01.1992, verb. Rs. C-363/88 und 364/88, *Finsider*, Slg 1992, I-359, Rn. 20; deutlicher: EuGH 18.05.1993, *Stahlwerke Peine-Salzgitter*, Rs. C-220/91 P, Slg. 1993, I-2393, Rn. 22; ebenso: *Bebr*, The Non-contractual Liability of the European Coal and Steel Community, in: Heukels/McDonnell [Hrsg.], The Action for Damages in Community Law, S. 71 (78).

Im Schwerpunkt ergaben sich anfänglich Amtshaftungsprozesse in Beamtenprozessen, damit auf dem Gebiet der Personalverwaltung[673]. Dazu kamen Verfahren mit Bezug zu wirtschaftslenkende Maßnahmen der Hohen Behörde. Die notwendige Fehlerqualität wurde durch den EuGH vor allem in Haftungsprozessen im Zusammenhang mit dem gemeinschaftlichen Ausgleichssystem für Schrott konkretisiert[674]. Durch den Betrug eines niederländischen Beamten waren zu Unrecht Ausgleichsleistungen aus dem System des Schrottausgleichs geleistet worden. Da sich dieses System durch Mitgliedsbeiträge finanzierte, strengten einige Schrotthändler im Anschluss Haftungsklagen gegen die Hohe Behörde an. Ihrer Auffassung nach hatte diese kein ordnungsgemäßes Kontrollsystem zur Betrugsverhinderung eingerichtet. Der EuGH wies die Klagen indes ab. Der Schaden sei für die Hohe Behörde nicht vorhersehbar gewesen, so dass ihr auch kein Vorwurf gemacht werden könne[675]. In der Folge hat der EuGH weitere Qualifikationsmerkmale genannt. Er hat dabei von Fall zu Fall verschiedene Aspekte herausgestellt, wie „unentschuldbare Irrtümer"[676], „gebotene Aufsichtspflicht schwer vernachlässigt"[677] oder „[offenkundig] mangelnde Sorgfalt"[678]. Zusammenfassend führt er aus, dass auf den Bereich, in dem das Gemeinschaftsorgan tätig wird, und die Umstände seines Handelns abgestellt werden müsse. Zudem nannte er die Komplexität der von dem Organ zu regelnden Sachlagen, die Schwierigkeiten bei der Anwendung der Vorschriften und den Beurteilungsspielraum der jeweiligen Vorschrift als Unterkriterien[679].

---

673 EuGH 19.07.1955, Rs. 1/55, *Kergall*, Slg. 1955, 11; EuGH 12.07.1957, verb. Rs. 7/56, 3/57 bis 7/57, *Algera*, Slg. 1957, 85; EuGH 05.12.1963, *Leroy*, verb. Rs. 35/62, 16/63, Slg. 1963, 425.

674 Vgl. Entscheidungen Nr. 22/54, 14/55 und 2/57, ABl der EGKS 30.1954, 30.03.1955 und 28.01.1957; zum Ganzen auch: Bericht über die Kontrolltätigkeit der Hohen Behörde bezüglich der Herkunft der von der Ausgleichskasse für eingeführten Schrott in den Ausgleich einbezogenen Mengen, 1961.

675 Ausführlich zum Sachverhalt: EuGH 17.12.1959, Rs. 33/59, *F.E.R.A.M.*, Slg. 1959, 523 (535ff); EuGH 14.12.1962, Rs. 33/59, *Compagnie des Hauts Fourneaux de Chasse*, Slg. 1962, 767(784ff).

676 EuGH 13.07.1961, verb. Rs. 14, 16, 17, 20, 24, 26, 27/60 und 1/61, *Meroni*, Slg. 1961, 345 (362ff).

677 EuGH 15.12.1961, verb. Rs. 19, 21/60, 2 und 3/61, *Société Fives Lille Cail*, Slg. 1961, 613 (646ff).

678 EuGH 09.12.1965, verb. Rs. 29, 31, 36, 39 bis 47, 50 und 51/63, *Société anonyme des laminoirs, hauts fourneaux, forges, fonderies et usines de la Providence*, Slg. 1965, 1198 (1232ff.).

679 EuGH 30.01.1992, verb. Rs. C-363/88 und 364/88, *Finsider*, Slg 1992, I-359, Rn. 24.

Die bloße Rechtswidrigkeit ist demnach nicht ausreichend[680]. Entscheidend sind vielmehr darüber hinaus Sorgfaltsanforderungen und die Zielgerichtetheit der schädigenden Handlung. Dazu ist auch auf die Erkennbarkeit der Sach- und Rechtslage im Einzelfall abzustellen[681]. Damit war eine Vielzahl von Faktoren benannt. Es fehlte jedoch an einem einheitlichen System zur Bestimmung eines notwendigen Verschuldensgrades. Typische Fallgruppen wurden in der Rechtsprechung ebenfalls nicht herausgebildet.

bb. Die Haftungsgrundlage im EWG-Vertrag

Im EWG-Vertrag sah Art. 215 Abs. 2 bereits eine mit Art. 340 Abs. 2 AEUV nahezu wortgleiche Regelung zur außervertraglichen Haftung der Gemeinschaft vor. Danach bestimmen sich die Einzelheiten des Haftungsanspruchs „nach den allgemeinen Rechtsgrundsätzen, die den Rechtsordnungen der Mitgliedstaaten gemein sind". Zur Ermittlung dieser Rechtsgrundsätze sucht der EuGH nicht nach dem kleinsten gemeinsamen Nenner der unterschiedlichen nationalen Vorschriften[682]. Er ermittelt vielmehr die Regelung, die den Zielen der Union am besten entspricht, und nutzt dabei den wertenden Rechtsvergleich[683]. Den ausdrücklichen Verweis auf das Recht der Mitgliedstaaten und die nur unvollständige Regelung des Haftungstatbestands in Art. 215 Abs. 2 EWG hat der EuGH zusammen mit dem Rechtssprechungsauftrag in Art. 178 EWG[684] nicht nur als Mandat für einen Rechtsvergleich, sondern darüber hinaus zur richterlichen Rechtsfortbildung aufgefasst. Er hat in dieser Weise die Konturen des Haftungsanspruchs rechtsschöpfend entwi-

---

680 EuGH 30.01.1992, verb. Rs. C-363/88 und 364/88, *Finsider*, Slg 1992, I-359, Rn. 20; GA *van Gerven*, Schlussanträge dazu, Slg. 1991, 383 (400).

681 Zum Ganzen: *Schoißwohl*, Staatshaftung wegen Gemeinschaftsrechtsverletzung, S. 335ff; *Much*, Die Haftung der Europäischen Gemeinschaft für das rechtswidrige Verhalten ihrer Organe, in: Mosler [Hrsg.], Haftung des Staates für rechtswidriges Verhalten seiner Organe, Länderberichte und Rechtsvergleichung, S. 723 (731ff).

682 GA *Roemer*, Schlussanträge zu EuGH 02.12.1971, Rs 5-71, *Schöppenstedt*, Slg. 1971, 986 (989).

683 *Lecheler*, ZEus 2003, 337; vgl. zu dieser Vorgehensweise: EuGH 10.07.1957, verb. Rs. 7/56, 3/57 bis 7/57, *Algera*, Slg. 1957, 83 (117) - Widerruf begünstigender Verwaltungsakte; EuGH 12.11.1969, Rs. 26/69, *Stauder*, 1969, 419, Rn, 7 - Grundrechte; EuGH 18.05.1982, Rs. 155/79, *AM & S*, Slg. 1982, 1575, Rn. 18ff - Schutz des Anwaltsgeheimnisses.

684 Entspricht Art. 235 EG-Vertrag; nunmehr: Art. 268 AEUV.

ckelt[685]. In der Rechtssache *Lütticke*[686] fasste der EuGH die so gefundenen Voraussetzungen für die Haftung der Gemeinschaft zusammen. Erforderlich war danach, „daß ein Tatbestand erfüllt ist, dessen Merkmale das Vorliegen eines Schadens, das Bestehen eines Kausalzusammenhangs zwischen dem geltend gemachten Schaden und dem den Organen zur Last gelegten Verhalten und die Rechtswidrigkeit dieses Verhaltens sind" [687]. Dabei findet sich lediglich die letzte Voraussetzung nicht im damaligen Art. 215 Abs. 2 EWG wieder. Die Rechtswidrigkeit wird nicht erwähnt[688].

cc. Verhältnis der Haftungsgrundlagen im EKGS-Vertrag und EWG-Vertrag

Die Haftungsregeln des EGKS-Vertrags, insbesondere in Art. 40, waren detaillierter als die Regelungen im damaligen Art. 215 Abs. 2 EWG. Dort sah der Regelungsansatz vor, Lücken im Haftungstatbestand mit dem Verweis auf die allgemeinen Rechtsgrundsätze der Rechtsordnungen der Mitgliedstaaten zu schließen. Dennoch waren auch nicht alle Einzelheiten zum Haftungstatbestand im Rahmen der EGKS vorgegeben, so dass diese ebenfalls im Wege des wertenden Rechtsvergleichs zu ermitteln waren[689]. Auch die Haftung der EGKS basierte so auf den allgemeinen Rechtsgrundsätzen[690]. Die Rechtsprechung zur Haftung der EGKS entwickelte sich zudem vor einer Rechtsprechung zu Art. 215 Abs. 2 EWG. Die außervertragliche Haftung nach dem EGKS-Vertrag diente daher der Orientierung bei der Entwicklung der außervertraglichen Haftung nach dem EWG-Vertrag. Eine explizite Vereinheitlichung lehnte der EuGH hingegen auch später ab. Das EuG hatte mit Blick auf die Kohärenz des Rechtsschutzsystems der Gemeinschaft in der Entscheidung *Peine-Salzgitter* vorgeschlagen, bei der Konkretisierung des Fehlerbegriffs in Art. 34 und 40 EGKS-Vertrag auf die Rechtsprechung des EuGH zu Art.

---

685 *Nicolaysen*, EuR 1972, 375 (383); *v. Bogdandy*, JuS 1990, 872 (873); *Iglesias*, NJW 1999, 1 (6f).

686 EuGH 28.04.1971, Rs. 4-69, *Lütticke II*, Slg. 1971, 325.

687 EuGH 28.04.1971, Rs. 4-69, *Lütticke II*, Slg. 1971, 325, Rn. 10.

688 *Vesting*, Die vertragliche und außervertragliche Haftung der EG nach Art. 288 EGV, S. 78 ff.

689 GA *Lagrange* rekurrierte bspw. bei der Bestimmung des haftungsbegründenden Ermessensmissbrauch auf die Rechtsordnungen der Mitgliedstaaten, Schlussanträge zu EuGH Rs. 3/54, *Assider ./. Hohe Behörde*, Slg. 1954/55, 157.

690 GA *Gand*, Schlussanträge zu EuGH 19.04.1967, verb. Rs. 5, 7, 13 bis 24-66, *Kampffmeyer*, Slg. 1967, 361 (367); *Wurmnest*, Grundzüge eines europäischen Haftungsrecht, S. 27.

215 Abs. 2 EWG abzustellen. Der EuGH erkannte zwar die Parallelen der verschiedenen Haftungsgrundlagen an, lehnte aber eine unmittelbare Vereinheitlichung ab[691]. Stattdessen verwies er auf die oben angesprochenen, in der Rechtsprechung herausgearbeiteten Kriterien. Wie noch zu zeigen sein wird, sind indes inhaltlich beide Haftungsgrundlagen damit weitgehend einander angeglichen. Mit Auflösung der EGKS zum 30.07.2002 finden Art. 34 und 40 EGKS-Vertrag für die außervertragliche Haftung der Union nunmehr keine Anwendung mehr.

b. Der hinreichend qualifizierte Verstoß als Element der Schöppenstedt-Formel

Im Zuge weiterer Haftungsfälle hat der EuGH die Anforderungen an die Intensität der Rechtsverletzung mittels zusätzlicher Haftungskriterien weiter konkretisiert. Ausgangspunkt für das Erfordernis einer besonderen Qualifikation des Rechtsverstoßes war dabei die Anerkennung der Haftung für Schäden infolge rechtswidriger Rechtsetzungsakte, d.h. genereller Handlungen der Union. Nahm der EuGH auf der einen Seite die Möglichkeit eines Amtshaftungsanspruchs wegen legislativen Unrechts an[692], sollte dieser auf der anderen Seite allerdings auf Ausnahmefälle beschränkt sein. Zur Beschränkung entwickelte der EuGH die sog. *Schöppenstedt*-Formel. Diese besagt: „Da es sich um einen Rechtssetzungsakt handelt, der wirtschaftspolitische Entscheidungen einschließt, kann die Haftung der Gemeinschaft für den Einzelpersonen etwa durch diesen Akt entstandenen Schaden […] nur durch eine hinreichend qualifizierte Verletzung einer höherrangingen, dem Schutz der Einzelnen dienenden Rechtsnorm ausgelöst werden"[693].

aa. Inhalt der Schöppenstedt-Formel

Die *Schöppenstedt*-Formel vereint Schutznormerwägung und besondere Anforderungen an die Rechtsverletzung. Während Schutznormerwägungen bereits zuvor für exekutives Unrecht gefordert wurden, findet der hinreichend qualifizierte Verstoß in dieser Formel erstmals Erwähnung.

---

691 EuGH 18.05.1993, *Stahlwerke Peine-Salzgitter*, Rs. C-220/91 P, Slg. 1993, I-2393, Rn. 30, 51.

692 Zu den einzelnen geschichtlichen und staatsphilosophischen Grundlagen einer Haftung des Normgebers: *Hochgürtel*, Die staatliche Haftung für rechtswidrig getätigte und unterlassene Normsetzung.

693 EuGH 02.12.1971, Rs. 5-71, *Schöppenstedt*, Slg. 1971, 975, Rn. 11.

(1) Schutznormcharakter der verletzten Norm

Die Voraussetzung, dass die verletze Norm Schutzcharakter zugunsten des Einzelnen besitzen müsse, stellte der EuGH zunächst für den EGKS-Vertrag auf[694]. Diese Schutznormüberlegung übertrug er dann in der Entscheidung *Kampffmeyer* auch auf die Haftung nach dem EWG-Vertrag[695]. Das war erst die zweite Entscheidung zur Haftung nach Art. 215 Abs. 2 EWG. Einzig in der *Plaumann*-Entscheidung hatte der EuGH zuvor über die Haftung der Gemeinschaft zu entscheiden gehabt, den Anspruch dort aber kurz abgelehnt, da bereits die Nichtigkeitsklage unzulässig war und eine Schadensersatzklage nicht zur Umgehung der Zulässigkeitsvoraussetzungen der Nichtigkeitsklage führen dürfe[696].

Warum die verletzte Norm Schutznormcharakter haben soll, begründet der EuGH zwar nicht ausdrücklich. Aufgrund der oben dargestellten Rechtsgrundlage des Haftungsanspruchs ist dessen Erwähnung jedoch als Rückgriff auf die allgemeinen Rechtsgrundsätze der Mitgliedstaaten zu verstehen. Wie ausgeführt, nimmt er dafür nur eine wertende Rechtsvergleichung vor. Entscheidend ist nicht, ob in allen Mitgliedstaaten gleiche Anforderungen an das verletzte Recht gestellt werden. Gemein ist den EWG-Mitgliedstaaten auch lediglich, dass der Geschädigte in einer näheren Beziehung zur handelnden Verwaltung stehen muss, als die ebenfalls an der Rechtmäßigkeit des Verwaltungshandelns interessierte Allgemeinheit. Die Einzelheiten dazu sind verschieden[697]. Der Verweis in Art. 215 Abs. 2 EWG auf die allgemeinen Rechtsgrundsätze hat den EuGH daher bewogen, einen besonderen Bezug des Geschädigten zur objektiven Rechtsverletzung einzufordern. Bei der konkreten Ausgestaltung dieses Elements hat er sich dann keinem nationalen System vollständig angeschlossen. Vielmehr hat er die Besonderheiten der Gemeinschaft berücksichtigt und an seine Rechtsprechung zu Art. 40 EGKS-Vertrag angeknüpft. Entscheidend ist danach zum einen der persönliche Schutzbereich der verletzten Norm und zum anderen, ob der Kläger aus

---

694 EuGH 14.07.1961, verb. Rs. 9 und 12-60, *Vloeberghs*, Slg. 1961, 429 (469).

695 EuGH 14.07.1967, verb. Rs. 5, 7, 13 bis 24-66, *Kampffmeyer*, Slg. 1967, 332 (354).

696 EuGH 15.07.1963, Rs. 25/62, *Plaumann/Kommission*, Slg. 1963, 213 (239f); zum Verhältnis von Primär- zu Sekundärrechtsschutz, vgl. unter: B. II. 3.

697 *Jaenicke*, Die Staatshaftung in rechtsvergleichender Sicht, in: Mosler [Hrsg.], Haftung des Staates für rechtswidriges Verhalten seiner Organe, Länderberichte und Rechtsvergleichung, S. 859 (868); zu den Unterschieden: *Krüger*, Die Abhängigkeit der Amtshaftungsklage von der erfolgreichen Durchführung der Nichtigkeits- bzw. Untätigkeitsklage im Recht der EWG, S. 94, m.w.N; *Fuss*, Die allgemeinen Rechtsgrundsätze über die außervertragliche Haftung der Europäischen Gemeinschaften, in: FS Raschhofer , S. 43.

der Allgemeinheit herausragend zum jeweils geschützten Personenkreis gehört[698]. Gefordert war mithin, dass die verletzte Rechtsnorm den Schutz der Interessen des Klägers bezweckt[699]. Der Schutznormcharakter von Verfahrens- und Formvorschriften, die in der Regel aus allgemeinen rechtsstaatlichen oder interinstitutionellen Gründen zu beachten sind und nicht dem Schutz des Einzelnen dienen[700], ist daher ebenso verneint worden, wie die der allgemeinen Aufsichtspflicht der Kommission nach Art. 258 AEUV[701]. Anerkannt hat der EuGH ihn hingegen für die Grundfreiheiten[702], die unionsrechtlichen Grundrechte[703], allgemeine Rechtsgrundsätze wie den Vertrauensschutz[704], die allgemeinen[705] und besonderen Diskriminierungsverbote[706] sowie für die Zielvorgaben einer gemeinsamen Agrarpolitik[707]. Mit der geforderten Qualität der verletzten Rechtsnorm war klargestellt, dass nicht jede objektive Rechtsverletzung haftungsbegründend war. Bereits anfänglich betonte die damit einher-

---

698 Vgl. dazu die vielzitierte Formulierung: *Fuss*, EuR 1968, 359: Der Geschädigte müsse „in eine nähere Beziehung zur Exekutive als die Allgemeinheit" treten; *Säuberlich*, Die außervertragliche Haftung im Gemeinschaftsrecht, S. 190f.

699 *Jurina*, ZaöRV, 1968, 365 (379); für einen direkten Bezug nur auf Art. 40 EGKS: *Heldrich*, EuR 1967, 344 (349f); vgl. zu den Schutznormerwägungen im Rahmen der unionsrechtlichen Staatshaftung in Abgrenzung zur deutschen Schutznormtheorie auch B. II. 1.

700 *Gilsdorf/Niejahr*, in: von der Groeben/Schwarze [Hrsg.], 2003, Art. 288 EG. Rn. 44.

701 Zum fehlenden Schutznormcharakter der Begründungspflicht: EuGH 15.09.1982, Rs. 106/81, Julius Kind KG, Slg. 1982, 2885, Rn. 14; EuGH 06.06.1990, Rs. 119/88, *AERPO*, Slg. 1990, I-2189, Rn. 20; zum fehlenden Schutznormcharakter von Zuständigkeitsverteilungsnormen: EuGH 13.03.1992, Rs. C-282/90, *Vreugdenhil*, Rn. 20f; zum fehlenden Schutznormcharakter der allgemeinen Aufsichtspflicht: EuG, 14.09.1992, Rs. T-571/93, *Lefebvre frères et soeurs*, Slg. 1995, II-2379, Rn. 5f.

702 Zur Warenverkehrsfreiheit: EuGH 11.03.1987, Rs. 365/85, *Van den Bergh en Jürgens*, Slg. 1987, 1155, Rn. 39f.

703 Zum Recht auf Eigentum, vgl. nur: EuGH, 14.01.1987, Rs. 281/84, *Zuckerfabrig Bedburg*, Slg. 1987, 49, Rn. 25ff..

704 EuGH 14.05.1975, Rs. 74-74, *CNTA*, Slg. 1975, 533, Rn. 41/43; EuGH 10.12.1975, verb. Rs. 95 bis 98-74, 15 und 100-75., *Union Nationale des Coopératives Agricoles de Céréales*, Slg. 1975, 1615, Rn. 16ff.

705 EuGH, 07.04.1992, Rs. C-358/90, *Compagnia italiana*, Slg. 1992, I-2457, Rn. 54.

706 Vgl. nur: EuGH 25.05.1978, verb. Rs. 83, 94-76 und 4, 15, 40-77, *Bayerische HNL*, Slg. 1978, 1209, Rn. 5; EuGH, 14.01.1987, Rs. 281/84, *Zuckerfabrik Bedburg*, Slg. 1987, 49, Rn. 29ff;

707 EuGH 13.11.1973, verb. Rs. 63 bis 69/72, *Werhan Hansamühlen*, Slg. 1973, 1229, Rn. 12ff; vgl. zum Ganzen auch *Detterbeck*, AöR 2000, 203 (214.)

gehende Einschränkung der potentiell Anspruchsberechtigten den Individualrechtsschutzcharakter des Haftungsanspruchs.

(2) Hinreichend qualifizierter Rechtsverstoß

In der Rechtssache *Schöppenstedt*[708] findet der hinreichend qualifizierte Verstoß als Haftungsvoraussetzung erstmals Erwähnung. Da mit dieser Entscheidung auch die Haftung der Union für normatives Unrecht begründet wird, dient diese Tatbestandsvoraussetzung zunächst der Eingrenzung einer normativen Haftung.

(a) **Haftung für normatives Unrecht nur unter engen Voraussetzungen**

Der EuGH begründet die enge Ausgestaltung der Unionshaftung für normative Handlungen kaum. Während *GA Roemer* in seinen Schlussanträgen zur Rechtssache *Schöppenstedt* zunächst eine Betrachtung der nationalen Rechtsordnungen anstellt und zu dem Schluss kommt, dass in Frankreich, Belgien, Italien und Deutschland eine Staatshaftung für legislative Maßnahmen nicht gänzlich ausgeschlossen sei[709], um daran anschließend die Besonderheiten auf Gemeinschaftsebene zu betonen[710], begnügt sich der EuGH hingegen mit der reinen Feststellung, dass es für normatives Unrecht eine qualifizierte Rechtsverletzung brauche und die Rechtswidrigkeit allein nicht ausreiche[711]. Erst in der Entscheidung *HNL*[712] äußerte sich der EuGH zur dahinterliegenden Ratio und konkretisierte dieses Tatbestandsmerkmal. Danach lasse sich den Rechtsordnungen der Mitgliedstaaten entnehmen, dass eine Haftung für solche Entscheidungen nur ausnahmsweise und unter engen Voraussetzungen gegeben sei. Grund sei, dass die Legislative nicht bei dem durch ein weites Ermessen gekennzeichneten Erlass von Rechtsnormen im Allgemeininteresse durch potentielle Schadensersatzklagen Einzelner behindert

708 EuGH 02.12.1971, Rs. 5-71, *Schöppenstedt*, Slg. 1971, 975.

709 Dabei stellt GA *Roemer* nicht auf eine allen Rechtsordnungen gleiche Grundlage ab, sondern fragt vielmehr im Sinne einer vorgezogenen Akzeptanzkontrolle ob eine Rechtsfortbildung auf europäischer Ebene, die normatives Unrecht umfassen würde, auch in den Mitgliedstaaten mitgetragen würde; vgl. dazu *Gruber*, Methoden des internationalen Einheitsrechts, S. 300.

710 GA *Roemer*, Schlussanträge zu EuGH 02.12.1971, Rs 5-71, *Schöppenstedt*, Slg. 1971, 986 (989).

711 Zu den Voraussetzungen für legislatives Unrecht in den einzelnen Mitgliedstaaten, vgl. *Czaja*, Die außervertragliche Haftung der EG für ihre Organe, S. 73ff.

712 EuGH 25.05.1978, verb. Rs. 83, 94-76 und 4, 15, 40-77, *Bayerische HNL*, Slg. 1978, 1209.

werden solle. Dem Einzelnen hingegen könne es zugemutet werden, auf dem Gebiet der Wirtschaftspolitik in vernünftigen Grenzen Schäden ohne Anspruch auf Entschädigung aus öffentlichen Mitteln hinzunehmen. Daher sei eine Haftung nur dann gegeben, wenn das handelnde Organ die Grenzen seiner Befugnisse offenkundig und erheblich überschritten hat[713]. Später ergänzte der EuGH diese Rechtfertigung der engen Grenzen mit der lediglich ergänzenden Bedeutung, die der Schadensersatzklage neben dem Primärrechtsschutz zukomme[714].

(b) **Offenkundige und erhebliche Befugnisüberschreitung**

Mit der Entscheidung *HNL* gibt der EuGH erste Anhaltspunkte, welche Kriterien bei der Bestimmung des hinreichend qualifizierten Verstoßes berücksichtigt werden können[715]. Entscheidend soll insoweit die offenkundige und erhebliche Befugnisüberschreitung sein. Dieses Begriffspaar wird zur wiederkehrenden Umschreibung des hinreichend qualifizierten Verstoßes. Der Begriff der Offenkundigkeit[716] lässt dabei eher den Schluss auf die Offensichtlichkeit eines Verstoßes zu. Ist ein Verstoß klar und allgemein bekannt, ist er offensichtlich[717]. Damit bezieht sich dieser Teil des Begriffspaars eher auf den Rechtsanwendungsfehler[718]. Berücksichtigung finden können dann die Vorwerfbarkeit oder Sorgfaltswidrigkeit eines Verhaltens. Der Begriff der Erheblichkeit[719] ist hingegen mit Worten wie Größe, Beträchtlichkeit und Ausmaß assoziiert. Er kann eher den Auswirkungen eines Verstoßes zugeordnet werden[720]. Nicht ausge-

---

713 EuGH 25.05.1978, verb. Rs. 83, 94-76 und 4, 15, 40-77, *Bayerische HNL*, Slg. 1978, 1209, Rn. 5f; was er in diesem Fall verneint, da eine große Gruppe von Marktteilnehmern betroffen war und nur geringe Schäden eingetreten sind; vgl. zu dieser Präzisierung auch GA *van Gerven*, Schlussanträge zu EuGH 19.05.1992, verb. Rs. C-104/89, C-37/90, *Mulder II*, Slg. 1992, I-3061, Rn. 15.

714 EuGH 05.12.1979, verb. Rs. 116, 124-77, *G.R. Amylum NV und Tunnel* , Slg. 1979, 3497, Rn. 14; EuGH 05.12.1979, Rs. 143-77, *Koninklijke Scholten-Honig*, Slg. 1979, 3583, Rn. 11.

715 Zuvor noch ohne Anhaltspunkte die Haftung der Union bejahend: EuGH 14.05.1975, Rs. 74-74, *CNTA*, Slg. 1975, 533, Rn. 41/43.

716 Englisch: „manifestly"; Französisch: „de manière manifeste"; Italienisch: „in modo palese"; Spanisch: „de manera manifiesta".

717 *Wahrig*, in: Wahrig/Krämer/Zimmer [Hrsg.], Brockhaus, Bd. 4, S. 894.

718 So: EuGH 19.05.1992, verb. Rs. C-104/89, C-37/90, *Mulder II*, Slg. 1992, I-3061, Rn. 16f.

719 Englisch: „gravely"; Französisch: „de manière grave"; Italienisch: „in modo grave"; Spanisch: „de manera grave".

720 Ebenso: *v. Bogdandy/Jacob*, in: Grabitz/Hilf/Nettesheim, 2014, Art. 340 AEUV, Rn. 87; *Säuberlich*, Die außervertragliche Haftung im Gemeinschaftsrecht, S. 26;

schlossen ist hingegen auch der Bezug zum Organhandeln. Auch der begangene Rechtsverstoß kann erheblich sein[721]. Letztlich lassen sich die beiden Begriffe nicht eindeutig bestimmten Aspekten zuordnen. Sie sind vielmehr nur der gleichbleibende sprachliche Ausgangspunkt einer sich ändernden Rechtsprechung zur Haftung erst der Union, später auch der Mitgliedstaaten[722].

(c) **Aspekte der Aufopferungshaftung neben Unrechtshaftung**

Welche Aspekte zur Ermittlung der geforderten Intensität der Rechtsverletzung notwendig sind, ergibt sich daher weniger aus dem angeführten Begriffspaar, sondern vielmehr aus der nachfolgenden Spruchpraxis. Der EuGH hatte bereits in der *HNL*-Entscheidung zwei Gründe für eine nur eingeschränkte Haftung für legislatives Unrecht genannt. Einerseits soll die Entscheidungsfähigkeit der Organe aufrechterhalten werden. Andererseits will er solche Schäden ausgenommen wissen, die sich lediglich als gewöhnliche Folge von Entscheidungen in einem wirtschaftspolitischen Umfeld ergeben. In der nachfolgenden Rechtsprechung des EuGH zur Unionshaftung haben sich daher auch zur Bestimmung der hinreichenden Qualifikation zwei entsprechende Unteraspekte herauskristallisiert[723].

Der erste Aspekt betrifft die Art und Schwere des Verstoßes. Insoweit ist die Bedeutung der verletzten Rechtsnorm und eine etwaige Entschuldbarkeit beziehungsweise besondere Vorwerfbarkeit zu berücksichtigen. Deutlich ist, dass dieser Aspekt damit die eigentliche Qualifikation der Rechtswidrigkeit bezweckt. Indirekt bestimmt er so den Rahmen genauer, in dem die Entscheidungsfreiheit der Unionsorgane als schutzwürdig anzuerkennen ist[724]. Der zweite Aspekt bezieht sich auf die Auswirkungen der Maßnahme. Entscheidend ist damit die Beziehung des Verstoßes zum Geschädigten. Dieser Aspekt dient der Ausgrenzung von Schäden, die sich als Verwirklichung des gewöhnlichen Risikos darstellen. Beson-

---

Borchardt setzt hingegen Erheblichkeit und Schwere des Rechtsverstoßes gleich, in: Dauses [Hrsg.], EU-Wirtschaftsrecht, 30. Ergänzungslieferung 2012, P. I., Rn. 280.

721 In diese Richtung: OLG Köln 09.08.2007, Az. 7 U 147/06 (Pflichtpfand); bestätigend: BGH 22.01.2009, Az. III ZR 233/07, Rn. 35.

722 Ebenso: *Ossenbühl/Cornils*, Staatshaftungsrecht, S. 705.

723 EuGH 19.05.1992, verb. Rs. C-104/89, C-37/90, *Mulder II*, Slg. 1992, I-3061, Rn. 12f; vgl für eine Darstellung der Rechtsprechung zur Unionshaftung zu diesen beiden Aspekten: *Herdegen*, Die Haftung der Europäischen Wirtschaftsgemeinschaft für fehlerhafte Rechtssetzungsakte.

724 *Ossenbühl/Cornils*, Staatshaftungsrecht, S. 706.

dere Bedeutung kommt dabei dem Umfang der Vermögensschädigung, der Größe der Gruppe der Geschädigten und der Verwirklichung eines Risikos, welches über den Grenzen des normalen wirtschaftlichen Risikos liegt, zu[725]. Die Berücksichtigung der Höhe des Schadens und der Abgrenzbarkeit der Betroffenen entspricht insoweit dem Sonderopfergedanken im deutschen Aufopferungs- und Enteignungsrecht[726]. Der Sondercharakter ist dabei unter Beachtung des Gleichheitssatzes dann zu verneinen, wenn eine besonders große Gruppe von Marktteilnehmern betroffen ist. Der Opfercharakter ist unter Berücksichtigung des Verhältnismäßigkeitsprinzips zu verneinen, wenn die Zumutbarkeitsschwelle nicht überschritten ist. Allerdings dienen diese Kriterien im nationalen Recht der Bestimmung einer möglichen Ausgleichspflicht bei rechtmäßigem Verhalten. Im Unionsrecht sind sie hingegen als zusätzliche Voraussetzungen für rechtswidriges Handeln vorgesehen[727].

Eindeutige Aussagen zum Rangverhältnis der beiden Aspekte hat der EuGH nicht vorgenommen. In den Isoglucose-Entscheidungen war bereits die fehlende Schwere des Verstoßes ausreichend, um eine Haftung zu verneinen. Eine Haftung bestand dort nicht, da kein Verhalten gegeben war, das „an Willkür grenzt"[728]. Damit wird die subjektive Seite des Unionsrechtsverstoßes in den Vordergrund gestellt. Das würde für die zumindest kumulative Bedeutung der Schwere des Verstoßes sprechen[729]. In den Quellmehl- und Maisgritzentscheidungen bejahte der EuGH einen hinreichend qualifizierten Verstoß, ohne zu differenzieren, ob Schwere oder Ausmaß des Verstoßes für sich alleine ausreichend gewesen wären[730]. Es ist daher in dieser Phase von einer gleichwertigen

---

725 GA *van Gerven*, Schlussanträge zu EuGH 19.05.1992, verb. Rs. C-104/89, C-37/90, *Mulder II*, Slg. 1992, I-3061, Rn. 16.

726 Vgl. dazu: *Schmitt-Kammler*, NJW 1990, 2515; *Riedel*, Eigentum, Enteignung und das Wohl der Allgemeinheit, S. 47.

727 *Wurmnest*, Grundzüge eines europäischen Haftungsrecht, S. 135.

728 EuGH 05.12.1979, verb. Rs. 116, 124-77, *G.R. Amylum NV und Tunnel* , Slg. 1979, 3497, Rn. 14; EuGH 05.12.1979, Rs. 143-77, *Koninklijke Scholten-Honig*, Slg. 1979, 3583, Rn. 11; ebenso später verneinend: EuGH 17.12.1981, verb. Rs. 197 bis 200, 243, 245, 247/80, *Ludwigshafener Walzmühle*, Slg. 1981, 3211, Rn. 36ff; EuGH 06.12.1984, Rs. 59/83, *Biovilac*, Slg. 1984, 4057, Rn. 25; EuGH 08.12.1987, Rs. 50/86, *Grands Moulins de Paris*, Slg. 1987, 4833, Rn. 16ff; EuGH 30.05.1989, Rs. 20/88, *Roquette Frères*, Slg. 1989, 1553, Rn. 23ff.

729 Für eine sogar vorrangige Bedeutung: *Ossenbühl/Cornils*, Staatshaftungsrecht, S. 707.

730 EuGH 04.11.1979, Rs. 238-78, *Ireks-Arkady*, Slg. 1979, 2955, Rn. 11; EuGH 04.11.1979, *DGV Deutsche Getreideverwertung*, verb. Rs. 241, 242, 245 bis 250-78, Slg. 1979, 3017, Rn. 11; EuGH 04.11.1979, *P. Dumortier Frères*, verb. Rs. 64, 113-76

Kombination beider Aspekte auszugehen. Elemente der Unrechtshaftung finden folglich neben solchen einer Aufopferungshaftung Anwendung.

(3) Rang der verletzten Rechtsnorm kein eigenständiges Element

Schließlich ist der *Schöppenstedt*-Formel noch eine Bezugnahme auf den Rang der verletzten Rechtsnorm zu entnehmen. Damit ist jedoch keine weitere Eingrenzung des Haftungsanspruchs im Sinne einer Beschränkung der Haftung auf die Verletzung besonders bedeutsamer Rechtsnormen verbunden. Es wird lediglich bezogen auf die Normenhierarchie klargestellt, dass Prüfungsmaßstab für die Rechtmäßigkeit keine gleichrangigen oder untergeordneten Rechtsnormen sein können. Ein eventueller Verstoß dagegen kann folglich auch nicht haftungsauslösend sein[731]. Auch wenn damit letztlich Selbstverständliches formuliert wird, was keiner eigenen Erwähnung bedurft hätte, lässt sich dem Rang der verletzten Rechtsnorm keine eigenständige, beschränkende Wirkung im Rahmen der Schöppenstedt-Formel beimessen[732].

Dafür spricht, dass der EuGH den gerügten Verstoß prüft, ohne auf die Bedeutung der Rechtsnorm einzugehen. Zudem bildet für exekutives Unrecht auch Sekundärrecht einen tauglichen Maßstab für eine solche Prüfung[733]. Der EuG hat in der Entscheidung *Sison I* diese Voraussetzung mittlerweile ausdrücklich als obsolet bezeichnet[734]. Lediglich im Rahmen der Bestimmung, ob ein hinreichend qualifizierter Verstoß vorliegt, kann die Bedeutung der Norm als ein Kriterium unter vielen von Relevanz sein[735]. Mit steigender Bedeutung der Norm ist auch ein Anstieg der

---

und 167, 239-78 und 27, 28, 45-79, Slg. 1979, 3091, Rn. 11; EuGH 04.11.1979, Rs. 238-78, *Interquell Stärke-Chemie,* Slg. 1979, 3045, Rn. 14.

731 Vgl. dazu EuG 29.01.1998, Rs. T-113/96, *Dubois und Fils,* Slg. 1998, II-125, Rn. 41.

732 Ebenso: *Grabitz,* Zur Haftung der Europäischen Gemeinschaft für normatives Unrecht, in: FS Kutscher, S. 215 (225); *Herdegen,* Die Haftung der Europäischen Wirtschaftsgemeinschaft für fehlerhafte Rechtssetzungsakte, S. 122f; *Czaja,* Die außervertragliche Haftung der EG für ihre Organe, S. 81; *Vesting,* Die vertragliche und außervertragliche Haftung der EG nach Art. 288 EGV, S. 91; *Görgens,* Die außervertragliche Haftung der Europäischen Gemeinschaft für Verletzungen des WTO-Rechts durch ihre Organe, S. 70; *Ruffert,* in: Calliess/Ruffert, 2011, Art. 288 AEUV, Rn. 17; *Ossenbühl/Cornils,* Staatshaftungsrecht, S. 698.

733 Vgl. nur: EuGH 14.05.1975, Rs. 74-74, *CNTA,* Slg. 1975, 533, Rn. 24/26

734 EuG 11.07.2007, Rs. T-47/03, *José Maria Sison,* Slg. 2007, nicht in der amtlichen Sammlung veröffentlicht, Rn. 234.

735 EuGH 25.05.1978, verb. Rs. 83, 94-76 und 4, 15, 40-77, *Bayerische HNL,* Slg. 1978, 1209, Rn. 5; EuGH 04.11.1979, Rs. 238-78, *Ireks-Arkady,* Slg. 1979, 2955, Rn. 11.

Prüfpflicht der handelnden Organe verbunden, so dass sich insoweit umgekehrt proportional die zulässige Irrtumsmarge verkleinern könnte.

bb. Der Anwendungsbereich der Schöppenstedt-Formel vor der Parallelisierung

Nach der anfänglichen Formulierung des EuGH hatte die *Schöppenstedt*-Formel einen sehr begrenzten Anwendungsbereich. Nur bei Rechtssetzungsakten der Union, die wirtschaftspolitische Entscheidungen einschließen, sollte sie angewandt werden. Als wirtschaftspolitische Entscheidungen sind jedoch letztlich alle Maßnahmen angesehen worden, die den Gemeinschaftsorganen wirtschaftliche oder politische Entscheidungsspielräume eröffnet haben. Auch im Wesentlichen technische Maßnahmen, wie unter anderem die Berechnung von Subventionen nach der Abwertung des Franc[736] oder Durchführungsbestimmungen der Kommission im Bereich des Währungsausgleichs[737], wurden als wirtschaftspolitische Entscheidungen qualifiziert[738]. Ausreichend war, dass es sich um politische und damit abwägende, wertende Entscheidungen handelte. Lediglich solche Maßnahmen waren daher ausgenommen, die von vornherein kein Ermessen bzw. Handlungsspielraum der Unionsorgane mehr vorsahen[739].

War demnach die Voraussetzung der wirtschaftspolitischen Entscheidung ohne große Relevanz, blieb ihr normativer Charakter beachtlich. Schließlich war der hinreichend qualifizierte Verstoß als eine besondere Haftungsvoraussetzung für normatives Unrecht eingeführt. Der normative Charakter der angegriffenen Handlung bestimmte sich jedoch nicht anhand der Form oder des Verfahrens, in der sie erlassen wurde. Entscheidend war vielmehr die materiell zu bestimmende Rechtsnatur der Handlung[740]. Diese Deutung hat der EuGH auch mit einer veränderten

---

736 EuGH 13.06.1972 verb. Rs. 9, 11/71, *Compagnie D'Approvisionnement*, Slg. 1972, 409.

737 EuGH 24.10.1973, Rs. 43/72, *Merkur*, Slg. 1973, 1055.

738 Ebenso: EuGH 05.12.1979, verb. Rs. 116, 124-77, *G.R. Amylum NV und Tunnel*, Slg. 1979, 3497, Rn. 13ff ; EuGH 30.05.1989, Rs. 20/88, *Roquette Frères*, Slg. 1989, 1553, Rn. 25.

739 *Grabitz*, Das Amtshaftungsrecht der Gemeinschaft, in: Schweitzer [Hrsg.], Europäisches Verwaltungsrecht, 167 (187); *Czaja*, Die außervertragliche Haftung der EG für ihre Organe, S. 79; *Schoißwohl*, Staatshaftung wegen Gemeinschaftsrechtsverletzung, S. 355.

740 EuG, 15.04.1997, Rs. T-390/94, *Schröder und Thamann*, Slg. 1997, II-501, Rn. 51ff.; EuG, 13.12.1995, verb. Rs. T-481/93 und T-484/93, *Vereniging van Exporteurs in Levende Varkens*, Slg. 1995, II-2941, Rn. 81, 86.

Formulierung der *Schöppenstedt*-Formel unterstrichen. Bereits in der Rechtssache *HNL* hat er sie dahingehend geändert, dass nicht mehr der Erlass eines „Rechtssetzungsaktes“[741] gefordert war. Ausreichend waren im Folgenden bereits „Rechtsvorschriften“[742]. Sofern man überhaupt in dem Begriff Rechtssetzungsakt eine Ausgrenzung von Einzelfallentscheidungen, die lediglich in der Rechtsanwendung bestehen, sehen wollte[743], konnte eine formorientierte Betrachtung zumindest mit der veränderten Formulierung nicht weiter verfolgt werden. Eine Orientierung an den Handlungsformen im damaligen Art. 249 EGV[744] schied daher aus. Ebenso wenig war eine Parallele zur Zulässigkeitsprüfung im Rahmen der Nichtigkeitsklage zu ziehen. Der EuG hat in dem Urteil in der Rechtssache *Antillean Rice Mills*[745] - bestätigt durch den EuGH[746] - eine Entscheidung der Kommission für die Eröffnung des Anwendungsbereichs der einschränkenden Haftungsvoraussetzungen als ausreichend angesehen, obwohl er zuvor die individuelle Betroffenheit der gleichen Klägerin durch die Entscheidung im Rahmen der Zulässigkeit der Nichtigkeitsklage festgestellt hatte[747]. Ebenso ging der EuGH in der Entscheidung *Sofrimport* von der individuellen Betroffenheit durch eine Verordnung für die Zulässigkeit der Nichtigkeitsklage aus und wandte im Rahmen der Schadensersatzklage sodann die engen Voraussetzungen für normatives Unrecht an[748]. Entscheidend für die Eröffnung des Anwendungsbereichs der *Schöppenstedt*-Formel war demnach nicht die tatsächliche Betroffenheit nur einer begrenzten Gruppe. Vielmehr war maßgebend, dass eine Vielzahl von Betroffenen durch eine Maßnahme

---

741 So noch in: EuGH 14.05.1975, Rs. 74-74, *CNTA*, Slg. 1975, 533, Rn. 16.

742 Nachfolgenden in diesem Sinne: EuGH 04.11.1979, Rs. 238-78, *Ireks-Arkady*, Slg. 1979, 2955, Rn. 9; EuGH 04.11.1979, *P. Dumortier Frères*, verb. Rs. 64, 113-76 und 167, 239-78 und 27, 28, 45-79, Slg. 1979, 3091, Rn. 9; abweichende Formulierung: EuGH 26.06.1990, Rs. C-152/88, *Sofrimport*, Slg. 1990, I-2477, Rn. 25.

743 Dies für die europäische Ebene mit guten Argumenten ablehnend: *Härtel*, Handbuch Europäische Rechtssetzung, 2006, 11ff.

744 Zuvor: Art. 189 EG; nunmehr ist der die Entscheidung ablösende Beschluss in Art. 288 Abs. 3 AEUV sowohl adressatenbezogen als auch ohne Adressaten und damit abstrakt vorgesehen.

745 EuG 14.09.1995, verb. Rs. T-480/93 und T-483/93, *Antillean Rice Mills NV*, Slg. 1995, II-2305, Rn. 177ff.

746 EuGH 11.02.1999, Rs. C-390/95 P, *Antillean Rice Mills NV*, Slg. 1999, I-769, Rn. 56ff.

747 EuG 14.09.1995, verb. Rs. T-480/93 und T-483/93, *Antillean Rice Mills NV*, Slg. 1995, II-2305, Rn. 64ff; ebenso: EuG 13.12.1995, verb. Rs. T-481/93 und T-484/93, *Vereniging van Exporteurs in Levende Varkens*, Slg. 1995, II-2941, Rn. 86ff.

748 EuGH 26.06.1990, Rs. C-152/88, *Sofrimport*, Slg. 1990, I-2477, Rn. 13, Rn. 25.

angesprochen sein könnte[749]. Das ist der Fall, wenn sich die Betroffenheit durch objektive Tatbestandsmerkmale ergibt und die Handlung der Unionsorgane in ihrer Zweckbestimmung abstrakt-genereller Art ist[750]. Zusätzlich war bereits die Zugehörigkeit der Maßnahme zur Agrarpolitik, welche durch einen weiten Entscheidungsspielraum gekennzeichnet ist, ausreichend, um keine vertiefte Prüfung der Rechtssatzqualität mehr vorzunehmen. Darüber hinaus hat das EuG in zwei Fällen auch bei administrativen Entscheidungen auf die *Schöppenstedt*-Formel verwiesen. Ausschlaggebend waren die weiten Befugnisse des Rates bei der Auswahl von Kunstwerken für die neuen Ratsgebäude in Brüssel bzw. des Parlaments bei der Entscheidung über die Vergabe eines Auftrags zur Personenbeförderung samt Fahrer[751]. In beiden Fällen unterblieb jedoch eine explizite Anwendung der Formel im Rahmen des Schadensersatzanspruchs. Es wurde bereits die einfache Rechtswidrigkeit wegen des weiten Ermessens verneint, so dass vom generellen Erfordernis der legislativen Tätigkeit weiterhin auszugehen war[752].

c. Zusammenfassung

Die Haftungsgrundlagen sind weder im EWG-Vertrag noch im EGKS-Vertrag abschließend geregelt. Der EuGH schafft die Konturen des Haftungstatbestandes vielmehr im Wege eines wertenden Rechtsvergleichs. Auch den hinreichend qualifizierten Verstoß entwickelt der EuGH auf diesem Weg. Diese Tatbestandsvoraussetzung wird vom EuGH erstmals in der Rechtssache *Schöppenstedt* erwähnt und ist fortan Bestandteil der *Schöppenstedt*-Formel. Diese soll die Unionsorgane bei normativer Tätigkeit vor Haftungsklagen schützen. Das ist die erste wesentliche Erkenntnis. Wird der Anwendungsbereich in der Folge auch weit verstanden, so ist er dennoch stets auf Haftungskonstellationen mit wertenden, abstrakt-generellen Maßnahmen begrenzt.

---

749 In der Entscheidung *Antillean Rice Mills NV* war durch jeden Unternehmer, der Reis von den Antillen in die Gemeinschaft einführen will der Mindestverkaufspreis zu beachten, so dass dieser allgemein galt. In der Entscheidung *Sofrimport* mussten alle Wirtschaftsteilnehmer die Aussetzung der Erteilung von Einfuhrlizenzen für Tafeläpfel mit Ursprung in Chile beachten.

750 Ebenso: *Schoißwohl,* Staatshaftung wegen Gemeinschaftsrechtsverletzung, S. 354.

751 EuG 16.01.1996, Rs. T-108/94, *Candiotte,* Slg. 1996, II-87, Rn. 32; EuG 17.12.1998, Rs. T-203/96, *Embassy Limousines & Services,* Slg. 1998, II-4239, Rn. 60f.

752 A.L: *Aalto,* Public Liability in EU Law, S. 83f.

Inhaltlich ist nach der *Schöppenstedt*-Formel nur eine offenkundige und erhebliche Befugnisüberschreitung haftungsbegründend. Damit ist also zunächst klar, dass eine einfache Rechtswidrigkeit nicht ausreicht. So hat der EuGH in der Rechtssache *HNL* eine hinreichend qualifizierte Verletzung abgelehnt, obschon er zuvor den beanstandeten Rechtssetzungsakt in mehreren Vorabentscheidungsverfahren wegen Verstoßes gegen das Diskriminierungsverbot und den Verhältnismäßigkeitsgrundsatz für ungültig erklärt hatte[753]. Ebenso hat er in den Isoglucose-Fällen zwar eine unbillige und damit rechtswidrige Mehrbelastung anerkannt, die Haftung der Gemeinschaft aber verneint. Bei der konkreten Prüfung, wann eine solche Befugnisüberschreitung tatsächlich vorliegt, kombiniert der EuGH Aspekte der Unrechts- mit solchen der Aufopferungshaftung. Auf der einen Seite sind die Auswirkungen des Rechtsverstoßes von Bedeutung. Vergleichbar zur deutschen Aufopferungshaftung spielen die Schwere des Verstoßes und die Anzahl und Abgrenzbarkeit der Geschädigten ein Rolle. Auf der anderen Seite wird die Qualität des Rechtsverstoßes in den Blick genommen. Vor allem die Formel der erheblichen und offensichtlichen Befugnisüberschreitung ist seit der *HNL*-Entscheidung Ausgangs- und Mittelpunkt für die weiteren Haftungsentscheidungen. Sowohl in ihrem Anwendungsbereich als auch in ihrem Inhalt erfährt sie in den nachfolgenden Entscheidungen jedoch weitere Veränderungen.

2. Die Parallelisierung der Haftungsinstitute

Nachdem sich, wie eben geschildert, zunächst die Konturen der Unionshaftung herausgebildet haben, kommt es in der Folge zu einer stetigen und gegenseitigen Beeinflussung zwischen Unionshaftung und unionsrechtlicher Haftung der Mitgliedstaaten. Es ist bereits darauf hingewiesen, dass sich beide Haftungsinstitute durch diesen Prozess zunehmend angenähert haben. Vor dem Hintergrund dieser Arbeit soll nachfolgend der Fokus auf die Änderung des Anwendungsbereiches und Bedeutungsinhalts der Voraussetzung des hinreichend qualifizierten Verstoßes im Rahmen der unionsrechtlichen Staatshaftung gerichtet werden. Dafür bietet sich eine Unterteilung des Parallelisierungsprozesses in drei Phasen an, denen die Ausgangsphase vorangestellt sei.

---

753 EuGH 25.05.1978, verb. Rs. 83, 94-76 und 4, 15, 40-77, *Bayerische HNL*, Slg. 1978, 1209.

a. Ausgangssituation: Nur impliziter Verweis auf Staatshaftungsanspruch

Wie zuvor bereits gezeigt[754], nahm der EUGH auch vor der *Francovich*-Entscheidung vielfältig auf einen Staatshaftungsanspruch wegen Verstoßes gegen Unionsrecht Bezug. Im Gegensatz zur Haftung der Union, die sich aus den eben genannten vertraglichen Bestimmungen konkret entwickelte, verwies der EuGH auf die Haftung der Mitgliedstaaten jedoch lediglich grundsätzlich. Die Haftung der Mitgliedstaaten klingt zwar sowohl in Vertragsverletzungs- als auch in Vorabentscheidungsverfahren an, bezüglich der Konturen eines entsprechenden Anspruchs machte der EuGH jedoch keine Vorgaben. Diese waren vielmehr den nationalen Rechtsordnungen zu entnehmen. Entsprechend den unionsrechtlichen Grundsatz der mitgliedstaatlichen Verfahrensautonomie war es ohne unionsrechtlichen Harmonisierungsvorschriften Sache der Mitgliedstaaten, die Einzelheiten der Rechtsschutzverfahren zu bestimmen. Auch die diesbezüglichen Grenzen, das Effektivitäts- und Äquivalenzgebot, spielten in der europäischen Rechtsprechung keine Rolle. Weder nahm der EuGH eine Kontrolle nationaler Voraussetzungen an diesem Maßstab vor, noch gab er allgemeine Voraussetzungen für die Ausgestaltung der nationalen Haftungsverfahren vor.

b. Begründungsphase: Eigenständiger unionsrechtlicher Staatshaftungsanspruch

Seit der Entscheidung *Francovich*[755] ist es nicht mehr Sache der Mitgliedstaaten allein, einen Haftungsanspruch für die Verletzung unionsrechtlicher Pflichten durch die Mitgliedstaaten vorzusehen. Vielmehr begründete der EuGH einen stets und in jedem Mitgliedstaat zu verwirklichenden Grundsatz der unionsrechtlichen Haftung. In dieser ersten Phase begnügte sich der EuGH damit, den Grundsatz der unionsrechtlich bedingten Staatshaftung zu festigen und die grobe Struktur des Anspruchs vorzugeben. Eine detaillierte Auseinandersetzung mit den vom EuGH in dieser Phase genannten drei Voraussetzungen der Haftung erfolgte nicht. Danach war lediglich klar, Ziel der Richtlinie habe die Verleihung von Rechten an einzelne zu sein, die Bestimmbarkeit der Rechte auf Grundlage der Richtlinie müsse vorliegen und ein Kausalzusammenhang zwischen Verstoß und Schaden gegeben sein. Eine weitere Konkretisierung erfolgte nicht. Während die Feststellung des Verstoßes gegen die Umsetzungspflicht noch breit begründet wird, nimmt die Subsumti-

---

754 Unter: B. III. 1.

755 EuGH 19.11.1991, Rs. C-9/90 u. 9/90, *Francovich*, Slg. 1991, 5357.

on unter diese drei Voraussetzungen stets nur eine Randnummer ein. Auch eine Anleihe bei der Unionshaftung nimmt der EuGH - trotz Anregungen durch Generalanwalt Mischo - nicht vor[756].

Der Staatshaftungsanspruch könnte in dieser Phase noch ausschließlich als neue Dimension der Richtlinienwirkung bezeichnet werden[757]. Dafür spricht, dass zwar nach dem Grundsatz die Staatshaftung wegen Gemeinschaftsrechtsverstoßes für alle potentiellen Verstoßkonstellationen denkbar war, der EuGH eine Begrenzung auf eine bestimmte Art des Verstoßes gerade nicht vorgenommen hatte. Dennoch befassten sich auch die nachfolgenden Rechtssachen zur Staatshaftung alle mit der Haftung des Mitgliedstaates wegen Nichtumsetzung von Richtlinien. Sowohl in der Entscheidung *Francovich* als auch in den nachfolgenden Rechtssachen ging es stets um diese Konstellation. In der Entscheidung *Wagner Miret*[758] handelte es sich wie bei *Francovich* um die Insolvenzgeld-Richtlinie (80/987/EWG)[759], in der anschließenden Entscheidung *Faccini Dori*[760] um die Haustürgeschäfte-Richtlinie (85/577/EWG)[761]. In der Rechtssache *El Corte Inglès* [762] stand die Verbraucherkredit-Richtlinie (87/102/EWG)[763] im Mittelpunkt. Das mag zum einen damit begründet werden, dass der EuGH die Voraussetzungen anfänglich nur für den Fall der Nichtumsetzung einer Richtlinie beschrieb. Zudem zeigt gerade diese Konstellation die Notwendigkeit eines Haftungsanspruchs für ein ef-

756 GA *Mischo*, Schlussanträge zu Rs. C-9/90 u. 9/90, *Francovich*, Slg. 1991, 5370, Rn. 71ff.

757 So: *Brödermann/Iversen* , Europäisches Gemeinschaftsrecht und Internationales Privatrecht, S. 384.

758 EuGH 16.12.1993, Rs. C-334/92, *Wagner Miret*, Slg. 1993, I-6911.

759 Richtlinie 80/987/EWG des Rates vom 20. Oktober 1980 zur Angleichung der Rechtsvorschriften der Mitgliedstaaten über den Schutz der Arbeitnehmer bei Zahlungsunfähigkeit des Arbeitgebers.

760 EuGH 14.07.1994, Rs. C-91/92, *Faccini Dori*, Slg. 1994, I-3325.

761 Richtlinie 85/577/EWG des Rates vom 20. Dezember 1985 betreffend den Verbraucherschutz im Falle von außerhalb von Geschäftsräumen geschlossenen Verträgen

762 EuGH 07.03.1996, Rs. C-192/94, *El Corte Inglès*, Slg. 1996, I-1281; Auch wenn diese Entscheidung zwei Tage nach der zur nächsten Phase gezählten Entscheidung *Brasserie* ergangen ist, so übernimmt sie doch Formulierung der *Wagner Miret* Entscheidung und verweist an keiner Stelle auf die zwei Tage zuvor ergangene Entscheidung, so dass sie noch zu dieser Phase gezählt werden kann.

763 Richtlinie 87/102/EWG des Rates vom 22. Dezember 1986 zur Angleichung der Rechts- und Verwaltungsvorschriften der Mitgliedstaaten über den Verbraucherkredit

fektives Rechtsschutzsystem. Als wesentlicher Aspekt dieser Begründungsphase kann daher auch die selbstverständliche Verankerung des Anspruchs im System der Rechtsbehelfe der Union verstanden werden. So weist der EuGH auf den unionsrechtlichen Staatshaftungsanspruch in der Entscheidung *Faccini Dori* hin, obschon das vorlegende Gericht dazu keine Vorlagefrage gestellt hat. Ferner stellt er mit der Entscheidung *Wagner* klar, dass dem Haftungsanspruch kein Vertragsverletzungsverfahren vorauszugehen hat. Er betont insoweit den eigenständigen Charakter des Haftungsanspruchs.

Es lässt sich festhalten, dass der EuGH mit dem Vorgehen bei der Begründung des Haftungsanspruchs eine wiederkehrende Methodik verwendet. Bei der Aufstellung neuer Prinzipien bzw. Grundsätze verfasst er zunächst eher generelle und nicht ausführlich begründete Entscheidungsgründe. Damit überlässt er zunächst der interessierten Fachwelt die Deutung und Einordnung dieser Neuerung in das bestehende System. Er behält sich jedoch vor, die Grundsätze zu präzisieren und auch als Reaktion auf berechtigte Kritik abzuändern[764]. Dazu kam es dann auch in den folgenden beiden Phasen.

c. Konkretisierungsphase: Schöppenstedt-Formel in unionsrechtlicher Staatshaftung

Eine wesentliche Konkretisierung erfährt der unionsrechtliche Staatshaftungsanspruch durch die Übertragung der oben dargestellten *Schöppenstedt*-Formel. Damit wird auch die Voraussetzung des hinreichend qualifizierten Verstoßes in die unionsrechtliche Staatshaftung eingeführt. Die Analyse der nachfolgenden Entscheidungen macht jedoch deutlich, dass die *Schöppenstedt*-Formel nicht ohne Modifikation übernommen wird.

aa. Weiter Anwendungsbereich für Schöppenstedt-Formel in unionsrechtlicher Staatshaftung

Die wesentliche Weiterentwicklung der Staatshaftungsjudikatur beginnt mit dem Urteil *Brasserie du pêcheur und Factortame III*[765]. In den verbundenen Rechtssachen ging es jeweils um Verstöße des nationalen Gesetzgebers gegen Vorgaben des Primärrechts. Insoweit ging es im Kern eben-

---

764 Vgl. dazu *Everling*, in: O'Keeffe, David [Hrsg.], Judicial review in European Union law, Bd. 1, S. 29 (39); *Streinz*, in: Griller/Rill [Hrsg.], Rechtstheorie, S. 223 (234).

765 EuGH 05.03.1996, verb. Rs C-46/93 u. C-48/93, *Brasserie du Pêcheur/Factortame III*, Slg. 1996, I-1029.

falls um Fälle legislativen Unrechts wie in den vorangegangen Urteilen auch. Der Vorwurf an die Legislative war jedoch nicht wie zuvor die Verletzung der Umsetzungspflicht, sondern ein Verstoß gegen Grundfreiheiten. Das führte den EuGH dazu, die in der *Schöppenstedt*-Formel angelegt Differenzierung legislativer Tätigkeit zu übertragen. Wie zuvor gezeigt, war der Anwendungsbereich der *Schöppenstedt*-Formel nicht bei jeder Form legislativen Unrechts eröffnet. Auch im Urteil *Brasserie du pêcheur und Factortame III* differenzierte der EuGH insoweit. Er stellte zunächst heraus, dass die Rechtsprechung „zur ausservertraglichen Haftung der Gemeinschaft [...] unter Berücksichtigung des weiten Ermessens, über das die Organe bei der Durchführung der Gemeinschaftspolitiken verfügten, insbesondere im Hinblick auf Rechtsetzungsakte, die wirtschaftspolitische Entscheidungen erfordern, entwickelt worden"[766] sei. Der nationale Gesetzgeber verfüge nicht immer über ein solch weites Ermessen. Gerade im Fall der Richtlinienumsetzung würden unionsrechtliche Vorgaben das Ermessen des nationalen Gesetzgebers bedeutend eingrenzen (können)[767]. Sofern jedoch auf nationaler Ebene ein Ermessen bestehe, das mit dem vergleichbar sei, über welches der Unionsgesetzgeber regelmäßig verfüge, so müssen auch die Haftungsvoraussetzungen die gleichen sein, da insoweit auch die Begründung für die engere Haftung identisch sei[768]. Ein solches Ermessen sah der EuGH in beiden Rechtssachen als gegeben an, so dass er das Vorliegen eines hinreichend qualifizierten Verstoß unter Verwendung der gleichen Kriterien wie in der Unionshaftung prüfte. Der EuGH übernahm demnach die engen Haftungsvoraussetzungen für legislatives Unrecht der Gemeinschaftshaftung, jedoch in dieser Entscheidung (noch) zusammen mit den tatbestandlichen Voraussetzungen für deren Anwendbarkeit. Bei der Prüfung, ob tatsächlich wirtschaftspolitische, abwägende Entscheidungen umfasst waren, ob der Mitgliedstaat also über ein Ermessen im Sinne einer Vielzahl von Handlungsoptionen bei seiner legislativen Tätigkeit verfügte, nahm der EuGH indes eine genauere, auf den Einzelfall bezogene Analyse vor. Dabei war von Bedeutung, inwieweit das Unionsrecht durch Ergebnis-, Verhaltens- oder Unterlassungspflichten diesen Handlungsspielraum einengt. Diese Differenzierung wird jedoch schon in den nachfolgenden Entscheidungen aufgeben.

---

766 EuGH 05.03.1996, verb. Rs C-46/93 u. C-48/93, *Brasserie du Pêcheur/Factortame III*, Slg. 1996, I-1029, Rn. 44.

767 EuGH 05.03.1996, verb. Rs C-46/93 u. C-48/93, *Brasserie du Pêcheur/Factortame III*, Slg. 1996, I-1029, Rn. 46.

768 EuGH 05.03.1996, verb. Rs C-46/93 u. C-48/93, *Brasserie du Pêcheur/Factortame III*, Slg. 1996, I-1029, Rn. 47.

Bereits in der Rechtssache *British Telecommunications*[769] erfolgte eine wesentliche Erweiterung des Anwendungsbereichs der *Schöppenstedt*-Formel. Gegenstand war keine gänzlich unterbliebene Umsetzung, bei der die klare und unmissverständliche Pflicht zur Umsetzung außer Acht gelassen wurde. Vielmehr hatte das Vereinigte Königreich die Richtlinie nicht ordnungsgemäß umgesetzt. Nach Auffassung des EuGH ließ sich das durch die Richtlinie geforderte Ergebnis zwar nicht ohne weiteres bestimmen, allerdings sah die Richtlinie nur eine rechtmäßige Lösung vor. Dem Gesetzgeber stand demnach kein Ermessen bei der Umsetzung zu[770]. Dennoch wandte der EuGH die *Schöppenstedt*-Formel an. Er stellte zum einen heraus, dass es nicht auf eine formale Betrachtung ankomme. Entscheidend sei daher nicht allein die Frage, ob es sich bei der legislativen Tätigkeit um Richtlinienumsetzung handele. Vielmehr seien materielle Kriterien heranzuziehen. Zum anderen betonte er, es sei nicht nur zu prüfen, inwieweit, sondern auch mit welcher Deutlichkeit Vorgaben des Unionsrechts den nationalen Spielraum einschränkten. Erfasst sind danach auch Fälle, in denen die geforderte legislative Tätigkeit nicht ohne weiteres und damit nicht hinreichend präzise zu ermitteln ist. In den Entscheidungsgründen sprach der EuGH daher auch explizit von einer Gleichstellung dieser Fallgruppe mit der des weiten Ermessens[771].

Die nächste erhebliche Erweiterung des Anwendungsbereichs der *Schöppenstedt*-Formel nimmt der EuGH in der Entscheidung *Hedley Lomas*[772] vor. Danach sei sie auch auf exekutives Unrecht anzuwenden. Verfahrensgegenstand war die unionsrechtswidrig verweigerte Ausfuhrgenehmigung für lebende Schafe nach Spanien durch das zuständige Ministerium von England und Wales[773]. Zunächst knüpfte der EuGH an die Entscheidungen in den Rechtssachen *Brasserie* und *Francovich* an

---

769 EuGH 26.03.1996, Rs. C-392/93, *British Telecommunications*, Slg. 1996, I-1631.

770 Im Kern ging es um die Frage, ob die in Umsetzung der Richtlinie erfolgte Festlegung welche Aufträge von Telekommunikationsdienstleistern von der Sektoren-Vergaberichtlinie (90/351/EWG) ausgenommen sind durch den Mitgliedstaat rechtmäßig war oder dem Telekommunikationsanbieter zugestanden hätte – so der EuGH.

771 EuGH 26.03.1996, Rs. C-392/93, *British Telecommunications*, Slg. 1996, I-1631, Rn. 40.

772 EuGH 23.05.1996, Rs. C-5/94, *Hedley Lomas*, Slg. 1996, I-2553.

773 Das Ministerium bestritt nicht den Verstoß gegen die Warenverkehrsfreiheit, sah aber eine Rechtfertigung wegen der unzureichenden Schlachtbedingungen in Spanien als möglich an, obschon das Ministerium keine konkreten Beweise dafür besaß und eine Harmonisierungsrichtlinie in diesem Bereich bestand.

und betonte, dass die Voraussetzungen der Haftung von der Art des Verstoßes gegen das Gemeinschaftsrecht abhängen. Anschließend forderte er, dass auch im vorliegenden Fall ein hinreichend qualifizierter Verstoß nötig sei[774]. Auch in diesem Fall war daher die *Schöppenstedt*-Formel anzuwenden, obwohl er in der übernächsten Randnummer bereits darlegte, dass das zuständige Ministerium weder eine gesetzgeberische Tätigkeit ausgeübte, noch über ein weites Ermessen verfügte. Der EuGH erweiterte demnach den Anwendungsbereich für die Voraussetzung des hinreichend qualifizierten Verstoßes auch auf Einzelfallentscheidungen. Damit führte er eine wesentliche Vereinheitlichung des Haftungstatbestandes herbei. Weder das Erfordernis normativen Handelns, noch das Vorliegen eines Handlungsspielraums sind danach noch nötig[775]. Dadurch entschied sich der EuGH auch gegen eine generelle Unrechtshaftung für Verwaltungshandeln.

In der Entscheidung *Dillenkofer*[776] stellte der EuGH unter Relativierung seiner frühen Aussagen diese Vereinheitlichung klar[777]. Für alle Haftungskonstellationen sollten nunmehr ausdrücklich die gleichen, einheitlichen Voraussetzungen gelten. Er führte aus: Die Aussage, „die Voraussetzungen [...] [hingegen] von der Art des Verstoßes gegen das Gemeinschaftsrecht" ab, solle so verstanden werden, dass die gleichen „Voraussetzungen je nach Fallgestaltung zu beurteilen seien"[778]. Im Übrigen seien die von ihm genannten Voraussetzungen, die zuvor in der ersten und dieser Phase geschildert wurden, auch im Wesentlichen die gleichen. Auch in der Entscheidung *Francovich* habe ein hinreichend qualifizierter Verstoß vorgelegen. Damit wird die völkerrechtliche Sicht betont. Danach haftet der Staat für Rechtsverletzungen unabhängig davon, welches Organ den Schaden verursacht hat. Diese Vereinheitlichung führt allerdings auch dazu, dass in allen Konstellationen ein Tatbestandsmerkmal verwendet wird, das seinem ursprünglichen Zweck nach die Haftung für legislatives Unrecht auf Ausnahmefälle begrenzen soll.

---

774 EuGH 23.05.1996, Rs. C-5/94, *Hedley Lomas*, Slg. 1996, I-2553, Rn. 24ff.

775 Dafür bereits zuvor: *Streinz*, EuZW 1993, 599 (604); *Jarass*, NJW 1994, 881 (885).

776 EuGH 08.10.1996, Rs. C-178/94, C-179/94 u. C-188/94 bis C-190/94, *Dillenkofer*, Slg. 1996, I-4845.

777 In der Sache ging dabei es um die unterbliebene Umsetzung der Pauschalreiserichtlinie (90/314/EWG) durch Deutschland.

778 EuGH 08.10.1996, Rs. C-178/94, C-179/94 u. C-188/94 bis C-190/94, *Dillenkofer*, Slg. 1996, I-4845, Rn. 24.

bb. Weiterhin Differenzierung nach handelnden Gewalten

Mit der Erweiterung des Anwendungsbereichs der *Schöppenstedt*-Formel war zunächst klargestellt, dass in allen Fällen ein hinreichend qualifizierter Verstoß vorliegen muss. Der EuGH hatte indes auch betont, dass dieser je nach Fallgestaltung zu beurteilen sei. Unter welchen Voraussetzungen ein hinreichend qualifizierter Verstoß gegeben sei, war in dieser Phase allerdings noch nicht abschließend bestimmt. Insbesondere der Entscheidung *Dillenkofer* lässt sich jedoch entnehmen, dass auf erster Stufe nach den jeweils handelnden Gewalten zu unterscheiden ist.

War zuvor im Rahmen der Unionshaftung die offenkundige und erhebliche Überschreitung der Grenzen der normativen Befugnisse die einzige Umschreibung für einen hinreichend qualifizierten Verstoß, so tritt seit der Entscheidung *Hedley Lomas* eine zweite Fallgruppe dazu. Schließlich hatte der EuGH auch für Einzelfallentscheidungen einen hinreichend qualifizierten Verstoß gefordert, der sich nicht in der bisherigen Umschreibung wiederfinden konnte. Dieses Tatbestandsmerkmal war ja auch zunächst als besondere Voraussetzung nur für legislatives Unrecht im Rahmen der Unionshaftung entwickelt worden. Nach dieser zweiten Fallgruppe „kann die blosse Verletzung des Gemeinschaftsrechts durch einen Mitgliedstaat, der zum Zeitpunkt dieser Rechtsverletzung keine gesetzgeberischen Entscheidungen zu treffen hatte und über einen erheblich verringerten oder gar auf Null reduzierten Gestaltungsspielraum verfügte, ausreichen, um einen hinreichend qualifizierten Verstoß anzunehmen."[779]. Insoweit reicht bereits die einfache Rechtswidrigkeit. Mit der Erweiterung des Anwendungsbereichs des hinreichend qualifizierten Verstoß auf exekutives Unrecht geht damit die Abkehr von einer stets zu fordernden qualifizierten Rechtswidrigkeit einher.

Nicht ganz eindeutig war, ob die Unterscheidung zwischen exekutivem und legislativen Handeln dabei rein nach formelle Kriterien vorgenommen wird oder, wie zuvor im Rahmen der Unionshaftung, eine materielle Betrachtung angestellt werden muss. Probleme bereitet insoweit die Zuordnung von legislativem Unrecht ohne wesentlichen Handlungsspielraum, wie insbesondere die gänzlich unterbliebene Richtlinienumsetzung. Grund ist, dass der EuGH für die erste Fallgruppe zwar sowohl auf die Rechtsprechung zur Unionshaftung (Rechtssache *HNL*), als auch auf die Entscheidungen zur unionsrechtlichen Staatshaftung (*Brasserie*

---

[779] EuGH 23.05.1996, Rs. C-5/94, *Hedley Lomas*, Slg. 1996, I-2553, Rn. 28; ebenso: EuGH 08.10.1996, Rs. C-178/94, C-179/94 u. C-188/94 bis C-190/94, *Dillenkofer*, Slg. 1996, I-4845, Rn. 25; EuGH 02.04.1998 Rs. C-127/95, *Norbrook Laboratories*, Slg. 1998, I-1531, Rn. 107.

und *British Telecommunications*) verweist, die dort jeweils vorhandene Differenzierung nach dem Entscheidungsspielraum bei legislativen Handlungen jedoch nicht übernimmt[780]. Damit wäre legislatives Unrecht stets der ersten Fallgruppe zuzuordnen. Der deutschen Fassung des Urteils *Dillenkofer* lässt sich zwar grundsätzlich auch eine Interpretation entnehmen, wonach bei gesetzgeberischen Entscheidungen ohne wesentlichen Handlungsspielraum die einfache Rechtsverletzung genügen würde. Dann wäre die Fallgestaltung der zweiten Fallgruppe zuzuordnen. Diese Interpretation wiederlegt jedoch der EuGH gleich selbst, indem er in der Nichtumsetzung einer Richtlinie eine offenkundige und erhebliche Überschreitung der Befugnisse sieht und damit eine qualifizierte Rechtswidrigkeit fordert (erste Fallgruppe). Die Interpretationsmöglichkeit ist zudem mit einer ungenauen Übersetzung aus dem Urteil *Hedley Lomas* zu erklären, wie der Vergleich mit den englischen Fassungen der Urteile zeigt[781]. Die dortige Formulierung sollte übernommen werden und dort stand keine gesetzgeberische Tätigkeit in Rede. Zudem würde ein materielles Verständnis auch eine unnötige Doppelung in den benannten Voraussetzungen bedeuten. Nach einem materiellen Verständnis wäre eine gesetzgeberische Handlung zu verneinen, wenn der Mitgliedstaat über keine Wahlmöglichkeiten mehr verfügen würde. Genau diese Ermessensreduktion beschreibt indes die zweite Voraussetzung der zweiten Fallgruppe. Demnach kann die Urteilspassage in der Entscheidung *Dillenkofer* nur so verstanden werden, dass eine formelle Unterscheidung vorgenommen werden muss.

Für legislative Tätigkeit war danach in dieser Phase unabhängig vom Entscheidungsspielraum eine qualifizierte Rechtswidrigkeit gefordert. Ein hinreichend qualifizierter Verstoß verlangt insoweit stets eine offenkundige und erhebliche Überschreitung der Rechtssetzungsbefugnisse (erste Fallgruppe). Dieser ist jedoch umso eher gegeben, je klarer die le-

---

780 EuGH 08.10.1996, Rs. C-178/94, C-179/94 u. C-188/94 bis C-190/94, *Dillenkofer*, Slg. 1996, I-4845, Rn. 25.

781 Englische Fassung: *Hedley Lomas,* Rn. 28: "the Member State in question was not called upon to make any legislative choices", *Dillenkofer,* Rn. 25: "the Member State in question was not called upon to make any legislative choices"; deutsche Fassung: *Hedley Lomas,* Rn. 28: „kann die blosse Verletzung des Gemeinschaftsrechts durch einen Mitgliedstaat, der zum Zeitpunkt dieser Rechtsverletzung keine gesetzgeberischen Entscheidungen zu treffen hatte", *Dillenkofer,* Rn. 25: „zum anderen kann die blosse Verletzung des Gemeinschaftsrechts genügen, um einen hinreichend qualifizierten Verstoß zu begründen, wenn der betreffende Mitgliedstaat zum Zeitpunkt dieser Rechtsverletzung nicht zwischen verschiedenen gesetzgeberischen Möglichkeiten zu wählen hatte"

gislative Handlungspflicht ist[782]. Eine Differenzierung nach der Weite des legislativen Handlungsspielraums nimmt der EuGH damit erst auf der nächsten Stufe vor. Zunächst wird die offenkundige und erhebliche Überschreitung ohne Berücksichtigung des Handlungsspielraums für legislative Tätigkeiten gefordert. Anschließend erfolgt dann jedoch die Berücksichtigung eben dieses Handlungsspielraums. Damit nimmt der EuGH eine Vereinheitlichung für alle Fälle legislativen Unrechts vor, die zuvor angelegte materielle Unterscheidung wird jedoch insoweit beibehalten, als sie auf die Ebene der Tatbestandsmerkmale verlagert wird. Der Ermessenspielraum bleibt somit weiter maßgeblich[783]. Bestätigung findet diese Ansicht in der Entscheidung *Denkavit*, bei der es um die nicht ordnungsgemäße Umsetzung der sogenannten Mutter-Tochter-Richtlinie[784] ging. Der EuGH führt darin aus, ob eine offenkundige und erhebliche Überschreitung der Grenzen der mitgliedstaatlichen Rechtssetzungsbefugnis und damit ein hinreichend qualifizierter Verstoß vorliege, hänge entscheidend vom Maß an Klarheit und Genauigkeit der verletzten Vorschrift ab[785]. Ebenso entschied der EuGH in der Rechtssache *Rechberger*[786].

Wie gezeigt, erfolgte die Vereinheitlichung des Haftungsmaßstabs in dieser Phase nur vordergründig. Letztlich ist die Unterscheidung danach, ob die Legislative oder Exekutive gehandelt hat, weiter aufrechterhalten worden. Mit der Rechtssache *Köbler* wurde diese Differenzierung noch erweitert, wenn für einen hinreichend qualifizierten Verstoß durch die Judikative ein offenkundiger Verstoß gegen geltendes Recht verlangt wird[787].

---

782 Vgl. *Grzeszick*, EuR 1998, 417 (429).

783 Anders GA *Legér* in Schlussanträgen zu EuGH 08.04.2003, Rs C-224/01, *Köbler*, Slg. 2003, I-10239, Rn. 132ff: Er geht von der maßgeblichen Unterscheidung in die zwei Fallgruppen nach der Weite des Ermessens auch bei legislativer Tätigkeit aus, stellt diese Unterscheidung jedoch sodann anhand der Rechtsprechung des EuGH selbst in Frage.

784 Richtlinie 90/435/EWG des Rates vom 23. Juli 1990 über das gemeinsame Steuersystem der Mutter- und Tochtergesellschaften verschiedener Mitgliedstaaten; ebenso: EuGH 02.04.1998 Rs. C-127/95, *Norbrook Laboratories*, Slg. 1998, I-1531, Rn. 109.

785 EuGH 17.10.1996, verb. Rs. C- 283/94, C-291/94 u. C-292/94, *Denkavit*, Slg. 1996, I-5063, Rn. 50; ebenso: EuGH 18.01.2001, Rs. C-150/99, *Stockholm Lindöpark*, Slg. 2001, I-493, Rn. 37ff.

786 EuGH 15.06.1999, Rs. C-140/97, *Rechberger*, Slg. 1999, I-3499.

787 EuGH 30.09.2003, Rs C-224/01, *Köbler*, Slg. 2003, I-10239, Rn. 53.

cc. Haftungsmaßstab noch unvollständig

Die dargestellte Differenzierung nach den Gewalten hatte ebenfalls zur Folge, dass der Haftungsmaßstab noch unvollständig war. Für exekutive Tätigkeiten mit weitem Ermessenspielraum konnte der oben dargestellten Umschreibung die genauen Voraussetzungen nicht entnommen werden. Es ist auch nicht von einer reinen Unrechtshaftung für sämtliches Handeln der Verwaltung auszugehen, so dass stets die einfache Unionsrechtswidrigkeit genügen würde. Wie im vorherigen Abschnitt gezeigt, wird der Haftungsmaßstab für Verwaltungshandeln nur für den Fall der weitgehenden Ermessensreduktion beschrieben. Nur wenn diese Voraussetzung gegeben ist, reicht die einfache Unionsrechtswidrigkeit aus, um einen hinreichend qualifizierten Verstoß zu begründen. Welcher Haftungsmaßstab im Fall von Verwaltungshandeln mit Gestaltungsspielraum anzuwenden wäre, hatte der EuGH auch nicht zu entscheiden gehabt. In der Rechtssache *Brinkmann Tabakfabriken* war zwar eine solche Konstellation gegeben, der EuGH führte allerdings lediglich aus, da kein erheblich reduzierter Ermessenspielraum im Zeitpunkt der Entscheidung der dänischen Behörden vorlag, sei auch kein hinreichend qualifizierter Verstoß gegeben[788]. Das sich zu diesem Zeitpunkt ergebende Prüfungsmuster lässt sich damit graphisch wie folgt darstellen:

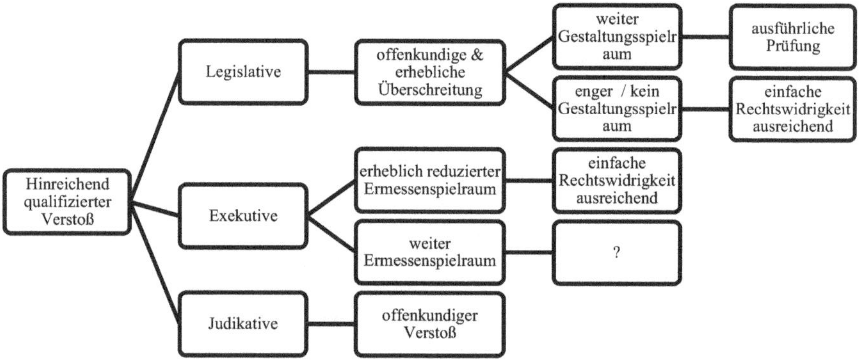

788 EuGH 24.08.1998, Rs C-319/96, *Brinkmann Tabakfabriken*, Slg. 1998, I-5255, Rn. 30.

d. Konsolidierungsphase: Vereinheitlichung der beiden Haftungsinstitute

In der folgenden Phase zeigt sich die gegenseitige Beeinflussung von Staatshaftung und Unionshaftung in umgekehrter Weise. Aufgrund der singulären Zuständigkeit der Unionsgerichtsbarkeit für Haftungsklagen gegen die Union hatte der EuGH die Konturen des Tatbestandes für Unionshaftung bereits frühzeitig herausbilden können. Nunmehr hatte eine Vielzahl von Vorlagefragen zu einer Konkretisierung der Voraussetzungen der unionsrechtlichen Staatshaftung geführt. An diese Entwicklung lehnte sich der EuGH nun wiederum für die Unionshaftung an. Die in der vorherigen Phase dargestellte Vereinheitlichung im Rahmen der Staatshaftung wird nunmehr auf die Unionshaftung übertragen.

aa. Unionshaftung: Hinreichend qualifizierten Verstoß für alle Verstoßkonstellationen

Wie zuvor dargestellt, wurde im Rahmen der Haftung der Union zwischen der Haftung für administratives Unrecht - Anwendung der *Lütticke*-Kriterien[789] - und der für legislatives Unrecht - Anwendung der *Schöppenstedt*-Formel - unterschieden[790]. In der Entscheidung *Bergaderm* erfolgte dann ein Rückgriff auf die mitgliedstaatliche Haftung, die eine solche Unterscheidung, wie gezeigt, bereits aufgegeben hatte. Der EuGH betonte nunmehr auch aus dem Blickwinkel der Unionshaftung, dass die Haftungsvoraussetzungen für beide Institute nicht ohne besonderen Grund voneinander abweichen dürften[791]. Er stellte sodann das Ermessen als entscheidendes Kriterium in den Mittelpunkt. Sofern kein weites Ermessen vorliege, könne die bloße Unionsrechtswidrigkeit genügen, andernfalls müsse eine offenkundige und erhebliche Überschreitung gegeben sein. Unerheblich sei die Tatsache, dass es sich bei der angegriffenen Handlung um eine allgemeine oder einzelfallbezogene Maßnahme handelt. Der EuGH erläuterte, das System, welches er „speziell zur Haftung wegen Rechtsetzungsakten entwickelt hat, trägt u. a. der Komplexität der zu regelnden Sachverhalte, den Schwierigkeiten bei der Anwen-

789 EuGH 28.04.1971, Rs. 4-69, *Lütticke II*, Slg. 1971, 325, Rn. 9; EuGH 07.11.1985, Rs. 145/83, *Adams*, Slg. 1985, 3539, Rn. 53.

790 So auch noch GA *Fennelly*, Schlussanträge zu EuGH 27.01.2000, Rs C-352/98 P, *Bergaderm und Goupil*, Slg. 2000, I-5291, Rn. 26.

791 EuGH 04.07.2000, Rs C-352/98 P, *Bergaderm und Goupil*, Slg. 2000, I-5291, Rn. 41; in gleicher Weise zuvor aus dem Blickwinkel der unionsrechtlichen Staatshaftung: EuGH 05.03.1996, verb. Rs C-46/93 u. C-48/93, *Brasserie du Pêcheur/Factortame III*, Slg. 1996, I-1029, Rn. 42.

dung oder Auslegung der Vorschriften und insbesondere dem Ermessensspielraum, über den der Urheber des betreffenden Aktes verfügt, Rechnung"[792]. Wie bereits zuvor für die Haftung der Mitgliedstaaten vereinheitlichte er nun auch für die Unionshaftung die Haftungsvoraussetzungen und stellte die besondere Bedeutung des Ermessenskriteriums heraus. Wie in der Entscheidung *British Telecommunications* erläuterte er zudem, dass der Fall des weiten Entscheidungsspielraums mit dem Fall der unklaren Rechtslage gleichzustellen sei. In den folgenden Urteilen ist diese Vereinheitlichung, trotz vereinzelter Bezugnahme des EuG auf die alte Unterscheidung[793] auch im Rahmen der Unionshaftung mehrfach bestätigt worden[794]. Entscheidend war daher nicht mehr, ob eine normative wirtschaftspolitische Entscheidung vorlag, da sich der Haftungsmaßstab nicht mehr danach unterschied. Statt einer schematischen Unterscheidung waren fortan tatsächlich bestehende Rechtsanwendungsspielräume unabhängig von der Handlungsform für die Anwendung des Haftungsmaßstabes entscheidend.

bb. Unionsrechtliche Staatshaftung: Vereinheitlichung der Haftungsvoraussetzungen

Die Rechtsprechung zur unionsrechtlichen Staatshaftung kann seit der Entscheidung *Brasserie* im Wesentlichen als gefestigt angesehen werden. Die entsprechenden Urteilspassagen bis zu den neueren Entscheidungen zeichnen sich stets durch eine Verweisung auf die bisher ergangenen Entscheidungen aus, so dass dieser Eindruck noch verstärkt wird[795]. Bei genauerer Betrachtung tauchen indes leichte Differenzierungen auf, die schließlich in einer teilweise klareren Formulierung münden.

---

792 EuGH 04.07.2000, Rs C-352/98 P, *Bergaderm und Goupil*, Slg. 2000, I-5291, Rn. 40.

793 EuG 24.10.2000, T-178/98, *Fresh Marine Company*, Slg. 2000, II-3331, Rn. 57; EuG 26.02.2003, verb. Rs. T-344/00 und T-345/00, *CEVA*, Slg. 2003, II- 229, Rn. 96.

794 EuG 12.07.2001, verb. Rs. T-198/95, T-171/96, T-230/97, T-174/98 und T-225/99, *Comafrica*, Slg. 2001, II-1975, Rn. 134ff; EuG 23.10.2001, Rs. T-155/99, *Dieckmann & Hansen*, Slg. 2001, II-3143, Rn. 42ff; EuGH 12.07.2005, Rs. C-198/03 P, *CEVA*, Slg. 2005, I-6357, Rn. 64ff; EuG 11.07.2007, Rs. T-351/03, *Schneider Electric*, Slg. 2007, II-2237, Rn. 113ff; EuG 09.09.2008, T-212/03, *MyTravel*, Slg. 2008 II-01967, Rn. 37ff; EuG 03.03.2010, Rs. T-429/05, *Artegodan*, Slg. 2010, II-491, Rn. 53ff; EuG 23.11.2011, Rs. T-341/07, *Sison II*, Slg. 2011, II-7915, Rn. 34ff.

795 Insoweit mit Ausnahmecharakter, unter Verweis auf die Entscheidung *Faccini Dori* und in Verfahren, bei denen die unionsrechtliche Staatshaftung nur am Rande erwähnt wurde: EuGH 04.07.2006, Rs. C-212/04, *Adeneler*, Slg. 2006, I-6057, Rn. 112; EuGH 24.07.2003, C-166/02, *Viegas*, Slg. 2003, I-7871, Rn. 24.

Dabei unterscheidet der EuGH weiterhin zwischen zwei Fallgruppen. Zum einen ist „ein Verstoß gegen das Gemeinschaftsrecht hinreichend qualifiziert [...], wenn der betreffende Mitgliedstaat" die Grenzen seiner Befugnisse „offenkundig und erheblich überschritten hat". Zum anderen ist die bloße Verletzung des Unionsrechts „durch einen Mitgliedstaat, der zum Zeitpunkt dieser Rechtsverletzung nur über einen erheblich verringerten oder gar auf Null reduzierten Gestaltungsspielraum verfügte", ausreichend, „um einen hinreichend qualifizierten Verstoß anzunehmen"[796]. Von einer formellen Unterscheidung nach der jeweils handelnden Gewalt, wie noch in der vorherigen Phase, nimmt der EuGH Abstand.

(1) Fallgruppe der offenkundigen und erheblichen Befugnisüberschreitung

In den Urteilen nach der *Brasserie*-Entscheidung stellte der EuGH klar, dass die offenkundige und erhebliche Befugnisüberschreitung den hinreichend qualifizierten Rechtsverstoß weiter konkretisiert und folglich grundsätzliche Haftungsvoraussetzung der unionsrechtlichen Staatshaftung und nicht nur bei Rechtssetzungstätigkeit ist. Damit vollendete der EuGH auch begrifflich die Übertragung der im Rahmen der normativen Haftung der Gemeinschaft entwickelten Voraussetzungen auf Haftungskonstellationen, bei denen nicht legislatives Unrecht in Rede stand.

Diese Eingangsformulierung wurde erstmalig in der Rechtssache *Robins* erweitert[797]. Darin ging es um die mögliche Haftung des Vereinigten Königreichs wegen eines Verstoßes gegen die Insolvenzgeld-Richtlinie (80/987/EWG)[798]. Gerügt wurde die fehlende Mindestsicherung der Rentenanwartschaften bei Zahlungsunfähigkeit des eine betriebliche Altersvorsorge unterhaltenden Unternehmens. Im Mittelpunkt stand damit zwar erneut legislatives Unrecht, der EuGH stellte sprachlich indes nicht mehr auf die Grenzen der Rechtssetzungsbefugnis ab, sondern es heißt allgemeiner, dass „[e]in hinreichend qualifizierter Verstoß gegen das Gemeinschaftsrecht [...] voraus[-setzt], dass der Mitgliedstaat die Grenzen, die seinem Ermessen gesetzt sind, offenkundig und erheblich über-

---

796 Vgl. nur EuGH 04.07.2000, Rs. C-424/97, *Haim*, Slg. 2000, I-5123, Rn. 38.

797 Zuvor bereits GA *Jacobs*, Schlussanträge zu EuGH 22.01.1998, *Brinkmann Tabakfabriken*, Slg. 1998, I-5255, Rn. 30.

798 Richtlinie 80/987/EWG des Rates vom 20. Oktober 1980 zur Angleichung der Rechtsvorschriften der Mitgliedstaaten über den Schutz der Arbeitnehmer bei Zahlungsunfähigkeit des Arbeitgebers.

schritten hat“[799]. Diese Formulierung hat der EuGH in den nachfolgenden Urteilen aufrechterhalten[800].

(2) Fallgruppe der mitgliedstaatlichen Handlung ohne Ermessen

Bei der Formulierung, wann die einfache Rechtswidrigkeit ausreichen kann, einen hinreichend qualifizierten Verstoß zu begründen, ist die Rechtsprechung noch immer von gewisser Unstetigkeit gekennzeichnet. Dabei ist zum einen nicht eindeutig, ob auch für Handlungen der Legislative diese Fallgruppe eröffnet wird. Zum anderen ist den Urteilen des EuGH nicht ohne weiteres zu entnehmen, ob zwangsläufig aus der Tatsache, dass dem Mitgliedstaat kein Ermessen zustand, die hinreichend Qualifikation des Unionsrechtsverstoßes folgt.

(a) Fallgruppe auch für Legislative relevant

In den Urteilen des EuGH zur unionsrechtlichen Staatshaftung ist nicht eindeutig zum Ausdruck gebracht, ob diese Fallgruppe auch für legislative Handlungen in Betracht kommt. Der EuGH formuliert einerseits seit der Entscheidung *Larsy* allgemeiner und ohne speziellen Bezug zur Rechtssetzungstätigkeit: Ob die bloße Unionsrechtswidrigkeit ausreichen könne, hänge davon ab, dass der „Mitgliedstaat, […] zum Zeitpunkt dieser Rechtsverletzung nur über einen erheblich verringerten oder gar auf Null reduzierten Gestaltungsspielraum verfügte“[801]. In den Entscheidungen *Robins*[802] und *Synthon*[803] hingegen verweist der EuGH auf die Entscheidung *Hedley Lomas* und führt als zusätzliche Voraussetzungen zum erheblich verringerten oder auf Null reduzierten Ermessenspielraum an, dass der Mitgliedstaat keine gesetzgeberische Tätigkeit ausge-

799 EuGH 25.01.2007, Rs. C-278/05, *Robins*, Slg. 2007, I-1053, Rn. 70.

800 EuGH 17.04.2007, Rs. C-470/03, *A.G.M.-COS.MET*, Slg. 2007, I-2749, Rn. 80; EuGH 16.08.2008, Rs. C-452/06, *Synthon*, Slg. 2008, I-7681, Rn. 37; EuGH 25.11.2010, Rs. C-429/09, *Fuß gegen Halle*, Slg. 2010, I-12167, Rn. 51; EuGH 19.06.2014, verb. Rs. C-501/12 bis C-506/12, C-540/12 und C-541/12, *Specht u.a.*, noch nicht in der amtlichen Sammlung veröffentlicht, Rn. 102; unter gleichlautender Übernahme aus früherem Urteil (*FII Group Litigation*) anders: EuGH 13.03.2007, Rs. C-524/04, *Test Claimants in the Thin Cap Group Litigation*, Slg. 2007, I-2107, Rn. 118.

801 EuGH 28.06.2001, Rs. C-118/00, *Larsy*, Slg. 2001, I-5063, Rn. 38; ebenso: EuGH 04.07.2000, Rs. C-424/97, *Haim*, Slg. 2000, I-5123, Rn. 38; EuGH 17.04.2007, Rs. C-470/03, *A.G.M.-COS.MET*, Slg. 2007, I-2749, Rn. 81; EuGH 12.12.2006, Rs. C-446/04, *Test Claimants in the FII Group Litigation*, Slg. 2007, I-2107, Rn. 212.

802 EuGH 25.01.2007, Rs. C-278/05, *Robins*, Slg. 2007, I-1053, Rn. 71.

803 EuGH 16.08.2008, Rs. C-452/06, *Synthon*, Slg. 2008, I-7681, Rn. 38.

übt hat. Indes hatte diese Einschränkung in beiden Urteilen keine entscheidende Bedeutung. In der Rechtssache *Robins* nahm der EuGH für legislatives Unrecht ein weites Ermessen an. In der Rechtssache *Synthon* stellte sich die Frage des Ermessenspielraums im Rahmen der Haftung wegen exekutiven Unrechts.

Letztlich ist davon auszugehen, dass auch für Unionsrechtsverstöße der Legislative bei fehlendem Gestaltungsspielraum die einfache Rechtswidrigkeit zur Begründung des hinreichend qualifizierten Verstoßes ausreichen kann, auch wenn die diesbezüglichen Formulierungen in den Urteilen des EuGH nicht eindeutig sind. Genau das entspricht im Ergebnis auch der Prüfung des EuGH seit der Entscheidung *Brasserie*. Ausdrücklich ging er dort auf mögliche Einschränkungen des legislativen nationalen Handlungsspielraums durch Vorgaben des Unionsrechts ein.

(b) **Hinreichend qualifizierter Verstoß nicht zwangsläufig gegeben**

Ebenfalls nicht ganz eindeutig der Rechtsprechung zu entnehmen ist, inwieweit bei Vorliegen dieser Fallgruppe ein hinreichend qualifizierter Verstoß anzunehmen ist. Da sich beide dargestellte Fallgruppen im Wesentlichen durch das Vorliegen von Ermessen unterscheiden, stellt sich damit ebenso die Frage nach der Maßgeblichkeit des Ermessens zur Qualifizierung des Verstoßes.

Der EuGH führt dazu aus, dass bei erheblich reduziertem Ermessensspielraum die bloße Verletzung des Gemeinschaftsrechts lediglich genügen „kann“, um einen hinreichend qualifizierten Verstoß zu begründen[804]. Damit ist dem Umfang des Ermessens nur eine Indizwirkung zuzuerkennen. Ein Automatismus zwischen Fehlen von Ermessen und hinreichend qualifiziertem Verstoß besteht demnach nicht[805]. Für die Unionshaftung formuliert das EuG insoweit deutlicher, „dass kein automatischer Zusammenhang zwischen dem mangelnden Ermessen des betreffenden Organs und der Einstufung der Zuwiderhandlung als hinreichend qualifizierter Verstoß gegen das Gemeinschaftsrecht“ herzustellen ist[806]. Es lassen sich noch weitere Belege in der Staatshaftungsrechtsprechung finden, die gegen eine alleinige Maßgeblichkeit der Ermes-

804 Vgl. nur: EuGH 04.07.2000, Rs. C-424/97, *Haim*, Slg. 2000, I-5123, Rn. 38.

805 EuGH 04.07.2000, Rs. C-424/97, *Haim*, Slg. 2000, I-5123, Rn. 40ff; *Ossenbühl/Cornils*, Staatshaftungsrecht, S. 715; in Richtung eines Automatismus hingegen: *Hidien*, Die gemeinschaftsrechtliche Staatshaftung der EU-Mitgliedstaaten, S. 51; *Beljin*, Staatshaftung im Europarecht, S. 52.

806 EuG 03.03.2010, Rs. T-429/05, *Artegodan*, Slg. 2010, II-491, Rn. 59; EuG 23.11.2011, Rs. T-341/07, *Sison II*, Slg. 2011, II-7915, Rn. 36.

sensunterscheidung auch im Rahmen der unionsrechtlichen Staatshaftung sprechen[807]. Dafür ist zunächst die Entscheidung *British Telecommunications* zu nennen[808]. Dort hat der EuGH angenommen, dass keine Wahlmöglichkeiten bei der Richtlinienumsetzung bestanden. Vielmehr war nur eine Auslegung des maßgeblichen Unionsrechts rechtmäßig, die der EuGH daher auch klar benennen konnte, und die nicht mit der Auslegung des Vereinigte Königreichs übereinstimmte. Obwohl dem handelnden Organ, in der Entscheidung *British Telecommunications* dem Umsetzungsgesetzgeber, demnach kein Ermessen zustand, hat der EuGH einen hinreichend qualifizierten Verstoß nicht bejaht. Der Anwendungsbereich der zweiten Fallgruppe war eröffnet, aber die einfache Unionsrechtswidrigkeit dennoch nicht haftungsbegründend. In gleicher Weise zeigt die Entscheidung *Stockholm Lindöpark*, dass bei fehlendem Ermessen nicht jeder Unionsrechtsverstoß einen hinreichend qualifizierten Verstoß darstellt. Auch hier führt der EuGH aus, dass der schwedische Gesetzgeber keine Wahlmöglichkeiten besaß und nur „über einen erheblich oder gar auf Null reduzierten Ermessensspielraum" verfügt, so dass die „bloße Verletzung des Gemeinschaftsrechts genügen [kann], um einen hinreichend qualifizierten Verstoß zu begründen" [809]. Anschließend geht er jedoch noch auf das weitere Vorbringen der schwedischen Regierung ein und verneint die Berücksichtigungsfähigkeit eines Irrtums, da „kein[...] Raum für einen vernünftigen Zweifel"[810] bestand[811]. Die weitere Prüfung zeigt deutlich, dass die Einordung in diese zweite Fallgruppe keinen Automatismus bewirkt. Bestätigend führt auch GA Léger in seinen Schlussanträgen zur Rechtssache *Köbler* aus, dass der EuGH zwar zunächst im Rahmen der Prüfung des hinreichend qualifizierten Verstoßes danach unterscheide, ob ein weites Ermessen gegeben ist oder nicht,

807 Vgl. zur Unionshaftung, die wegen der Komplexität des Regelungsaufgabe verneint wurde, obwohl zuvor ein reduzierter Ermessenspielraum angenommen wurde: EuGH 19.04.2007, Rs. C-282/05 P, *Holcim/Kommission*, Slg. 2007, I-2941, Rn. 51.

808 EuGH 26.03.1996, Rs. C-392/93, *British Telecommunications*, Slg. 1996, I-1631.

809 EuGH 18.01.2001, Rs. C-150/99, *Stockholm Lindöpark*, Slg. 2001, I-493, Rn. 40.

810 EuGH 18.01.2001, Rs. C-150/99, *Stockholm Lindöpark*, Slg. 2001, I-493, Rn. 41.

811 Ebenso: EuGH 16.08.2008, Rs. C-452/06, *Synthon*, Slg. 2008, I-7681, Rn. 43f; vgl. dazu auch die Zweifel an der Maßgeblichkeit des Ermessens: GA *Stix-Hackl* Schlussanträge zu EuGH 25.11.2003, Rs. C-222/02, *Peter Paul*, Slg. 2004, I-9425, Rn. 102ff.

dann aber für die weitere Prüfung beider Fallgruppen jeweils ähnliche Kriterien anlege[812].

3. Zusammenfassung

Mit den Urteilen *Schöppenstedt* und *HNL* führte der EuGH das Merkmal des hinreichend qualifizierten Verstoßes als besondere Voraussetzung für legislatives Unrecht und als wesentliches Element der *Schöppenstedt*-Formel ein. Die Gemeinschaft sollte nicht für jede rechtswidrige legislative Handlung dem Einzelnen gegenüber haften. Der hinreichend qualifizierte Verstoß wurde damit als Tatbestandsmerkmal zur Begrenzung der Haftung der Gemeinschaft auf Ausnahmefälle eingeführt. Bei der Prüfung dieses Merkmals verknüpfte der EuGH Aspekte der Aufopferungshaftung mit solchen der Unrechtshaftung. Nur wenn besondere Voraussetzungen vorlagen, die sich aus den Auswirkungen und der Art des Verstoßes ergaben, war eine Haftung für legislatives Unrecht zu bejahen.

Nach der Begründung des unionsrechtlichen Staatshaftungsanspruchs in der Entscheidung *Francovich* übernahm der EuGH in der Entscheidung *Brasserie* die Voraussetzung der *Schöppenstedt*-Formel auch für die Konstellation eines mitgliedstaatlichen Verstoßes der Legislative. Übertrug der EuGH anfänglich auch noch die Anwendungsvoraussetzungen der *Schöppenstedt*-Formel, erweiterte er diese bereits in der Folge. In der Rechtssache *Dillenkofer* stellte der EuGH zusammenfassend fest, dass für alle Verstoßkonstellationen - für jede der drei Staatsfunktionen - ein hinreichend qualifizierter Verstoß notwendig sei. Weder das Erfordernis normativen Handelns, noch das Vorliegen eines Handlungsspielraums sind danach notwendige Voraussetzungen, von denen es abhängt, ob das Vorliegen eines hinreichend qualifizierten Verstoßes geprüft werden muss. Mit der Entscheidung *Köbler* stellt der EuGH explizit klar, dass auch für judikatives Unrecht eine hinreichend qualifizierte Verletzung gegeben sein muss. In gleicher Weise führt der EuGH mit der Entscheidung in der Rechtssache *Bergaderm* die begriffliche Vereinheitlichung auch im Rahmen der Unionshaftung ein und parallelisiert erneut beide Haftungsinstitute. Diese weitgehende Parallelisierung scheint folgerichtig. Erstens angesichts des Verweises der Unionshaftung auf die allgemeinen Rechtsgrundsätze, die in den Rechtsordnungen der Mitgliedstaaten gewöhnlich anerkannt sind und zweitens angesichts des im Wesent-

---

812 GA *Legér* in Schlussanträgen zu EuGH 08.04.2003, Rs C-224/01, *Köbler*, Slg. 2003, I-10239, Rn. 134.

lichen gleichen Schutzniveaus für aus der Unionsrechtsordnung fließende Rechte, unabhängig von der Zuordnung des schädigenden Verhaltens zur Unions- oder mitgliedstaatlichen Ebene.

Die begriffliche Vereinheitlichung und Erweiterung des Anwendungsbereichs dieser Verstoßqualifikation gehen dabei mit einer Bedeutungsveränderung einher. Eingeführt als besondere Haftungsvoraussetzung für den begrenzten Anwendungsbereich wirtschaftlichen, abwägenden Handelns der Union ist der hinreichend qualifizierte Verstoß nunmehr universelle Tatbestandsvoraussetzung. Sollte das Merkmal zunächst die Haftung auf Ausnahmefälle begrenzen, ist es nunmehr Ort einer generellen Wertentscheidung zwischen dem Schutz staatlicher Interessen und Individualinteressen. Wie im Folgenden gezeigt wird, gibt der EuGH die vorherige Unterscheidung jedoch nicht gänzlich auf; von der Ebene des Anwendungsbereiches rücken diese Unterscheidungskriterien zur Prüfung des Tatbestandsmerkmales selbst. Bei der Prüfung des hinreichend qualifizierten Verstoßes werden die Besonderheiten der einzelnen Gewalten weiterhin berücksichtigt. Damit geht die Erweiterung des Anwendungsbereichs zunächst auf Kosten der Klarheit. Eine ordnende Analyse der Rechtsprechungspraxis des EuGH ist folglich notwendig.

II. Die Prüfung der Qualifikationsklausel in der europäischen Rechtsprechung

Im Rahmen der Prüfung, ob ein Unionsrechtsverstoß hinreichend qualifiziert ist, unterscheidet der EuGH, wie dargelegt, zwischen zwei Fallgruppen, die sich im Wesentlichen durch das Vorliegen von Ermessen unterscheiden. Allerdings ist auch gezeigt worden, dass zwischen fehlendem Ermessen und hinreichend qualifizierten Verstoß kein Automatismus besteht. Die Frage nach dem Ermessen kann daher nicht im Mittelpunkt des anzulegenden Prüfprogramms stehen. Der Rechtsprechung des EuGH lässt sich vielmehr entnehmen, dass auch die Frage der Komplexität der Rechtslage von Bedeutung ist. Der EuGH hat Fälle unklarer Rechtslage mit denjenigen, in denen der Mitgliedstaat Ermessensentscheidungen treffen konnte, ausdrücklich gleichgestellt[813]. Entgegen der in der Umschreibung der Haftungsvoraussetzung angelegten Differenzierung nach dem Umfang des Ermessensspielraums ist vielmehr eine Differenzierung nach der Erkennbarkeit der unionsrechtlichen Vorgaben vorzunehmen. Dabei ist ein eventuell eingeräumtes Ermessen nur ein Aspekt unter mehreren.

Es gilt: Je eindeutiger die Norm, desto klarer erkennbar auch die unionsrechtliche Vorgabe. Damit nimmt mit zunehmender Präzision der an die Mitgliedstaaten gestellten Verhaltensanforderungen deren Erkennbarkeit zu und nimmt die zulässige Fehlertoleranz ab. Bestehen eindeutige unionsrechtlich determinierte Grenzen des mitgliedstaatlichen Handelns, ist die einfache Unionsrechtswidrigkeit ausreichend, um einen hinreichend qualifizierten Verstoß anzunehmen. Sind Ermessensspielräume gegeben oder ist die Rechtslage unklar, unpräzise und daher komplex, ist ein hinreichend qualifizierter Verstoß erst anzunehmen, wenn die Grenzen erheblich überschritten sind. Beide Aspekte, Spielraum und Komplexität, bedingen sich dabei zumeist. Die Rechtsanwendung in Ermessensspielräumen ist regelmäßig komplexer und fehleranfälliger als ein einfacher Gesetzesvollzug, da eine Vielzahl von unter-

813 EuGH 26.03.1996, Rs. C-392/93, *British Telecommunications*, Slg. 1996, I-1631, Rn. 40ff; bereits angelegt in: EuGH 05.03.1996, verb. Rs C-46/93 u. C-48/93, *Brasserie du Pêcheur/Factortame III*, Slg. 1996, I-1029, Rn. 43; GA *Tesauro*, Schlussanträge zu *Brasserie du Pêcheur/Factortame III*, Rn. 69; Beides unterscheidet sich, da bei unklarer Rechtslage gerade keine Vielzahl von rechtmäßigen Handlungen möglich ist.

schiedlichen Belangen bei solchen Entscheidung zu berücksichtigen ist[814].

1. Prüfungskompetenz zwischen EuGH und nationalen Gerichten

Der EuGH führt in ständiger Rechtsprechung aus, die konkrete Anwendung der Haftungsvoraussetzungen obliege den nationalen Gerichten unter Berücksichtigung der vom Gerichtshof entwickelten Leitlinien[815]. Man könnte daher von einer grundsätzlichen Kompetenz der Mitgliedstaaten zur Prüfung der einzelnen Sachverhalte ausgehen. Indes hält dieser Grundsatz den EuGH nicht davon ab, vereinzelt über diese Leitlinien hinaus auch die konkrete Prüfung vorzunehmen, wenn er mit einem solchen Verfahren im Wege eines Vorabentscheidungsersuchens befasst wird[816]. Dabei gibt er bisweilen lediglich einzelne konkrete Umstände vor[817], an anderer Stelle führt er die komplette Prüfung des Tatbestands durch[818].

a. Grundsätzliche Aufgabenteilung im Rahmen von Art. 267 AEUV

Ausgangspunkt der Betrachtung der Kompetenz zur Prüfung des hinreichend qualifizierten Verstoßes bildet die generelle und weitgehend ak-

---

814 *Ossenbühl/Cornils*, Staatshaftungsrecht, S. 715; GA *Tesauro*, Schlussanträge zu *Brasserie du Pêcheur/Factortame III*, Rn. 78.

815 Vgl. nur: EuGH 01.07.1999, Rs. C-302/97, *Konle*, Slg. 1999, I-3099, Rn. 58; EuGH 30.09.2003, Rs C-224/01, *Köbler*, Slg. 2003, I-10239, Rn. 100; EuGH 04.12.2003, Rs. C-63/01, *Evans*, Slg. 2003, I-14447, Rn. 87; EuGH 12.12.2006, Rs. C-446/04, *Test Claimants in the FII Group Litigation*, Slg. 2007, I-2107, Rn. 210; EuGH 19.06.2014, verb. Rs. C-501/12 bis C-506/12, C-540/12 und C-541/12, *Specht u.a.*, noch nicht in der amtlichen Sammlung veröffentlicht, Rn. 100.

816 EuGH 26.03.1996, Rs. C-392/93, *British Telecommunications*, Slg. 1996, I-1631, Rn. 41; EuGH 17.10.1996, verb. Rs. C- 283/94, C-291/94 u. C-292/94, *Denkavit*, Slg. 1996, I-5063, Rn. 49; EuGH 28.06.2001, Rs. C-118/00, *Larsy*, Slg. 2001, I-5063 Rn. 40; EuGH 30.09.2003, Rs C-224/01, *Köbler*, Slg. 2003, I-10239, Rn. 101.

817 EuGH 18.01.2001, Rs. C-150/99, *Stockholm Lindöpark*, Slg. 2001, I-493, Rn. 38; ebenso: EuGH 04.07.2000, Rs. C-424/97, *Haim*, Slg. 2000, I-5123, Rn. 45ff.

818 EuGH 26.03.1996, Rs. C-392/93, *British Telecommunications*, Slg. 1996, I-1631, Rn. 41; EuGH 08.10.1996, Rs. C-178/94, C-179/94 u. C-188/94 bis C-190/94, *Dillenkofer*, Slg. 1996, I-4845, Rn. 26f; EuGH 30.09.2003, Rs C-224/01, *Köbler*, Slg. 2003, I-10239, Rn. 100ff; EuGH 25.11.2010, Rs. C-429/09, *Fuß gegen Halle*, Slg. 2010, I-12167, Rn. 53.

zeptierte Aufgabenteilung zwischen mitgliedstaatlichen Gerichten und EuGH bei Vorabentscheidungsverfahren. Nur im Rahmen eines solchen Verfahrens kann der EuGH mit einem vor den nationalen Gerichten zu erhebenden Staatshaftungsanspruch überhaupt befasst werden und nur insoweit kann er eine Prüfungskompetenz wahrnehmen. Nach Art. 267 Abs. 1 AEUV entscheidet der EuGH zum einen über Auslegungsfragen, und zum anderen übt er eine Gültigkeitskontrolle über die Rechtshandlungen der Unionsorgane aus. Ihm obliegt folglich die sachverhaltsgelöste, abstrakte Verdeutlichung von Inhalt und Bedeutung des Unionsrechts[819]. Aufgabe der mitgliedstaatlichen Gerichte ist die Anwendung des ausgelegten Rechts auf den zur Entscheidung stehenden Einzelfall. Ihnen obliegt es, jede Beurteilung des Sachverhalts selbst vorzunehmen[820]. Ein Ineinandergreifen beider Kompetenzbereiche ergibt sich durch die Befugnis des EuGH, dem nationalen Gericht Kriterien an die Hand zu geben, die es in die Lage versetzen, die Subsumtion vorzunehmen[821]. Entscheidend für die Frage, welcher Ebene die Prüfungskompetenz zur Bestimmung des hinreichend qualifizierten Verstoßes zukommt, ist mithin, ob es sich dabei um Auslegung oder Anwendung des Unionsrechts handelt.

b. Grundsatz: Mitgliedstaatliche Prüfungskompetenz

Wie oben gezeigt, ist die unionsrechtliche Staatshaftung durch den EuGH begründet. Er hat die wesentlichen Haftungsvoraussetzungen benannt, zu denen auch der hinreichend qualifizierte Verstoß gehört. Damit gibt der EuGH den Prüfungsmaßstab vor. Die mitgliedstaatlichen Gerichte haben insoweit die Vorgaben zu den Haftungsvoraussetzungen wie gesetzlich fixierte Regelungen zugrunde zu legen[822]. Die derartige Qualifikation des Verstoßes im Einzelfall ist dann als Anwendung des Unionsrechts einzuordnen. Damit hat das nationale Gericht den jeweili-

---

819 *Röthel*, in: Riesenhuber [Hrsg.], Europäische Methodenlehre, S. 351 (353f).

820 EuGH 22.06.2006, Rs. C-419/04, *Conseil général de la Vienne*, Slg. 2006, I-5645, Rn. 19; *GA Sharpston*, Schlussanträge, 06.04.2006, zu EuGH Rs. C-348/04, *Boehringer II*, Slg. 2007, I-3391, Rn. 3; ausführlich dazu: *Iglesias*, NJW 2000, 1889 (1890); *Bertelmann*, Die Europäisierung des Staatshaftungsrechts, S. 148; *Wegener*, in: Calliess/Ruffert, 2011, Art. 267 AEUV, Rn. 3ff; *Borchardt*, in: Lenz/Borchardt, Art. 267 AEUV, Rn. 4ff; zur Kritik an diesem Grundsatz: *Groth*, EuZW 2002, 460 (461); ebenfalls kritisch zu dieser Grenzziehung: *Franzen*, Privatrechtsangleichung durch die Europäische Gemeinschaft, S. 271ff.

821 EuGH 15.12.1993, Rs. C-292/92, *Hünermund*, Slg. 1993, I-6787, Rn. 8; EuGH 30.04.1998, verb. Rs. C-37/96 und C-38/96, *Sodiprem*, Slg. 1998, I-2039, Rn. 22.

822 *Ossenbühl/Cornils*, Staatshaftungsrecht, S. 625.

gen Sachverhalt festzustellen und dahingehend zu untersuchen, ob die Voraussetzungen gegeben sind, die das Unionsrecht für den Staatshaftungsanspruch verlangen. Der nationale Richter hat daher grundsätzlich die Beurteilung des Einzelfalls vorzunehmen[823].

c. Ausnahme: Prüfungskompetenz des EuGH

In der Kompetenz des EuGH liegt es demnach nur, die Voraussetzungen des Haftungstatbestands zu bestimmen. Dazu gehört jedoch auch deren weitere Konkretisierung. Die Aufstellung des oben benannten Kriterienkatalogs liegt daher ebenfalls in der Kompetenz des EuGH. Der EuGH hat jedoch darüber hinaus auch die vollständige Prüfung vorgenommen. Er hat dazu ausgeführt, dass ihm alle dafür notwendigen Angaben vorliegen. Damit gibt er selbst keine Begründung für die eigenständige Prüfung, sondern beschreibt nur deren Voraussetzungen[824].

Hintergrund ist, dass die Konkretisierung des Tatbestandsmerkmals des hinreichend qualifizierten Verstoßes auch durch die Entscheidungspraxis nationaler Gerichte vorgenommen werden kann. Deren Rechtsprechungslinien können die Konturen des Haftungstatbestands für die Zukunft entscheidend prägen. Eine schematische Aufgabenteilung zwischen nationalen Gerichten und EuGH birgt damit die Gefahr, dass die Konkretisierung und Fortentwicklung des Haftungstatbestandes nicht durch den EuGH, sondern durch die nationalen Gerichte und damit in den einzelnen Mitgliedstaaten unterschiedlich erfolgt. Richterrechtliche Fortentwicklung und konkrete Einzelfallentscheidung lassen sich nicht ohne weiteres trennen. Die Trennlinien zwischen Auslegung und Anwendung und damit zwischen Kompetenz der mitgliedstaatlichen Ge-

823 EuGH 01.07.1999, Rs. C-302/97, *Konle*, Slg. 1999, I-3099, Rn. 58; *Iglesias*, NJW 2000, 1889 (1890f.); *Ossenbühl/Cornils*, Staatshaftungsrecht, S. 625f; ebenso: BGH 26.04.2012, Az. III ZR 215/11 (Private Spielhallen), Rn. 21; BVerwG 09.11.2011, Az. 2 B 93/11 (Beförderung Teilzeitbeschäftige), Rn. 7f; BVerwG 16.05.2013, Az. 8 C 14.12 (Klagen bayerischer Sportwetten-Vermittler wegen erledigter Vermittlungsverbote), Rn. 48.

824 Zur vergleichbaren Zuständigkeitsverteilung bei der Prüfung der Missbräuchlichkeit einer Klausel in Verbracherverträgen nach Art. 3 Abs. 1 der Richtlinie 93/13/EWG, bei der der EuGH zwar grundsätzlich eine Zuständigkeit der mitgliedstaatlichen Gerichte für die Anwendung der allgemeinen Kriterien als gegeben ansieht, jedoch für den Fall, dass eine Klausel aus sich heraus ohne Bezug zu den Umständen des Einzelfalls und des anzuwendenden nationalen Rechts missbräuchlich ist, er selbst eine Zuständigkeit hat: EuGH 01.04.2004, Rs. C-237/02, *Freiburger Kommunalbauten*, Slg. 2004, I-3403, Rn. 22 f; EuGH 09.11.2010, Rs. C-137/08, *VB Pénzügyi Lízing*, Slg. 2010, I-10847, Rn. 36ff.

richte und der des EuGH lässt sich demnach ebenso wenig scharf ziehen[825].

Durch die abschließende Beurteilung des hinreichend qualifizierten Verstoßes kann der EuGH sicherstellen, dass die Voraussetzungen der unionsrechtlichen Staatshaftung einheitlich angewandt werden[826]. Soweit er folglich mit den Rechtssachen im Wege des Vorabentscheidungsverfahren befasst wird, begründet sich sein „Durchentscheiden" mit der Wahrung der Einheitlichkeit des Unionsrechts und der Fortentwicklung des Haftungstatbestands[827]. Für die mitgliedstaatlichen Gerichte folgt daraus eine entsprechende Beschränkung ihrer Prüfungskompetenz. Für sie besteht immer dann eine Vorlagepflicht nach Art. 267 Abs. 3 AEUV, wenn ihre Entscheidung über die unionsrechtlichen Haftungsvoraussetzungen Bedeutung über den Einzelfall hinaus haben und das Gepräge des Haftungstatbestands auch zukünftig beeinflussen kann[828]. Dabei gilt sicherlich, dass die Grundzüge des Haftungsanspruchs mittlerweile anerkannt sind und durch nationale Entscheidungen nicht mehr wesentlich beeinflusst werden. Aus dem inzwischen erreichten Entwicklungsstand[829] folgt auch, dass ein „Durchentscheiden" durch den EuGH in Vorabentscheidungsverfahren zu Staatshaftungsansprüchen nicht der Regelfall sein kann. Das Verhältnis zwischen nationalen Gerichten und dem EuGH hat sich folglich entsprechend dem Entwicklungsstand des Haftungsanspruchs geändert, ebenso die jeweilige Befugnisverteilung im Konkretisierungsdialog zwischen nationalen Gerichten und EuGH[830]. Die reine Anwendung der vom EuGH aufgestellten Leitlinien ist beim

---

825 *Ossenbühl/Cornils*, Staatshaftungsrecht, S. 627.

826 Ebenso: *Bothelo*, Overview of the Mechanism of Enforcement of Community Law, in: Moreira de Sousa/Heusel [Hrsg.], Durchsetzung des Gemeinschaftsrecht von Francovich zu Köbler, S. 13 (48); *Link*, Das Verschulden in der Amtshaftung, S. 60f.

827 *Ossenbühl*, DVBl 1992, 993 (996); *Karollus*, in: FS Köck, S. 169 (185f.); sehr kritisch zur Durchentscheidungskompetenz durch den EuGH in Vorabentscheidungsverfahren, insbesondere in der Rs. Köbler: *GA Colomer*, Schlussanträge zu EuGH 11.12.2003, Rs. C-30/02, *Recheio – Cash & Carry SA*, Slg. 2004, I-6015, Rn. 35, Fn. 44.

828 Auf die fehlende Vorlagepflicht berufend: BGH 26.04.2012, Az. III ZR 215/11 (Private Spielhallen), Rn. 21; BVerwG 09.11.2011, Az. 2 B 93/11, *Beförderung Teilzeitbeschäftige*, Rn. 7; BVerwG 09.06.2009, Az. 1 C 7. 08, Rn. 20.

829 Die evolutive Auslegungsmethode für das Vorlageverfahren betonend: *GA Jacobs*, in: Schlussanträge, 10.07.1997 zu EuGH Rs. C-338/95, *Wiener*, Slg. 1997, I-6495, Rn. 59ff.

830 *Röthel*, ZEuP 2005, 421 (427).

derzeitigen Entwicklungsstand damit Sache der mitgliedstaatlichen Gerichte[831]. Diese sind jedoch angehalten, dem EuGH Fragen vorzulegen, die sich auf den unionsrechtlichen Staatshaftungsanspruch grundsätzlich auswirken, seine Substanz betreffen und damit die Rechtseinheit berühren können[832]. Darunter können sich ebenfalls Fragen zur Unionsrechtsverträglichkeit nationaler Haftungsregeln befinden, die zur Ergänzung des Haftungstatbestands notwendig sind. Vorabentscheidungsersuche werden zudem weiterhin erforderlich sein, um die Unionsrechtsgemäßheit der gerügten nationalen Maßnahme beurteilen zu können[833].

2. Erkennbarkeit unionsrechtlicher Vorgaben - maßgebliches Prüfungskriterium

Im Folgenden wird gezeigt, dass die Erkennbarkeit der unionsrechtlichen Vorgaben, die Klarheit der unionsrechtlichen Norm, maßgebliches Kriterium zur Bestimmung des hinreichend qualifizierten Verstoßes ist. Alle im Kriterienkatalog des EuGH benannten Unterkriterien dienen letztlich nur dazu, diese Erkennbarkeit zu bestimmen. Sie bieten An-

---

831 Ebenso: BVerfG 21.11.2011, Az. 2 BvR 516/09 und 2 BvR 535/09 (Pfandpflicht), Rn. 28.

832 Ebenso: *Ossenbühl/Cornils*, Staatshaftungsrecht, S. 627; vgl. zum Verstoß gegen das Äquivalenzgebot, wenn Ansprüche auf Haftung des Staates für gesetzgeberisches Handeln je nachdem, ob sie wegen Verfassungswidrigkeit oder Unionsrechtswidrigkeit unterschiedlich behandelt werden: EuGH 26.01.2010, Rs. C-118/08, *Transportes Urbanos y Servicios Generales*, Slg. 2010, I-635; vgl. zur Prozesskostenhilfe für juristische Person zur Geltendmachung des Staatshaftungsanspruch vor dem Hintergrund des Effektivitätsgrundsatzes, EuGH 22.12.2010, Rs. C-279/09, *Deutsche Energiehandels- und Beratungsgesellschaft*, Slg. 2010, I-13849; vgl. zum dogmatischen Verständnis des Anspruchs den Vorlagebeschluss zur möglichen unionsrechtlichen Altersdiskriminierung der Besoldung der Beamten des Landes Berlin und die dortige 4. Vorlagefrage: „[...] Ergibt sich die Rechtsfolge des Verstoßes gegen das Diskriminierungsverbot dabei aus dem europäischen Primär- und/oder Sekundärrecht [...] selbst oder folgt der Anspruch nur aus dem Gesichtspunkt mangelhafter Umsetzung europarechtlicher Vorgaben nach dem unionsrechtlichen Staatshaftungsanspruch?":VG Berlin 23.10.2012, Az. 7 K 425.12; ebenso die 6. Vorlagefrage VG Berlin 23.10.2012, Az. 7 K 343.12 - anhängig unter: EuGH, Rs. C-501/12.

833 Vgl. dazu: EuGH 15.03.2011, Rs. C-29/10, *Koelzsch*, Slg. 2011, I-1595; EuGH 11.07.2013, Rs. C-409/11, *Csonka*, noch nicht in der amtlichen Sammlung veröffentlicht.

haltspunkte, um Art und Umfang der unionsrechtlichen Bindung und ihre Eindeutigkeit einzuschätzen[834].

a. Kriterienkatalog zur Bestimmung der Erkennbarkeit unionsrechtlicher Vorgaben

Wie im vorherigen Abschnitt dargelegt, ist in allen Konstellationen ein hinreichend qualifizierter Verstoß haftungsbegründende Voraussetzung. Um festzustellen, ob eine Verletzung des Unionsrechts einen hinreichend qualifizierten Verstoß darstellt, führt der EuGH für die unionsweit einheitliche Auslegung und Anwendung des Staatshaftungsanspruchs eine nicht abschließend zu verstehende Vielzahl von Einzelkriterien an. Dazu zählen neben dem schon angesprochenen Ermessen, das Maß an Klarheit und Genauigkeit der verletzten Vorschrift, die Frage, ob der Verstoß oder der Schaden vorsätzlich begangen beziehungsweise zugefügt wurde, ob ein etwaiger Rechtsirrtum entschuldbar ist und ob möglicherweise das Verhalten eines Organs der Union dazu beigetragen hat, dass nationale Maßnahmen oder Praktiken in unionsrechtswidriger Weise eingeführt oder aufrechterhalten wurden[835]. Diese Kriterien müssen weder kumulativ vorliegen, noch gibt der EuGH eine bestimmte Wertigkeit vor. Ein hinreichend qualifizierter Verstoß könnte daher bereits dann gegeben sein, wenn nur ein Kriterium erfüllt ist[836].

Zusammenfassen lassen sich die benannten Kriterien danach, dass der EuGH prüft, ob das Unionsrecht dem mitgliedstaatlichen Handeln klare Grenzen setzt beziehungsweise eine eindeutige Handlungspflicht auferlegt. Spielräume, die sich durch die Einräumung von Ermessen oder eine nur eingeschränkte Normenklarheit ergeben können, stehen dem entge-

834 Fehlende Eindeutigkeit annehmend: EuGH 26.03.1996, Rs. C-392/93, *British Telecommunications*, Slg. 1996, I-1631, Rn. 43; EuGH 17.10.1996, verb. Rs. C-283/94, C-291/94 u. C-292/94, *Denkavit*, Slg. 1996, I-5063, Rn. 50ff; EuGH 25.01.2007, Rs. C-278/05, *Robins*, Slg. 2007, I-1053, Rn. 72ff; Eindeutigkeit bejahend: EuGH 18.01.2001, Rs. C-150/99, *Stockholm Lindöpark*, Slg. 2001, I-493, Rn. 40; offen lassend: EuGH 01.07.1999, Rs. C-302/97, *Konle*, Slg. 1999, I-3099, Rn. 58; EuGH 04.12.2003, Rs. C-63/01, *Evans*, Slg. 2003, I-14447, Rn. 85ff.

835 EuGH 04.12.2003, Rs. C-63/01, *Evans*, Slg. 2003, I-14447, Rn. 86; EuGH 25.01.2007, Rs. C-278/05, *Robins*, Slg. 2007, I-1053, Rn. 77; EuGH 13.03.2007, Rs. C-524/04, *Test Claimants in the Thin Cap Group Litigation*, Slg. 2007, I-2107, Rn. 119.

836 GA *Jacobs*, Schlussanträge EuGH 18.01.2001, Rs. C-150/99, *Stockholm Lindöpark*, Slg. 2001, I-493, Rn. 58; *Gratias*, Staatshaftung für fehlerhafte Banken- und Versicherungsaufsicht im Europäischen Binnenmarkt, S. 136; *Bertelmann*, Die Europäisierung des Staatshaftungsrechts, S. 83.

gen. Nur wenn das Unionsrecht abschließend oder hinreichend klar die Anforderungen an das mitgliedstaatliche Handeln determiniert, knüpft der EuGH einen Haftungsvorwurf an die einfache Verletzung der entsprechenden Anforderungen. Die Eindeutigkeit der unionsrechtlichen Pflichten nimmt daher eine vorrangige Stellung bei der Prüfung des hinreichend qualifizierten Verstoßes ein. Sind diese eindeutig, ist ihre Verletzung erkennbar und im Regelfall auch vermeidbar. Ein hinreichend qualifizierter Verstoß ist folglich gegeben.

aa. Ermessensumfang als Unterkriterium

Erstes Unterkriterium ist der Umfang des vom Unionsrecht eingeräumten Ermessens. Konzeptionell ähnelte es dabei dem in der außervertraglichen Haftung der Union verwandten Begriff der „wirtschaftspolitischen Entscheidung". Auch dort war wesentlich, ob die verletzte Norm wirtschaftliche oder politische Entscheidungsspielräume eröffnet hat. Liegt ein so verstandenes Ermessen vor, gibt das Unionsrecht keine eindeutige Handlungspflicht vor. Ein weiter mitgliedstaatlicher Handlungsspielraum steht der klaren Erkennbarkeit der unionsrechtlichen Verpflichtung entgegen.

(1) Ermessens im Unionsrecht: Begriffliche Klärung

Der Begriff des Ermessens im Unionsrecht ist in seiner dogmatischen Konzeption nicht mit dem im deutschen Recht verwandten Ermessensbegriff zu verwechseln. Die deutsche Terminologie und vor allem die Unterscheidung von Ermessen, unbestimmtem Rechtsbegriff und Beurteilungsspielraum und damit zu Gesetzesauslegung und -anwendung findet sich auf Unionsebene nicht wieder. Das deutsche Begriffsverständnis im Sinne der deutschen Verwaltungslehre bietet daher kaum Anknüpfungspunkte zur näheren Begriffsklärung[837]. Das unionsrechtli-

---

[837] *Grabitz*, NJW 1989, 1776 (1778); *Calliess*, Gerichtliche Kontrolldichte und institutionelle Begründungspflicht, in: FS Götz, S. 239 (241); BVerwG 23.11.0211, Az. 6 C 1110, Rn. 38; den Begriff des Gestaltungsspielrum für vorzugwürdig hält: *Wolf*, Die Staatshaftung der Bundesrepublik Deutschland und der Französischen Republik für Verstöße gegen das Europäische Gemeinschaftsrecht, S. 130; vgl. zum Begriffsverständnis im deutschen Verwaltungsrecht nur: *Rode*, § 40 VwVfG und die deutsche Ermessenslehre, S. 19ff – er weist auch zugleich auf die Verwendung des Ermessens in Bezug auf die anderen Gewalten hin (S. 28ff.); vgl. zum Regulierungsermessen als Verbindung von unbestimmten Rechtsbegriffen und Ermessensbetätigung: BVerwG 28.11.2007, Az. 6 C 42.06, (City Carrier), Rn. 29; BGH 21.01.2014, Az. EnVR 12/12, Rn. 28; vgl. zur Kritik an der Trennung zwischen Beurteilungsspielraum und Ermessen: *Weitzel*, Justiziabilität des Rechtssetzungsermessens, S. 42ff;

che Ermessenverständnis ist weiter und umfassender und entscheidend durch das französische Verwaltungsrecht geprägt. Weder welche Gewalt handelt, noch die normtechnische Verankerung eines etwaigen Spielraums sind von entscheidender Relevanz. Es kommt nur darauf an, dass den jeweils handelnden Organen Entscheidungs-, Beurteilungs- und/ oder Gestaltungsspielräume durch die einschlägige unionsrechtliche Norm belassen werden[838]. Es ist folglich auch unbeachtlich, dass sich in den Entscheidungen zur Haftung der Union und der Mitgliedstaaten in den deutschen Fassungen der Urteile unterschiedliche Formulierungen, wie Ermessensspielraum[839], Regelungsermessen[840] und Gestaltungsspielraum[841] finden. Damit ist jeweils das gleiche gemeint. Das zeigt auch der Vergleich zu den englischen und französischen Fassungen der Urteile zeigt. Dort ist stets von „discretion" bzw. „marge d'appréciation" die Rede.

Das unionsrechtliche Ermessen ist daher als Gegenbegriff zur strikten, strengen bzw. gesetzesakzessorischen Gebundenheit und abschließenden Determinierung zu verstehen[842] und durch Auslegung der jeweils einschlägigen Unionsrechtsnorm zu ermitteln. Durch die Anknüpfung des Ermessenspielraums an höherrangige Vorgaben lässt sich der Ermessensbegriff jedoch aus ähnlichen normstrukturellen Überlegungen wie im deutschen Recht herleiten. Voraussetzung ist die Einräumung von Entscheidungsbefugnis durch höherrangiges Recht[843]. Eingeräumt wird die Möglichkeit, zwischen rechtlich gleichwertigen Maßnahmen zu wählen. Bestehen lediglich Schwierigkeiten, die korrekte Entscheidung zu ermitteln, ohne dass eine Letztentscheidungsbefugnis eingeräumt

838 *Schwarze*, Europäisches Verwaltungsrecht, S. 281; *Pache*, Tatbestandliche Abwägung und Beurteilungsspielraum, S. 390; vgl. zum französischen Ermessensverständnis: *Gaudemet*, Pouvoir discrétionnaire de l'administration moderne, in: Bullinger [Hrsg.], Verwaltungsermessen im modernen Staat, S. 113; zum Ganzen auch: *Bleckmann*, Europarecht, S. 304.

839 Vgl. nur: EuGH 05.03.1996, verb. Rs C-46/93 u. C-48/93, *Brasserie du Pêcheur/Factortame III*, Slg. 1996, I-1029, Rn. 43.

840 EuGH 26.03.1996, Rs. C-392/93, *British Telecommunications*, Slg. 1996, I-1631, Rn. 39.

841 Vgl. nur: EuGH 23.05.1996, Rs. C-5/94, *Hedley Lomas*, Slg. 1996, I-2553, Rn. 25.

842 *Rode*, § 40 VwVfG und die deutsche Ermessenslehre, S. 20; *v. Bogdandy/Jacob*, in: Grabitz/Hilf/Nettesheim, 2014, Art. 340 AEUV, Rn. 162; KG 14.04.2009, Az. 9 U 3/08, Rn. 51.

843 Vgl. für das deutsche Recht: BVerfG 31.05.2011, Az. A BvR 857/07, Rn. 72; zur normativen Ermächtigungslehre: *Elsner*, Das Ermessen im Lichte der Reinen Rechtslehre, S. 207.

wird, ist keine Ermessensentscheidungen im Sinne des Unionsrechts gegeben[844].

Ermessen in diesem Sinne meint sowohl die Entscheidungsfreiheit des Normsetzers als auch des Normanwenders. Anders als nach der nationalen Verwaltungsrechtslehre ist es damit nicht auf Handlungen der Verwaltung begrenzt[845]. Freiräume bei der Entscheidungsfindung ergeben sich auch für die Legislative aus einer unvollständigen Determinierung durch höherrangige Rechtsnormen und dem so eröffneten gesetzgeberischen (Gestaltungs-)Spielraum. Ist auch zuzugestehen, dass dieser Spielraum zumeist weiter ist als im Regelfall die Entscheidungsfreiheit der Exekutive, so handelt es sich dabei allein um quantitative Unterschiede. In vergleichbarer Weise sind Vorgaben höherrangiger Rechtsnormen zu beachten und etwaige Gestaltungspielräume auszufüllen. Gegebenenfalls bestehende unterschiedliche Motivationen der Entscheidungsträger führen unter Umständen zu unterschiedliche Tendenzen bei der Wahrnehmung der gegebenen Gestaltungsspielräume, erfordern aber keine qualitativ andere Beurteilung. Ebenso ist grundsätzlich auch ein Ermessen der Gerichte denkbar, was im deutschen Recht vielfach explizit verankert ist[846]. Neben richterlichen Ermessensentscheidungen, die vorrangig verhandlungsleitenden Charakter haben, ist auch bei der streitentscheidenden Tätigkeit ein Entscheidungsspielraum der Judikative zuzugestehen. Bei der Abwägung verschiedener Entscheidungsmöglichkeiten aus dem weder vollständigen noch eindeutigen Gesetz hat der Richter die Wertungen und Zwecke des Gesetzes unter Anwendung anerkannter Methoden zu berücksichtigen und insofern eine Konkretisierung auf den Einzelfall vorzunehmen. Diese Konkretisierung ist indes vom anzuwendenden Recht und dem Kanon der Methodenlehre nicht vollständig determiniert[847]. Dabei bedarf es eines zusätzlichen Auswahlaktes, der als Ermessensbetätigung verstanden werden kann[848]. Damit ergibt sich

---

844 Anders: *Gratias*, Staatshaftung für fehlerhafte Banken- und Versicherungsaufsicht im Europäischen Binnenmarkt, S. 136; *Beljin*, Staatshaftung im Europarecht, S. 46.

845 Vgl. zu einem weiteren Begriffsverständnis: *Weitzel*, Justiziabilität des Rechtssetzungsermessens, 1998; *Stickelbrock*, Inhalt und Grenzen richterlichen Ermessens im Zivilprozeß.

846 U.a.: §§ 3, 92 Abs. 2 Nr. 2, 100 Abs. 2, 398 Abs. 1, 454 Abs. 1, 495a ZPO; §§ 59 Abs. 1, S. 1, 79 Abs. 1, 116a Abs, 2, 118 Abs. 1, 244 Abs. 5 S. 1, 246 Abs. 4 StPO, §§ 144 Abs. 5, 161 Abs. 2 VwGO.

847 *Kirchhof*, NJW 1986, 2275 (2277); *Hassemer*, ZRP 2007, 213 (214f).

848 *Kirchhof*, NJW 1986, 2275 (2280); *Wenzel*, NJW 2008, 345 (347): „Der Richter ist kein Methodenapparat oder Subsumtionsautomat"; *Hirsch*, ZRP 2012, 205 (208).

auch im Rahmen der Judikative ein Entscheidungsspielraum, der dieser zugewiesen ist und am augenfälligsten in der Strafgerichtsbarkeit bei der Bestimmung des konkreten Strafmaßes zu Tage tritt[849]. Er ist aber auch für das Zivilrecht, insbesondere in Fällen der Analogie, teleologischen Reduktion und bei richterlichen Prognoseentscheidungen[850] anzuerkennen[851]. Der unionsrechtliche Ermessensbegriff umfasst daher - nach deutscher Terminologie - das Planungs- und Verordnungsermessen, den Beurteilungs-, Prognose-, Auslegungsspielraum sowie den Freiraum bei der Sachverhaltsbeurteilung und Beweiswürdigung[852].

(2) Voraussetzung für das Vorliegen von Ermessen

Bei der Bestimmung des Ermessensumfangs, der im Rahmen des Haftungsanspruchs berücksichtigt werden kann, ist unerheblich, inwieweit den handelnden mitgliedstaatlichen Organen nach nationalem Recht ein Ermessenspielraum eingeräumt wurde. Wegen der unionsrechtlichen Natur der Haftungsvoraussetzungen kommt es nur darauf an, inwieweit die verletzte Unionsrechtsnorm solche Gestaltungsspielräume vorsieht[853]. In der Entscheidung *Haim* stellte der EuGH dies nochmal ausdrücklich fest[854]. Von Ermessen ist immer dann auszugehen, wenn die einschlägigen unionsrechtlichen Normen den jeweils handelnden Organen Entscheidungs-, Beurteilungs- und Gestaltungsspielräume auf der Tatbestands- wie auf der Rechtsfolgenseite, bezogen auf die Voraussetz-

---

849 Vgl. zur Unterscheidung von Spielraumtheorie und Schuld-Punktstrafe: *Stickelbrock*, Inhalt und Grenzen richterlichen Ermessens im Zivilprozeß, S. 222f.

850 Wie u.a. bei vielen auf das zukünftige Kindeswohl gerichteten Entscheidungen des Familiengerichte, nach § 1666 BGB oder der Zuerkennung einer Geldrente nach § 843 BGB.

851 Vgl. zur Rechtsfortbildung durch Gerichte auch: *Hirsch*, ZRP 2009, 253: „Nach meinem Verfassungsverständnis bilden Richter und Gesetzgeber eine Symbiose mit flexibler Arbeitsteilung: Der Gesetzgeber trägt die Verantwortung für das Vorhandensein und die Durchsetzungskraft abstrakt-genereller Normen. Die Anwendung, Ausfüllung, Anpassung und Fortbildung seiner Gesetze überlässt er mit mehr oder weniger großen Spielräumen den Richtern"; ähnlich *Hirsch*, ZRP 2012, 205; vgl. zum deutschen Recht auch: BVerfG, 18.12.1953, Az. 1 BvL 106/53, NJW 1954, 65 (67); BVerfG, 14.02.1973, Az. 1 BvR 112/65, NJW 1973, 1221 (1225); BVerfG 16.02.2012, Az. 1 BvR 127/10, Rn. 19ff; BGH 03.03.2005, Az. GSSt 1/04, NJW 2005, 1440 (1443); dazu: *Ulber*, EuGRZ 2012, 365.

852 *Ossenbühl/Cornils*, Staatshaftungsrecht, S. 618.

853 Vgl. nur: EuGH 05.03.1996, verb. Rs C-46/93 u. C-48/93, *Brasserie du Pêcheur/Factortame III*, Slg. 1996, I-1029, Rn. 56.

854 EuGH 04.07.2000, Rs. C-424/97, *Haim*, Slg. 2000, I-5123, Rn. 40.

zungen oder den Inhalt ihres Tätigwerdens, einräumen[855]. Vereinfacht ausgedrückt: Es liegt demnach Ermessen vor, wenn das Unionsrecht die Wahl zwischen verschiedenen rechtmäßigen Möglichkeiten an den Letztentscheider überträgt und keine strikten Vorgaben macht[856].

In der Rechtsprechung des EuGH haben sich einige Kriterien herausgebildet, bei deren Vorliegen der EuGH einen Ermessenspielraum zugesteht[857]. Ausgehend von Art. 33 Abs. 1 S. 2 EGKS[858] ist ein Ermessenspielraum im gesamten Unionsrecht immer dann angenommen worden, wenn die Würdigung komplexer wirtschaftlicher Gesamtlagen erforderlich war[859] oder Normen des Unionsrecht ausdrücklich oder implizit die Entscheidungsverantwortung einem bestimmten Organ zuweisen. Eine solche Entscheidungszuweisung kann implizit beispielsweise wegen der wissenschaftlich-technischen Komplexität einer Entscheidung, verbunden mit der besonderen Sachkunde des entscheidenden Ausschusses, einem bestimmten Organ zugewiesen sein[860]. In diesen Fällen bestimmt das anzuwendende Recht nicht abschließend die zu treffende Entschei-

---

855 *Pache*, Tatbestandliche Abwägung und Beurteilungsspielraum, S. 391, m.w.N.

856 Vgl. *Ipsen*, Europäisches Gemeinschaftsrecht, S. 521; *Frenz/Götzkes*, EuR 2009, 622 (624).

857 Vgl dazu auch: *Pache*, DVBl 1998, 380 (385).

858 Art. 33 Abs. 1 S. 2 EGKS lautete: „Die Nachprüfung durch den Gerichtshof darf sich jedoch nicht auf die Würdigung der aus den wirtschaftlichen Tatsachen oder Umständen sich ergebenden Gesamtlage erstrecken, die zu den angefochtenen Entscheidungen oder Empfehlungen geführt hat, es sei denn, daß der Hohen Behörde der Vorwurf gemacht wird, sie habe ihr Ermessen mißbraucht oder die Bestimmungen des Vertrages oder irgend einer bei seiner Durchführung anzuwendenden Rechtsnorm offensichtlich verkannt."

859 Für den Bereich des Agrarmarkts: EuGH 22.01.1976, Rs. 55/75, *Balkan-Import*, Slg. 1976, 19, Rn. 8; EuGH 25.05.1978, Rs. 136/77, *A. Racke*, Slg. 1978, 1245, Rn. 4; EuGH 08.06.1989, Rs. 167/88, *AGPB*, Slg. 1989, 1653, Rn. 29; EuGH 12.07.1979, Rs. 166/78, *Italien / Rat*, Slg. 1979, 2575, Rn. 14; EuGH 14.01.1981, Rs. 35/80, *Denkavit*, Slg. 1981, 45, Rn. 13; für das Antidumping- und Antisubventionsrecht: EuGH 07.05.1987, Rs. 240/84, *Toyo*, Slg. 1987, 1809, Rn. 19; EuGH 07.05.1987, Rs. 255/84, *Nacchi Fujikoshi*, Slg. 1987, 1861, Rn. 21; für das Wettbewerbsrecht: EuGH 11.07.1985, Rs. 42/84, *Remia*, Slg. 1985, 2545, Rn. 34; EuGH 17.11.1987, Rs. 142 und 156/84, *BAT und Reynolds*, Slg. 1987, 4487, Rn. 62; zuletzt zur Zuteilung von Emissionszertifikaten: EuG 23.09.2009, Rs. T-183/07, *Polen / Kommission*, Slg. 2009, II-3395, Rn. 91; EuG 07.03.2013, Rs. T-370/11, *Polen / Kommission*, noch nicht in der amtlichen Sammlung veröffentlicht, Rn. 65; zur Entwicklung der Rechtsprechung des EuGH: *Rausch*, Die Kontrolle von Tatsachenfeststellungen und -würdigung durch den Gerichtshof der Europäischen Gemeinschaft, S. 231ff.

860 EuGH 27.09.1983, Rs. 216/82, *Universität Hamburg*, Slg. 1983, 2771, Rn. 14.

dung, sondern weist Entscheidungsspielräume zu. Die fehlende Determinierung und Entscheidungsübertragung ist auch hier wesentliches Element für die Annahme von Ermessen. Die gerichtliche Kontrolldichte wird dadurch in der Folge verringert.

Für den unionsrechtlichen Staatshaftungsanspruch hat der EuGH die Zuweisung der Entscheidungsverantwortung in den Mittelpunkt der Ermessensprüfung gestellt. Allerdings folge aus der Übertragung der Aufgabenwahrnehmung nicht unmittelbar auch eine Übertragung der Entscheidungsverantwortung. Der EuGH führt dazu aus, dass die Mitgliedstaaten nicht systematisch über ein weites Ermessen verfügen[861]. Es müssen stets die konkreten unionsrechtlichen Vorgaben ermittelt werden, die die mitgliedstaatliche Pflicht begründen, um einen etwaig verbleibenden Ermessenspielraum zu bestimmen. Ein richterliches Ermessen ist beispielsweise in Art. 267 Abs. 3 AEUV in der Auslegung nach der CILFIT-Rechtsprechung des EuGH anzunehmen. Ein legislatives Ermessen spielt vor allem im Rahmen der Umsetzung von Richtlinien eine Rolle. Bezüglich der Umsetzungspflicht, überhaupt Maßnahmen zur Zielerreichung durchzuführen, ist dabei kein Ermessen anzunehmen[862]. Im Hinblick auf Form und Mittel, also die Art der Maßnahmen zur Erreichung der durch die Richtlinie vorgegebenen Ziele, ist ein solches hingegen zumeist gegeben[863]. Ist die Richtlinienbestimmung hingegen selbst hinreichend genau und unbedingt, besteht insoweit auch bezüglich der Art der Umsetzung kein Ermessen. Bei der Frage, ob Ermessen bei einem Verstoß gegen die Pflicht zur Richtlinienumsetzung vorliegt, bietet es sich demnach grundsätzlich an, nach dem „Ob" und „Wie" zu unterscheiden[864]. Die unionsrechtliche Verpflichtung, die das subjektive Recht begründet und die daher Maßstab für die Prüfung eines haftungsbegründenden Verstoßes ist, ergibt sich - wie oben dargelegt – aus dem Zusammenspiel der Umsetzungspflicht nach Art. 288 Abs. 3 AEUV, die

---

861 EuGH 05.03.1996, verb. Rs C-46/93 u. C-48/93, *Brasserie du Pêcheur/Factortame III*, Slg. 1996, I-1029, Rn. 46; GA *Tesauro* sieht vielmehr eine Tendenz für meistens sehr beschränktes mitgliedstaatliches Ermessen, in: Schlussanträge zu *Brasserie du Pêcheur/Factortame III*, Rn. 69.

862 EuGH 08.10.1996, Rs. C-178/94, C-179/94 u. C-188/94 bis C-190/94, *Dillenkofer*, Slg. 1996, I-4845, Rn. 26.

863 Vgl. in diesem Sinne auch die Ausführungen in: EuGH 19.11.1991, Rs. C-9/90 u. 9/90, *Francovich*, Slg. 1991, 5357.

864 So für die unmittelbare Wirkung von Richtlinie als Pendant zum Haftungsanspruch: GA *Lenz*, Schlussanträge zu EuGH 07.03.1996, Rs. C-192/94, *El Corte Inglès*, Slg. 1996, I-1281, Rn. 11; *Hidien*, Die gemeinschaftsrechtliche Staatshaftung der EU-Mitgliedstaaten, S. 51; *Beljin*, Staatshaftung im Europarecht, S. 53.

in der Richtlinie selbst noch mit einem Datum konkretisiert wird, mit der jeweiligen Richtlinienbestimmung, in der das subjektive Recht angelegt ist[865]. Erfolgt unionsrechtswidrig gar keine Umsetzung, so ist das „Ob" der Umsetzungspflicht betroffen und der Verstoß erfolgt gegen den Teil der unionsrechtlichen Verpflichtung, welcher durch die strikte Fristvorgabe ohne Ausnahmemöglichkeiten[866] keine Wahl und daher eben auch kein Ermessen einräumt[867]. Liegt hingegen ein Fall der fehlerhaften Umsetzung vor, so ist das „Wie" der Umsetzung tangiert. In einem solchen Fall kann Ermessen zu berücksichtigen sein. Dafür muss die entsprechende Norm der Richtlinie ein solches gewähren. An der Entscheidung *Rechberger* soll diese Unterscheidung überprüft werden. Die Republik Österreich hatte zwar Maßnahmen zur Umsetzung der Pauschalreiserichtlinie[868] durchgeführt, jedoch den Schutz auf Reisen beschränkt, die nach dem 1. Januar 1995 gebucht wurden und deren Abreisetermin frühestens am 1. Mai 1995 erfolgen sollte. Die Richtlinie war indes bis zum 1. Januar 1995 umzusetzen[869]. Dadurch, dass Umsetzungsmaßnahmen getroffen wurden, ist grundsätzlich der Bereich der nicht ordnungsgemäßen Umsetzung, mithin das „Wie" betroffen. Ein Ermessen bezüglich der zeitlichen Modalität, ab wann der Schutz gewährt werden soll, steht der Republik Österreich jedoch nicht zu. Somit ist in diesem Fall nicht

---

865 Vgl. dazu unter: B. III. 2. c) aa) (1).

866 Vgl. zu den unterschiedlichen und jeweils verneinten Rechtfertigungsgründen für Verstöße gegen die Umsetzungsfrist: zur übermäßig kurzen Umsetzungsfrist: EuGH 01.10.1998, Rs. C-71/97, *Kommission / Spanien*, Slg. 1998, I-5991; Anfrage zur Fristverlängerung: EuGH 12.02.1987, Rs. 306/84, *Kommission / Belgien*, Slg. 1987, 675; Berufung auf Umstände der internen Rechtsordnung: EuGH 26.02.1976, Rs. 52/75, *Kommission / Italien*, Slg. 1976, 277; Institutionelle Reformen: EuGH 02.02.1982, Rs. 72/81, *Kommission / Belgien*, Slg. 1982, 183; Verzug auch anderer Mitgliedstaaten: EuGH 26.02.1976, Rs. 52/75, *Kommission / Italien*, Slg. 1976, 277; Bevorstehender Erlass einer neuen Richtlinie: EuGH 19.03.1991, Rs. C-310/89, *Kommission / Niederlande*, Slg. 1991, I-1381.

867 EuGH 08.10.1996, Rs. C-178/94, C-179/94 u. C-188/94 bis C-190/94, *Dillenkofer*, Slg. 1996, I-4845, Rn. 26; GA *Legér*, Schlussanträge zu EuGH 20.06.1995, Rs. C-5/94, *Hedley Lomas*, Rn. 154; *Beljin*, Staatshaftung im Europarecht, S. 50; kritisch dazu, da die völlige Nichtumsetzung nicht über Unklarheit der Richtlinie hinweghelfen könne: *Wolf*, Die Staatshaftung der Bundesrepublik Deutschland und der Französischen Republik für Verstöße gegen das Europäische Gemeinschaftsrecht, S. 133.

868 Richtlinie 90/314/EWG des Rates vom 13. Juni 1990 über Pauschalreisen (ABl. L 158, S. 59).

869 EuGH 15.06.1999, Rs. C-140/97, *Rechberger*, Slg. 1999, I-3499, Rn. 7ff.

vom Vorliegen von Ermessen auszugehen[870]. Die getroffene Unterscheidung erweist sich an diesem Beispiel daher als praktikabel.

(3) Verhältnis von Ermessen und Erkennbarkeit unionsrechtlicher Vorgaben

Wie bereits in der Darstellung der Entwicklung der Rechtsprechung gezeigt, ist der Umfang des Ermessens, den das Unionsrecht den mitgliedstaatlichen Stellen belässt, für die Bejahung des hinreichend qualifizierten Verstoßes von wesentlicher Bedeutung. Der EuGH hat zwar die ursprüngliche Formulierung, der sich entnehmen ließ, dass ein hinreichend qualifizierter Verstoß nur bei weitem Ermessen gegeben sein müsse, aufgegeben, so dass unabhängig vom Ermessen ein solcher gegeben sein muss. Zur Bestimmung der Eindeutigkeit der unionsrechtlichen Vorgaben ist das Vorliegen, genauer der Umfang des vorliegenden Ermessens indes von entscheidendem Gewicht. Ermessen und Erkennbarkeit sind eng miteinander verbunden. Lässt das Unionsrecht dem mitgliedstaatlichen Organ die Wahl zwischen verschiedenen rechtmäßigen Möglichkeiten und macht keine strikten Vorgaben, ist Ermessen im unionsrechtlichen Sinne gegeben. Ist dem mitgliedstaatlichen Organ ein Ermessen etwa in Bezug auf die Form und Mittel zur Erreichung des durch die Richtlinie vorgegebenen Ziels eingeräumt, so enthält die Richtlinie diesbezüglich keine klaren, eindeutigen Vorgaben. Andersherum ist auch Ermessen durch die Eindeutigkeit der unionsrechtlichen Vorschriften bestimmbar[871]. In dem Fall, dass eine Ermessensgewährung nicht explizit erfolgt, kann sich die implizite Zuweisung der Entscheidungsverantwortung an die mitgliedstaatlichen Organe gerade aus der fehlenden Determinierung ergeben, demnach aus der fehlenden ausdrücklichen Festlegung, welche konkreten Maßnahmen getroffen werden müssen. Größeres oder kleineres Ermessen geht damit einher mit größerer oder kleinerer Eindeutigkeit der mitgliedstaatlichen Verpflichtung[872].

---

870 EuGH 15.06.1999, Rs. C-140/97, *Rechberger*, Slg. 1999, I-3499, Rn 51f; a.A. *Hurst*, Die Entwicklung und Ausgestaltung des europäischen Staatshaftungsanspruchs durch den EuGH, S. 208f., der die Urteile *British Telecom* und *Rechberger* nicht auf einer Linie liegend ansieht.

871 BGH 12.05.2011, Az. III ZR 59/10, Rn. 25.

872 EuGH 25.01.2007, Rs. C-278/05, *Robins*, Slg. 2007, I-1053, Rn. 73; EuGH 16.08.2008, Rs. C-452/06, *Synthon*, Slg. 2008, I-7681, Rn. 39; GA *Tesauro*, Schlussanträge zu *Brasserie du Pêcheur/Factortame III*, Rn. 78.

bb. Klarheit und Genauigkeit der verletzten Norm als Unterkriterium

Von großer Relevanz für die Frage, ob das Unionsrecht eindeutige und präzise Handlungspflichten vorgibt, ist das Kriterium der Klarheit und Genauigkeit der verletzten Norm. Der EuGH hebt es daher auch zusammen mit dem Umfang des Ermessenspielraums besonders hervor. Er nennt in einigen Entscheidungen sogar nur diese beiden Kriterien[873].

(1) Grundsätzliche Konkretisierungsbedürftigkeit des Unionsrechts

Das Unionsrechts zeichnet sich grundsätzlich durch ein hohes Maß an Konkretisierungsbedürftigkeit aus[874], welches zum einem mit einer gewollten Entwicklungsoffenheit begründet werden kann[875] und zudem teilweise notwendigen dilatorischen Formelkompromissen auf der Ebene der europäischen Rechtssetzung geschuldet ist[876]. Beide Aspekte werden daher auch als Mandat an den Gerichtshof verstanden; erst der EuGH soll für eine angemessene Lösung einer tatsächlich offen gebliebenen Rechtsfrage sorgen. Zusätzlich tritt die europäische Vielsprachigkeit[877] als weiteres faktisches Problem eines möglichst hohen Bestimmtheitsgrades hinzu[878]. Der Blick in weitere Sprachfassungen kann zwar auch zur Erhellung des Norminhalts führen. Es besteht indes ebenso das Problem, dass aufgrund der Gleichrangigkeit aller Sprachen ein

---

873 EuGH 18.01.2001, Rs. C-150/99, *Stockholm Lindöpark,* Slg. 2001, I-493, Rn. 39; EuGH 25.01.2007, Rs. C-278/05, *Robins,* Slg. 2007, I-1053, Rn. 70; EuGH 16.08.2008, Rs. C-452/06, *Synthon,* Slg. 2008, I-7681, Rn. 37; EuGH 25.11.2010, Rs. C-429/09, *Fuß gegen Halle,* Slg. 2010, I-12167, Rn. 51.

874 Vgl. dazu insgesamt *Hammer-Strnad,* Das Bestimmtheitsgebot als allgemeiner Rechtsgrundsatz des Europäischen Gemeinschaftsrechts.

875 Vgl. zum Verhältnis der politischen Entwicklung der Union und des Prinzips der begrenzten Einzelermächtigung auch: BVerfGE, 123, 267, - *Lissabon,* Rn. 236ff; vgl. auch das Napoleon zugeschriebene Zitat: „Il faut qu'une constitution soit courte et obscure".

876 *Hirsch,* Die Rolle des Europäischen Gerichtshofs bei der Weiterentwicklung des Gemeinschaftsrechts, in: Horn/Baur/ Stern [Hrsg.], 40 Jahre Römische Verträge, S. 79; *v. Danwitz,* JZ 2006, 1ff; *v. Danwitz,* EuR 2008, 769 (780f); vgl. zu beiden Aspekten: *Schwarze,* Die Befugnis zur Abstraktion im europäischen Gemeinschaftsrecht, S. 16ff; *Mayer,* Der Staat, 2005, 367; *Grosche,* Rechtsfortbildung im Unionsrecht, S. 140.

877 Vgl. zur Sprachenfrage auch die nunmehr auf Art. 342 AEUV gestützte Verordnung zur Regelung der Sprachenfrage für die Europäische Wirtschaftsgemeinschaft, ABl. L 17 vom 6.10.1958, S. 385; für das Primärrecht Art. 55 EUV; vgl. dazu *Dörr,* Grabitz/Hilf/Nettesheim, 2012, Art. 55 EUV, Rn. 4ff.

878 *Peifer,* Bessere Rechtsetzung als Leitbild europäischer Gesetzgebung, S. 82.

auf den ersten Blick eindeutiger Wortlaut durch den Vergleich mit den anderen Sprachfassungen in seiner Aussage zu beschränken ist[879]. Schließlich sind Unterschiede in den Fassungen auch vor dem Hintergrund unterschiedlicher Rechtskulturen zu erklären[880]. Insgesamt bleibt das Unionsrecht daher hinter der textlichen Präzision eines monolingualen Systems zumeist zurück[881].

(2) Prüfung der Klarheit und Genauigkeit der verletzten Vorschrift

Bei der Prüfung der Klarheit und Genauigkeit der verletzten Vorschrift im Rahmen des Staatshaftungsanspruchs bieten sich verschiedene Anleihen an. Verwendung findet der Begriff der Bestimmtheit im Unionsrecht dabei zumeist im Sinn eines Mindestmaßes an Klarheit und Genauigkeit des Norminhaltes.

(a) **Bestimmtheit als Element der unionsrechtlichen „rule-of-law"**

Das Gebot hinreichender Bestimmtheit ist zu den rechtsfortbildend entwickelten allgemeinen Rechtsgrundsätzen zu zählen und Teil des unionsrechtlichen Grundsatzes der Rechtssicherheit, der in Art. 2 S. 1 EUV unter dem Begriff der Rechtsstaatlichkeit verankert ist[882]. Als Voraussetzung der Rechtssetzung auf Unionsebene hat das Bestimmtheitsgebot vor allem für rechtsnormative Einführungen von Belastungen Einzelner Bedeutung erlangt[883]. Danach müssen Rechtsvorschriften, die nachteilige Folgen für Einzelne haben, klar und deutlich und in ihren Auswirkungen vorhersehbar sein, damit der Einzelne die Pflichten erkennen und

---

879 EuGH 12.11.1969, Rs. 29/69, *Stauder*, Slg. 1969, 419, Rn. 3f; EuGH 03.03.1977, Rs. 80/76, *North Kerry Milk*, Slg. 1977, 425, 9/10ff; EuGH 27.10.1977, Rs. 30/77, *Bouchereau*, Slg. 1977, 1999, Rn. 13/14; EuGH 20.11.2003, Rs. C-152/01, *Kyocera*, Slg. 2003, I-13821, Rn. 31ff.

880 *Mayer*, Der Staat, 2005, 367 (391).

881 Dazu ausführlich: *Tomuschat*, Normenpublizität und Normenklarheit in der Europäischen Gemeinschaft, in: FS Kutscher, S. 461.

882 *Calliess*, in: Calliess/Ruffert, 2011, Art. 2 EUV, Rn. 26; *Pechstein*, in: Streinz [Hrsg.], EUV/AEUV, Art. 2 EUV, Rn. 6.

883 *Scheuing*, in: Schulze/Zuleeg/Kadelbach [Hrsg.], Europarecht, 2010, § 6, Rn. 39; *Calliess*, Die neue Europäische Union nach dem Vertrag von Lissabon, S. 305; vgl. zur Bedeutung des Bestimmtheitsgebots als Voraussetzung für eine ordnungsgemäße Umsetzung von Richtlinien: EuGH 06.05.1980, Rs. 102/79, *Kommission/Belgien*, Slg. 1980, 1473, Rn. 11; EuGH 15.03.1990, Rs. C-339/87, Slg. 1990, I-851, Rn. 6; EuGH 15.10.1986, Rs. 168/85, *Kommission/Italien*, Slg. 1986, 2945, Rn. 13; EuGH 28.02.1991, Rs. C-131/88, *Kommission/Deutschland (Grundwasser)*, Slg. 1991, I-825, Rn. 61; EuGH 30.05.1991, Rs. C-361/88 *Kommission/Deutschland (TA-Luft)*, Slg. 1991, I-2567, Rn. 20f;

sein Verhalten danach ausrichten sowie etwaige Vorkehrungen treffen kann[884]. Ein weites und nicht näher eingegrenztes Ermessen für den Erlass von belastenden Maßnahmen steht damit nicht im Einklang[885]. Ebenso sind Auslegungsschwierigkeiten, die Spielraum für mehrere mögliche Interpretationen lassen, nicht mit dem Bestimmtheitsgebot vereinbar[886]. Andererseits steht das Bestimmtheitserfordernis auch nicht jeder Form unbestimmter, ausfüllungsbedürftiger Rechtssetzung entgegen. Gefordert ist kein „Präzisionsgrad [...], der gleichsam eine automatische Anwendung der normativen Regelung auf den konkreten Einzelfall erlaubt"[887]. Notwendig ist vermittelnd daher hinreichende Bestimmtheit[888]. Eine abstrakte Grenze, ab wann der Grad zur unzulässigen Unbestimmtheit überschritten ist, lässt sich nicht angeben. Vielmehr ist eine nach Sachgründen nötige und mögliche Bestimmtheit gefordert, die offen für zukünftige Entwicklung ist und auf bestehende Rechtsprechungslinien aufbauen kann[889].

In engem Zusammenhang zum Bestimmtheitsgebot steht der Wesentlichkeitsvorbehalt im Unionsrecht, der nunmehr in Art. 290 Abs. 1 AEUV verankert ist. Danach hat der Unionsgesetzgeber die wesentlichen Grundzüge der zu regelnden Materie selbst festzulegen und nur Durchführungsregelungen den einzelnen Organen zu überlassen[890]. Notwendig ist danach nicht nur eine formelle Rechtsgrundlage, sondern auch

---

884 EuGH 09.07.1981, Rs. 169/80, *Gondrand Frères*, Slg. 1981, 1931, Rn. 17f; EuGH 25.09.1984, Rs. 117/83, *Könecke*, Slg. 1984, 3291, Rn. 11; EuGH 13.03.1990, Rs. C-30/89, *Kommission/Frankreich*, Slg. 1990, I-709, Rn. 23; EuGH 13.02.1996, C-143/93, *Gebroeders van Es Douane Agenten*, Slg. 1996, I-431, Rn. 27; EuGH 07.06.2005, *VEMW*, C-17/03, Slg. 2005, I-4983, Rn. 80; EuGH 17.07.2008, *ASM Brecscia*, Slg. 2008, I-5641, Rn. 69; vgl. dazu: *v. Danwitz*, Europäisches Verwaltungsrecht, S. 219; *Knauff*, Der Regelungsverbund: Recht und Soft Law im Mehrebenensystem, S. 436.

885 *Schwarze*, EuR 2009, 171 (175).

886 Vgl. dazu EuGH 25.09.1984, Rs. 117/83, *Könecke*, Slg. 1984, 3291, Rn. 13ff.

887 GA *Roemer*, Schlussanträge zu EuGH, Rs 30/65, *Macchiorlati Dalmas*, Slg. 1996, 50 (99).

888 *Röthel*, Normkonkretisierung im Privatrecht, S. 337; *Wegener*, in: Calliess/Ruffert, 2011, Art. 19 EUV, Rn. 37.

889 *Knauff*, Der Regelungsverbund: Recht und Soft Law im Mehrebenensystem, S. 437; vgl. zur EuGH-Rechtsprechung: *Pelka*, Rechtssicherheit im europäischen Kartellverfahren?, S. 67ff.

890 EuGH 17.12.1970, Rs. 25/70, *Köster*, Slg. 1970, 1161, Rn. 6; EuGH 16.06.1987, Rs. 46/86, *Romkes*, Slg. 1987, 2671, Rn. 16; EuGH 13.07.1995, Rs. C-156/93, *Parlament/Kommission*, Slg. 1995, I-2019, Rn. 18; EuGH 06.12.2005, Rs. C-66/04, *Vereinigtes Königreich/Parlament und Rat – Raucharomen*, Slg. 2005, I-10553, Rn. 48f.

eine ausreichende Regelungsdichte. Das Bestimmtheitsgebot stellt zudem Anforderungen an mitgliedstaatliche Regelungen zur Beschränkung der Grundfreiheiten. Sofern diesen Bestimmungen nicht zu entnehmen ist, nach welchen Kriterien eine Genehmigungspflicht eingreift oder eine Genehmigung erteilt wird, sind sie mit den Grundfreiheiten nicht vereinbar[891].

(b) **Bestimmtheit als Voraussetzung der unmittelbaren Wirkung**

Hinreichende Bestimmtheit der entsprechenden Norm ist neben ihrer Unbedingtheit ebenfalls eine notwendige Voraussetzung der unmittelbaren Wirkung[892]. Während eine Norm dann unbedingt ist, wenn ihre Anwendbarkeit weder von einer Bedingung, noch von einer Maßnahme der Union oder der Mitgliedstaaten abhängt[893], erfordert die hinreichende Bestimmtheit, dass die jeweilige Regelung in ihrer Verpflichtung allgemein und unzweideutig ist. Das ist jeweils dann erfüllt, wenn sich der Inhalt der tatbestandlichen Anforderung und die bezweckte Rechtsfolge ohne Rückgriff auf weitere Normierung nur durch Auslegung ermitteln lassen. Unbestimmte Rechtsbegriffe stehen der hinreichenden Bestimmt-

891 EuGH 14.03.2000, Rs. C-54/99, *Eglise de scientologie,* Slg. 2000, I-1335, Rn. 21f; EuGH 20.02.2001, Rs. C-205/99, *Analir,* Slg. 2001 I-1271, Rn. 38; EuGH 04.06.2002, verb. Rs. C-483/99, *Kommission / Frankreich (Goldene Aktien),* Slg. 2002, I-4781, Rn. 50f.

892 Als Voraussetzung der unmittelbaren Wirkung des Primärrechts: EuGH 05.02.1963, Rs. 26-62, *Van Gend und Loos,* Slg. 1963, 1 (25); EuGH 15.07.1964, Rs. 6-64, *Costa / E.N.E.L.,* Slg. 1964, 1253 (1274); EuGH 16.06.1966, Rs 57-65, *Lütticke,* Slg. 1966, 258 (266); EuGH 08.04.1976, Rs. 43/75, *Defrenne II,* Slg. 1976, 455 Rn. 4/6ff; als Voraussetzung für die unmittelbare Wirkung von Richtlinien: EuGH 04.12.1974, Rs. 41-74, *Van Duyn,* Slg. 1974, 1337; EuGH 05.04.1979, Rs.148-78, *Ratti,* Slg. 1979, 1629; EuGH 19.01.1982, Rs. 8/81, *Becker,* Slg. 1982, 53, Rn. 25; EuGH 22.09.1983, Rs. 271/82, *Auer,* Slg. 1983, 2727, Rn. 16; EuGH 26.02.1986, Rs. 152/84, *Marshall,* Slg 1986, 723, Rn. 52; EuGH 19.11.1991, Rs. C-9/90 u. 9/90, *Francovich,* Slg. 1991, 5357, Rn. 10ff, Rn. 44; EuGH 23.02.1994, Rs. C-236/92, *Cava,* Slg. 1994, I-483, Rn. 10; EuGH 17.09.2002, Rs. C-413/99, *Baumbast,* Slg. 2002, I-7091, Rn. 84; EuGH 14.10.2010, Rs. C-243/09, *Fuß gegen Halle,* Slg. 2010, I-12167, Rn. 56; EuGH 12.05.2011, Rs. C-115/09, *BUND,* Slg. 2011, I-3673, Rn. 54; *Tonner,* ZIP 1993, 1205 (1206); *Kopp,* DÖV 1994, 201 (204); als Voraussetzung für die unmittelbare Anwendbarkeit von mit Drittstaaten geschlossenen völkerrechtlichen Verträgen EuGH 30.09.1987, Rs. 12/86, *Demirel,* Slg. 1987, 3719, Rn. 14; EuGH 31.01.1991, Rs. C-18/90, *Kziber,* Slg. 1991, I-199, Rn. 15.

893 *Jarass,* NJW 1990, 2420 (2423); *Claßen,* Nichtumsetzung von Gemeinschaftsrichtlinien, S. 68f.

heit dabei nicht entgegen[894]. Wie das Merkmal der zusätzlichen, konkretisierenden Normierung erhellt, sind beide Elemente der unmittelbaren Wirkung miteinander verschränkt[895]. Der EuGH hat daher die Tatsache, dass den Mitgliedstaaten ein gewisser Entscheidungsspielraum bei der Erfüllung ihrer unionsrechtlichen Verpflichtungen verbleibt, zur Verneinung der Unbedingtheit[896] genauso wie zur Verneinung der ausreichenden Bestimmtheit[897] verwandt.

(c) **Bestimmtheit im Rahmen der Staatshaftung**

Auch wenn damit mehrere Anknüpfungspunkte für Bestimmtheitsanforderungen im Unionsrecht bestehen, ist keine ausdrückliche Anlehnung des EuGH an die genannten Bestimmtheitserfordernissen im Rahmen des Staatshaftungsanspruchs zu erkennen.

Dabei ist zunächst darauf hinzuweisen, dass die Bestimmtheit als Voraussetzung der unmittelbaren Wirkung von einer möglichen Haftung zu trennen ist[898]. Die Haftung ist nicht ausgeschlossen, wenn bestimmte Vorschriften einer Richtlinie nicht hinreichend genau und unbedingt sind[899]. Damit ist aus der Eignung zur unmittelbaren Wirkung der Richtlinie auch kein unmittelbarer Schluss auf die Bestimmtheit im Rahmen des Staathaftungsanspruchs zu ziehen. Vielmehr betont der EuGH den eigenständigen Charakter von unmittelbarer Wirkung und Staatshaftung. Zudem sind Auslegungsschwierigkeiten nur im Rahmen des Haftungsanspruchs von entscheidender Bedeutung. Für die unmittelbare Anwendbarkeit reicht es aus, wenn sich die Klarheit der Norm mittels Auslegung ermitteln lässt. Kommt es für die unmittelbare Anwendbarkeit darauf an, ob die Vorschrift einer gerichtlichen Kontrolle zugänglich ist, ist im Rahmen der Staatshaftung zu prüfen, inwiefern das gebotene Handeln klar vorgezeichnet ist.

---

894 *Ruffert*, in: Calliess/Ruffert, 2011, Art. 288 AEUV, Rn. 54; a.A. OVG Münster, NVwZ-RR 1995, 10 (11).

895 Ebenso: *Griller*, Grundzüge des Rechts der europäischen Union, S. 31.

896 EuGH 19.01.1982, Rs. 8/81, *Becker*, Slg. 1982, 53, Rn. 27ff; EuGH 12.12.1990, verb. Rs. C-100/89 und C-101/89, *Peter Kaefer, Andrea Procacci*, Slg. 1990,1-4647, Rn. 26

897 EuGH 19.12.1968, Rs. 13/68, *Salgoil*, Slg. 1968, 681 (692).

898 Anders: *Detterbeck*, in:Detterbeck/Windthorst/Sproll [Hrsg.], Staatshaftungsrecht, S. 58.

899 EuGH 19.11.1991, Rs. C-9/90 u. 9/90, *Francovich*, Slg. 1991, 5357; EuGH 05.03.1996, verb. Rs C-46/93 u. C-48/93, *Brasserie du Pêcheur/Factortame III*, Slg. 1996, I-1029, Rn. 21; vgl. dazu auch: KG 14.04.2009, Az. 9 U 3/08, ZUM 2009, 567-575, Rn. 21.

Eine Anleihe biete sich eher beim Bestimmtheitserfordernis als Teil der „rule-of-law" an. Schließlich stellt das Bestimmtheitsgebot in diesem Zusammenhang Anforderungen an die Erkennbarkeit der Rechte und Pflichten und damit insbesondere für belastende hoheitliche Maßnahmen Anforderungen an Klarheit und Deutlichkeit einer solchen Maßnahme. Damit ergeben sich Parallelen zu dem Kriterium der Klarheit und Genauigkeit der verletzten Vorschrift im Rahmen des Staatshaftungsanspruchs. Der Normunterworfene ist in diesem Fall nicht die einzelne natürliche oder juristische Person, sondern der Mitgliedstaat. Auch dieser muss die unionsrechtlichen Vorgaben mit hinreichender Genauigkeit erfassen können, da er nur dann sein Verhalten danach ausrichten, die Folgen seines Handeln abschätzen und kalkulieren kann. Der Bestimmtheitsgrundsatz stellt jedoch als Teil der „rule-of-law" als Rechtmäßigkeitsvoraussetzung lediglich eine Mindestvorgabe dar. Als Element der Prüfung des hinreichend qualifizierten Verstoßes ist jedoch nicht nur der Mindeststandard adressiert, sondern sind darüber hinausgehende Überlegungen zur Präzision der Normen angesprochen. Trotz paralleler Überlegungen ist daher ein eigenständiger Prüfungsmaßstab anzuwenden.

Bei der entsprechenden Prüfung von Klarheit und Genauigkeit der verletzten Vorschrift im Rahmen des Staatshaftungsanspruchs setzt der EuGH einen objektiven Maßstab an. Er verweist zur Begründung der Ungenauigkeit einer Norm auch auf letztlich unzulässige, aber vertretbare Auslegungen durch andere Mitgliedstaaten[900]. Mangelnde Klarheit und Genauigkeit der Norm bedeutet dabei nicht, dass eine Vielzahl von rechtmäßigen Handlungen möglich ist[901]. Vielmehr ist nur eine Auslegung des maßgeblichen Unionsrechts rechtmäßig, die der EuGH daher auch klar benennen kann. Dem handelnden Organ steht daher kein Ermessen im oben genannten Sinne zu[902]. Allerdings lässt sich der konkrete

900 EuGH 26.03.1996, Rs. C-392/93, *British Telecommunications*, Slg. 1996, I-1631, Rn. 43; EuGH 17.10.1996, verb. Rs. C-283/94, C-291/94 u. C-292/94, *Denkavit*, Slg. 1996, I-5063, Rn. 51; vgl. auch GA *Jacobs*, Schlussanträge zu EuGH, Rs C-319/96, *Brinkmann Tabakfabriken*, Slg. 1998, I-5255, Rn. 13, 19f; ebenso berücksichtigend: BGH 26.04.2012, Az. III ZR 215/11 (Private Spielhallen), Rn. 15; 24.06.2010, Az. III ZR 140/09, *Nichtbeteiligung der Sendeunternehmen am Vergütungsaufkommen*, Rn. 17.

901 So wie u.a. in EuGH 17.10.1996, verb. Rs. C- 283/94, C-291/94 u. C-292/94, *Denkavit*, Slg. 1996, I-5063, Rn. 39, 50ff.

902 Anders: *Beljin*, Staatshaftung im Europarecht, S. 46; *Gratias*, Staatshaftung für fehlerhafte Banken- und Versicherungsaufsicht im Europäischen Binnenmarkt, S. 136.

Normgehalt mittels unionsrechtlicher Auslegung nicht ohne weiteres ermitteln, so dass die unionsrechtlichen Vorgaben nicht hinreichend präzise sind[903]. Von besonderer Bedeutung sind insoweit konkretisierende Urteile des EuGH. Dadurch kann sich die Genauigkeit einer Norm auch nachträglich ergeben[904]. War zuvor eine Bestimmung vage[905], so kann es im Anschluss an ein Urteil im Vorabentscheidungsverfahrens oder bei Bestehen einer gefestigten Rechtsprechung keinen Zweifel mehr bezüglich der richtigen Auslegung geben[906]. Im Mittelpunkt der Prüfung stehen daher objektive Auslegungsschwierigkeiten.

(d) **Exkurs: Fehlende Normenklarheit als eigener haftungsbegründender Verstoß**

Ist mangels Normenklarheit und daraus resultierender Auslegungsschwierigkeit im Ergebnis ein hinreichend qualifizierter Verstoß zu verneinen, stellt sich unmittelbar die Frage, ob das Vorwerfbarkeitsurteil nicht auf den Erlass der Rechtsgrundlage bezogen werden kann. Statt einer Haftung des Mitgliedstaates, käme dann zumindest eine Haftung der Union in Betracht. Diese Überlegung ist für die Unionshaftung noch virulenter. Rechtsanwendung und Rechtssetzung kann der Union zugerechnet werden; das Haftungssubjekt bliebe unverändert. In der Entscheidung *Sison II* hatte das EuG sich unlängst mit einer derartigen Konstellation - im Rahmen eines Haftungsanspruchs gegen die Union für das Einfrieren des Vermögens eines Terrorverdächtigen - zu befassen[907]. Das EuG prüft insoweit in einem ersten Schritt die Verantwort-

---

903 Für eine Verlagerung des Vorwurfs von der Ebene der Rechtsanwendung auf die Gesetzgebungsebene, die nur für die Unionshaftung in Betracht kommt: *Marsch*, EuZW 2012, 499 (501).

904 Vgl. zur fehlenden Konkretisierung da noch kein Urteil des EuGH dazu ergangen ist: BVerwG 09.06.2009, Az. 1 C 7. 08, Rn. 20; zur Konkretisierung durch Urteile des EuGH: EuGH 07.09.2006, Rs. C-470/06, *N*, Slg. 2006, I-7409, Rn. 66; BGH 12.05.2011, Az. III ZR 59/10, Rn. 25.

905 War eine Bestimmung nicht unklar, bedarf es auch keiner Konkretisierung: EuGH 18.01.2001, Rs. C-150/99, *Stockholm Lindöpark*, Slg. 2001, I-493, Rn. 41.

906 EuGH 05.03.1996, verb. Rs C-46/93 u. C-48/93, *Brasserie du Pêcheur/Factortame III*, Slg. 1996, I-1029, Rn. 57; EuGH 17.10.1996, verb. Rs. C- 283/94, C-291/94 u. C-292/94, *Denkavit*, Slg. 1996, I-5063, Rn. 52; EuGH 12.12.2006, Rs. C-446/04, *Test Claimants in the FII Group Litigation*, Slg. 2006, I-11753, Rn. 214; GA *Léger*, Schlussanträge zu EuGH, Rs. C-127/95, *Norbrook Laboratories*, Slg. 1998, I-1531, Rn. 42ff, 132ff; GA *Mischo* Schlussanträge zu EuGH, Rs. C-424/97, *Haim*, Slg. 2000, I-5123, Rn. 48.

907 EuG 23.11.2011, Rs. T-341/07, *Sison II*, Slg. 2011, II-7915; dazu und zum Folgenden: *Marsch*, EuZW 2012, 499.

lichkeit des Rates als Verwaltungsbehörde. Aufgrund der Komplexität der rechtlichen und tatsächlichen Sachverhaltswürdigung, zuzugestehenden Schwierigkeiten bei der Auslegung des Gemeinsamen Standpunktes, und besonderer Zwänge und Verantwortlichkeiten, welche den Rat bei der Bekämpfung des internationalen Terrorismus träfen, sei ein hinreichend qualifizierter Verstoß zu verneinen[908]. Das EuG stellt insoweit fest, dass der Wortlaut des Gemeinsamen Standpunktes „besonders unklar" ist[909]. Der zweite Schritt, die Frage nach einer Verantwortlichkeit für diese Unklarheit drängt sich damit förmlich auf, bleibt jedoch vom EuG unberücksichtigt. Das EuG stellt nur fest, dass es „im vorliegenden Fall nicht um die Verantwortlichkeit des Rates als Gesetzgebungsorgan, das die fraglichen Bestimmungen erlassen hat, geht, sondern um seine Verantwortlichkeit als Verwaltungsbehörde, die für die Durchführung dieser Bestimmungen verantwortlich ist"[910]. Der Rat kann sich folglich mit einer unklaren Rechtslage exkulpieren, welche er als Gesetzgebungsorgan selbst zu verantworten hat. Eine derartige isolierte Betrachtung von Rechtsanwendungsebene kann für die Unionshaftung nicht überzeugen. Vielmehr ist eine Gesamtbetrachtung beider Ebenen vorzugswürdig[911]. Für die unionsrechtliche Staatshaftung hingegen ist eine isolierte Prüfung der Rechtsanwendungsebene aus zwei Gründen nachvollziehbar. Zum einen fallen bereits formal die Haftungssubjekte je nach vorgeworfener Handlung auseinander. Die Rechtssetzung ist nicht (nur) den Mitgliedstaaten zuzurechnen, auch wenn sie bei der Entscheidungsfindung mitwirken. Zum anderen wird - wie oben dargelegt - neben dem Individualrechtsschutz parallel auch die Durchsetzung des Unionsrechts mit dem unionsrechtlichen Staatshaftungsanspruch verfolgt. Eine Sanktionierung von Rechtsanwendungsfehlern ist aber nicht geboten, wenn mangels Klarheit der unionsrechtlichen Vorgaben der Verstoß dem Mitgliedstaat nicht vorzuwerfen ist. Eine Gesamtschau ist daher auch aus diesem Grund für die Staatshaftung nicht notwendig.

(3) Verhältnis von Klarheit und Genauigkeit und Erkennbarkeit unionsrechtlicher Vorgaben

Klarheit und Genauigkeit der verletzten Norm sind wesentliche Kriterien zur Bestimmung einer komplexen bzw. eindeutigen und präzisen Handlungspflicht. Ist die unionsrechtliche Vorschrift bereits anfänglich

908 EuG 23.11.2011, Rs. T-341/07, *Sison II*, Slg. 2011, II-7915, Rn. 73.

909 EuG 23.11.2011, Rs. T-341/07, *Sison II*, Slg. 2011, II-7915, Rn. 63.

910 EuG 23.11.2011, Rs. T-341/07, *Sison II*, Slg. 2011, II-7915, Rn. 64.

911 Ebenso: *Marsch*, EuZW 2012, 499 (501).

klar und genau oder wird ein bestimmtes Verständnis durch die Rechtsprechung geklärt, ist auch der unionsrechtliche Handlungsauftrag klar erkennbar. Es bestehen insoweit keine Zweifel mehr am Normauftrag. Bestehen hingegen Auslegungsschwierigkeiten und kann der Norminhalt daher nicht ohne weiteres ermittelt werden, so ist die unionsrechtliche Vorschrift nicht klar und genau und der unionsrechtliche Handlungsauftrag nicht eindeutig. In einer Vielzahl der Fälle geht die fehlende Klarheit mit der Einräumung von Ermessen einher. Ist der Wortlaut allgemein gehalten und wird damit ein Entscheidungsspielraum eingeräumt, so ist die unionsrechtliche Vorgabe nicht klar und genau[912]. Denkbar sind jedoch ebenso Konstellationen, in denen dem Mitgliedstaat kein Ermessen eingeräumt ist und die Verpflichtung trotzdem nicht klar und präzise ist. Auch dann sind die dem Staatshandeln gezogenen Grenzen nicht genau festgelegt, so dass sich beide Fälle materiell kaum voneinander unterscheiden[913].

cc. Entschuldbarkeit des Rechtsirrtums als Unterkriterium

Der EuGH hat der Möglichkeit, die Entschädigung vom Vorliegen eines Verschuldens abhängig zu machen, das über den hinreichend qualifizierten Verstoß hinausgeht, bereits mit der Entscheidung *Brasserie* eine Absage erteilt. Dennoch belässt er mit diesen Kriterien verschuldensähnliche Aspekte in der Prüfung des hinreichend qualifizierten Verstoß[914]. In der Entscheidung *Traghetti del Mediterraneo* hat er diese Ansicht auch für judikatives Unrecht bestätigt[915]. Er hat dort ausgeführt, dass für den Fall, dass mit dem nationalen Verschuldenserfordernis mehr verlangt werde, als der offenkundige Verstoß unionsrechtlich als Haftungsvoraussetzung erfordere, die entsprechende nationale Vorschrift nicht anzuwenden sei.

---

912 EuGH 25.01.2007, Rs. C-278/05, *Robins*, Slg. 2007, I-1053, Rn. 73; EuGH 19.06.2014, verb. Rs. C-501/12 bis C-506/12, C-540/12 und C-541/12, *Specht u.a.*, noch nicht in der amtlichen Sammlung veröffentlicht, Rn. 102.

913 Vgl. zum Ganzen: GA *Tesauro*, Schlussanträge zu *Brasserie du Pêcheur/Factortame III*, Rn. 78.

914 EuGH 05.03.1996, verb. Rs C-46/93 u. C-48/93, *Brasserie du Pêcheur/Factortame III*, Slg. 1996, I-1029, Rn. 78; EuGH 04.07.2000, Rs. C-424/97, *Haim*, Slg. 2000, I-5123, Rn. 39.

915 EuGH 13.06.2006, Rs C-173/03, *Traghetti del Mediterraneo*, Slg. 2006, I-5177, Rn. 44ff.

Damit ist auch im Bereich der Judikative keine eigenständige Bedeutung eines nationalen Verschuldenserfordernisses anzunehmen[916].

(1) Einheitliches Kriterium der Entschuldbarkeit des Rechtsirrtums

Der EuGH führt die Vorsätzlichkeit des Verstoßes (wenn „der Verstoß vorsätzlich oder nicht vorsätzlich begangen oder der Schaden vorsätzlich oder nicht vorsätzlich zugefügt wurde") und die Entschuldbarkeit des Rechtsirrtums („Entschuldbarkeit oder Unentschuldbarkeit eines etwaigen Rechtsirrtums"[917]) in der Kriterienaufzählung getrennt voneinander auf. Gleichwohl bietet sich eine gemeinsame Erörterung an, da sich beide Aspekte unter dem Punkt der Entschuldbarkeit des Rechtsirrtums zusammenfassen lassen.

Anders als im strafrechtlichen Diskurs werden mit Vorsatz und Schuld vorliegend nicht zwei verschiedene Begrifflichkeiten adressiert[918]. Als Kriterium der hinreichenden Qualifikation ist nicht die bewusste und damit vorsätzliche Handlung im Sinne einer Umstandskenntnis von Bedeutung. Der Vorsatz ist hier nur in Bezug auf die Schadensverursachung und den Rechtsverstoß zu beachten. Vorsatz ist damit nur als das Bewusstsein, (nicht) im Einklang mit der Rechtsordnung zu handeln, zu verstehen. Nicht ein möglicher Irrtum über tatsächliche Umstände ist entscheidend, sondern nur ein etwaiger Irrtum über die Rechtswidrigkeit, mag dieser begrifflich dem Vorsatz oder der Schuld zugeordnet werden[919]. Die Vorsätzlichkeit des Rechtsverstoßes oder der Schadenszufügung sind daher als Negativbeispiele eines entschuldbaren Rechtsirrtums aufzufassen. Ein gewollter Rechtsverstoß bzw. eine gewollte Schadenzufügung ist nicht als entschuldbar einzustufen. Andersherum liegt mit einer unvorsätzlichen Schadenszufügung bzw. einem unvorsätzlichen Rechtsverstoß ein Indiz für eine Entschuldbarkeit vor.

---

916 *Seegers*, EuZW 2006, 564 (566); *Tietjen*, EWS 2007, 15 (17); *Zantis*, Das Richterspruchprivileg in nationaler und gemeinschaftsrechtlicher Hinsicht, S. 128; anders noch zuvor: *Gundel*, EWS 2004, 8 (16).

917 EuGH 05.03.1996, verb. Rs C-46/93 u. C-48/93, *Brasserie du Pêcheur/Factortame III*, Slg. 1996, I-1029, Rn. 56.

918 Vgl. zum Strafrecht: *Safferling*, Vorsatz und Schuld.

919 Vgl. zur zivilrechtlichen Diskussion, insbesondere im Rahmen von § 823 Abs. 2 BGB, ob das Bewusstsein der Rechtswidrigkeit des Handelns zur Schuld (Schuldtheorie) oder zum Vorsatz (Vorsatztheorie) gezählt werden muss: *Niese*, JZ 1956, 457; *Heinemann/Fikentscher*, Schuldrecht, S. 322.

(2) Entschuldbarer Rechtsirrtum in der Haftungsrechtsprechung

Sofern der EuGH auf diese Kriterium eingeht, ist damit kein persönlicher Vorwurf an den Schädiger verbunden. Nur wenn ein willkürliches Verhalten tatsächlich festgestellt werden kann, ist das konkrete Verhalten der handelnden Person entscheidend[920]. Im Regelfall ist hingegen von einer objektivierten Vorwerfbarkeit auszugehen. Dafür spricht die Zuordnung der verschuldensähnlichen Kriterien zur besonderen Qualifikation der Rechtswidrigkeit und nicht zu einem eigenständigen Verschuldenselement[921]. Die Prüfung des Vorsatzes bzw. einer etwaigen Entschuldbarkeit erfolgt somit ohne Berücksichtigung der Person des Schadensverursachers anhand objektivierter Maßstäbe[922]. Bei der Frage, ob eine Auslegung noch vertretbar und der Rechtsirrtum damit entschuldbar ist, stellt der EuGH im Wesentlichen auf die Auslegung durch andere Mitgliedstaaten ab. Sowohl in der Entscheidung *British Telecommunications* als auch in der Rechtssache *Denkavit* verneinte der EuGH einen hinreichend qualifizierten Verstoß, da auch andere Mitgliedstaaten die im Ergebnis falsche Auslegung geteilt hatten[923].

(3) Verhältnis von Entschuldbarkeit und Erkennbarkeit unionsrechtlicher Vorgaben

Die Prüfung des einheitlichen Kriteriums der Entschuldbarkeit des Rechtsirrtums bestimmt sich maßgeblich nach der Eindeutigkeit der unionsrechtlichen Vorgaben. Wird eine eindeutige Vorgabe verkannt, ist bei objektiver Betrachtung ein vorsätzlicher Verstoß bzw. eine vorsätzliche Schadenszufügung anzunehmen. Bestehen Auslegungsschwierigkeiten

---

920 *Diehr*, Der Staatshaftungsanspruch des Bürgers wegen Verletzung des Gemeinschaftsrechts durch die deutsche öffentliche Gewalt, S. 116ff; *Berg*, in: Schwarze [Hrsg.], EU-Kommentar, 2012, Art. 340 EGV, Rn. 98; vgl. zur Berücksichtigungsmöglichkeit der bewussten und gewollten Nichtumsetzung einer Richtlinie: LG Bonn 30.01.2004, Az. 1 O 459/00, S. 16; vgl. zur Berücksichtigungsmöglichkeit der willkürlichen Nichtvorlage: OLG Koblenz 08.10.2003, Az. 1 U 1554/02 (Zulassung zum Wirtschaftsprüfer), Rn. 23.

921 *Schoißwohl*, Staatshaftung wegen Gemeinschaftsrechtsverletzung, S. 325.

922 So erfolgt kein Verweis auf die subjektive Seite des schadensverursachenden Beamten in: EuGH 17.04.2007, Rs. C-470/03, *A.G.M.-COS.MET*, Slg. 2007, I-2749, Rn. 80 ff.

923 EuGH 26.03.1996, Rs. C-392/93, *British Telecommunications*, Slg. 1996, I-1631, Rn. 43; EuGH 17.10.1996, verb. Rs. C-283/94, C-291/94 u. C-292/94, *Denkavit*, Slg. 1996, I-5063, Rn. 51; Vgl. auch GA *Jacobs*, Schlussanträge zu EuGH, Rs C-319/96, *Brinkmann Tabakfabriken*, Slg. 1998, I-5255, Rn. 13, 19f; ebenso berücksichtigend: BGH 26.04.2012, Az. III ZR 215/11 (Private Spielhallen), Rn. 15; vgl dazu unter: C. III. 2. a).

und ist die vorgenommene Auslegung vertretbar, ist hingegen ein entschuldbarer Rechtsirrtum anzunehmen. Entscheidend ist daher für die Entschuldbarkeit des Rechtsirrtums die Normklarheit. GA *Léger* führt insoweit bestätigend aus, entschuldbare Verstöße der Mitgliedstaaten lägen dann vor, wenn unionsrechtlichen Normen nicht ausreichend klar seien[924]. Von tatsächlich untergeordneter Bedeutung kann auch eine willkürliche Rechtsverletzung trotz transparenter und erkennbarer Unionsrechtslage zu einem ein hinreichend qualifizierter Unionsrechtsverstoß führen.

dd. Mitursächlichkeit des Verhaltens der Unionsorgane als Unterkriterium

Weiteres Unterkriterium ist, inwieweit „das Verhalten eines Gemeinschaftsorgans möglicherweise dazu beigetragen hat, dass nationale Maßnahmen oder Praktiken in gemeinschaftsrechtswidriger Weise eingeführt oder aufrechterhalten wurden"[925]. Bereits im Rahmen der notwendigen Zurechnung des Schadens zum Haftungssubjekt ist auf die Schwierigkeiten der Abgrenzung der Verantwortungssphären von Mitgliedstaat und Union hingewiesen[926]. Die Prüfung dieses Kriteriums im Rahmen des hinreichend qualifizierten Verstoßes knüpft an diese Abgrenzung an. Nicht mehr die grundsätzliche Schadenszurechnung steht in Rede, sondern die Frage, inwieweit eine Entschuldbarkeit des Rechtsirrtums auf das Verhalten der Unionsorgane gestützt werden kann. Aus der Sicht des Geschädigten ist dieses Unterkriterium wenig zielführend, da mit einer den Mitgliedstaat entlastenden Mitursächlichkeit der Unionsorgane gerade keine Haftung der Union verbunden ist. Eine Fehleinschätzung der Kommission, bei gleichzeitig durch den Mitgliedstaat verantworteter Schadensverursachung und ohne entsprechende Schadenszurechnung an die Union führt zur Entlastung des einzigen potentiellen Schädigers und lässt den Geschädigten damit ohne Ersatzanspruch. Aus der Sicht des Mitgliedstaates ist der Sinn dieses Kriteriums eher verständlich, da von den mitgliedstaatlichen Stellen nicht verlangt werden

---

924 GA *Legér*, Schlussanträge zu EuGH 20.06.1995, Rs. C-5/94, *Hedley Lomas*, Rn. 160.

925 Vgl. nur: EuGH 12.12.2006, Rs. C-446/04, *Test Claimants in the FII Group Litigation*, Slg. 2007, I-2107, Rn. 213.

926 Unter: B. IV. 2. d) aa) (1).

kann, dass sie eine bessere Kenntnis haben als spezialisierte Bedienstete der Unionsorgane[927].

(1) Mitursächlichkeit in der Staatshaftungsrechtsprechung

Die Mitursächlichkeit in der Rechtsprechung zur Staatshaftung kommt nur für Fälle unverbindlicher Einflussnahme in Betracht. Weist beispielsweise die Kommission den Mitgliedstaat verbindlich zu einer unionsrechtswidrigen Handlung an, hat das handelnde mitgliedstaatliche Organ keine eigene rechtliche Befugnis, die verletzte Rechtsposition zu gestalten. Ihm ist nur ein unionsrechtswidriges Verhalten möglich. Mangels Zurechnung ist dann keine unionsrechtliche Staatshaftung gegeben. Mit dem Kriterium der Mitursächlichkeit im Rahmen der Staatshaftung ist daher die unverbindliche, faktische Einflussnahme durch Unionsorgane angesprochen.

(a) **Mitursächlichkeit der Kommission**

Bezüglich einer eventuellen Mitursächlichkeit der Kommission bieten sich mehrere Anknüpfungspunkte an. Zunächst stellt sich die Frage, inwieweit die Nichteinleitung eines Vertragsverletzungsverfahrens nach Art. 258 AEUV für den Mitgliedstaat entlastend wirken kann. Schließlich kann die Kommission mit diesem Verfahren die ihr nach Art. 17 Abs. 1, S. 2 und 3 EUV zugewiesene Aufgabe erfüllen, für die einheitliche Beachtung und Durchsetzung des Unionsrechts Sorge zu tragen. Allerdings ist die Kommission zur Einleitung eines Vertragsverletzungsverfahrens ungeachtet des Wortlauts des Art. 258 Abs. 1 AEUV nach Ansicht des EuGH und EuG nicht verpflichtet[928]. Leitet die Kommission daher ein solches Verfahren in Bezug auf eine bestimmte mitgliedstaatliche Verhaltensweise nicht ein, lässt sich daraus nicht der Schluss ziehen, die Kommission erachte diesen Akt als unionsrechtsgemäß[929].

---

927 Vgl. insoweit zum Rückgriff auf den nationalen Gedanken der Entschuldbarkeit bei Entscheidungen durch Kollegialgerichte: *Beljin*, Staatshaftung im Europarecht, 2000, 57.

928 EuGH 14.02.1989, Rs. 247/87, *Star Fruit/Kommission*, Slg. 1989, 291, Rn. 11; EuGH 23.05.1990, Rs. C-72/90, *Asia Motor France*, Slg. 1990, I-2181, Rn. 13; EuG 12.11.1996, Rs. T-47/96, Slg. 1996, II-1559, Rn. 42.

929 EuGH, 24.03.2009, Rs C-445/06, *Danske Slagterier*, Slg. 2009, I-2119, Rn. 38; *Hilf*, EuR 1993, 16 ff; *Jarass*, Grundfragen der innerstaatlichen Bedeutung des EG-Rechts, 1994, 106, 112; *Streinz*, WiVerw 1996, 129 (134); *Beljin*, Staatshaftung im Europarecht, 2000, 56; In diese Richtung aber: BGH 24.06.2010, Az. III ZR 140/09, *Nichtbeteiligung der Sendeunternehmen am Vergütungsaufkommen*, Rn. 17; ebenso in der unterbliebenen Einleitung eines Vertragsverletzungsverfahren trotz Kenntnis ein Indiz gegen das Vorliegen eines hinreichend qualifizierten

Das gilt unabhängig davon, ob die Kommission Kenntnis vom mitgliedstaatlichen Verhalten hat, da die Entscheidung zur Einleitung des Vertragsverletzungsverfahrens nicht nur einer rechtlichen Einschätzung folgt, sondern auch politische Aspekte miteinbezieht[930]. Die Nichteinleitung eines Vertragsverletzungsverfahrens ist damit nicht geeignet, den Mitgliedstaat Gewissheit zu verschaffen, eine bestimmte Verhaltensweise sei mit dem Unionsrecht vereinbar. Insoweit beeinflusst die Kommission das mitgliedstaatliche Verhalten nicht und ist folglich auch nicht mitursächlich für einen etwaigen Verstoß.

Nicht von der Hand zu weisen ist hingegen der Einfluss der Kommission auf mitgliedstaatliches Handeln durch formal unverbindliche, atypische Handlungsformen. Zu nennen sind dabei Mitteilungen, Leitlinien und Bekanntmachungen. Sie zielen auf eine zumindest indirekte Steuerung des Verhaltens der Rechtsunterworfenen[931] und sind in Art. 1 S. 1 des Protokolls (Nr.1) über die Rolle der nationalen Parlamente in der Europäischen Union zum Vertrag von Lissabon als „Konsultationsdokumente" nunmehr auch ausdrücklich erwähnt. Auch die Rechtsprechung beanstandet diese Handlungsformen nicht[932]. Große Bedeutung haben dabei sogenannte Umsetzungsvermerke der Kommission[933]. Mit diesen un-

---

Verstoß sehend: LG Hamburg, 06.08.1999, Az. 303 O 48/99, *Nationale BSE-Verordnung,* NvWZ 2000, 477 (478); Ebenso, mit Hinweis auf eine Einleitungspflicht bei besonders gravierenden und offensichtlichen Verstößen: KG 14.04.2009, Az. 9 U 3/08, Rn. 60.

930 Vgl. zum Ermessen bezüglich der Einleitung eines Vertragesverletzungsverfahrens: GA *Tesauro,* Schlussanträge zu EuGH, verb. Rs C-46/93 u. C-48/93, *Brasserie du Pêcheur/Factortame III,* Slg. 1996, I-1029, Rn. 81; EuGH 14.02.1989, Rs. 247/87, *Star Fruit/Kommission,* Slg. 1989, 291,Rn. 11.

931 *Knauff/Schwensfeier,* EuZW 2010, 611 (12); *Pampel,* EuZW 2005, 11; ausführlich: *Brohm,* Die "Mitteilungen" der Kommission im Europäischen Verwaltungs- und Wirtschaftsraum, 2012; *Knauff,* Der Regelungsverbund: Recht und Soft Law im Mehrebenensystem, 2010, 325ff; *Senden,* Soft Law in European Community Law, 2004.

932 Vgl. zu Leitlinien: EuG 06.04.2006, Rs. T-17/03, *Schmitz-Gotha Fahrzegwerke,* Slg. 2006, II-1139, Rn. 42; Vgl. zur Auslegungsmitteilung: EuG 20.05.2010, T-258/06, *Deutschland/Kommission (Unterschwellenvergabe),* Slg. 2010, II-2027; Vgl. zur Beachtungspflicht von Empfehlungen für nationale Gerichte: EuGH 13.12.1989, Rs. 322/88, *Grimaldi,* Slg. 1989, 4407.

933 Vgl. etwa Vermerk der Generaldirektion Energie und Verkehr zu den Richtlinien 2003/54/EG und 2003/55/EG über den Elektrizitäts- und Erdgasbinnenmarkt, dazu auch *Ehricke* EuZW 2004, 359; *Koenig/Harratsch/Rasbach,* ZNER 2004, 11; Handbuch zur Umsetzung der Dienstleistungsrichtlinie, 2007, abgerufen am 23.11.2012 unter: http://ec.europa.eu/internal_market/services/services-dir/proposal_de.htm#handbook.

verbindlichen und rechtlich grundsätzlich irrelevanten Vermerken, die nicht formal veröffentlich werden, äußert sich die Kommission detailliert zu den Vorgaben der Richtlinie und macht Vorschläge, welche Kriterien bei der Umsetzung Beachtung finden sollen. Die politische Wirkung liegt im sogenannten „chilling effect“[934] begründet. Die Mitgliedstaaten orientieren sich in der Umsetzung nämlich regelmäßig an der Auslegung der Kommission in den Interpretationshinweisen, um von vornherein die Gefahr eines Vertragsverletzungsverfahrens zu minimieren[935]. In ähnlicher Weise können Rechtsausführungen der Kommission im Rahmen der Beschlussfassung im Rat mitgliedstaatliches Umsetzungsverhalten vorbestimmen[936]. Anschließend wirken sogenannte Umsetzungsberichte der Kommission, die häufig in den Richtlinien bereits angelegt sind. Darin äußert sich die Kommission zu möglichen notwendigen Änderungen im Rechtsrahmen, trifft aber auch Aussagen zur Güte bereits erfolgter Umsetzung[937]. Die Auslegung der Kommission muss dabei nicht mit der Rechtsaufassung des EuGH in einem nachfolgenden Urteil übereinstimmen. Die Kommission ist zwar Hüterin der Verträge. Die Kompetenz zur letztgültigen Entscheidung, ob eine Umsetzung ordnungsgemäß erfolgt ist, liegt indes beim EuGH. Die Kommission kann lediglich ein Vertragsverletzungsverfahren anstoßen, was zu einer ex-post-Kontrolle führt[938]. Bei der Qualifikation des Verstoßes im Rahmen der Staatshaftung kann das Vertrauen des Mitgliedstaates auf unverbindliche Auslegungshinweise der Kommission jedoch berücksichtigt werden und den Mitgliedstaat folglich entlasten. Das hat der EuGH in der Rechtssache *Robins* bestätigt. Die Kommission hatte dort in einem Bericht geschlussfolgert, dass „[m]it den [vom Vereinigten Königreich erlassenen] Bestimmungen [...] dem Art. 8 Genüge getan“[939] sei. Der EuGH

934 *Scherer*, EuR 1986, 52ff.

935 *Ehricke* EuZW 2004, 359 (360).

936 Vgl. dazu KG 14.04.2009, Az. 9 U 3/08, Rn. 37, 40.

937 Erster Bericht der Kommission an das Europäische Parlament, den Rat, den Europäischen Wirtschafts- und Sozialausschuss und den Ausschuss der Regionen über die Anwendung der Richtlinie über audiovisuelle Mediendienste (Richtlinie 2010/13/EU - AVMD-Richtlinie) vom 04.05.2012, COM/2012/0203 final; Siebter Bericht der Kommission an das Europäische Parlament, den Rat, den Europäischen Wirtschafts- und Sozialausschuss und den Ausschuss der Regionen über die Anwendung der Richtlinie 89/552/EWG „Fernsehen ohne Grenzen“ vom 26.06.2009, COM/2009/0309 final;

938 Zur Möglichkeit der Überprüfung von „Soft law“ im Wege des Vorabentscheidungsverfahrens, *Knauff*, EuR 2011, 735.

939 EuGH 25.01.2007, Rs. C-278/05, *Robins*, Slg. 2007, I-1053, Rn. 81; Ebenso: OLG Hamm, 31.01.2007, Az. 11 U 90/05, Rn. 51.

bewertete dies zwar anders, jedoch lag damit eine wertende Aussage der Kommission vor, die den betreffenden Mitgliedstaat in seiner Auffassung bestärken konnte[940].

(b) **Mitursächlichkeit des EuGH**

In der Rechtssache *Köbler* hat sich der EuGH dazu geäußert, inwieweit außerhalb der eigentlichen Entscheidungstätigkeit getätigte Äußerungen der Gerichtsbarkeit der Union mitursächlich für unionsrechtswidriges Verhalten des Mitgliedstaates sein können und damit den Mitgliedstaat entlasten. Der Kanzler des EuGH übermittelte im verwaltungsgerichtlichen Vorlageverfahren, was dem zivilgerichtlichen Schadensersatzverfahren in der Rechtssache *Köbler* vorausging, das Urteil des EuGH in der Rechtssache *Schöning-Kougebetopoulou.* Damit fragte er an, ob der vorlegende Verwaltungsgerichtshof das Vorabentscheidungsersuchen aufrechterhalten wolle. In der Rechtssache *Schöning-Kougebetopoulou* hatte der EuGH eine Dienstalterszulage, die keine Berücksichtigung von im öffentlichen Dienst eines anderen Mitgliedstaat abgeleisteten Beschäftigungszeiten vorsah, als mit der Arbeitnehmerfreizügigkeit nicht vereinbar angesehen. Der österreichische Verwaltungsgerichtshof zog daraufhin seine Vorlage zurück und änderte anschließend seine Einordnung bezüglich der Zulage. Er ging dann unionsrechtswidrig davon aus, dass die Zulage den Charakter einer Treueprämie habe[941]. Die Mitteilung des Kanzlers hatte somit den Prozess der Rücknahme der Vorlage kausal eingeleitet. Die Information enthielt jedoch weder eine Aussage zur rechtlichen Qualifikation der österreichischen Zulage, noch war der Mitteilung oder dem mitgeschickten Urteil eine Aussage zur Unionsrechtskonformität von Treueprämien zu entnehmen. Eine Mitursächlichkeit des Gerichtshofes ist daher in diesem Fall zu verneinen. Schließlich ist auch aus dem Fehlen einer Entscheidung des EuGH kein Schluss auf die Unionrechtsgemäßheit der betreffenden Maßnahme zu ziehen[942]. Eine Mitursächlichkeit des EuGH kann nur ausnahmsweise und nur dann angenommen werden, wenn eine vorherige Entscheidung des EuGH den Eindruck erweckt, eine Rechtsfrage sei bereits in einer bestimmten Weise geklärt, die nicht mit einer späteren Auslegung durch den EuGH über-

---

940 GA *Kokott*, Schlussanträge zu EuGH, Rs. C-278/05, *Robins*, Slg. 2007, I-1053, Rn. 98.

941 Ausführlich zum Sachverhalt: EuGH 08.04.2003, Rs C-224/01, *Köbler*, Slg. 2003, I-10239 Rn. 5ff.

942 Vgl. zu dem diesbezüglichen Vorbringen Schwedens: GA *Jacobs*, Schlussanträge EuGH 18.01.2001, Rs. C-150/99, *Stockholm Lindöpark*, Slg. 2001, I-493, Rn. 72.

einstimmt[943], oder bei einer ausdrücklichen, rückwirkenden Rechtsprechungsänderung[944].

(2) Verhältnis von Mitursächlichkeit und Erkennbarkeit unionsrechtlicher Vorgaben

Eine Mitursächlichkeit von Unionsorganen als den Mitgliedstaat entlastendes Kriterium ist insbesondere bei einer wertenden, aktiven Äußerung der Kommission anzunehmen. Letztlich stellt sich dabei erneut die Frage nach der Normklarheit. Sie wird jedoch auf die Ebene der Kommission verlagert. Diese hat nun u.U. das Unionsrecht nicht vollständig und korrekt beachtet. Liegt eine Fehleinschätzung der Kommission vor, handelt es sich daher um ein Indiz dafür, dass sich die unionsrechtlich geforderte Pflicht nicht ausreichend präzise ergibt. Das entspricht auch der Ratio, nach der dieses Kriterium Aufnahme in den Katalog gefunden hat. Den Unionsorganen wird besonderer Sachverstand bei der Auslegung des Unionsrechts zugestanden. Daher kann von den Mitgliedstaaten kein Mehr verlangt werden. Begeht die Kommission einen Auslegungsfehler, so ist dieser nach der Vermutung dieses Kriteriums auf die Ungenauigkeit der Vorschrift zurückzuführen. Eher theoretischer Natur ist der Fall, dass eine bewusste Fehleinschätzung durch die Kommission erfolgt. Nach der hier vertretenden Ansicht würde dann die Äußerung der Kommission keine Indizfunktion mehr besitzen und der Mitgliedstaat könnte sich daher auch nicht auf die Mitursächlichkeit des Handelns der Unionsorgane berufen. In einem solchen Fall käme indes ein Regressanspruch des Mitgliedstaates gegenüber der Kommission in Betracht[945]. Weitaus praktischer ist der Fall, wenn Äußerungen der Kommission durch nachfolgende Entscheidungen des EuGH widerlegt werden. Ein solches Urteil führt dann nachträglich zu einer Normklarheit, die eine Berufung auf eine ungenaue Auslegung, die auch die Kommission vorgenommen hat, nicht mehr möglich macht.

---

943 Vgl. in diesem Sinne die Begrenzung der zeitlichen Wirkung des Urteils wegen nicht auszuschließender Misverständlichkeit eines vorangegangen EuGH-Urteils: EuGH 04.05.1999, Rs. C-262/96, *Sürül*, Slg. 1999, I-2685, Rn. 110.

944 Vgl. zu Rechtsprechungsänderungen: EuGH 17.10.1990, Rs. C-10/89, *HAG II*, Slg. 1990, I-3711, Rn. 10ff; EuGH 30.04.1996, Rs. C-308/93, *Cabanis-Issarte*, Slg. 1996, I-2097, Rn. 34; wohl auch: EuGH 24.11.1993, verb. Rs. C-267/91 und C-268/91, *Keck und Mithouard* , Slg. 1993, I-6097, Rn. 14; EuGH 22.11.2011, Rs. C-214/10, *KHS*, Slg. 2011, I-11757, Rn. 28.

945 Vgl. zur prozessualen Geltendmachung eines solchen Anspruchs: *Czaja*, Die außervertragliche Haftung der EG für ihre Organe, 1996, 202; *Aubin*, Die Haftung der Europäischen Wirtschaftsgemeinschaft und ihrer Mitgliedstaaten bei gemeinschaftsrechtswidrigen nationalen Verwaltungsakten, 1982, 262.

ee. Für judikatives Unrecht: Vorlagepflichtverletzung als Unterkriterium

In der Rechtssache *Köbler* führt der EuGH als weiteres, neues Kriterium und nur für die Haftung für judikatives Unrecht die Verletzung der Vorlagepflicht nach Art. 267 Abs. 2 und 3 AEUV ein. Der EuGH hatte bereits in der Entscheidung *Francovich* eine Haftung für alle mitgliedstaatlichen Gewalten eingeführt. Die ausdrückliche Anerkennung einer Haftung auch für judikatives Unrecht in der Entscheidung *Köbler* erfolgte insoweit lediglich klarstellend[946].

(1) Verletzung der Vorlagepflicht

Die Vorlagepflicht sichert die Beachtung des Vorabentscheidungsverfahrens als zentrales Element richterlicher Zusammenarbeit in der Union. Es dient als Zwischenverfahren eines nationalen Rechtstreits insbesondere der Wahrung der Rechtseinheit in der Union[947].

(a) **Vorlagepflicht nach Art. 267 AEUV**

Nach Art. 267 Abs. 3 AEUV haben letztinstanzliche Gerichte, bei denen sich eine Frage des Unionsrechts in einem bei ihnen schwebenden Verfahren stellt, eine Vorlagepflicht. Instanzgerichte hingegen, deren Entscheidungen auch nur mit einem jeweils zuzulassenden Rechtsmittel noch angefochten werden können[948], sind nach Art. 267 Abs. 2 und der *Foto-Frost*-Rechtsprechung des EuGH nur dann zur Vorlage verpflichtet, wenn sie eine unionsrechtliche Regelung für ungültig halten[949].

Nach der *CILFIT*-Rechtsprechung des EuGH besteht wiederum eine Ausnahme von der Vorlagepflicht für letztinstanzliche Gericht, wenn eine Frage bereits vom EuGH entschieden wurde (sog. *acte éclairé*) oder die Auslegung des Unionsrechts derart offenkundig ist, dass für einen

---

946 EuGH 30.09.2003, Rs C-224/01, *Köbler*, Slg. 2003, I-10239, Rn. 31f; EuGH 13.06.2006, Rs C-173/03, *Traghetti del Mediterraneo*, Slg. 2006, I-5177, Rn. 32; dazu: *Zantis,* Das Richterspruchprivileg in nationaler und gemeinschaftsrechtlicher Hinsicht, 2010, 135ff; *Frenz/Götzkes*, EuR 2009, 622 (623); *Dörr*, DVBl. 2006, 598 (601); *Kischel*, EuR 2005, 441; *Schulze,* ZEuP 2004, 1051 (1058); *Storr,* DÖV 2004, 545 (549); *Wegener/Held,* Jura 2004, 479; *Obwexer*, EuZW 2003, 726 (727); *Schwarzenegger,* ZfRV 2003, 236 (237); *Wegener,* EuR 2002, 785; *Gundel,* DVBl 2001, 95; *Fischer,* JA 2000, 348 (349); *Decken,* EuR 1997, 203 (225).

947 *Wegener,* in: Calliess/Ruffert [Hrsg.], 2011, Art. 267 AEUV, Rn. 1ff.

948 Vgl. dazu EuGH 04.06.2002, Rs. C-99/00, *Lyckeskog*, Slg. 2002, I-4839, Rn. 16ff.

949 EuGH 22.10.1987, Rs. 314/85, *Foto-Frost*, Slg. 1987, 4199, Rn. 15ff.

vernünftigen Zweifel kein Raum bleibt (sog. *acte clair*)[950]. Dabei ist ein innerstaatliches Gericht nach der *acte clair*-Doktrin nur dann nicht zur Vorlage verpflichtet, wenn es unter Berücksichtigung der Eigenarten des Unionsrechts (Systematik, Ziele und Entwicklungsstand) und der besonderen Schwierigkeiten seiner Auslegung (Sprachfassung, eigene europarechtliche Terminologie) zu dem Ergebnis gelangt, dass für die Gerichte der übrigen Mitgliedstaaten die gleiche Gewissheit bezüglich der richtigen Auslegung besteht[951].

Auf die Gültigkeitsfrage bezieht sich diese Ausnahme von der Vorlagepflicht nicht[952]. Insoweit kann das mitgliedstaatliche Gericht nur dann und auch nur vorübergehend von einer Vorlage absehen und die Vollziehung eines auf einer Unionsrechtsvorschrift beruhenden Verwaltungsaktes aussetzen[953] oder eine Anordnung treffen, durch die die Unionsvorschrift vorläufig unanwendbar wird[954], wenn es erhebliche Zweifel an der Gültigkeit der Unionshandlung hat und die Frage, sofern der EuGH damit noch nicht befasst ist, ihm selbst vorlegt. Ferner muss die Entscheidung dringend und daher zur Vermeidung schwerer, nicht wiedergutmachbarer Schäden notwendig sein, die Interessen der Union müssen vom nationalen Gericht ausreichend berücksichtigt werden. Schließlich muss das nationale Gericht bei allen Voraussetzungen eventuelle Entscheidungen der Unionsgerichte über die Rechtmäßigkeit des Unionsrechtsaktes genauso beachten wie gleichartige einstweilige Anordnungen auf Unionsebene[955].

(b) **Verletzung der Vorlagepflicht**

Verletzungen der Vorlagepflicht können im Wesentlichen auf drei Fallgruppen eingegrenzt werden[956]: Zunächst kommt in Betracht, dass das

---

950 Vgl. dazu *Schröder*, EuR 2011, 808; *Broberg/Fenger*, EuR 2010, 835.

951 EuGH 06.10.1984, Rs. 238/81, *CILFIT u.a.*, Slg. 1982, 3415, Rn. 21; EuGH 04.11.1997, Rs. C-337/95, *Parfums Christian Dior*, Slg. 1997, I-6013, Rn. 31; EuGH 15.09.2005, Rs. C-495/03, *Intermodal Transports*, Slg. 2005, I-8151, Rn. 33.

952 EuGH 06.12.2005, Rs. C-461/03, *Gaston Schul Doune-expediteur*, Slg. 2005, I-10513, Rn. 19.

953 EuGH 21.02.1991, verb. Rs. C-143/88 und C-92/89, *Zuckerfabrik Süderdithmarschen*, Slg. 1991, I-415, Rn. 21.

954 EuGH 09.11.1995, Rs. C-465/93, *Atlanta Fruchthandelsgesellschaft u.a.*, Slg. 1995, I-3761, Rn. 30.

955 Vgl. zum Ganzen: *Schwarze*, in: Schwarze [Hrsg.], EU-Kommentar, 2012, Art. 267 Rn. 48ff.

956 Einteilung angehlehnt an: *Frenz/Götzkes*, EuR 2009, 622 (628); BVerfGE 82, 159 (195) – *Absatzfonds*.

nationale Gericht insgesamt verkennt, dass Unionsrecht im zu entscheidenden Fall einschlägig ist. Daher setzt es sich mit einer möglichen Vorlagepflicht gar nicht erst auseinander[957]. Es ist auch denkbar, dass eine solche Entscheidung bewusst erfolgt, das nationale Gericht selbst die Auslegung vornimmt bzw. über die Gültigkeit einer Unionsnorm entscheidet und sich folglich die Kompetenz des EuGH anmaßt[958] sowie unter Umständen von einer bereits erfolgen Entscheidung des EuGH ohne erneute Vorlage abweicht[959]. Schließlich und von größerer Praxisrelevanz ist der Fall, dass ein nationales Gericht die Vorlage für entbehrlich hält, da es fälschlicherweise die Kriterien der CILFIT-Rechtsprechung für gegeben ansieht. Die Lösung einer Rechtsfrage sei demnach entweder der gesicherten Rechtsprechung des EuGH zu entnehmen[960] oder es bestehe bei der Auslegung keinerlei Raum für vernünftige Zweifel. Letztinstanzliche Gerichte in Deutschland gehen oftmals recht früh von einem Anwendungsfall der *acte-clair*-Doktrin aus. Beispielhaft sei die Entscheidung des BGH aus dem Jahr 2009 zur zeitlichen Grenze der Ausgleichsansprüche nach Art. 7 der Fluggastrechteverordnung erwähnt. Dort führt der BGH aus, diese bestimme sich auch für Gerichte der anderen Mitgliedstaaten zweifelsfrei nach nationalem Recht. Eine Vorlage bedürfe es daher nicht[961]. Auf Vorlage eines spanischen Gerichts bestätigte der EuGH 2012 zwar diese Ansicht[962]. Die Vorlage zeigt indes, dass eben keine gleiche Gewissheit bestand und der BGH daher die Frage hätte vorlegen müssen[963].

---

957 Zur verfassungsrechtlichen Relevanz (Art. 101 Abs. 1 S. 2 GG) der grundsätzlichen Verkennung der Vorlagepflicht: BVerfG 30.08.2010, 1 BvR 1631/08, Rn. 49 – *VG Wort*.

958 BVerfGE 82, 159 (195) – *Absatzfonds*.

959 BVerfGE 75, 223 (245) - *Kloppenburg-Beschluß*.

960 EuGH 08.04.2003, Rs C-224/01, *Köbler*, Slg. 2003, I-10239 Rn. 118.

961 BGH 10.12.2009, Az. Xa ZR 61/09, NJW 2010, 1526, Rn. 26: „Der Senat ist davon überzeugt, dass auch für die Gerichte der übrigen Mitgliedstaaten der Gemeinschaft kein Zweifel daran besteht, dass sich die zeitlichen Grenzen der Ausgleichsansprüche nach Art. 7 der Verordnung aus dem nach Kollisionsrecht berufenen nationalen Sachrecht ergeben."

962 EuGH 22.11.2012, Rs. C-139/11, *Cuadrench Moré*, noch nicht in der amtlichen Sammlung veröffentlicht.

963 Vgl. zur Kritik an der tatsächlichen Praxis zur Vorlagepflicht in Deutschland und Berufung auf die acte-claire-Doktrin auch: *Jaensch*, NJW 2012, 1025 (1030) – Leistungsort der Nacherfüllung; *Staudinger/Schürmann*, NJW 2011, 2769 (2773) – Verjährung für Ausgleichszahlungsansprüche nach der Verordnung Nr. 261/2004; *Marx*, ZAR 2011, 15 (17) – Ehegatttennachzug von Sprachfähigkeits-

(2) Bedeutung des Kriteriums für judikatives Unrecht

Die Verletzung der Vorlagepflicht kann ausschließlich für judikatives Unrecht relevant sein. Entscheidend ist, welche Bedeutung dieses Kriterium insoweit hat. Der EuGH hat betont, dass zur Bestimmung, ob das Gericht offenkundig gegen das geltende Recht verstoßen hat, die bereits erläuterten Kriterien ebenso wie das Kriterium der Vorlagepflichtverletzung zu berücksichtigen sind. Zwar rekurriert der EuGH für judikatives Unrecht damit nicht auf die Formel der erheblichen Befugnisüberschreitung, die benannten Kriterien sind aber bis auf die Vorlagepflichtverletzung identisch. Wie zuvor gilt daher auch für judikatives Unrecht: Die einzelnen Kriterien müssen nicht kumulativ vorliegen. Demnach ist die Verletzung der Vorlagepflicht auch kein konstitutives Element der judikativen Haftung, so dass die Haftung nicht nur letztinstanzliche Gerichte, die zur Vorlage verpflichtet sind, betreffen kann[964]. Kommt ein Instanzengericht, dessen Entscheidung noch hätte mit Rechtsmitteln überprüft werden können, zu einer unionsrechtswidrigen Auslegung, kann das grundsätzlich auch haftungsbegründend sein. Nutzt der Geschädigte hingegen einen ihm möglichen Instanzenzug nicht aus, bemüht er sich nicht ausreichend um zumutbaren Primärrechtsschutz. Das kann bei der Bestimmung der Schadensersatzhöhe mindernd berücksichtigt werden. Jedenfalls ist die Verletzung der Vorlagepflicht nicht isoliert zu betrachten. Sie begründet für sich genommen noch keinen hinreichend qualifizierten Verstoß[965]. Dafür spricht schon, dass zumindest fraglich ist, ob die Vorlagepflicht überhaupt darauf gerichtet ist, Individualschutz zu vermitteln[966]. Notwendig wäre damit bereits aus die-

---

nachweis abhängig; *Janssen*, jurisPR-StrafR 16/2012 Anm. 4 – Versagung der Anerkennung eines Führerscheins bei Fehlen der Fahreignung.

964 Anders: *Hakenberg*, DRiz 2004, 113 (116); *Kremer*, NJW 2004, 480 (481); *Wegener*, EuR 2004, 84 (87); OLG Frankfurt am Main 13.03.2008, Az. 1 U 244/07, Rn. 17.

965 EuGH 08.04.2003, Rs C-224/01, *Köbler*, Slg. 2003, I-10239 Rn. 117ff; *Tietjen*, Das System des gemeinschaftsrechtlichen Staatshaftungsrechts, S. 178; *Karpenstein*, in: Grabitz/Hilf/Nettesheim, 2013, Art. 267 AEUV, Rn. 71; in diese Richtung aber: GA *Léger* in Schlussanträgen zu EuGH 08.04.2003, Rs C-224/01, *Köbler*, Slg. 2003, I-10239, Rn. 139ff, 170ff; *Beul*, EuZW 1996, 748 (749); *Radermacher*, NVwZ 2004, 1415 (1417); *Kremer*, NJW 2004, 480 (482); *Haratsch*, JZ 2006, 1176 (1177); OLG Koblenz 08.10.2003, Az. 1 U 1554/02, *Zulassung zum Wirtschaftsprüfer*, Rn. 23.

966 Kritisch dazu: *Beul*, EuZW 1996, 748; *Gundel*, EWS 2004, 8 (9); *Wegener/Held*, JURA 2004, 479 (484); *Wegener*, EuR 2004, 84 (90); *Bertelmann*, Die Europäisierung des Staatshaftungsrechts, S. 137; *Frenz/Götzkes*, EuR 2009, 622 (629); *Zantis*, Das Richterspruchprivileg in nationaler und gemeinschaftsrechtlicher Hinsicht, S. 143f; bejahend: *Martin-Ehlers*, EuR 1996, 376 (397); *Gromitsaris*, SächsVBl. 2001,

sem Grunde die Verletzung einer solchen unionsrechtlichen Norm. Der hinreichend qualifizierte Verstoß ist dann auch auf die Verletzung dieser Norm zu beziehen. Dafür kann die Vorlagepflichtverletzung nur ein Indiz sein[967]. Andernfalls müsste im Rahmen des Haftungsprozesses nur die Entscheidung des Gerichts überprüft werden, die Frage dem EuGH nicht vorzulegen. Da mit der Nichtvorlage aber zumeist eine Verletzung einer solchen Norm einhergeht, kann die Frage in den meisten Fällen dahinstehen[968]. Die Auslegung der streitentscheidenden unionsrechtlichen Frage steht dabei im Mittelpunkt. Dadurch erleidet der Einzelne möglicherweise einen Schaden. Sofern eine Vorlagepflicht besteht, ist deren Verletzung daher als ein Kriterium unter mehreren zu berücksichtigen[969].

(3) Verhältnis von Vorlagepflichtverletzung und Erkennbarkeit unionsrechtlicher Vorgaben

Insbesondere die oben dargestellte dritte Fallgruppe zur Verletzung der Vorlagepflicht zeigt, dass auch dieses Kriterium der Bestimmung der Erkennbarkeit der unionsrechtlichen Vorgaben dient. Wie zuvor ausgeführt, kommt es dafür entscheidend darauf an, ob eine offensichtliche Rechtslage gegeben ist. Diese kann bereits anfänglich bestehen (*acte clair*) oder durch eine konkretisierende Entscheidung des EuGH nachträglich herbeigeführt sein (*acte éclairé*). Eine Vorlage darf daher erst dann unterbleiben, wenn keine Zweifel mehr ob des richtigen Auslegungsergebnisses bestehen, welches ebenfalls bezüglich der mitgliedstaatlichen Verpflichtung keine Zweifel mehr belässt. Ist eine solche eindeutige Rechtslage nicht gegeben, so besteht eine Vorlagepflicht. Verletzung der Vorla-

---

157 (160); GA *Léger* in Schlussanträgen zu EuGH 08.04.2003, Rs C-224/01, *Köbler*, Slg. 2003, I-10239, Rn. 148; *Obwexer*, EuZW 2003, 726 (727); den individualschützenden Charakter unter Verweis auf Art. 47 Abs. 2 GRC bejahend: *Haratsch* , EuR Beiheft 3/2008, 81 (96); *Tietjen*, Das System des gemeinschaftsrechtlichen Staatshaftungsrechts, S. 178.

967 Ebenso die Frage, ob die verletzte Norm die Verleihung von Rechten Einzelnen bezweckt, unter Bezug auf die Grundfreiheit und Verordnung und nicht jedoch auf die Vorlagepflicht beantwortend: EuGH 08.04.2003, Rs C-224/01, *Köbler*, Slg. 2003, I-10239, Rn. 102f, 121ff.

968 *Beul*, EuZW 1996, 748 (749); *Obwexer*, EuZW 2003, 726 (727); *Gundel*, EWS 2004, 8 (9); *Wegener*, EuR 2004, 84 (90); *Hummert*, Neubestimmung der acte-clair-Doktrin im Kooperationsverhältnis zwischen EG und Mitgliedstaat, S. 51f.

969 Ohne Äußerung zu den Folgen der Verletzung der Vorlagepflicht, da diese verneinend vgl. BGH 28.10.2004, Az. III ZR 294/03, *Zulassung zum Wirtschaftsprüfer*, NJW 2005, 31, Rn. 12; *Hummert*, Neubestimmung der acte-clair-Doktrin im Kooperationsverhältnis zwischen EG und Mitgliedstaat, S. 52.

gepflicht und Eindeutigkeit der unionsrechtlichen Norm hängen folglich unmittelbar zusammen. Dabei gilt: Je zweifelhafter die Rechtslage, desto eindeutiger die Vorlagepflicht. Damit liegt der Schluss nahe, dass die Vorlagepflichtverletzung als Indiz für eine unklare Rechtslage angesehen werden kann und folglich die Judikative, bezogen auf die falsche Auslegung der unklaren unionsrechtlichen Bestimmung, entlastet. Die Vorlagepflicht kompensiert jedoch diesen Aspekt: Im Fall der unklaren Rechtslage einer entscheidenden Norm des Unionsrechts besteht eine eindeutige Pflicht nach Art. 267 Abs. 3 AEUV. Der Verstoß gegen die Vorlagepflicht ist dann eindeutig, klar erkennbar und insoweit ergänzend zu berücksichtigen. Auch in diesem Fall kommt es daher entscheidend auf die Erkennbarkeit der unionsrechtlichen Vorgaben an. Die Berücksichtigung dieses Kriterium zeigt ergänzend das Interesse, dem Einzelnen eine indirekte Möglichkeit zur Durchsetzung der Vorlagepflicht zu geben, die sonst nicht bestünde.

b. Keine Ergänzung durch Gesichtspunkt der Aufopferung

Der vom EuGH angeführte Kriterienkatalog ist nicht abschließend. Neben den vom EuGH angeführten und oben dargestellten Kriterien können daher grundsätzlich weitere Aspekte bei der Qualifikation des Verstoßes beachtet werden. Es stellt sich daher insbesondere die Frage, ob Aspekte einer Aufopferungshaftung berücksichtigt werden können, wie dies im Rahmen der Unionhaftung zuvor geschehen ist. Wie oben dargestellt, hatte der EuGH dort anfänglich auch den Auswirkungen der Maßnahme bei der hinreichenden Qualifikation des Rechtsverstoßes Beachtung geschenkt. In den Isoglucose-Entscheidungen und Quellmehl- und Maisgritzentscheidungen hat der EuGH auch auf die Betroffenenzahl und Schadenshöhe abgestellt. Entscheidend sei auch, ob die Geschädigten „eine begrenzte und klar umrissene Gruppe“ darstellen, die zudem „sehr klein“ ist, und ob der „Schaden über die Grenzen der wirtschaftlichen Risiken“ hinausgehe[970]. Die Konkretisierung des hinreichend qualifizierten Verstoßes durch die Auswirkung ist von der Unionshaftung jedoch nicht auf die Staatshaftung übertragen worden[971]. Das ist auch überzeugend. Kombiniert man Aspekte der Unrechtshaftung mit solchen der Aufopferung, besteht die Gefahr einer gewissen Belie-

---

970 EuGH 04.11.1979, Rs. 238-78, *Ireks-Arkady*, Slg. 1979, 2955, Rn. 11.; zusammenfassend: GA *van Gerven*, Schlussanträge zu EuGH, verb. Rs. C-104/89, C-37/90, *Mulder II*, Slg. 1992, I-3061, Rn. 16;

971 *Säuberlich*, Die außervertragliche Haftung im Gemeinschaftsrecht, S. 27; *Karollus*, in: FS Köck, 2009, 169 (176).

bigkeit bei der Entscheidungsfindung. Beide Aspekte sind nicht zur gegenseitigen Konkretisierung geeignet. Sie beruhen vielmehr auf unterschiedlichen Erwägungen. Der Aufopferungsgedanke entstammt der Entschädigung für rechtmäßiges Staatshandeln[972]. Auf eine besondere Rechtswidrigkeit kommt es daher nicht an. Im Rahmen der Unrechtshaftung spielt die Schwere der Betroffenheit keine Rolle[973]. Die Auswirkungen des Unionsrechtsverstoßes können daher nach der derzeitigen Konzeption des hinreichend qualifizierten Verstoßes bei dessen Qualifizierung keine Beachtung finden.

3. Per se hinreichend qualifizierter Verstoß bei klar erkennbaren unionsrechtlichen Vorgaben

Ergibt die vorherige Prüfung, dass die unionsrechtlichen Vorgaben eindeutig und daher klar erkennbar sind, liegt ein Fall der per se Qualifikation nahe[974]. Diese Fälle stellen die praxisrelevantesten Haftungsfälle dar. Das entscheidende Haftungskriterium ist gegeben, und nur die weiteren Voraussetzungen sind noch zu prüfen. Ein Unionsrechtsverstoß ist immer dann per se hinreichend qualifiziert, wenn die Anwendung der vorgenannten Kriterien ergibt, dass eine eindeutige Handlungspflicht besteht.

Der EuGH hat dazu bestimmte Fallgruppen beispielhaft benannt. Liegt einer dieser Fälle vor, kann „jedenfalls" von einem offenkundig qualifizierten Verstoß ausgegangen werden[975]. Diese Fallgruppen sollen gleichsam als Überprüfung der These, dass wesentliches Kriterium die Erkennbarkeit der unionsrechtlichen Vorgaben ist, nachfolgend dargestellt

---

972 Vgl. dazu: GA *Lagrange*, Schlussanträge zu EuGH 07.06.1961, verb. Rs. 14, 16, 17, 20, 24, 26 und 27/60 und 1/61, *Meroni*, Slg. 1961, 347 (377f.); GA *Tesauro*, Schlussanträge zu *Brasserie du Pêcheur/Factortame III*, Rn. 93.

973 *Ossenbühl/Cornils*, Staatshaftungsrecht, S. 706f; GA *Tesauro*, Schlussanträge zu *Brasserie du Pêcheur/Factortame III*, Rn. 93; *Breuer*, Staatshaftung für judikatives Unrecht, 2011, 384ff.

974 Auch als „a-priori"-Konstellation bezeichnet: *Säuberlich*, Legislatives Unrecht und EU-Amtshaftungsanspruch, S. 83; vgl. zur ähnlichen Konzeption der „negligence per se" im amerikanischen Deliktsrecht, das auch auf die Staatshaftung Anwendung findet, wonach die Verletzung einer durch Gesetz oder Verwaltungsvorschrift auferlegten Verhaltenspflicht per se eine Fahrlässigkeit darstellt: *Pollack*, Schutzgesetzverletzung und „negligence per se".

975 EuGH 05.03.1996, verb. Rs C-46/93 u. C-48/93, *Brasserie du Pêcheur/Factortame III*, Slg. 1996, I-1029, Rn. 57.

werden. Dargelegt wird, dass in diesen Fallgruppen die Vorgaben des Unionsrechts derart eindeutig sind, dass bereits die „bloße" Unionsrechtswidrigkeit einen hinreichend qualifizierten Verstoß begründet.

a. Mitgliedstaatliches Verhalten im Widerspruch zu feststehender Rechtsprechung

Eindeutig sind die unionsrechtlichen Vorgaben, wenn kein Ermessen besteht und eventuelle Auslegungsfragen durch das dafür zuständige Organ bereits geklärt sind. Eine komplexe Rechtslage ist dann zu verneinen. Aus der Rechtsprechung des EuGH sind in diese Fallgruppe die Entscheidungen *Larsy*[976], *Fuß gegen Halle*[977], *Hedley Lomas*[978], *Haim II*[979] und *Specht*[980] einzuordnen[981]. Auch die Entscheidung *Brasserie* kann insoweit genannt werden. Der EuGH hatte zur Frage des Inverkehrbringens von in einem anderen Mitgliedstaat rechtmäßig hergestellten Bier unter der Bezeichnung „Bier" auf die vorangegangene *Cassis de Dijon*-Entscheidung hingewiesen. Als kausal für den Schaden nahm der BGH jedoch später das nationale Verbot der Zusatzstoffe an. Ein hinreichend qualifizierter Verstoß ist daher dennoch verneint worden[982].

Ergibt sich der hinreichend qualifizierte Verstoß aus einer vorangegangen Rechtsprechung, ist die Zeitachse von entscheidender Bedeutung. Relevant ist daher zunächst, ab wann von einer feststehenden Rechtsprechung ausgegangen werden kann und ob dem Mitgliedstaat im An-

---

976 EuGH 28.06.2001, Rs. C-118/00, *Larsy*, Slg. 2001, I-5063, Rn. 42ff.

977 EuGH 25.11.2010, Rs. C-429/09, *Fuß gegen Halle*, Slg. 2010, I-12167, Rn. 52ff.

978 EuGH 23.05.1996, Rs. C-5/94, *Hedley Lomas*, Slg. 1996, I-2553, Rn. 29: auch wenn in Rn. 29 nur eine verkürzte Begründung erfolgt, da nicht mal Beweise dargelegt werden, die zur Untermauerung der Begründung dienen könnten, erfolgt unter Rn. 20 ein Verweis auf eine Vielzahl von Urteilen, die bereits ausgeführt haben, dass ein Rückgriff auf Art. 36 EG-Vertrag nach Erlass einer harmonisierenden Richtlinie unzulässig ist.

979 EuGH 04.07.2000, Rs. C-424/97, *Haim*, Slg. 2000, I-5123, Rn. 46f; Der Haftungsanspruch scheitert schließlich an mangelnden Sprachkenntnissen zum Zulassungszeitpunkt und damit fehlender Kausalität, vgl. LG Düsseldorf, 22.02.2005, Az. 2b 0 260/97, *Haim*, Rn. 93ff.

980 EuGH 19.06.2014, verb. Rs. C-501/12 bis C-506/12, C-540/12 und C-541/12, *Specht u.a.*, noch nicht in der amtlichen Sammlung veröffentlicht, Rn. 104f.

981 Vgl. auch dazu: BVerwG 26.07.2012, Az. 2 C 70/11, *Berliner Feuerwehr*, Rn. 12.

982 EuGH 05.03.1996, verb. Rs C-46/93 u. C-48/93, *Brasserie du Pêcheur/Factortame III*, Slg. 1996, I-1029., Rn. 59; BGH 24.10.1996, Az. III ZR 127/91, *Brasserie du Pecheur*, NJW 1997, 123 (125).

schluss ein gewisser zeitlicher Rahmen einzuräumen ist, um das Urteil umzusetzen oder der Verstoß unmittelbar hinreichend qualifiziert ist.

aa. Zeitpunkt der feststehenden Rechtsprechung

Sobald eine klärende Entscheidung des EuGH in einem Vorabentscheidungsverfahren, einem Vertragsverletzungsverfahren oder einem anderen Verfahren vorliegt, kann davon ausgegangen werden, dass eine feststehende Rechtsprechung gegeben ist. Dann hat sich die unionsrechtlich geforderte Handlungspflicht soweit konkretisiert, dass jegliche Abweichung in diesem Punkt per se einen hinreichend qualifizierten Verstoß darstellt und daher grundsätzlich haftungsbegründend ist[983]. Diese Fallgruppe verschafft der bisher ergangenen Rechtsprechung besondere Bedeutung und stützt so auch die Durchsetzung der Urteile[984].

In der Entscheidung *Brasserie* hat der EuGH auch die einstweilige Anordnung nach Art. 278 und Art. 279 AEUV in den Kanon der eine Rechtsfrage klärenden Aussagen des Gerichtshofes aufgenommen. Der EuGH hatte ausgeführt, dass die nicht unverzügliche Durchführung des Beschlusses des Präsidenten des Gerichtshofes ebenfalls ein hinreichend qualifizierter Verstoß darstellen würde[985]. Das kann jedoch wegen der vorläufigen Natur der einstweiligen Anordnung[986] nur eingeschränkt gelten. Die Nichtbefolgung einer einstweiligen Anordnung kann nur für die unmittelbar an dem Verfahren Beteiligten einen hinreichend qualifizierten Verstoß darstellen. Für Dritte kann eine einstweilige Anordnung lediglich ein zu berücksichtigendes Indiz bei der Auslegung der entsprechenden Norm sein, eine abweichende Auslegung führt aber nicht per se zu einem hinreichend qualifizierten Verstoß.

Für die Unionshaftung hat das EuG, bestätigt durch den EuGH, zudem bereits bei ähnlicher Judikatur eine gefestigte Rechtsprechung angenommen. Das EuG verneinte die Vertretbarkeit einer anderen Rechtsan-

---

983 *Blanchet*, Revue trimestrielle de droit Européen, 2001, 397 (413); in diese Richtung auch die Vorlagefrage des VG Berlin: „…wird der EuGH […] gebeten mitzuteilen, ob und ab wann die Rechtslage derart offenkundig war, dass von einem qualifizierten Verstoß auszugehen ist.": VG Berlin 23.10.2012, Az. 7 K 425.12 , Rn. 111.

984 *Henrichs*, Haftung der EG-Mitgliedstaaten für Verletzung von Gemeinschaftsrecht, S. 109.

985 EuGH 05.03.1996, verb. Rs C-46/93 u. C-48/93, *Brasserie du Pêcheur/Factortame III*, Slg. 1996, I-1029., Rn. 64.

986 Vgl. dazu auch: Art. 162 Abs. 4 der Verfahrensordnung des Gerichtshofs vom 29.09.2012.

sicht in der Entscheidung *Peine-Salzgitter,* da bereits zu einer ähnlichen Frage Judikatur existierte[987]. Die Ermittlung relevanter Judikatur würde nach diesem Ansatz jedoch eine große Rolle bei der Entscheidungsfindung einnehmen, die auf Kosten anderer Aspekte gehen könnte[988]. Es spricht zudem viel dafür, Spielraum für unionsrechtswidrige, jedoch vertretbare und von der überwiegenden Literaturmeinung getragene Auslegungen zuzugestehen. Das ermöglicht die Berücksichtigung von Spezifika des Einzelfalls und die Einleitung von Rechtsprechungsänderungen[989]. Der EuGH hat die Übertragung dieser Einschränkung auf die unionsrechtliche Staatshaftung in der Entscheidung *Köbler,* trotz dazu bestehender Möglichkeit, nicht vorgenommen[990]. Notwendig ist daher die Klärung der jeweiligen Auslegungsfrage. Das kann jedoch auch nicht soweit gehen, dass stets der jeweilige Sachverhalt unter die Norm durch den EuGH subsumiert werden muss, bis von einer diesbezüglich feststehenden Rechtsprechung die Rede sein kann. Letztlich ist anhand der oben aufgeführten Kriterien zu ermitteln, in welchem Umfang durch Entscheidungen des EuGH eine Rechtsfrage bereits geklärt ist[991].

bb.Zeitpunkt der hinreichenden Qualifikation

Schließlich stellt sich die Frage, ob dem Mitgliedstaat ein Reaktionszeitraum einzuräumen oder unmittelbar mit Verkündung des Urteils durch den EuGH der Verstoß hinreichend qualifiziert ist und bei Vorliegen der weiteren Voraussetzungen der Mitgliedstaat zum Ersatz des Schadens verpflichtet ist. Sofern die sofortige Umsetzung des Urteils keinerlei tatsächliche oder rechtliche Schwierigkeiten bereitet, ist eine Reaktionszeit bereits nicht notwendig[992]. Insoweit stellt sich die Frage nicht. Ist allerdings legislative Tätigkeiten gefordert, da beispielsweise eine Richtlinie nicht korrekt umgesetzt wurde, dürfte eine sofortige Umsetzung der

987 EuG 27.06.1991, Rs. T-120/89, *Peine-Salzgitter,* Slg. 1991, II-279, Rn. 89ff.

988 Zum Ganzen: *Schoißwohl,* Staatshaftung wegen Gemeinschaftsrechtsverletzung, S. 433ff.

989 Vgl. zur Rechtsprechungsnuancierung durch erneute Vorabentscheidungsverfahren: EuGH 02.05.1996, Rs. C-206/94, *Paletta II,* Slg. 1996, I-2357, Rn. 24ff; EuGH 22.11.2011, Rs. C-214/10, *KHS,* Slg. 2011, I-11757, Rn. 24ff.

990 EuGH 30.09.2003, Rs C-224/01, *Köbler,* Slg. 2003, I-10239, Rn. 79ff; ebenso: LG Düsseldorf, 22.02.2005, Az. 2b 0 260/97, *Haim,* Rn. 83.

991 Vgl. dazu: KG Berlin 24.06.2011, Az. 9 U 233/10 (Private Spielhallen), Rn. 45ff; BGH 26.04.2012, Az. III ZR 215/11 (Private Spielhallen), Rn. 14ff.

992 Zu tatsächlichen Schwierigkeiten der Umsetzung eines Urteils zur Verbesserung der Qualität der Badegewässer: EuGH 25.11.2003, Rs. C-278/01, *Kommission/Spanien,* Slg. 2003, I-14141, Rn. 51.

Entscheidung kaum möglich sein[993]. Dann spricht einiges für die Einräumung eines Reaktionszeitraumes[994]. Der EuGH räumt aus diesem Grund im Zusammenhang mit der Verhängung von Finanzsanktionen wegen der Nichtumsetzung eines Urteils daher den jeweiligen Mitgliedstaaten eine Reaktionsfrist ein. Er führt aus, dass Art. 260 Abs. 1 AEUV keine konkrete Frist vorgebe, die Durchführung eines Urteils unverzüglich zu beginnen und „möglichst rasch" abzuschließen sei[995]. Damit räumt er zumindest eine kurze Reaktionsfrist ein, bis zu der ein Urteil vollständig umgesetzt sein muss. Allerdings ist anzumerken, dass der durch den Vertrag von Lissabon neu eingeführte Art. 260 Abs. 3 UAbs. 2 AEUV vom Wortlaut her nunmehr die Möglichkeit vorsieht, bereits im Vertragsverletzungsverfahren wegen Nichtmitteilung von Maßnahmen, die der Umsetzung einer Richtlinie dienen, ab dem Zeitpunkt der Entscheidung des EuGH ein Zwangsgeld festzusetzen[996]. Zudem ist zu berücksichtigen, dass im Haftungsverfahren, anders als im Vertragsverletzungsverfahren, nicht nur die Interessen der Union zu beachten sind. Wie oben dargelegt, hat der Staatshaftungsanspruch auch eine wesentliche Bedeutung für den Individualrechtsschutz. Folglich wird nicht nur die Durchsetzung des Urteils des EuGH verfolgt. Aus der Perspektive des Einzelnen erscheint es nicht sachgerecht, eine weitere entschädigungslose Verletzung der eigenen Rechte hinnehmen zu müssen. Der Verstoß bestand unter Umständen bereits vor einer klärenden Entscheidung und war nur noch nicht hinreichend qualifiziert. Schließlich kann mit der Bezugnahme auf ein Urteil des EuGH auch ein klarer Zeitpunkt bestimmt werden, zu dem ein Verstoß hinreichend qualifiziert ist. Eine

993 Vgl dazu beispielhaft: BGH 22.01.2009, Az. III ZR 233/07 (Pflichtpfand), Rn. 36.

994 Für einen Reaktionszeitraum von circa 3 Monaten nach Verkündung des EuGH-Urteils, ohne Begründung: BVerwG, 26.07.2012, Az. 2 C 70.11 (Wochenarbeitszeit Berliner Feuerwehr), Rn. 13.

995 Ständige Rspr, vgl. nur: EuGH 06.11.1985, Rs. 131/84, *Kommission/Italien*, Slg. 1985, 3531, Rn. 7; EuGH 04.07.2000, Rs. C-387/97, *Kommission/Griechenland*, Slg. 2000, I-5047, Rn 82; EuGH 04.06.2009, Rs. C-568/07, *Kommission/Griechenland*, Slg. 2009, I-4505, Rn. 51; EuGH 31.03.2011, Rs. C-407/09, *Kommission/Griechenland*, Slg. 2011 I-2467, Rn. 34; zu Art. 260 AEUV: EuGH 25.06.2013, Rs. C-241/11, *Kommission/Tschechische Republik*, noch nicht in der amtlichen Sammlung veröffentlicht, Rn. 44.

996 Zur Möglichkeit den Fälligkeitszeitpunkt bereits vor die Urteilsverkündung zu legen, *Karpenstein*, in: Grabitz/Hilf/Nettesheim, 2012, Art. 260 AEUV, Rn. 70; entscheidungserheblich u.a. im anhängigen Verfahren: Rs. C-329/12, *Kommission/Deutschland* (Vorratsdatenspeicherung); für einen Reaktionszeitraum spricht indes die Entstehungsgeschichte: Übermittlungsvermerk des Präsidiums an den Konvent, CONV 734/03, S. 16.

variable Reaktionszeit liefe der Praktikabilität des Haftungsanspruchs entgegen. Aus den genannten Gründen ist daher auf den Zeitpunkt der Verkündung des Urteils abzustellen. Zumindest ab dem Urteil, in dem der zur Last gelegte Verstoß festgestellt wird, ist folglich eine noch aufrechtgehaltene Unionsrechtsverletzung hinreichend qualifiziert[997]. Bei entsprechender Handlungspflicht kann auch ab einem solchen Urteil ein hinreichend qualifizierter Verstoß durch Unterlassen gegeben sein. Der Unionsrechtsverstoß muss sich dabei auf die konkrete Norm beziehen, die zuvor Gegenstand der Auslegung durch den EuGH gewesen ist.

b. Mitgliedstaatliches Verhalten im Widerspruch zu offensichtlicher Rechtslage

Ein Verstoß ist ebenfalls dann als per se hinreichend qualifiziert einzuordnen, wenn unabhängig von konkretisierenden Entscheidungen die Rechtslage offensichtlich ist und bezüglich der Bindung des Mitgliedstaates keine Zweifel bestehen können.

aa. Unterbliebene Richtlinienumsetzung

Bezüglich der Pflicht, die Richtlinie überhaupt umzusetzen, besteht weder ein Ermessenspielraum, noch können aufgrund der klaren zeitlichen Vorgabe Zweifel an der Pflicht zur Umsetzung bestehen. Unbedeutend sind etwaige Ermessenspielräume, die sich hinsichtlich des „Wie" der Umsetzung aus der Richtlinie ergeben, oder etwaige Auslegungsschwierigkeiten in Bezug auf einzelne Richtlinienbestimmungen[998]. Unbeachtlich ist auch die Dauer der Fristüberschreitung und eventuelle Gründe dafür[999]. Grundsätzlich ist daher die gänzlich unterbliebene Richtlinienumsetzung als per se qualifizierter Verstoß einzuordnen. Der EuGH hat daher auch in den Rechtssachen *Francovich*[1000], *Bonifaci*[1001], *Dillenkofer*[1002]

---

997 Ebenso: EuGH 19.06.2014, verb. Rs. C-501/12 bis C-506/12, C-540/12 und C-541/12, *Specht u.a.*, noch nicht in der amtlichen Sammlung veröffentlicht, Rn. 105; vgl. auch zuletzt: BGH 26.04.2012, Az. III ZR 215/11 (Private Spielhallen), Rn. 16.

998 *Beljin*, Staatshaftung im Europarecht, S. 50; GA *Léger*, Schlussanträge zu EuGH, Rs. C-5/94, *Hedley Lomas*, Slg. 1996, I-2553, Rn. 154ff.

999 *Gellermann*, in: Streinz, EUV/AEUV, 2012, Art. 340, Rn. 49; dagegen noch das Vorbringen der deutschen, niederländischen und britischen Regierung in: EuGH 08.10.1996, Rs. C-178/94, C-179/94 u. C-188/94 bis C-190/94, *Dillenkofer*, Slg. 1996, I-4845, Rn. 18.

1000 EuGH 19.11.1991, Rs. C-9/90 u. 9/90, *Francovich*, Slg. 1991, 5357.

1001 EuGH 10.07.1997, verb. Rs. C-94/95 und C-95/95, *Bonifaci*, Slg. 1997, I-3969, Rn. 53.

und *Faccini Dori*[1003] jeweils die unterbliebene Umsetzung ausreichen lassen, um einen hinreichend qualifizierten Verstoß zu begründen[1004]. Ebenso ist ein Fall der unterbliebenen Richtlinienumsetzung anzunehmen, wenn der Mitgliedstaat zwar rechtzeitig Umsetzungsmaßnahmen vorgenommen, die Wirkung der nationalen Maßnahmen indes auf einen Zeitraum nach Ablauf der Umsetzungsfrist bestimmt hat. Der Einzelne kann das ihm verliehene Recht dann nicht bereits zum Umsetzungszeitpunkt dem nationalen Recht entnehmen. Für den Übergangszeitraum zwischen Ablauf der Umsetzungsfrist und Eintreten der Wirkung der nationalen Maßnahmen liegt dann ebenfalls ein hinreichend qualifizierter Verstoß vor, wie der EuGH in der Entscheidung *Rechberger*[1005] dargelegt hat. Der Mitgliedstaat hat nämlich keinen eigenen Entscheidungsspielraum, die Wirkungen der Richtlinie erst zu einem späteren Zeitpunkt eintreten zu lassen[1006].

Zweifel können sich dann ergeben, wenn der Mitgliedstaat fälschlicherweise der Meinung ist, das nationale Recht entspreche zumindest teilweise bereits den Vorgaben der Richtlinie, zur Umsetzung der Richtlinie seien folglich keine weiteren Schritte mehr vorzunehmen[1007]. Davon zu unterscheiden sind zunächst die Fälle, in denen unzweifelhaft Umsetzungsschritte notwendig sind. Das ist nicht immer der Fall. Eine grundsätzliche Pflicht zur Nennung der umzusetzenden Richtlinie zu Klarstellungszwecken ist abzulehnen. Stets Umsetzungsmaßnahmen zu fordern, damit bei der Auslegung des nationalen, grundsätzlich richtlinienkonformen Rechts die Vorgaben des Unionsrechts zukünftig Berücksichtigung finden, stellt eine zu weitgehende Verpflichtung dar[1008]. Wenn die Richtlinie allerdings explizit die Wiedergabe unionsrechtlicher Vorgaben verlangt, sind Umsetzungsmaßnahmen stets notwendig[1009]. Zudem ist

---

1002 EuGH 08.10.1996, Rs. C-178/94, C-179/94 u. C-188/94 bis C-190/94, *Dillenkofer*, Slg. 1996, I-4845, Rn. 26.

1003 EuGH 14.07.1994, Rs. C-91/92, *Faccini Dori*, Slg. 1994, I-3325, Rn. 27ff.

1004 Vgl. auch LG Bonn 16.04.1999, Az. 1 O 186/98, ZIP 1999, 959.

1005 EuGH 15.06.1999, Rs. C-140/97, *Rechberger*, Slg. 1999, I-3499.

1006 Vgl. dazu auch BGH 26.04.2012, Az. III ZR 215/11 (Private Spielhallen), Rn. 20.

1007 Vgl. dazu BGH 26.04.2012, Az. III ZR 215/11 (Private Spielhallen).

1008 Auch ständige Rechtsprechung, vgl. nur: EuGH 23.05.1985, Rs. 29/84, *Kommission/Deutschland (Krankenschwestern und Krankenpfleger)*, Slg. 1985, 1661, Rn. 23; EuGH 14.02.2012, Rs. C-204/09, *Flachglas Torgau*, noch nicht in der amtlichen Sammlung veröffentlicht, Rn. 60.

1009 Wie ein Hinweis bei der amtlichen Veröffentlichung auf die Richtlinie, vgl. dazu Art. 1 Abs. 2 Richtlinie 91/371/EWG des Rates vom 20. Juni 1991 über die Anwendung des Abkommens zwischen der Europäischen Wirtschaftsgemeinfür eine Richtlinie, die Privatpersonen berechtigen oder verpflichten soll, anerkannt, dass dann, wenn die mit der Richtlinie übereinstimmende Rechtslage bisher lediglich auf Verwaltungspraxis beruht, ohne dass eine Norm mit unbedingter Außenwirkung dazu existiert, Umsetzungsschritte notwendig sind[1010]. In diesen Fällen steht das „Ob" der Umsetzung nicht in Frage. Erfolgt keine Umsetzung, ist ein hinreichend qualifizierter Verstoß anzunehmen. Stimmt das nationale Recht inhaltlich mit dem von der Richtlinie geforderten überein oder wird die Richtlinie ohne Umsetzungsakt unmittelbar durch die Exekutive angewandt, stellt sich allerdings die Frage, ob überhaupt ein eventuell zu ersetzender Schaden eintreten kann.

Besteht keine unbedingte Verpflichtung zur Einleitung von Umsetzungsschritten, kann im Einzelfall auch das „Ob" der Umsetzung nicht hinreichend klar sein, da es im Zusammenhang mit der nationalen Rechtslage gesehen werden muss. Dann liegt kein Fall der per se Qualifikation vor. Ebenfalls kein Fall der per se Qualifikation stellt die partielle Nichtumsetzung dar. Diese ist von der oben beschriebenen verspäteten Umsetzung zu unterscheiden. Bei der partiellen Nichtumsetzung setzt der Mitgliedstaat lediglich Teile einer Richtlinie um. Damit ist die grundsätzliche Umsetzungspflicht nicht völlig außer Acht gelassen. Ein hinreichend qualifizierter Verstoß ergibt sich daher nicht allein aus der partiellen Nichtumsetzung.

bb. Offenkundige Unionsrechtswidrigkeit

Ein hinreichend qualifizierter Verstoß kann auch dann gegeben sein, wenn ein mitgliedstaatliches Organ gegen Bestimmungen des Unionsrechts handelt, obwohl diese in ihrer Bedeutung und Tragweite offen-

---

schaft und der Schweizerischen Eidgenossenschaft betreffend die Direktversicherung mit Ausnahme der Lebensversicherung, vgl. die Bedeutung des Hinweis für eine eigene Umsetzungsmaßnahme bestätigend: EuGH 27.11.1997, Rs. C-137/96, *Kommission/Deutschland*, Slg. 1997, I-6749, Rn. 8; EuGH 18.12.1997, Rs. C-360/95, *Kommission/Spanien*, Slg. 1997, I-7337, Rn. 13; EuGH 18.12.1997, Rs. C-361/95, *Kommission/Spanien*, Slg. 1997, I-7351. Rn. 15.

1010 EuGH 06.05.1980, Rs. 102/79, *Kommission/Belgien*, Slg. 1980, 1473, Rn. 11; EuGH 15.10.1986, Rs. 168/85, *Kommission/Italien*, Slg. 1986, 2945, Rn. 13; EuGH 28.02.1991, Rs. C-131/88, *Kommission/Deutschland (Grundwasser)*, Slg. 1991, I-825, Rn. 61; EuGH 30.05.1991, Rs. C-361/88 *Kommission/Deutschland (TA-Luft)*, Slg. 1991, I-2567, Rn. 20f; EuGH 28.01.2010,Rs. 456/08, *Kommission/Irland*, Slg. 2010, I-859, Rn. 61; vgl. zur Frage, ob für Richtlinienbestimmungen, die nicht auf eine Änderung der Rechtsposition der Bürger zielen nur innenwirksamen, verwaltungsinterne Akte ausreichend sind: *Nettesheim*, Die mitgliedstaatliche Durchführung von EG-Richtlinien.

sichtlich sind. Dies ist der Fall, wenn der Wortlaut der fraglichen Bestimmungen in allen Punkten klar, genau und frei von Mehrdeutigkeiten ist, so dass er letztlich keinen Raum für Auslegungen bietet, sondern nur für ihre schlichte Anwendung[1011]. Eine solche Rechtslage stellt auch einen Anwendungsfall der *acte-clair*-Doktrin dar. Es ist daher der gleiche Maßstab an die Eindeutigkeit anzulegen. Nur wenn unter Beachtung der Besonderheiten des Unionsrechts bezüglich Sprache, Terminologie und Dogmatik kein Zweifel mehr an der richtigen Auslegung einer unionsrechtlichen Norm besteht, ist auch eine offensichtliche Rechtslage anzunehmen. Als in diesem Sinne eindeutig kann zumindest im Ausgangspunkt das Verbot zur Diskriminierung aus Gründen der Staatsangehörigkeit nach Art. 18 AEUV angesehen werden. Aus der Rechtsprechung des EuGH sind in dieser Fallgruppe die Entscheidungen *Stockholm Lindöpark*[1012], *A.G.M.-COS.MET* [1013] und *Synthon*[1014] zu nennen, in denen der EuGH wegen der klaren Rechtslage einen hinreichend qualifizierten Verstoß angenommen hat[1015].

4. Hinreichend qualifizierter Verstoß bei fehlender Erkennbarkeit

Im vorherigen Abschnitt ist gezeigt, dass bei einer klar erkennbaren, eindeutigen unionsrechtlichen Pflicht die bloße Unionsrechtswidrigkeit ausreicht, einen hinreichend qualifizierten Verstoß zu begründen. Ist die Eindeutigkeit der unionsrechtlichen Vorgaben hingegen zu verneinen, ist das geforderte mitgliedstaatliche Verhalten nicht klar erkennbar. Ein hinreichend qualifizierter Verstoß scheidet jedoch nicht von vornherein aus. Ein solcher ergibt sich, wenn mitgliedstaatliches Verhalten und unionsrechtliche Vorgaben offensichtlich auseinanderfallen. Die Begründung ist demnach ungleich schwerer und kann nur nach einer ausführlichen Prüfung vorgenommen werden.

1011 GA *Léger* in Schlussanträgen zu EuGH 08.04.2003, Rs C-224/01, *Köbler*, Slg. 2003, I-10239, Rn. 140.

1012 EuGH 18.01.2001, Rs. C-150/99, *Stockholm Lindöpark*, Slg. 2001, I-493, Rn. 40.

1013 EuGH 17.04.2007, Rs. C-470/03, *A.G.M.-COS.MET*, Slg. 2007, I-2749, Rn. 82.

1014 EuGH 16.08.2008, Rs. C-452/06, *Synthon*, Slg. 2008, I-7681, Rn. 42f.

1015 Vgl. auch dazu: BVerwG 26.07.2012, Az. 2 C 70/11, *Berliner Feuerwehr*, Rn. 15ff.

a. Doppelfunktion der Unterkriterien

Aus der Rechtsprechung des EuGH lässt sich entnehmen, dass die zuvor aufgeführten Kriterien nicht nur dazu dienen, die Fallgruppe der eindeutigen Handlungspflicht herauszukristallisieren. Sie bezwecken ebenfalls, den Prüfungsmaßstab für die Fallgruppe der fehlenden Eindeutigkeit unionsrechtlicher Vorgaben zu konkretisieren. Damit gibt der EuGH auch insoweit den Prüfungsmaßstab vor und stellt ihn nicht in das Belieben der nationalen Gerichte[1016]. Die Anwendung der gleichen Kriterien liegt die Ratio zu Grunde: Je klarer die Handlungspflicht, desto geringer auch die zuzugestehende Irrtumsmarge. Liegen weder Auslegungsschwierigkeiten noch Gestaltungsspielraum vor, dann führen jegliche Verstöße gegen das Unionsrecht zu einem hinreichend qualifizierten Verstoß. Sind solche Spielräume anzuerkennen, steigt mit ihrem Umfang auch die zulässige Fehlertoleranz. Entscheidend ist daher Art und Umfang der unionsrechtlichen Bindung und ihre Erkennbarkeit. Je unklarer die Pflicht, desto geringer ist die Vorwerfbarkeit eines unionsrechtswidrigen Handelns[1017]. Daher sind auch nach der Entscheidung gegen eine eindeutige Handlungspflicht die gleichen Kriterien zur Konkretisierung des Prüfungsmaßstabes in einer wertenden Gesamtschau anzuwenden[1018].

b. Prüfungsmaßstab bei fehlender Eindeutigkeit

Ein hinreichend qualifizierter Verstoß ist nur dann anzunehmen, wenn der Rahmen der jeweils zugestandenen Irrtumsmarge verlassen wird[1019]. Sind die unionsrechtlichen Vorgaben nicht vollständig erkennbar, erfolgt im Rahmen des Staatshaftungsanspruchs insoweit nur eine einge-

1016 EuGH 04.07.2000, Rs. C-424/97, *Haim*, Slg. 2000, I-5123, Rn. 42f; zur Unionshaftung: EuG 03.03.2010, Rs. T-429/05, *Artegodan*, Slg. 2010, II-491, Rn. 62; EuG 23.11.2011, Rs. T-341/07, *Sison II*, Slg. 2011, II-7915, Rn. 37; anders: *Schoißwohl*, Staatshaftung wegen Gemeinschaftsrechtsverletzung, S. 291.

1017 Insoweit von einer „gliding scale" sprechend: *v. Gerven*, Bridging the Unbridgeable in: Micklitz/Reich [Hrsg.], Public Interest Litigation before European Courts, S. 57 (71); ebenso: *Herdegen/Rensmann* ZHR 1997, 522 (537); *Beljin*, Staatshaftung im Europarecht, S. 48f; *Schwarzenegger*, Staatshaftung – Gemeinschaftsrechtliche Vorgaben und ihre Auswirkungen auf nationales Recht, S. 107; *Hoppe*, Staatshaftung und Rechtsschutz bei Verletzung grundfreiheitlicher Schutzpflichten, S. 307.

1018 EuGH 25.01.2007, Rs. C-278/05, *Robins*, Slg. 2007, I-1053, Rn. 77; *Karollus*, in: FS Köck, 2009, 169 (182).

1019 Das verneinend: EuGH 24.08.1998, Rs C-319/96, *Brinkmann Tabakfabriken*, Slg. 1998, I-5255, Rn. 30.

schränkte gerichtliche Kontrolle[1020]. Soll die gleiche mitgliedstaatliche Handlung in einem Vorabentscheidungsersuchen beurteilt werden, erfolgt hingegen eine vollumfängliche Prüfung der Rechtmäßigkeit der nationalen Maßnahme. Die gerichtliche Kontrolle im Rahmen des hinreichend qualifizierten Verstoßes bleibt demnach dahinter zurück[1021]. Überprüft wird die jeweilige Maßnahme nur im Rahmen einer Evidenzkontrolle dahingehend, ob die getroffene Entscheidung getroffen werden konnte oder durfte und ob ein missbräuchliches Ausnutzen der Unklarheit vorliegt.

aa. Allgemein zur Kontrolldichte des EuGH bei Ermessensentscheidungen

Wie bereits dargelegt, sind Erkennbarkeit der unionsrechtlichen Vorgaben und Ermessen eng miteinander verbunden. Unterliegt der Hoheitsträger keiner strikten Normenbindung, ist ihm nach dem unionsrechtlichen Verständnis Ermessen eingeräumt und eine eindeutige Handlungspflicht kann der unionsrechtlichen Norm nicht entnommen werden[1022]. Die gerichtliche Kontrolle erfolgt nur eingeschränkt. Für die Fälle der unklaren Rechtslage ohne Ermesseneinräumung ist von einer ähnlich zurückgenommenen gerichtlichen Kontrolle auszugehen. Nicht die bewusste Einräumung einer Entscheidungsverantwortung, sondern die fehlende Erkennbarkeit der Determinierung ist ausschlaggebend. Nachfolgend soll daher kurz die Kontrolldichtekonzeption des EuGH bei Ermessensentscheidungen dargestellt werden.

Ausgangspunkt ist die allgemeine Aufgabenzuweisungsnorm, Art. 19 Abs. 1 S. 2 EUV. Sie weist der Unionsgerichtsbarkeit die Wahrung des Rechts bei der Auslegung und Anwendung der Verträge zu. Daraus lässt sich bereits der Ausschluss der Zweckmäßigkeitskontrolle begründen[1023],

---

[1020] Ebenso: *Hidien,* Die gemeinschaftsrechtliche Staatshaftung der EU-Mitgliedstaaten, S. 51; *Beljin,* Staatshaftung im Europarecht, S. 40.

[1021] So stellt der High Court of Justice, Queen' s Bench Division, Divisional Court in seinem Vorlagebeschluss in der Rechtssache British Telecommunications als erstes eine allgemeine Frage zur Auslegung der relevanten Richtlinienbestimmung ohne Bezug zur Staatshaftung, die einen einfachen Abgleich der vorgenommenen legislativen Tätigkeit mit den Vorgaben der Richtlinie ermöglicht.

[1022] Unter: C. II. 2. a) aa).

[1023] EuGH 12.02.1960, verb. Rs. 15-59 und 29-59, *Knutange,* Slg. 1960, 11, (28): „Die Nachprüfung durch den Gerichtshof kann sich aber nicht auf die Zweckmäßigkeit der Ausgestaltung erstrecken, welche die Hohe Behörde der Ausgleichseinrichtung gegeben hat, um die Ziele der oben genannten Entscheidung zu erreichen. Anderenfalls würde der Gerichtshof die Grenzen der Rechtskontrolle da der Rechtmäßigkeit zumeist die Begriffe der Zweckmäßigkeit, der politischen Opportunität oder der ökonomischen Richtigkeit gegenübergestellt werden[1024]. Der grundsätzliche Ausschluss der Zweckmäßigkeitskontrolle wird zudem aus einem Umkehrschluss aus Art. 261 AEUV gestützt. Für die Überprüfung von Zwangsmaßnahmen eröffnet Art. 261 AEUV für vom Europäischen Parlament und vom Rat gemeinsam sowie vom Rat allein erlassene Verordnungen die Möglichkeit, eine unbeschränkte Ermessensnachprüfung von Zwangsmaßnahmen vorzusehen[1025]. Für die Bereiche außerhalb dieses Anwendungsbereichs gilt folglich eine nur eingeschränkte gerichtliche Ermessensüberprüfung. Diese Einschränkung geht allerdings nur soweit der Ermessenspielraum reicht und durch unionsrechtliche Regelungen eingeräumt ist[1026]. Die Ermittlung der Tatsachen und formelle Rechtsmäßigkeitsanforderungen, insbesondere an das Verfahren und die Form[1027], unterliegen der vollumfänglichen gerichtlichen Kontrolle[1028].

überschreiten, die ihm der Vertrag zuerkannt hat"; GA *Capotorti*, Schlussanträge zu EuGH 05.12.1979, verb. Rs 154, 205, 206, 226 bis 228, 263 und 264/78 und 39, 31, 83 und 85/79, *Ferriera Valsabbia - Betonstahl*, Slg. 1980, 907 (1041); *Rausch*, Die Kontrolle von Tatsachenfeststellungen und -würdigung durch den Gerichtshof der Europäischen Gemeinschaft, S. 169; *Pache*, Tatbestandliche Abwägung und Beurteilungsspielraum, S. 389.

1024 *Adam*, Die Kontrolldichte - Konzeption des EuGH und deutscher Gerichte, S. 155; *Fritzsche*, Ermessen und institutionelles Gleichgewicht, S. 20.

1025 Vgl. zu den unbeschränkten Überprüfungsmöglichkeiten, welche in Verordnungen vorgesehen sind die Übersicht bei *Booß*, in: Grabitz/Hilf/Nettesheim, 2012, Art. 261 AEUV, Rn. 2; zu unbeschränkter Ermessensnachprüfung auch ausführlich: *Schmidt*, Die Befugnis des Gemeinschaftsrichters zu unbeschränkter Ermessensnachprüfung; vgl. ebenso: Art. 144 EAG-Vertrag; zur Erstreckung der unbeschränkten Ermessenskontrolle auf Zwangsmaßnahmen gegen die Mitgliedstaaten: *Heidig*, Die Verhängung von Zwangsgeldern und Pauschalbeträgen gegen die Mitgliedstaaten, S. 155ff.

1026 *Pache*, Tatbestandliche Abwägung und Beurteilungsspielraum, S. 397; vgl. dazu auch für das deutsche Rechte: BVerfGE 129, 1, Rn. 71f.

1027 Vgl. zur Kontrolle des Begründungserfordernis bei Ermessensentscheidungen: *Calliess*, Gerichtliche Kontrolldichte und institutionelle Begründungspflicht, in: FS Götz, S. 239.

1028 Vgl. zur gerichtlichen Überprüfung der Kommissionentscheidungen zum Verbot wettbewerbsbeschränkender Vereinbarungen (Art. 101 AEUV): EuGH 11.07.1985, Rs. 42/84, *Remia*, Slg. 1985, 2545, Rn. 34; EuGH 17.11.1987, Rs. 142 und 156/84, *BAT und Reynolds*, Slg. 1987, 4487, Rn. 62; EuG 18.09.2001, Rs. T-112/99, *Metropole télévision*, Slg. 2001, II-2459, Rn. 114; EuG 23.11.2003, Rs. T-65/98, *Van den Bergh Foods*, Slg. 2003, II-4653, Rn. 80; vgl. zur gerichtlichen Überprüfung der Kommissionentscheidungen zum Missbrauch einer marktbe-

Grund für die eingeschränkte Ermessensnachprüfung ist die Tatsache, dass Ermessenspielräume zumeist der besonderen Entscheidungsfindung Rechnung tragen sollen[1029]. Sind derartige Entscheidungen getroffen, können sie nicht durch eine nachträgliche Gerichtsentscheidung ersetzt werden. Andernfalls würde die Übertragung der Entscheidungsverantwortung umgangen[1030]. Anderseits ist zu beachten, dass eine gerichtliche Überprüfung grundsätzlich möglich sein muss. Damit steht die Einschränkung der gerichtlichen Überprüfung von Ermessensentscheidungen im Spannungsverhältnis zwischen „rule-of-law“ und Kompetenzregelungen[1031]. Eine gerichtliche Überprüfung der Ermessensentscheidung hat folglich die Kompetenzverteilung zu beachten und sich auf eine Missbrauchskontrolle zu beschränken.

Der Prüfungsmaßstab des Ermessensmissbrauchs findet sich neben der Verankerung im damaligen Art. 33 Abs. 1 S. 2 EGKS auch als Klagegrund im Rahmen der Nichtigkeitsklage nach Art. 263 Abs. 2 AEUV wieder und hat eine enge Ausgestaltung erfahren. Die Würdigung der Tatsachen und Umstände, die Grundlage der Entscheidung der Kommission sind, ist danach von der vollumfänglichen gerichtlichen Überprüfung bei Nichtigkeitsklagen ausgenommen. Diese Grundaussage hat der EuGH auf das gesamte Unionsrecht übertragen und damit den Kont-

---

herrschenden Stellung (Art. 102 AEUV): EuG 17.09.2007, T-201/04, *Microsoft*, Slg. 2007, II-3601, Rn. 87ff; EuG 09.09.2009, Rs. T-301/04, *Clearstream*, Slg. 2009, II-3155, Rn. 47, 93; EuG 29.03.2012, Rs. T-336/07, *Telefónica*, noch nicht in der amtlichen Sammlung veröffentlicht, Rn. 69f; EuGH 10.07.2014, Rs. C-295/12 P, *Telefónica*, noch nicht in der amtlichen Sammlung veröffentlicht, Rn. 54; vgl. zur gerichtlichen Überprüfung der Kommissionskontrolle von Unternehmenszusammenschlüsse: EuGH 31.03.1998, verb. Rs. C-68/94 und C-30/95, *Frankreich/Kommission, Kali & Salz*, Slg. 1998, I-1375, Rn. 222ff; EuGH 15.02.2005, Rs. C-12/03 P, *Tetra Laval*, Slg. 2005, I-987, Rn. 38ff; vgl. auch zum Verhältnis einer intensiveren Prüfung der formellen Anforderungen, je weiter der angenommene Ermessenspielraum reicht: EuGH 21.11.1991, Rs. C-269/90, *TU-München*, Slg. 1991, I-5469, Rn. 14.

1029 Vgl. auch zur möglichen Beschränkung der gerichtlichen Kontrolle, wenn diese an ihre Funktionsgrenzen stieße: BVerfGE 129, 1, Rn. 74.

1030 EuGH 18.03.1975, Rs. 78/74, *Deuka*, Slg. 1975, 421, Rn. 9; EuGH 15.06.1993, Rs. C-225/91, *Matra*, Slg. 1993, I-3203, Rn. 23; EuGH 21.01.1999, Rs. C-120/97, *Upjohn*, Slg. 1999, I-223, Rn. 34; EuG 04.07.2002, Rs. T-340/99, *Mathisen*, Slg. 2002, II-2905, Rn. 53.

1031 So, wenn auch mit den Begriffen Rechtsstaatsprinzip und Demokratieprinzip: *Bleckmann*, Zum Ermessensmissbrauch im europäischen Gemeinschaftsrecht, in: Festschrift für Kutscher, 1981, 25 (28); Ebenso bereits die amtliche Begründung für Art. 33 EGKS, zitiert nach: GA Roemer, Schlussanträge zu EuGH 04.02.1955, Rs. 6/54, *Niederlande/Hohe Behörde*, Slg. 1955, 215 (258).

rollumfang von Ermessensentscheidungen des Unionsgesetzgebers in gleicher Weise bestimmt[1032]. Während grundsätzlich eine vollständige gerichtliche Kontrolle möglich ist, beschränkt sich demnach die Überprüfung der Beurteilung komplexer wirtschaftlicher bzw. technischer Sachverhalte auf einen eventuellen Ermessensmissbrauch oder eine offensichtliche Verkennung von anzuwendenden Rechtsnormen, also evidente Rechtsanwendungsfehler[1033].

bb. Willkürliche Rechtsverletzung

Im Falle einer willkürlichen Rechtsverletzung ist ein hinreichend qualifizierter Verstoß auch bei fehlender Eindeutigkeit der unionsrechtlichen Vorgaben anzunehmen[1034]. Wann eine Rechtsverletzung willkürlich ist, kann dabei unter Rückgriff auf die Rechtsprechung zum Ermessensmissbrauch beantwortet werden, da in einem solchen Fall von einem Missbrauch der unklaren Vorgaben auszugehen ist.

Besondere Bedeutung hat insoweit die Verhältnismäßigkeitsprüfung. In diesem Rahmen findet auch eine Überprüfung der Zweckmäßigkeit statt[1035]. Ein Ermessensmissbrauch liegt danach vor, „wenn aufgrund ob-

---

1032 EuGH 21.03.1955, Rs. 6/54, *Niederlande/Hohe Behörde*, Slg. 1955, 213 (236); EuGH 15.09.2009, Rs. C-425/08, *Enviro Tech (Europe)*, Slg. 2009, I-10035, Rn. 47; EuGH 08.07.2010, Rs. C-343/09, *Afton Chemical*, Slg. 2010, I-7023, Rn. 28; EuGH 29.03.2012, Rs. T-336/07, *Telefónica*, noch nicht in der amtlichen Sammlung veröffentlicht, Rn. 69; ebenso: *Nicolaysen*, Die Würdigung der Gesamtlage - ein Beitrag zu Art. 33 Abs. 1, S. 2 EGKSV, in: FS Deringer, S. 121ff; *Adam*, Die Kontrolldichte - Konzeption des EuGH und deutscher Gerichte, S. 155; zweifelnd: *Kirschner*, Die Kontrolldichte, S. 6; zusammenfassend: *Rausch*, Die Kontrolle von Tatsachenfeststellungen und -würdigung durch den Gerichtshof der Europäischen Gemeinschaft, S. 225 ff; ausführlich dazu: *Soell*, Das Ermessen der Eingriffsverwaltung, S. 286ff.

1033 *Calliess*, Gerichtliche Kontrolldichte und institutionelle Begründungspflicht, in: FS Götz, S. 239 (242).

1034 Willkürlicher Verstoß durch bewusstes und gewolltes Abweichen von Richtlinienvorgaben: OLG Köln 02.06.2005, Az. 7 U 29/04, Rn. 44ff; bestätigend: BGH 04.06.2009, Az. III ZR 144/05, NVwZ 2007, 362, Rn. 21; zur Berücksichtigungsmöglichkeit der willkürlichen Nichtvorlage als vorsätzliche Rechtsverletzung: OLG Koblenz 08.10.2003, Az. 1 U 1554/02, *Zulassung zum Wirtschaftsprüfer*, Rn. 23.

1035 EuGH 05.10.1994, Rs. C-280/93, *Deutschland / Rat*, Slg. 1994,I-4973, Rn. 90; *Rausch*, Die Kontrolle von Tatsachenfeststellungen und -würdigung durch den Gerichtshof der Europäischen Gemeinschaft, S. 169; vgl zur Geeignetheitsprüfung: EuGH 13.07.1962, Rs. 19/61, *Mannesmann*, Slg. 1962, 717 (749); EuGH 13.07.1962, verb. Rs. 17 und 20/61, *Klöckner & Hoesch*, Slg. 1962, 653 (686); zur Erforderlichkeitsprüfung: EuGH 24.10.1973, Rs. 5/73, Balkan-Import, Slg. 1973, jektiver, schlüssiger und übereinstimmender Indizien anzunehmen ist, daß [die Rechtshandlung] ausschließlich oder zumindest vorwiegend zu anderen als den angegebenen Zwecken [...] erlassen worden ist"[1036]. Ein Ermessensmissbrauch und insoweit ebenso eine willkürliche Rechtsverletzung ist daher bei der Verfolgung von rechtswidrigen Zielen gegeben[1037]. Um zu prüfen, ob noch ein unionsrechtlich zulässiger Zweck verfolgt wird, ist dieser zunächst anhand der konkret angewandten Norm und den allgemeinen Zielbestimmungen der Verträge zu ermitteln[1038]. Bei der Bestimmung des tatsächlich verfolgten Zwecks knüpft der EuGH weniger an die subjektive Zielrichtung des einzelnen Amtswalters an, vielmehr nimmt er eine objektive Betrachtung vor. Entscheidend ist die objektive Eignung der Rechtshandlung zur Zielerreichung[1039], wobei nur die vollständige Untauglichkeit einer Maßnahme zur Zielerreichung be-

---

1091 (1112); zur Angemessenheitsprüfung im engeren Sinne: EuGH 11.05.1977, verb. Rs. 99 und 100/76, *Beste Boter*, Slg. 1977, 861, Rn. 11; EuGH 11.07.1989, Rs. 265/87, *Schräder HS Kraftfutter*, Slg. 1989, 2237, Rn. 21; EuGH 05.05.1998, Rs. C-157/96, *National Farmers' Union u. a.*, Slg. 1998, I-2211, Rn. 60; EuGH, 11.06.2009 , Rs. C-33/08, *Agrana Zucker*, Slg. 2009, I-5035 Rn. 31; EuGH 21.07.2011, Rs. C-150/10, *Beneo-Orafti*, Slg. 2011, I-6843, Rn. 75.

1036 EuGH 13.11.1990, Rs. C-331/88, *Fedesa*, Slg. 1990, I-4023, Rn. 24; Ständige Rspr: EuGH 21.03.1955, Rs. 6/54, *Niederlande/Hohe Behörde*, Slg. 1955, 215 (239); EuGH 05.05.1966, verb. Rs. 18 und 35/65, *Gutmann / Kommission*, Slg. 1966, 154 (176); EuGH 26.06.1984, Rs. 69/83, *Lux/Rechnungshof*, Slg. 1984, 2447, Rn. 30; EuGH 14.07.2005, Rs. C-180/00, Slg. 2005, I-6603, Rn. 116; EuG 27.09.2006, T-168/01, *GlaxoSmithKline*, 2006, II-2969, Rn. 198; Vgl. auch *Cremer*, in: Calliess/Ruffert [Hrsg.], 2011, Art. 263 AEUV, Rn. 90.

1037 *Pache*, DVBl 1998, 380 (382); vgl. zum Bezug zur Konzeption des „détournement de pouvoir" *Rausch*, Die Kontrolle von Tatsachenfeststellungen und -würdigung durch den Gerichtshof der Europäischen Gemeinschaft, 1994, 212f; dort auch zum hier nicht relevanten Vefahrensmissbrauch als Unterfall des Ermessensmissbrauch.

1038 Ständige Rechtsprechung seit: EuGH 21.12.1954, Rs. 1/54, *Frankreich / Hohe Behörde*, Slg. 1954/1955, 1 (34); EuG 27.09.2006, T-168/01, *GlaxoSmithKline*, 2006 Seite II-2969, Rn. 200, a.A. FG VG Frankfurt 24.10.1996, - 1 E 798/95 u.a., EuZW 1997, 182 (190).

1039 EuGH 21.03.1955, Rs. 6/54, *Niederlande/Hohe Behörde*, Slg. 1955, 213 (239); GA Roemer Schlussanträge zu EuGH 04.12.1958, Rs. 18/57, *Nold*, Slg. 1958, 91 (147ff); EuGH 21.12.1987, verb. Rs. 351 und 360/85; *Fabrique de fer de Charleroi*, Slg. 1987, 3639, Rn. 17ff; *Pache*, Tatbestandliche Abwägung und Beurteilungsspielraum, 2001, 398; *Nicolaysen*, Die Würdigung der Gesamtlage - ein Beitrag zu Art. 33 Abs. 1, S. 2 EGKSV, in: Europarecht, Kartellrecht, Wirtschaftsrecht, FS Deringer, S. 193.

achtlich ist[1040]. Im Mittelpunkt der Prüfung steht damit die Geeignetheit. Die Kontrolle des Verhältnismäßigkeitsgrundsatzes ist im Wesentlichen darauf reduziert[1041]. Nur vereinzelt fließen auch Elemente der Erforderlichkeit- und Angemessenheitsprüfung ein[1042]. Auch in diesen Punkten findet dann eine Offensichtlichkeitskontrolle statt. Sofern die offensichtliche Ungeeignetheit einer Maßnahme zur Zielerreichung festgestellt wird, ist es unerheblich, ob diese auf einem schwerwiegenden Mangel an Voraussicht oder Umsicht, auf Irrtum oder anderen Gründen beruht[1043].

Bei der Berücksichtigung des Kriterienkatalogs ist folglich besondere Bedeutung auf das Unterkriterium der Vorsätzlichkeit der Schadensverursachung bzw. des Rechtsirrtums zu legen. Gegen eine willkürliche Rechtsverletzung spricht insoweit, wenn unionsrechtliche Vorgaben nicht gänzlich außeracht gelassen wurden und nur bezüglich des Verhältnismäßigkeitsmaßstabes eine rechtswidrige Maßnahme vorliegt[1044]. Letztlich ist auch hier eine objektivierte Prüfung vorzunehmen. Ein missbräuchliches Ausnutzen der unklaren Handlungspflicht ist danach gegeben, wenn die gewählte Maßnahme objektiv nicht geeignet ist, das

---

1040 EuGH 05.10.1994, Rs. C-280/93, *Deutschland / Rat*, Slg. 1994,I-4973, Rn. 90; EuGH 21.07.2011, Rs. C-15/10, *Etimine*, Slg. 2011, I-6681, Rn. 125.

1041 Vgl. zur Kritik der Generalanwälte daran: GA *Trstenjak*, Schlussanträge zu Rs. C-34/08, *Azienda Agricola Disarò Antonio u. a.*, Slg. 2009, I-4023, Rn. 61 ff.; GA *Trstenjak*, Schlussanträge zu Rs. 365/08, *Agrana Zucker*, Slg. 2010, I-4341, Rn. 64; GA *Sharpston*, Schlussanträge zu verb. Rs. C-5/06, C-23/06 bis C-36/06, *Zuckerfabrik Jülich*, Slg. 2008, I-3231, Rn. 64f.

1042 EuGH 13.11.1990, Rs. C-331/88, *Fedesa*, Slg. 1990, I-4023, Rn. 15f; EuGH 08.02.2000, Rs. C-17/98, *Emesa Sugar*, Slg. 2000, I-675, Rn. 53ff; EuGH 10.12.2002, Rs. C-491/01, *British American Tobacco*, Slg. 2002, I-11453, Rn. 123, 130; EuGH 10.01.2006, Rs. C-344/04, *International Air Transport Association*, Slg. 2006, I-403, Rn. 80, 88f.; EuGH, 11.06.2009, Rs. C-33/08, *Agrana Zucker*, Slg. 2009, I-5035 Rn. 32, 42; Rn. 80; EuGH 20.05.2010, Rs. C-365/08, Slg. 2010, I-4341, Rn. 30, 38f; EuGH 08.06.2010, Rs. C-58/08, *Vodafone* , Slg. 2010, I-4999, Rn. 52, 61ff; EuGH 12.05.2011, C-176/09, *Luxemburg / Parlament und Rat*, Slg. 2011, I-3727, Rn. 62, 67ff; so auch: *Kischel*, EuR 2000, 380 (398ff.); *Trstenjak/Beysen*, EuR 2012, 265 (273f.).

1043 *Ipsen*, Europäisches Gemeinschaftsrecht, S. 522.

1044 Vgl. zur Unionshaftung, die verneint wurde, da eine angemessen Abgabe gerechtfertigt wäre, nur die gewählte Höhe indes nicht rechtmäßig war: EuGH 05.12.1979, verb. Rs. 116, 124-77, *G.R. Amylum NV und Tunnel* , Slg. 1979, 3497, Rn. 19.

angestrebte Ziel zu erreichen, beziehungsweise offen im Widerspruch zur Zielsetzung der Richtlinie steht[1045].

cc. Evidenter Rechtsanwendungsfehler

Eine willkürliche Rechtsverletzung ist nicht die einzige Möglichkeit, einen hinreichend qualifizierten Verstoß bei fehlender Eindeutigkeit zu bejahen[1046]. Darüber hinaus stellte auch ein evidenter Rechtsanwendungsfehler, der sich in der offensichtlichen Verkennung der anzuwendenden Rechtsnormen äußert, einen hinreichend qualifizierten Verstoß dar. Ein solcher liegt vor, wenn der Rahmen einer zuzugestehenden Irrtumsmarge verlassen wird. Insoweit sind nur besonders schwerwiegende Fehler in diesem weiten Haftungsmaßstab erfasst. In Fällen, in denen eine evident rechtswidrige Maßnahme geeignet wäre, das Vertrauen in die Durchsetzung des Unionsrechts zu beschädigen, ermöglicht der Haftungstatbestand die Beseitigung des unrechtmäßigen Zustands, um das Vertrauen wieder herzustellen, und auch der Individualrechtsschutz findet Berücksichtigung[1047]. Evidente Rechtsanwendungsfehler können demnach zumindest dann angenommen werden, wenn die Maßnahme unter keinem denkbaren Gesichtspunkt rechtlich vertretbar ist und daher aus rechtstaatlichen Gesichtspunkten einer Korrektur bedarf. Zur Bestimmung des konkreten Prüfungsmaßstabes bietet sich auch in diesem Fall eine Anlehnung an die Ermessenskontrolle an. Der EuGH prüft auch dort, ob ein evidenter Rechtsanwendungsfehler begangen wurde. Während bei einer willkürlichen Rechtsverletzung geprüft wird, ob das eingesetzten Mittel zur Erreichung des verfolgten Zweckes geeignet ist, werden hier sämtliche Rechtsanwendungsfehler berücksichtigt.

1045 In diese Richtung auch: EuGH 26.03.1996, Rs. C-392/93, *British Telecommunications*, Slg. 1996, I-1631, Rn. 43; GA *Mischo* ,Schlussanträge zu EuGH, Rs. C-424/97, *Haim*, Slg. 2000, I-5123, Rn. 60; ebenso: LG Berlin 11.02.2009, Az. 23 O 44/08 (Einlagensicherung - Phoenix).

1046 Vgl. dazu, dass ein an Willkür grenzendes Verhalten keine konstitutive Voraussetzung der Unionshaftung ist: EuGH 18.05.1993, Rs. C-220/91 P, *Peine-Salzgitter*, Slg. 1991, II-279, Rn. 51; entgegen: EuG 27.06.1991, Rs. T-120/89, *Peine-Salzgitter*, Slg. 1991, II-279, Rn. 78.

1047 Vgl. zu ähnlichen Berücksichtigung von Allgemein- und Individualinteressen bei der Einräumung von Revisionsgründen im deutschen Zivilprozess die Begründung zum Regierungsentwurf eines Gesetzes zur Reform des Zivilprozesses, BT-Drucks. 14/4722, S. 66, 104; zur Diskussion, welche Zweck Vorrang habe, *Prütting* in: Wieczorek/Schütze [Hrsg.], Zivilprozeßordnung und Nebengesetze, 2014, § 542 ZPO, Rn. 11ff.

Die offensichtliche Verkennung der anzuwendenden Rechtsnormen war ebenfalls in Art. 33 Abs. 1 S. 2 EGKS verankert, bringt jedoch einen allgemeinen rechtsstaatlichen Grundsatz zum Ausdruck und ist daher auf das gesamte Unionsrecht anzuwenden[1048]. Vor dem Hintergrund des umfassenden Rechtsschutzauftrags der Judikative kann eine Zurücknahme der gerichtlichen Überprüfung nicht gefordert werden, wenn die Rechtsverletzung zweifelsfrei festgestellt werden kann[1049]. In diesem Fall überwiegt der Rechtsschutzauftrag, und der EuGH ist befugt, die Entscheidung für rechtswidrig zu erklären, ohne sich dabei an die Stelle des handelnden Akteurs zu setzen. Ein offensichtlicher Irrtum liegt vor, wenn sich der Irrtum ohne weiteres und eindeutig feststellen lässt, ohne dass besondere Prüfungen notwendig sind. Der EuGH übt insoweit eine Evidenzkontrolle aus[1050]. Für die Ermessenskontrolle des Kommissionshandelns geht diese von der jeweiligen Begründung der Maßnahme aus[1051] und ermittelt, ob die getroffene Entscheidung getroffen werden konnte oder durfte[1052].

Für den hinreichend qualifizierten Verstoß sind die oben benannten Kriterien zugrunde zu legen. Eine besondere Schwere oder Intensität des Rechtsverstoßes ist nicht erforderlich. Gegen einen evidenten Rechtsanwendungsfehler spricht daher inter alia der Verweis auf die Auslegung durch andere Mitgliedstaaten, die die Vertretbarkeit der vorgenommenen Auslegung darlegen[1053]. Steht die nationale Maßnahme jedoch in offenkundigem Widerspruch zum Wortlaut der Richtlinie, ist von einem evidenten Rechtsanwendungsfehler auszugehen[1054].

1048 *Pache*, Tatbestandliche Abwägung und Beurteilungsspielraum, S. 399.

1049 *Rausch*, Die Kontrolle von Tatsachenfeststellungen und -würdigung durch den Gerichtshof der Europäischen Gemeinschaft, S. 242.

1050 *Pache*, DVBl 1998, 380 (386).

1051 EuGH 13.07.1966, verb. Rs. 56 und 58/64, *Consten Grundig*, Slg. 1966, 321 (396).

1052 EuGH 09.07.1969, Rs. 1/69, *Italien/Kommission*, Slg. 1969, 277, Rn. 6/7; EuGH 18.03.1975, Rs. 78/74, *Deuka*, Slg. 1975, 421, Rn. 9; EuGH 23.11.1978, Rs. 56/77, *Agence Européenne*, Slg. 1978, 2215, Rn. 35/37.

1053 EuGH 26.03.1996, Rs. C-392/93, *British Telecommunications*, Slg. 1996, I-1631, Rn. 43; EuGH 17.10.1996, verb. Rs. C-283/94, C-291/94 u. C-292/94, *Denkavit*, Slg. 1996, I-5063, Rn. 51; vgl. auch GA *Jacobs*, Schlussanträge zu EuGH, Rs C-319/96, *Brinkmann Tabakfabriken*, Slg. 1998, I-5255, Rn. 13, 19f; ebenso berücksichtigend: BGH 26.04.2012, Az. III ZR 215/11 (Private Spielhallen), Rn. 15.

1054 In diese Richtung auch: EuGH 26.03.1996, Rs. C-392/93, *British Telecommunications*, Slg. 1996, I-1631, Rn. 43; GA *Mischo*, Schlussanträge zu EuGH, Rs. C-424/97, *Haim*, Slg. 2000, I-5123, Rn. 60; ebenso: LG Berlin 11.02.2009, Az. 23 O 44/08 (Einlagensicherung - Phoenix).

5. Zusammenfassung

Der Kriterienkatalog, den der EuGH in ständiger Rechtsprechung zur Bestimmung des hinreichend qualifizierten Verstoß anführt, dient maßgeblich der Ermittlung der Erkennbarkeit der unionsrechtlichen Vorgaben. Sind diese eindeutig, ist von einer klaren Erkennbarkeit des unionsrechtlichen Pflichtenprogramms auszugehen. Die Kriterien des Umfangs des Ermessenspielraums und der Klarheit und Genauigkeit der verletzten Vorschrift lassen den Zusammenhang zur Eindeutigkeit der unionsrechtlichen Vorgaben am besten erkennen. Ihre vorrangige Prüfung bietet sich daher an. Sie werden insoweit auch vom EuGH zumeist zuvorderst genannt. Ermessen umfasst dabei, anders als nach deutschem Begriffsverständnis, auch unbestimmte Rechtsbegriffe auf der Tatbestandsseite, die der gerichtlichen Überprüfung entzogen sind. Die Eindeutigkeit der Unionsrechtsnorm kann aber auch zu verneinen sein, wenn ihr eine besondere Komplexität zu attestieren ist. Dafür ist unter anderem auf die Auslegung der verletzten Unionsrechtsnorm durch andere Mitgliedstaaten oder die Kommission abzustellen. Sofern die Einflussnahme der Kommission nicht zu einer originären Unionshaftung führt, ist sie ebenso wie die Auslegung durch andere Mitgliedstaaten Indiz dafür, dass auch andere Auslegungen grundsätzlich vertretbar waren. Die Verletzung der Vorlagepflicht, die nur im Rahmen von judikativem Unrecht relevant sein kann, führt nicht unmittelbar zu einem hinreichend qualifizierten Verstoß. Da aber nach der CILFIT-Rechtsprechung bei zweifelhafter Rechtslage nicht von der Vorlagepflicht abgesehen werden kann, liegt gerade dann eine eindeutige Vorgabe an die letztinstanzlichen Gerichte zur Vorlage an den EuGH vor.

Die Eindeutigkeit der unionsrechtlichen Vorgaben ist daher zu verneinen, wenn entweder Ermessen oder eine komplexe Rechtslage gegeben ist. Ermessen zeichnet sich dabei durch die Pluralität verschiedener rechtmäßiger Handlungsoptionen aus, wohingegen bei einer komplexen Rechtslage zwar nur eine Auslegung rechtmäßig, jedoch nicht ohne weiteres zu ermitteln ist. Legt das Unionsrecht den Mitgliedstaaten hingegen konkrete Ergebnis-, Verhaltens- oder Unterlassungspflichten auf, ist eine solche Eindeutigkeit anzunehmen. Mit den Kriterien, die der EuGH in ständiger Rechtsprechung zur Bestimmung des hinreichend qualifizierten Verstoßes aufführt, wird genau in diesem Sinne differenziert. Soweit das Unionsrecht nicht abschließend oder nicht hinreichend klar die Anforderungen an das mitgliedstaatliche Handeln determiniert, knüpft der EuGH auch keinen Haftungsvorwurf an die bloße Verletzung der entsprechenden Anforderungen. Kann hingegen eine eindeutige

Handlungspflicht angenommen werden, ist nur die einfache Rechtswidrigkeit darzulegen. Insoweit gilt ein strenger Haftungsmaßstab. Die Ermittlung der Eindeutigkeit der unionsrechtlichen Vorgaben nimmt daher eine vorrangige Stellung bei der Prüfung des hinreichend qualifizierten Verstoßes ein. Die Prüfung kann wie folgt illustriert werden:

Von besonderer Praxisrelevanz sind die Fälle der per se hinreichenden Qualifikation. Liegt einer dieser Fälle vor, ist von der Eindeutigkeit der unionsrechtlichen Vorgaben auszugehen. Dann ist die einfache Rechtswidrigkeit zur Begründung eines hinreichend qualifizierten Verstoßes ausreichend. Sofern zur unionsrechtswidrig verletzten Norm eine Rechtsprechung des EuGH existiert oder die diesbezügliche Auslegungsfrage bereits durch den EuGH geklärt wurde, stellt deren Nichtbeachtung einen solchen Fall dar. Große Bedeutung ist dabei der Frage zuzumessen, mit welcher Entscheidung und damit zu welchem Zeitpunkt eine Rechtsfrage als derart geklärt angesehen werden kann. Verkennt ein mitgliedstaatliches Organ eine offensichtliche Rechtslage, ist der Verstoß ebenfalls per se hinreichend qualifiziert. Eine solche Rechtslage ist anzunehmen in Bezug auf die Umsetzungspflicht von Richtlinien und bei klaren, eindeutigen Regelungen, die keinen Raum für Auslegungszweifel bieten.

Besteht ein Ermessen im Sinne des Unionsrechts oder lassen sich die genauen Vorgaben des Unionsrechts, die der Mitgliedstaat zu beachten hat, aufgrund der Komplexität nicht präzise ermitteln, so ist ebenfalls der Kriterienkatalog zur Prüfung der Qualifikation des Rechtsverstoßes zu verwenden. Die haftungsbegründende Qualität des Verstoßes kann dann zum einen angenommen werden, wenn ein willkürlicher Rechtsverstoß bzw. Ermessensmissbrauch gegeben ist. Sofern keine belastenden subjektiven Aspekte bekannt sind, ist dabei im Wege einer objektivierten Betrachtung die Geeignetheit einer mitgliedstaatlichen Maßnahme zur Zielerreichung einer Plausibilitätsüberprüfung zu unterziehen. Zudem kann ein hinreichend qualifizierter Rechtsverstoß gegeben sein, wenn ein evidenter Rechtsanwendungsfehler gegeben ist. Unter Heranziehung des Kriterienkatalogs ist dabei zu fragen, ob sich eine vorgenommene Rechtsauslegung noch im Rahmen einer zuzugestehenden Irrtumsmarge bewegt. Mit sinkender Eindeutigkeit der unionsrechtlichen Vorgaben steigt dabei der Umfang einer zulässigen Fehlertoleranz.

Deutlich wird dabei, dass die unklare Rechtslage der Ausgangspunkt ist. Damit wird den mitgliedstaatlichen Organen grundsätzlich eine Fehlertoleranz zugestanden. Nur wenn eindeutig belegt werden kann, dass ein Fall der per se Qualifikation vorliegt, verringert sich die Irrtumsmarge auf null. Die im Rahmen der Ermessenskontrolle für komplexe wirtschaftliche bzw. technische Entscheidungen der Kommission auf Art 33 Abs. 1 S. 2 EGKS aufbauende und besonders begründete Rücknahme der Kontrolldichte wird im Rahmen des Haftungsanspruchs zum Regelfall.

III. Die systemprägende Bedeutung des hinreichend qualifizierten Verstoßes

An dem Kriterium des hinreichend qualifizierten Verstoßes lässt sich festmachen, welche Anforderungen an den Haftungsgrund, den Anlass der Haftung, gestellt werden. Wie dargelegt, wird der Haftungsgrund wesentlich durch dieses Kriterium bestimmt. Diese Haftungsvoraussetzung ist daher entscheidend für die Einordnung der unionsrechtlichen Staatshaftung in ein nach dem Anlass der Haftung differenziertes System staatlicher Ersatzleistungen.

1. Der unionsrechtliche Staatshaftungsanspruch als Verschuldenshaftung

Dadurch, dass der hinreichend qualifizierten Verstoß eine stets zu prüfende Haftungsvoraussetzung ist und über die reine Rechtswidrigkeit hinaus Anforderungen an den haftungsbegründenden, mitgliedstaatlichen Verstoß stellt, ist für alle Verstoßkonstellationen von einer auf Rechtsirrtümer beschränkten Verschuldenshaftung auszugehen. Erkenn- und Vermeidbarkeit eines Unionsrechtsverstoßes werden dabei jedoch nicht als persönlicher Vorwurf an den jeweiligen Schädiger verstanden. Vielmehr wird eine unionsweit einheitliche, objektivierte Vorwerfbarkeit verlangt.

a. Unionsrechtliche Staatshaftung keine Eingriffs, Gefährdungs- bzw. Erfolgshaftung

Eine Eingriffs- oder Ausgleichshaftung liegt vor, wenn der Staat Ersatz für eine rechtmäßige Ausübung seiner Staatsgewalt zu leisten hat. Nimmt der Staat im Interesse der Allgemeinheit bestimmte Rechtsgüter des Einzelnen in Anspruch, ist eine Haftung gegeben. Der Geschädigte hat den Eingriff zwar zu dulden, kann ihn rechtlich nicht abwehren, erhält aber einen Ausgleich seiner Beeinträchtigung. Die rechtmäßige Rechtskreiserweiterung des Staates auf Kosten Privater wird ausgeglichen. Die Ersatzleistung beruht dabei auf dem Gedanken der Aufopferung, eine weitgehende Belastungsgleichheit aller Bürger soll erreicht werden. Voraussetzung ist daher zumeist eine bestimmte Intensität oder Qualität der Beeinträchtigung (Sonderopfer). Eine unionsrechtliche Staatshaftung, die auch eine Einstandspflicht für unionsrechtsgemäßes Handeln umfasst, ist jedoch abzulehnen. Wie ausgeführt, ist die Rechtswidrigkeit des mitgliedstaatlichen Verhaltens eine Mindestbedingung des Haftungstatbestandes. Aspekte einer Ausgleichshaftung sind im Rahmen des hinreichend qualifizierten Verstoßes mittlerweile unbedeutend. Die unionsrechtliche Staatshaftung ist damit ersichtlich nicht als Eingriffshaftung ausgestaltet.

Daraus folgt auch unmittelbar, dass die Staatshaftung nicht als Garantie- oder Erfolgshaftung einzuordnen ist[1055]. Eine Eintrittspflicht besteht gerade nicht unabhängig von der Rechtswidrigkeit des Verhaltens. Eine Garantie- oder Erfolgshaftung wäre jedoch anzunehmen, wenn die staatliche Ersatzpflicht nicht davon abhinge, ob die staatliche Handlung rechtmäßig oder rechtswidrig war. Entscheidend ist insoweit nur die Zurechnung des Schadens zu einer staatlichen Gefahrenquelle (Gefährdungshaftung). Eine besondere Gefährlichkeit staatlicher Tätigkeit ist regelmäßig auch nicht anzunehmen. Besteht die Ersatzpflicht auch im Falle höherer Gewalt, ist von einer Erfolgshaftung auszugehen. Beispielsfälle bilden die Haftung für die Unterhaltung von gefährlichen Anlagen durch den Staat[1056] oder die Haftung für gefährliche Staatstätigkeit[1057].

b. Erfolgs- oder Handlungsunrecht?

Notwendig ist folglich der einer staatlichen Stelle zuzurechnende Verstoß gegen höherrangige rechtliche Vorgaben. Voraussetzung ist mithin die Rechtswidrigkeit der staatlichen Handlung. Fraglich ist der Bezugspunkt des Rechtswidrigkeitsurteils. Diskutiert wird insbesondere im zivilrechtlichen Deliktsrecht, ob dem Rechtswidrigkeitsbegriff dabei bereits ein Urteil über die Einhaltung oder Verletzung einer bestimmten Sorgfaltspflicht innewohnt. Dann wäre die Rechtswidrigkeit handlungsbezogen zu verstehen. Lässt man hingegen den Eintritt eines tatbestand-

---

1055 *Schwarzenegger*, Staatshaftung - Gemeinschaftsrechtliche Vorgaben und ihre Auswirkungen auf nationales Recht, S. 113; *Karollus*, in: FS Köck, 2009, 169 (186).

1056 Vgl. in diese Richtung sog. Ampel-Unfälle wegen „feindlichen Grüns": BGH 15.10.1970, Az. III ZR 169/67; nunmehr als rechtswidrig bezeichnend: BGH 18.12.1986, Az. III ZR 242/85; ebenso die Freistellungsverpflichtung nach § 34AtG: Danach haftet der Staat, da er aufgrund der Zulassung der Atomenergieerzeugung und der Genehmigung der Atomkraftwerke eine Mitverantwortung für die damit untrennbar verbundenen Unfallrisiken und Schäden trägt, dazu: *Gaßner/Kendzia*, ZUR 2010, 456.

1057 Als Beispiel einer Erfolgshaftung: Art. II und IV 1a Übereinkommen über die völkerrechtliche Haftung für Schäden durch Weltraumgegenstände, BGBl. 1975 II, 1209 ff.; dazu: *Stoffel*, NJW 1991, 2181.

lichen Erfolges ausreichen, um die Rechtswidrigkeit zu begründen, ist von einem Erfolgsunrecht auszugehen[1058].

Die Entscheidung für eine der beiden Auffassungen lässt sich für den unionsrechtlichen Haftungsanspruch nicht ohne weiteres treffen[1059]. Im Mittelpunkt des Rechtswidrigkeitsurteils steht die als verletzt gerügte unionsrechtliche Norm. Die Rechtmäßigkeit des Verhaltens hängt davon ab, ob die Vorgaben dieser Norm eingehalten wurden. Verlangt der unionsrechtliche Rechtsakt einen bestimmten Erfolg, liegt der Verstoß unmittelbar in dem Zeitpunkt vor, in dem der Mitgliedstaat diesen nicht herbeigeführt hat. Einen solchen Fall stellt beispielsweise die unterlassene Richtlinienumsetzung dar. Ebenso ist die Beachtung der Grundfreiheiten bei nationalen Maßnahmen erfolgsbezogen zu verstehen. Verletzt beispielsweise ein Gesetz eine grundfreiheitlich geschützte Tätigkeit, ist damit bereits ein Unrechtsurteil verbunden[1060]. Schreibt die verletzte Norm ein Tun nur im Sinne einer Verhaltensanforderung vor, sind damit bestimmte Sorgfaltsanforderungen verbunden. Ein Rechtswidrigkeitsurteil setzt dann die Verletzung dieser Anforderungen voraus. Das gilt beispielsweise für die staatliche Pflicht zum Schutz der Unionsgrundrechte und Grundfreiheiten gegenüber dem Verhalten von Privaten[1061]. Verletzt das dem Staat zuzurechnende Verhalten diese normbezogene Sorgfaltspflicht, ist die Rechtswidrigkeit begründet. Ob der handelnde Amtswalter die Sorgfaltspflichtverletzung erkennen und vermeiden konnte, be-

---

1058 Ausführlich zur Diskussion um Handlungs- und Erfolgsunrecht im nationalen Zivilrecht: *Wagner*, in: Säcker/Rixecker [Hrsg.], Münchener Kommentar BGB, § 823, Rn. 4ff; ausführlich für das öffentliche Recht: *Olivet*, Erfolgsunrechtslehre und Handlungsunrechtslehre aus der Sicht des öffentlichen Rechts; ausführlich zum Staatshaftungsrecht: *Jakob*, Rechtswidrigkeit im Staatshaftungsrecht.

1059 Für eine „fast reine Erfolgshaftung“: *Klagian* ZfRV 1997, 6 (24); ebenso: *Prieß*, NVwZ 1993, 118 (123); für ein Handlungsunrecht: *Hidien*, Die gemeinschaftsrechtliche Staatshaftung der EU-Mitgliedstaaten, S. 23f; *Jakob*, Rechtswidrigkeit im Staatshaftungsrecht, S. 134; differenzierend nach dem jeweiligen Norminhalt: *Breuer*, Staatshaftung für judikatives Unrecht, S. 393ff.

1060 EuGH 05.03.1996, verb. Rs C-46/93 u. C-48/93, *Brasserie du Pêcheur/Factortame III*, Slg. 1996, I-1029., Rn. 59; dazu: EuGH 12.03.1987, Rs. 178/84, *Reinheitsgebot für Bier*, Slg. 1987, 1227, Rn. 54.

1061 EuGH 09.12.1997, Rs. C-265/95, *Kommission/Frankreich*, Slg. 1997, I-6959, Rn. 29ff; EuGH 12.06.2003, Rs. C-112/00, *Schmidberger*, Slg. 2003, I-5659, Rn. 56ff; ausführlich dazu: *Hoppe*, Staatshaftung und Rechtsschutz bei Verletzung grundfreiheitlicher Schutzpflichten.

rührt das objektive Rechtswidrigkeitsurteil nicht und ist nur für ein etwaig notwendiges Verschulden zu prüfen[1062].

c. Verschuldenshaftung

Die Frage, ob der Staat bereits haften soll, wenn eine objektive Rechtswidrigkeit gegeben ist, oder erst, wenn seine Organe zudem auch vorwerfbar sorgfaltswidrig gehandelt haben, stellt die zumeist zentrale Frage des Staatshaftungsrechts dar[1063]. Knüpft die Ersatzpflicht bereits an die „einfache" Rechtswidrigkeit an, ist eine reine Unrechtshaftung gegeben. Wird darüber hinaus ein subjektives Element verlangt, so ist von einer Verschuldenshaftung auszugehen. Die subjektiven Anforderungen können dabei stärker typisiert oder individualisiert sein[1064]. Für das deutsche Haftungsrecht hat das BVerfG klargestellt, dass eine umfassende unmittelbare Staatsunrechtshaftung seitens des Grundgesetzes nicht gefordert sei[1065]. Am Verschuldenserfordernis kann im Rahmen des deutschen Haftungsrechts daher grundsätzlich festgehalten werden. Dennoch war im später für kompetenzwidrig und damit nichtig erklärten deutschen Staatshaftungsgesetz von 1981 für den speziellen Bereich der Grundrechtseingriffe vorgesehen, auf das Verschuldensprinzip zu verzichten[1066]. Zudem sind national richterrechtlich der Enteignungs-, Aufopferungs- und Folgenbeseitigungsanspruch als flankierende, verschuldensunabhängige staatliche Ersatzansprüche entwickelt worden[1067].

Die Konzeption des unionsrechtlichen Staatshaftungsanspruchs lässt ebenfalls auf eine Haftung nur für verschuldetes Unrecht schließen.

1062 Ebenso: *Bumke*, Relative Rechtswidrigkeit, S. 219ff; in diese Richtung auch, jedoch die Relevanz von Verschulden aufgrund der vorherigen Differenzierung verneinend: GA *Tesauro*, Schlussanträge zu *Brasserie du Pêcheur/Factortame III*, Rn. 89; ebenso: *Breuer*, Staatshaftung für judikatives Unrecht, S. 393ff.

1063 *Rebhahn*, Staatshaftung wegen mangelnder Gefahrenabwehr, S. 31; vgl. dazu auch die ausführlichen Untersuchungen zur Reform des Staatshaftungsrechts in Deutschland: Rechtsvergleichendes Gutachten des Max-Planck-Instituts für ausländisches öffentliches Recht und Völkerrecht.

1064 Ausführlich: *Bumke*, Relative Rechtswidrigkeit, S. 219ff.

1065 BVerfGE 61, 149 - Amtshaftung.

1066 § 2 Abs. 2 StHG 1981: Besteht die Pflichtverletzung in einem rechtswidrigen Grundrechtseingriff, so ist der Schaden auch bei Beachtung der nach Absatz 1 gebotenen Sorgfalt in Geld zu ersetzen; zur Nichtigkeit des StHG wegen fehlender Gesetzgebungskompetenz des Bundes: BVerfGE 61, 149.

1067 Vgl. zudem als verschuldensunabhängige Haftung bei rechtswidrigen Maßnahmen: § 198 GVG und Ausgleichsansprüche nach den Ordnungs- und Polizeigesetzen, vgl, nur: § 59 ASOG Bln.

Zwar hat der EuGH eine eigenständige Prüfung des Verschuldens als selbstständige Tatbestandsvoraussetzung nur im Rahmen der Unionshaftung und auch dort nur anfänglich vorgenommen[1068]. Dennoch ist von einer Abhängigkeit der staatlichen Einstandspflicht von der Vorwerfbarkeit des unionsrechtswidrigen Verhaltens und somit im Ergebnis von einer Verschuldenshaftung auszugehen[1069]. Das Verschulden findet dabei im Rahmen des hinreichend qualifizierten Verstoß Berücksichtigung und ist nicht Gegenstand der Prüfung eines zusätzlichen Tatbestandsmerkmals. Das geforderte Ausmaß des Verschuldens wird so durch das Unionsrecht abschließend bestimmt und knüpft nicht an unterschiedliche nationale Konzepte an.

Dafür lassen sich mehrere Gründe anführen: Deutlich ist erstens, dass mit den im Rahmen der Prüfung eines hinreichend qualifizierten Ver-

---

1068 Vgl. dazu: EuGH 14.07.1967, Rs. 5, 7 und 13 bis 24/66, *Kampfmeyer*, Slg. 1967, 332 (354).

1069 Ebenso: *Steiner*, ELR 1993, 3 (13); *Schimke*, EuZW 1993, 698 (701); *Geiger*, DVBl 1993, 465 (473); *Detterbeck*, VerwArch 1994, 159 (189, 200f); *Ehlers*, JZ 1996, 776 (778); *Streinz*, EuZW 1996, 201 (203); *Herdegen/Rensmann*, ZHR 1997, 255 (542); *Funk*, ecolex 1997, 553 (555); *Wehlau*, DZWir 1997, 100 (103); *v. Danwitz*, DVBl 1997, 1 (8); *Detterbeck*, in: Detterbeck/Windthorst/Sproll [Hrsg.], Staatshaftungsrecht, S. 58; *Link*, Das Verschulden in der Amtshaftung, S. 71; *Tietjen*, Das System des gemeinschaftsrechtlichen Staatshaftungsrechts, S. 217; in diese Richtung auch: *Bröhmer*, JuS 1997, 117 (123); *Deckert*, EuR 1997, 203 (219); *Schoch*, Die Verwaltung, 2001, 261 (277 mit FN 120); *Wurmnest*, Grundzüge eines europäischen Haftungsrecht, S. 157; *Frenz/Götzkes*, EuR 2009, 622 (639); („objektivierte Verschuldenshaftung"); *Papier*, in: Säcker/Rixecker [Hrsg.], Münchener Kommentar BGB, 2013, § 839, Rn. 100b; für eine Frage des terminologischen Geschmacks haltend: *Karollus*, in: FS Köck, S. 169 (186); *Ossenbühl/Cornils*, Staatshaftungsrecht, S. 610; ebenso zur Unionshaftung: *v. Bogdandy/Jacob*, in: Grabitz/Hilf/Nettesheim, 2012, Art. 340 AEUV, Rn. 89; für eine grundsätzliche Verschuldensunabhängigkeit, mit möglicher Ausnahme für die Judikative: *Ukrow*, NJW 1994, 2469 (2470); gegen ein Verschuldenserfordernis mit Bezug zur Francovich-Entscheidung noch: GA *Tesauro*, Schlussanträge zu *Brasserie du Pêcheur/Factortame III*, Rn. 89; *Nettesheim*, DÖV 1992, 999 (1004); *Schlemmer-Schulte/Ukrow*, EuR 1992, 82 (87); *Karl*, RIW 1992, 440 (446); *Hailbronner*, JZ 1992, 284 (288f); *Ossenbühl*, DVBl 1992, 993 (996); *Mögele*, BayVBl 1993, 129 (133); *Ewert*, RIW 1993, 881 (883); *Führich*, EuZW 1993, 725 (726f); *Kemper*, NJW 1993, 3293 (3296); *Kahn*, NJW 1993, 2646 (2648); *Gellermann*, EuR 1994, 342 (356); gegen ein notwendiges Verschuldenserfordernis, jedoch für eine weitgehende Konvergenz von Verschulden und hinreichend qualifiziertem Verstoß: *Pfab*, Staatshaftung in Deutschland, S. 144f; *Ruffert*, in: Calliess/Ruffert, 2011, Art. 340 AEUV, Rn. 68; *Hartmann*, Öffentliches Haftungsrecht, S. 241; explizit gegen eine Verschuldensvoraussetzung: *von Bogdandy/Jacob*, in: Grabitz/Hilf/Nettesheim, 2012, Art. 340 AEUV, Rn. 183.

stoßes erwähnten Kriterien eine reine Unrechtshaftung nicht verfolgt wird. Für die Eintrittspflicht des Mitgliedstaates reicht es nicht aus, dass das schadenskausale Verhalten objektiv unionsrechtswidrig ist. Vielmehr ist die Vorwerfbarkeit des Verhaltens notwendig. Trotz Unionsrechtswidrigkeit des Verhaltens hat der EuGH in einigen Fällen ausdrücklich ein haftungsbegründendes Verhalten verneint[1070].

Zum zweiten verortet der EuGH ausdrücklich die Entschuldbarkeit eines Rechtsirrtums in der Prüfung des hinreichend qualifizierten Verstoßes. Er nennt diesen Aspekt explizit als Unterkriterium. Da nicht alle Unterkriterien kumulativ vorliegen müssen, zeigt der EuGH damit auf, dass es Fälle geben kann, in denen allein das Verschulden den Haftungsanspruch auslöst. Unterscheiden sich zwei Fälle nur darin, dass in einem Fall ein Verschulden gegeben ist und in einem anderen nicht und ist im ersten Fall eine Haftung einschlägig, spricht viel für eine Verschuldensabhängigkeit.

Dafür spricht auch drittens die Formulierung, mit der eine eigenständige Verschuldensprüfung vermeintlich ausgeschlossen wird. Der EuGH formuliert nicht, die Haftung hänge nicht von einem Verschulden ab. Unzulässig sei lediglich, den Ersatz des Schadens von einem „Verschulden (Vorsatz oder Fahrlässigkeit) […], das über den hinreichend qualifizierten Verstoß gegen das Gemeinschaftsrecht hinausgeht", abhängig zu machen[1071]. Eine Absage erhält damit lediglich die Prüfung zusätzlicher, national geprägter Verschuldensmerkmale neben dem hinreichend qualifizierten Verstoß. Damit soll die Einheitlichkeit des Haftungsanspruchs sichergestellt werden. Angesicht unterschiedlicher nationaler Ausprägungen zum Verschulden bestünde andernfalls die Gefahr unterschiedlicher Ausdifferenzierung in den einzelnen Mitgliedstaaten[1072]. Eine

1070 EuGH 26.03.1996, Rs. C-392/93, *British Telecommunications*, Slg. 1996, I-1631, Rn. 40; EuGH 17.10.1996, verb. Rs. C- 283/94, C-291/94 u. C-292/94, *Denkavit*, Slg. 1996, I-5063, Rn. 53; EuGH 18.01.2001, Rs. C-150/99, *Stockholm Lindöpark*, Slg. 2001, I-493, Rn. 40f; EuGH 05.03.1996, verb. Rs C-46/93 u. C-48/93, *Brasserie du Pêcheur/Factortame III*, Slg. 1996, I-1029., Rn. 59, dazu: EuGH 12.03.1987, Rs. 178/84, *Reinheitsgebot für Bier*, Slg. 1987, 1227, Rn. 54.

1071 EuGH 05.03.1996, verb. Rs C-46/93 u. C-48/93, *Brasserie du Pêcheur/Factortame III*, Slg. 1996, I-1029., Rn. 80; ebenso: EuGH 04.07.2000, Rs. C-424/97, *Haim*, Slg. 2000, I-5123, Rn. 39; EuGH 13.06.2006, Rs C-173/03, *Traghetti del Mediterraneo*, Slg. 2006, I-5177, Rn. 44ff; EuGH 25.11.2010, Rs. C-429/09, *Fuß gegen Halle*, Slg. 2010, I-12167, Rn. 67.

1072 So auch *Ciccone*, zitiert nach: *Kopp*, NJW 1997, 645 (646); vgl. zu den unterschiedlichen Verschuldenserfordernissen: GA *Tesauro*, Schlussanträge zu *Brasserie du Pêcheur/Factortame III*, Rn. 85; *Schockweiler*, RTDE 1992, 27 (52ff.).

Aussage dahingehend, der Haftungsanspruch sei verschuldensunabhängig, ist darin gerade nicht zu sehen. Vielmehr wird das in der deutschen Haftungsdogmatik eigenständige Verschuldenselement damit systematisch zum hinreichend qualifizierten Verstoß verlagert.

Viertens knüpft der EuGH die Haftung an Elemente, die eine Verschuldensprüfung charakterisieren. Das Merkmal des hinreichend qualifizierten Verstoßes enthält neben der reinen Rechtswidrigkeitsprüfung auch eine Verschuldensprüfung. Wie dargelegt, dienen die dafür verwandten Unterkriterien dazu, die Erkennbarkeit der unionsrechtlichen Vorgaben zu bestimmen. Die Erkennbarkeit stellt die erste Stufe des Fahrlässigkeitsurteils dar. Zusammen mit der Vermeidbarkeitsprüfung wird damit der unionsrechtliche Fahrlässigkeitsmaßstab bestimmt[1073]. Wie gezeigt, kann zudem auch willkürliches Verhalten im Sinne einer vorsätzlichen Rechtsverletzung berücksichtigt werden.

Die Verschuldenshaftung entspricht fünftens auch der dargestellten Bedeutung des Haftungstatbestandes. Der Individualrechtsschutz ist nur einer der beiden Hauptzwecke des Anspruchs. Daneben soll über eine präventive Wirkung auch die Durchsetzung des Unionsrechts gefördert werden. Eine solche verhaltensleitende Funktion hat der Staatshaftungsanspruch allerdings nur, wenn die Vorwerfbarkeit des schadensstiftenden Verhaltens in den Blick genommen wird[1074]. Tritt die Einstandspflicht abhängig von dem Grad der Vorwerfbarkeit des staatlichen Verhaltens ein, ist von einer Verschuldenshaftung auszugehen.

Dagegen sprechen sechstens auch nicht die Fälle der per se Qualifikation. Es besteht zwar der Eindruck, dass in diesen Konstellationen bereits die einfache Rechtswidrigkeit ausreiche, um die Haftung zu begründen. Auf ein Verschulden käme es dann nicht an. Einer einheitlichen Haftungsdogmatik verpflichtet, lassen sich jedoch auch diese Fälle in eine Verschuldenshaftung einordnen. Entscheidend ist, welche Anforderungen das Unionsrecht an das Verschulden stellt und inwieweit eine Objektivierung der Verschuldensanforderungen vorzunehmen ist. In den Fällen der per se Qualifikation kann relativ klar von einer Verschuldensvermutung ausgegangen werden. Im Ergebnis ist folglich von einer Einordnung als Verschuldenshaftung auszugehen. Der konkrete Verschuldensmaßstab wird dabei unionsrechtlich bestimmt.

1073 Die Vermeidbarkeit ist im Wesentlichen von Kenntnis oder Erkennbarkeit des normtreuen Verhaltens und der Handlungsmotivation abhängig. Vgl. dazu: *Günther*, Schuld und kommunikative Freiheit, S. 44.

1074 Ebenso: *Schoißwohl*, Staatshaftung wegen Gemeinschaftsrechtsverletzung, S. 275

2. Unionsrechtliche Verschuldensanforderungen

Nach der Grundsatzentscheidung ist von ebenso großer Bedeutung, welche unionsrechtlichen Anforderungen an das Verschulden konkret gestellt werden. Wie bereits gezeigt, bildet den Gegenstand des Vorwurfs ausschließlich eine unzureichende Rechtskenntnis, demnach unzureichende Kenntnis von Sinn und Gehalt einer unionsrechtlichen Norm. Rechtliche Fragen und Auslegungsschwierigkeiten können berücksichtigt werden; eine ungenügende Sachverhaltsaufklärung oder andere faktische Schwierigkeiten sind unbeachtlich. Die Verschuldensprüfung beschränkt sich mithin auf die Frage, ob der Rechtsirrtum verschuldet ist. Wie dargelegt, ist eine unrichtige Normanwendung oder -auslegung dann hinreichend qualifiziert und damit verschuldet im unionsrechtlichen Sinn, wenn sie gegen den klaren und eindeutigen Wortlaut verstößt oder wenn eine rechtliche Zweifelsfrage bereits durch den EuGH geklärt ist. Ein Verschulden ist nicht anzunehmen, wenn eine objektiv unrichtige Normanwendung oder –auslegung eine Vorschrift betrifft, deren Inhalt Zweifel in sich birgt und noch nicht hinreichend gerichtlich geklärt ist[1075].

Finden Auslegungsschwierigkeiten Berücksichtigung, stellt sich unweigerlich die Frage nach den Anforderungen an die jeweils vorzunehmende rechtliche Prüfung. Welche Sorgfaltsanforderungen gestellt werden, kann nicht für alle Konstellationen einheitlich beantwortet werden. Auch fehlt es insoweit an einer Typisierung nach handelndem Organ oder Materie, die der Rechtsprechung des EuGH ohne weiteres entnommen werden könnte.

a. Entindividualisiertes, objektiviertes Verschulden

Gewissheit besteht, dass subjektives Verschulden keine notwendige, haftungsbegründende Voraussetzung ist. Liegt willkürliches Verhalten im Sinne einer vorsätzlich unionsrechtswidrigen Handlung hingegen nachweisbar vor, ist damit unmittelbar die besondere Qualifikation des Verstoßes verbunden[1076]. Im Regelfall ist das Verschulden hingegen nicht als

---

1075 Vgl. zu vergleichbarer Frage des Verschuldens bei unrichtiger Rechtsanwendung im nationalen Amtshaftungsrecht: BGH 19.12.1991, Az. III ZR 9/91; BGH 04.07.2013, Az. III ZR 338/12 (Entschädigung wegen menschenunwürdigen Vollzugs der Strafhaft), Rn. 10.

1076 *Diehr*, Der Staatshaftungsanspruch des Bürgers wegen Verletzung des Gemeinschaftsrechts durch die deutsche öffentliche Gewalt, S. 116ff; *Berg*, in: Schwarz [Hrsg.], EU-Kommentar, 2012, Art. 340 EGV, Rn. 98; vgl. zur Berücksichtigungsmöglichkeit der bewussten und gewollten Nichtumsetzung einer Richtlipersönliche Vorwerfbarkeit an den jeweiligen Schädiger zu verstehen, wie bereits dargelegt. Gefordert ist vielmehr eine objektivierte Vorwerfbarkeit im Sinne eines objektivierten Fahrlässigkeitsvorwurfs. Das Eingreifen der Haftung hängt damit davon ab, dass die Normübertretung dem Mitgliedstaat als Verstoß gegen die an sich gebotene Sorgfalt vorgeworfen werden kann[1077]. Der Verschuldensmaßstab orientiert sich folglich an einem mit normaler Sorgfalt handelnden Amtswalter der Mitgliedstaaten[1078]. Auch der Charakter der unionsrechtlichen Staatshaftung als originäre Haftung des Staates spricht gegen eine subjektive Vorwerfbarkeit, die auf den jeweiligen Amtswalter abstellt[1079]. Die Prüfung des Vorsatzes bzw. einer etwaigen Entschuldbarkeit erfolgt somit ohne Berücksichtigung der Person des Schadensverursachers anhand

nie: LG Bonn 30.01.2004, Az. 1 O 459/00, S. 16; vgl. zur Berücksichtigungsmöglichkeit der willkürlichen Nichtvorlage: OLG Koblenz 08.10.2003, Az. 1 U 1554/02 (Zulassung zum Wirtschaftsprüfer), Rn. 23.

1077 *Karollus*, in: FS Köck, S. 169 (186).

1078 So erfolgt kein Verweis auf die subjektive Seite des schadensverursachenden Beamten in: EuGH 17.04.2007, Rs. C-470/03, *A.G.M.-COS.MET*, Slg. 2007, I-2749, Rn. 80 ff; ebenso: *v. Gerven*, Non Contractual Liability of Member States, Community Institutions and Individuals for Breaches of Community Law with a View to a Common Law for Europe, in: ders. [Hrsg.], Sanktionen als Mittel zur Durchsetzung des Gemeinschaftsrechts, S. 38 (45); *Wehlau*, DZWir 1997, 100 (103); *Diehr*, Der Staatshaftungsanspruch des Bürgers wegen Verletzung des Gemeinschaftsrechts durch die deutsche öffentliche Gewalt, S. 116ff; *Herdegen/Rensmann* ZHR 1997, 255 (542, 545); *Rebhahn*, in: Kritik und Fortschritt im Rechtsstaat, S. 149 (163); *Schoißwohl*, Staatshaftung wegen Gemeinschaftsrechtsverletzung, S. 325; zur Unionshaftung: EuG 12.07.2001, verb. Rs. T-198/95, T-171/96, T-230/97, T-174/98 und T-225/99, *Comafrica*, Slg. 2001, II-1975, Rn. 134: „Insbesondere würde die Feststellung eines Fehlers, den eine durchschnittlich umsichtige und sorgfältige Verwaltung unter ähnlichen Umständen nicht begangen hätte, zu dem Ergebnis führen, dass das Verhalten der Kommission einen Rechtsverstoß dargestellt hat, der geeignet war, die Haftung der Gemeinschaft nach Artikel 215 EG-Vertrag auszulösen"; insoweit ist auch eine Nähe zum „faute de service" des französischen Haftungsrecht anzuerkennen, bei dem als Maßstab auf das normale Funktionieren eines wohlorganisierten Verwaltungsbetriebes abgestellt wird, abweichend wird hingegen für bestimmte Verwaltungstätigkeit der Bereich der einfachen Fahrlässigkeit ausgenommen und ein „faute lourde" verlangt.

1079 Vgl. zur Konzeption der mittelbaren (übergeleiteten) Staatshaftung nach deutschem Recht, welche grds. ein Verschulden des Amtswalters voraussetzt und zur Objektivierung dessen: *Ossenbühl/Cornils*, Staatshaftungsrecht, S. 78ff.

objektivierter Maßstäbe[1080]. Entscheidend ist, ob das objektivierte Maß an Sorgfalt im konkreten Fall eingehalten wurde. Nicht von Bedeutung ist, welcher Sorgfaltsmaßstab von dem konkret Handelnden verlangt werden könnte.

Das Kriterium des hinreichend qualifizierten Verstoß bestimmt die Sorgfaltsanforderungen abschließend. Weitere nationale verschuldensspezifische Aspekte bleiben unberücksichtigt. Unter Berücksichtigung des oben dargestellten Kriterienkatalogs ist daher in jedem Einzelfall auf den Umfang des Entscheidungsspielraum, den die verletzte Unionsrechtsvorschrift belässt, die fehlende Präzision der textlichen Vorgaben, etwaige Auslegungen durch andere Mitgliedstaaten oder Äußerungen der Unionsorgane, die mitursächlich für den Verstoß sind, abzustellen. In dieser Weise ist der Grad der Erkennbarkeit der unionsrechtlichen Vorgaben zu ermitteln. Sind sie eindeutig, ist davon auszugehen, dass ein durchschnittlich umsichtiger und sorgfältiger mitgliedstaatlicher Amtswalter diese hätte erkennen und vermeiden können. Ergibt die Prüfung, dass „die [richtige] Antwort nicht auf der Hand"[1081] lag, „verschiedene ernsthaft vertretbare Auslegungen"[1082] möglich waren oder man zu der Auslegung „in gutem Glauben aufgrund von Erwägungen gekommen ist"[1083], dann lässt sich ein hinreichend qualifizierten Verstoß nicht begründen. Eine Haftung tritt nur ein, wenn die gefundene Auslegung „schwerlich als entschuldbarer Irrtum angesehen werden"[1084] kann, damit unvertretbar und dem mitgliedstaatlichen Organ vorzuwerfen ist.

b. Verschuldensvermutung

Bisher ungeklärt ist, inwieweit eine weitere Objektivierung des Verschulden durch Verschuldensvermutungen erreicht werden kann[1085]. Denkbar wäre, mangelnde Rechtskenntnis grundsätzlich als zumindest

---

1080 So erfolgt kein Verweis auf die subjektive Seite des schadensverursachenden Beamten in: EuGH 17.04.2007, Rs. C-470/03, *A.G.M.-COS.MET*, Slg. 2007, I-2749, Rn. 80 ff.

1081 EuGH 30.09.2003, Rs C-224/01, *Köbler*, Slg. 2003, I-10239, Rn. 122.

1082 EuGH 24.08.1998, Rs C-319/96, *Brinkmann Tabakfabriken*, Slg. 1998, I-5255, Rn. 32.

1083 EuGH 26.03.1996, Rs. C-392/93, *British Telecommunications*, Slg. 1996, I-1631, Rn. 43.

1084 EuGH 05.03.1996, verb. Rs C-46/93 u. C-48/93, *Brasserie du Pêcheur/Factortame III*, Slg. 1996, I-1029., Rn. 59.

1085 Für eine generelle Verschuldensvermutung, mit Entschuldbarkeitsoption: *Herdegen/Rensmann* ZHR 1997, 522 (542).

fahrlässig anzusehen, da von einem durchschnittlichen Amtswalter stets ausreichende Rechtskenntnis erwartet werden könnte. Die Entscheidungspraxis des EuGH zeigt jedoch, dass das Konzept einer derart generellen Verschuldensvermutung nicht verfolgt wird.

aa. Verschuldensvermutung in Fällen der per se Qualifikation

Eine Verschuldensvermutung kommt insbesondere für die benannten Fälle der per se Qualifikation in Betracht. Wegen der Offensichtlichkeit des Unionsrechtsverstoßes ist die Vorwerfbarkeit insoweit als sogar unwiderleglich indiziert anzusehen. Sind die unionsrechtlichen Vorgaben derart eindeutig, ist jeder Verstoß, den der Mitgliedstaat dennoch begeht, diesem auch vorzuwerfen. Insoweit wird die staatliche Kenntnis, unionsrechtswidrig zu handeln, fingiert[1086]. Verdeutlicht werden kann diese Vermutung für den Fall der gänzlich unterbliebenen Richtlinienumsetzung[1087]. Angesichts des organisatorischen Unterbaus der nationalen Gesetzgeber und der insoweit klaren Vorgaben des Unionsrechts kann ein Verschulden in diesen Fällen unwiderleglich vermutet werden. Den Mitgliedstaaten ist insoweit auch die Berufung auf eine zu kurze Umsetzungsfrist, die notwendige Dauer des Gesetzgebungsverfahrens oder allgemeiner „Bestimmungen, Übungen oder Umstände der internen Rechtsordnung" versagt, um damit die Nichtbeachtung der unionsrechtlichen Verpflichtung zu begründen[1088]. Diese Gründe können weder gegenüber der Union noch gegenüber den Unionsbürgern angebracht werden[1089].

[1086] Für eine Verschuldensvermutung, im Falle einer feststehenden Rechtsprechung und bei offenkundiger Rechtslage ebenso: *Steiner,* ELR 1993, 3 (13); *Ehlers,* JZ 1996, 776 (778); im Ergebnis ebenso: *Böhm,* JZ 1997, 53 (59).

[1087] Ebenso: *Heinrichs,* Haftung der EG-Mitgliedstaaten für Verletzung von Gemeinschaftsrecht, S. 170f; vgl. zur nationalen Diskussion um eine Verschuldensvermutung bei verfassungswidrigen Gesetzen: ablehnend: *Schenke,* DVBl 1975, 121 (127); *Detterbeck,* JA 1991, 7 (11); bejahend: *Haverkate,* NJW 1973, 441 (444).

[1088] EuGH 02.02.1973, Rs. 39/72, *Kommission/Italien,* Slg. 1973, 101 (112); EuGH 01.03.1983, Rs. 301/81, *Kommission/Belgien,* Slg. 1983, 467 (477); EuGH 20.03.1986, Rs. 17/85, *Kommission/Italien,* Slg. 1986, 1199 (1204); EuGH 20.03.1986, Rs. 72/85, *Kommission/Niederlande,* Slg. 1986, 1219 (1226); 27.04.1988, Rs. 225/86, *Kommission/Italien,* Slg. 1988, 2271 (2279); EuGH 21.02.1990, Rs. C-74/89, *Kommission/Belgien,* Slg. 1990, I-491; EuGH 10.07.1990, Rs. 217/88, *Kommission/Deutschland,* Slg. 1990, I- 2879.

[1089] EuGH 08.10.1996, Rs. C-178/94, C-179/94 u. C-188/94 bis C-190/94, *Dillenkofer,* Slg. 1996, I-4845, Rn. 53; *Zenner,* Die Haftung der EG-Mitgliedstaaten für die Anwendung europarechtswidriger Rechtsnormen, S. 54f.

bb. Weitere Verschuldensvermutung nach handelnden Gewalten

Wie erläutert, hat der EuGH mit der Entscheidung *Dillenkofer* klargestellt, dass für alle hoheitlichen Funktionsbereiche ein hinreichend qualifizierter Verstoß notwendiges Tatbestandsmerkmal des Haftungstatbestandes ist. Damit wird die völkerrechtliche Sicht betont, wonach der Staat für Rechtsverletzungen unabhängig davon haftet, welches Organ den Schaden verursacht hat. Der EuGH hat indes auch betont, dass die Verstoßqualifikation je nach Fallgestaltung zu beurteilen ist. Eine Differenzierung nach den jeweils handelnden Gewalten ist daher möglich und zur Berücksichtigung der unterschiedlichen Funktionen auch notwendig[1090]. Es soll daher dargelegt werden, inwieweit sich eine derartige Differenzierung in unterschiedlichen Vermutungsregelungen äußern kann.

(1) Haftung für Maßnahmen des nationalen Gesetzgebers

Der Freiraum, den normative Tätigkeit vor einer zu engen gerichtlichen Kontrolle im Haftungsprozess genießen müsste, war - wie gezeigt - Ausgangspunkt für die Einführung des hinreichend qualifizierten Verstoßes als Voraussetzung der Unionshaftung. Dieses Merkmal sollte gerade die Funktionsfähigkeit normsetzender Tätigkeit sichern. Eine Verschuldensvermutung zu Lasten nationaler Normsetzung stünde dieser Grundüberlegung konträr entgegen. Wie bereits dargelegt, besteht jedoch die Schutzbedürftigkeit der nationalen Legislative nicht generell. In den Regelungsbereichen, in denen die Mitgliedstaaten dem Unionsrecht unterliegen, besteht keine unbeschränkte Souveränität der Mitgliedstaaten mehr, auf die besondere Rücksicht genommen werden müsste[1091]. Ein besonderer Haftungsmaßstab für gesetzgeberische Tätigkeit ist auch nicht damit zu begründen, dass ein Ausgleich für legislatives Unrecht deshalb nicht notwendig sei, weil kraft gesetzlicher Anordnung alle gleichermaßen betroffen wären. Dieses Argument greift auf europäischer Ebene nicht. Eine Ungleichbehandlung ergibt sich allein schon dadurch, dass der einzelne Mitgliedstaat eine nur auf sein Staatsgebiet beschränkte Regelungsgewalt hat. Sofern nur in einem Mitgliedstaat Rechte aus

1090 Ebenso: *Herdegen*, Die Haftung der Europäischen Wirtschaftsgemeinschaft für fehlerhafte Rechtssetzungsakte; *Deckert*, EuR 1997, 203 (221); *Storr*, DÖV 2004, 545 (549); *Siegerist*, Die Neujustierung des Kooperationsverhältnisses zwischen dem Europäischen Gerichtshof und den mitgliedstaatlichen Gerichten, S. 73 m.w.N.

1091 GA *Léger*, Schlussanträge zu *Hedley Lomas*, Rn. 106.

dem Unionsrecht verletzt werden, sind die derart betroffenen Bürger gegenüber anderen Unionsbürgern folglich ungleich behandelt[1092]. Damit bestehen keine grundsätzlichen Erwägungen gegen eine Verschuldensvermutung für legislative Akte.

Gerade im haftungsrechtlich relevanten Fall der unterbliebenen Richtlinienumsetzung ist eine derartige Schutzbedürftigkeit bezüglich des „Ob" der Umsetzung vollständig zu verneinen. Damit ist für diese Konstellation von einer Vermutung für einen verschuldeten Unionsrechtsverstoß auszugehen. Ebenso sind bezüglich des „Wie" der Umsetzung kaum eigene wirtschaftspolitische Entscheidungen durch die Mitgliedstaaten (mehr) zu treffen[1093]. Vielmehr finden die wesentlichen Abwägungsprozesse bereits auf Unionsebene statt. In diesem Fall ist die mitgliedstaatliche Entscheidung derart von den unionsrechtlichen Vorgaben determiniert, dass die Legislative wie „Verwaltungsvollzug Gesetze erlässt", so eine kurze, treffende Formulierung[1094]. Über die Fälle der per se Qualifikation hinaus, insbesondere bei unterlassener Anpassung nationalen Rechts an noch nicht konkretisierte primärrechtliche Vorgaben, besteht hingegen kein Raum für eine Verschuldensvermutung. Fehlt es an klaren und genauen Vorschriften, sieht das Unionsrecht vielmehr eine großzügige Irrtumsmarge des nationalen Gesetzgebers vor[1095].

(2) Haftung für administratives Unrecht

Wie dargelegt, wurde im Rahmen der Unionshaftung für administratives Unrecht anfänglich auf die *Lütticke*-Kriterien[1096] zurückgegriffen. Danach war die einfache Rechtswidrigkeit bereits haftungsbegründend. In der *Brasserie*-Entscheidung differenzierte der EuGH jedoch im Rahmen der Staatshaftung nicht und verlangte auch für exekutives Handeln einen hinreichend qualifizierten Verstoß. Eine Verschuldensvermutung als Ausgleich erscheint daher denkbar, kann sich jedoch nicht auf alle Bereiche beziehen, um die grundlegende Entscheidung gegen eine reine Un-

---

1092 Vgl. *Tomuschat,* in: FS Everling, S. 1585 (1602).

1093 GA *Léger,* Schlussanträge zu *Hedley Lomas,* Rn. 106.

1094 *Herdegen,* Die Haftung der Europäischen Wirtschaftsgemeinschaft für fehlerhafte Rechtssetzungsakte, S. 57; ebenso: *Hailbronner,* JZ 1992, 284 (288); *Reich,* EuZW 1996, 709 (713).

1095 EuGH 05.03.1996, verb. Rs C-46/93 u. C-48/93, *Brasserie du Pêcheur/Factortame III,* Slg. 1996, I-1029; in diese Richtung: *Geiger,* DVBl 1993, 465 (473); *Streinz,* EuZW 1993, 599 (604); *Deckert,* EuR 1997, 203 (223).

1096 EuGH 28.04.1971, Rs. 4-69, *Lütticke II,* Slg. 1971, 325, Rn. 9; EuGH 07.11.1985, Rs. 145/83, *Adams,* Slg. 1985, 3539, Rn. 53.

rechtshaftung für exekutives Handeln nicht zu unterlaufen. Eine Verschuldensvermutung muss sich daher auf einzelne Teilbereiche beschränken. Einen solchen Bereich stellt der Vollzug von EU-Verordnungen dar. Der Sachverhalt ist häufig überschaubar, die normative Einbindung oftmals umfassender und die administrative Entscheidung daher zumeist weniger komplex. Das rechtlich Gebotene ist daher im Regelfall klar erkennbar. Wird dennoch gegen Vorgaben der EU-Verordnung verstoßen, besteht die Vermutung eines hinreichend qualifizierten Verstoßes[1097].

Zudem stellt sich die Frage, ob eine Verschuldensvermutung erschüttert würde oder ob sogar generell von der Entschuldbarkeit eines Rechtsirrtums ausgegangen werden könnte, wenn sich die Exekutive auf eine Entscheidung eines nationalen Kollegialorgans berufen kann[1098]. Auf den ersten Blick erscheint eine solche Berufung verwehrt, ist doch auch eine unionsrechtliche Staatshaftung für judikatives Unrecht möglich und fehlt es damit an der Gewähr für die Richtigkeit der nationalen Entscheidung. Dann wäre ausschließlich die Auslegung durch die europäische Gerichtsbarkeit maßgeblich. Allerdings ist auch zu berücksichtigen, dass von der Exekutive, die im Tagesgeschäft handelt und keine Möglichkeit der Einholung einer Vorabentscheidung durch den EuGH besitzt, dann eine bessere Rechtskenntnis verlangt würde, als sie nationale Gerichte gezeigt haben. Daher führt auch der EuGH die „Beurteilungen, zu denen die nationalen Gerichte in der Frage, wieweit die Auslegung des Gemeinschaftsrechts bereits geklärt war"[1099], als zu berücksichtigenden Aspekt im Rahmen der Qualifikation des Verstoßes an. Folglich ist eine Orientierung der Exekutive auch an nationalen Gerichtsentscheidungen möglich[1100]. Sofern jedoch eine Rechtsprechung durch die Unionsge-

---

1097 Ebenso: *v. Bogdandy/Jacob*, in: Grabitz/Hilf/Nettesheim, 2012, Art. 340 AEUV, Rn. 173.

1098 Vgl. dazu im deutschen Recht: *Schmidt*, NJW 1993, 1630; *Schlick/Rinne*, NVwZ 1997, 1171 (1173); *Papier*, in: Säcker/Rixecker [Hrsg.], Münchener Kommentar BGB, 2009, § 839, Rn. 290.

1099 EuGH 05.03.1996, verb. Rs C-46/93 u. C-48/93, *Brasserie du Pêcheur/Factortame III*, Slg. 1996, I-1029, Rn. 63

1100 Mit Verweis auf die Entscheidung des BVerfG zur Verfassungs- und zugleich Europarechtswidrigkeit des bayrischen Glücksspielmonopols und der dort benannten Übergangsfrist sowie deren Beachtlichkeit im Rahmen des hinreichend qualifizierten Verstoßes: BGH, 18.10.2012, Az. III ZR 197/11, NJW 2013, 168, Rn. 27ff, ; OLG Bremen, 13. 02.2013, Az. 1 U 6/08, ZfWG 2013, 130; mit Verweis auf die BayVGH-Entscheidung zur Rechtfertigung der Ungleichbehandlung von Teilzeitbeschäftigten bei der Berechnung von Dienstzeiten für Beförderungen: BayVGH 06.04.2011, Az. 3 B 10.2529, Rn. 110; ebenso: BGH 27.01.2011, Az. III richtsbarkeit gegeben ist, hat sich die Verwaltung an dieser und nicht an eventuell divergierender nationaler Rechtsprechung zu orientieren[1101]. Weicht sie dennoch davon ab, ist ein entschuldbarer Rechtsirrtum nur dann anzunehmen, wenn sich die Exekutive mit der unionsrechtlichen Judikatur auseinandergesetzt hat und die Abweichung gut begründet. Unbedingte Folgsamkeit ist nicht notwendig. Entscheidend ist, dass die Abweichung unter Darlegung von wertigen Gründen erfolgt. Anders als die Gerichtsbarkeit besitzt die Exekutive keine Möglichkeit, für die Einleitung einer Rechtsprechungsänderung den EuGH damit zu befassen.

(3) Haftung für gerichtliche Entscheidungen

Mit der Entscheidung des EuGH in der Rechtssache *Köbler* wird klarstellend auch eine Haftung für judikatives Unrecht anerkannt. Gleichwohl differenziert der EuGH im Rahmen des Haftungstatbestands. Ein hinreichend qualifizierter Verstoß durch die nationalen Gerichte erfordere einen offenkundigen Verstoß gegen geltendes Recht[1102]. Die sonst verwandte Formel einer offenkundigen und erheblichen Befugnisüberschreitung verwendet der EuGH nicht. Zwar trägt die nationale Gerichtsbarkeit eine besondere Verantwortung für die Verwirklichung wirksamen Rechtsschutzes und die Durchsetzung des Unionsrechts. Aus Sicht des Unionsrechts ist es aber in Haftungskonstellationen nicht entscheidend, welches mitgliedstaatliche Organ gehandelt hat. Der Mitgliedstaat wird vielmehr als Einheit betrachtet. Daher ist die Einbeziehung der Judikative in den Haftungstatbestand nur konsequent[1103]. Gleichwohl sind „die Besonderheit der richterlichen Funktion sowie die berechtigten Belange der Rechtssicherheit zu berücksichtigen“[1104]. Damit könnte eine Einschränkung verbunden sein, die gegen eine Verschuldensvermutung spricht.

Dabei schließt der Grundsatz der Rechtskraft eine solche Staatshaftung nicht völlig aus. Wie der EuGH verdeutlicht hat, streiten in formeller Hinsicht nicht zwangsläufig die gleichen Parteien. Vielmehr wendet sich der im Ausgangsverfahren Unterlegene gegen den Staat, wodurch auch in materieller Hinsicht ein anderer Streitgegenstand gegeben ist. Ein Ur-

ZR 337/09, NVwZ-RR 2011, 308, Rn. 9; BVerwG 09.06.2009, Az. 1 C 7. 08, NVwZ 2009, 1431, Rn. 20.

1101 Ebenso: BVerwG 26.07.2012, Az. 2 C 70/11 (Berliner Feuerwehr), NVwZ 2012, 1472, Rn. 13f.

1102 EuGH 30.09.2003, Rs C-224/01, *Köbler*, Slg. 2003, I-10239, Rn. 53.

1103 *Kenntner*, EuZW 2005, 235 (237).

1104 EuGH 30.09.2003, Rs C-224/01, *Köbler*, Slg. 2003, I-10239, Rn. 53.

teil im Staatshaftungsverfahren führt auch nicht zwangsläufig zur Abänderung der ersten Entscheidung. Unionsrechtlich verlangt ist lediglich eine angemessene Entschädigung, die auch in finanzieller Art erfolgen kann[1105]. Die Unabhängigkeit der Justiz und die Autorität des entscheidenden Gerichtes sprechen indes für eine Begrenzung der Haftung auf Ausnahmefälle. Zwar weist der EuGH auch darauf hin, die Unabhängigkeit des Spruchkörpers werde dadurch geschützt, dass nicht die Haftung des Richters, sondern die des Mitgliedstaats thematisiert werde[1106]. Zudem diene nach Ansicht der EuGH die Möglichkeit, in einem gerichtlichen Verfahren eine gerichtliche Entscheidung überprüfen zu lassen, zur Bekräftigung der Qualität einer Rechtsordnung und stärke damit die Autorität der Richter insgesamt[1107]. Dennoch lässt sich den Äußerungen des EuGH eine Beschränkung dergestalt entnehmen, dass grundsätzlich eine Vermutung eher für die Vertretbarkeit der gefundenen Auslegung des nationalen Gerichtes spricht. Wie ausgeführt, kann die Beurteilung einer Rechtsfrage durch nationale Gerichte ja auch bei der Frage der Entschuldbarkeit eines Rechtsirrtums der Exekutive berücksichtigt werden[1108]. Daher ist für die Gerichtspraxis selbst eine grundsätzliche Vermutung für eine vertretbare Ansicht anzunehmen. Einfache Auslegungsfehler sind daher nicht haftungsbegründend[1109]. Sofern jedoch die relevante Frage bereits durch die Unionsgerichtsbarkeit geklärt ist, kann auch eine anderslautende Entscheidung ohne Vorlage an den EuGH haftungsbegründend sein. Zu beachten ist insoweit, dass das Instrument der Staatshaftung auch dazu dient, die Einhaltung der Vorlagepflicht zu sichern[1110].

1105 EuGH 30.09.2003, Rs C-224/01, *Köbler*, Slg. 2003, I-10239, Rn. 39; *Skouris*, Verletzung von Gemeinschaftsrecht durch oberste Gerichte, in: FS Götz, S. 223 (226).

1106 EuGH 30.09.2003, Rs C-224/01, *Köbler*, Slg. 2003, I-10239, Rn. 42.

1107 EuGH 30.09.2003, Rs C-224/01, *Köbler*, Slg. 2003, I-10239, Rn. 43.

1108 Unter: C. III. 2. b) bb) (2).

1109 Ebenso: Court of Appeal 05.05.2010, Cooper v HM Attorney General [2010] EWCA Civ 464, Rn. 71; OLG Frankfurt am Main 13.03.2008, Az. 1 U 244/07, OLGR Frankfurt 2008, 725, Rn. 21, 25; *v. Bogdandy/Jacob,* Grabitz/Hilf/Nettesheim, 2012, Art. 340 AEUV, Rn. 177.

1110 GA *Villalón,* Schlussanträge zu EuGH 05.10.2010, Rs. C-173/09, *Elchinov*, Slg. 2010, I-8889, Rn. 30.

IV. Zusammenfassung

Der hinreichend qualifizierte Verstoß ist als Bestandteil der *Schöppenstedt*-Formel im Rahmen der Unionshaftung als besondere Voraussetzung für normatives Unrecht eingeführt worden. Nach Übertragung dieser Voraussetzung auf den Bereich der Staatshaftung erweitert der EuGH den Anwendungsbereich der Haftungsvoraussetzung in der Entscheidung *British Telecommunications* auf alle Verstoßkonstellationen, was er in der Entscheidung *Köbler* für judikatives Unrecht klarstellt.

Der hinreichend qualifizierte Verstoß stellt folglich in allen möglichen Verstoßkonstellationen das Merkmal dar, welches über den Ausgleich öffentlicher und privater Interessen entscheidet. Während auf der einen Seite rechtsstaatliche Erwägungen und die Individualrechte dabei für eine möglichst weitgehende gerichtliche Kontrolle streiten, sind auf der anderen Seite mitgliedstaatliche Interessen an der Aufrechterhaltung eines möglichst großen Spielraums anzuerkennen. An diesem Merkmal ist die Antwort auf die Frage festzumachen, in welchem Umfang staatliche Entscheidungen im Interesse des Unionsbürgerschutzes kontrolliert und eventuell kassiert sowie finanziell ausgeglichen werden müssen. War anfänglich die mit der *Schöppenstedt*-Formel vorgenommene zurückgenommene Kontrolldichte Ausprägung einer Rücksichtnahme auf wirtschaftliche, abwägende Entscheidungen, trägt nach Erweiterung des Anwendungsbereichs auf sämtliche Fälle die Begründung nicht mehr vollumfänglich.

Der Rechtsprechung des EuGH lässt sich daher auch folgende Differenzierung entnehmen: Ist auch für alle Fälle ein hinreichend qualifizierter Verstoß notwendige Voraussetzung, so liegt dieser in bestimmten Konstellationen bereits vor, wenn eine einfache Unionsrechtswidrigkeit nachgewiesen werden kann. Ist dem Mitgliedstaat weder ein Handlungsspielraum im Sinne eines Ermessens eingeräumt, noch stellt sich ihm eine komplexe Rechtsfrage, ist die einfache Rechtsverletzung bereits haftungsbegründend. Wird dem Mitgliedstaat - positiv formuliert - eine klare Pflicht auferlegt oder sind seinem Handeln klare Grenzen gesetzt, so ist deren Verletzung ohne weiteres hinreichend qualifiziert. Anwendungsfälle sind insoweit die gänzlich unterbliebene Richtlinienumsetzung, die Nichtbeachtung einer feststehenden Rechtsprechung und die Verkennung einer offensichtlichen Rechtslage. Wird dem Mitgliedstaat hingegen Ermessen eingeräumt oder ist er mit einer bisher ungeklärten Auslegungsfrage konfrontiert, liegt ein hinreichend qualifizierter Verstoß nur vor, wenn das mitgliedstaatliche Organ die ihm zugestandene Fehlertoleranz verlässt. Sind die unionsrechtlichen Vorgaben folglich unklar, so besteht erst bei einer unvertretbaren Rechtsansicht ein Haftungsvorwurf.

Die Kriterien, die der EuGH in ständiger Rechtsprechung als Leitlinien zur Bestimmung des Verstoßes erwähnt und teilweise selbst prüft, dienen daher im ersten Schritt dazu, zu ermitteln, wie erkennbar die unionsrechtlichen Vorgaben sind. Sind die Vorgaben nicht klar und eindeutig, kann mittels der gleichen Kriterien die zuzugestehende Fehlertoleranz ermittelt werden. Diese steigt mit abnehmender Eindeutigkeit.

Die Ausgestaltung des hinreichend qualifizierten Verstoß lasst die Einordnung der unionsrechtliche Staatshaftung als Verschuldenshaftung zu. Dabei ist kein nationaler Verschuldensmaßstab anzuwenden, sondern der Maßstab, den der EuGH entwickelt hat. Danach bezieht sich das Verschulden einzig auf die Frage der unrichtigen Rechtsanwendung und -auslegung. Kann die gewonnene Rechtsansicht als rechtlich vertretbar angesehen werden, ist dem durchschnittlich sorgfältigen Amtswalter kein Verschulden anzulasten, wenn die Rechtsfrage später vom EuGH anders geklärt wird. Der Rechtsprechung ist dabei eine grundsätzliche Vermutung für eine komplexe Rechtslage und gegen einen verschuldeten Rechtsirrtum zu entnehmen, die je nach handelnder Gewalt unterschiedlich stark ausfällt. Ausgangspunkt ist damit nicht die Frage, ob ein Rechtsirrtum ausnahmsweise wegen noch vertretbarer Rechtsauffassung entschuldbarer ist, sondern ob die mangelhafte Rechtskenntnis im Einzelfall zumindest fahrlässig ist. Damit wird die unionsrechtliche Haftung faktisch auf solche Fälle begrenzt, in denen eine per se Qualifikation positiv nachgewiesen werden kann.

V. Exkurs: Der hinreichend qualifizierte Verstoß in der Rechtsprechung des BVerfG

Wie bereits zuvor erwähnt, greift das BVerfG im *Honeywell*-Beschluss zur Konkretisierung der Reichweite der Kompetenzkontrolle (ultra-vires-Kontrolle) ebenfalls auf das Tatbestandsmerkmal des hinreichend qualifizierten Verstoßes zurück[1111]. Die Entscheidung ist zudem aus einem weiteren Grund hier relevant. In einem obiter dictum führt das BVerfG aus, dass „[z]ur Sicherung des verfassungsrechtlichen Vertrauensschutzes […] zu erwägen [ist], in Konstellationen der rückwirkenden Nichtanwendbarkeit eines Gesetzes infolge einer Entscheidung des Gerichtshofs der Europäischen Union innerstaatlich eine Entschädigung dafür zu gewähren, dass ein Betroffener auf die gesetzliche Regelung vertraut und in diesem Vertrauen Dispositionen getroffen hat." Es soll auch der Frage nachgegangen werden, inwieweit für einen solchen Entschädigungsanspruch auf den unionsrechtlichen Staatshaftungsanspruch zurückgegriffen werden kann und auch dort der hinreichend qualifizierte Verstoß Anwendung findet.

1. Hinreichend qualifizierter Kompetenzverstoß

Die Berufung auf einen hinreichend qualifizierte Verstoß im Rahmen der ultra-vires-Kontrolle dient dem BVerfG dazu, eine Kompetenzkontrolle für den Regelfall auszuschließen und nur für den Falle einer manifesten Kompetenzverschiebung vorzuhalten. Notwendig ist dafür, dass Handlungen der europäischen Organe und Einrichtungen ersichtlich die Grenzen ihrer Kompetenzen in einer das Prinzip der begrenzten Einzelermächtigung spezifisch verletzenden Art überschritten haben. Dies bedeutet, das kompetenzwidrige Handeln der Unionsgewalt ist offensichtlich und der angegriffene Akt fällt im Kompetenzgefüge zwischen Mitgliedstaaten und Union im Hinblick auf das Prinzip der begrenzten Einzelermächtigung und die rechtsstaatliche Gesetzesbindung erheblich ins Gewicht. Den Ausnahmecharakter einer solchen Kompetenzkontrolle bestätigt die Tatsache, dass bisher ein daraus resultierender Fall der Beschränkung der Anwendbarkeit des Unionsrechts weder in Deutschland noch in einem anderen Mitgliedstaat angenommen wurde.

Auch wenn das BVerfG bei der Bestimmung der Begrifflichkeit auf das unionsrechtliche Haftungsrecht verweist, ist eine Übertragung der damit

---

[1111] BVerfGE 126, 286 – *Honeywell* , Rn 58ff; unter: B. I. 2. c) aa).

einhergehenden Wertung aus mehreren Gründen abzulehnen. Ausgangspunkt der gerichtlichen Kompetenzkontrolle durch das BVerfG ist nicht die Verletzung individueller Rechtspositionen, sondern die Überschreitung der Grenzen vertraglich übertragener Entscheidungsmacht. Der Staatshaftungsanspruch ist hingegen zumindest auch Individualrechtsschutz. Die zuvor aufgeführten Begründungen aus der Rechtsposition des Einzelnen sind für die Kompetenzprüfung hingegen allenfalls von inzidenter Bedeutung. Wie gezeigt, dient das Tatbestandsmerkmal des hinreichend qualifizierten Verstoßes im Haftungsanspruch ferner dazu zu bestimmen, ob ein festgestellter Unionsrechtsverstoß auch Haftungsfolgen begründen kann. Bei der ultra-vires-Kontrolle hingegen soll mit diesem Merkmal ermittelt werden, ob überhaupt ein Verstoß gegeben ist[1112]. Zudem muss nach dem Beschluss des BVerfG dem EuGH Gelegenheit gegeben werden, im Rahmen eines Vorabentscheidungsverfahrens nach Art. 267 AEUV über die Gültigkeit und Auslegung des fraglichen Rechtsaktes zu entscheiden, bevor das BVerfG eine ultra-vires-Kontrolle vornimmt. Das BVerfG geht dabei von einer im Regelfall dem grundgesetzlichen Standard entsprechenden Kompetenzkontrolle durch den EuGH aus und besitzt nur eine gerichtliche Auffangkompetenz, die auf Ausnahmefälle begrenzt sein kann. Ferner führt das ungeschriebene Verfassungsprinzip der Europarechtsfreundlichkeit zu einer auf offensichtliche und strukturwirksame Kompetenzüberschreitungen reduzierten Prüfung. Ein in ähnlicher Weise die Prüfung des Unionsrechtsverstoßes begrenzendes Prinzip ist für die Staatshaftung nicht vorzunehmen.

Trotz Verweises auf den unionsrechtlichen Staatshaftungsanspruch scheint auch kein gleiches Begriffsverständnis zugrunde gelegt zu sein. Während im Rahmen des Haftungsanspruchs - wie gezeigt - die Schwere des Verstoßes und damit seine Auswirkungen unbedeutend sind, stellt das Bundesverfassungsgericht hingegen ergänzend auch auf diesen Aspekt ab. Im Gegensatz zum *Lissabon*-Urteil betont das BVerfG nicht nur die „ersichtliche" Kompetenzüberschreitung[1113], sondern fordert zusätzlich, dass der Kompetenzverstoß eine gewisse Schwere hat. Die Tatsache, dass der Verstoß offensichtlich, sichtbar oder einleuchtend ist,

---

1112 *Pötters/Traut*, EuR 2011, 580 (584f.).

1113 BVerfGE 123, 267, - *Lissabon*, Rn. 240.

reicht für sich genommen bei der ultra-vires-Kontrolle gerade nicht aus[1114].

2. Hinreichend qualifizierter Verstoß im Rahmen einer europarechtskonträren Staatshaftung

Wegweisend erscheint die *Honeywell*-Entscheidung vor allem aber aus einem anderen Grund. Das BVerfG erwähnt in einem obiter ditctum eine europarechtskonträre Staatshaftung zum Ausgleich der eben geschilderten restriktiven ultra-vires-Kontrolle. Im zweiten Leitsatz und dennoch nur als obiter dictum formuliert das BVerfG, es sei zu erwägen, ob eine Entschädigung als Ausgleich für Vertrauensschutz auf nationale Gesetze, die aufgrund einer Entscheidung des EuGH rückwirkend für nichtanwendbar erklärte werden, zu gewähren sei[1115].

a. Grundzüge einer europarechtskonträren Staatshaftung

Die Konstellation, die der *Honeywell*-Entscheidung zugrunde lag, lässt sich auch in anderen Fällen denken. Gemein ist diesen Sachverhalten, dass sich erst auf Grund eines Vorabentscheidungsurteils des EuGH herausstellt, dass nationale Vorschriften bereits seit Inkrafttreten bestimmter unionsrechtlicher Vorschriften unanwendbar waren. Innerstaatlich bereits erworbene Rechte und Ansprüche sind durch die Entscheidung des EuGH damit ex tunc unanwendbar. Sind Dispositionen in Vertrauen auf die nationale Rechtslage getroffen, stellt sich die Frage nach einem möglichen Entschädigungsanspruch[1116].

Im Gegensatz zur bisher beschriebenen Situation dient dieser Entschädigungsanspruch jedoch nicht der Gewährung eines unionsrechtlichen Rechts, welches vom Mitgliedstaat vorenthalten wurde. Vielmehr soll ein Ausgleich dafür gewährt werden, dass eine Privatperson durch das

---

1114 *Gehlhaar,* NZA 2010, 1053; die abweichende Meinung des Richters Landau kritisiert dieses Verständnis der ultra-vires-Kontrolle: BVerfGE 126, 286 - *Honeywell,* Rn. 94, 101-103.

1115 BVerfGE 126, 286 - *Honeywell;* vgl. dazu: *Karpenstein/Johann,* NJW 2010, 3405; *Hamenstädt,* EuR 2011, 263; *Giegerich* EuR 2012, 373; bereits zuvor: *Nettesheim,* WM 2006, 457.

1116 Vgl. zur ähnlichen Situation der Fa. Quelle nach BGH, 26.11.2008, Az. VIII ZR 200/05, NJW 2009, 427, aufgrund von EuGH, 14.04.2008, Rs. C-404/08, *Quelle,* Slg. 2008, I-2685; vgl. dazu: *Freitag,* EuR 2009, 796; mit weiteren Beispielen: *Karpenstein/Johann,* NJW 2010, 3405; *Giegerich,* EuR 2012, 373 (375).

Unionsrecht und entgegen dem nationalen Recht in die Pflicht genommen wird. Ausgeglichen werden soll ein eventueller Nachteil, der sich aus der Beachtlichkeit des Unionsrechts ergibt. Die vorrangige unionsrechtliche Pflicht soll finanziell ausgeglichen werden. Damit steht der vom BVerfG angesprochene Entschädigungsanspruch, anders als der Haftungsanspruch in der *Francovich*-Konstellation, dem Unionsrecht entgegen. Mit Giegerich kann daher von einer europarechtskonträren Staatshaftung gesprochen werden[1117].

Ob dieser Haftungsanspruch bereits im geltenden Recht existiert oder noch zu schaffen ist, lässt das BVerfG offen. Das BVerfG hat dabei wohl ersichtlich das nationale Haftungsrecht im Blick, wenn es von einer „innerstaatlichen" Entschädigung spricht. Diesem ist jedoch keine Grundlage für einen entsprechenden Anspruch für legislatives Unrecht zu entnehmen[1118]. Ein Amtshaftungsanspruch nach § 839 BGB i.V.m. Art. 34 GG scheitert an der auch für legislatives Unrecht nötigen drittgerichtete Amtspflicht. Diese ist für die Umsetzungspflicht nicht anzunehmen[1119]. Ein enteignungsgleicher Eingriff scheitert im Fall von Honeywell daran, dass die Erwartung, befristet eingestellte Arbeitnehmer nicht über den Fristablauf hinaus beschäftigen zu müssen, nicht zum Eigentum nach Art. 14 GG zu zählen ist. Ein Aufopferungsanspruch ist nicht weniger fraglich, da ein Sonderopfer wohl im Verlust von bloßem Vertrauen auf eine bereits anfänglich unionsrechtswidrige Rechtslage nicht gesehen werden kann.

Als derzeit existente Anspruchsgrundlage kommt daher nur der unionsrechtliche Staatshaftungsanspruch in Betracht[1120]. Dafür ist von entscheidender Bedeutung, ob der Einzelne ein subjektives Recht auf Übernahme seiner Pflichten in das nationale Recht geltend machen kann (Recht auf Pflichtentransparenz)[1121]. Andernfalls fehlt es bereits an der individuellen Rechtsverletzung. Für die *Honeywell*-Konstellation stellt sich demnach die Frage, ob bei privatrechtsgestaltenden Richtlinien auch der jeweilige Vertragspartner des durch die Richtlinie mit Rechten betrauten Bürgers eine schutzwürdige Position innehat. In der Rechtsprechung des EuGH ist die Reichweite einer Anpassungspflicht des nationalen Rechts

---

1117 *Giegerich,* EuR 2012, 373 (377).

1118 Dazu und zum Folgenden ausführlich: *Karpenstein/Johann,* NJW 2010, 3405ff; *Giegerich,* EuR 2012, 373 (383ff.).

1119 Vgl. nur BGH, 28.01.1993, Az. III ZR 127/91, EuZW 1993, 226.

1120 Zur Übertragbarkeit: *Hamenstädt,* EuR 2011, 263 (266).

1121 *Schinkels,* JZ 2011, 394 (400f.).

an das Unionsrecht bisher noch nicht geklärt[1122]. Besteht ein auch unionsrechtlich anzuerkennendes Individualinteresse, an einer unionsrechtsgemäßen Abbildung der beidseitigen vertraglichen Rechte und Pflichtenstellung im nationalen Recht? Nur dann besitzt auch derjenigen, der sich nicht unmittelbar auf Rechte aus einer privatrechtsgestaltenden Richtlinie berufen kann, ein schutzwürdiges Vertrauen in die korrekte Umsetzung[1123]. Für eine solche schutzwürdige Position lässt sich anführen, dass erstens in dieser Weise die Folgen einer sehr weiten richtlinienkonformen Auslegung[1124] für Privatpersonen begrenzt werden, zweitens der Grundsatz der Rechtssicherheit und das Eigentums- und Berufsausübungsrecht gestärkt werden[1125] und drittens die Verantwortung für Umsetzungsfehler bei den zur Umsetzung verpflichteten Mitgliedstaaten angesiedelt wird[1126]. Die gegenläufigen Interessen der Union an der Durchsetzung der Richtlinienziele sollten im Wege einer Abwägung mit dem Vertrauensschutz des Einzelnen Berücksichtigung finden und nur dann überwiegen, wenn erkennbar das nationale Recht unionsrechtwidrig ist und daher auf die Anwendbarkeit des nationalen Recht nicht vertraut werden durfte. Eine generelle Pflicht des Einzelnen zur Überprüfung jeglichen nationalen Rechts auf dessen Vereinbarkeit mit dem Unionsrecht ist jedoch nicht anzunehmen[1127].

1122 Eine generelle Anpassungspflicht an den jeweiligen Entwicklungsstand ablehnend: BVerwG 29.11.1990, Az. 3 C 77.87 (Gebühren für Gesundheitskontrollen); eine grundsätzliche Anpassungspflicht auch trotz Möglichkeit der unmittelbaren Wirkung annehmend: EuGH 15.10.1986, Rs. 168/85, *Kommission/Italien,* Slg. 1986, 2945, Rn. 11, 16.

1123 Befürwortend: *Nettesheim,* WM 2006, 457 (460f); ebenso: *Ahnis/Helbach/Kirschnick,* IR 2013, 218 (222); wohl auch: *Freitag,* EuR 2009, 796 (800); ablehnend: *Giegerich,* EuR 2012, 373 (379f).

1124 Vgl. dazu: *Mörsdorf,* EuR 2009, 219 (222ff).

1125 Vgl. zur Berufung auf eine außervertragliche Haftung der Union bei Beschränkungen des Rechts auf Eigentum und der freien Berufsausübung ohne Entschädigungsregelungen: EuGH 09.09.2008, verb. Rs. C-120/06 P und C-121/06 P, *FIAMM,* Slg. 2008, I-6513, Tz. 184.

1126 *Freitag,* EuR 2009, 796 (800).

1127 Vgl. zu ähnlichen Überlegungen bei der Rückforderung unionsrechtswidriger Beihilfen: EuGH, 20.09.1990, Rs. C-5/89, *Kommission / Deutschland,* Slg. 1990, I-3437; EuGH, 20.03.1997, Rs. C-24/95, *Land Rheinland-Pfalz / Alcan Deutschland GmbH,* Tz. 31ff: BVerwG, 23.04.1998, Az. 3 C 15/97.

b. Haftungsqualifikation nach gleichem Maßstab?

Fraglich ist, ob in der beschriebenen Konstellation ebenfalls ein hinreichend qualifizierter Verstoß nur nach dem gleichen oben aufgeführten, restriktivem Maßstab zu gewähren sei. Entweder wäre dann die Rechtslage derart unklar, dass dem Mitgliedstaat kein Vorwurf gemacht werden könne, oder die Rechtslage wäre derart klar, dass sie auch der Einzelne erkennen müsste, was der Entstehung schutzwürdigen Vertrauens entgegenstünde. Übrig blieben nur Unionsrechtsverstöße, die bewusst und mit überlegendem Wissen der mitgliedstaatlichen Organe erfolgen würden. Insoweit stellt sich dann aber das Problem der Beweisbarkeit dieses überlegenden Wissens. Nimmt man diese Fälle aus, so wäre regelmäßig bis zu einem EuGH-Urteil eine Ersatzpflicht zu verneinen. Der für notwendig erachtete Vertrauensschutz zum Schutz der unionsrechtlichen Grundrechte auf Eigentum und freie Berufsausübung ginge dann ins Leere.

Will man die europarechtskonträre Staatshaftung bereits im geltenden Recht abbilden, scheint daher ein gelockerter Haftungsmaßstab notwendig. Für die Unionshaftung hat der EuGH in der Entscheidung *FIAMM* einen Vorbehalt formuliert, der an die bundesverfassungsgerichtliche Rechtsprechung zur ausgleichspflichtigen Inhalts- und Schrankenbestimmungen bei Art. 12 und 14 GG erinnert. Danach ist ein Eingriff durch Maßnahmen der Union in beide Grundrechte rechtswidrig, der ohne finanzielle Ausgleichsregelungen vorgenommen wird[1128]. Sieht man in dem Vertrauen auf die nationale Rechtslage auch ein unionsgrundrechtlich zu schützenden Aspekt und überträgt man die Aussage in der *FIAMM*-Entscheidung auch auf mitgliedstaatliches Handeln, kann daraus der Schluss gezogen werden, dass unionsrechtlich gefordert ist, einen finanziellen Ausgleich vorzusehen, der nicht von strengen Vorwerfbarkeitskriterien abhängig ist.

1128 EuGH 09.09.2008, Rs. C-120/06 P und C-121/06 P, *FIAMM*, Slg. 2008, I-6513, Rn. 182ff; *Giegerich*, EuR 2012, 373 (382).

KAPITEL III: Kritik an der Ausgestaltung des hinreichend qualifizierten Verstoßes

I. Restriktive Ausgestaltung des Haftungsanspruchs stützende Aspekte

Der hinreichend qualifizierte Verstoß ist die entscheidende Voraussetzung zur Begrenzung des unionsrechtlichen Haftungsanspruchs. Eine Eingrenzung erfolgt zwar auch über den geforderten unmittelbaren Kausalzusammenhang und den notwendigen individualschützenden Charakter der als verletzt gerügten Norm, maßgeblich entscheidet jedoch dieses Tatbestandsmerkmal darüber, ob die staatliche Ersatzpflicht im Rahmen des Haftungsanspruchs besteht. Die im vorangegangen Kapitel dargestellte, restriktive Ausgestaltung führt dazu, dass eine Haftung bis auf die erwähnten Fälle der per se Qualifikation regelmäßig und selbst bei festgestelltem unionsrechtswidrigem Verhalten der Mitgliedstaaten ausscheidet[1129]. Es sollen daher nachfolgend die Gründe untersucht werden, die für eine derartige Begrenzung des Umfangs des unionsrechtlichen Staatshaftungsanspruchs sprechen.

1. Rechtsvergleichende Argumentation

Die rechtsvergleichende Argumentation hat bereits anfänglich bei der Ausgestaltung des Haftungsanspruchs eine besondere Bedeutung. In den Schlussanträgen zur Rechtssache *Schöppenstedt,* in der die Voraus-

---

1129 EuGH 26.03.1996, Rs. C-392/93, *British Telecommunications*, Slg. 1996, I-1631, Rn. 40; EuGH 17.10.1996, verb. Rs. C- 283/94, C-291/94 u. C-292/94, *Denkavit*, Slg. 1996, I-5063, Rn. 53; EuGH 18.01.2001, Rs. C-150/99, *Stockholm Lindöpark*, Slg. 2001, I-493, Rn. 40f; ebenso: EuGH 05.03.1996, verb. Rs C-46/93 u. C-48/93, *Brasserie du Pêcheur/Factortame III*, Slg. 1996, I-1029, Rn. 59; dazu: EuGH 12.03.1987, Rs. 178/84, *Reinheitsgebot für Bier*, Slg. 1987, 1227, Rn. 54; ebenso national: BGH 22.01.2009, Az. III ZR 233/07 (Pflichtpfand), NJW 2009, 2534, Rn. 22ff; LG Berlin 11.02.2009, Az. 23 O 44/08 (Einlagensicherung - Phoenix), ZIP 2009, 906; OLG Bremen 13.02.2013, Az. 1 U 6/08 (Trikot-Werbung - bwin), NVwZ 2014, 96; vgl. zur haftungsbegrenzenden Funktion: *Detterbeck*, in: Detterbeck/Windthorst/Sproll [Hrsg.], Staatshaftungsrecht, S. 57; *Kokott/Henze/ Sobotta*, JZ 2006, 633 (637).

setzung des hinreichend qualifizierten Verstoß erstmalig Erwähnung fand, weist GA Roemer auf die Ausgestaltung der Haftung für legislatives Unrecht in den Rechtsordnungen der Mitgliedstaaten sowie Besonderheiten auf Gemeinschaftsebene hin[1130]. Daraus leitet er diese Haftungsvoraussetzung ab. Der EuGH schloss sich dieser Herleitung in der Entscheidung *HNL*[1131] an und bezog sich auch im Rahmen der unionsrechtlichen Staatshaftung darauf[1132]. Wesentlich - und insoweit in den Mitgliedstaaten ebenfalls ausgeprägt - sei, dass die Wahrnehmung der Rechtssetzungstätigkeit nicht jedes Mal durch die Möglichkeit von Schadensersatzklagen behindert werden sollte.

Zur Überprüfung der rechtsvergleichenden Argumentation braucht an dieser Stelle weder eine umfassende Betrachtung der Einschränkungen für legislative Unrecht in den nationalen Haftungssysteme vorgenommen zu werden[1133], noch ist darauf einzugehen, inwieweit überhaupt eine Haftungsbegrenzung auf Unionsebene nur mit dem Verweis auf die nationalen Rechtslagen begründbar ist[1134]. Ist auch zu attestieren, dass eine Haftung des Staates für Schäden, die durch rechtswidriges Handeln seiner Organe entstanden sind, in allen Mitgliedstaaten der Europäischen Union verankert ist, sind doch die konkreten Anspruchskonturen speziell für legislatives Unrecht jeweils sehr unterschiedlich. Neben der Erstreckung des allgemeinen Haftungsanspruchs ohne Besonderheiten auch auf die Legislative[1135], ist in einigen Ländern die Begrenzung auf

1130 GA *Roemer*, Schlussanträge zu EuGH 02.12.1971, Rs 5-71, *Schöppenstedt*, Slg. 1971, 986 (989); vgl. unter C I 1 b.

1131 EuGH 25.05.1978, verb. Rs. 83, 94-76 und 4, 15, 40-77, *Bayerische HNL*, Slg. 1978, 1209.

1132 EuGH 05.03.1996, verb. Rs C-46/93 u. C-48/93, *Brasserie du Pêcheur/Factortame III*, Slg. 1996, I-1029., Rn. 45; EuGH 26.03.1996, Rs. C-392/93, *British Telecommunications*, Slg. 1996, I-1631, Rn. 40.

1133 Dazu: *Dörr*, Staatshaftung in Europa: Vergleichende Bestandsaufnahme, in: Staatshaftung in Europa, S. 1 (9f); zu den Voraussetzungen der Haftung für legislatives Unrecht in den einzelnen Mitgliedstaaten auch: *Stein*, EuGRZ 1979, 540 (541); *Czaja*, Die außervertragliche Haftung der EG für ihre Organe, S. 73ff; *Burianek*, Das Verschuldenselement.

1134 Insoweit kritisch: Entscheidend komme es auf die dahinterstehenden Gründe an. Ein Ausschluss der Haftung für legislatives Unrecht beruhe dabei zumeist auf der fehlenden Möglichkeit einer gerichtlichen Kontrolle von Legislativakten in einigen Mitgliedstaaten. Eine solche sei jedoch in der Union möglich, so dass eine Übertragbarkeit der Argumentation nicht gegeben sei: *Aubin*, Die Haftung der Europäischen Wirtschaftsgemeinschaft und ihrer Mitgliedstaaten bei gemeinschaftsrechtswidrigen nationalen Verwaltungsakten, S. 148.

1135 *Mir*, Spanien, in: Staatshaftung in Europa, S. 701 (708).

schwerwiegende Rechtsverstöße[1136] oder auf außergewöhnliche Schäden[1137] vorgesehen. In wieder anderen Mitgliedstaaten ist die Haftung für gesetzgeberische Tätigkeiten vollständig ausgeschlossen[1138]. Den nationalen Rechtsordnungen können die Anspruchskonturen des unionsrechtlichen Haftungsanspruchs somit ohnehin nicht ohne weiteres entnommen werden[1139].

Zudem soll es hier ausreichen, darauf hinzuweisen, dass der EuGH die Haftungsbegrenzung lediglich mit Bezug zu legislativen Tätigkeiten begründet hatte. Die Haftungsformel findet mittlerweile jedoch für alle Konstellationen Anwendung. Das entscheidende Qualifikationserfordernis ist nicht mehr nur Ausgleich für eine Haftung bei wirtschaftspolitischen Maßnahmen, sondern generelle Anspruchsvoraussetzung. Die rechtsvergleichende Argumentation, die auf eine partielle Betrachtung der nationalen Rechtsordnungen im Bezug auf die Haftung für legislatives Unrecht abstellt, kann daher nicht die restriktive Ausgestaltung der unionsrechtlichen Staatshaftung insgesamt rechtfertigen[1140]. Schließlich ist eine Haftungsbeschränkung auf schwere Rechtsfehler über den Bereich legislativen Unrechts hinaus in der Europäischen Union nur in der französischen Rechtsordnung vorgesehen[1141]. Gesteht man dem französischen Staatshaftungsrecht auch einen besonderen Einfluss auf die Entwicklung des unionsrechtlichen Staatshaftungsanspruchs zu, ist jedoch zu berücksichtigen, dass auch im französischen Recht das Erfordernis eines schweren Rechtsfehlers, *faute lourde* (schwerwiegende faute) nicht als generelles Tatbestandsmerkmal Verwendung findet. Vielmehr ist deren Anwendung auf besondere Bereiche staatlichen Handelns begrenzt. Zudem wird dieser Anwendungsbereich zunehmend weiter begrenzt und ist nur noch in seltener werdenden Ausnahmefällen Voraussetzung der Staatshaftung[1142]. Ein generelles Erfordernis einer Haftungsbegrenzung im Unionsrecht kann damit nicht begründet werden.

1136 *Bardutzky/Zagorc*, Slowenien, in: Staatshaftung in Europa, S. 661 (673).

1137 *Calvão*, Portugal, in: Staatshaftung in Europa, S. 505 (515).

1138 Vgl. nur *Cortese/Magri*, Italien, in: Staatshaftung in Europa, S. 311 (319).

1139 *Dörr*, Staatshaftung in Europa: Vergleichende Bestandsaufnahme, in: Staatshaftung in Europa, S. 1ff; vgl. B III 2 f.

1140 Ebenso: *Karollus*, in: FS Köck, S. 169 (189ff).

1141 *Dörr*, Staatshaftung in Europa: Vergleichende Bestandsaufnahme, in: Staatshaftung in Europa, S. 1 (8).

1142 *Marsch*, Frankreich, in: Verwaltungsrecht in Europa, Bd. II, S. 33 (205f); *Marsch*, Frankreich, in: Staatshaftung in Europa, S. 195 (207f).

2. Schutz der Funktionsfähigkeit der Organe

Ebenfalls bereits im Rahmen der Unionshaftung hat der EuGH die Haftungsbegrenzung zudem mit der Aufrechterhaltung der Funktionsfähigkeit der Organe begründet[1143]. Dabei hat er vor allem auf den Erlass von komplexen, generellen Regelungen abgestellt und später zur unionsrechtlichen Staatshaftung auch die besonderen Funktionen der Judikative gewürdigt[1144]. Eine extensive Konzeption des Staatshaftungsrechts - so die Argumentation - hätte zur Folge, dass die Spielräume der mitgliedstaatlichen Organe stärker eingeengt würden. Bei einer ausufernden Haftung sei zudem zu befürchten, dass sich das Kompetenzgefüge verschiebe. Würden mitgliedstaatliche Handlungen in zunehmendem Maße justiziabel, bestehe die Gefahr, dass der EuGH und / oder die über den entsprechenden Sachverhalt judizierenden nationalen Gerichte die Position der mitgliedstaatlichen Stelle einnehmen, deren Entscheidung der gerichtlichen Überprüfung zugeführt wird[1145]. Zudem könnte eine Haftung, die bereits am einfachen Unrecht ansetzt, den Prozess der Entscheidungsfindung nationaler Parlamente, aber auch der Verwaltung unter Druck setzen. Hervorgehoben wird insoweit der negative Einfluss auf die Entscheidungsfreude staatlicher Stellen[1146]. Schließlich könne eine Vielzahl von Haftungsklagen zu einer ineffektiven Ressourcenbindung sowohl der Justiz als auch der Verwaltung führen.

Völlig überzeugend sind die benannten Gründe jedoch nicht. Zunächst ist darauf hinzuweisen, dass der verhaltenslenkende Effekt nicht dem Haftungsrecht geschuldet ist, sondern der Unionsnorm, deren Einhaltung in Rede steht. Die Einengung mitgliedstaatlicher Spielräume ergibt sich folglich nicht aus einer möglichen Haftung, sondern ist bereits Folge der unmittelbar wirksamen Unionsnormen selbst. Sehen diese gegebe-

---

1143 EuGH 25.05.1978, verb. Rs. 83, 94-76 und 4, 15, 40-77, *Bayerische HNL*, Slg. 1978, 1209, Rn. 5f; ebenso: EuGH 05.03.1996, verb. Rs C-46/93 u. C-48/93, *Brasserie du Pêcheur/Factortame III*, Slg. 1996, I-1029, Rn. 45ff.

1144 EuGH 30.09.2003 Rs. C-224/01, *Köbler*, Slg. 2003, I-10239, Rn. 33; vgl. zu den Gründen einer Haftungsbeschränkung für judikatives Unrecht, ausführlich: *Breuer*, Staatshaftung für judikatives Unrecht, S. 170ff.

1145 Vgl. speziell zu Schutzpflichten: *Stoppel*, Grundfreiheitliche Schutzpflichten der Mitgliedstaaten im Europäischen Gemeinschaftsrecht, 2002, 159; *Hoppe*, Staatshaftung und Rechtsschutz bei Verletzung grundfreiheitlicher Schutzpflichten, S. 25, 244.

1146 Mit Bezug zur Rechtsverleihung: GA *Stix-Hackl* Schlussanträge zu Rs. C-222/02, *Peter Paul*, Slg. 2004, I-9425, Rn. 96ff; *v. Bogdandy/Jacob*, Grabitz/Hilf/Nettesheim, 2012, Art. 340 AEUV, Rn. 17.

nenfalls nur einen begrenzten Ermessenspielraum vor, sind mitgliedstaatliche Spielräume bereits aufgrund des materiellen Rechts eingeengt. Insoweit ist dem Primärrechtsschutz auch in stärkerem Maße ein handlungsleitender Effekt als dem Sekundärrechtsschutz beizumessen. Eine Haftung, die den mitgliedstaatlichen Organen eine bestimmte Fehlertoleranz zubilligt, schränkt nur auf der Ebene des Sekundärrechtsschutzes die gerichtliche Überprüfbarkeit ein, entbindet jedoch nicht von der auch ohne Kläger bestehenden Pflicht, das materielle Recht zu beachten.

Zur Einschränkungen der Entscheidungsfreude ist dreierlei zu beachten: Es ist bereits darauf hingewiesen worden, dass die Haftung nicht den einzelnen Amtswalter trifft, sondern vom Staat zu erfüllen ist. Erst ein möglicher Regress betrifft den Amtswalter unmittelbar. Insoweit wäre es ausreichend, die Regressnahme von einem etwaigen Verschulden abhängig zu machen[1147]. Für den einzelnen Amtswalter bestünde kein Unterschied. Sowohl bei einer Verschuldenshaftung als auch bei einer reinen Unrechtshaftung, verbunden mit einer verschuldensabhängigen Regressnahme, besteht für ihn zum einen ein handlungsleitender Anreiz für rechtsfehlerfreies Handeln, eine überzogene Möglichkeit der persönlichen Inanspruchnahme ist damit jedoch nicht verbunden. Das Innenverhältnis zwischen staatlichem Rechtsträger und Amtswalter ist jedoch vorwiegend dienstrechtlich und für die Haftung des Staates im Außenverhältnis ohne Bedeutung.

Zum zweiten ist zu berücksichtigen, dass im Bereich unionsrechtlich determinierter mitgliedstaatlicher Handlungen die wesentliche Entscheidungsfindung bereits zuvor auf europäischer Ebene stattfand. Die Funktion der nationalen Organe ist daher nur in dem Maße schützenswert, als auch noch Raum für nationale Entscheidungen besteht. Sind dem Mitgliedstaat beispielsweise Ermessenspielräume belassen, greift in diesem Rahmen die unionsrechtliche Staatshaftung auch nicht. Derartige Ermessenspielräume bleiben auch bei einer reinen Unrechtshaftung beachtlich. Die Überschreitung eines etwaigen Ermessens ist Voraussetzung für die Rechtswidrigkeit der entsprechenden mitgliedstaatlichen Handlung. Erst wenn die damit einhergehende eingeschränkte gerichtliche Überprüfung ergibt, dass die äußersten Grenzen des Ermessens verletzt sind, ist die Unionsrechtswidrigkeit gegeben[1148]. In ein derartiges Urteil über die

1147 Vgl insoweit für Deutschland: Art. 34 S. 2 GG.

1148 Zum Verständnis der außervertraglichen Haftung der Union als „pleine jurisdiction" und damit zur unbeschränkten Ermessensnachprüfung, vgl: *Schmidt*, Die Befugnis des Gemeinschaftsrichters zu unbeschränkter Ermessensnachprüfung, S. 214ff.

Unionsrechtsgemäßheit fließen bereits wirtschaftspolitische Wertungen, Lagebeurteilungen, Entwicklungsprognosen und ähnliche Aspekte ein[1149]. In einem unionsrechtlich gewährten Ermessensbereich wird also gerade die Funktionsfähigkeit geschützt. Nicht notwendig erscheint jedoch eine doppelte Berücksichtigung des Ermessens, wonach anschließend beim Haftungsmaßstab erneut darauf Rücksicht genommen werden sollte. Vielmehr ist eine umgekehrte Argumentation vorzugswürdig: Im Fall eines weiten Ermessens kann nur selten die Unionsrechtswidrigkeit festgestellt werden. Die Haftung für diesen seltenen Fall auch noch de facto auszuschließen, erscheint eine übergebührende Einschränkung und ist daher mehr als fragwürdig[1150]. Ist die Handlung des Mitgliedstaates jedoch unionsrechtswidrig, da die Grenzen des Ermessens überschritten sind, besteht kein Grund, die Haftung dennoch auszuschließen. Einen doppelten Schutz auch noch auf der Ebene des Haftungsanspruchs bedarf es dann nicht.

Drittens kann der Staat sich überhaupt nur in einem begrenzten Rahmen Entscheidungen mit Blick auf mögliche Haftungsrisiken verweigern. Kann auch ein Privater auf Haftungsrisiken bewusst reagieren und sich gegen risikobehaftete Tätigkeiten entscheiden, hat der Staat seine rechtsstaatlichen Pflichten davon ungeachtet zu erfüllen. Die Richtlinienumsetzung kann ebenso wenig mit Blick auf drohende Haftungsfälle bei einer Falschumsetzung ausgesetzt werden, wie der Bescheidung eines Bürgers, der einen Anspruch aus einer Verordnung geltend macht. Auch der Richter kann die Entscheidung eines Rechtsstreites nicht verweigern[1151] und besitzt überdies zur Absicherung noch das Mittel des Vorabentscheidungsverfahrens[1152]. Der Einfluss der Haftungsklage auf die Entscheidungsfreude staatlicher Organe ist daher von vornherein als eher gering einzuschätzen. Die einzige ihm eingeräumte Reaktionsmöglichkeit ist daher, den Schadensvermeidungsaufwand zu steigern, um Haftungsfälle zu vermeiden[1153].

1149 *Fuß*, Zur Rechtsprechung des Europäischen Gerichtshofs über die Gemeinschaftshaftung für rechtswidrige Verordnungen, in: Kipp/Mayer/Steinkamm [Hrsg.], FS v.d. Heydte, S. 173 (178).

1150 Vgl. insoweit zur Unionshaftung: *Grabitz*, NJW 1978, 1743; *Fuß*, EuR 1978, 353 (358); *Stein*, EuGRZ 1979, 540 (541f.); *Aubin*, Die Haftung der Europäischen Wirtschaftsgemeinschaft und ihrer Mitgliedstaaten bei gemeinschaftsrechtswidrigen nationalen Verwaltungsakten, S. 150.

1151 Vgl. §§ 198-201 GVG.

1152 Für einen Einfluss auf die Entscheidungsfreude der Judikative hingegen: *Frenz/Götzkes*, EuR 2009, 622 (633f).

1153 *Hartmann*, Öffentliches Haftungsrecht, S. 104f.

Abschließend ist auch noch dem Argument der ineffektiven Ressourcenbindung durch eine Zunahme unbegründeter Haftungsklagen entgegenzutreten. Gegen eine Vielzahl solcher Verfahren spricht bereits die Tatsache, dass die Vorbereitung und Durchführung des Verfahrens für den Kläger in der Regel mit Kosten verbunden ist. Diese wird er nur bei hinreichender Aussicht auf Erfolg zu tragen gewillt sein[1154]. Rein schikanöse Klagen sind nicht in großer Zahl zu erwarten. Besteht diese Aussicht jedoch, ist es Aufgabe sowohl der Justiz als auch der Verwaltung, sich des Verfahrens anzunehmen. Von einer ineffektiven Ressourcenbindung kann dann keine Rede sein.

3. Budgetäre Bedenken

Die unionsrechtliche Haftung ist - wie dargestellt - weder auf die Verletzung bestimmter Individualrechte beschränkt noch ausschließlich nur auf eine billige Entschädigung gerichtet. Nimmt man dazu noch den Umfang, in dem mitgliedstaatliches Handeln mittlerweile unionsrechtlich determiniert ist[1155], lässt sich nicht von der Hand weisen, dass der Kreis potentieller Haftungsansprüche relativ groß ist. Am Beispiel der verspäteten Umsetzung der Pauschalreiserichtlinie in Deutschland lässt sich das auch mit Zahlen untermauern. Art. 7 der Richtlinie verlangte von den Mitgliedstaaten die Einführung eines Insolvenzsicherungssystems zum Schutz der Urlauber vor einer Insolvenz des Reiseveranstalters. Die Richtlinie war zum 31.12.1992 umzusetzen. Tatsächlich trat die nationale Regelung zum Schutz bei entsprechenden Pauschalreisen in § 651k BGB erst zum 1.7.1994 in Kraft. Damit hatte die Bundesrepublik Deutschland für alle Pauschalreisen in dem dazwischenliegenden Zeitraum das Risiko einer Insolvenz der Reiseveranstalter inne. Die mögliche Haftungssumme ist angesichts der hohen Verbreitung von Pauschalreisen in Deutschland leicht auf mehrere Milliarden Euro zu schätzen[1156]. Tatsächlich meldeten 120 Reiseveranstalter in dieser Zeit Konkurs an

---

1154 Vgl. dazu den Vorschlag der Präsidenten der Landessozialgerichte zur Einführung von Gerichtsgebühren, vom 18.05.2007, Pressemitteilung abzurufen unter: becklink 225163.

1155 Vgl. dazu die statistische Auswertung bei: *Hoppe*, EuZW 2009, 168.

1156 Angesetzt werden können als Rechengrößen zur Orientierung die ungefähre Anzahl der Haushalte 1993 (circa 35 Millionen) und die durchschnittlichen Ausgaben pro Haushalt für Pauschalreisen (336 Euro pro Jahr). Daraus ergibt sich ein Risiko von 11.8 Milliarden Euro für das Jahr 1993. Allerdings sind davon noch die Pauschalreisen abzuziehen, die nicht unter die Richtlinie fallen. Zahlen nach Wirtschaft und Statistik, Statistisches Bundesamt, 12/2006.

oder wurden zahlungsunfähig. Das führte zur Anmeldung von 9000 Staatshaftungsansprüchen in einem Umfang von circa 20 Millionen DM, wobei 11 Millionen DM schließlich gezahlt wurden[1157]. Diese Zahlen und die damit einhergehende potentielle Haushaltsbelastung lassen eine enge Haftung gerechtfertigt erscheinen[1158]. Auch wenn der EuGH fiskalische Erwägungen nicht zur Begründung einer Haftungsbegrenzung angeführt hat, ist dennoch anzunehmen, dass budgetäre Bedenken ein treibendes Motiv der restriktiven Rechtsprechung sind.

Tatsächlich zeigt aber genau dieser Fall, dass auch die Voraussetzung des hinreichend qualifizierten Verstoßes den Mitgliedstaat nicht von einer solchen budgetären Belastung befreien kann. Der EuGH hat in der Entscheidung *Dillenkofer* ausgeführt, dass wegen Verstoßes gegen die klare Umsetzungspflicht gerade in dem hier dargelegten Fall ein hinreichend qualifizierter Verstoß und damit auch eine Einstandspflicht bestand[1159]. Trotz restriktiven Haftungstatbestands ist eine erhebliche Haushaltsbelastung daher möglich. Budgetäre Bedenken könnten folglich gegen die Haftung insgesamt ins Feld geführt werden.

Auch zur Verminderung budgetärer Belastungen ist die haftungseinschränkende Voraussetzung des hinreichend qualifizierten Verstoßes rechtspolitisch nicht notwendig. Schätzungen im Zusammenhang mit der oben dargestellten Weiterentwicklung des deutschen Staatshaftungsrechts zeigen, dass mit der Einführung einer reinen Unrechtshaftung zusätzliche, erhebliche finanziellen Folgen nicht verbunden sind. Lediglich „unbedeutende" finanzielle Belastungen sind benannt worden. Danach hätten nur etwa 10 % der zuvor gegen Bund und Länder erhobenen Staatshaftungsansprüche erfüllt werden müssen, wenn der Ablehnungsgrund mangelnden Verschuldens nicht bestanden hätte[1160].

1157 *Stöhr,* NJW 1999, 1063 (1064).

1158 *Fairgrieve,* State Liability in Tort, S. 65ff m.w.N; vgl. zur nationalen Diskussion: BVerfGE 61, 149 - Amtshaftung; BGHZ 100, 136; *Grzeszick*, Rechte und Ansprüche, S. 408ff.

1159 EuGH 08.10.1996, Rs. C-178/94, C-179/94 u. C-188/94 bis C-190/94, *Dillenkofer*, Slg. 1996, I-4845, Rn. 26f.

1160 *Vogel,* Die Verwirklichung der Rechtsstaatsidee im Staatshaftungsrecht, S. 28; konkrete Zahlenangaben bei: *Klein,* in: Soergel/Siebert [Hrsg.], BGB-Kommentar, 1998, Anh. § 839, Rn. 58, 224; Nach einer Hochrechnung der Bundesregierung für das Jahr 2000 wäre mit Mehrkosten für den Staat in Höhe von 1 Mrd. DM zu rechnen, wenn die Haftung verschuldensunabhängig ausgestaltet wäre, eine Beweislastumkehr zu Lasten des Staates griffe und die Subsidiaritätsklausel entfiele: Antwort der Bundesregierung auf kleine Anfrage der FDP-Fraktion, 20.10.2004, BT-Drs. 15/3952; vgl. zur Schweiz, wo durch die 1958 ein-

Es erscheint zudem unter rechtsstaatlichen Gesichtspunkten schon grundsätzlich fraglich, ob mangelnde finanzielle Leistungsfähigkeit überhaupt zur Einschränkung von Verpflichtungen geeignet ist und nicht eher zur Umverteilung vorhandener und gegebenenfalls zur Beschaffung zusätzlicher Mittel über Steuern und Abgaben führen muss. Sofern Grundfreiheiten beziehungsweise Grundrechte oder die „rule-of-law“ ein bestimmtes Reaktionsprogramm für staatliche Eingriffe verlangen, besteht schon kein legislativer Gestaltungsspielraum, der eingeschränkt werden kann. Kommt es zu einer Staatshaftung und entsprechender Gegenfinanzierung, wird zudem auch dem Konnexitätsprinzip entsprochen. Handelt der Staat für die Bürger in ihrer Gesamtheit, haben die Bürger in eben dieser Gesamtheit auch für die Schäden aufzukommen, die der Staat verursacht[1161]. Andernfalls würde der individuelle Schaden dem Einzelnen nicht ersetzt, und das, obwohl er weder selbst eine derartige versicherungsähnliche Umverteilungsmöglichkeit besitzt, noch über Alternativen zur Interaktion mit dem Staat verfügt und daher auf ihn angewiesen ist.

4. Rücksicht auf die Gewaltenteilung

Für die Unionshaftung ist eine zurückgenommene gerichtliche Kontrolle der Kommissionsentscheidungen auch der Rücksicht auf das institutionelle Gleichgewicht in der Union geschuldet. Der EuGH will die Entscheidung der Kommission nicht durch seine eigene ersetzen. Ähnliche Überlegungen können auch auf den unionsrechtlichen Staatshaftungsanspruch übertragen werden. Das institutionelle Gleichgewicht ist funktionales Äquivalent eines mitgliedstaatlichen Gewaltenteilungsprinzips[1162], wie es in Deutschland insbesondere in Art. 20 Abs. 2 GG angelegt ist. Danach sind den einzelnen Gewalten Aufgabenkernbereiche vorbehalten, in die andere Gewalten nicht vorzudringen haben[1163].

Das Gericht, welches mit der Haftungsklage befasst ist, hat im Rahmen seiner eigenen Kompetenz eine Entscheidung zu treffen, die grundsätzlich einem anderen mitgliedstaatlichen Organ vorbehalten ist. Sind bei-

geführte verschuldensunabhängige Staatshaftung keine nennenswerte finanzielle Mehrbelastung verursacht worden sei: *Rehbinder*, Zur Reform des Staatshaftungsrechts, S. 27ff, 44.

1161 *Hartmann*, Öffentliches Haftungsrecht, S. 263f.

1162 *Bernhardt*, Verfassungsprinzipien - Verfassungsgerichtsfunktionen - Verfassungsprozeßrecht im EWG-Vertrag, S. 86ff.

1163 *Schnapp*, in: v. Münch/Kunig, 2012, Art. 20, Rn. 58.

spielsweise dem Gesetzgeber bei einer Richtlinie Umsetzungsspielräume eingeräumt, besteht die Gefahr, dass im Rahmen der Bestimmung des ersatzfähigen Schadens das Gericht eine eigene Wertung vornimmt und die Umsetzungsspielräume ausfüllt. Voraussetzung der Haftung ist jedoch auch, dass sich ein Mindestgehalt des als verletzt gerügten Rechts bestimmen lässt[1164]. Auch das mit dem Haftungsanspruch befasste Gericht ist an diesen Mindestgehalt gebunden und kann keine darüber hinausgehenden eigenen Entscheidungen treffen. Zudem wirkt die Entscheidung in einem Staatshaftungsverfahren nur inter partes. Eine erga omnes-Wirkung, wie bei einer Entscheidung bei begründeter Nichtigkeitsklage nach Art. 264 Abs. 1 AEUV, kommt ihr nicht zu. Ferner findet das Ermessen im beschriebenen Sinne Berücksichtigung. Ein Einbruch in die Aufgabenkernbereiche kann daher nicht angenommen werden.

Auch die nationale Exekutive greift nicht in Aufgabenkernbereiche der anderen Gewalten ein. Dabei ist zwar zu bedenken, dass bei einer strengeren unionsrechtlichen Haftung die nationale Verwaltung eher geneigt sein könnte, potentiell unionsrechtswidriges nationales Recht unangewendet zu lassen, um Haftungsfolgen zu vermeiden. Die nationale Behörde hat keine Möglichkeit, eine verbindliche Klärung einer solchen Kollisionslage herbeizuführen; eine Vorlage an den EuGH ist ihr nicht möglich[1165]. Sie würde dann zwar nicht unmittelbar in den Kernbereich der Legislative eingreifen, den Wirkbereich legislativer Tätigkeit jedoch beschränken. Gleichsam übernähme sie insoweit die Kontrolle der Legislative, die grundsätzlich der nationalen Judikative vorbehalten ist. Entsprechend nehmen einige Stimmen in der deutschen Literatur ein Verwerfungsrecht der Verwaltung für nationales Recht einschränkend nur im Falle eines offensichtlichen bzw. evidenten Verstoßes des nationalen Rechts gegen Unionsrecht an[1166]. Damit könnte auch nur in derar-

---

1164 Dazu unter: B. IV. 2. b).

1165 EuGH 30.03.1993, Rs. C-24/92, *Corbiau*, Slg. 1993, I-1277.

1166 *Everling*, DVBl 1985, 1201 (1202), *Winter*, NuR 1991, 453 (454); *Pietzcker*, in: FS Everling, S. 1095 (1109); *Jarass/Beljin*, NVwZ 2004, 1; *Martini*, DVBl 2007, 10 (17); *Streinz/Herrmann*, BayVBl 2008, 1 (7f.); *Demleitner*, NVwZ 2009, 1525; *Ruffert*, in: Calliess/Ruffert, 2011, Art. 288 AEUV, Rn. 73; wohl ebenso: *Kruis*, EuZW 2007, 175 (176); *Schmidt am Busch*, JA 2008, 715 (720); entsprechend eine Haftung nur für den Fall annehmend, dass ein konkretes EuGH-Urteil nicht beachtet wurde: *Geiger*, DVBl 1993, 465 (473); *Böhm*, JZ 1997, 53 (56); eine Einschränkung des Verwerfungsrechts ablehnend: OVG Saarlouis 22.01.2007, Az. 3 W 14/06 und 3 W 15/06 (Doc Morris), NVwZ-RR 2008, 95 – ausreichend sei eine Überzeugungsgewissheit; OLG Saarbrücken 06.12.2006, Az. 1 U 484/06 (Doc Morris), NJW-RR 2007, 548 – eine Einschränkung des Anwendungsvorrangs lasse sich rechtlich nicht begründen; *Schroeder*, in: Streinz [Hrsg.], EUV/AEUV, Art. 288, tigen Fällen ein Verstoß gegen den Anwendungsvorrang haftungsbegründend sein. Der EuGH hat sich jedoch gegen eine derartige Einschränkung des Verwerfungsrechts ausgesprochen[1167]. Das wird auch den nationalen Anforderungen nach Art. 23 Abs. 1 S. 3 i.V.m. Art. 79 Abs. 3 und Art. 20 Abs. 2 GG gerecht. Das in Art. 20 Abs. 2 GG verankerte Gewaltenteilungsprinzip ist durch eine uneingeschränkte, unionsrechtlich geforderte Verwerfungskompetenz der Exekutive nicht in seinen Grundsätzen verletzt. Die Befugnisteilung bleibt im Wesentlichen bestehen. Die grundlegende Aufgabe der Rechtssetzung verbleibt weiterhin bei der Legislative. Die Nichtanwendung ist auf den Ausnahmefall begrenzt. Die Nichtanwendungsbefugnis verleiht der Exekutive nicht die Kompetenz, gesetzgeberische Entscheidung selbst zu treffen. Im Regelfall wird lediglich einer Wertung des nationalen Gesetzgebers nicht entsprochen und durch die Wertung des Unionsrechts ersetzt. Zudem wird die nationale Norm nicht vollständig verworfen, sondern nur in der konkreten Konstellation nicht angewandt. Die Kontrollbefugnis der Judikative wird dadurch ebenfalls nicht im Grundsatz unterwandert. Die Verwerfungskompetenz bezweckt zwar, dass der Berechtigte bereits ohne Einbeziehung der Judikative seine unionsrechtliche Rechtsposition erhält, schränkt anschließende gerichtliche Überprüfungsmöglichkeiten jedoch nicht ein. Die Befugnis zur Kontrolle der Legislative als auch der Exekutive verbleibt damit bei den Gerichten[1168].

5. Angemessene Risikoverteilung

Das haftungsbegründende Element wird zudem damit gerechtfertigt, dass es eine angemessene, auf den Einzelfall abstellende Risikoverteilung ermögliche. Da bei der Festlegung angemessener Risikosphären im Rahmen hoheitlicher Haftung zu berücksichtigen sei, dass der Ausweg der Versicherung oder des Neuanfangs nach einer Insolvenz grundsätzlich nicht in Betracht komme, sei eine entsprechend sorgsame Bestimmung der liquidierbaren Schäden vorzunehmen. Das solle maßgeblich über die Festlegung der Verstoßschwelle erfolgen. Praktisch unabwend-

---

Rn. 120; *Nettesheim*, in: Grabitz/Hilf/Nettesheim, 2011, Art. 288 AEUV, Rn. 167; ausführlich bereits: *Hutka*, Gemeinschaftsbezogene Prüfungs- und Verwerfungskompetenz der deutschen Verwaltung.

1167 EuGH 22.06.1989, Rs. 103/88, *Fratelli Costanzo*, Slg. 1989, 1839, Rn. 28ff; EuGH 29.04.1999, Rs. C-224/97, *Ciola*, Slg. 1999, I-2517, Rn. 30; EuGH 09.09.2003, Rs. C-198/01, *Fiammiferi*, Slg 2003, I-8055, Rn. 49; EuGH 21.01.2010, Rs. C-341/08, *Petersen*, Slg. 2010, I-47, Rn. 80f.

1168 Ebenso: *Demleitner*, NVwZ 2009, 1525 (1527f.).

bare Vermögenseinbußen sollten nicht einseitig dem Staat aufgebürdet werden, da ansonsten der Übergang zu einer reinen Gefährdungshaftung drohe. Sind die Anforderungen zur Vermeidung von Unionsrechtsverstößen zu hoch, wohne dem Haftungstatbestand eine zu starke Steuerungswirkung inne, die zu einer ineffektiven Bindung staatlicher Ressourcen führe[1169].

Auch bei Anerkennung der Notwendigkeit, nicht für jede unionsrechtswidrige Tätigkeit einen Haftungsanspruch vorzusehen, kann für eine angemessene Risikoverteilung zwischen dem unrechtmäßig handelnden Staat und dem geschädigten Bürger nicht auf das Verschulden zurückgegriffen werden. Verschulden ist nur ein geeigneter Maßstab für einen gerechten Interessenausgleich im Rechtsverkehr gleichberechtigter Partner und ermöglicht nur dort einen angemessenen Ausgleich zwischen Güterschutz und Handlungsfreiheit. In der Staatshaftungssphäre sind jedoch Bürger und Staat nie gleichberechtigt. Vielmehr tritt der Staat mit seiner faktischen und rechtlichen Überlegenheit stets einem in diesen Punkten unterlegenen Bürger gegenüber[1170]. Dadurch ist der Bürger auch stets einem größeren Unrechtsrisiko ausgeliefert als der Staat. Zudem ist der Bürger mangels Ausweichmöglichkeiten auf den Staat angewiesen.

Zudem kann eine Risikoverteilung nicht nach gesellschaftlichen Vorstellungen erfolgen, sondern ist an rechtsstaatlichen Erfordernissen auszurichten[1171]. Daher sind auch etwaige Überlegungen zu Vorteil und Risiko, wie sie bei der Haftung Privater etwa bei unklarer Rechtslage angestellt werden, nicht zu übertragen[1172]. Eine staatliche Regelung erfolgt zumeist nicht zum Vorteil des Staates, sondern soll vielmehr einen Aus-

---

1169 *v. Bogdandy/Jacob,* Grabitz/Hilf/Nettesheim, 2012, Art. 340 AEUV, Rn. 17f; Allgemeiner: *Dürigs,* JZ 1955, 521; *Röder,* Die Haftungsfunktion der Grundrechte, S. 277; *Van den Bergh,* Francovich and ist Aftermath, in: Maduro/Azoulai [Hrsg.], The Past and Future of EU Law, S. 423 (425ff).

1170 *Vogel,* Die Verwirklichung der Rechtsstaatsidee im Staatshaftungsrecht, S. 27; *Wroblewski,* Die Staatshaftung für legislatives Unrecht in Deutschland, S. 55.

1171 *Säuberlich,* Die außervertragliche Haftung im Gemeinschaftsrecht, S. 67ff; ebenso: *Vogel,* Die Verwirklichung der Rechtsstaatsidee im Staatshaftungsrecht, S. 27; zur nationalen Diskussion: *Fetzer,* Die Haftung des Staates für legislatives Unrecht, S. 37.

1172 Zum Verbotsirrtum im europäischen Wettbewerbsrecht: EuGH 18.06.2013, Rs. C-681/11, *Schenker & Co. u.a.,* noch nicht in der amtlichen Sammlung veröffentlicht, Rn. 33ff; zum Organhaftungsrecht bei unklarer Rechtslage: *Buck-Heeb,* BB 2013, 2247 (2250f.); vgl. zum Verbotsirrtum nach § 17 StGB: BGH 04.04.2013, Az. 3 StR 521/12, NStZ 2013, 461.

gleich widerstreitender privater Interessen erreichen. Bevorteilt ist dann allenfalls ein anderer Privater, nicht der handelnde Staat. Der Interessensausgleich zwischen Handelndem und Geschädigten, der mit der Überleitung der Verschuldensanforderungen aus dem Privatrecht übertragen wird, passt mithin nicht auf die Staatshaftung. Ferner verfängt auch das Argument nicht, die Verkennung der Rechtslage durch den Mitgliedstaat gehöre zum allgemeinen Lebens- und Wirtschaftsrisko des Einzelnen[1173]. Eine solche Risikozuordnung würde gerade erst durch die entsprechende Ausgestaltung des Haftungsanspruchs erfolgen, ist aber nicht bereits von vornherein gegeben[1174]. Schließlich trägt eine reine Unrechtshaftung auch keine versicherungsähnlichen Züge und müsste aus diesem Grunde begrenzt werden. Der Staat hat nur das eigene Unrechtsrisiko zu verantworten. Er hat nur für eigenes Fehlverhalten und nicht für Fehler Dritter oder den Zufall im Rahmen des Haftungsanspruchs einzustehen.

6. Zusammenfassung

Wenn auch anzuerkennen ist, dass einige Gründe für eine restriktive Ausgestaltung der unionsrechtlichen Staatshaftung angeführt werden können, überzeugt doch keine der angeführten Motive vollständig. Finanzielle Lasten, eine Einschränkung staatlicher Tätigkeit, um Haftungsrisiken zu minimieren, und eine Vermengung der Hoheitsbereiche der Gewalten lassen zwar auf den ersten Blick eine restriktiv ausgestaltete Haftung notwendig erscheinen, bei genauerer Betrachtung sind jedoch die Befürchtungen nicht von entscheidendem Gewicht. Zwar können die tatsächlichen Auswirkungen nur prognostiziert werden und sind mit einer gewissen Unsicherheit behaftet, es ist dennoch gezeigt worden, dass valide Gründe gegen die Notwendigkeit einer restriktiven Haftung angeführt werden können.

1173 Dazu: *Rebhahn*, Staatshaftung wegen mangelnder Gefahrenabwehr, S. 231.

1174 *Karollus*, in: FS Köck, S. 169 (193).

II. Eine reine Unrechtshaftung stützende Aspekte

Durch die Systematisierung der Haftungsvoraussetzung im vorangegangenen Kapitel wurde der Haupteinwand hinterfragt, wonach die haftungsbegrenzende Formel jede Form der Präzisierung vermissen lasse, zwar ein Instrument der Einzelfallgerechtigkeit sei, die Entscheidungen jedoch weder berechenbar noch vorhersehbar seien[1175]. Es bleibt jedoch festzuhalten, dass die Ausgestaltung und Anwendung des Tatbestandsmerkmals die unionsrechtliche Staatshaftung stark begrenzt und im Wesentlichen auf die Fälle der per se Qualifikation reduziert. Im Folgenden soll dargestellt werden, welche Aspekte hingegen für eine reine Unrechtshaftung, die auf Elemente der Vorwerfbarkeit verzichtet, angeführt werden können.

1. Orientierung an Verantwortlichkeit gegenüber Union und anderen Mitgliedstaaten

Die unionsrechtliche Staatshaftung ist nicht aus der Haftung des einzelnen Amtswalters ableitbar. Es fehlt an Anhaltspunkten für die Überleitung einer privatrechtlichen Verschuldenshaftung. Vielmehr ist an die Verantwortlichkeit des Mitgliedstaates gegenüber der Union und den anderen Mitgliedstaaten anzuknüpfen. Dieser wohnt kein Verschuldensprinzip inne.

a. Keine Anknüpfung an privatrechtliche Verschuldenshaftung

Setzt Staatshaftung Verschulden voraus, lässt sich das zumeist historisch erklären. Danach entwickelte sich das Haftungssystem des Staates aus der (zivilrechtlichen) Eigenhaftung des Beamten. Die Amtshaftung ist dann übergeleitete Beamtenhaftung. Dadurch, dass Beamtenhaftung persönliches Verschulden voraussetzt - im Deliktsrecht unter Privaten der Regelfall -, wird Verschulden auch zur Voraussetzung der Haftung des Staates[1176]. Auch die deutschen Amtshaftung ist aufgrund der sogenannten Schuldübernahmekonstruktion nach § 839 BGB i.V.m. Art. 34 GG als

---

1175 Insoweit zur Unionshaftung: *Fuß*, Zur Rechtsprechung des Europäischen Gerichtshofs über die Gemeinschaftshaftung für rechtswidrige Verordnungen, in: Kipp/Mayer/Steinkamm [Hrsg.], FS v.d. Heydte, S. 173 (177).

1176 Ausführlich zur geschichtlichen Entwicklung in vielen europäischen Ländern: *Burianek*, Das Verschuldenselement; zur Entwicklung in Deutschland: *Vogel*, Die Verwirklichung der Rechtsstaatsidee im Staatshaftungsrecht, S. 14ff.

Verschuldenshaftung ausgestaltet[1177]. Danach verlagert Art. 34 GG die Schadensersatzverpflichtung des Amtsträgers, die sich insbesondere aus § 839 BGB ergibt, auf den öffentlich-rechtlichen Dienstherren[1178]. Die übergeleitete Beamtenhaftung nach § 839 BGB ist verschuldensabhängig, wird jedoch objektiviert anhand eines pflichtgetreuen Durchschnittsbeamten gemessen[1179].

Mag man eine solche Anknüpfung für die Unionshaftung nicht völlig ausschließen, schließlich hat der EuGH bis zur *Lütticke*-Entscheidung Verschulden stets als eigenes Tatbestandsmerkmal erwähnt, fußt jedoch zumindest die unionsrechtliche Staatshaftung nicht auf dem Fehlverhalten des einzelnen Beamten. Das traditionelle Überleitungsprinzip passt nicht. Nicht das Fehlverhalten des Einzelnen steht im Mittelpunkt, sondern die Verantwortung des Mitgliedstaates. Unionsrechtswidriges Organhandeln wird unmittelbar dem jeweiligen Mitgliedstaat zugerechnet[1180].

Die Verletzung der Verpflichtung des Mitgliedstaates gegenüber der Union und den anderen Mitgliedstaaten ist auch Ausgangspunkt der Haftung gegenüber dem Einzelnen. Seit der Entscheidung *Van Gend & Loos* steht fest, dass die Mitgliedstaaten sowohl gegenüber der Union bzw. den anderen Mitgliedstaaten als auch dem Einzelnen zur Einhaltung unionsrechtlicher Vorgaben verpflichtet sind. Das ist eines der Hauptmerkmale der supranationalen Europäischen Union. Wird in einem Vertragsverletzungsverfahren ein Unionsrechtsverstoß festgestellt, ist damit, bei gegebenem individualrechtsschützendem Charakter der Verpflichtung, auch ein Verstoß gegeben, weswegen der Mitgliedstaat möglicherweise gegenüber einzelnen haftet. Der EuGH hat dementsprechend in Entscheidungen vor *Francovich* ein Rechtsschutzbedürfnis der Kommission in Vertragsverletzungsverfahren angenommen, auch wenn der gerügte Verstoß bereits abgestellt war, da die anstehende EuGH-Entscheidung Grundlage einer Haftung des Mitgliedstaats gegenüber dem Einzelnen sein könne[1181]. Eine derartige Pflichtenidentität stützt auch die Parallelität der beiden oben benannten Hauptzwecke des Haf-

---

1177 Dazu: *Papier*, in: Maunz/Dürig [Hrsg.], Grundgesetz, 58. Ergänzungslieferung, 2010, Art. 34, Rn. 27ff.

1178 BGHZ 1, 388; BGHZ 34, 99; BGHZ 96, 50.

1179 *Wöstmann*, in: Staudinger [Begr.], 2013, § 839 BGB, Rn. 198ff.

1180 EuGH 05.03.1996, verb. Rs C-46/93 u. C-48/93, *Brasserie du Pêcheur/Factortame III*, Slg. 1996, I-1029, Rn. 34; EuGH 30.09.2003 Rs. C-224/01, *Köbler*, Slg. 2003, I-10239, Rn. 36; *Breuer*, Staatshaftung für judikatives Unrecht, S. 391.

1181 Dazu unter: B. III. 1. b).

tungsanspruchs. Sowohl der Individualrechtsschutz als auch die Durchsetzung des Unionsrechts können parallel gestärkt werden, da die Pflicht gegenüber den Einzelnen und gegenüber Mitgliedstaat bzw. der Union identisch ist. Verletzt ein Mitgliedstaat eine den Einzelnen schützenden Norm, hat er sich gegenüber den anderen Mitgliedstaaten bzw. der Union und dem Einzelnen demnach gleichermaßen zu verantworten. Ein Vertragsverletzungsverfahren ist ebenso wie ein Staatshaftungsanspruch denkbar. Schließlich spricht für einen Gleichlauf, dass dem Mitgliedstaat die Möglichkeit, sich auf „Bestimmungen, Übungen oder Umstände seiner internen Rechtsordnung" zu berufen, sowohl in Vertragsverletzungsverfahren, als auch in Haftungskonstellation verwehrt ist[1182]. Die Entschädigung beruht daher nicht auf einem privatrechtlichen Haftungstatbestand. Damit ist auch nicht die Begründung des Verschuldensprinzips bei der Beamtenhaftung, Schäden zu begrenzen, für die der Beamte persönlich einzustehen hat, zu übertragen. Ein Verschuldensprinzip im Rahmen der unionsrechtlichen Staatshaftung schützt nicht den Beamten, sondern den Staat[1183].

b. Verantwortlichkeit gegenüber Union und anderen Mitgliedstaaten

Besteht eine Identität der Rechtsverhältnisse zwischen Mitgliedstaat - Unionsbürger und Mitgliedstaat - Mitgliedstaat bzw. Mitgliedstaat - Union, ist auch von gleichen Voraussetzungen für die Verantwortlichkeit auszugehen.

aa. Verantwortlichkeit der Mitgliedstaaten nach Unionsrecht

Für die Verantwortlichkeit der Mitgliedstaaten in Vertragsverletzungsverfahren steht ohne Zweifel fest, dass diese nicht an die Vorwerfbarkeit des Verstoßes anknüpft. Verletzt ein Mitgliedstaat eine „Verpflichtung

---

1182 Vgl. zu Vertragsverletzungsverfahren: EuGH 02.02.1973, Rs. 39/72, *Kommission/Italien*, Slg. 1973, 101 (112); EuGH 20.03.1986, Rs. 17/85, *Kommission/Italien*, Slg. 1986, 1199 (1204); EuGH 20.03.1986, Rs. 72/85, *Kommission/Niederlande*, Slg. 1986, 1219 (1226); 01.03.1983, Rs. 301/81, *Kommission/Belgien*, Slg. 1983, 467 (477); 27.04.1988, Rs. 225/86, *Kommission/Italien*, Slg. 1988, 2271 (2279); EuGH 21.02.1990, Rs. C-74/89, *Kommission/Belgien*, Slg. 1990, I-491; EuGH 10.07.1990, Rs. 217/88, *Kommission/Deutschland*, Slg. 1990, I- 2879; für Haftungskonstellationen: EuGH 08.10.1996, Rs. C-178/94, C-179/94 u. C-188/94 bis C-190/94, *Dillenkofer*, Slg. 1996, I-4845, Rn. 53.

1183 *Hartmann*, Öffentliches Haftungsrecht, S. 178; *Morlok*, in: Hoffmann-Riem/ Schmidt-Aßmann/Voßkuhle [Hrsg.], Grundlagen des Verwaltungsrechts, Bd. III, 2013, S. 1248.

aus den Verträgen", kann nach Art. 258 AEUV die Kommission und nach Art. 259 jeder andere Mitgliedstaaten ein Vertragsverletzungsverfahren auf den Weg bringen. Ein Vertragsverletzungsverfahren ist dabei schon begründet, wenn die Vertragsverletzung objektiv rechtswidrig ist. Eine besondere Vorwerfbarkeit wird nicht verlangt. Der Mitgliedstaat kann sich vielmehr nur damit verteidigen, der zugrunde gelegte Sachverhalt sei falsch, aus Rechtsgründen bestünde kein Unionsrechtsverstoß oder es liege ein Fall der höheren Gewalt vor[1184]. Nicht die fehlende Erkennbarkeit eines Rechtsverstoßes kann eingewandt werden, sondern allenfalls die völlige Unmöglichkeit der Erfüllung der Unionsrechtsnorm[1185]. Gegenstand des Vertragsverletzungsverfahrens ist allerdings nicht die Haftung der Mitgliedstaaten für Unionsrechtsverstöße, sondern lediglich die Feststellung eines Unionsrechtsverstoßes. Insoweit bietet das Vertragsverletzungsverfahren zur Ausgestaltung eines Haftungsanspruchs keine Anhaltspunkte.

Eine Haftung der Mitgliedstaaten für Unionsrechtsverstöße, die diese zur Entschädigung der Union oder anderer Mitgliedstaaten verpflichtet, ist im Unionsrecht nicht angelegt. Das Rechtsschutzsystem ist mit dem Vertragsverletzungsverfahren insoweit abschließend. Auch Art. 340 Abs. 2 AEUV ist nicht als Grundlage für die Haftung der Mitgliedstaaten gegenüber der Union bzw. den anderen Mitgliedstaaten heranzuziehen. Er gilt ausdrücklich nur für die Haftung der Union und wird darüber hinaus nur in Bezug genommen, um eine weitgehend parallele Ausgestaltung des unionsrechtlichen Staatshaftungsanspruchs mit der Unionshaftung zu gewährleisten. Eine unionsrechtliche Ausgestaltung der Haftung der Mitgliedstaaten untereinander ist darin nicht zu sehen. Neben dem Rückgriff auf die unionsrechtliche Staatshaftung, was einem Zirkelschluss gleichkäme, kommt daher für eine Orientierung der Verantwortlichkeit der Mitgliedstaaten gegenüber anderen Mitgliedstaaten und der Union vor allem eine Bezugnahme auf völkerrechtliche Grundsätze in Betracht.

1184 Zum Ganzen: *Cremer*, in: Calliess/Ruffert, 2011, Art. 258 AEUV, Rn. 33f; *Karpenstein*, in: Grabitz/Hilf/Nettesheim, 2013, Art. 258 AEUV, Rn. 58ff.

1185 EuGH 07.12.1995, Rs. C-52/95, *Kommission/Frankreich*, Slg. 1995, I-4443, Rn. 38; EuGH 09.12.1997, Rs. C-265/95, *Kommission/Frankreich*, Slg. 1997, I-6959, Rn. 55; EuGH 29.01.1998, Rs. C-280/95, *Kommission/Italien*, Slg. 1998, I-259, Rn. 13.

bb. Verantwortlichkeit der Mitgliedstaaten nach völkerrechtlichen Grundsätzen

Die völkerrechtlichen Grundsätze gelten im Unionsrecht nicht unmittelbar. Der völkerrechtliche Ursprung der Unionsrechtsordnung erlaubt es jedoch – in Übereinstimmung mit dem EuGH – auf Grundsätze des Völkerrechts zurückzugreifen. Dem Völkergewohnheitsrecht ist zu entnehmen, dass die Staatenverantwortlichkeit nicht an die Vorwerfbarkeit eines Rechtsverstoßes anknüpft.

(1) Die Bedeutung völkerrechtlicher Grundsätze für die unionsrechtliche Staatshaftung

Die Unionsrechtsordnung weist einen autonomen Charakter auf, der sowohl vom Recht der Mitgliedstaaten als auch vom Völkerrecht grundlegend zu unterscheiden ist. Die Gründungs- und Änderungsverträge sind jedoch aufgrund des Verfahrens ihres Zustandekommens zunächst völkerrechtliche Verträge und unterliegen daher völkerrechtlichen Grundsätzen. Gleichwohl heben die mit dem Stichwort des supranationalen Integrationsverbundes verknüpften Eigenschaften der Unionsrechtsordnung die Union aus dem Kreis gewöhnlicher internationaler Organisationen heraus. Die Vielzahl der Rechtsbeziehungen zwischen den Mitgliedstaaten, unmittelbare Wirkung und Vorrang des Unionsrechts sowie die Rechtspersönlichkeit der Bürger lassen den besonderen Status der Union erkennen[1186]. Auch das Rechtsschutzsystem der Unionsrechtsordnung verdrängt innerhalb der Beziehungen unter den Mitgliedstaaten und der Mitgliedstaaten gegenüber der Union zahlreiche Regeln des allgemeinen Völkerrechts. Es ist beispielsweise weitgehend ausgeschlossen, dass Vertragsverletzungen mit Repressalien beantwortet werden[1187], stattdessen ist insbesondere für Streitigkeiten zwischen den Mitgliedstaaten nach Art. 344 AEUV das Vertragsverletzungsverfahren nach Art. 259 AEUV zu ergreifen. Dennoch bleibt der völkerrechtliche Ursprung der Europäischen Union beachtlich. Ein Rückgriff auf allgemeines Völkerrecht erscheint beispielsweise möglich, wenn die vertraglichen Rechtsschutzmechanismen ausgeschöpft sein sollten[1188]. Ebenso ist ein Rückgriff für den hier interessierenden Fall denkbar, dass es an aus-

---

1186 *Ohler*, in: Grabitz/Hilf/Nettesheim, 2013, Art. 48 EUV, Rn. 14.

1187 EuGH 25.09.1979 Rs. 232/78, *Kommission/Frankreich*, Slg. 1979, 2729, Rn. 9; EuGH 23.05.1996, Rs. C-5/94, *Hedley Lomas*, Slg. 1996, I-2553, Rn. 20.

1188 *Herdegen*, Europarecht, § 5 Rn. 5; zu den engen Grenzen der Anrufung einer anderen Streitbeilegungsinstanz für Streitigkeiten zwischen den Mitgliedstaaten: EuGH 30.05.2006, Rs. C-459/03, *Kommission/Irland*, Slg. 2006, I-4635.

drücklichen Regelungen im Unionsrecht fehlt. Aufgrund des völkerrechtlichen Ursprungs der Rechtsbeziehungen können die Regelungen zur Staatenverantwortlichkeit zumindest als Ausgangspunkt dafür herangezogen werden, ob ein Mitgliedstaat für eine unionsrechtswidrige Handlung gegenüber den anderen Mitgliedstaaten oder der Union Ersatz zu leisten hat. Aufgrund der oben angesprochenen Identität der Pflichtenstellung des Mitgliedstaates gegenüber der Union und den anderen Mitgliedstaaten sowie gegenüber dem Einzelnen können diese Überlegungen im Anschluss auch auf das Verhältnis des Mitgliedstaats gegenüber dem Einzelnen übertragen werden. Auch der EuGH hat im Rahmen der Zurechenbarkeit die Nähe der unionsrechtlichen Staatshaftung zur völkerrechtlichen Staatenverantwortlichkeit dargetan; zuletzt in der Entscheidung *Köbler,* um die Haftung auch für judikatives Unrecht argumentativ zu untermauern.

(2) Grundsätze der völkerrechtlichen Verantwortlichkeit

Unter welchen Voraussetzungen ein Völkerrechtssubjekt für die Folgen seiner Handlung einzustehen und diese zu beseitigen hat, bestimmt sich nach den Grundsätzen der völkerrechtlichen Verantwortlichkeit[1189]. Verletzt ein Staat durch Handlungen ihm zuzurechnender Organe völkerrechtliche Pflichten, bestimmt sich seine Entschädigungspflicht, die Haftung nach dem Regime der Staatenverantwortlichkeit. Bestehen keine konkreten vertraglichen Regelungen, können die Haftungsregelungen dem Völkergewohnheitsrecht entnommen werden. Insoweit war es lange Zeit umstritten, entspricht aber mittlerweile der herrschenden Auffassung, dass zumindest für durch aktives Tun entstehende Rechtsverletzungen nicht auf ein Verschulden der Staaten abzustellen ist[1190]. Inwieweit dem handelnden Organ Fahrlässigkeit oder Vorsatz vorzuwerfen ist, spielt für die völkerrechtliche Verantwortlichkeit regelmäßig keine Rolle[1191]. Wird Verschulden als notwendige Voraussetzung angesehen,

---

1189 Vgl. zur Begrifflichkeit: *Wins,* Weltraumhaftung im Völkerrecht, S. 38ff, m.w.N.

1190 Vgl. für eine Übersicht der vertrenden Ansichten: *Pisillo-Mazzeschi,* GYIL 1992 (35), 9.

1191 *Stein/v. Buttlar,* Völkerrecht, S. 412f; *Schröder,* in: Graf Vitzthum [Hrsg.], Völkerrecht, 2010, 588f; *Brownlie,* Principles of Public International Law, 2008, 445ff; *Dahm/Delbrück/Wolfrum,* Völkerrecht, 2002, 945f; *Wolf,* ZaöRV 1983 (43), 481 (521f); *Rousseau,* Droit International Public, 1983, Nr. 16ff; *Zemanek,* Schuld- und Erfolgshaftung im Entwurf der Völkerrechtskommission über Staatenverantwortlichkeit, in: Diez [Hrsg.], FS Bindschedler, 1980, 315 (322); In diese Richtung auch: *Epiney,* Die völkerrechtliche Verantwortlichkeit von Staaten für rechtswidriges Verhalten im Zusammenhang mit Aktionen Privater, 1992, 89.

erfolgt das zumeist unter Berufung auf Grotius[1192]. Anzilotti gilt als Begründer der entgegengesetzten Auffassung. Danach ist allein die Völkerrechtswidrigkeit des entsprechenden Verhaltens ausreichend.

Verschulden als Voraussetzung ist nicht schon deshalb ausgeschlossen, weil es an eine innere Einstellung einzelner Personen anknüpft, welche der juristischen Person Staat nicht zugeschrieben werden kann. Als abstrakte Rechtspersönlichkeit kann der jeweilige Staat nicht selbst handeln, sondern muss sich seiner Organe bedienen. An deren schuldhaftes Verhalten ließe sich anknüpfen. Zur Begründung werden vielmehr praktische Schwierigkeiten[1193], eine zu starke Beschränkung der Verantwortlichkeiten der Staaten sowie die Rechtssicherheit, die verlange, dass ein Staat für jegliches Unrecht, das seinen Ursprung in der staatlichen Einflusssphäre hat, einzustehen hat, angeführt[1194]. Vermittelnd hat Strupp ein Verschulden nur für völkerrechtswidrige Unterlassungen gefordert. Bei Handlungsdelikten sei hingegen die bloße Völkerrechtswidrigkeit ausreichend[1195]. Dabei ist zwar richtig, dass dann, wenn ein Unterlassen geltend gemacht wird, die Haftung des Staates nur eintritt, wenn er bei Anwendung der gebotenen Sorgfalt (due diligence) in der Lage gewesen wäre, den Völkerrechtsverstoß zu verhindern[1196]. Darin ist jedoch kein objektiviertes Verschuldenselement zu sehen. Vielmehr liegt es nahe, aufgrund der objektiven Ausrichtung, die nach den Umständen gebotene Sorgfalt als einen objektiven Unrechtsmaßstab zu sehen. Die due-diligence-Haftung stellt nicht auf Momente der inneren Willensbildung ab, sondern trägt den Charakter eines objektiven Verhaltensstandard. Nicht subjektive Verhaltens- oder Verschuldenserwägungen sind entscheidend, sondern allein, ob ein objektiv völkerrechtswidriger Zustand gegeben ist[1197]. Ein Mangel an due-diligence ist Voraussetzung für die

1192 *Grotius*, De iure belli ac pacis, libri tres, II, Kapitel 17, § 21: „qui in culpa non est natura ad nihil tenetur".

1193 Vgl. dazu auch die Objektivierung der Feststellung der Verletzung innerstaatlicher Zuständigkeiten beim Abschluss völkerrechtlicher Verträge, Art. 46 Abs. 2 Wiener Vertragsrechtskonvention.

1194 *Anzilotti*, Revue Générale de Droit International Public (RGDIP) 1906, 288ff.

1195 *Strupp*, Das völkerrechtliche Delikt, 1920, 52f.

1196 In diese Richtung auch: Schiedsspruch Huber, 23.10.1924 (Spanien/Vereinigtes Königreich, Spanische Zone von Marokko-Fall; IGH 09.04.1949, *The Corfu Channel Case* (Merits), ICJ Rep. 1949, 23.

1197 *Stein/v. Buttlar*, Völkerrecht, S. 413; *Burianek*, Das Verschuldenselement, S. 103; *Wolf*, ZaöRV 1983 (43), 481 (521f), m.w.N; *Zemanek*, Schuld- und Erfolgshaftung im Entwurf der Völkerrechtskommission über Staatenverantwortlichkeit, in: FS Bindschedler, S. 315 (323).

Völkerrechtswidrigkeit und kein zusätzliches Tatbestandsmerkmal. Demnach ist auch keine Differenzierung zwischen Handlungs- und Unterlassungsdelikten notwendig[1198]. Mit dieser Wertung stimmt auch die Definition der völkerrechtswidrigen Handlung im ILC-Entwurf überein. Die International Law Commission hat 59 Artikel zur Staatenverantwortlichkeit ausgearbeitet und im Jahr 2001 angenommen. Die UN-Generalversammlung hat diesen Text nicht als Vertragstext, sondern nur als eine Art Kodex verabschiedet[1199]. Damit gilt der ILC-Entwurf nicht als völkerrechtlicher Vertrag. Die Regelungen sind nur insoweit als bindend anzusehen, als sie Völkergewohnheitsrecht abbilden. Eindeutige Belege der völkerrechtlichen Praxis als Voraussetzungen lassen sich jedoch nur schwerlich finden, was sicher auch mit einem national jeweils unterschiedlich verstandenem Schuldverständnis zu erklären ist. Aus gleichem Grund sind klare Aussagen in der völkerrechtlichen Rechtsprechung rar, aus denen sich Anhaltspunkte ergeben könnten[1200]. Fest steht jedenfalls, dass Art. 2 i.V.m. Art. 12 des ILC-Entwurfs allein auf die objektive Pflichtwidrigkeit abstellt. Eine subjektive Komponente ist nicht erwähnt. Auch die Formulierung der Rechtfertigungsgründe im ILC-Entwurf bestätigt die Ausgestaltung als reine Unrechtshaftung. Zwar ist grundsätzlich denkbar, dass diese als negative Tatbestandsmerkmale angesehen werden. Dann wäre das Nichteingreifen eines sogenannten Rechtfertigungsgrundes Voraussetzung für die Völkerrechtswidrigkeit[1201]. Selbst bei einer solchen Sichtweise würde es jedoch an einem Hinweis auf die Erkennbarkeit des Verstoßes fehlen. Die angenommene Fassung des Artikels zur Rechtfertigung bei höherer Gewalt (Art. 23 ILC-Entwurf) adressiert lediglich die objektive Lage, welche die Vermeidbarkeit eines Verstoßes betrifft. Im Ergebnis lässt sich daher auch für die völkerrechtliche Verantwortlichkeit der Mitgliedstaaten eher auf eine reine Unrechtshaftung schließen. Ein Hinweis, dass eine Einstandspflicht nur anzunehmen sei, wenn der Rechtsverstoß dem Mitgliedstaat vorzuwerfen ist, ergibt sich nicht.

1198 Zum Ganzen: *Epiney*, Die völkerrechtliche Verantwortlichkeit von Staaten für rechtswidriges Verhalten im Zusammenhang mit Aktionen Privater, S. 77ff.

1199 Resolution GA 56/83, 12.12.2001.

1200 Vgl. dazu mit weiteren Nachweisen: *Epiney*, Die völkerrechtliche Verantwortlichkeit von Staaten für rechtswidriges Verhalten im Zusammenhang mit Aktionen Privater, S. 86, m.w.N.

1201 In diese Richtung: *Simma*, ArchVR 1986, 357 (370).

2. Effektivitätsgrundsatz

Wie im ersten Kapitel ausgeführt, hat der EuGH den Haftungsanspruch auch unter Verweis auf den Effektivitätsgrundsatz (effet-utile) hergeleitet[1202]. Dieser Grundsatz der „vollen Wirksamkeit der gemeinschaftsrechtlichen Bestimmungen"[1203] verlangt, dass die richtige Anwendung des Unionsrechts effektiv verwirklicht und durchgesetzt wird. Wie dargelegt, bestehen bereits Bedenken gegen die Herleitung des Haftungsanspruchs aus diesem Grundsatz. Aus gleichen Gründen kann der Effektivitätsgrundsatz auch nicht zur Bestimmung konkreter Anspruchsvoraussetzungen herangezogen werden. Allerdings ist zu berücksichtigen, dass der effet utile auch verlangt, dass die Anwendung des Unionsrechts einheitlich erfolgt. Mit der Voraussetzung des hinreichend qualifizierten Verstoßes, die - von den Fällen der per se Qualifikation abgesehen - in einer wertenden Gesamtschau zu ermitteln ist, besteht jedoch zumindest die begründete Gefahr einer uneinheitlichen Handhabung durch die nationalen Gerichte. Ein transparenter und klarer Haftungstatbestand ist hingegen geeignet, die einheitliche Anwendung eher sicherzustellen. Die starke Konkretisierungsbedürftigkeit der Tatbestandsvoraussetzung ist insoweit kontraproduktiv.

Angemerkt werden soll zudem, dass nicht auszuschließen ist, dass nationale Gerichte unter Verweis auf die mangelnde Vorwerfbarkeit eines Verstoßes geneigt sein könnten, in Zweifelsfällen für den eigenen Staat zu entscheiden. Damit wäre eine effektive Durchsetzung des Unionsrechts ebenfalls gefährdet[1204].

1202 Unter: B. III. 2. a).

1203 EuGH 19.11.1991, Rs. C-6/90 u. 9/90, *Francovich*, Slg. 1991, 5357, Rn. 32f.

1204 Vgl. zum ganzen: *Karollus*, in: FS Köck, S. 169 (192f).

III. Rechtsstaatlicher Gestaltungsauftrag

Wie dargelegt, ist ein zentraler Aspekt der Rechtsstaatlichkeit („rule-of-law") innerhalb der Europäischen Union der Schutz der Individualrechte. Die haftungsrechtliche Reaktion auf eine Verletzung dieser Rechte, kann als eine durch die „rule-of-law" geforderte Wiedergutmachung für staatliches Unrecht angesehen werden. Der EuGH begründet daher den unionsrechtlichen Staatshaftungsanspruch auch mit dem Rückgriff auf dieses Prinzip.

Das unionsrechtliche Rechtsstaatlichkeitsgebot bietet allerdings keine fertige und klare Rechtsregel, aus der sich konkrete Anforderungen an gerichtliche Schutzmechanismen ableiten ließen. Gefordert ist vielmehr sicherzustellen, dass die Hoheitsgewalt innerhalb der europäischen Union nur aufgrund des Rechts und im Rahmen des Rechts ausgeübt und dadurch ein Rechtszustand sichergestellt wird, der den Anforderungen der Menschenwürde, Gleichheit und Freiheit gerecht wird. Zumindest rechtspolitisch fordert dabei auch der Maßstab der Gerechtigkeit Berücksichtigung ein. Es gilt daher, fortwährend die getroffenen Abwägungen zu überprüfen und die Entwicklungsdynamik des Unionsrechts zu beachten. Das unionsrechtliche Rechtsstaatlichkeitsgebot enthält somit einen stets aktualisierten Gestaltungsauftrag an alle mit der Rechtsentstehung in der Union befassten Organe, die Rechtsordnung rechtsstaatlich zu prägen und fortzubilden[1205]. Auch bei der Ausgestaltung des Haftungsanspruchs durch die Rechtsprechung des EuGH sind rechtsstaatlich relevante Anforderungen und Entwicklungen durch den EuGH zu beachten.

a. Bestimmtheitsgrundsatz: Vorhersehbarkeit der Entscheidungen

Ein formeller Aspekt der Rechtsstaatlichkeit ist das Bestimmtheitsgebot. Es verlangt, dass die Rechtsakte eindeutig und damit in ihrer Anwendung für den Einzelnen vorhersehbar sind[1206]. Damit dient es zum einen der Sicherung des institutionellen Gleichgewichts und steht in engem Zusammenhang zum Wesentlichkeitsvorbehalt (Art. 290 Abs. 1 AEUV). Der Bestimmtheitsgrundsatz ist allerdings nicht auf diese Funktion beschränkt. Wesentliche Bedeutung hat der Bestimmtheitsgrundsatz zum

1205 *Scheuing*, in: Scholler [Hrsg.], Die Sicherung des Rechtsstaatsgebots im modernen europäischen Recht, S. 27 (28f., 36ff); *Scheuing*, Rechtsstaatlichkeit, in: Schulze/Zuleeg/Kadelbach [Hrsg.], Europarecht, 2010, § 6.

1206 EuG 22.01.1997, Rs. T-115/94, *Opel Austria*, Slg. 1997, II-97, Rn. 14.

andere als Maßstab für belastende hoheitliche Maßnahmen und im Zusammenhang mit dem Rechtsschutz des Einzelnen.

aa. Normenklarheit aus der Sicht des Rechtsunterworfenen

Wie dargelegt, verlangt das Bestimmtheitsgebot, dass der Normunterworfene die unionsrechtlichen Folgen abschätzen, sein eigenes Verhalten danach ausrichten und die Folgen seines Handelns abschätzen kann[1207]. Die Folgenabschätzung ist auch von den Erfolgsaussichten einer Haftungsklage bei einem Normenverstoß abhängig. Damit verlangt der Bestimmtheitsgrundsatz auch eine hinreichende Klarheit und Genauigkeit des Haftungsanspruchs. Nur so ist es dem Mitgliedstaat auf einer verlässlichen Basis möglich, die externen Effekte seines Handelns über das Haftungsrecht zu internalisieren[1208].

bb. Rechtsschutzrechtlicher Bestimmtheitsgrundsatz

Der EuGH hat insbesondere bei der Richtlinienumsetzung im Interesse der Unionsbürger stets gefordert, dass bei der Umsetzung ein Mindestmaß an Klarheit und Bestimmtheit eingehalten wird. Der Einzelne muss die sich ergebenden Rechte klar erkennen und diese gegebenenfalls vor den nationalen Gerichten durchsetzen können[1209]. Diese Anforderungen gelten jedoch nicht nur für die Richtlinienumsetzung, sondern sind im gesamten Unionsrecht von Bedeutung. Zunächst adressiert der EuGH damit die Bestimmtheit der rechtsverleihenden Norm. Diese muss hinreichend justiziabel sein. Ebenfalls benannt wird die rechtsschutzgewährende Norm. Auch sie unterliegt Bestimmtheitsanforderungen. Das gilt zum einen, da der Rechtsschutz selbst ein Individualrecht darstellt[1210]. Zum anderen ist die Rechtsgewährung stets mit der Rechtsdurchsetzung in einer Gesamtschau zu betrachten. Nur wenn die Rechtsgewährung

---

1207 EuGH 09.07.1981, Rs. 169/80, *Gondrand Frères*, Slg. 1981, 1931, Rn. 17f; EuGH 25.09.1984, Rs. 117/83, *Könecke*, Slg. 1984, 3291, Rn. 11; EuGH 13.03.1990, Rs. C-30/89, *Kommission/Frankreich*, Slg. 1990, I-709, Rn. 23; EuGH 13.02.1996, C-143/93, *Gebroeders van Es Douane Agenten*, Slg. 1996, I-431, Rn. 27; EuGH 07.06.2005, *VEMW*, C-17/03, Slg. 2005, I-4983, Rn. 80; EuGH 17.07.2008, *ASM Brecscia*, Slg. 2008, I-5641, Rn. 69.

1208 Vgl. dazu unter: B. III. 3. a) bb).

1209 EuGH 23.03.1995, Rs. C-365/93, *Kommission/Griechenland*, Slg. 1995, I-499, Rn. 9; EuGH 10.05.2001, Rs. C-144/99, *Kommission/Niederlande*, Slg. 2001, I-3541, Rn. 17.

1210 Vgl. zur individualrechtlichen Begründung des Rechtsschutzpostulats, unter: B. III. 2. c).

mit einer effektiven, vorhersehbaren Rechtsdurchsetzung verknüpft ist, kann von einem vollwertigen subjektiven Recht gesprochen werden.

cc. Folgerungen für den Haftungsanspruch

Der richterrechtlich entwickelte unionsrechtliche Haftungsanspruch hat sich an den dargestellten Maßstäben zu messen. Entscheidungen der Judikative haben bereits generell ein Maß an Klarheit aufzuweisen, welches ihre eventuell notwendige Vollstreckung und vor allem die weitere Konkretisierung der Rechtsnorm ermöglicht[1211]. Richterrecht im Besonderen unterliegt zudem funktional vergleichbaren Anforderungen an die Formulierung von Rechtssätzen wie die Legislative. Die Judikative ist daher nicht frei von Bestimmtheitserwartungen. Sie ist vielmehr in doppelter Weise dem Bestimmtheitsgrundsatz verpflichtet; zum einen im Rahmen der richterrechtlichen Rechtssetzung, zum anderen ist es ihre Aufgabe, mittels judikativer Konkretisierungsregeln für eine stetige Verbesserung der Bestimmtheit des unionsrechtlichen Haftungsanspruchs zu sorgen. Ziel ist, den Rechtsunterworfenen eine verlässliche Folgenabschätzung in zumutbarer Weise zu ermöglichen. Zudem muss der Rechtsschutzsuchende erkennen können, ob die gerichtliche Durchsetzung seiner Rechte erfolgsversprechend ist.

Entscheidungen in unionsrechtlichen Haftungsfällen haben daher nachvollziehbar, überprüfbar und vor allem vorhersehbar zu sein. Die Anknüpfung an - wenn auch objektivierte - Verschuldensaspekte führt jedoch dazu, dass eine Vorhersehbarkeit nur dann gegeben ist, wenn ein Fall der per se Qualifikation vorliegt. Allerdings lässt sich auch nicht mit Sicherheit sagen, wann ein derartiger Fall gegeben ist; wann eine vorherige Entscheidung als ausreichend erachtet, um eine Auslegungsfrage vollständig zu klären und eine feststehende Rechtsprechung zu begründen; wann eine Rechtslage als derart eindeutig anzusehen ist, dass keine vernünftigen Zweifel mehr zulässig sind. Die Aufrechthaltung der Tatbestandsvoraussetzung des hinreichend qualifizierten Verstoßes und damit die Abhängigkeit des Haftungsanspruchs von einem unionsrechtlichen Verschulden steht - beim aktuellen Konkretisierungsstand - einer möglichst hohen Normenklarheit folglich entgegen. Ein größeres Maß an Bestimmtheit wäre hingegen möglich, ließe man die reine Unionsrechtswidrigkeit ausreichen. Es ist zwar zuzugestehen, dass im Einzelfall auch die Vereinbarkeit einer Handlung mit dem Unionsrecht nicht ohne

---

[1211] *Engisch*, Die Idee der Konkretisierung in Recht und Rechtswissenschaft unserer Zeit, S. 238; *Larenz*, Methodenlehre der Rechtswissenschaft,S. 194ff, 433ff; *Röthel*, Normkonkretisierung im Privatrecht, S. 107.

weiteres im Vorfeld klar sein mag, dennoch wird der Grad der Vorhersehbarkeit erhöht, wenn die Haftung nicht noch von weiteren in die Wertung des einzelnen Gerichts liegenden Aspekten abhängig gemacht wird.

b. Fokussierung auf Individualrechtsschutz

Diente das unionsrechtliche Institut der Staatshaftung anfänglich zumindest gleichermaßen auch der Integrationsförderung, hat sich die Stellung der beiden wesentlichen Zwecke mittlerweile zugunsten des Individualrechtsschutzes verschoben. Der Staatshaftungsanspruch hat nunmehr maßgeblich die Belange des Einzelnen zu schützen. Damit einhergehend sind Belange, die im Rahmen der Durchsetzung des Unionsrecht von Bedeutung sind, nunmehr nur noch von untergeordneter Bedeutung.

aa. Ausgangspunkt: Integrationszweck neben Individualrechtsschutz

Eine gänzlich integrationsfunktionale Ausrichtung des Staatshaftungsanspruchs hat der EuGH bereits anfänglich nicht vorgenommen. Wie oben dargestellt, war zwar ein wesentlicher Zweck des Haftungsanspruchs, die Durchsetzung des Unionsrechts zu verbessern. Die Staatshaftung war Mittel zur Verhängungen von Sanktionen, und der daraus resultierende präventive Effekt sollte unionsrechtsgemäßes Handeln sicherstellen. Schon in der *Francovich*- Entscheidung betont der EuGH jedoch auch den Beitrag des Haftungsanspruchs zum Schutz der Individualrechte. Damit hat der EuGH bei der Begründung des Anspruchs sich nicht nur als Integrationsmotor beweisen wollen, sondern von Anfang an die Haftung der Mitgliedstaaten als Teil eines leistungsfähigen Rechtsschutzsystems betont[1212]. Wie dargelegt, ist dieser Individualrechtsschutz auch nicht vor dem Hintergrund einer reinen Mobilisierung des Einzelnen zur Durchsetzung des Unionsrechts zu sehen. Vielmehr hat die Verleihung von wehrhaften subjektiven Rechten bereits anfänglich auch die Sicherstellung der Rechtsposition des Einzelnen im Blick und damit eine doppelte Funktion. Beim damaligen Stand des Unionsrechts war jedoch weit überwiegend von einem Gleichlauf zwischen Individualinteressen und Interessen der Union auszugehen. Individualrechte waren vornehmlich wirtschaftlicher Art und bestanden auch im Interesse des Binnenmarktes.

1212 Zum Ganzen: *v. Bogdandy/Jacob,* in: Grabitz/Hilf/Nettesheim, 2014, Art. 340 AEUV, Rn. 11ff; vgl. dazu, unter: B. III. 3. a).

Beide Zwecke haben daher gleichrangig die Ausgestaltung des Haftungsanspruchs bestimmt. Der Fokus lag sowohl auf dem Geschädigten als auf dem Schädiger. Dieser Dualismus ist grundsätzlich in jedem Haftungsanspruch angelegt. Nicht bereits die einfache Durchsetzung rein objektiven Rechts reicht aus, sondern stets wird der Eintritt eines Schadens beim Einzelnen verlangt. Die Anwendung der Haftungsvoraussetzung des hinreichend qualifizierten Verstoß hat jedoch darüber hinaus dazu geführt, dass die Ersatzpflicht auf die Fälle vorwerfbarer Schadenszuführung beschränkt bleibt. Damit tritt der Individualrechtsschutz ein Stück weit zurück. Fehlt es an dieser Vorwerfbarkeit, ist die Sicht des Geschädigten irrelevant. Schadenshöhe, Schadensumfang und Kompensationsbedarf sind unerheblich. Damit werden zwar beide benannten Zwecke mit dem Haftungsanspruch verfolgt, bezogen auf die maßgebliche Haftungsvoraussetzung des hinreichend qualifizierten Verstoß wird allerdings dem Zweck der Durchsetzung des Unionsrechts Vorrang eingeräumt.

bb. Nunmehr: Individualrechtsschutz wesentlicher Haftungszweck

Die Bedeutung des Individualrechtsschutzes hat im Unionsrecht insgesamt weiter zugenommen. Es sollte nunmehr auch im Haftungsrecht die Kompensation der individuellen Rechtsverletzung im Mittelpunkt stehen. Der EuGH führte dazu sogar selbst in der Entscheidung *A.G.M.-COS.MET* aus, dass „die im Gemeinschaftsrecht begründete Haftung eines Mitgliedstaats nicht der Abschreckung oder als Sanktion dient, sondern auf den Ersatz der Schäden gerichtet ist, die Einzelnen durch Verstöße der Mitgliedstaaten gegen Gemeinschaftsrecht entstehen."[1213] Nach überspitzter Lesart verneint er damit, dass die unionale Staatshaftung überhaupt noch der objektiven Durchsetzung des Unionsrechts diene. Letztlich geht die Durchsetzung mit dem Individualrechtsschutz einher, der Zweck bleibt damit weiterhin relevant, die Priorisierung hat sich hingegen verschoben[1214].

(1) Verbesserung der allgemeinen Durchsetzungsmöglichkeiten

Ein Grund für die veränderte Fokussierung des Haftungsanspruchs kann in den verbesserten allgemeinen Durchsetzungsmöglichkeiten ge-

---

1213 EuGH 17.04.2007, Rs. C-470/03, *A.G.M.-COS.MET*, Slg. 2007, I-2749, Rn. 88.

1214 Ebenso: *Wang*, Die Frage nach dem Verhältnis des gemeinschaftsrechtlichen Instituts der Staatshaftung zum deutschen Staatshaftungsrecht, S. 157; *Hartmann*, Öffentliches Haftungsrecht, S. 233.

sehen werden: Die Konstellation, die der Entscheidung *Francovich* zugrunde lag, hat die Unvollständigkeit bzw. Lückenhaftigkeit des europäischen Rechtsschutzsystems zum damaligen Stand aufgezeigt. Weder war das Feststellungsurteil im vorangegangenen Vertragsverletzungsverfahren gegen Italien vollstreckbar (Art. 280, 299 Abs. 1 AEUV) noch die nicht umgesetzte Richtlinie unmittelbar anwendbar. Auch aus diesem Grund hat der EuGH den Haftungsanspruch als Teil eines „umfassenden Effektuierungsprogramms" begründet[1215]. Zwar zeigt der aktuelle Jahresbericht der Kommission über die Kontrolle der Anwendung des EU-Rechts vom 22.10.2013[1216] die ungebrochene Relevanz der Sanktionierungsnotwendigkeit. Danach leitete die Kommission auch im Jahr 2012 insgesamt 447 Vertragsverletzungsverfahren wegen verspäteter Richtlinienumsetzung ein. Der Vertrag von Lissabon verbessert allerdings die Durchsetzungsmöglichkeiten. Das Sanktionsregime gegenüber verurteilten Mitgliedstaaten ist in zweifacher Weise verschärft worden. Für ein erneutes Vertragsverletzungsverfahrens wegen Nichtausführung eines klagestattgebenden Feststellungsurteils bedarf es nach Art. 260 Abs. 2 AEUV[1217] keiner Abgabe einer begründeten Stellungnahme mehr. Das vorprozedurale Verfahren ist verkürzt[1218]. Zudem kann die Kommission nach Art. 260 Abs. 3 AEUV im Fall der Nichtumsetzung einer Richtlinie[1219] bereits im ersten Urteil die Verhängung einer finanziellen Sanktion verlangen. Der Mitgliedstaat hat daher bereits unmittelbar die Verhängung eines Pauschalbertrages oder Zwangsgeldes zu fürchten und kann die mögliche Verurteilung in einem Vertragsverletzungsverfahren nicht ignorieren. Damit kommt bereits dem ersten Urteil eine Präventions- und Steuerungsfunktion zu. Die Effektivierung des Vertragsverletzungsverfahrens senkt die Bedeutung des Haftungsanspruchs

1215 *Haltern*, Europarecht, S. 413.

1216 http://ec.europa.eu/eu_law/docs/docs_infringements/annual_report_30/com_2013_726_de.pdf - abgerufen am: 08.02.2014.

1217 Zuvor: Art. 228 Abs. 2 EGV.

1218 *Wunderlich*, EuR Beiheft 3/2012, 49 (54ff); vgl. zu den weiteren Veränderung des Rechtsschutzsystems nach dem Vertrag von Lissabon: *Thiele*, EuR 2010, 30 (35).

1219 Die Formulierung ist unglücklich auf die unterlassene Mitteilung der Umsetzungsmaßnahmen bezogen („Verpflichtung verstoßen hat, Maßnahmen zur Umsetzung einer gemäß einem Gesetzgebungsverfahren erlassenen Richtlinie mitzuteilen"). Sie muss indes auch Fälle umfassen, in denen der Mitgliedstaat keinerlei Maßnahmen zur Umsetzung getroffen hat und nichts mitteilen kann; ebenso: *Hakenberg/Schilhan*, ZfRV 2008, 104 (109); Kommission in ihrer Mitteilung zur „Anwendung von Artikel 260 Absatz 3 AEUV", 11.11.2010, SEK(2010) 1371 endgültig, 5; *Thiele*, EuR 2010, 30 (35).

zur Sanktionierung von Umsetzungsdefiziten. Der Haftungsanspruch wird nicht überflüssig, tritt allerdings in seiner Bedeutung als Mittel zur besseren Durchsetzung des Unionsrechts zurück. Tritt dieser Zweck zurück, kann der Individualrechtsschutz in den Vordergrund gelangen.

(2) Entwicklung vom Markt- zum Unionsbürger

Für eine veränderte Akzentuierung der Haftungszwecke spricht zudem die in den vergangenen Jahren erfolgte Aufwertung der Rechtsstellung des Einzelnen im Unionsrecht. Subjektive Rechte bestehen nicht mehr nur im Zusammenhang mit dem Binnenmarkt, sondern sind auch ohne wirtschaftlichen Bezug normativ begründet und bzw. oder gerichtlich anerkannt. Neben der Entwicklung des Freizügigkeitsrechts sind vor allem sekundärrechtlich verankerte subjektive Rechte des Einzelnen, insbesondere im Bereich von Sicherheit und Gesundheit, Ausdruck der hochgezonten, flankierenden Politiken der Union. Hatte das ursprüngliche System des Unionsrechts zum Zeitpunkt der Begründung der unionsrechtlichen Staatshaftung mit der Entscheidung *Francovich*[1220] den Einzelnen noch immer vorwiegend als Marktbürger begriffen, sind seit den Verträgen von Maastricht[1221] und Amsterdam[1222] autonome Unionsbürgerrechte anerkannt.

Die zuvor bereits vertraglich verankerten und am Marktbürger anknüpfenden vier Grundfreiheiten dienten und dienen vornehmlich dazu, den Angehörigen der Mitgliedstaaten die Ausübung ihrer wirtschaftlichen Tätigkeiten zu besseren Bedingungen zu ermöglichen und damit gleichsam den Binnenmarkt voranzutreiben. Die mit dem Vertrag von Maastricht eingeführte Unionsbürgerschaft hingegen vermittelt Rechte, die der autonomen Verwirklichung von Zielen des Inhabers selbst dienen[1223]. Sie wird daher auch als „Grundfreiheit ohne Markt" bezeichnet[1224]. Mit dem

---

1220 EuGH 19.11.1991, Rs. C-6/90 u. 9/90, *Francovich,* Slg. 1991, 5357.

1221 Vertrag über die Europäische Union (Vertrag von Maastricht), unterzeichnet am: 07.02.1992, in Kraft getreten am: 01.11.1993, ABl. C 191, 29.07.1992.

1222 Vertrag von Amsterdam, unterzeichnet am: 02.10.1997, in Kraft getreten am: 01.05.1999, ABl. C 340, 10.11.1997.

1223 GA *Cosmas*, Schlussanträge zu EuGH 21.09.1999, Rs. C-378/97, *Wijsenbeck*, Slg. 1999, I-6207, Rn. 84; zur Entwicklung: *Calliess,* EuR Beiheft 1/2007, 5 (6ff); *Schönberger*, in: Grabitz/Hilf/Nettesheim, 2013, Art. 20 AEUV, Rn. 9ff; dazu auch: Bericht der Kommission über die Unionsbürgerschaft 2013, COM(2013) 269 final .

1224 *Wollenschläger*, Grundfreiheit ohne Markt: Die Herausbildung der Unionsbürgerschaft im unionsrechtlichen Freizügigkeitsregime, 2007.

Vertrag von Lissabon[1225] ist eine allgemeine Regelung zur Unionsbürgerschaft an zentraler Stelle in Art. 9 EUV verankert, um die besondere Bedeutung dieser statusbezogenen Regelungen hervorzuheben[1226]. Zudem wird das Europäische Parlament als Bürgervertretung in Art. 10 Abs. 1 und 2 sowie Art. 11 EUV betont. Der Einzelne gelangt durch die Entwicklung des Unionsrechts in den Mittelpunkt der europäischen Integration[1227]. Die Union befindet sich auf dem Weg von einer reinen wirtschaftlichen Union zu einer politischen (und sozialen) Union.

Besonders gut lässt sich die angesprochene Veränderung am Freizügigkeitsrecht darstellen, stellt es doch das Kernrecht des Unionsbürgerstatus dar[1228]. Die Bestimmungen des früheren EWG- und EG-Vertrags vermittelten die Freizügigkeit vor allem als Marktbürgerrecht. Die Grundfreiheiten verliehen und verleihen noch heute eine wirtschaftlich ausgerichteten, vertragsunmittelbaren Anspruch auf Einreise in einen und Aufenthalt in einem anderen Mitgliedstaat; die Arbeitnehmerfreizügigkeit grundsätzlich für abhängig Beschäftigte (aktuell: Art. 45ff. AEUV)[1229], die Niederlassungsfreiheit für Selbstständige (Art. 49ff. AEUV) und die Dienstleistungsfreiheit zur vorübergehenden Erbringung von Dienstleistungen (Art. 56ff. AEUV)[1230]. Gewährt wird damit eine wirtschaftliche Freizügigkeit zur Verwirklichung eines gemeinsamen Binnenmarktes. Zwar sollte die Freizügigkeit der Bürger bereits anfänglich nicht nur die europäischen Volkswirtschaften stärken, sondern auch den Bürgern die Verbesserung ihrer Lebens- und Arbeitsbedingun-

---

1225 Vertrag von Lissabon, 13.12.1997, in Kraft getreten am: 01.12.2009, ABl. C 306, 17.12.2007.

1226 *Kluth*, in: Calliess/Ruffert, 2011, Art. 20 AEUV Rn. 2.

1227 Vgl. Bericht der Kommission über die Unionsbürgerschaft 2013, 8.5.2013, COM(2013) 269 final, 2f.

1228 *Schulz*, Freizügigkeit für Unionsbürger, S. 68; *Reich*, Bürgerrechte in der Europäischen Union, S. 159, 189ff, 195ff; *Scheuing*, EuR 2003, 744; *Calliess*, EuR Beiheft 1/2007, 5; *Stewen*, Die Entwicklung des allgemeinen Freizügigkeitsrechts der Unionsbürger und seiner sozialen Begleitrechte; *Thym*, EuR 2011, 487; *Durner*, in: Maunz/Dürig [Hrsg.], Grundgesetz-Kommentar, 2012, Art. 11 GG, Rn. 44ff; *Raschka*, EuR 2013, 116.

1229 Zur deutschen Ausgestaltung der Übergangsregelungen für neue Mitgliedstaaten, vgl: § 29 Abs. 6 AufenthG und §§ 284 ff. SGB III.

1230 Zur Erweiterung auch auf Empfänger der Dienstleistung (passive Dienstleistungsfreiheit): EuGH 31.01.1984, Rs. 286/82 und 26/83, *Luisi und Carbone*, Slg. 1984, 377, Rn. 10; EuGH 02.02.1989, Rs. 186/87, *Cowan*, Slg. 1989, 195, Rn. 15; EuGH 30.05.1991, Rs. C-68/89, Slg. 1991, I-2637, *Kommission/Niederlande* (Grenzkontrollen), Rn. 10; EuGH 24.11.1998, Rs. C-274/96, *Bickel und Franz*, Slg. 1998, I-7637, Rn. 15.

gen ermöglichen[1231]. Dennoch waren Begünstigte nur Marktbürger und ihre Angehörigen[1232]. Trotz der gesellschaftlichen und innenpolitischen Dimension, die von Anfang an gegeben war, knüpfte die Freizügigkeit stets an die wirtschaftliche Betätigung an. Nach ersten politischen Erklärungen 1972[1233] und einem gescheiterten Richtlinienvorschlag für ein allgemeines Freizügigkeitsrecht 1979[1234] vergrößerte sich der Schutzbereich des Freizügigkeitsrechts erst zum Juni 1992 durch drei spezielle Aufenthaltsrichtlinien für Studierende[1235], für aus dem Erwerbsleben ausgeschiedene Arbeitnehmer sowie Selbstständige[1236] und durch eine allgemeine Freizügigkeitsrichtlinie[1237]. Die drei Richtlinien gewährten das Recht auf Einreise und Aufenthalt unter der Voraussetzung, dass die Be-

1231 Vgl. dazu: Erwägungsgrund 4, Verordnung (EU) Nr. 492/2011 des Europäischen Parlaments und des Rates vom 5.4.2011 über die Freizügigkeit der Arbeitnehmer innerhalb der Union, ABl. L 141, 27.05.2011, S. 1-12; bereits zuvor, inhaltlich identisch: Erwägungsgrund 3, Verordnung (1612/68) des Rates vom 15.10.1968 über die Freizügigkeit der Arbeitnehmer innerhalb der Gemeinschaft, ABl. L 257, 19.10.1968, S. 2-12.

1232 Art. 10-12 Verordnung (1612/68) des Rates vom 15. Oktober 1968 über die Freizügigkeit der Arbeitnehmer innerhalb der Gemeinschaft, ABl L 257, 19.10.1968, S. 2 - 12.

1233 Erklärung der Pariser Gipfelkonferenz, 19. - 21.10.1972, Bulletin der Europäischen Gemeinschaften, Okt. 1972, Nr. 10, 15-24.

1234 Vorschlag für eine Richtlinie des Rates über das Aufenthaltsrecht der Staatsangehörigen der Mitgliedstaaten im Hoheitsgebiet eines anderen Mitgliedstaats, ABl C 207, 17.8.1979, 14-16.

1235 Richtlinie 93/96/EWG des Rates vom 29.10.1993 über das Aufenthaltsrecht der Studenten, ABl. L 317, 18.12.1993, S. 59f; zuvor bereits: Richtlinie 90/366/EWG des Rates vom 28. Juni 1990 über das Aufenthaltsrecht der Studenten, ABl. L 180, 13.7.1990, S. 30f, die wegen der Wahl der falschen Rechtsgrundlage für nichtig erklärt wurde: EuGH 07.07.1992, Rs. C-295/90, *Parlament/Rat*, Slg. 1992, I-4193; bereits zuvor zur Unionsrechtsrelevanz von Gebühren für die Einschreibung an der Universität: EuGH 13.02.1985, Rs. 293/83, *Gravier*, Slg. 1985, 593; EuGH 02.02.1988, Rs. 24/86, *Blaizot*, Slg. 1986, 379; zum Aufenthaltsrecht aus der fortwirkenden Arbeitnehmerfreizügigkeit: EuGH 21.06.1988, Rs. 39/86, *Lair*, Slg. 1988, 3161, Rn. 37.

1236 Richtlinie 90/365/EWG des Rates vom 28.06.1990 über das Aufenthaltsrecht der aus dem Erwerbsleben ausgeschiedenen Arbeitnehmer und selbständig Erwerbstätigen, ABl. L 180, 13.07.1990, S. 28f; bereits zuvor: Art. 48 Abs. 3 lit. d) EWG iVm Verordnung (EWG) Nr. 1251/70 der Kommission vom 29.6.1970 über das Recht der Arbeitnehmer, nach Beendigung einer Beschäftigung im Hoheitsgebiet eines Mitgliedstaats zu verbleiben, ABl. L 142, 30.06.1970, S. 24.

1237 Richtlinie 90/364/EWG des Rates vom 28.06.1990 über das Aufenthaltsrecht, ABl. L 180, 13.07.1990, S. 26f.

günstigten über ausreichende Existenzmittel und einen ausreichenden Krankenversicherungsschutz verfügten. Nur das Aufenthaltsrecht der Studenten war auf die Dauer der Ausbildung beschränkt. Sekundärrechtlich wurde damit die Einführung des allgemeinen Freizügigkeit als Basisrecht der Unionsbürgerschaft bereits vorweggenommen, welche mit dem Vertrag von Maastricht auch primärrechtlich verankert wurde (Art. 20f. AEUV). Das nunmehr in Artikel 21 AEUV verankerte Freizügigkeitsrecht ist unmittelbar anwendbar[1238] und verleiht eine allgemeine, von wirtschaftlichen Zwecken losgelöste Garantie der Freizügigkeit und begründet zusammen mit dem allgemeinen Diskriminierungsverbot in Art. 18 AEUV ein Recht auf mobilitätsbezogene Gleichbehandlung[1239]. Die Verankerung des Freizügigkeitsrechts in Art. 45 GRC unterstreicht die Konzeption als „Bürgerrecht“[1240]. Es ist damit nicht mehr nur auf wirtschaftliche Aspekte bezogen. Zudem hat der EuGH in der Rechtsprechung zum Aufenthaltsrechts drittstaatsangehörigen Familienmitgliedern auch die transnationale Ausrichtung des Freizügigkeitsrechts hinter sich gelassen. Nach der Kernbereichsdoktrin bedarf es keines grenzüberschreitenden Bezuges, wenn anderenfalls der Einzelne um den Kernbereich seines Unionsbürgerrechts gebracht würde[1241]. Der Markt-

---

1238 EuGH 17.09.2002, Rs. C-413/99, *Baumbast und R*, Slg. 2002, I-7091, Rn. 86.

1239 EuGH 20.09.2001, Rs. C-184/99, *Grzelczyk*, Slg. 2001, I-6193, Rn. 31; EuGH 11.07.2002, Rs. C-224/98, *D'Hoop*, Slg. 2002, I-6191, Rn. 29; EuGH 02.10.2003, Rs. C-148/02, *Garcia Avello*, Slg. 2003, I-11613, Rn. 24ff; EuGH 07.09.2004 Rs. C-456/02, *Trojani*, Slg. 2004, I-7573, Rn. 43; EuGH 15.03.2005, Rs. C-209/03, *Bidar*, Slg. 2005, I-2119, Rn. 37; EuGH 18.11.2008, Rs. C-158/07, *Förster*, Slg. 2008, I-8507, Rn. 38ff; EuGH 19.09.2013, Rs. C-140/12, *Brey*, noch nicht in der amtlichen Sammlung veröffentlicht, Rn. 33ff; *Durner*, in: Maunz/Dürig [Hrsg.], Grundgesetz-Kommentar, 2012, Art. 11 GG, Rn. 45; sekundärrechtliche Ausgestaltung: Richtlinie 2004/38/EG des Europäischen Parlaments und des Rates vom 29. April 2004 über das Recht der Unionsbürger und ihrer Familienangehörigen, sich im Hoheitsgebiet der Mitgliedstaaten frei zu bewegen und aufzuhalten, zur Änderung der Verordnung (EWG) Nr. 1612/68 und zur Aufhebung der Richtlinien 64/221/EWG, 68/360/EWG, 72/194/EWG, 73/148/EWG, 75/34/EWG, 75/35/EWG, 90/364/EWG, 90/365/EWG und 93/96/EWG, ABl. L 158, 30.04.2004, S. 77–123.

1240 *Thym*, EuR 2011, 487 (488).

1241 Deutlich anhand der Kernbereichsdoktrin, bei der auch kein grenzüberschreitendes Element mehr notwendig ist: EuGH 08.03.2011, Rs. C-34/09, *Zambrano*, Slg. 2011, I-1177; EuGH 05.05.2011, Rs. C-434/09, *McCarthy*, Slg. 2011, I-3375, Rn. 49f; EuGH 15.11.2011, Rs. C-256/11, *Dereci*, Slg. 2011, I-11315, Rn. 65ff; EuGH 08.05.2013, Rs. C-87/12, *Ymeraga*, noch nicht in der amtlichen Sammlung veröffentlicht, Rn. 37; EuGH 10.10.2013, Rs. C-86/12, *Alokpa*, noch nicht in der bürger wird dadurch selbst und unmittelbar seiner selbst willen in Schutz genommen. Eine Integrationskomponente fehlt vollends.

Die Erweiterung der Konzeption subjektiver Rechte auch auf nichtwirtschaftliche Rechte hat auch Auswirkungen auf die Konturen des Haftungsanspruchs. Die geschilderten Veränderungen haben sich im Haftungsanspruch zu spiegeln. Eine restriktive Haftung kann zu weiten Teilen nicht mehr damit begründet werden, dass der Einzelne Subjekt der Wirtschaftspolitik der Union sei und von den Vorteilen der gemeinsamen Politik profitiere. Der Einführung der *Schöppenstedt*-Formel lag noch die Erwägung zugrunde, die Unionshaftung solle beim Erlass von wirtschaftspolitischen, allgemeinen Maßnahmen, die auch im Interesse der Marktbürger getroffen wurden nur im begrenzten Maße zulässig sein[1242]. Das gilt für die unionsrechtliche Staatshaftung bereits anfänglich nicht uneingeschränkt, da mitgliedstaatliches Handeln nicht nur in der Umsetzung von Unionsrecht haftungsrelevant ist. Mit der Anerkennung und Stärkung von nicht auf die Erwerbstätigkeit bezogenen subjektiven Rechten kann das Risiko, unionsrechtswidrigem mitgliedstaatlichen Handeln ausgesetzt zu sein, in noch geringerem Maße als normales unternehmerisches Risiko eingestuft werden. Stehen der Haftungseinschränkung keine unmittelbaren Vorteile gegenüber, ist die Haftung gegenüber den Unionsbürgern auch nicht nach den gleichen Grundsätzen einzuschränken. Es fehlt an einer Rechtfertigungsmöglichkeit. Die Ergänzung des wirtschaftsrechtlichen Kerns subjektiver Rechte sollte dabei nicht zu einer Zersplitterung der Haftungsvoraussetzungen führen, sondern zu gleichen Anforderungen für alle subjektiven Rechte. Auch die vorwiegend den Marktbürger prägenden Grundfreiheiten sind danach in gleicher Weise zu schützen.

Besteht nicht zwangsläufig ein Gleichlauf von Individualrechten mit objektiven Interessen an der Verwirklichung des Binnenmarktes, tritt auch der Gedanke der Funktionalisierung des Einzelnen zurück und Individualrechtschutz besteht vor allem im Interesse der Individualrechtsposition. Aspekte, welche im Rahmen der Integrationsförderung eine Rolle spielen, sind dann nicht mehr geeignet, die Ausgestaltung des Haftungsanspruchs wesentlich mitzubestimmen. Gleiches gilt, wenn die Bedeutung des Präventionsgedankens insgesamt abnimmt. Soll die Durchsetzung des Unionsrechts über den Anlassfall hinaus erreicht werden, sind

amtlichen Sammlung veröffentlicht, Rn. 33f; vgl. dazu: *Hailbronner/Thym*, NJW 2011, 2008.

1242 EuGH 25.05.1978, verb. Rs. 83, 94-76 und 4, 15, 40-77, *Bayerische HNL*, Slg. 1978, 1209, Rn. 6.

präventive Aspekte beachtlich. Die Durchsetzung von Haftungsansprüchen hat eine abschreckende Wirkung und verbessert so die Einhaltung des Unionsrechts[1243]. Die Grenze der Konditionierung zukünftigen Verhaltens über diese Prävention ist jedoch dann erreicht, wenn auch mit zusätzlicher Bildung und Anstrengung weitere Unionsrechtsverletzungen nicht vermieden werden können. Dann ist die Rechtsverletzung unvorhersehbar. Kann daher aus präventiver Sicht die Einführung eines Verschuldenselements grundsätzlich gerechtfertigt werden[1244], greifen diese Erwägungen bei einer Fokussierung auf den Individualrechtsschutz nicht mehr. Steht der Rechtsschutz des Einzelnen im Vordergrund, braucht nicht danach differenziert zu werden, ob die rechtsverletzende staatliche Einwirkung schuldhaft oder unverschuldet erfolgt ist. Das muss für den Betroffenen ohne Belang sein[1245]. Der Fokus hat vielmehr auf der Rechtsposition des Geschädigten zu liegen. Die Forderung einer besonderen Qualifikation des Verhaltens des Schädigers steht diesem Rechtsstaatsgedanken entgegen. GA Tesauro führt dazu bereits in seinen Schlussanträgen zur Rechtssache *Brasserie* aus:

> *„Die Beschränkung des Haftungsbereichs hat im Laufe der Zeit in den verschiedenen Rechtsordnungen offensichtlich bedeutende Entwicklungen erfahren. Insbesondere brachte es das Aufkommen des Rechtsstaates mit sich, dass sich der Akzent zumindest in den weiter entwickelten Rechtsordnungen immer mehr vom Verhalten des Schadensverursachers auf die Rechte des Verletzten verschob, was auch für die Haftung allgemein gilt."*[1246]

Diese Entwicklung hat auch das Unionsrecht zu vollziehen und bereits teilweise vollzogen. Heutiges Verständnis des Rechtsstaatsprinzips sollte sein, dass hoheitliche Organe kein Unrecht tun können, ohne - unabhängig von der Vorwerfbarkeit dieses Unrechts - zu einem unverzüglichen und umfassenden Ausgleich verpflichtet zu sein. Mitgliedstaatliche

---

[1243] Dazu unter: B. III. 3. a) bb).

[1244] *Van Roosebeke*, State Liability for Breaches of European Law, S. 125.

[1245] Dazu die nationale Diskussion: *Wroblewski*, Die Staatshaftung für legislatives Unrecht in Deutschland, S. 55, m.w.N; die Rechtslage, in welcher die Staatshaftung vom Nachweis eines Verschuldens abhängig gemacht ist, als unstabiles Übergangsstadium in der Entwicklung von der reinen Beamtenhaftung zur reinen Staathaftung bezeichnend: *Luhmann*, Öffentlich-rechtliche Entschädigung rechtspolitisch betrachtet, S. 85; ebenso: *Giacometti*, Allgemeine Lehren des rechtsstaatlichen Verwaltungsrechts, S. 520ff.

[1246] GA *Tesauro*, Schlussanträge zu EuGH 05.03.1996, verb. Rs C-46/93 u. C-48/93, *Brasserie du Pêcheur/Factortame III*, Slg. 1996, I-1029, Rn. 12.

Handlungen sollten umfassender gerichtlicher Kontrolle unterzogen werden können. Abzulehnen ist es, mit Verweis auf den jedenfalls fehlenden hinreichend qualifizierten Verstoß nur eine überschlägige Rechtskontrolle vorzunehmen. Besteht der Ersatzanspruch nicht mehr in Abhängigkeit zur Vorwerfbarkeit des Verstoßes, trägt der Einzelne auch nicht mehr das Risiko eines nicht vorwerfbaren Rechtsverstoßes.

3. Der Haftungsanspruch im unionsrechtlichen Rechtsschutzsystem

Der Haftungsanspruch gewährt dem Einzelnen die Möglichkeit seine Individualrechte zu wahren. Er ist damit Teil des umfassenden unionsrechtlichen Rechtsschutzsystems. Er fügt sich in dieses System ein und hat die Anforderungen an ein wirksames Rechtsschutzsystems zu erfüllen. Beide Aspekte sprechen für eine reine Unrechtshaftung.

a. Kohärenz des Rechtsschutzsystems

Wie oben dargestellt, ruht das Rechtsschutzsystem der Europäischen Union auf zwei Pfeilern. Insoweit ist zunächst an eine Kohärenz zwischen dezentraler und zentraler Ebene zu denken[1247]. Darüber hinaus ist aber auch bei verschiedenen Verfahrensarten der dezentralen Ebene eine gewisse Kohärenz anzustreben. Das gilt umso mehr, als die jeweiligen Verfahren den gleichen Rechtsschutzzielen dienen. Abweichungen des Rechtsschutzniveaus in verschiedenen Verfahren sind dann zumindest erklärungsbedürftig.

aa. Orientierung am Primärrechtsschutz

Primär- und Sekundärrechtsschutz sind sich ergänzende Modi. Es ist daher dargelegt worden, dass Primär- und Sekundärrechtsschutz den gleichen Anwendungsbereich haben und auch der Haftungsanspruch nicht auf den Schutz bestimmter Rechtsgüter begrenzt ist[1248]. Defensiv-negatorischer Primärrechtsschutz und kompensatorischer Sekundärrechtsschutz haben die gleiche Grundlage und schützen die gleichen subjektiven Rechte. Sofern das Unionsrecht ein solches individuelles Recht verleiht, ist es demnach nur konsequent, den Schutz gleich auszugestalten. Für den Haftungsanspruch einen niedrigeren Schutzstandard vorzusehen und nur den Sekundärrechtsschutz von einem hinreichend

---

1247 Vgl. dazu: *Callies*, NJW 2002, 3577.

1248 Dazu, unter: B. II. 3.

qualifizierten Verstoß abhängig zu machen, überzeugt nicht. Ein effektiver Staatshaftungsanspruch hat sich vielmehr am Primärrechtsschutz zu orientieren. Dieser stellt über die Unionsrechtswidrigkeit hinaus keine weiteren Voraussetzungen auf[1249]. Eine Abstufung zwischen Primär- und Sekundärrechtsschutz sollte nicht über unterschiedliche Qualitäten der Rechtsverletzung erfolgen. Vielmehr bietet es sich an, einen Vorrang des Primärrechtsschutzes über ein eventuelles Mitverschulden abzubilden[1250].

bb.Parallele zu Erstattungsfällen

Der Vergleich mit den oben benannten bereicherungsrechtlichen Erstattungsfällen zeigt ebenfalls, dass der Ausgleich von Schäden, die durch hoheitliche Eingriffe verursacht wurden, nicht von weiteren Voraussetzungen abhängig zu machen ist. Wie ausgeführt, knüpft der EuGH zwar anfänglich zur Begründung der Erstattungspflicht für unionsrechtswidrig erhobene Maßnahmen an den Grundsatz der loyalen Zusammenarbeit. Später verweist er jedoch ausschließlich auf das jeweils verletzte Recht. Beide Ansprüche gründen somit auf den gleichen Rechtsschutzüberlegungen. Sowohl der Erstattungsanspruch als auch der Staatshaftungsanspruch sollen zudem einen Ausgleich unionsrechtswidriger Belastungen des Einzelnen ermöglichen. Zwar ist zuzugestehen, dass bei den Erstattungsfällen der Gedanke der unberechtigten Bereicherung zutage tritt. Der Staat hat stets etwas erlangt und ist nun gehalten, diesen Vorteil wieder herauszugeben. Für den Einzelnen ist allerdings eine Belastung durch eine unionsrechtswidrige Abgabe in ihrer Wirkung mit dem nicht gegebenen Vorteil vergleichbar. Aufgrund der engen dogmatische Verbindung und gleicher Zweckbestimmung sollten daher keine unterschiedlichen Anforderungen an die beiden Ausgleichsansprüche gestellt werden. Eine Folgenbeseitigungspflicht ist vielmehr dahingehend zu verstehen, dass alle Folgen eines Verstoßes gegen das Unionsrecht zu beheben sind, ohne Rücksicht auf die Vorwerfbarkeit des Verstoßes.

b. Staatshaftungsanspruch und Grundrechtsschutz

Die enge Verbindung von Staatshaftungsanspruch und Grundrechtsschutz ist bereits verschiedentlich zur Sprache gekommen. Der Haftungsanspruch dient der Verwirklichung eines auch grundrechtlich geforderten Rechtsschutzniveaus. Damit können den Grundrechten auch

---

[1249] *Schoch*, Die Verwaltung, 2001, 261 (277).

[1250] Vgl. dazu ausführlich unter: D. III. 1.

Anforderungen an die Ausgestaltung des Haftungsanspruchs entnommen werden.

aa. Anwendungsbereich der Grundrechte

Sollen die Grundrechte als Maßstab des Haftungstatbestandes verwandt werden, müssen diese anwendbar sein und die Mitgliedstaaten binden. Für die Grundrechte der Grundrechtecharta bestimmt Art. 51 Abs. 1 S. 1 GRC, dass die Mitgliedstaaten „ausschließlich bei der Durchführung des Rechts der Union" an diese Grundrechte gebunden sind[1251]. Trotz der zentralen Bedeutung der Norm ist ihr Verständnis umstritten. Hintergrund ist, dass der EuGH die Mitgliedstaaten an die Unionsgrundrechte aus allgemeinen Rechtsgrundsätzen stets im „Anwendungsbereich" des Unionsrechts gebunden sah[1252]. Die Durchführung unionsrechtlicher Regelungen fiel als eine Fallgruppe darunter (*Wachauf*-Rechtsprechungslinie)[1253]. Eine andere bildete die Konstellation, bei der Mitgliedstaaten Einschränkungen der Grundfreiheiten vornahmen (*ERT*-Rechtsprechungslinie)[1254]. Insoweit könnte „Durchführung" als Beschränkung auf die erste Fallgruppe verstanden werden[1255]. Allerdings hat der EuGH, auch nachdem die GRC rechtlich verbindlich wurde, an seiner früheren Rechtsprechung festgehalten. Er geht weiterhin von einem weiten Anwendungsbereich aus[1256]. Daher ist auch von einem Gleichklang des Gel-

---

1251 Zur Anwendbarkeit der GRC in Polen und Großbritannien, EuGH 21.12.2011, verb. Rs. C-411/10 und C-493/10, *N. S.*, noch nicht in der amtlichen Sammlung veröffentlicht, Rn. 116ff.

1252 EuGH 13.07.1989, Rs. 5/88, *Wachauf*, Slg. 1989, 2609, Rn. 19; EuGH 18.06.1991, Rs. C-260/89, *ERT*, Slg. 1991, I-2925, Rn. 42; EuGH 18.12.1997, Rs, C-309/96, *Annibaldi*, Slg. 1997, I-7493, Rn. 13; EuGH 10.04.2003, Rs. C-276/01, *Steffensen*, Slg. 2003, I-3735, Rn. 70; EuGH 12.06.2003, Rs. C-112/00, *Schmidberger*, Slg. 2003, I-5659, Rn. 75; EuGH 18.12.2008, Rs. C-349/07, *Sopropé*, Slg. 2008 I-10369, Rn. 34.

1253 EuGH 13.07.1989, Rs. 5/88, *Wachauf*, Slg. 1989, 2609, Rn. 19; EuGH 24.03.1994 Rs. C-2/92, *Bostock*, Slg. 1994, I-955, Rn. 16; EuGH 10.07.2003, verb. Rs. C-20/00 und C-64/00, *Booker Aquaculture*, Slg. 2003, I-7411, Rn. 88.

1254 EuGH 18.06.1991, Rs. C-260/89, *ERT*, Slg. 1991, I-2925, Rn. 43; EuGH 26.06.1997, Rs. C-368/95, *Familiapress*, Slg. 1997, I-3689, Rn. 24; EuGH 12.06.2003, Rs. C-112/00, *Schmidberger*, Slg. 2003, I-5659, Rn. 79f; EuGH 14.10.2004, Rs. C-36/02, *Omega*, Slg. 2004, I-9609, Rn. 37; vgl. zur Erweiterung der Rechtsprechung zum Anwendungsbereich der Grundrechte über diese beiden Rechtsprechungslinien hinaus: *Scheuing*, EuR 2005, 162.

1255 *Huber*, NJW 2011, 2385 (2387); *Cremer*, EuGRZ 2011, 545 (551f).

1256 EuGH 26.02.2013, Rs. C-617/10, *Åkerberg Fransson*, noch nicht in der amtlichen Sammlung veröffentlicht, Rn. 19f; EuGH 15.01.2014, Rs. C-176/12, *Association de* tungsbereichs der Charta und desjenigen der allgemeinen Grundsätze des Unionsrechts auszugehen[1257]. Für eine solche Auslegung spricht neben dem Bezug auf die bisherige Rechtsprechung auch die Erläuterungen zu Art. 51 GRC, die gemäß Art. 6 Abs. 1 UAbs. 3 EUV und Art. 52 Abs. 7 GRC für deren Auslegung zu berücksichtigen sind. Eine Bindung der Mitgliedstaaten an die Unionsgrundrechte ist danach immer dann anzunehmen, wenn der Mitgliedstaat selbst Adressat der jeweiligen primärrechtlichen Normen oder des Sekundärrechtsakts ist oder in einer anderen Weise derart gebunden wird, dass er das Unionsrecht bei seinen eigenen Maßnahmen beachten muss. Immer dann, wenn die Mitgliedstaaten einer Rechtspflicht des Unionsrechts unterliegen, sind sie danach auch durch die Grundrechte der Union gebunden[1258]. Einfacher und mit den Worten des EuGH in der Entscheidung *Åkerberg Fransson*: Ist eine Fallgestaltung vom Unionsrecht erfasst, sind auch die Unionsgrundrechte anwendbar.

Auf den unionsrechtlichen Staatshaftungsanspruch übertragen, ergibt sich damit eine weitgehende Beachtlichkeit der Charta. Eine unionsrechtliche Mindestbedingung des Haftungsanspruchs ist die individuelle Rechtsverletzung. Stets bedarf es eines subjektiven Rechts des Einzelnen, was mit einer korrespondierenden Rechtspflicht des Mitgliedstaates einhergeht. Damit liegt stets ein Fall der Durchführung des Unionsrechts im Sinne von Art. 51 Abs. 1 S. 1 GRC vor[1259]. Die Unionsgrundrechte sind damit anwendbar.

bb. Grundrechtlich gefordertes Rechtsschutzniveau – Art. 47 Abs. 1 GRC

Es ist bereits dargestellt, dass der Staatshaftungsanspruch allein wohl nicht ausreicht, einen effektiven Grundrechtsschutz zu ermöglichen, wie er auch von Art. 47 Abs. 1 GRC gefordert ist. Vielmehr ist von einem

médiation sociale, noch nicht in der amtlichen Sammlung veröffentlicht, Rn. 42; vgl. dazu: *Jarass*, NVwZ 2012, 457 (458f); *Lennarts*, EuR 2012, 3 (4f); *Thüsing/Traut*, RdA 2012, 65 (69); *Rabe*, NJW 2013, 1407 (1408); *Ohler*, NvWZ 2013, 1433 (1434); *Thym*, NVwZ 2013, 889 (890); *Weiß*, EuZW 2013, 287 (288f); bereits zuvor: *Calliess*, JZ 2009, 113 (115ff).

1257 *Lennarts*, EuR 2012, 3 (5); auf die Gefahr zweier unterschiedlicher Regelungen zum Schutz der Grundrechte andernfalls hinweisend: GA *Bot*, Schlussanträge zu EuGH 06.09.2011, Rs. C-108/10, *Scattolon*, Slg. 2011, I-7491, Rn. 120.

1258 *Ohler*, NvWZ 2013, 1433 (1434); *Thym*, NVwZ 2013, 889 (890); kritisch: BVerfG Urt. v. 24.04.2013, NJW NJW 2013, 1499 – *Antiterrordatei*.

1259 In diese Richtung: EuGH 22.12.2010, Rs. C-279/09, *Deutsche Energiehandels- und Beratungsgesellschaft*, Slg. 2010, I-13849.

wirksamen Rechtsbehelf wohl nur dann auszugehen, wenn auch die Möglichkeit der Aufhebung der rechtswidrigen Handlung besteht, wie sie nur Primärrechtsschutz bieten kann. Dennoch hebt der EuGH mit der Entscheidung *Francovich* das unionsrechtlich geforderte Mindestniveau des effektiven Rechtsschutzes, so dass dieser fortan auch und damit zusätzlich Sekundärrechtsschutz umfasst. Das Mindestrechtsschutzniveau wird angehoben und über die Voraussetzungen des unionsrechtlichen Staatshaftungsanspruchs bestimmt. In den nachfolgenden Jahren hat der Grundrechtsschutz insgesamt eine neue Qualität erreicht, so dass sich auch das Mindestniveau entsprechend anpassen muss.

(1) Intensivierung des Grundrechtsschutzes allgemein

Vorangestellt sei bemerkt, dass dem Grundrechtsschutz in der europäischen Rechtsprechung eine wachsende Bedeutung zukommt. Lange Zeit bestand die Kritik, der EuGH führe nur rhetorische Grundrechtsbekenntnisse an, nehme lediglich eine kursorische Verhältnismäßigkeitsprüfung vor und würde bei Konflikten mit grundrechtlich zu schützenden Bereichen stets die vollständige Erreichung des Binnenmarktes favorisieren[1260]. Mittlerweile kann diese Kritik jedoch nicht mehr aufrecht gehalten werden.

Dafür lässt sich zunächst dessen formale Stärkung anführen. Mit dem Vertrag von Lissabon ist der Grundrechtsschutz der Unionsbürger durch die Grundrechtskodifikation in Gestalt der Charta auf eine klare, geschriebene und ausdifferenzierte Rechtsgrundlage gestellt, die durch einen auf Art. 6 Abs. 2 EUV gestützten Beitritt der Union zur EMRK formell noch weiter gestärkt werden kann[1261]. Zudem hat die vollständige Vergemeinschaftung des Raums der Freiheit, der Sicherheit und des Rechts mit dem Vertrag von Lissabon die Bedeutung eines hohen Grundrechtsschutzniveaus erhöht. Das Einfrieren von Konten von Terrorismusverdächtigen, die Vorratsdatenspeicherung oder der europäische Haftbefehl sind Maßnahmen, die zu erheblichen Grundrechtsein-

---

1260 Zur Kritik: *Scholz*, NJW 1990, 941; *Nettesheim*, EuZW 1995, 106 (107); *Kokott*, AöR 1996, 599 (608 f.); *Huber*, EuZW 1997, 517 (521); *Storr*, Der Staat 1997, 547 (564 ff.); *Stein*, EuZW 1998, 261 (262); *Selmer*, Die Gewährleistung der unabdingbaren Grundrechtsstandards durch den EuGH, S. 103 ff., 129 ff; *Caspar*, DÖV 2000, 349 (358); *Coppel/O'Neill*, CML Rev. 1992, 227; *Wallrabenstein*, KJ 2002, 381 (385f.); *de Búrca*, AJIL 201, 649.

1261 Zur Entwicklung der Grundrechtsrechtsprechung des EuGH, unter: B. II. 2. a); vgl. dazu aktuell: Gutachten 2/13 zur Frage der Vereinbarkeit Beitrittsübereinkommens der Europäischen Union zur EMRK mit den Unionsverträgen.

griffen führen können[1262]. Eine zunehmende Regelungsintensität im Unionsrecht ruft zwangsläufig einen effektiven Grundrechtsschutz auf den Plan. Anders können Grundrechtskonflikte nicht rechtsstaatlich gelöst werden[1263].

Entscheidungen des EuGH belegen zudem, dass der europäische Grundrechtsschutz auch in der europäischen Rechtsprechung eine größere Bedeutung erfährt und stärker akzentuiert wird. Dabei war es vor allem die Rechtssetzung der Union im „Kampf gegen den Terror", die den EuGH dazu motiviert hat, rechtsstaatliche Notwendigkeiten einzufordern. In den Rechtssachen *Kadi* und *Al Barakaat* betont der EuGH die wesentliche Bedeutung der Verteidigungsrechte des Einzelnen. Auch wenn es darum geht, sogenannte „Smart Sanctions" des Sicherheitsrates der Vereinten Nationen und damit berechtigte Sicherheitsinteressen im Unionsrecht umzusetzen, seien die wesentlichen Entscheidungsgründe für eine effektive Rechtsverfolgung durch den Einzelnen und eine eventuelle anschließende Kontrolle zu übermitteln. Im Gegensatz noch zum EuG[1264], stellt der EuGH zum einen heraus, dass der Grundrechtsschutz nicht zurücktritt, wenn das Handeln der Union völkerrechtlich überlagert ist. In der Abwägung mit berechtigten Sicherheitsinteressen stellt der EuGH zum anderen einen hochwertigen Schutz der Justizgrundrechte sicher und annullierte auch in nachfolgenden Entscheidungen die entsprechenden Teile der Verordnungen[1265]. Aufgrund ähnlicher Abwägung er-

1262 Zum Einfrieren von Geldern vgl.: Verordnung 2002/881/EG, ABl L 139, 29.05.2002, S. 9; zur Vorratsdatenspeicherung: Richtlinie 2006/24/EG, ABl L 105, 13.04.2006, S. 54; zum Europäischen Haftbefehl: 2002/584/JI: Rahmenbeschluss des Rates v. 13.06.2002 ABl L 190, 18.07.2002, S. 1 – 20.

1263 *Schroeder*, EuZW 2011, 462 (463).

1264 EuG 21.09.2005, Rs. T-315/01, *Kadi/Rat und Kommission*, Slg. 2005, II-3649 und EuG 21.09.2005, Rs. T-306/01, *Yusuf und Al Barakaat International Foundation/Rat und Kommission*, Slg. 2005, II-3533.

1265 EuGH 03.09.2008, verb. Rs. C-402/05 P und C-415/05 P, *Kadi und Al Barakaat*,Slg. 2008, I-6351, Rn. 281ff, 333ff; EuGH 18.07.2013, verb. Rs. C-584/10 P, C-593/10 P und C-595/10 P, *Kadi II*, noch nicht in der amtlichen Sammlung veröffentlicht, Rn. 102ff; zu restriktive Maßnahmen gegen den Iran: EuG 06.09.2013, Rs. T-24/11, *Bank Refah Kargaran*, noch nicht in der amtlichen Sammlung veröffentlicht, Rn. 67ff; Rechtsschutzinteresse annehmend, trotz Streichung von der Liste: EuGH 28.05.2013, Rs. C-239/12 P, *Abdulbasit Abdulrahim*, noch nicht in der amtlichen Sammlung veröffentlicht, Rn. 71ff; keine Nichtigkeit erklärend: EuGH 16.11.2011, Rs. C-548/09 P, Slg. 2011, I-11381; EuGH 15.11.2012, verb. Rs. C-539/10 P und C-550/10 P, *Al-Aqsa*, noch nicht in der amtlichen Sammlung veröffentlicht, Rn. 120ff; vgl. zur Einschränkung der Jusklärt der EuGH auch die Richtlinie über die Vorratsspeicherung von Daten[1266] für ungültig. Der EuGH erkennt erneut zwar an, dass die Bekämpfung internationalen Terrorismus eine legitime Zielsetzung der Union und damit auch der Richtlinie sei, die konkreten Maßnahmen verstießen jedoch gegen das Verhältnismäßigkeitsprinzip. Die Vorratsdatenspeicherung und das Zugangsrecht nationaler Behörden seien daher ein nicht zu rechtfertigender Eingriff in das Grundrechte auf Achtung des Privatlebens (Art 7 GRC) und auf Schutz personenbezogener Daten (Art. 8 GRC), die Richtlinie daher ungültig[1267]. Aber auch in anderen Bereichen hat der EuGH das Schutzniveau vor allem gegenüber Unionsmaßnahmen deutlich erhöht und einer konkreten Verhältnismäßigkeitsprüfung zur Prüfung des Grundrechtseingriffs mehr Raum eingeräumt[1268]. Grundrechtlich geschützte Belange sind dabei gleichberechtigt in die Abwägung mit den durch die Maßnahme verfolgten Zielen der Union eingestellt worden. Vor allem die Entscheidung zur Veröffentlichung von Informationen über die Empfänger von Agrarbeihilfen im Internet (*Schecke und Eifert*) zeigt dabei deutlich den gestiegenen Stellenwert des Grundrechtsschutzes. Eine hohe Kontrolldichte annehmend, hat der EuGH den EU-Organen vorgeworfen, den Schutz der Privatsphäre (Art. 7 und 8 GRC) nicht ausreichend berücksichtigt und weniger stark eingreifende Maßnahmen nicht ausreichend geprüft zu ha-

---

tizgrundrechte durch Mitgliedstaaten: EuGH 04.06.2013, Rs. C-300/11, *ZZ*, noch nicht in der amtlichen Sammlung veröffentlicht, Rn. 51ff.

1266 Richtlinie 2006/24/EG des Europäischen Parlaments und des Rates vom 15. März 2006 über die Vorratsspeicherung von Daten, die bei der Bereitstellung öffentlich zugänglicher elektronischer Kommunikationsdienste oder öffentlicher Kommunikationsnetze erzeugt oder verarbeitet werden, und zur Änderung der Richtlinie 2002/58/EG (ABl. L 105, S. 54).

1267 EuGH 08.04.2014, verb. Rs. C-293/12 und C-594/12, *Digital Rights Ireland*, noch nicht in der amtlichen Sammlung veröffentlicht, Rn. 32ff.

1268 *v. Danwitz*, EuGRZ 2013, 253 (255ff.); *Weiß*, EuZW 2013, 287 (290f.); aus der Rechtsprechung, vgl: EuGH 23.10.2003, Rs. C-245/01, *RTL Television*, Slg. 2003, I-12489, Rn. 67; EuGH 29.01.2008, Rs. C-275/06, *Promusicae*, Rn. 65ff; EuGH 16.12.2008, Rs. 127/07, *Arcelor*, Slg. 2008, I-9895, Rn. 58f; EuGH 12.05.2011, Rs. C-176/09, *Luxemburg/Parlament und Rat*, Slg. 2011, I-3727, Rn. 63; EuGH 12.07.2012, verb. Rs. C-55/11, C-57/11 und C-58/11, *Vodafone España*, noch nicht in der amtlichen Sammlung veröffentlicht, Rn. 58, 65; EuGH 06.09.2012, Rs. C-544/10, *Deutsches Weintor*, veröffentlicht in der digitalen Sammlung, Rn. 47; EuGH 22.01.2013, Rs. C-283/11, *Sky Österreich*, noch nicht in der amtlichen Sammlung veröffentlicht, Rn. 50ff; EuGH 31.01.2013, Rs. C-12/11, *McDonagh*, noch nicht in der amtlichen Sammlung veröffentlicht, Rn. 61ff, 45ff; mit gegenläufiger Tendenz und anders als zuvor das EuG: EuGH 29.06.2010, Rs. C-441/07 P, *Kommission /Alrosa*, Slg. 2010, I-5945, Rn. 120.

ben. Trotz des legitimen Ziels der Unionsmaßnahme, die Transparenz der Mittelverwaltung zu gewährleisten, hat der EuGH in der Folge die Verordnung im Hinblick auf ihre Geltung für natürliche Personen für ungültig erklärt[1269]. Eine weitere Dimension des Grundrechtsschutzes hat der EuGH im Rahmen der unionsrechtlich determinierten, transnationalen Verwaltungskooperation, etwa im Rahmen des europäischen Haftbefehls[1270] oder des europäischen Asylsystems[1271], eingeführt. Es lässt sich insoweit von einem Grundrechtsschutz zwischen den Mitgliedstaaten sprechen[1272]. Danach haben die Mitgliedstaaten auch bei der unionsrechtlich determinierten Überstellung des Antragsstellers in einem Asylverfahren sicherzugehen, dass nicht aufgrund von systemischen Mängeln die reelle Gefahr besteht, dass der Unionsbürger im Aufnahmemitgliedstaat einer unmenschlichen oder erniedrigenden Behandlung ausgesetzt wird. Der überstellende Mitgliedstaat ist zu dieser Kontrollüberlegung selbst grundrechtlich verpflichtet[1273].

(2) Wirksamer Rechtsbehelf und Staatshaftungsanspruch

Es ist bereits oben dargestellt, dass der unionsrechtliche Staatshaftungsanspruch das Mindestrechtsschutzniveau erhöht hat. Der Haftungsanspruch kann damit als Weiterführung des Rechts auf Gerichtszugang und mittlerweile gesichert als Teilgewährleistung des Unionsgrund-

1269 EuGH 09.11.2010, verb. Rs. C-92/09 und C-93/09, *Schecke und Eifert*, Slg. 2010, I-11063, Rn. 67, 72ff; bereits zuvor: EuGH 12.06.2003, Rs. C-112/00, *Schmidberger*, Slg. 2003, I-5659, Rn. 69, 81ff; EuGH 14.10.2004, Rs. C-36/02, *Omega*, Slg. 2004, I-9609, Rn. 29ff; in diese Richtung auch: *GA Villalón*, Schlussanträge zu EuGH, Rs. C-314/12, *UPC Telekabel Wien*, Rn. 79ff; *GA Villalón* Schlussanträge zu EuGH, verb. Rs. C-293/12 und C-594/12, *Digital Rights Ireland*.

1270 2002/584/JI: Rahmenbeschluss des Rates über den Europäischen Haftbefehl und die Übergabeverfahren zwischen den Mitgliedstaaten v. 13.06.2002 ABl L 190, 18.07.2002, S. 1 - 20

1271 Jetzt: Verordnung 604/2013 zur Festlegung der Kriterien und Verfahren zur Bestimmung des Mitgliedstaats, der für die Prüfung eines von einem Drittstaatsangehörigen oder Staatenlosen in einem Mitgliedstaat gestellten Antrags auf internationalen Schutz zuständig ist (Neufassung), *Dublin III*, ABl L 180 v. 29.06.2013, S. 3159.

1272 *Canor*, ZaöRV 2013, 249.

1273 Vgl. dazu: EuGH 21.12.2011, Rs. C-411/10 und C-493/10, *N.S.*, noch nicht in der amtlichen Sammlung veröffentlicht, Rn. 70ff; 94, 106; EuGH 14.11.2013, Rs. C-4/11, *Puid*, noch nicht in der amtlichen Sammlung veröffentlicht, Rn. 30; EuGH 10.12.2013, Rs. C-394/12, *Abdullahi*, noch nicht in der amtlichen Sammlung veröffentlicht, Rn. 60; nunmehr ausdrücklich: Art. 3 Abs. 2 UAbs. 2 *Dublin III-Verordnung* (604/2013).

rechts auf effektiven Rechtsschutz angesehen werden[1274]. In der Entscheidung *Köbler* stellt der EuGH explizit fest, der Schutz der Rechte des Einzelnen, der sich auf das Unionsrecht beruft, verlange zwingend, dass diesem das Recht zustehen muss, vor einem nationalen Gericht den Ersatz des Schadens zu verlangen, der auf die Verletzung seiner Rechte zurückzuführen sei[1275]. Der Sekundärrechtsschutz ist von der Rechtswegegarantie damit umfasst.

Ebenfalls vom Grundrecht auf effektiven Rechtsschutz ableitbar und damit zum sachlichen Gewährleistungsgehalt zu zählen sind Kontrolldichteanforderungen. Ihr Umfang wird grundsätzlich durch das einschlägige Recht bestimmt. Art 47 Abs. 1 GRC, genauer: das Erfordernis der Wirksamkeit des Rechtsbehelfs, setzt dieser Ausgestaltung jedoch Grenzen[1276]. Ist die Kontrolle damit auf einen hinreichend qualifizierten Verstoß begrenzt, ist diese Vorgabe an Art. 47 Abs. 1 GRC zu messen. Die Grundrechtskonformität einer eingeschränkten Kontrolle im Rahmen des Staatshaftungsanspruchs ist bislang nicht explizit in EuGH-Verfahren thematisiert worden. Es lässt sich allerdings einigen Urteilen aus anderen Bereichen der Grundsatz entnehmen, dass ein Rechtsbehelf nur dann einen effektiven gerichtlichen Schutz gewährleistet, wenn damit eine gerichtliche Entscheidung herbeigeführt werden kann, mit der festgestellt wird, dass die betreffende Maßnahme gegen das Unionsrecht verstößt[1277]. Im Rahmen des unionsrechtlichen Staatshaftungsanspruchs wird über die Voraussetzung des hinreichend qualifizierten Verstoßes jedoch nur eine eingeschränkte Rechtmäßigkeitskontrolle vorgenommen. Eine vollständige Überprüfung der rechtlichen und tatsächlichen Gesichtspunkte findet nicht statt. Darin kann eine Beeinträchtigung des Rechts auf effektiven Rechtsschutz gesehen werden. Es besteht die Gefahr, dass die Rechtsverletzung gar nicht erst festgestellt wird oder aber

---

1274 KG Berlin, Beschluss v. 15.02.2011, 9 W 50/08, ZIP 2011, 542; GA *Léger*, Schlussanträge zu EuGH 30.09.2003, Rs C-224/01, *Köbler*, Slg. 2003, I-10239, Rn. 35: *Nowak*, in: Heselhaus/Nowak [Hrsg.], Handbuch der europäischen Grundrechte, § 51, Rn. 15;

1275 EuGH 30.09.2003 Rs. C-224/01, *Köbler*, Slg. 2003, I-10239, Rn. 36.

1276 *Jarass*, EU-GRCharta, Art, 47, Rn. 30.

1277 EuGH 15.10.1987, Rs. 222/86, *Heylens*, Slg. 1987, 4097, Rn. 14f; EuGH 29.04.2004, verb. Rs. C-482/01 und C-493/01, *Orfanopoulos*, Slg. 2004, I-5257, Rn. 110; EuGH 13.03.2007, Rs. C-432/05, *Unibet*, Slg. 2007, I-2271, Rn. 61; EuGH 03.09.2008, verb. Rs. C-402/05 P und C-415/05 P, *Kadi und Al Barakaat*,Slg. 2008, I-6351, Rn. 337; zu Beweisvorschriften: EuGH 09.11.1983, Rs. 199/82, *San Giorgio*, Slg. 1983, 3595, Rn. 14; EuGH 25.02.1988, verb. Rs. 331/85, 376/85 und 378/85, *Bianco und Girard*, Slg. 1988, 1099, Rn. 12.

mangels Qualifikation keine Abhilfemöglichkeit trotz Rechtsverletzung besteht. Die Wirksamkeit des Rechtsbehelfs ist eingeschränkt, wenn die Überprüfung der gerügten Handlung auf hinreichend qualifizierte Verstöße begrenzt ist. Allerdings kann nicht ausgeschlossen werden, dass für den Sekundärrechtsschutz herabgesetzte Kontrolldichteanforderungen gelten können. Obwohl der unionsrechtliche Staatshaftungsanspruch auch von Art. 47 GRC erfasst ist, könnte von einem differenzierten Gewährleistungsgehalt auszugehen sein. Alternativ kommt eine Rechtfertigung der Beeinträchtigung in Betracht (Art. 52 Abs. 1 GRC). Die oben aufgeführten Gründe, sind allerdings - wie gezeigt - nicht geeignet, eine zurückgenommene Kontrolle aufgrund der Komplexität unionsrechtlicher Normen rechtfertigen zu können. Eine im Unterschied zum Primärrechtsschutz zurückgenommene Kontrolldichte mag sich letztlich vor allem damit begründen, dass der Haftungsanspruch nur eine zweite Rechtsschutzebene darstellt. Aber auch diese Begründung trägt nicht in jedem Fall. Schließlich kann nicht generell und pauschal davon ausgegangen werden, dass zumutbarer Primärrechtsschutz zur Verfügung stand.

Darüber hinaus ist die eben dargestellte Entwicklung der Intensivierung der Grundrechtsrechtsprechung zu beachten. Diese sollte nicht vor dem Haftungsanspruch Halt machen. Auch der Staatshaftungsanspruch dient dem Schutz grundrechtlicher Freiheitssphären und ist als Teil des umfassenden Rechtsschutzgebots selbst grundrechtlich verbürgt. Seit der Begründung des Haftungsanspruchs im Jahr 1991 und der expliziten Nennung des hinreichend qualifizierten Verstoßes als Tatbestandsvoraussetzung 1996 hat sich das Rechtsschutzniveau der Union entscheidend erhöht. Auch die Kontrolldichte im Rahmen des Haftungsanspruchs sind entsprechend anzuheben.

Eine stärkere Akzentuierung des grundrechtlichen Schutzes kann durch eine Anpassung der Haftungsvoraussetzung erreicht werden. Wird die staatliche Einstandspflicht nicht mehr von der Vorwerfbarkeit des Verstoßes abhängig gemacht, sondern greift sie unabhängig davon stets bei Beeinträchtigungen der geschützten Freiheitssphäre, wird auch im Rahmen des Haftungsanspruchs die beschriebene Stärkung des Grundrechtsschutzes nachvollzogen.

c. Zusammenfassung

Eine Einstandspflicht des Mitgliedstaates für zurechenbare Schädigungen der Unionsbürger, die sich aus der Verletzung individualschützenden Unionsrechts ergeben, sollte unabhängig davon eintreten, ob der Normverstoß dem handelnden Organ auch vorwerfbar ist. Eine reine

Unrechtshaftung lässt sich dabei nicht unmittelbar den rechtlichen Grundlagen entnehmen. Die Orientierung der Staatenverantwortlichkeit an völkerrechtlichen Grundsätzen, der Effektivitätsgrundsatz, das Rechtsstaatsgebot und der wirksame Grundrechtsschutz lassen jedoch den Schluss zu, dass eine reine Unrechtshaftung vorzugswürdig ist. Insbesondere die Analyse der Entwicklung des Unionrechts hat gezeigt, dass sich der Fokus des Haftungsanspruchs seit der Einführung der unionsrechtlichen Haftung in der Entscheidung *Francovich* im Jahr 1991 auf die Individualrechtsposition des Einzelnen gerichtet und der Individualrechtsschutz insgesamt eine Stärkung erfahren hat. Diese Entwicklung sollte aus rechtsstaatlichen und grundrechtlichen Gründen auch auf den Haftungsanspruch übertragen werden. Ist eine Einstandspflicht dann bereits bei einfacher Rechtswidrigkeit anzunehmen, kann zudem die Kohärenz des Rechtsschutzsystems und eine Übereinstimmung mit völkerrechtlichen Grundlagen erzielt werden.

IV. Alternative Haftungsbegrenzungen

Eine reine Unrechtshaftung führt nicht zwangsläufig zu einer Schadensersatzpflicht, die stets und immer gegeben sein muss. Das Bedürfnis, das Ausmaß potentieller Haftungsansprüche zu begrenzen, muss nicht zwangsläufig über die zusätzliche Tatbestandsvoraussetzung des Verschuldens erfolgen. Vielmehr kann den oben angeführten Gründen, die für eine Begrenzung der Haftung sprechen, Rechnung getragen werden, ohne auf diese wertungsbedürftige Tatbestandsvorrausetzung bestehen zu müssen. Ebenso wenig sind weitere Voraussetzungen oder eine verschärfte Handhabung der gewählten Voraussetzungen notwendig. Auch wenn die Unionsrechtswidrigkeit für sich bereits haftungsbegründend ist, können bereits angelegte Optionen genutzt werden, eine ausufernde Haftung zu verhindern.

1. Stärkung der Bedeutung des Primärrechtsschutzes

Denkbar ist als erstes, dass man das Haftungsrecht durch eine stärkere Betonung des Primärrechtsschutzes entlastet. Der unionsrechtliche Staatshaftungsanspruch stellt zwar grundsätzlich einen weiteren Rechtsbehelf bei der Verletzung der Rechtsstellung des Bürgers dar und ist nicht auf die Fälle des Ausfalls eines Primärrechtsschutzanspruchs begrenzt[1278]. Weder der „rule-of-law“, noch Art. 47 GRC kann jedoch die Notwendigkeit einer doppelten Überprüfungsmöglichkeit in Form eines primären und sekundären Rechtsschutzverfahren entnommen werden[1279]. Der EuGH hat den Weg zu einer Betonung der komplementären Funktion des Haftungsanspruchs zudem bereits geebnet. Im Rahmen der Bestimmung des Umfangs des zu erstattenden Schadensersatzes kann berücksichtigt werden, inwieweit der Einzelne sich mittels zumutbaren primären Rechtsschutzes um die Verhinderung des Schadenseintritts bemüht hat. Der Vorrang des Primärrechtsschutzes kann dann als „grundsätzlich ausreichende“ Schranke gegen eine „uferlose“ Staatshaftung verwandt werden[1280].

Damit wird zunächst sichergestellt, dass Rechtsschutz und eine Ersatzmöglichkeit gegeben sind, wenn kein Primärrechtsschutz zur Verfügung

1278 Vgl. EuGH 05.03.1996, verb. Rs C-46/93 u. C-48/93, *Brasserie du Pêcheur/Factortame III*, Slg. 1996, I-1029, Rn. 18 ff.

1279 Dazu unter: B. III. 2. c).

1280 *Luhmann*, Öffentlich-rechtliche Entschädigung rechtspolitisch betrachtet, S. 14f, 76.

steht. Konnte die unionsrechtswidrige Ursache eines Schadens im primären Rechtsweg hingegen beseitigt werden, wird mit dem Zumutbarkeitskriterium die Risikoverteilung umgekehrt. Während bei einer vom Verschulden abhängigen Haftung das Risiko einer vertretbaren aber unionsrechtswidrigen Normanwendung beim Bürger liegt, wird das Risiko hiernach auf den Staat verlagert. Primärrechtsschutz ist dann nicht anspruchsmindernd zu berücksichtigen, wenn er nicht erfolgsversprechend gewesen wäre. Das ist anhand der Rechtspraxis zum Zeitpunkt der Entscheidung zu bewerten[1281]. Liegt eine eindeutige und klare Rechtslage vor, dann ist davon auszugehen, dass eine gerichtliche Entscheidung diese auch berücksichtigen wird. Bestehen Unsicherheiten bezüglich des Normverständnisses, ist nicht unbedingt zu erwarten, dass der Primärrechtsschutz erfolgsversprechend ist. Entschädigungsansprüche werden so auf das für den Geschädigten Unvermeidbare reduziert, vorhersehbarer und nicht von Umständen abhängig gemacht, auf deren Vorliegen er keinen Einfluss hat[1282].

2. Normative Begrenzung der Ersatzpflicht durch nationale Regelungen

Eine weitere Möglichkeit der Haftungsbegrenzung stellen nationale Ausschluss- bzw. Rechtsbehelfsfristen dar. Neben der offensichtlichen Bedeutung für den Haftungsanspruch kann auch eine zeitliche Grenze für den Primärrechtsschutz potentielle Haftungsansprüche begrenzen. Wird beispielsweise eine Klagefrist für einen möglichen und zumutbaren Primärrechtsschutz nicht beachtet, kann der zu erstattende Schaden bei einer eventuell später angestrengten Haftungsklage nach dem eben Ausgeführten entsprechend gekürzt werden. Eingegangen werden soll hier jedoch im Wesentlichen auf Ausschlussfristen für den Haftungsanspruch.

Mangels unionsrechtlicher Regelung können die Mitgliedstaaten die Verfahrensmodalitäten des Staatshaftungsanspruchs und damit auch

1281 Die Zumutbarkeit verneinend: EuGH 08.03.2001, verb. Rs. C-397/98 und C-410/98, *Metallgesellschaft*, Slg. 2001, I-1727, Rn. 105f; EuGH 25.11.2010, Rs C-429/09, *Fuß gegen Halle,* Rn. 75ff; unter Hinweis auf die mangelnden Erfolgsaussichten eines Rechtsmittels die Anwendung von § 839 Abs. 3 BGB ablehnend: BGHZ 156, 294 (Gebührenerhebung für Fleischuntersuchungen); OLG Köln 02.06.2005, Az. 7 U 29/04 (Danske Slagterier), Rn. 58ff.

1282 Dazu: *Luhmann,* Öffentlich-rechtliche Entschädigung rechtspolitisch betrachtet, S. 85ff.

„mehr oder weniger lange“[1283] Rechtsbehelfs-, Präklusions- oder Unbeachtlichkeitsfristen bestimmen. Grenzen bilden der Grundsatz der Äquivalenz und jener der Effektivität. Die konkrete Ausgestaltung darf mithin nicht ungünstiger sein als für rein nationale Fälle und die Ausübung der Unionsrechte nicht praktisch unmöglich gemacht oder übermäßig erschwert werden. Es ist grundsätzlich jedoch im Hinblick auf Rechtssicherheit und Gleichheit hinzunehmen, dass nach Ablauf einer entsprechenden Frist die Unionsrechtswidrigkeit bestehen bleibt[1284]. Welche Fristlänge dafür konkret als ausreichend angesehen werden kann, bestimmt sich nach den Umständen des Einzelfalls, wobei folgende Aspekte zu berücksichtigen sind: Bedeutung der zu treffenden Entscheidungen für die Betroffenen, Komplexität des Verfahrens und der Rechtsvorschriften, Zahl der potentiell Betroffenen und andere zu berücksichtigende öffentliche oder private Zwecke[1285]. Das vom EuGH vorgenommene Abstellen auf den Einzelfall hat zur Folge, dass aus einer in einem Verfahren für angemessenen erachteten Fristenlänge nicht darauf geschlossen werden kann, dass diese Frist auch in einem anderen Verfahren dem Effektivitätsgrundsatz genügt[1286]. Im Gegenteil, die Einzelfallbetrachtung kann bedeuten, dass eine im Regelfall zulässige Fristenlänge im Einzelfall unzulässig kurz ist[1287]. Sind daher auch besonders kurze Fristen von nur 15 Tagen als mit dem Effektivitätsgrundsatz vereinbar angenommen worden[1288], kann das nur bei entsprechender Professionalität der Betroffenen auch in anderen Fällen gelten[1289]. Je länger die Frist, desto weniger sind die oben aufgeführten weiteren Aspekte

1283 EuGH 08.07.2010, Rs. C-246/09, *Bulicke*, Slg. 2010, I-6999, Rn. 36.

1284 Vgl. nur: EuGH 18.12.2008, Rs. C-349/07, *Sopropé,* Slg. 2008, I-10369, Rn. 40; EuGH 29.11.2009, Rs. 63/08, *Virginie Pontin*, Slg. 2009, I-10467, Rn. 48.

1285 EuGH 18.12.2008, Rs. C-349/07, *Sopropé*, Slg. 2008, I-10369, Rn. 40; EuGH 29.10.2009, Rs. C-63/08, *Pontin*, Slg. 2009, I-10467, Rn. 48; EuGH 08.07.2010, Rs. C-246/09, *Bulicke*, Slg. 2010, I-6999, Rn. 36.

1286 EuGH 21.11.2002, Rs. C-473/00, *Cofidis*, Slg. 2002, I-10875, Rn. 37.

1287 EuGH 14.12.1995, C-312/93, *Peterbroeck*, Slg. 1995, I-4599, Rn. 16ff; EuGH 08.09.2011, verb. Rs. C-89/10 und C-96/10, *Q-Beef NV*, Rn. 37, 43ff.

1288 EuGH 18.12.2008, Rs. C-349/07, *Sopropé*, Slg. 2008, I-10369, Rn. 41; zur Zulässigkeit einer Ausschlussfrist von zwei Monaten: EuGH 08.06.2010, Rs. C-246/09, *Bulicke*, Slg. 2010, I-6999, Rn. 39; EuGH Rn. 95; zur Zulässigkeit einer Frist von einem Jahr: EuGH 10.07.1997, Rs. C-261/95, *Palmisani* ,Slg. 1997, I-4025 Rn. 28; zur Zulässigkeit einer dreijährigen Verjährungsfrist: EuGH, 24.03.2009, Rs C-445/06, *Danske Slagterier*, Slg. 2009, I-2119, Rn. 32; vgl. dazu: *Armbrüster/Kämmerer*, NJW 2009, 3601; bereits zuvor: *Huff*, NJW 1996, 3190 (3191).

1289 *Kulms*, Der Effektivitätsgrundsatz, S. 60ff.

von Bedeutung, da die Chance, seine Rechte wahrzunehmen zu können damit einhergehend zunimmt. Je kürzer die allgemeine Frist, die nicht nur für Unionsrechtsverstöße gilt, desto niedriger ist hingegen das Haftungsrisiko. Es gilt daher einen angemessenen Ausgleich zwischen diesen beiden Polen zu schaffen.

Eine besondere Konstellation stellt die nachträgliche Verkürzung der Frist dar. Zum einen sind dann für die neue Frist die gleichen, eben dargelegten Maßstäbe anzulegen. Darüber hinaus ist für Sachverhalte, die noch im Rahmen der alten Frist liegen, aber nach der neuen Frist nicht mehr geltend gemacht werden könnten, sicherzustellen, dass der Fristverkürzung keine Rückwirkung zukommt. Dafür bedarf es angemessener Übergangszeiten, die eine Geltendmachung ermöglichen, wobei sich die Länge der Übergangszeit auch an der bisherigen Frist orientiert. Der EuGH hat beispielsweise bei der Verkürzung einer Frist von fünf auf drei Jahre eine Übergangszeit von sechs Monaten angesetzt[1290].

3. Begrenzung der zeitlichen Wirkung von EuGH-Urteilen

Schließlich kann eine Haftungsbegrenzung über die Begrenzung der zeitlichen Wirkung von EuGH-Urteilen erfolgen. Sofern der EuGH in einem Vorabentscheidungsersuchen erstmalig zu einer Auslegung kommt, die der bisher national verwandten entgegensteht, kann er die zeitliche Wirkung des Urteils unter Berufung auf den allgemeinen Rechtsgrundsatz der Rechtssicherheit auf die Zukunft beschränken[1291].

1290 EuGH 24.09.2002, Rs. C-255/00, *Grundig Italiana*, Slg. 2002, I-8003, Rn. 42; vgl. dazu auch: EuGH 17.11.1997, Rs. C-228/96, *Aprile*, Slg. 1998, I-7141, Rn. 19, 26; EuGH 9.2.1999, Rs. C-343/96, *Dilexport*, Slg. 1999, I-579, Rn. 42; EuGH, 11.07.2002, Rs. C-62/00, *Marks & Spencer*, Slg. 2002, I-6325, Rn. 38; EuGH 12.12.2013, Rs. C-362/12, *Test Claimants in the Franked Investment Income Group Litigation*, noch nicht in der amtlichen Sammlung veröffentlicht, Rn. 43.

1291 Ausführlich dazu: *Weiß*, EuR 1995, 377; *Waldhoff*, EuR 2006, 615; *Schaer*, Rechtssicherheit und Vertrauensschutz als Grenzen rückwirkender Rechtsprechung im europäischen Arbeitsrecht, S. 39ff; *Schmitz/Stammler*, AöR 2011, 479; *Ludewig*, Die zeitliche Beschränkung der Wirkung von Urteilen des EuGH im Vorabentscheidungsverfahren; zur Unvereinbarkeitserklärungspraxis des deutschen Verfassungsgerichts: vgl. *Seer*, NJW 1996, 285; zur Beschränkung der zeitlichen Wirkung einer Nichtigkeitserklärung, vgl. für Verordnungen: Art. 264 Abs. 2 AEUV; für dessen analoge Anwendung, für Richtlinien: EuGH 07.07.1992, Rs. C-295/90, *Parlament/Rat*, Slg. 1992, I-4193, Rn. 26; für Entscheidungen und Beschlüsse: EuGH 12.05.1998, Rs. C-106/96, *Vereinigtes Königreich/Kommission*, Slg.

Hintergrund ist zum einen, dass sich die Entscheidung grundsätzlich auf den gesamten Gültigkeitszeitraum der auszulegenden Norm bezieht, und zum anderen dem Urteil eine Wirkung über den Anlassfall hinaus beizumessen ist. Stellt der EuGH fest, dass die Auslegung des Unionsrechts einer nationalen Norm entgegensteht, ist die nationale Norm im Geltungsbereich der unionsrechtlichen Vorschrift nicht mehr anzuwenden[1292]. Will ein Gericht von der Auslegung abweichen, ist es zur erneuten Vorlage verpflichtet[1293]. Dem Auslegungsurteil kommt somit eine faktische erga omnes-Wirkung zu, welche der EuGH unter Berufung auf die Rechtssicherheit durch die zeitliche Begrenzung der Wirkung des Urteils beschränkt. Damit wird es dem Einzelnen verwehrt, sich auf die Auslegung des EuGH für Sachverhalte zu berufen, die vor dem Erlass des Urteils bereits abgeschlossen waren. Dogmatisch kommt es dadurch zu einer temporären Durchbrechung des Vorrangs des Unionsrechts[1294].

Der EuGH hat die rückwirkenden Effekte seiner Urteile bereits in einigen Fällen weitgehend ausgeschlossen, in Haftungskonstellationen jedoch bisher von dieser Möglichkeit noch keinen Gebrauch gemacht. Lediglich in einem vergleichbaren Fall, der Entscheidung *Providence agricole de la Champagne*, in dem es um die Erstattung von unionsrechtswidrigen Abgaben ging, hat der EuGH diesen Gedanken fruchtbar gemacht[1295]. Dort erklärte er zwar mehrere Durchführungsverordnungen der Kommission für ungültig, da sie bestimmte Währungsausgleichsbeträge unter Überschreitung ihres Ermessenspielraums zu hoch festgesetzt hatte. Eine Anfechtung und anschließende Rückforderung der nationalen Gebührenbescheide schloss er jedoch unter Berufung auf Art. 174 Abs. 2 EWG[1296] aus.

Diese Rechtsprechung kann und sollte als Ausgleich für eine Erweiterung des Haftungstatbestandes auf eine reine Unrechtshaftung stärker

---

1998, I-2729, Rn. 41; EuGH 28.05.1998, Rs. C-22/96, *Parlament/Rat*, Slg. 1998, I-3231, Rn. 42.

1292 Insoweit von einer quasi-normativen Wirkung sprechend: *Kokott/Henze*, NJW 2006, 177; *Schlachter*, ZfA 2007, 249 (265ff); *Steiner*, NZA 2008, 73; *Schaer*, Rechtssicherheit und Vertrauensschutz als Grenzen rückwirkender Rechtsprechung im europäischen Arbeitsrecht, S. 39.

1293 EuGH 05.03.1986, *Wünsche*, Slg. 1986, 947, Rn. 15; EuGH 11.06.1987, Rs. 14/86, *Pretura di Salò*, Slg. 1987, 2545, Rn. 12.

1294 Vgl. dazu unter: B. I. 2. b).

1295 EuGH 15.10.1980, Rs. 4/79, *Providence agricole de la Champagne*, Slg. 1980, 2823, Rn. 42ff.

1296 Entspricht: Art. 264 Abs. 2 AEUV.

berücksichtigt werden. Drohen dem Mitgliedstaat aufgrund von Menge oder Umfang der Haftungsfälle erhebliche finanzielle Belastungen, sollte die zeitliche Wirkung des die Unionsrechtswidrigkeit des mitgliedstaatlichen Handelns feststellenden Urteils auf die Zukunft beschränkt werden. Der EuGH stellt den Unionsrechtsverstoß fest, ohne die Wirkung des Haftungsanspruchs, nämlich die Verpflichtung zum Ausgleich eines deshalb bereits eingetretenen Schadens, zu begründen. Das könnte auch noch in einem Vorlageverfahren auf Betreiben eines nationalen Gerichts geschehen, das über die mitgliedstaatliche Haftung zu entscheiden hat. Dadurch kann den oben dargestellten Einwänden gegen eine zu weitgehende Haftung entgegengetreten werden, insbesondere finden finanzielle Bedenken und Gewaltenteilungsaspekte ausreichend Berücksichtigung[1297]. Allerdings nicht in einer generellen, schwer nachprüfbaren Form, sondern aufgrund tatsächlicher und nachvollziehbarer Anhaltspunkte. Zudem wird Rechtssicherheit geschaffen, den nationalen Stellen Sicherheit für die zukünftige Anwendung des Unionsrechts gegeben. Zumindest ab dem Zeitpunkt, zu dem die Wirkung eintritt, ist ein fortdauernder Verstoß haftungsbegründend.

Auch aus der Sicht des Geschädigten ist damit eine Besserung verbunden. Wird statt einer restriktiven Haftungsrechtsprechung der Weg der Haftungsbegrenzung über die zeitliche Beschränkung gewählt, kehrt sich das Regel-Ausnahme-Verhältnis zugunsten des Unionsbürgers um. Ausgestaltung und Anwendung des hinreichend qualifizierten Verstoßes haben dazu geführt, dass eine Haftung in der Praxis auf die Fälle der per se Qualifikation begrenzt zu sein scheint. Eine haftungsrechtliche Einstandspflicht ist damit eher die Ausnahme. Legt man die Rechtsprechung zur Beschränkung der zeitlichen Wirkung von Urteile des EuGH insbesondere in Vorabentscheidungsverfahren zugrunde, so stellt hingegen andersherum die fehlende Einstandspflicht trotz Unionsrechtswidrigkeit den Ausnahmefall dar. Grundsätzlich wirken die Auslegungsurteile des EuGH ex tunc und damit für die gesamte Zeit, in der die Vorschrift, die dem EuGH zur Beurteilung vorlag, angewandt wurde[1298]. Eine zeitliche Beschränkung kann der EuGH daher nur im Ausnahmefall aussprechen. Dafür müssen die nachfolgend aufgezählten Voraussetzungen gegeben sein.

1297 Zum Aspekt der Gewaltenteilung, insb: EuGH 22.12.2008, Rs. C-333/07, *Régie Networks*, Slg. 2008, I-10807, Rn. 123ff.

1298 *Schwarze*, in: Schwarze [Hrsg.], EU-Kommentar, 2012, Art. 267 AEUV, Rn. 72.

a. Vertrauenstatbestand - Rechtsunsicherheit

Die erste Voraussetzung für die Begrenzung der zeitlichen Wirkung macht den Zusammenhang zur Haftungsrechtsprechung besonders deutlich. Für beide Aspekte ist die Frage der objektiven Erkennbarkeit der unionsrechtlichen Rechtslage von entscheidender Bedeutung. Eine zeitliche Begrenzung kommt nur in Betracht, wenn eine erhebliche bzw. bedeutende objektive Unsicherheit über die richtige Auslegung der unionsrechtlichen Norm bestand und die Parteien daher aus objektiver Sicht annehmen durften, ihr Verhalten stehe im Einklang mit dem Unionsrecht[1299].

Ist die geforderte unionsrechtliche Auslegung eindeutig, besteht keine Rechtsunsicherheit und ein guter Glauben in eine andere Auslegung kann nicht begründet werden. Dann scheidet die Begrenzung der zeitlichen Wirkung aus. Ebenso ist eine dennoch unionsrechtswidrige Auslegung als hinreichend qualifizierter Verstoß anzusehen. Auch für die positive Feststellung, wann eine solche Rechtsunsicherheit gegeben ist, spielen Aspekte eine Rolle, die auch im Rahmen des Haftungstatbestands relevant sind[1300]. Dabei besteht jedoch ein unterschiedlicher Maßstab, da Regel und Ausnahme unterschiedlich verwandt werden. Die Analyse der Prüfung des hinreichend qualifizierten Verstoßes hat gezeigt, dass grundsätzlich von einer unklaren Rechtslage auszugehen ist, die Rechtsklarheit ist die Ausnahme. Dementsprechend ist beispielsweise Handlungen der Unionsorgane, welche die unionsrechtswidrige Auslegung des Mitgliedstaates stützen, lediglich bestätigende Bedeutung beizumessen. Keinesfalls sind missverständliche oder sogar falsche Äußerungen konstitutiv für eine Rechtfertigung oder Entschuldigung des mitgliedstaatlichen Unionsrechtsverstoßes. Ein hinreichend qualifizierter Verstoß kann auch ohne solche Äußerungen zu verneinen sein. Bei der Beschränkung der zeitlichen Wirkung von Entscheidungen in Vorabent-

---

1299 EuGH 16.07.1992, Rs. C-163/90, *Legros*, Slg. 1992, I-4625, Rn. 33; EuGH 17.05.1992, Rs. C-262/88, *Barber*, Slg. 1990, I-1889, Rn. 43; EuGH 10.05.2012, verb. Rs. C-338/11 bis C-347/11, *Santander Asset Management SGIIC u. a.*, noch nicht in der amtlichen Sammlung veröffentlicht, Rn. 61; EuGH 13.12.2012, Rs. C-465/11, *Forposta*, noch nicht in der amtlichen Sammlung veröffentlicht, Rn. 43ff; EuGH 19.12.2013, Rs. C-262/12, *Vent De Colère*, noch nicht in der amtlichen Sammlung veröffentlicht, Rn. 41; EuGH 19.12.2013, Rs. C-209/12, *Endress*, noch nicht in der amtlichen Sammlung veröffentlicht, Rn. 33; ebenso: GA *Stix-Hackl*, Schlussanträge zu EuGH 06.03.2007, Rs. C-292/04, *Meilicke*, Slg. 2007, I-1835, Rn. 41; weitere Nachweise bei: *Schmitz/Stammler*, AöR 2011, 479 (490).

1300 GA *Sharpston*, Schlussanträge zu EuGH 22.06.2006, Rs. C-228/05, *Stradasfalti*, Slg. 2006, I-8391, Rn. 88.

scheidungsersuchen haben derartige Äußerungen hingegen hervorgehobene Bedeutung. Es gilt der Grundsatz, dass Urteile in Vorabentscheidungsersuchen ohne zeitliche Begrenzung wirken. Nur wenn ein für die zeitliche Beschränkung der Urteilswirkungen relevanter Vertrauenstatbestand besteht, kann die Wirkung ausnahmsweise beschränkt und auch ein eventueller Ersatzanspruch des Einzelnen eingeschränkt werden. Dieser Vertrauenstatbestand ergibt sich zumeist nicht bereits aus einer unklaren Rechtslage. Der EuGH stellt vielmehr entscheidend auf das Verhalten der Unionsorgane oder anderer Mitgliedstaaten ab[1301]. Soweit ersichtlich, hat der EuGH nur in den Entscheidungen *Barber* und *Bosman* einen Vertrauenstatbestand wegen der unklaren Rechtslage selbst angenommen[1302]. In den anderen Fällen, in denen er eine „erhebliche objektive Unsicherheit" angenommen hat, stellte er auf das Verhalten anderer Mitgliedstaaten[1303], vorangegangene missverständliche Unionsjudikatur[1304] oder das Verhalten der Kommission ab[1305]. Für den Mitgliedstaat bietet es sich daher an, frühzeitig in Kontakt mit der Kommission zu treten und ihre Einschätzung einzuholen. Teilt die Kommission die Einschätzung des Mitgliedstaates, ist er auf der sicheren Seite: Entweder ist die Rechtsauffassung korrekt, dann sind auch keine Konsequenzen eines

---

1301 EuGH 08.04.1976, Rs. C-43/75, *Defrenne II*, Slg. 1976, 455, Rn. 71/73; EuGH 02.02.1988, Rs. 24/86, *Blaizot*, Slg. 1988, 379, Rn. 32f; EuGH 16.07.1992, Rs. C-163/90, Slg. 1992, I-4625, Rn. 31ff; EuGH 11.08.1995, verb. Rs. C-367/93 bis C-377/93, *Roders*, Slg. 1995, I-2229, Rn. 43; EuGH 19.10.1995, C-137/94, *Richardson*, Slg. 1995, I-3407, Rn. 35; EuGH 30.04.1996, Rs. C-308/93, *Cabanis-Issarte*, Slg. 1996, I-2097, Rn. 47; EuGH 12.09.2000, Rs. C-359/97, *Kommission/Vereinigtes Königreich*, Slg. 2000, I-6355, Rn. 92ff; EuGH 20.09.2001, Rs. C-184/99, *Grzelczyk*, Slg. 2001, I-6193, Rn. 53; EuGH 15.03.2005, Rs. C-209/03, Slg. 2005, I-2119, Rn. 69; EuGH 27.04.2006, Rs. C-423/04, *Richards*, Slg. 2006, I-3585, Rn. 42; EuGH 14.09.2006, Rs. C-228/05, *Stradasfalti*, Slg. 2006, I-8391, Rn. 71ff; EuGH 03.06.2010, Rs. C-2/09, *Kalinchev*, Slg. 2010, I-4939, Rn. 51; EuGH 10.05.2012, verb. Rs. C-338/11 bis C-347/11, *Santander Asset Management SGIIC u. a.*, noch nicht in der amtlichen Sammlung veröffentlicht, Rn. 60; EuGH 13.12.2012, Rs. C-465/11, *Forposta*, noch nicht in der amtlichen Sammlung veröffentlicht, Rn. 45.

1302 EuGH 17.05.1992, Rs. C-262/88, *Barber*, Slg. 1990, I-1889, Rn. 43; EuGH 15.12.1995, Rs. C-415/93, *Bosman*, Slg. 1995, I-4921, Rn. 143.

1303 EuGH 08.04.1976, Rs. C-43/75, *Defrenne II*, Slg. 1976, 455, Rn. 71/73.

1304 EuGH 30.04.1996, Rs. C-308/93, *Cabanis-Issarte*, Slg. 1996, I-2097, Rn. 47; EuGH 04.05.1999, Rs. C-262/96, *Sürül*, Slg. 1999, I-2685, Rn. 110.

1305 EuGH 08.04.1976, Rs. C-43/75, *Defrenne II*, Slg. 1976, 455, Rn. 71/73; EuGH 02.02.1988, Rs. 24/86, *Blaizot*, Slg. 1986, 379, Rn. 32f; EuGH 16.07.1992, Rs. C-163/90, *Legros*, Slg. 1992, I-4625, Rn. 32; EuGH 09.03.2000, Rs. C-437/97, *EKW und Wein & Co.*, Slg. 2000, I-1157, Rn. 56, 58.

späteren EuGH-Urteils zu erwarten; irrt die Kommission kann sich der Mitgliedstaat zumindest auf seine Gutgläubigkeit berufen. Teilt sie die Ansicht nicht und hält der Mitgliedstaat dennoch an seiner Auslegung fest, so trägt er dafür auch das Risiko[1306].

b. Gefahr schwerwiegender wirtschaftlicher Auswirkungen

Zweite Voraussetzung ist die Gefahr schwerwiegender wirtschaftlicher Auswirkungen[1307]. Diese Gefahr ist zwar Hauptmotiv einer gewünschten zeitlichen Begrenzung der Urteilswirkungen, kann aber ohne den zuvor benannten Vertrauenstatbestand die zeitliche Begrenzung nicht rechtfertigen[1308]. Von besonderer Bedeutung ist dabei die Frage, unter welchen Umständen von schwerwiegenden Auswirkungen auszugehen ist. Wann sind die finanziellen Belastungen groß genug, um eine Beschränkung zu rechtfertigen? Wie das oben geschilderte Beispiel zur Umsetzung der Pauschalreiserichtlinie zeigt, besteht zudem bisweilen eine weite Diskrepanz zwischen der möglichen und der tatsächlich sich realisierenden Belastungen. Daher stellt sich ebenfalls die Frage, welche Eintrittswahrscheinlichkeit notwendig ist[1309].

aa. Umfang der Auswirkung

Ab welchem Umfang Auswirkungen[1310] einer Entscheidung des EuGH als schwerwiegend anzuerkennen sind, ist der Rechtsprechung nicht

---

1306 *Ludewig*, Die zeitliche Beschränkung der Wirkung von Urteilen des EuGH im Vorabentscheidungsverfahren, S. 145.

1307 Vgl. beispielhaft: schwerwiegende Auswirkungen annehmend: Rückzahlung von 22 Milliarden Schilling, 0,9% des BIP: EuGH 09.03.2000, Rs. C-437/97, *EKW und Wein & Co.*, Slg. 2000, I-1157, Rn. 55ff; Zahlen nach den Schlussanträgen dazu von GA *Saggio* Rn. 62; schwerwiegende Auswirkungen ablehnend: wegen zu geringer Zahl von erfassten Sachverhalten: EuGH 11.03.1981, Rs. 69/80, *Worrigham*, Slg. 1981, 767, Rn. 33; ebenso: EuGH 12.10.2000, Rs. C-372/98, *Cooke*, Slg. 2000, I-8683, Rn. 41ff; in Richtung eines Vertrauensschutzes bei geänderter Rechtsprechung, der bereits ohne wirtschaftliche Folgen die zeitliche Beschränkung der Urteilswirkung ermöglicht: EuGH 30.04.1996, Rs. C-308/93, *Cabanis-Issarte*, Slg. 1996, I-2097, Rn. 47.

1308 EuGH 11.08.1995, verb. Rs. C-367/93 bis C-377/93, *Roders*, Slg. 1995, I-2229, Rn. 48; EuGH 19.10.1995, C-137/94, *Richardson*, Slg. 1995, I-3407, Rn. 37; EuGH 19.12.2013, Rs. C-262/12, *Vent De Colère*, noch nicht in der amtlichen Sammlung veröffentlicht, Rn. 42.

1309 Zu parallelen Überlegungen für die polizeiliche Gefahr: *Leisner*, DÖV 2002, 326 (328ff).

1310 Der EuGH verwendet die Begriffe Auswirkung und Störung synonym, vereinzelt sogar im gleichen Urteil: EuGH 30.03.2006, Rs. C-184/04, *Uudenkaupungin* eindeutig zu entnehmen. Die Offenheit zeigt sich am deutlichsten in der Entscheidung *Defrenne*. Dort lässt der EuGH bereits die „Unbekanntheit des Gesamtbetrages der in Betracht kommenden Entgelte" ausreichen[1311]. Als gesichert kann hingegen noch angesehen werden, dass lediglich finanzielle bzw. wirtschaftliche Belastungen in Betracht kommen, die sich insbesondere aus der großen Zahl betroffener Rechtsverhältnisse ergeben[1312]. Nur praktische Schwierigkeit können hingegen keine erheblichen Auswirkungen darstellen[1313]. Relative Schwellenwerte, welche die Leistungsfähigkeit des jeweiligen Mitgliedstaates beziehungsweise des betroffenen nationalen Systems berücksichtigen, sind dabei einheitlichen, absoluten Schwellenwerten vorzuziehen, um die Unterschiede der finanziellen Leistungsfähigkeit der Mitgliedstaaten ausreichend zu berücksichtigen. Die Prozessvertreter der Mitgliedstaaten benennen in ihren Stellungnahmen vor dem EuGH auch bereits vielfach die finanziellen Auswirkungen in Relation zum Bruttoinlandsprodukt[1314] oder Haushaltsbudget[1315]. Auch der EuGH zeigt sich einem relativen Verständnis zugeneigt. Er stellt nicht auf Schwellenwerte ab, sondern betont, dass ohne zeitliche Beschränkung die Finanzierung der mitgliedstaatlichen Systeme erschüttert würde[1316].

---

kaupunki, Slg. 2006, I-3039, Rn. 55, 57; teilweise findet sich auch der Begriff „Schwierigkeiten": EuGH 27.03.1980, Rs. C-61/79, *Denkavit Italiana*, Slg. 1976, 455, Rn. 17; EuGH 27.03.1980, verb. Rs. 66, 127, 128/79, *Salumi*, Slg. 1980, 1237, Rn. 10.

1311 EuGH 08.04.1976, Rs. C-43/75, *Defrenne II*, Slg. 1976, 455, Rn. 74/75.

1312 EuGH 20.09.2001, Rs. C-184/99, *Grzelczk*, Slg. 2001, I-6193, Rn. 53; EuGH 13.04.2010, Rs. C-73/08, *Bressol*, Slg. 2010, I-2735, Rn. 93; EuGH 10.05.2012, verb. Rs. C-338/11 bis C-347/11, *Santander Asset Management SGIIC u. a.*, noch nicht in der amtlichen Sammlung veröffentlicht, Rn. 60

1313 EuGH 30.03.2006, Rs. C-184/04, *Uudenkaupungin kaupunki*, Slg. 2006, I-3039, Rn. 56; zuvor noch auf praktische Auswirkungen rekurrierend: EuGH 08.04.1976, Rs. C-43/75, *Defrenne II*, Slg. 1976, 455, Rn. 71/73.

1314 EuGH 09.03.2000, Rs. C-437/97, *EKW und Wein & Co.*, Slg. 2000, I-1157, Rn. 55ff; Zahlen nach den Schlussanträgen dazu von GA *Saggio* Rn. 62.

1315 EuGH 31.03.1992, Rs. C-200/90, *Dansk Denkavit*, Slg. 1992, I-2217, Rn. 20; EuGH 18.1.2007, Rs. C-313/05, *Brzeziński*, Slg. 2007, I-513, Rn. 59; ebenso: GA *Sharpston*, Schlussanträge zu EuGH 14.09.2006, Rs. C-228/05, *Stradasfalti*, Slg. 2006, I-8391, Rn. 95; GA *Stix-Hackl*, Schlussanträge zu EuGH 06.03.2007, Rs. C-292/04, *Meilicke*, Slg. 2007, I-1835, Rn. 60ff.

1316 EuGH 02.02.1988, Rs. 24/86, *Blaizot*, Slg. 1986, 379, Rn. 34; EuGH 16.07.1992, Rs. C-163/90, *Legros*, Slg. 1992, I-4625, Rn. 34; EuGH 04.05.1999, Rs. C-262/96, *Sürül*, Slg. 1999, I-2685, Rn. 111; EuGH 09.03.2000, Rs. C-437/97, *EKW und Wein & Co.*, Slg. 2000, I-1157, Rn. 59.

bb. Gefahr des Eintretens

Schließlich muss auch die Gefahr des Eintritts umfangreicher Auswirkungen bestehen. Nicht notwendig und rein zeitlich zumeist sogar unmöglich ist, dass die Folgen bereits eingetreten sind, geht es doch darum, durch die zeitliche Beschränkung der Urteilswirkung ihren Eintritt gerade zu verhindern. Allerdings müssen die Auswirkungen mit hinreichender Sicherheit einzutreten drohen. Die Gefahr ihres Eintretens verlangt, dass bei einer zukunftsgerichteten Betrachtung zu prüfen ist, ob der Eintritt der Auswirkungen wahrscheinlich ist. Der EuGH hat sich bisher kaum zur notwendigen Wahrscheinlichkeit geäußert. Lediglich die Beweislast hat er bei demjenigen verortet, der von der Begrenzung profitieren will[1317].

Für die hier relevante Haftungskonstellation kommt es zumeist auf das Verhalten Dritter an. Sie müssen Haftungsansprüche an den Staat stellen und notfalls gerichtlich durchsetzen. Ihr Verhalten bestimmt maßgeblich den Eintritt der Auswirkungen. Bei der Frage, in welchem Umfang die Geschädigten tätig werden, können Erfahrungen aus der Vergangenheit mit Spezifika des konkreten Anlasses verknüpft werden. Einzustellen in die Überlegungen sind Faktoren, wie der Informationsgrad der Geschädigten, ihre Homogenität und eine mögliche mediale Verbreitung des Themas. In dieser Weise kann ein Näherungswert bestimmt werden. Der Anteil der Geschädigten, die wahrscheinlich aktiv werden, sollte dann mit dem maximalen Umfang der Haftungsansprüche multipliziert werden. In dieser Weise kann der Begriff der Gefahr sinnvoll in die Folgenbetrachtung einbezogen werden. Dadurch beruhen die Auswirkungen nicht nur auf bloßen Schätzungen.

c. Rückausnahme

Liegen die beiden vorgenannten Voraussetzungen vor, stellt der EuGH hinsichtlich der Beschränkung der zeitlichen Wirkung zumeist auf den Tag der Urteilsverkündung ab. Der Tenor lautet dann jeweils, dass sich niemand auf die im Urteil dargelegte Auslegung berufen könne, um Ansprüche geltend zu machen, die vor Erlass des Urteils bereits entstanden sind[1318]. Davon macht der EuGH jedoch eine Rückausnahme zugunsten

---

[1317] EuGH 19.12.2013, Rs. C-209/12, *Endress*, noch nicht in der amtlichen Sammlung veröffentlicht, Rn. 37.

[1318] Zur Festlegung eines späteren Zeitpunktes, der dem Mitgliedstaat eine Übergangsfrist einräumt: GA *Jacobs*, Schlussanträge zu EuGH 3.10.2006, Rs. C-475/03, *Banca popolare di Cremona*, Slg. 2006, 9373, Rn. 82ff; ebenso: GA *Stix-*

des Rechtsmittelführers im zu entscheidenden Verfahren und derjenigen, die zuvor ebenfalls ein Rechtsmittel eingelegt haben. Die Beschränkung der zeitlichen Wirkung gilt damit nicht für diejenigen, die sich um die Verfolgen ihrer Rechte vor Erlass des Urteils des EuGH gekümmert haben.

Die Ausnahme für den Rechtsmittelführer sichert die individualschützende Bedeutung des Vorabentscheidungsverfahrens. Derjenige, der sich aktiv um die Wahrung seiner Rechte bemüht hat, kommt auch in den Genuss einer ihn begünstigenden Rechtsprechung. Mit der Erweiterung auf parallele Fälle berücksichtigt der EuGH, dass es von den nationalen Gerichten abhängt, wann und ob eine Vorlage an den EuGH gerichtet wird[1319]. Entgegen der ständigen Rechtsprechung des EuGH böte sich es auch an, auf einen früheren Zeitpunkt, beispielsweise die Veröffentlichung der Vorlagefrage im Amtsblatt oder die Veröffentlichung der Schlussanträge, abzustellen. Damit könnten Trittbrettfahrer, die sich lediglich die Rückausnahme zu Nutze machen wollen, ausgeschlossen und die von den Mitgliedstaaten zu schulternden Auswirkungen weiter verringert werden[1320].

Hackl, Schlussanträge zu EuGH 3.10.2006, Rs. C-475/03, *Banca popolare di Cremona*, Slg. 2006, 9373, Rn. 160ff.

1319 *Kokott/Henze*, NJW 2006, 177 (182).

1320 GA *Stix-Hackl,* Schlussanträge zu EuGH 3.10.2006, Rs. C-475/03, *Banca popolare di Cremona*, Slg. 2006, 9373, Rn. 167ff; ebenso: GA *Tizzano*, Schlussanträge zu EuGH 06.03.2007, Rs. C-292/04, *Meilicke*, Slg. 2007, I-1835, Rn. 58ff.

V. Zusammenfassung

Die Darstellung hat gezeigt, dass berechtigte Interessen der Mitgliedstaaten gegen eine zu weitgehende Haftung wegen unionsrechtlichem Unrecht bestehen. Der Schutz der Funktionsfähigkeit der Organe oder auch budgetäre Bedenken rechtfertigen es jedoch nicht, die Haftung über das Tatbestandsmerkmal des hinreichend qualifizierten Verstoßes in allen Sachverhaltskonstellationen verschuldensabhängig auszugestalten, wie es mit der im vorangegangenen Kapitel dargelegten Erweiterung des Anwendungsbereich der Tatbestandsvoraussetzung des hinreichend qualifizierten Verstoß auf alle Verstoßkonstellationen einhergeht. Zum einen kann bereits bezweifelt werden, inwiefern eine weitergehende Haftung auch eine umfassendere Belastung der Mitgliedstaaten bedeuten würde. Schließlich lassen parallele statistische Untersuchungen zur Einführung einer reinen Unrechtshaftung auf einen lediglich geringfügigen Anstieg der Haftungssummen schließen. Vor allem aber sprechen Aspekte der Rechtsstaatlichkeit und des Individualrechtsschutzes gegen eine solche Begrenzung. Es ist bereits im ersten Kapitel dargelegt worden, dass der Haftungsgrundsatz auch auf diese Aspekte gestützt ist. Zudem ist die starke Einzelfallabhängigkeit in der Beurteilung des hinreichend qualifizierten Verstoß nur schwer mit den Anforderungen des Effektivitäts- und Bestimmtheitsgrundsatzes zu vereinbaren.

Schließlich lassen sich nicht gänzlich von der Hand zu weisenden mitgliedstaatlichen Interessen an einer Begrenzung des potentiellen Haftungsumfangs auch mit alternativen Haftungsbeschränkungen begegnen. Diese sind in der Rechtsprechung des EuGH bereits angelegt. Kann der Einzelne zumutbar Primärrechtsschutz in Anspruch nehmen und unterlässt er dies, kann ihm das in einem Haftungsprozess anspruchsmindernd entgegengehalten werden. Damit wird über eine Stärkung der Bedeutung des Primärrechtsschutzes der Fokus des Haftungsanspruchs auf eine Rechtsschutzergänzung gelegt. Nicht die zusätzliche Rechtsschutzmöglichkeit sollte maßgeblich sein, sondern das Schließen von Rechtsschutzlücken im Vordergrund stehen. Damit wird auch sichergestellt, dass in Fällen, in denen Primärrechtsschutz nicht, nicht rechtzeitig oder nicht in zumutbarer Weise erreicht werden konnte, der Haftungsanspruch eine dem Maßstab von Art. 47 GRC entsprechende, vollumfängliche Überprüfung der staatlichen Handlung und ein Ausgleich unionsrechtswidriger Schäden ermöglicht. Zudem kann die Haftung über nationale Fristenregelungen, sowohl für den Primärrechtsschutz als auch für den Haftungsanspruch, begrenzt werden. Eine wesentliche Reduzierung des Haftungsrisikos stellt darüber hinaus die Möglichkeit dar, die

Rechtsprechung zur zeitlichen Begrenzung der Urteilswirkungen auch auf die Haftungsfälle zu erweitern. Die Beschränkung der Urteilswirkungen kann eine andernfalls bestehende, umfangreiche staatliche Einstandspflicht sinnvoll eingrenzen.

Würde der Haftungsanspruch nicht mehr von der Vorwerfbarkeit des Unionsrechtsverstoßes abhängig gemacht, sondern würde die unionsrechtliche Staatshaftung als reine Unrechtshaftung ausgestalten werden, kehrte sich das Regel-Ausnahme-Verhältnis zu Gunsten des Einzelnen um. Nicht mehr der Einzelne müsste im Einzelfall die klare Erkennbarkeit der Unionsrechtslage darlegen, um die Haftung des Mitgliedstaates zu begründen, sondern der Mitgliedstaat wäre vielmehr in der Pflicht, über Fristenregelungen, die Bereitstellung effektiven und zumutbaren Primärrechtsschutzes oder die Darlegung von erheblichen finanziellen Folgen ausnahmsweise die Abkehr von der grundsätzlich bestehenden Ausgleichspflicht darzulegen.

Eine solche Änderung scheint insbesondere zur Stärkung des Individualrechtsschutzes auch mittlerweile angebracht. Seit der Begründung des Haftungsanspruchs und der erstmaligen Erwähnung der Tatbestandsvoraussetzung des hinreichend qualifizierten Verstoß in der unionsrechtlichen Staatshaftung hat die Bedeutung des Individualrechtsschutz im Unionsrecht insgesamt zugenommen. Unionsrechtliche Individualrechtsgüter sind nicht mehr nur wirtschaftlicher Natur. Verstärkt sind auch darüberhinausgehende, zusätzliche Individualrechte auf Unionsebene verbürgt. Die Stärkung des Rechtsschutzes sowohl formal als auch in der Rechtspraxis ist dargelegt worden. Der Fokus sollte daher auch im Rahmen der unionsrechtlichen Haftung vom Mitgliedstaat auf den Einzelnen wechseln. Es sollte nicht mehr primär entscheidend sein, ob die Rechtsmaterie nicht hinreichend klar war, dass von den mitgliedstaatlichen Organen nicht verlangt werden konnte, eine richtige Auslegung vorzunehmen, so dass kein Bedarf besteht, aus präventiven Gründen die falsche Rechtsanwendung mit dem Haftungsanspruch zu sanktionieren. Stattdessen sollte vorrangig die Individualrechtsposition des Einzelnen von Bedeutung sein. Ist diese verletzt, besteht im Grundsatz ein Haftungsanspruch. Nur wenn der Mitgliedstaat im Ausnahmefall auf die vorgenommene Auslegung vertrauen durfte und erhebliche finanzielle Auswirkungen zu befürchten sind, kann der Haftungsanspruch eingeschränkt werden. Für einen solchen beschriebenen Wandel ist der Haftungsanspruch nicht grundlegend zu ändern. Er ist lediglich dem geänderten Stellenwert des Individualrechtsschutzes anzupassen. Dafür ist das Erfordernis eines hinreichend qualifizierten Verstoßes auf einen einfachen Unionsrechtsverstoß zu reduzieren.

Ergebniszusammenfassung

KAPITEL I: Grundlagen

1. Die Einbeziehung Privater in den Kreis derer, denen gegenüber die Verpflichtungen des Unionsrechts zu erfüllen sind, stellt die Grundlage des Staatshaftungsgrundsatzes dar. Rechtsschutz setzt zu schützende Rechte voraus.
2. Der Einzelne kann sich nur auf subjektiv geprägte Bestimmungen des Unionsrechts berufen.
3. An die Verleihung eines subjektiven Rechts im Sinne des Unionsrechts ist die Möglichkeit geknüpft, dieses Recht durchzusetzen sowie eine eventuelle Rechtsverletzung zu sanktionieren.
4. Für die Verleihung eines subjektiven Rechts im Sinne des Unionsrechts ist eine rein faktische Betroffenheit nicht ausreichend, entscheidend ist vielmehr der unionsrechtlich bezweckte Interessenschutz.
5. Individuelle und allgemeine Schutzrichtung unionsrechtlicher Normen stehen nicht notwendigerweise in einem Alternativverhältnis. Überschneidungen sind möglich und zur effektiven Durchsetzung des Unionsrechts normtechnisch gewollt. Der Einzelne übernimmt beim Schutz individueller Interessen damit auch eine Legalitätskontrolle.
6. Der Individualrechtsschutz ist materiell sowohl individual- als objektivrechtlich verankert. Die Notwendigkeit des Rechtsschutzes ergibt sich aus dem individuellen Justizgewährleistungsanspruch, den individuellen Schutzansprüchen der Grundfreiheiten und aus dem Verständnis der Europäische Union als Rechtsgemeinschaft („rule-of-law").
7. Trotz der unterschiedlichen normativen Verankerung des effektiven Rechtsschutzes ist von einheitlichen materiellen Anforderungen an den Individualrechtsschutz auszugehen.
8. Effektiver Rechtsschutz verlangt inhaltlich umfassenden und rechtzeitigen Rechtsschutz. Ein Aufschub der Rechtsverwirklichung, selbst mit einer Kompensation der Verzögerungsfolgen, ist nicht ausreichend, um effektiven Rechtschutz zu gewährleisten.
9. Der effektive Zugang zum Gericht wird sowohl zentral durch den Gerichtshof der Union, als auch dezentral über die mitgliedstaatlichen Gerichte wahrgenommen. Im Rahmen des dezentralen

Rechtsschutzes wird jeder nationale Richter funktional zum Unionsrichter.

10. Die Wirksamkeit nationaler Rechtsbehelfe und nationaler gerichtlicher Kontrolle wird über unmittelbare Wirkung, Vorrang und den Effektivitäts- und Äquivalenzgrundsatz gewährleistet.
11. Etwaige Rechtsschutzlücken für den Einzelnen sind über die dezentrale, folglich mitgliedstaatliche Komponente zu schließen. Die mitgliedstaatlichen Gerichte sind primär für den effektiven Rechtsschutz in der Union verantwortlich.
12. Der Staatshaftungsanspruch ist Element eines effektiven, umfassenden Rechtsschutzsystems. Der Haftungsanspruch hat dabei grundsätzlich den gleichen Anwendungsbereich wie der defensiv-negatorische Primärrechtsschutz und ist nicht auf den Schutz von bestimmten Rechtsgütern, wie etwa das Eigentum, begrenzt.
13. Im Regelfall reicht Sekundärrechtsschutz allein nicht aus, die umfassenden Rechtsschutzziele der Union zu erreichen. Eine notwendige vollständige Rechtmäßigkeitsprüfung verlangt daher grundsätzlich auch eine Überprüfungsmöglichkeit durch Primärrechtsschutz.
14. Der Haftungsanspruch ist gegenüber dem Primärrechtsschutzes nicht subsidiär. Das Verhältnis von Primärrecht- zu Sekundärrechtsschutz kann aber bei der Bestimmung des ersatzfähigen Schadens Berücksichtigung finden.
15. Bereits vor der Entscheidung *Francovich* entwickelte der EuGH einen allgemeinen Erstattungsanspruch für zu Unrecht erhobene Abgaben. Mit dem Staatshaftungsanspruch gemein hat der Erstattungsanspruch, dass unionsrechtswidrige Belastungen ausgeglichen werden sollen.
16. Der Judikatur des EuGH war bereits vor der *Francovich*-Entscheidung zu entnehmen, dass Mitgliedstaaten gegenüber dem Unionsbürger für Unionsrechtsverletzungen haften könnten.
17. Die Geltungsgrundlage des Haftungsanspruchs im Unionsrecht lässt sich nicht singulär bestimmen. Vorzugswürdig ist der Haftungsanspruch aus dem Schutz der Individualrechte - und damit aus dem verletzten Recht, in Verbindung mit Art. 47 GRC und, beziehungsweise alternativ dem „rule-of-law"-Grundsatz - als auch aus einem allgemeinen Grundsatz der Union, der die Mitgliedstaaten zum Ausgleich von Schäden durch Unionsrechtsverstöße verpflichtet, herzuleiten.
18. Der Haftungsanspruch dient nicht nur der Sicherung eines Rechtsschutzminimums. Die zusätzliche Rechtsschutzmöglichkeit, neben

einem möglichen Primärrechtsschutz, stellt vielmehr eine Rechtsschutzverstärkung dar.

19. Die unionsrechtliche Staatshaftung verfolgt seit *Francovich* im Wesentlichen zwei Zwecke: Stärkung des Individualrechtsschutzes und Durchsetzung des Unionsrechts. Die Rechtsfolge des Anspruchs ist sowohl Schadenskompensation als auch Anreiz und Belohnung für die dezentrale Kontrolle durch den Bürger. Für den säumigen Staat ist die Schadensausgleichspflicht Strafsanktion und führt präventiv auch zur Beeinflussung zukünftigen staatlichen Handelns.
20. Weitere Zwecke des Haftungsanspruchs sind die besseren Durchsetzung von Urteilen des EuGH, der Einfluss auf das Vorlageverhalten der nationalen Gerichte und die weiteren Legitimierung der Hoheitsgewalt der Europäischen Union. Als Teil des Individualrechtsschutzes gewährleistet der unionsrechtliche Haftungsanspruch zudem die Beachtung von Verfassungsinhalten auf europäischer Ebene.
21. Für die Rechtsqualität des Haftungsanspruchs ist zwischen dem Grundsatz der Staatshaftung und dem eigentlichen Haftungsanspruch zu unterscheiden. Die Pflicht der Mitgliedstaaten zur Schaffung des Staatshaftungsanspruchs ist im Unionsrecht verankert. Die Frage nach der Rechtsqualität des Staatshaftungsanspruchs ist für jeden Mitgliedstaat gesondert zu beantworten. Für Deutschland ist von einer unionsrechtlichen Rechtsqualität des Haftungsanspruchs auszugehen.
22. Die unionsrechtlichen Tatbestandsvoraussetzungen sind als für alle Verstoßkonstellationen einheitliche Mindestbedingungen eines Staatshaftungsanspruchs anzusehen. Zur Ergänzung ist auf die mitgliedstaatlichen Regelungen zurückzugreifen.
23. Die unionsrechtliche Staatshaftung bezieht sich nur auf unionsrechtswidriges Handeln. Eine Einstandspflicht ohne Normverstoß sieht die unionsrechtliche Staatshaftung nicht vor.
24. Ist dem Mitgliedstaat nur unionsrechtswidriges Verhalten möglich, ist ihm der Verstoß nicht zuzurechnen.
25. Im Fall der gesamtschuldnerischen Haftung von Mitgliedstaat und Union lässt sich eine Subsidiarität der mitgliedstaatlichen Haftung nicht begründen.
26. Ein Schaden ist dann nicht mehr unmittelbar, wenn er nicht objektiv vorhersehbar war. Wesentliche Bedeutung kommt bei der Prüfung der Vorhersehbarkeit dem Schutzzweck der Norm zu.
27. Rechtsfolge des Staatshaftungsanspruchs ist die Schadensbeseitigungspflicht. Diese kann auch von selbstständigen Organisationseinheiten des Mitgliedstaates erfüllt werden. Der Mitgliedstaat

selbst haftet jedoch dann, wenn die entsprechende nationale Haftungsverteilung gegen den Äquivalenzgrundsatz verstieße.

28. Der konkrete Umfang des zu ersetzenden Schadens hat sich stets an dem jeweils in Rede stehenden subjektiven Recht zu orientieren. Die Möglichkeit zur Schadensverhinderung beziehungsweise -minderung kann im Sinne eines Mitverschuldens zu einer Anspruchskürzung führen.

KAPITEL II: Der hinreichend qualifizierte Verstoß als Haftungsvoraussetzung

1. Die Haftungsgrundlagen sind weder im EWG-Vertrag noch im EGKS-Vertrag abschließend geregelt (gewesen). Wesentliche Charakteristika entwickelte die europäische Rechtsprechung. Auch der hinreichend qualifizierte Verstoß hat auf diese Weise als Element der *Schöppenstedt*-Formel Aufnahme in den Haftungstatbestand gefunden.
2. Das Tatbestandsmerkmal des hinreichend qualifizierten Verstoß diente anfänglich der Eingrenzung einer mit der *Schöppenstedt*-Formel ebenfalls begründeten Haftung für legislatives Unrecht.
3. In der Rechtsprechung zur Unionshaftung stellte der EuGH neben der Art und Schwere des Verstoßes auch auf die Auswirkungen der Maßnahme ab. Die Auswirkungen werden dabei unter Berücksichtigung der Höhe des Schadens und der Abgrenzbarkeit der Betroffenen analysiert. Damit wurden Sonderopfergedanken wie im deutschen Aufopferungs- und Enteignungsrecht berücksichtigt.
4. Der Rang der verletzten Rechtsnorm ist kein eigenständiges Element der *Schöppenstedt*-Formel.
5. Der Anwendungsbereich der *Schöppenstedt*-Formel war unabhängig von der formellen Einordnung der schadensverursachenden Unionshandlung bereits gegeben, wenn eine Vielzahl von Betroffenen durch eine mit wertenden, abstrakt-generellen Elementen versehene Maßnahme betroffen sein konnte.
6. Mit Begründung der unionsrechtlichen Staatshaftung kam es zu einer stetigen und gegenseitigen Beeinflussung zwischen Unionshaftung und unionsrechtlicher Haftung der Mitgliedstaaten. Der Annäherungsprozess der beiden Haftungsinstitute kann als Parallelisierung bezeichnet werden.
7. Bei der Übernahme der Tatbestandsvoraussetzung des hinreichend qualifizierten Verstoßes nach der *Schöppenstedt*-Formel auf die unionsrechtliche Staathaftung wird der Anwendungsbereich erheblich erweitert. Weder das Erfordernis normativen Handelns, noch das Vorliegen eines Handlungsspielraums sind für die Anwendung des

hinreichend qualifizierte Verstoßes notwendig. Die Tatbestandsvoraussetzung in vielmehr allen Verstoßkonstellationen anzuwenden. Die Änderung der Haftungsvoraussetzung im Rahmen der Staatshaftung wird nachfolgend auf die Unionshaftung übertragen.

8. Die begriffliche Vereinheitlichung und Erweiterung des Anwendungsbereichs des hinreichend qualifizierten Verstoßes ging mit einer Bedeutungsveränderung einher. Eingeführt als besondere Haftungsvoraussetzung für den begrenzten Anwendungsbereich wirtschaftlichen, abwägenden Handelns der Union, ist der hinreichend qualifizierte Verstoß nunmehr universelle Tatbestandsvoraussetzung.
9. Der EuGH kann die Kompetenz zur vollständigen Prüfung des Tatbestandsmerkmals des hinreichend qualifizierten Verstoßes ausnahmsweise wahrnehmen, um die Einheitlichkeit des unionsrechtlichen Staatshaftungsanspruchs sicherzustellen.
10. Maßgebliches Kriterium zur Bestimmung des hinreichend qualifizierten Verstoßes ist die Erkennbarkeit unionsrechtlicher Vorgaben, mithin die Klarheit der unionsrechtlichen Norm.
11. Alle im Kriterienkatalog des EuGH benannten Unterkriterien dienen dazu, die Erkennbarkeit unionsrechtlicher Vorgaben zu bestimmen. Besondere Bedeutung kommt dabei den Unterkriterien Ermessen und Klarheit und Genauigkeit der verletzten Norm zu.
12. Aspekte der Aufopferungshaftung sind bei der Prüfung des hinreichend qualifizierten Verstoßes nicht zu beachten.
13. Wenn das Unionsrecht abschließend oder hinreichend klar die Anforderungen an das mitgliedstaatliche Handeln determiniert und damit dem Mitgliedstaat konkrete Ergebnis-, Verhaltens- oder Unterlassungspflichten auferlegt, knüpft der Haftungsvorwurf bereits an die einfache Verletzung der entsprechenden Anforderungen.
14. Ist Ermessen anzunehmen oder liegt eine komplexe Rechtslage vor, ist die einfache Rechtswidrigkeit nicht ausreichend, um einen Haftungsvorwurf zu begründen. Ermessen zeichnet sich durch die Pluralität verschiedener rechtmäßiger Handlungsoptionen aus. Bei einer komplexen Rechtslage ist zwar nur eine Auslegung rechtmäßig, jedoch nicht ohne weiteres zu ermitteln.
15. Bestimmte Verstoßkonstellationen sind per se hinreichend qualifiziert. Ihnen kommt große praktische Bedeutung zu. Ein Fall der per se Qualifikation ist zum einen gegeben, wenn mitgliedstaatliches Verhalten im Widerspruch zu feststehender Rechtsprechung der Union steht; zum anderen wenn mitgliedstaatliches Verhalten im Widerspruch zu einer offensichtlichen Rechtslage steht. Letzteres ist

im Regelfall bei unterbliebener Richtlinienumsetzung und bei Eindeutigkeit der Rechtslage im Sinne der *acte-clair*-Doktrin gegeben.

16. Liegt kein Fall der per se Qualifikation vor, ist ein hinreichend qualifizierter Verstoß nur anzunehmen, wenn der Mitgliedstat den Rahmen der jeweils zugestandenen Irrtumsmarge verlassen hat. Insoweit erfolgt im Rahmen des Staatshaftungsanspruchs nur eine eingeschränkte gerichtliche Kontrolle. Ein hinreichend qualifizierter Verstoß ist dann nur bei willkürlicher Rechtsverletzung und evidentem Rechtsanwendungsfehler zu bejahen.
17. Die Ausgestaltung des hinreichend qualifizierten Verstoßes lässt die Einordnung der unionsrechtliche Staatshaftung als Verschuldenshaftung zu. Das Verschulden bezieht sich dabei einzig auf die Frage der unrichtigen Rechtsanwendung und –auslegung.
18. Der Verschuldensvorwurf, die Erkenn- und Vermeidbarkeit eines Unionsrechtsverstoßes ist im Regelfall nicht als persönlicher Vorwurf an den jeweiligen Schädiger zu verstehen. Anzuwenden ist ein unionsweit einheitlicher, objektivierter Maßstab der Vorwerfbarkeit.
19. Der Rechtsprechung ist eine grundsätzliche Vermutung für eine komplexe Rechtslage und gegen einen verschuldeten Rechtsirrtum zu entnehmen, die je nach handelnder Gewalt unterschiedlich stark ausfällt. Ausgangspunkt ist damit nicht die Frage, ob ein Rechtsirrtum ausnahmsweise wegen noch vertretbarer Rechtsaufassung entschuldbarer ist, sondern ob die mangelhafte Rechtskenntnis im Einzelfall zumindest fahrlässig ist.
20. Die unionsrechtliche Staatshaftung wird faktisch auf Fälle begrenzt, in denen eine per se Qualifikation positiv nachgewiesen werden kann. Eine zurückgenommene Kontrolldichte wird im Rahmen des Haftungsanspruchs zum Regelfall.

KAPITEL III: Kritik an der Ausgestaltung des hinreichend qualifizierten Verstoßes

1. Überzeugende Gründe, die für eine restriktive Ausgestaltung der unionsrechtlichen Staatshaftung sprechen, lassen sich nicht finden. Zwar sprechen berechtigte Interessen der Mitgliedstaaten, insbesondere die Aufrechthaltung der Funktionsfähigkeit staatlicher Organe, drohende finanzielle Lasten und die Rücksicht auf die Gewaltenteilung auf den ersten Blick gegen eine zu weitgehende Haftung. Nach erfolgter Analyse lassen sich die aufgeführten Bedenken jedoch nicht belegen.
2. Die unionsrechtliche Staatshaftung ist nicht aus der Haftung des einzelnen Amtswalters ableitbar. Vielmehr ist an die Verantwortlichkeit

des Mitgliedstaates gegenüber der Union und den anderen Mitgliedstaaten anzuknüpfen. Dieser wohnt kein Verschuldensprinzip inne.

3. Das unionsrechtliche Institut der Staatshaftung diente anfänglich zumindest gleichermaßen der Integrationsförderung und dem Individualrechtsschutz. Nunmehr hat die Bedeutung des Individualrechtsschutzes im Unionsrecht zugenommen, so dass auch im Staatshaftungsanspruch die Belange des Einzelnen im Mittelpunkt stehen sollten.
4. Die starke Einzelfallabhängigkeit in der Beurteilung des hinreichend qualifizierten Verstoß ist nur schwerlich mit den Anforderungen des Effektivitäts- und Bestimmtheitsgrundsatzes zu vereinbaren.
5. Aspekte, die bei der Durchsetzung des Unionsrecht von Bedeutung sind, sollten nur noch untergeordneter Bedeutung haben. Eine Differenzierung danach, ob die rechtsverletzende staatliche Einwirkung schuldhaft oder unverschuldet erfolgt, ist für den Betroffenen ohne Belang und sollte keine Rolle mehr spielen.
6. Eine reine Unrechtshaftung lässt sich nicht unmittelbar den rechtlichen Grundlagen entnehmen.
7. Die Intensivierung der Grundrechtsrechtsprechung in der Europäischen Union lässt sich auch für eine Stärkung des Staatshaftungsanspruchs heranziehen. Seit der Entscheidung *Francovich* im Jahr 1991 und der expliziten Nennung des hinreichend qualifizierten Verstoßes als Tatbestandsvoraussetzung 1996 hat sich das Rechtsschutzniveau der Union entscheidend erhöht. Diese Erhöhung des Rechtsschutzniveaus sollte auch im Rahmen des Haftungsanspruchs nachvollzogen werden.
8. Mitgliedstaatlichen Interessen an einer Begrenzung des potentiellen Haftungsumfangs kann mit alternativen Haftungsbeschränkungen begegnet werden. Diese sind die Stärkung der Bedeutung des Primärrechtsschutzes, nationale Fristenregelungen, sowohl für den Primärrechtsschutz als auch für den Haftungsanspruch, sowie die Reduzierung des Haftungsrisikos über die EuGH-Rechtsprechung zur zeitlichen Begrenzung der Urteilswirkungen.
9. Wird die unionsrechtliche Staatshaftung als reine Unrechtshaftung ausgestaltet, kehrt sich das Regel-Ausnahme-Verhältnis zu Gunsten des Einzelnen um. Nicht mehr der Einzelne müsste im Einzelfall die klare Erkennbarkeit der Unionsrechtslage darlegen, um die Haftung des Mitgliedstaates zu begründen. Vielmehr ist der Mitgliedstaat in der Pflicht, über Fristenregelungen, die Bereitstellung effektiven und zumutbaren Primärrechtsschutzes oder die Darlegung von erheblichen finanziellen Folgen ausnahmsweise die Abkehr von der grundsätzlich bestehenden Ausgleichspflicht darzulegen.

Literaturverzeichnis

Aalto, Pekka: Public liability in EU law - Brasserie, Bergaderm and beyond, Oxford [u.a.] 2011

Abelein, Manfred / Kimminich, Otto [Hrsg.], Studien zum Staats- und Völkerrecht - Festschrift für Hermann Raschhofer zum 70. Geburtstag, Kallmünz 1977 [zitiert: FS Raschhofer]

Abetz, Marie-Claire: Justizgrundrechte in der Europäischen Union, Frankfurt am Main [u.a.] 2005

Adam, Winfried Anselm: Die Kontrolldichte - Konzeption des EuGH und deutscher Gerichte - Eine vergleichende Untersuchung der gerichtlichen Kontrolle im Dienst-, Außen- und Binnenwirtschaftsrecht, Baden-Baden 1993

Ahnis, Erik / Helbach, Clemens / Kirschnick, Stephan, Zum Umfang von Rückforderungsansprüchen infolge der Unwirksamkeit von § 5 II Strom-/GasGVV, IR 2013, 218-223

Albers, Carsten: Die Haftung der Bundesrepublik Deutschland für die Nichtumsetzung von EG-Richtlinien, Baden-Baden 1995

Albin, Silke: Unmittelbare Anwendbarkeit von Richtlinien mit "Doppelwirkung" im Umweltbereich - Ein Scheinproblem?, NuR 1997, 29-33

Albrecht, Weber: Verwaltungskollisionsrecht der Europäischen Gemeinschaften im Lichte neuerer Rechtsentwicklungen, EuR 1986, 1-28

Alexy, Robert / Kunig, Philip / Heun, Werner / Hermes, Georg / Erbguth, Wilfried / Höfling, Wolfram / Streinz, Rudolf / Epiney, Astrid: Verfassungsrecht und einfaches Recht - Verfassungsgerichtsbarkeit und Fachgerichtsbarkeit / Primär- und Sekundärrechtsschutz im Öffentlichen Recht, Veröffentlichung der Vereinigung der deutschen Staatsrechtslehrer, Heft 61, Berlin [u.a.] 2002 [zitiert: VVDStRL (61)]

Anagnostaras, G.: The allocation of responsibility in State liability actions for breach of Community Law: A modern gordian knot, EL Rev 2001 (26), 139-158

André, Tobias / Sailer, Daniel: Zwischen Stillstand und Erneuerung - vergabespezifischer Unterschwellenrechtsschutz in der rechtspolitischen Debatte, NZBau 2011, 394-400

Annacker, Claudia: Die Inexistenz als Angriffs- und Verteidigungsmittel vor dem EuGH und dem EuG, EuZW 1995, 755-761

Armbrüster, Christian / Kämmerer, Jörn Axel: Verjährung von Staatshaftungsansprüchen wegen fehlerhafter Richtlinienumsetzung, NJW 2009, 3601-3605

Aubin, Peter: Die Haftung der Europäischen Wirtschaftsgemeinschaft und ihrer Mitgliedstaaten bei gemeinschaftsrechtswidrigen nationalen Verwaltungsakten, Baden-Baden 1982

Literaturverzeichnis

Ax, Thomas / Schneider, Matthias / Ottenströer,, Karin: Rechtsschutz bei der öffentlichen Auftragsvergabe, Berlin 2011

Axer, Peter: Primär- und Sekundärrechtsschutz im öffentlichen Recht, DVBl 2001, 1322-1332

Bach, Albrecht: Direkte Wirkungen von EG-Richtlinien, JZ 1990, 1108-1116

Bäcker, Matthias: Altes und Neues zum EuGH als gesetzlichem Richter, NJW 2011, 270-272

Baltes, Kathrin F.: Die demokratische Legitimation und die Unabhängigkeit des EuGH und des EuG, Frankfurt am Main [u.a.] 2011

v. Bar, Christian / Grothe, Helmut [Hrsg.]: Deliktsrecht in Europa - Systematische Einführungen, Gesetzestexte, Übersetzungen, Ko□ln [u.a.] 1993

Barth, Hanna: Das Vergaberecht außerhalb des Anwendungsbereichs der EG-Vergaberichtlinien, Frankfurt am Main [u.a.] 2010

Bauer, Jobst-Hubertus / Arnold, Christian: Auf "Junk" folgt "Mangold" – Europarecht verdrängt deutsches Arbeitsrecht, NJW 2006, 6-12

Baumann, Johannes Maria: Die Rechtsprechung des EuGH zum Vorrang von Gemeinschaftsrecht vor mitgliedstaatlichen Verwaltungsakten und Gerichtsurteilen, Frankfurt am Main [u.a.] 2010

Baumgartner, Ulrich: Die Klagebefugnis nach deutschem Recht vor dem Hintergrund des Gemeinschaftsrechts, Berlin 2005

Beljin, Saša: Die Zusammenhänge zwischen dem Vorrang, den Instituten der innerstaatlichen Beachtlichkeit und der Durchführung des Gemeinschaftsrechts, EuR 2002, 351-376

Ders.: Staatshaftung im Europarecht - Konturen des Haftungsinstituts, mitgliedstaatliche Pflichten und subjektive Gemeinschaftsrechte, innerstaatliche Durchführung, Köln [u.a.] 2000

Ders.: Wann muss ein Verstoß gegen die Grundfreiheiten beseitigt sein?, NVwZ 2008, 156-162

Bernhardt, Wilfried: Verfassungsprinzipien - Verfassungsgerichtsfunktionen - Verfassungsprozeßrecht im EWG-Vertrag - Zur Auslegung des Gemeinschaftsprozeßrechts, insbesondere der Bestimmungen über Zuständigkeit, Zugang und Entscheidungswirkungen, am Maßstab des Art. 164 EWGV, Berlin 1988

Bertelmann, Heiko: Die Europäisierung des Staatshaftungsrechts - Eine Untersuchung zum Einfluss des Europäischen Gemeinschaftsrechts auf das deutsche Staatshaftungsrecht unter besonderer Berücksichtigung der Haftung für judikatives Unrecht, Frankfurt am Main [u.a.] 2005

Beul, Carsten Rene: Kein Richterprivileg bei unterlassener Vorlage gem. Art- 177 EGV, EuZW 1996, 748-750

Birkemeyer, Claas: Die unmittelbare Drittwirkung der Grundfreiheiten – Zugleich Anmerkung zu EuGH Urt. v. 17.7.2008, *Raccanelli*, EuR 2010, 662-678

Bitter, Stephan: Die Sanktion im Recht der Europäischen Union - Der Begriff und seine Funktion im europäischen Rechtsschutzsystem, Heidelberg [u.a.] 2011

Bitterich, Klaus: Rechtsschutz bei Verletzung aus dem EG-Vertrag abgeleiteter „Grundanforderungen" an die Vergabe öffentlicher Aufträge, NVwZ 2007, 890-895

Blanchet, L'usage de la théorie de l'acte Claire en droit communautaire: une hypothèse de mise en jeu de la responsabilité de l'Etat francais du fait de la function jridictionelle?, Revue trimestrielle de droit Européen, 2001, 397-438

Bleckmann, Albert: Europarecht - Das Recht der Europäischen Union und der Europäischen Gemeinschaften, 6. Auflage, Köln [u.a.] 1997

v. Bogdandy, Armin: Das deutsche Staatshaftungsrecht vor der Herausforderung der Internationalisierung - Zum Verhältnis von rechtlicher Gestaltungsmacht und Schadensverantwortung, AöR 1997, 268- 291

Ders.: Europa 1992 - Die außervertragliche Haftung der Europäischen Gemeinschaften, JuS 1990, 872-877

Ders.: Europäisches Verfassungsrecht - Theoretische und dogmatische Grundzüge, 2. Auflage, Berlin [u.a.] 2009

Böhm, Monika: Umsetzungsdefizite und Direktwirkung der IVU- und UVP-Änderungsrichtlinien?, ZUR 2002, 6-11

Dies.: Voraussetzungen einer Staatshaftung bei Verstößen gegen primäres Gemeinschaftsrecht, JZ 1997, 53-60

Böhm, Reinhard: Kompetenzauslegung und Kompetenzlücken im Gemeinschaftsrecht – Ein Beitrag zur Klärung und Abgrenzung von effet utile, implied powers, resulting powers und Lückenklauseln, Frankfurt am Main [u.a.] 1985

Borchardt, Klaus-Dieter: Die rechtlichen Grundlagen der Europäischen Union: eine systematische Darstellung für Studium und Praxis, 5. Aufl., Wien 2012 [zitiert: Die rechtlichen Grundlagen der Europäischen Union]

Bothelo, Carlos: Overview of the Mechanism of Enforcement of Community Law, in: Moreira de Sousa, Sofia / Heusel, Wolfgang [Hrsg.], Durchsetzung des Gemeinschaftsrecht von Francovich zu Köbler: 12 Jahre gemeinschaftsrechtliche Staatshaftung, Köln 2004, 13-50

Brenn, Christoph: Auf dem Weg zur horizontalen Direktwirkung von EU-Richtlinien, ÖJZ 2005, 41-53

Breuer, Rüdiger: Entwicklungen des europäischen Umweltrechts - Ziele, Wege und Irrwege, Schriftenreihe der Juristischen Gesellschaft zu Berlin, Berlin [u.a.] 1993 [zitiert: Entwicklungen des europäischen Umweltrechts]

Ders.: Staatshaftung für judikatives Unrecht - Eine Untersuchung zum deutschen Recht, zum Europa- und Völkerrecht, Tübingen 2011

Brödermann, Eckart / Iversen, Holger: Europäisches Gemeinschaftsrecht und Internationales Privatrecht, Tübingen 1994

Bröhmer, Jürgen: Die Weiterentwicklung des europäischen Staatshaftungsrechts, JuS 1997, 117-124

Buck-Heeb, Petra: Die Haftung von Mitgliedern des Leitungsorgans bei unklarer Rechtslage, BB 2013, 2247-2257

Bullinger, Martin [Hrsg.]: Verwaltungsermessen im modernen Staat : Landesberichte und Generalbericht der Tagung für Rechtsvergleichung 1985 in Göttingen, Baden-Baden 1986

Bumke, Christian: Relative Rechtswidrigkeit - Systembildung und Binnendifferenzierungen im öffentlichen Recht, Tübingen 2004

Bungenberg, Marc: Primärrechtsschutz im gesamten öffentlichen Beschaffungswesen?, WuW 2005, 899-905

Ders.: Rechtsschutz im Vergaberecht und Einsichtnahme in Vergabeakten SächsVBl 2008, 53-59

de Búrca, Graínne: The road not taken: the European Union as a Global Human Rights actor, AJIL 2011 (105), 649-693

Burgi, Martin: Vergaberechtsschutz unterhalb der Schwellenwerte aus der Hand des Bundesgesetzgebers?, NVwZ 2011, 1217-1225

Ders.: Verwaltungsprozess und Europarecht - Eine systematische Darstellung, München 1996

Ders.: Zum Rechtsschutz nach der Auftragsvergabe bei öffentlichen Aufträgen, JZ 2001, 930-933

Burianek, Jiri: Das Verschuldenselement - Ein den Rechtsordnungen der Mitgliedsstaaten gemeinsamer allgemeiner Rechtsgrundsatz i.S.v. Art. 215 Abs. 2 EWGV?, München 1991

Calliess, Christian: Das Ringen des Zweiten Senats mit der Europäischen Union: Über das Ziel hinausgeschossen..., ZEuS 2009 (12), 559-582

Ders.: Der Unionsbürger: Status, Dogmatik und Dynamik, EuR Beiheft 1/2007, 7-42

Ders.: Die neue Europäische Union nach dem Vertrag von Lissabon - Ein Überblick über die Reformen unter Berücksichtigung ihrer Implikationen für das deutsche Recht, Tübingen 2010

Ders.: Europäische Gesetzgebung und nationale Grundrechte - Divergenzen in der aktuellen Rechtsprechung von EuGH und BVerfG?, JZ 2009, 113-121

Ders.: Feinstaub im Rechtsschutz deutscher Verwaltungsgerichte, NvWZ 2006, 1-7

Ders.: Kohärenz und Konvergenz beim europäischen Individualrechtsschutz - Der Zugang zum Gericht im Lichte des Grundrechts auf effektiven Rechtsschutz, NJW 2002, 3577-3582

Ders.: Optionen zur Demokratisierung der EU, in: Bauer, Hartmut / Huber, Peter M. / Sommermann, Karl-Peter [Hrsg.], Demokratie in Europa, Tübingen 2005, 281-317

Ders.: Zur unmittelbaren Wirkung der EG-Richtlinie über die Umweltverträglichkeitsprüfung und ihrer Umsetzung im deutschen Immissionsschutzrecht, NVwZ 1996, 339-342

Calliess, Christian / Ruffert, Matthias: EUV/AEUV-Kommentar, 4. Auflage, München 2011 [zitiert: Calliess/Ruffert]

Canor, Iris: - Solange horizontal - Der Schutz der EU-Grundrechte zwischen Mitgliedstaaten ZaöRV 2013, 249-294

Caspar, Johannes: Nationale Grundrechtsgarantien und sekundäres Gemeinschaftsrecht, DÖV 2000, 349-361

Classen, Claus Dieter: Demokratische Legitimation im offenen Rechtsstaat - Zur Beeinflussung des Demokratieprinzips durch Rechtsstaatlichkeit und internationale Offenheit, Tübingen 2009

Ders.: Der Conseil d'État auf Europakurs – Anmerkung zur Entscheidung des französischen Conseil d'État - Assemblée - vom 30. Oktober 2009, Klage Nr. 298348 – Mme Perreux EuR 2010, 557

Ders.: Der einzelne als Instrument zur Durchsetzung des Gemeinschaftsrechts?, VerwArch 1997, 645-678

Ders.: Rechtsstaatlichkeit als Primärrechtsgebot in der Europäischen Union – Vertragsrechtliche Grundlagen und Rechtsprechung der Gemeinschaftsgerichte, EuR Beiheft 3/2008, 7-23

Ders.: Strukturunterschiede zwischen deutschem und europäischem Verwaltungsrecht, NJW 1995, 2457-2464

Ders.: Zur Bedeutung von EWG-Richtlinien für Privatpersonen, EuZW 1993, 83-87

Claßen, Christiane: Nichtumsetzung von Gemeinschaftsrichtlinien - Von der unmittelbaren Wirkung bis zum Schadensersatzanspruch, Berlin 1999

Coppel, Jason / O'Neill, Aidan: The European Court of Justice: taking rights seriously?, CML Rev. 1992, 227-239

Cornils, Matthias: Der gemeinschaftsrechtliche Staatshaftungsanspruch: Rechtsnatur und Legitimität eines richterrechtlichen Haftungsinstituts, Baden-Baden 1995

Craig, Paul: Legitimacy in Administrative Law: European Union, in: Ruffert, Matthias [Hrsg.], Legitimacy in European Administrative Law - Reform and Reconstruction, Groningen 2011, 197-216

Cremer, Wolfram: Grundrechtsverpflichtete und Grundrechtsdimensionen nach der Charta der Grundrechte der Europäischen Union, EuGRZ 2011, 545-554

Ders.: Individualrechtsschutz gegen Richtlinien, EuZW 2001, 453-458

Ders.: Zum Rechtsschutz des Einzelnen gegen abgeleitetes Unionsrecht nach dem Vertrag von Lissabon, DÖV 2010, 58-65

Czaja, Astrid: Die außervertragliche Haftung der EG für ihre Organe, Baden-Baden 1996

Dantonel-Cor, Nadine: La mise en jeu de la responsabilité de d'état français pour violation du droit communautaire, RTDE 1995 (31), 471-507

v. Danwitz, Thomas: Die gemeinschaftsrechtliche Staatshaftung der Mitgliedstaaten - Entwicklung, Stand und Perspektiven der Europäischen Haftung aus Richterhand, DVBl 1997, 1-10

Ders.: Die Rolle des Gerichtshofes der Europäischen Union im System der Verträge

Ders.: Europäisches Verwaltungsrecht, Berlin [u.a.] 2008

Ders.: Funktionsbedingungen der Rechtsprechung des Europäischen Gerichtshofes, EuR 2008, 769-785

Ders.: Rechtswirkungen von Richtlinien in der neueren Rechtsprechung des EuGH, JZ 2007, 697-706

Ders.: Verfassungsrechtliche Herausforderungen in der jüngeren Rechtsprechung des EuGH, EuGRZ 2013, 253-261

Ders.: Verwaltungsrechtliches System und europäische Integration, Tübingen 1996

Ders.: Wege zu besserer Gesetzgebung in Europa, JZ 2006, 1-9

Ders.: Zur Entwicklung der gemeinschaftsrechtlichen Staatshaftung, JZ 1994, 335-342

Ders.: Zur Frage der mitgliedstaatlichen Haftung für judikatives Unrecht, JZ 2004, 301-303

Ders.: Zur Grundlegung einer Theorie der subjektiv-öffentlichen Gemeinschaftsrechte, DÖV 1996, 481-490

Dauses, Manfred A. [Hrsg.]: Handbuch des EU-Wirtschaftsrechts, München 2008

Ders.: Empfiehlt es sich, das System des Rechtsschutzes und der Gerichtsbarkeit in der Europäischen Gemeinschaft, insbesondere die Aufgaben der Gemeinschaftsgerichte und der nationalen Gerichte weiterzuentwickeln?, NJW-Beil. Nr. 25 1994, 12-16

Deckert, Martina R.: Zur Haftung des Mitgliedstaates bei Verstößen seiner Organe gegen europäisches Gemeinschaftsrecht, EuR 1997, 203-236

Dederer, Hans-Georg: Konsistente Glücksspielregulierung - Eckpunkte aus den Sportwetten-Urteilen des EuGH vom 8. 9. 2010, EuZW 2010, 771-774

Degenhard, Dorothea: Voraussetzungen und Folgen der unmittelbaren Wirkung von EG-Richtlinien, Teil I: Voraussetzungen der unmittelbaren Wirkung von EG-Richtlinien, Bonn 1996

Demleitner, Andreas: Die Normverwerfungskompetenz der Verwaltung bei entgegenstehendem Gemeinschaftsrecht, NVwZ 2009, 1525-1531

Denninger, Erhard: Identität versus Integration?, JZ 2010, 969-974

Detterbeck, Steffen: Haftung der Europäischen Gemeinschaft und gemeinschaftsrechlicher Staatshaftungsanspruch, AöR 2000 (125), 202-256

Ders.: Staatshaftung bei normativem Unrecht, JA 1991, 7-12

Ders.: Staatshaftung für die Mißachtung von EG-Recht, VerwArch. (85) 1994, 159-207

Detterbeck, Steffen / Windthorst, Kay / Sproll, Hans-Dieter [Hrsg.], Staatshaftungsrecht, München 2000

Deutsch, Erwin: Die Zwecke des Haftungsrechts, JZ 1971, 244-248

Diehr, Uwe: Der Staatshaftungsanspruch des Bürgers wegen Verletzung des Gemeinschaftsrechts durch die deutsche öffentliche Gewalt, Frankfurt am Main [u.a.] 1997

Ders.: Die Einordnung der gemeinschaftsrechtlichen Staatshaftung in das nationale Rechtssystem, ThürVBl 1998, 224-227

Diez, Emanuel [Hrsg.]: Festschrift für Rudolf Bindschedler : Botschafter, Professor Dr. iur. zum 65. Geburtstag am 8. Juli 1980, Berlin 1980 [zitiert: FS Bindschedler]

Dörr, Oliver: Das deutsche Vergaberecht unter dem Einfluß von Art. 19 Abs. 4 GG, DÖV 2001, 1014-1024

Ders.: Der europäisierte Rechtsschutzauftrag deutscher Gerichte - Artikel 19 Absatz 4 GG unter dem Einfluß des europäischen Unionsrechts, Tübingen 2003

Ders. [Hrsg.]: Staatshaftung in Europa: Nationales und Unionsrecht, 2014

Ders.: Verfassungsrechtliche Grundlagen des Vergaberechtsschutzes, WiVerw 2007, 211-220

Dörr, Oliver / Lenz, Christofer: Europäischer Verwaltungsrechtsschutz, Baden-Baden 2006

Dreier, Thomas: Kompensation und Prävention - Rechtsfolgen unerlaubter Handlung im Bürgerlichen, Immaterialgüter- und Wettbewerbsrecht, Tübingen 2002

Due, Ole: Der Grundsatz der Gemeinschaftstreue in der Europäischen Gemeinschaft nach der Rechtsprechung des Gerichtshofs, Referat im Rahmen der Vortragsreihe „Recht und Wirtschaft im Binnenmarkt der EG“, Bonn, 21. Okt. 1991, Bonn 1992 [zitiert: Der Grundsatz der Gemeinschaftstreue]

Dünchheim, Thomas: Die Einwirkungen des Europarechts auf die verwaltungsprozessuale Normabwehr-, Normerlaß- und Normergänzungsklage, DÖV, 2004, 137-146

Dürig, Günter: Grundfragen des öffentlich-rechtlichen Entschädigungssystems, JZ 1955, 521-525

Ebert, Ina: Pönale Elemente im deutschen Privatrecht, Tübingen 2004

Ehlermann, Claus-Dieter: Ein Plädoyer für die dezentrale Kontrolle der Anwendung des Gemeinschaftsrechts durch die Mitgliedstaaten, in: Francesco, Capotorti [Hrsg.]: Du droit international au droit de l'intégration - Liber Amicorum Pierre Pescatore, Baden-Baden 1987, 205-226 [zitiert: FS Pescatore]

Ehlers, Dirk [Hrsg.]: Europäische Grundrechte und Grundfreiheiten, 3. Auflage, Berlin 2009

Ders.: Der Vorrang des Europäischen Unionsrechts, JURA 2011, 187-193

Ders.: Die Europäisierung des Verwaltungsprozeßrechts, Köln [u.a.] 1999

Ders.: Die Weiterentwicklung des Staatshaftungsrechts durch das europäische Gemeinschaftsrecht, JZ 1996, 776-783

Ehricke, Ulrich: Die richtlinienkonforme Auslegung nationalen Rechts vor Ende der Umsetzungsfrist einer Richtlinie, EuZW 1999, 553-559

Eilmansberger, Thomas: Rechtsfolgen und subjektives Recht im Gemeinschaftsrecht: zugleich ein Beitrag zur Dogmatik der Staatshaftungsdoktrin des EuGH, Baden-Baden 1997 [zitiert: Rechtsfolgen und subjektives Recht im Gemeinschaftsrecht]

Elsner, Thomas: Das Ermessen im Lichte der Reinen Rechtslehre - Rechtsstrukturtheoretische Überlegungen zur Rechtsbindung und zur Letztentscheidungskompetenz des Rechtsanwenders, Berlin 2011

Emmert, Frank: Horizontale Direktwirkung von EG-Richtlinien?, EWS 1992, 56-67

Emsinghoff, Jens F.: Entschädigung für Eigentumseingriffe infolge rechtmäßiger Rechtsetzungsakte der Europäischen Gemeinschaft, Baden-Baden 2009

Engisch, Karl: Die Idee der Konkretisierung in Recht und Rechtswissenschaft unserer Zeit, 2. Auflage, Heidelberg 1968

Englisch, Joachim: Effektiver Primärrechtsschutz bei Vergabe öffentlicher Aufträge, VerwArch 2007, 410-447

Enzensberger, Hans-Magnus: Sanftes Monster Brüssel oder Die Entmündigung Europas, Berlin 2011

Epiney, Astrid: Die völkerrechtliche Verantwortlichkeit von Staaten für rechtswidriges Verhalten im Zusammenhang mit Aktionen Privater, Baden-Baden 1992

Dies.: Gemeinschaftsrecht und Verbandsklage, NVwZ 1999, 485-495

Dies.: Unmittelbare Anwendbarkeit und objektive Wirkung von Richtlinien, DVBl 1996, 409-414

Erichsen, Hans-Uwe: Das Recht auf freien Zugang zu Informationen über die Umwelt, NVwZ 1992, 409-419

Erichsen, Hans-Uwe / Ehlers, Dirk [Hrsg.]: Allgemeines Verwaltungsrecht, 14. Aufl., 2010, 408

Errera, Roger: The scope and meaning of no-fault liability in French administrative law, Current legal problems, 1986, 157-180

Everling, Ulrich: Durchführung und Umsetzung des Europäischen Gemeinschaftsrechts im Bereich des Umweltschutzes unter Berücksichtigung der Rechtsprechung des EuGH, NVwZ 1993, 209-216

Ders.: Klagerecht Privater gegen Rechtsakte der EU mit allgemeiner Geltung, EuZW 2012, 376-380

Ders.: Lissabon-Vertrag regelt Dauerstreit über Nichtigkeitsklage Privater, EuZW 2010, 572-576

Ders.: On the judge-made law of the European Community's Courts, in: O'Keeffe, David [Hrsg.], Judicial review in European Union law, Band 1, The Hague [u.a.] 2000, 29-44

Ders.: Rechtsschutz in der Europäischen Union nach dem Vertrag von Lissabon, EuR Beiheft 1/2009, 71-86

Ders.: Umsetzung von Umweltrichtlinien durch normkonkretisierende Verwaltungsanweisungen, RIW 1992, 379-385

Ders.: Zum Vorrang des EG-Rechts vor nationalem Recht, DVBl 1985, 1201-1206

Everling, Ulrich / Narjes, Karl-Heinz / Sedemund, Jochim [Hrsg.]: Europarecht, Kartellrecht, Wirtschaftsrecht - Festschrift fu□r Arved Deringer, Baden-Baden 1993 [zitiert: FS Deringer

Ewert, Daniel: Schadensersatzpflicht der Bundesrepublik bei Verletzung des europäischen Gemeinschaftsrechts, RIW 1993, 881-887

Fairgrieve, Duncan: State Liability in Tort - A comparative law study, Oxford [u.a.] 2003

Fastenrath, Ulrich: Der Europäische Gerichtshof als gesetzlicher Richter, in: Bröhmer, Jürgen [Hrsg.]: Internationale Gemeinschaft und Menschenrechte - Festschrift für Georg Ress zum 70. Geburtstag, Köln 2005, 461-484 [zitiert: FS Ress]

Feddersen, Christoph: Doch keine individuelle Betroffenheit durch EG-Verordnung, EuZW 2002, 532-534

Fetzer, Rhona: Die Haftung des Staates für legislatives Unrecht - Zzugleich ein Beitrag zum Staatshaftungsrecht der Europäischen Gemeinschaften, der EG-Mitgliedstaaten, der Schweiz und Österreichs, Berlin 1994

Finger, Thorsten: Der Zugang zur deutschen Verwaltungsgerichtsbarkeit unter gemeinschaftsrechtlichem Einfluss, JA 2005, 228-232

Fisahn, Andreas / Mushoff, Tobias: Vorwirkung und unmittelbare Wirkung Europäischer Richtlinien, EuR 2005, 222-230

Fischer, Hans Georg: Staatshaftung nach Gemeinschaftsrecht, EuZW 1992, 41-44

Foerster, Max: Richtlinienwirkung im Horizontalverhältnis?, EuR 2012, 190-199

Franzen, Martin: Privatrechtsangleichung durch die Europäische Gemeinschaft, Berlin [u.a.] 1999

Freitag, Robert: Privatrechtsangleichung auf Kosten Privater, EuR 2009, 796-800

Frenz, Walter: Handbuch Europarecht, Band 1: Europäische Grundfreiheiten, 2. Auflage, Heidelberg [u.a.] 2010

Ders.: Handbuch Europarecht, Band 5: Wirkungen und Rechtsschutz, Heidelberg [u.a.] 2010

Ders.: Subjektiv-öffentliche Rechte aus Gemeinschaftsrecht vor deutschen Verwaltungsgerichten, DVBl 1995, 408-415

Ders.: Unmittelbare Arbeitnehmerrechte aus Richtlinien mit Anwendungsstopp durch das BVerfG? Die Verfassungsbeschwerde Honeywell, RdA, 2010, 229-234

Ders.: Unterschwellenvergaben, VergabeR 2007, 1-17

Frenz, Walter / Distelrath, Anna-Maria: Klagegegenstand und Klagebefugnis von Individualnichtigkeitsklagen nach Art. 263 IV AEUV, NVwZ 2010, 162-166

Frenz, Walter / Götzkes, Vera: Staatshaftung für Gerichtsentscheidungen bei auslegungsbedürftigem Recht, EuR 2009, 622-644

Friauf, Karl Heinrich / Höfling, Wolfram [Hrsg.]: Berliner Kommentar zum Grundgesetz, Loseblattsammlung, Berlin

Fritzsche, Alexander: Ermessen und institutionelles Gleichgewicht - Die Kompetenzteilung zwischen Europäischer Kommission und Gericht erster Instanz bei der Anwendung von Art. 81 EG, Köln [u.a.] 2008

Frowein, Jochen Abr. / Peukert, Wolfgang [Hrsg.]: Europäische Menschenrechtskonvention - EMRK-Kommentar, 3. Auflage, Kehl 2009

Führich, Ernst R.: Gemeinschaftsrechtliche Staatshaftung wegen verspäteter Umsetzung der EG-Pauschalreise-Richtlinie, EuZW 1993, 725-729

Funk, B.-Chr.: Staatshaftung auf der Grundlage von Gemeinschaftsrecht, 1997, 553-556

Fuss, Ernst-Werner, Grundfragen der Gemeinschaftshaftung, EuR 1968, 353-370

Ders.: Anmerkung zu EuGH, Urt. v. 25.5.1978, verb. Rs. 83, 94/76, 4, 15, 40/77, EuR 1978, 353-362

Galetta, Diana-Urania: Begriff und Grenzen der Verfahrensautonomie der Mitgliedstaaten der Europäischen Union, EuR Beiheft 1/2012, 37-49

Gaßner, Hartmut / Kendzia, Jens-Erik: Atomrechtliche Staatshaftung und Laufzeitverlängerungen, ZUR 2010, 456-460

Gedschold, Thomas: Zwangsgelder gemäß Artikel 228 Absatz 2 EGV und die bundesstaatliche Ordnung der Bundesrepublik Deutschland, Berlin 2000

Gehlhaar, Daniel: Honeywell in der Praxis - Ein Aus- und Überblick, NZA 2010, 1053-1054

Geiger, Jutta: Die Entwicklung eines europäischen Staatshaftungsrechts, DVBl 1993, 465-474

Dies.: Der gemeinschaftsrechtliche Grundsatz der Staatshaftung, Baden-Baden 1997

Gellermann, Martin: Auflösung von Normwidersprüchen zwischen europäischem und nationalem Recht, DÖV 1996, 433-443

Ders.: Beeinflussung des bundesdeutschen Rechts durch Richtlinien der EG - Dargestellt am Beispiel des europäischen Umweltrechts, Köln [u.a.] 1994

Ders.: Staatshaftung und Gemeinschaftsrecht – Nochmals zum Francovich-Urteil des EuGH, EuR 1994, 342-358

Gerken, Lüder / Rieble, Volker / Roth, Günter H. / Stein, Torsten / Streinz, Rudolf: "Mangold" als ausbrechender Rechtsakt, München 2009

Gerven, Walter, van [Hrsg.]: Sanktionen als Mittel zur Durchsetzung des Gemeinschaftsrechts, Köln 1996

Giacometti, Zaccaria: Allgemeine Lehren des rechtsstaatlichen Verwaltungsrechts, Zürich 1960

Giegerich, Thomas: Europarechtskonträre Staatshaftung? - Widerspruchsfreiheit der Rechtsordnung und Pflichtenstellung Privater nach dem Karlsruher Honeywell-Dictum, EuR 2012, 373-391

Giesberts, Ludger / Eickelberg, Jan: Rechtliche Grundlage einer Verletzung subjektiv-öffentlicher Rechte beim EG-Staatshaftungsanspruch im Bereich des harmonisierten Sekundärrechts, EuZW 2005, 231-235

Görgens, Sönke: Die außervertragliche Haftung der Europäischen Gemeinschaft für Verletzungen des WTO-Rechts durch ihre Organe - Die Haftung bei Nichtumsetzung von Entscheidungen des Streitbeilegungsgremiums der WTO, Berlin 2006

Görlitz, Niklas / Kubicki, Philipp: Rechtsakte „mit schwierigem Charakter" - Zum bislang unterschätzten, deutlich erweiterten Rechtsschutz des Individualklägers im Rahmen des neuen Art. 263 IV AEUV, EuZW 2011, 248-254

Götz, Volkmar: Europäische Gesetzgebung durch Richtlinien - Zusammenwirken von Gemeinschaft und Staat, NJW 1992, 1849-1856

Götze, Roman, Vorläufiger Rechtsschutz im deutschen Verwaltungsprozess im Wirkfeld von EG-Richtlinien: zugleich eine Untersuchung zur Dogmatik der Richtlinie, Baden-Baden 2009

Ders.: Vorläufiger Rechtsschutz im deutschen Verwaltungsprozess im Wirkfeld von EG-Richtlinien - zugleich eine Untersuchung zur Dogmatik der Richtlinie, Baden-Baden 2009

Grabenwarter, Christoph: Die Charta der Grundrechte für die Europäische Union, DVBl 2001, 1-13

Grabitz, Eberhard: Anmerkung zu EuGH, Urt. v. 25. 5. 1978, verb. Rs. 83, 94/76, 4, 15, 40/77, NJW 1978, 1743

Ders.: Das Amtshaftungsrecht der Gemeinschaft, in: Schweitzer, Michael [Hrsg.], Europäisches Verwaltungsrecht, Wien 1991, 167-196

Ders.: Entscheidungen und Richtlinien als unmittelbar wirksames Gemeinschaftsrecht, EuR 1971, 1-22

Ders.: Europäisches Verwaltungsrecht - Gemeinschaftsrechtliche Grundsätze des Verwaltungsverfahren NJW 1989, 1776-1783

Grabitz, Eberhard / Hilf, Meinhard / Nettesheim, Martin [Hrsg.]: Das Recht der Europäischen Union, 53. Ergänzungslieferung, München 2014 [zitiert: Grabitz/Hilf/Nettesheim]

Gratias, Matthias: Staatshaftung für fehlerhafte Banken- und Versicherungsaufsicht im Europäischen Binnenmarkt, Baden-Baden 1999

Greb, Klaus: Der einheitliche gemeinschaftsrechtliche Staatshaftungsanspruch in Deutschland als Teil des europäischen Verwaltungsrecht, Aachen 2001

Grewe, Wilhelm Georg / Kutscher, Hans [Hrsg.]: Normenpublizität und Normenklarheit in der Europäischen Gemeinschaft, in: Europäische Gerichtsbarkeit und nationale Verfassungsgerichtsbarkeit, Festschrift zum 70. Geburtstag von Hans Kutscher, 1981 [zitiert: FS Kutscher]

Ders. / Rupp, Hans / Schneider, Hans / Ehlermann, Claus-Dieter [Hrsg.]: Europa□ische Gerichtsbarkeit und nationale Verfassungsgerichtsbarkeit - Festschrift zum 70. Geburtstag von Hans Kutscher, Baden-Baden 1981, [zitiert: FS Kutscher]

Griller, Stefan: Grundzüge des Rechts der europäischen Union, 2. Auflage, Wien [u.a.] 1997

Grimm, Dieter: Das Grundgesetz als Riegel vor einer Verstaatlichung der Europäischen Union. Zum Lissabon-Urteil des Bundesverfassungsgerichts, Der Staat 2009, 475-495

Groh, Thomas: Auslegung des Gemeinschaftsrechts und Vorlagepflicht nach Art. 234 EG, EuZW 2002, 460-464

Gromitsaris, Athanasios: Europarechtliche Aspekte der Staatshaftung, SächsVBl. 2001, 157-164

Grosche, Nils: Rechtsfortbildung im Unionsrecht - Eine Untersuchung zum Phänomen richterlicher Rechtsfortbildung durch den Gerichtshof der Europäischen Union, Tübingen 2011

Gruber, Urs Peter: Methoden des internationalen Einheitsrechts, Tübingen 2004

Grzeszick, Bernd: Rechte und Ansprüche - eine Rekonstruktion des Staatshaftungsrechts aus den subjektiven öffentlichen Rechten Tübingen 2002 [zitiert: Rechte und Ansprüche]

Ders.: Subjektive Gemeinschaftsrechte als Grundlage des europäischen Staatshaftungsrechts, EuR 1998, 417-434

Grzybek, Patrick: Prozessuale Grundrechte im Europäischen Gemeinschaftsrecht, Baden-Baden 1993

Gundel, Jörg: Die Bestimmung des richtigen Anspruchsgegners der Staatshaftung für Verstöße gegen Gemeinschaftsrecht, DVBl 2001, 95-102

Ders.: Die neue Gestalt der Nichtigkeitsklage nach dem Vertrag von Lissabon: Die Weichenstellungen der ersten Urteile zu Direktklagen Einzelner gegen normative EU-Rechtsakte, EWS 2012, 65-72

Ders.: Gemeinschaftsrechtliche Haftungsvorgaben für judikatives Unrecht - Konsequenzen für die Rechtskraft und das deutsche Richterprivileg (§ 839 Abs. 2 BGB), EWS 2004, 8-16

Ders.: Neue Grenzlinien für die Direktwirkung nicht umgesetzter EG-Richtlinien unter Privaten, EuZW 2001, 143-149

Günther, Klaus: Schuld und kommunikative Freiheit - Studien zur personalen Zurechnung strafbaren Unrechts im demokratischen Rechtsstaat, Frankfurt am Main 2005

Haack, Stefan: Anmerkung zu EuG, Urt. v.14.12.2005, Rs. T-69/00, EuR 2006, 696-705

Ders.: Luxemburg locuta, causa finita: Außervertragliche Haftung der EG für rechtmäßiges Verhalten nach Art. 288 Abs. 2 EGV (= Art. 340 Abs. 2 AEUV) ade?, EuR 2009, 667-674

Hakenburg, Zur Staatshaftung von Gerichten bei Verletzung von europäischem Gemeinschaftsrecht, DRiZ 2004, 113-117

Habermas, Jürgen: Zur Verfassung Europas - Ein Essay, Berlin 2011

Häde, Ulrich: Grenzen bundesverfassungsgerichtlicher und Ultra-Vires und Identitätskontrollen, in: Pechstein, Matthias [Hrsg.], Integrationsverantwortung, Baden-Baden 2012

Hailbronner, Kay: Hat der EuGH eine Normverwerfungskompetenz?, NZA 2006, 811-816

Ders.: Staatshaftung bei säumiger Umsetzung von EG-Richtlinien, JZ 1992, 284-289

Hailbronner, Kay / Thym, Daniel: Ruiz Zambrano - Die Entdeckung des Kernbereichs der Unionsbürgerschaft, NJW 2011, 2008-2014

Hakenberg, Waltraud: Zur Staatshaftung von Gerichten bei Verletzung von europäischem Gemeinschaftsrecht, DRiz 2004, 113-117

Hakenberg, Waltraud / Schilhan, Christina: Die Architektur der EU-Gerichtsbarkeit - Aktualität und Perspektiven im Lichte von Lissabon, ZfRV 2008, 104-111

Hamenstädt, Kathrin: Anmerkung zum Entschädigungsgedanken im Honeywell-Beschluss aus unionsrechtlicher Perspektive, EuR 2011, 263-268

Hammer-Strnad, Eva: Das Bestimmtheitsgebot als allgemeiner Rechtsgrundsatz des Europäischen Gemeinschaftsrechts, Hamburg 1999

Haneklaus, Winfried: Direktwirkung von EG-Richtlinien zu Lasten einzelner?, DVBl 1993, 129-134

Haratsch, Andreas: Die kooperative Sicherung der Rechtsstaatlichkeit durch die mitgliedstaatlichen Gerichte und die Gemeinschaftsgerichte aus mitgliedstaatlicher Sicht, EuR Beiheft 3/2008, 81-107

Ders.: Zur Haftung der Mitgliedsstaaten für fehlerhafte Gerichtsurteile, JZ 2006, 1176-1178

Harlow, Carol: Francovich and the Problem of the Disobedient State, European Law Journal, 1996, 43

Härtel, Ines: Durchsetzbarkeit von Zwangsgeld-Urteilen des EuGH gegen Mitgliedstaaten, EuR 2001, 617-630

Dies.: Handbuch Europäische Rechtssetzung, Berlin [u.a.] 2006

Hartisch, Winnie: Die unmittelbare Wirkung von Richtlinien in dreipoligen Rechtsbeziehungen, Frankfurt 2003

Hartmann, Bernd J.: Öffentliches Haftungsrecht : Ökonomisierung - Europäisierung – Dogmatisierung, Tübingen 2013

Ders.: Perspektiven der ökonomischen Analyse des öffentlichen Haftungsrechts, Der Staat 2011, 61-71

Hassemer, Winfried: Gesetzesbindung und Methodenlehre, ZRP 2007, 213-219

Hatje, Armin: Die Haftung der Mitgliedstaaten bei Verstößen des Gesetzgebers gegen europäisches Gemeinschaftsrecht, EuR 1997, 297-310

Ders.: Loyalität als Rechtsprinzip in der Europäischen Union, Baden-Baden 2001

Hausmann, Hans-Christian: Systematik und Rechtsschutz des Vergaberechts, GewArch 2012, 107-112

Haverkate, Görg: Amtshaftung bei legislativem Unrecht und die Grundrechtsbindung des Gesetzgebers, NJW 1973, 441-444

Heidig, Stefan: Die Verhängung von Zwangsgeldern und Pauschalbeträgen gegen die Mitgliedstaaten - Das Sanktionsverfahren nach Art. 228 Abs. 2 EGV, Baden-Baden

Ders.: Anmerkung zu EuGH, Urt. 4. 7. 2000, Rs. C-387/97 Kommission/Griechenland, EuR 2000, 782-791

Heinemann, Andreas / Fikentscher, Wolfgang: Schuldrecht, 10. Auflage, Berlin 2006

Heinrichs, Christoph: Haftung der EG-Mitgliedstaaten für Verletzung von Gemeinschaftsrecht - Die Auswirkungen des Francovich-Urteils des Europäischen Gerichtshofs in den Rechtsordnungen der Gemeinschaft und der Mitgliedstaaten, Baden-Baden 1995

Ders.: Haftung der EG-Mitgliedstaaten für Verletzung von Gemeinschaftsrecht - Die Auswirkungen des Francovich-Urteils des Europäischen Gerichtshofs in den Rechtsordnungen der Gemeinschaft und der Mitgliedstaaten, Baden-Baden 1995

Heitsch, Christian: Die Transparenz der Entscheidungsprozesse als Element demokratischer Legitimation der Europäischen Union, EuR 2001, 809-825

Heldrich, Andreas: Zur Frage der Auslegung des EWGVtr Art 215 Abs 2, EuR 1967, 344-350

Hendler, Reinhard [Hrsg.]: Für Sicherheit, für Europa - Festschrift für Volkmar Götz zum 70. Geburtstag, Göttingen 2005 [zitiert: FS Götz]

Henrichs, Haftung der EG-Mitgliedstaaten für Verletzung von Gemeinschaftsrecht - Die Auswirkungen des Francovich-Urteils des Europäischen Gerichtshofs in den Rechtsordnungen der Gemeinschaft und der Mitgliedstaaten, Baden-Baden 1995

Herdegen, Matthias: Die Haftung der Europäischen Wirtschaftsgemeinschaft für fehlerhafte Rechtssetzungsakte, Berlin 1983

Ders.: Europarecht, 12. Aufl., München 2010

Herdegen, Matthias / Rensmann, Thilo: Die neuen Konturen des gemeinschaftsrechtlichen Staatshaftungsanspruch, ZHR 1997, 522-555

Hermes, Georg: Legitimationsprobleme unabhängiger Behörden, in: Bauer, Hartmut / Huber, Peter M. / Sommermann, Karl-Peter [Hrsg.], Demokratie in Europa, Tübingen 2005, 457-488

Herrmann, Christoph: Die negative unmittelbare Wirkung von Richtlinien in horizontalen Rechtsverhältnissen, EuZW 2006, 69-70

Ders.: Individualrechtsschutz gegen Rechtsakte der EU "mit Verordnungscharakter" nach dem Vertrag von Lissabon, NVwZ 2011, 1352-1357

Ders.: Richtlinienumsetzung durch die Rechtsprechung, Berlin 2003

Heselhaus, F. Sebastian M. / Nowak, Carsten [Hrsg.]: Handbuch der europäischen Grundrechte, München 2006

Hess, Burkhard: Konkurrierende Unterlassungsverfügungen im Europäischen Justizraum, IPRax 2005, 23-26

Heukels Ton / McDonnell, Alison [Hrsg.], The Action for Damages in Community Law, Den Haag [u.a.] 1997

Hidien, Jürgen W.: Die gemeinschaftsrechtliche Staatshaftung der EU-Mitgliedstaaten, Baden-Baden 1999

Hilscher, Johannes: Legitimität und Legitimation von international und europäisch determiniertem Recht, Baden-Baden 2010

Hirsch, Günter: Ansprache des Präsidenten des BGH zum Schöffentag, 15. 09.2001, Karlsruhe, abrufbar unter: http://www.bundesgerichtshof.de/DE/BGH/Praesidenten/Hirsch/HirschReden/rede15092001.html, abgerufen am: 08.10.2014

Ders.: Das Rechtsgespräch im Europäischen Gerichtshof, ZGR 31 (2002), 1-19

Ders.: Im Nahmen des Volkes: Gesetz - Recht – Gerechtigkeit, ZRP 2012, 205-209

Ders.: Weder Diener des Gesetzes, noch Komponist - Richter und Gesetzgeber bilden eine Symbiose mit flexibler Arbeitsteilung, ZRP 2009, 253-254

Hix, Jan-Peter: Zur außervertraglichen Haftung der Gemeinschaft, in: Moreira de Sousa, Sofia / Heusel, Wolfgang [Hrsg.], Durchsetzung des Gemeinschaftsrecht von Francovich zu Köbler: 12 Jahre gemeinschaftsrechtliche Staatshaftung, Köln 2004, 199-223

Hochgürtel, Johannes: Die staatliche Haftung für rechtswidrig getätigte und unterlassene Normsetzung - Eine Untersuchung zur Erforderlichkeit und zu den Mo□glichkeiten der Erfassung legislativen Unrechts in einem neuen Staatshaftungsgesetz, Köln 2000

Hoffmann-Riem, Wolfgang / Schmidt-Aßmann, Eberhard / Voßkuhle, Andreas [Hrsg.]: Grundlagen des Verwaltungsrechts, Band 3, München 2009

Dies. [Hrsg.]: Grundlagen des Verwaltungsrechts, Band 1, Methoden – Maßstäbe – Aufgaben – Organisation, 2. Auflage, München 2012

Hofmann, Jens: Rechtsschutz und Haftung im Europäischen Verwaltungsverbund, Berlin 2004

Ders.: Rechtsschutz und Haftung im Europäischen Verwaltungsverbund, in: Schmidt-Aßmann, Eberhard / Schöndorf-Haubold, Bettina [Hrsg.]: Der europäische Verwaltungsverbund - Formen und Verfahren der Verwaltungszusammenarbeit in der EU, Tübingen 2005, 353-382

Hölscheidt, Sven: Abschied vom subjektiv-öffentlichen Recht? - Zu Wandlungen der Verwaltungsrechtsdogmatik unter dem Einfluß des Gemeinschaftsrechts, EuR 2001, 376-396

Höpfner, Clemens: Anmerkung zu BGH, Urt. v. 26.11.2008 - VIII ZR 200/05, EuZW 2009, 159-160

Hoppe, Christian: Staatshaftung und Rechtsschutz bei Verletzung grundfreiheitlicher Schutzpflichten, Frankfurt am Main [u.a.] 2006

Hoppe, Tilman: Die Europäisierung der Gesetzgebung: Der 80-Prozent-Mythos lebt, EuZW 2009, 168-169

Horn, Norbert / Baur, Jürgen F. / Stern, Klaus [Hrsg.]: 40 Jahre Römische Verträge - Von der Europäischen Wirtschaftsgemeinschaft zur Europäischen Union, Berlin [u.a.] 1998

Huber, Peter M.: Auslegung und Anwendung der Charta der Grundrechte, NJW 2011, 2385-2390

Ders..: Gemeinschaftsrechtlicher Schutz vor einer Verteilungslenkung durch deutsche Behörden, EuR 1991, 31–62

Ders.: Das Kooperationsverhältnis zwischen BVerfG und EuGH in Grundrechtsfragen, EuZW 1997, 517-521

Ders.: Offene Staatlichkeit: Vergleich, in: v. Bogdandy, Armin / Villalón Pedro Cruz / Huber, Peter M. [Hrsg.], Handbuch Ius Publicum Europaeum, Band II, Offene Staatlichkeit – Wissenschaft vom Verfassungsrecht, Heidelberg 2008

Huerkamp Florian / Kühling, Jürgen: Primärrechtsschutz für Unterschwellenvergaben aus Luxemburg? - Zu den Folgen aus den Äquivalenz- und Effektivitätsforderungen des EuGH, NVwZ 2011, 1409-1414

Huff, Martin W: Eine erste Bewertung des EuGH-Urteils Dillenkofer, NJW 1996, 3190-3192

Hummer, Waldemar / Obwexer, Walter: Die Verhängung der „EU-Sanktionen" und der mögliche Ausstieg aus ihnen, ZÖR 2000, 269-298

Dies.: Die Wahrung der Verfassungsgrundsätze der EU, EuZW 2000, 485-496

Hummer, Waldemar [Hrsg.]:Neueste Entwicklungen im Zusammenspiel von Europarecht und nationalem Recht der Mitgliedstaaten: ein Handbuch für Theorie und Praxis, Wien [u.a.] 2010

Hummert, Katharina: Neubestimmung der acte-clair-Doktrin im Kooperationsverhältnis zwischen EG und Mitgliedstaat, Berlin 2006

Hurst, Adrian: Die Entwicklung und Ausgestaltung des europäischen Staatshaftungsanspruchs durch den EuGH - Unter besonderer Berücksichtigung der Urteile "Brasserie du pêcheur", "Dillenkofer" und "Rechberger", Berlin 2002

Huster, Stefan: Gleichheit im Mehrebenensystem: Die Gleichheitsrechte der Europäischen Union in systematischer und kompetenzrechtlicher Hinsicht, EuR 2010, 325-337

Huthmacher, Karl Eugen: Der Vorrang des Gemeinschaftsrechts bei indirekten Kollisionen - Eine Studie zum Verhältnis von EG-Recht zu nationalem Vollzugsrecht, dargestellt am Beispiel des Konflikts zwischen materiellem EG-Recht und nationalen Rechtsmittelfristen, Köln [u.a.] 1985

Hutka, Rainer: Gemeinschaftsbezogene Prüfungs- und Verwerfungskompetenz der deutschen Verwaltung gegenu□ber Rechtsnormen nach europa□ischem Gemeinschaftsrecht und nach deutschem Recht, Würzburg 1997

Iglesias, Gil Carlos Rodríguez: Der EuGH und die "Gerichte der Mitgliedstaaten - Komponenten der richterlichen Gewalt in der "Europäischen Union, NJW 2000, 1889-1896

Ders.: Der Gerichtshof der Europäischen Gemeinschaften als Verfassungsgericht, EuR 1992, 225-245

Ders.: Gedanken zum Entstehen einer Europäischen Rechtsordnung, NJW 1999, 1-9

Ipsen, Hans Peter: Europäisches Gemeinschaftsrecht, Tübingen 1972

Jaensch, Michael: Der Umfang der kaufrechtlichen Nacherfüllung, NJW 2012, 1025-1030

Jakob, Wolfgang: Rechtswidrigkeit im Staatshaftungsrecht - Die Bedeutung des Handlungsunrechts für die Begrenzung der Haftung bei verschuldensunabhängigen Tatbeständen, Frankfurt am Main [u.a.] 2004

Jarass Hans D / Beljin, Saša: Grenzen der Privatbelastung durch unmittelbar wirkende Richtlinien, EuR 2004, 714-737.

Dies.: Die Bedeutung von Vorrang und Durchführung des EG-Rechts für die nationale Rechtsetzung und Rechtsanwendung, NVwZ 2004, 1-11

Dies.: Unmittelbare Anwendung des EG-Rechts und EG-rechtskonforme Auslegung, JZ 2003, 768-777

Jarass, Hans D.: Charta der Grundrechte der Europäischen Union - Unter Einbeziehung der vom EuGH entwickelten Grundrechte, der Grundrechtsregelungen der Verträge und der EMRK; Kommentar, 2. Auflage, München 2013 [zitiert: EU-GRCharta]

Ders.: Charta der Grundrechte der Europäischen Union - Unter Einbeziehung der vom EuGH entwickelten Grundrechte, der Grundrechtsregelungen der Verträge und der EMRK, 2. Auflage, München 2013

Ders.: Die Bindung der Mitgliedstaaten an die EU-Grundrechte, NVwZ 2012, 457-461

Ders.: Haftung für die Verletzung von EU-Recht durch nationale Organe und Amtsträger, NJW 1994, 881-886

Ders.: Konflikte zwischen EG-Recht und nationalem Recht vor den Gerichten der Mitgliedstaaten, DVBl 1995, 954-962

Ders.: Konflikte zwischen EG-Recht und nationalem Recht vor den Gerichten der Mitgliedstaaten, DVBl 1995, 954-962

Ders.: Voraussetzungen der innerstaatlichen Wirkung des EG-Rechts, NJW 1990, 2420-2425

Ders.: Folgen der innerstaatlichen Wirkung von EG-Richtlinien, NJW 1991, 2665-2669

Jellinek, Walter / Schneider, Hans / Klein, Friedrich / Herrfahrdt, Heinrich: Kabinettsfrage und Gesetzgebungsnotstand nach dem Bonner Grundgesetz / Tragweite der Generalklausel Art. 19 Abs. 4 des Bonner Grundgesetzes, Veröffentlichung der Vereinigung der deutschen Staatsrechtslehrer, Heft 8, Berlin [u.a.] 1950 [zitiert: VVDStRL (8)]

Jochum, Georg: Europarecht: Unter Berücksichtigung des Vertrags von Lissabon, 2. Auflage, Stuttgart 2012

Jürgen, Schwarze [Hrsg.]: Das Verhältnis von nationalem Recht und Europarecht im Wandel der Zeit, Band I, Baden-Baden 2012

Ders.: Das Verhältnis von nationalem Recht und Europarecht im Wandel der Zeit, Band II, Baden-Baden 2013

Jurina, Josef: Die Auslegung von Art. 215 Abs. 2 EWGV durch den Gerichtshof der Europäischen Gemeinschaften – Merkmale des Haftungstatbestandes, Probleme der Schadensberechnung, Konkurrenz von Ansprüchen gegen die EWG und Amtshaftungsansprüchen nach nationalem Recht, ZaöRV, 1968, 365-387

Kadelbach, Stefan: Allgemeines Verwaltungsrecht unter europäischem Einfluß, Tübingen 1999

Ders.: Gemeinschaftsrecht und (vorläufiger) verwaltungsgerichtlicher Rechtsschutz, KritV 1999, 378-401

Kadelbach, Stefan / Tietje, Christian / Pache, Eckhard / Groß, Thomas / Waldhoff, Christian / Hey, Johanna / Oeter, Stefan / Merli, Franz: Bundesstaat und Europäische Union zwischen Konflikt und Kooperation, Heft 66, Berlin [u.a.] 2007 [zitiert: VVDStRL (66)]

Kahl, Wolfgang: Der EuGH als "Motor des europäischen Umweltschutzes"?, ThürVBl, 1994, 225-231

Kahn, Daniel-Erasmus: Staatshaftung für verpfuschten Urlaub?, NJW 1993, 2646-2649

Kainer, Friedmann: Grundfreiheiten und staatliche Schutzpflichten - EuGH, NJW 1998, 1931, JuS 2000, 431-436

Kämmerer, Jörn Axel: Das Urteil des Europäischen Gerichtshofs im Fall „Kadi": Ein Triumph der Rechtsstaatlichkeit?, EuR 2009, 114-130

Karl, Joachim: Die Schadensersatzpflicht der Mitgliedstaaten bei Verletzungen des Gemeinschaftsrechts, RIW 1992, 440-448

Karollus, Margit Maria: Der hinreichend qualifizierte Verstoß als Voraussetzung der gemeinschaftsrechtlichen Staatshaftung, in: Fischer, Peter / Karollus, Margit Maria / Stadlmeier, Sigmar [Hrsg.], Die Welt im Spannungsfeld zwischen Regionalisierung und Globalisierung - Festschrift für Heribert Franz Köck , Wien 2009, 169-201 [zitiert: FS Köck]

Karpenstein, Peter: Die Entwicklung des Gemeinschaftsrechts, EuR 1980, 258-273

Karpenstein, Ulrich / Johann, Christian: Der Honeywell-Beschluss - Staatshaftung für unanwendbare Gesetze?, NJW 2010, 3405-3407

Karpenstein, Ulrich / Mayer, Franz C. [Hrsg.]: EMRK - Konvention zum Schutz der Menschenrechte und Grundfreiheiten – Kommentar, München 2012 [zitiert: Karpenstein/Meyer]

Kelsen, Hans: Reine Rechtslehre, 2. Auflage, Wien 1960

Kemper, Rainer: Ersatzfähigkeit von Ausfallschäden des Reisenden in der Insolvenz des Reiseveranstalters, NJW 1993, 3293-3297

Kenntner, Markus: Ein Dreizack für die offene Flanke: Die neue EuGH-Rechtsprechung zur judikativen Gemeinschaftsrechtsverletzung EuZW 2005, 235-238

Kingreen Thorsten / Störmer, Rainer: Die subjektiv-öffentlichen Rechte des primären Gemeinschaftsrechts, EuR 1998, 263-290

Ders.: Grundrechtsverbund oder Grundrechtsunion?, EuR 2010, 338-363

Kipp, Heinrich / Mayer, Franz / Steinkamm, Armin [Hrsg.], Um Recht und Freiheit - Festschrift für Friedrich August Freiherr von d. Heydte zur Vollendung des 70. Lebensjahres, Berlin 1977 [zitiert: FS v.d. Heydte]

Kirchhof, Ferdinand: Grundrechtsschutz durch europäische und nationale Gerichte, NJW 2011, 3681-3686

Kirchhof, Paul: Richterliche Rechtsfindung, gebunden an "Gesetz und Recht", NJW 1986, 2275-2280

Kirschner, Heinrich: Die Kontrolldichte bei der Überprüfung der Entscheidungen der Kommission durch das Gericht erster Instanz der Europäischen Gemeinschaften, Bonn 1996

Kischel, Uwe: Gemeinschaftsrechtliche Staatshaftung zwischen Europarecht und nationaler Rechtsordnung, EuR 2005, 441-465

Klagian, Wilhelm: Die objektive unmittelbare Wirkung von Richtlinien, ZÖR 2001, 305-372

Ders.: Die objektive Wirkung von Richtlinien: Zugleich ein Beitrag zu Geltung, Wirkung und Anwendbarkeit, ZÖR 2001, 305 - 372

Klagian, Wilhelm: Die Staatshaftung nach Gemeinschaftsrecht, ZfRV 1997, 6-24

Klein, Eckart: Unmittelbare Geltung, Anwendbarkeit und Wirkung von Europäischem Gemeinschaftsrecht, Vortrag vom 2.2.1988, in: Ress, Georg / Will, Michael R. [Hrsg.], Vorträge, Reden und Berichte aus dem Europa-Institut/Nr. 119, Saarbrücken 1988

Knauff, Matthias: Der Regelungsverbund: Recht und Soft Law im Mehrebenensystem Tübingen 2010

Ders.: Der Regelungsverbund: Recht und Soft Law im Mehrebenensystem, Tübingen 2010

Kokott, Juliane: Der Grundrechtsschutz im europäischen Gemeinschaftsrecht, AöR 1996 (121), 599-638

Dies.: Europäisierung des Verwaltungsprozessrechts, Die Verwaltung 1998, 335-370

Kokott, Juliane / Henze, Thomas: Die Beschränkung der zeitlichen Wirkung von EuGH-Urteilen in Steuersachen, NJW 2006, 177-183

Kokott, Juliane / Henze, Thomas / Sobotta, Christoph: Die Pflicht zur Vorlage an den Europäischen Gerichtshof und die Folgen ihrer Verletzung, JZ 2006, 633-641

Kopp, Stephan: Staatshaftung für gesetzgeberisches Unterlassen - Die Rechtsprechung des EuGH nach Francovich, NJW 1997, 645-646

Ders.: Staatshaftung wegen Verletzung von Gemeinschaftsrecht, DÖV 1994, 201-206

Körber, Torsten: Anmerkung zu EuGH Urt. v. 6.6.2000, *Angonese*, EuR 2000, 932-952

Ders.: Grundfreiheiten und Privatrecht, Tübingen 2004

Körner, Marita: Europäisches Verbot der Altersdiskriminierung in Beschäftigung und Beruf NZA 2005, 1395-1398

Kottmann, Matthias: Plaumanns Ende: Ein Vorschlag zu Art. 263 Abs. 4 AEUV, ZaöRV 2010, 547-566

Kottmann, Matthias / Wohlfahrt, Christian: Der gespaltene Wächter? - Demokratie, Verfassungsidentität und Integrationsverantwortung im Lissabon-Urteil, ZaöRV 2009, 443-470

Kotzur, Markus: Neuerungen auf dem Gebiet des Rechtsschutzes durch den Vertrag von Lissabon, EuR Beiheft 1/2012, 7-23

Kraus, Dieter: Die kooperative Sicherung der Rechtsstaatlichkeit der Europäischen Union durch die mitgliedstaatlichen Gerichte und die Gemeinschaftsgerichte, EuR Beiheft 3/2008, 109-133

Ders.: Die kooperative Sicherung der Rechtsstaatlichkeit der Europäischen Union durch die mitgliedstaatlichen Gerichte und die Gemeinschaftsgerichte, EuR 3/2008, 109-133

Kremer, Carsten: Staatshaftung für Verstöße gegen Gemeinschaftsrecht durch letztinstanzliche Gerichte, NJW 2004, 480-482

Krieger, Heike: Haftung des nationalen Richters für Verletzung des Gemeinschaftsrechts - Das Urteil Köbler des EuGH, JuS 2004, 855-858

Krüger, Helmut: Die Abhängigkeit der Amtshaftungsklage von der erfolgreichen Durchführung der Nichtigkeits- bzw. Untätigkeitsklage im Recht der EWG, Berlin 1976

Kruis, Tobias: Das Leitbild des Apothekers in der (nicht notwendig eigenen) Apotheke, EuZW 2007, 175-177

Küchler-Stahn, Nicole: Leistungs- und wirkungsorientierte Budgetierung, Berlin 2010

Kühling Jürgen / Röckinghausen, Marc: Legislative Umsetzungsdefizite und exekutive Schadensbegrenzung, DVBl 1999, 1614-1625

Kulms, Katrin: Der Effektivitätsgrundsatz - Eine Untersuchung zur Rechtsprechung des Europäischen Gerichtshofs, Baden-Baden 2013

Lage, Santiago Martínez / Brokelmann, Helmut: The liability of the Spanish State for breach of EC Law - The landmark ruling of the Spanish Tribunal Supremo in the Canal Satelite Digital case, ELRev 2004 (29), 530-545

Langenfeld, Christine: Zur Direktwirkung von EG-Richtlinien, DÖV 1992, 955-965

Larenz, Karl: Methodenlehre der Rechtswissenschaft, 5. Auflage, Berlin [u.a.] 1983

Leisner, Anna: Die polizeiliche Gefahr zwischen Eintrittswahrscheinlichkeit und Schadenshöhe, DÖV 2002, 326-334

Lembach, Katja: Grundlagen und Ausgestaltung gemeinschaftsrechtlicher Staatshaftung, Lohmar [u.a.] 2003

Lengauer, Alina: Case C-302/97, Klaus Konle v. Republic of Austria, Judgment of the Full Court of 1 June 1999, CMLRev 2001, 177-186

Dies.: Einstweiliger Rechtschutz und Rechtsstaatlichkeit im Gemeinschaftsrecht, EuR Beiheft 3/2008, 69-80

Lennarts, Koen: Die EU-Grundrechtecharta: Anwendbarkeit und Auslegung, EuR 2012, 3-17

Lenz, Carl Otto / Borchardt, Klaus-Dieter [Hrsg.]: EU-Verträge Kommentar : EUV - AEUV - GRCh, 6. Auflage, Köln [u.a.] 2013 [zitiert: Lenz/Borchardt]

Leonard, Axel: Die Rechtsfolgen der Nichtumsetzung von EG-Richtlinien - Unter besonderer Berücksichtigung der Staatshaftungs- sowie der Normerlaßklage, Frankfurt am Main [u.a.] 1997

Link, Christian: Das Verschulden in der Amtshaftung zugleich ein Beitrag zur Rezeption des gemeinschaftsrechtlichen Staatshaftungsanspruchs, Hamburg 2006

Lübbe-Wolff, Gertrude [Hrsg.]: Der Vollzug des europäischen Umweltrechts, Berlin 1996

Lück, Michael: Die Gemeinschaftstreue als allgemeines Rechtsprinzip im Recht der Europäischen Gemeinschaft - Ein Vergleich zur Bundestreue im Verfassungsrecht der Bundesrepublik Deutschland, Baden-Baden 1992

Ludewig, Philipp: Die zeitliche Beschränkung der Wirkung von Urteilen des EuGH im Vorabentscheidungsverfahren, Berlin 2012

Luhmann, Niklas: Öffentlich-rechtliche Entschädigung rechtspolitisch betrachtet, Berlin 1965

Malferrari, Luigi: State Liability for Violation of EC Law in Italy: The Reaction of the Corte di Cassazione to Francovich and Future Prospects in Light of its Decision of July 22, 1999, No. 500, ZaöRV 1999 (59), 809-838

Marsch, Nikolaus: Die Haftung der EU für das rechtswidrige Einfrieren des Vermögens eines Terrorverdächtigen, EuZW 2012, 499-501

Martin-Ehlers, Andres: Grundlagen einer gemeinschaftsrechtlich entwickelten Staatshaftung, EuR 1996, 376-398

Martini, Mario: Doc. Morris ante portas - zu Risiken und Nebenwirkungen der Niederlassungsfreiheit des Art. 48 EG für das Berufsrecht der Apotheker, DVBl 2007, 10-18

Martlreiter, Julia Anna: Europäisierung des vergaberechtlichen Primärrechtsschutzes bei Unterschwellenaufträgen - Europarechtliche Einflüsse und Anforderungen, Verfassungsmäßigkeit, Rechtsschutzmöglichkeiten, Freiburg im Breisgau 2011

Dies.: Europäisierung des vergaberechtlichen Primärrechtsschutzes bei Unterschwellenaufträgen - Europarechtliche Einflüsse und Anforderungen, Verfassungsmäßigkeit, Rechtsschutzmöglichkeiten, Freiburg im Breisgau 2011

Dies.: Europäisierung des vergaberechtlichen Primärrechtsschutzes bei Unterschwellenaufträgen - Europarechtliche Einflüsse und Anforderungen, Verfassungsmäßigkeit, Rechtsschutzmöglichkeiten, Freiburg 2011

*Marx, Reinhard:*Sprachnachweis und Ehegattennachzug, ZAR 2011, 15-21

Masing, Johannes: Die Mobilisierung des Bürgers für die Durchsetzung des Rechts: europäische Impulse für eine Revision der Lehre vom subjektiv-öffentlichen Recht, Berlin 1997

Mastroianni, R: On the Distinction Between Vertical and Horizontal Direct Effect of Directives: What Role for the Principle of Equality? (1995), EPL, 417-435

Maunz, Theodor / Dürig, Günter [Hrsg.]: Grundgesetz - Kommentar, 66. Ergänzungslieferung, München 2012

Mayer, Franz C.: Die drei Dimensionen der Europäischen Kompetenzdebatte, ZaöRV 2001, 577-640

Ders.: Europäisches Sprachenverfassungsrecht, Der Staat, 2005, 367-401

Meller-Hannich, Caroline: Verbraucherschutz im Schuldvertragsrecht- Private Freiheit und staatliche Ordnung, Tübingen 2005

Menéndez, A. J.: The European Democratic Challenge, European Law Journal (15), 277–308

Meyer, Jürgen [Hrsg.]: Kommentar Charta der Grundrechte der Europäischen Union, 3. Auflage, Baden-Baden 2011

Micklitz, Hans-W. / Reich, Norbert [Hrsg.]: Public Interest Litigation before European Courts, Baden-Baden 1996

Mögele, Rudolf: Neuere Entwicklungen im Recht der Europäischen Gemeinschaften, BayVBl 1993, 129-140

Mörsdorf, Oliver: Unmittelbare Anwendung von EG-Richtlinien zwischen Privaten in der Rechtsprechung des EuGH, EuR 2009, 219-240

Mosiek, Marcus: Effet utile und Rechtsgemeinschaft - Zugleich ein Beitrag zur Kompetenzordnung der Europäischen Gemeinschaft, Münster 2003

Mößlang, Gerhard: Ist der EuGH als gesetzlicher Richter iS des Art 101 I 2 GG in Frage gestellt?, EuZW 1996, 69-71

Much, Walter: Die Haftung der Europäischen Gemeinschaft für das rechtswidrige Verhalten ihrer Organe, in: Mosler, Hermann [Hrsg.], Haftung des Staates für rechtswidriges Verhalten seiner Organe, Länderberichte und Rechtsvergleichung, Köln 1967, 723-752

v. Münch, Ingo / Kunig, Philip [Hrsg.]: Grundgesetz-Kommentar, 6. Auflage, München 2012 [zitiert: *Bearbeiter, in:* v. Münch/Kunig]

Munding, Christoph-David: Das Grundrecht auf effektiven Rechtsschutz im Rechtssystem der Europäischen Union - Überlegungen zur Rechtsnatur und Quellenhermeneutik der unionalen Rechtsschutzgarantie sowie zur Wirksamkeit des Systems primären Individualrechtsschutzes gegen normative EG-Rechtsakte, Berlin 2010

Musil, Andreas: Richtlinienumsetzung und Normerlaßanspruch, EuR 1998, 705-716

Nacimiento, Patricia: Gemeinschaftsrechtliche und nationale Staatshaftung in Deutschland, Italien und Frankreich, Baden-Baden 2006

Nettesheim, Martin: Die mitgliedstaatliche Durchführung von EG-Richtlinien: eine Untersuchung am Beispiel der Luftqualitätsrahmenrichtlinie, Berlin 1999 [zitiert: Die mitgliedstaatliche Durchführung von EG-Richtlinien]

Ders.: Die mitgliedstaatliche Durchführung von EG-Richtlinien - Eine Untersuchung am Beispiel der Luftqualitätsrahmenrichtlinie, Berlin 1999

Ders.: Effektive Rechtsschutzgewährleistung im arbeitsteiligen System europäischen Rechtsschutzes, JZ 2002, 928-934

Ders.: Ein Individualrecht auf Staatlichkeit? Die Lissabon-Entscheidung des BVerfG, NJW 2009, 2867-2869

Ders.: Ersatzansprüche nach Heininger? Die Aufarbeitung mitgliedstaatlicher Vertragsverstöße im EU-Privatrecht, WM 2006, 457-466

Ders.: Gemeinschaftsrechtliche Vorgaben für das deutsche Staatshaftungsrecht DÖV 1992, 999-1005

Ders.: Grundrechtliche Prüfdichte durch den EuGH, EuZW 1995, 106-108

Ders.: Subjektive Rechte im Unionsrecht, AöR 2007 (132), 333-392

Neudorfer, Sonja: Antiterrormaßnahmen der Vereinten Nationen und Grundrechtsschutz in der Union - Die Zuständigkeit der Gemeinschaftsgerichte zur Kontrolle gemeinschaftsrechtlicher Umsetzungsakte von UN-Maßnahmen gegen die Taliban und Al Qaida, ZaöRV 2009, 979-1006

Nicolaysen, Gert: Der Gerichtshof - Funktion und Bewährung der Judikative, EuR 1972, 375-390

Niedobitek, Matthias: Kollisionen zwischen EG-Recht und nationalem Recht, VerwArch 2001, 58-80

Niese, Werner: Die moderne Strafrechtsdogmatik und das Zivilrecht, JZ 1956, 457-466

Niestedt, Marian / Hölzl, Franz Josef: Zurück aus der Zukunft? Verfassungsmäßigkeit der Primärrechtsschutzbeschränkung im Vergaberecht oberhalb bestimmter Schwellenwerte, NJW 2006, 3680-3683

Nowak, Carsten: Das Verhältnis zwischen zentralem und dezentralem Individualrechtsschutz im Europäischen Gemeinschaftsrecht - Verwirrspiel zwischen Wechselwirkung und Beziehungslosigkeit, EuR 2000, 724-742

Obwexer, Walter: Staatshaftung für offenkundig gegen Gemeinschaftsrecht verstoßendes Gerichtsurteil, EuZW 2003, 726-728

v. Oettingen, Anna: Effet utile und individuelle Rechte im Recht der Europäischen Union, Baden-Baden 2010 [zitiert: Effet utile und individuelle Rechte]

Ohler, Christoph: Grundrechtliche Bindungen der Mitgliedstaaten nach Art. 51 GRCh, NvWZ 2013, 1433-1438

Oldenbourg, Andreas: Die unmittelbare Wirkung von EG-Richtlinien im innerstaatlichen Bereich, München 1984

Olivet, Peter: Erfolgsunrechtslehre und Handlungsunrechtslehre aus der Sicht des öffentlichen Rechts, Berlin 1989

Ophüls, Carl Friedrich: Staatshoheit und Gemeinschaftshoheit, in: Recht im Wandel - Beiträge zu Strömungen und Fragen im heutigen Recht; Festschrift hundertfünfzig Jahre Carl Heymanns Verlag KG [zitiert: FS Carl Heymanns Verlag], Köln [u.a.] 1965, 519-590

Oppermann, Thomas / Classen, Claus Dieter / Nettesheim, Martin: Europarecht, 5. Aufl., München 2011 [zitiert: *Bearbeiter* in: Oppermann/Classen/Nettesheim]

Ossenbühl, Fritz: Der gemeinschaftsrechtliche Staatshaftungsanspruch, DVBl 1992, 993-998

Ders.: Staatshaftung zwischen Europarecht und nationalem Recht, in: Due, Ole/Lutter, Marcus/Schwarze, Jürgen [Hrsg.], Festschrift für Ulrich Everling, Baden-Baden 1995, 1031-1047 [zitiert: *Ossenbühl,* in: FS Everling]

Ossenbühl, Fritz / Cornils, Matthias: Staatshaftungsrecht, 6. Auflage, München 2013

Österreichische Juristenkommission [Hrsg.]: Kritik und Fortschritt im Rechtsstaat, Wien 1993

Ottaviano, Marco: Der Anspruch auf rechtzeitigen Rechtsschutz im Gemeinschaftsprozessrecht, Tübingen 2009

van Ooyen, Robert Christian: Die Staatstheorie des Bundesverfassungsgerichts und Europa: Von Solange über Maastricht zu Lissabon - und zurück mit Mangold/Honeywell?, 4. Auflage, Baden-Baden 2011

Pache, Eckhard: Das europäische Grundrecht auf einen fairen Prozess, NVwZ 2001, 1342-1347

Ders.: Die Kontrolldichte in der Rechtsprechung des Gerichtshofes der Europäischen Gemeinschaften, DVBl 1998, 380-387

Ders.: Tatbestandliche Abwägung und Beurteilungsspielraum - Zur Einheitlichkeit administrativer Entscheidungsfreiräume und zu deren Konsequenzen im verwaltungsgerichtlichen Verfahren; Versuch einer Modernisierung, Tübingen 2001

Palm, Christina: Handlungspflichten nationaler Verwaltungsbehörden bei unmittelbarer Wirkung von EU-Richtlinien nach der Rechtsprechung des EuGH, GewArch 2011, 424-431

Dies.: Handlungspflichten nationaler Verwaltungsbehörden bei unmittelbarer Wirkung von EU-Richtlinien nach der Rechtsprechung des EuGH, GewArch 2011, 424-431

Papier, Hans-Jürgen: Direkte Wirkung von Richtlinien der EG im Umwelt- und Technikrecht, DVBl 1993, 809-814

Pasemann, Birthe: Die Entwicklung des Schutzes subjektiver Rechte unter Berücksichtigung des europäischen Einflusses, Frankfurt am Main [u.a.] 2005

Paulus, Andreas: Gesetzliche Regelungslücken nach Entscheidungen von BVerfG und EuGH, NJW 2011, 3686-3690

Pechstein, Matthias: Die Anerkennung der rein objektiven unmittelbaren Richtlinienwirkung, EWS 1996, 261-265

Peifer, Markus: Bessere Rechtsetzung als Leitbild europäischer Gesetzgebung, Berlin 2011

Pelka, Sascha C.: Rechtssicherheit im europäischen Kartellverfahren? - VO 1/2003, unternehmerische Selbstbeurteilung und die Vorhersehbarkeit der Rechtslage, Baden-Baden 2009

Pencereci, Turgut / Schustereit, Torben: Neue Entwicklungen des Eilrechtsschutzes bei Vergaben im Unterschwellenbereich, KommJur 2011, 367-374

Pernice, Ingolf: Die Dritte Gewalt im europäischen Verfassungsverbund, EuR 1996, 27-43

Ders.: Die Zukunft der Unionsgerichtsbarkeit - Zu den Bedingungen einer nachhaltigen Sicherung effektiven Rechtsschutzes im Europäischen Verfassungsverbund EuR 2011, 151-168

Pernice, Ingolf: Gestaltung und Vollzug des Umweltrechts im europäischen Binnenmarkt - Europäische Impulse und Zwänge für das deutsche Umweltrecht, NVwZ 1990, 414-426

Peters, Anne: Elemente einer Theorie der Verfassung Europas, Berlin 2001

Petzold, Hans Arno: Individualrechtsschutz an der Schnittstelle zwischen deutschem und Gemeinschaftsrecht - Zugleich ein Beitrag zur Interpretation von Art. III-365 Abs. 4 VerfV, Baden-Baden 2008

Ders.: Was sind „Rechtsakte mit Verordnungscharakter" (Art. 263 Abs. 4 AEUV)? – Zur Entscheidung des EuG in der Rechtssache Inuit, EuR 2012, 443-452

Pfab, Susanne: Staatshaftung in Deutschland - Die Reformaufgabe und ihre Vorgaben in der rechtsstaatlichen Garantie des Artikel 34 Grundgesetz und durch die Erfordernisse des Gemeinschaftsrechts, München 1997

Pieper, Stefan Ulrich: Mitgliedstaatliche Haftung für die Nichtbeachtung von Gemeinschaftsrecht, NJW 1992, 2454-2459

Pietzcker, Jost: Zur Nichtanwendung europarechtswidriger Gesetze seitens der Verwaltung, in: Due, Ole/Lutter, Marcus/Schwarze, Jürgen [Hrsg.], Festschrift für Ulrich Everling, Baden-Baden 1995, 1095-1111 [zitiert: *Pietzcker*, in: FS Everling]

Pilafas, Christos: Individualrechtsschutz durch Nichtigkeitsklage nach EG-Recht - Unter besonderer Berücksichtigung des Wettbewerbsrechts, Baden-Baden 2006

Pisillo-Mazzeschi, Riccardo: Due Diligence and the International Responsibility of States GYIL 1992, 9-51

Pollack, Kirstin: Schutzgesetzverletzung und „negligence per se" - Eine rechtsvergleichende Untersuchung zwischen dem deutschen und dem U.S.-amerikanischen Recht, Frankfurt am Main [u.a.] 2003

Potacs, Michael: Effet utile als Auslegungsgrundsatz, EuR 2009, 465-487

Ders.: Gemeinschaftsrecht und Bestandskraft staatlicher Verwaltungsakte, in: Bröhmer, Jürgen [Hrsg.]: Internationale Gemeinschaft und Menschenrechte - Festschrift für Georg Ress zum 70. Geburtstag, Köln 2005, 729-741 [zitiert: FS Ress]

Pötters, Stephan / Traut, Johannes: Die ultra-vires-Kontrolle des BVerfG nach „Honeywell" – Neues zum Kooperationsverhältnis von BVerfG und EuGH?, EuR 2011, 580-593

Pötters, Stephan / Werkmeister, Christoph / Traut, Johannes: Rechtsakte mit Verordnungscharakter nach Art. 263 Abs. 4 AEUV - eine passgenaue Ausweitung des Individualrechtsschutzes?, EuR 2012, 546-561

Preis, Ulrich: Verbot der Altersdiskriminierung als Gemeinschaftsgrundrecht - Der Fall „Mangold" und die Folgen, NZA 2006, 401-410

Preis, Ulrich / Temming, Felipe: Altersdiskriminierung im Betriebsrentenrecht: Die Abstandsklausel ist angezählt, NZA 2008, 1209-1216

Prieß, Hans-Joachim: Die Haftung der EG-Mitgliedstaaten bei Verstößen gegen das Gemeinschaftsrecht, NVwZ 1993, 118-125

Proelß, Alexander: Zur verfassungsgerichtlichen Kontrolle der Kompetenzmäßigkeit von Maßnahmen der Europäischen Union: Der „ausbrechende Rechtsakt" in der Praxis des BverfG, EuR 2011, 241-263

Prokopf, Kai Heinrich: Das gemeinschaftsrechtliche Rechtsinstrument der Richtlinie: eine rechtsdogmatische Untersuchung der Art. 249 Abs. 3 EGV und Art. 161 Abs.

3 EAGV, Berlin 2007 [zitiert: Das gemeinschaftsrechtliche Rechtsinstrument der Richtlinie]

Prosser, William Lloyd / Keeton, W. Page [Hrsg.]: Law of Torts, 5. Auflage, St. Paul 1984

Pühs, Wolfgang: Der Vollzug von Gemeinschaftsrecht: Formen und Grenzen eines effektiven Gemeinschaftsrechtsvollzugs und Überlegungen zu seiner Effektuierung, Berlin 1997

Rabe, Hans-Jürgen: Grundrechtsbindung der Mitgliedstaaten NJW 2013, 1407-1408

Radermacher, Ludger: Gemeinschaftsrechtliche Staatshaftung für höchstrichterliche Entscheidungen, NVwZ 2004, 1415-1421

Raschka, Johannes: Freizügigkeit von Unionsbürgern und Zugang zu sozialen Leistungen, EuR 2013, 116-126

Rausch, Rolf: Die Kontrolle von Tatsachenfeststellungen und -würdigungen durch den Gerichtshof der Europäischen Gemeinschaften - Zur gerichtlichen Nachprüfung von Kommissionsentscheidungen im Vergleich zum deutschen und französischen Recht, Berlin 1994

Rebhahn, Robert: Staatshaftung wegen mangelnder Gefahrenabwehr - Eine Studie insbesondere zur österreichischen Amtshaftung mit einem Beitrag zum Kausalzusammenhang im Schadenersatzrecht, Wien 1997

Rehbinder, Manfred: Zur Reform des Staatshaftungsrechts - Ein Vergleich der geplanten Reform des Staatshaftungsrechts in der Bundesrepublik Deutschland mit der Rechtswirklichkeit der Staats- und Beamtenhaftung in der Schweiz, insbesondere im Hinblick auf die finanziellen Auswirkungen eines Überganges zur verschuldensunabhängigen Staatshaftung, Bonn-Bad Godesberg 1975

Reich, Norbert: Bürgerrechte in der Europäischen Union - Subjektive Rechte von Unionsbu□rgern und Drittstaatsangeho□rigen unter besonderer Beru□cksichtigung der Rechtslage nach der Rechtsprechung des EuGH und dem Vertrag von Amsterdam, Baden-Baden 1999

Ders.: Der Schutz subjektiver Gemeinschaftsrechte durch Staatshaftung, EuZW 1996, 709-716

Reichert, Ronald / Karpenstein, Ulrich: Staatshaftung für Verletzungen der Dienstleistungsfreiheit aufgrund des Sportwetten-Monopols der deutschen Bundesländer, Kurzgutachten, 2006

Reichhold, Hermann: Der Fall Mangold: Entdeckung eines europäischen Gleichbehandlungsprinzips?, ZESAR 2006, 55-58

Reiling, Michael: Zu individuellen Rechten im deutschen und im Gemeinschaftsrecht - Ein Vergleich ihrer Gründe, Ermittlung und Durchsetzung, Berlin 2004

Reindl, Dagmar: Effektivität des vergaberechtlichen Rechtsschutzes in Ungarn, Hamburg 2010

Rengeling, Hans-Werner / Middeke, Andreas / Gellermann, Martin [Hrsg.]: Handbuch des Rechtsschutzes in der Europäischen Union, 2. Aufl., München 2003

Renzenbrink, Ulf Friedrich: Gemeinschaftshaftung und mitgliedstaatliche Rechtsbehelfe - Vorrang, Subsidiarität oder Gleichstufigkeit, Frankfurt am Main [u.a.] 2000

Ress, Georg: Die Europäische Union und die neue juristische Qualität der Beziehungen zu den Europäischen Gemeinschaften, JuS 1992, 985-991

Ress, Hans-Konrad: (Keine) Haftung der Bundesrepublik Deutschland für Schäden von Exporteuren infolge des Irak-Embargos, EuZW 1994, 223-224

Riedel, Daniel: Eigentum, Enteignung und das Wohl der Allgemeinheit - Zur Ausgestaltungsgarantie der Eigentumsgewährleistung, zum Enteignungsbegriff und zur Gemeinwohlbindung der Enteignung, Berlin 2012

Riese, Christoph / Noll, Paul: Europarechtliche und verfassungsrechtliche Aspekte der Inländerdiskriminierung, NVwZ 2007, 516-521

Riesenhuber, Karl [Hrsg.]: Europäische Methodenlehre - Handbuch für Ausbildung und Praxis / hrsg. von Karl Riesenhuber, 2. Auflage, Berlin [u.a.] 2010

Röben, Volker: Die Einwirkung der Rechtsprechung des Europäischen Gerichtshofs auf das Mitgliedstaatliche Verfahren in öffentlich-rechtlichen Streitigkeiten, Berlin [u.a.] 1998

Röcker, Isabel: Die Pflicht zur rahmenbeschlusskonformen Auslegung nationalen Rechts - Zur Begründung und Reichweite der Konformauslegungspflicht im Rahmen der polizeilichen und justiziellen Zusammenarbeit in Strafsachen, Heidelberg [u.a.] 2013

Rode, Lars-Henrik: § 40 VwVfG und die deutsche Ermessenslehre, Frankfurt am Main [u.a.] 2003

Röder, Daniel: Die Haftungsfunktion der Grundrechte - Eine Untersuchung zum anspruchsbewehrten 'status negativus compensationis', Berlin 2002

Röhl, Klaus F. / Röhl, Hans Christian: Allgemeine Rechtslehre, 3. Aufl., Köln [u.a.] 2008

Roller, Gerhard: Die "weitere Schadensvorsorge" im Atomrecht - ein neuer Schutzmaßstab?, NVwZ 2011, 1431-1434

Van Roosebeke, Bert van: State Liability for Breaches of European Law - An economic analysis, Wiesbaden 2007

Roth, Wolfgang: Verfassungsgerichtliche Kontrolle der Vorlagepflicht an den EuGH, NVwZ 2009, 345-352

Röthel, Anne: Missbräuchliche Klauseln in Verbraucherverträgen - Zur Auslegung des EWGRL 13/93 Art 3 Abs 1 durch den EuGH und durch nationale Gerichte, ZEuP 2005, 421-427

Dies.: Normkonkretisierung im Privatrecht, Tübingen 2004

Ruffert, Matthias: Dogmatik und Praxis des subjektiv-öffentlichen Rechts unter dem Einfluß des Gemeinschaftsrechts, DVBl 1998, 69-75

Ders.: Nach dem Lissabon-Urteil des BVerfG - Zur Anatomie einer Debatte, ZSE 2009, 381-398

Ders.: Subjektive Rechte im Umweltrecht der Europäischen Gemeinschaft, Heidelberg 1996

Rüthers, Bernd: Rechtstheorie: Begriff, Geltung und Anwendung des Rechts, 2. Aufl., München 2005 [zitiert: Rechtstheorie]

Ruthig, Josef: Transformiertes Gemeinschaftsrecht und die Klagebefugnis des § 42 Abs 2 VwGO, BayVBl. 1997, 289-298

Sachs, Michael / Battis, Ulrich [Hrsg.]: Grundgesetz Kommentar, München 2011

Sack, J.: Lücken im Rechtsschutzsystem der Europäischen Gemeinschaften und Möglichkeiten, sie zu schließen, EuR 1985, 319-327

Säcker, Franz Jürgen / Rixecker, Roland [Hrsg.]: Münchener Kommentar zum Bürgerlichen Gesetzbuch, München 2012

Saenger, Ingo: Staatshaftung wegen Verletzung europäischen Gemeinschaftsrechts, JuS 1997, 865-872

Safferling, Christoph Johannes Maria: Vorsatz und Schuld - Subjektive Täterelemente im deutschen und englischen Strafrecht, Tübingen 2008

Sagmeister, Holger M.: Ist die Gewährung eines subjektiven Rechts Voraussetzung für die unmittelbare Anwendbarkeit von EU-Recht?, ZEuS 2011, 1-33

Sasserath, Natascha: Schadensersatzansprüche von Konkurrenten zur Effektivierung der Beihilfenkontrolle? - Zum gemeinschaftsrechtlichen Staatshaftungsanspruch und wettbewerbsrechtlichen Schadensersatzanspruch im europäischen Beihilferecht, Berlin 2001

Säuberlich, Björn-Peter: Legislatives Unrecht und EU-Amtshaftungsanspruch - Europäische Staatshaftung und parlamentarische Verantwortung für legislatives Unrecht in der Bundesrepublik Deutschland, Frankfurt am Main [u.a.] 2005

Ders.: Staatliche Haftung unter europäischem Einfluss - Die Pflicht zur gemeinschaftsrechtskonformen Auslegung des Amtshaftungsanspruchs bei legislativem Unrecht, EuR 2004, 954-971

Sauer, Heiko: Rechtsschutz gegen völkerrechtsdeterminiertes Gemeinschaftsrecht? - Die Terroristenlisten vor dem EuGH, NJW 2008, 3685-3688

Sauer, Ralf / Hollands, Martin: Mangelnder Rechtsschutz im Unterschwellenbereich - Verfassungsrechtliche Zweifel und politischer Handlungsbedarf, NZBau 2006, 763-768

Schaefer, Detlef: Die unmittelbare Wirkung des Verbots der nichttarifären Handelshemmnisse (Art. 30 EWGV) in den Rechtsbeziehungen zwischen Privaten: Probleme Der Horizontalen Unmittelbaren Wirkung des Gemeinschaftsrechts, gezeigt am Beispiel des Art. 30 EWGV, Frankfurt am Main [u.a.] 1987 [zitiert: Die unmittelbare Wirkung des Verbots der nichttarifären Handelshemmnisse]

Schaer, Frank: Rechtssicherheit und Vertrauensschutz als Grenzen rückwirkender Rechtsprechung im europäischen Arbeitsrecht, Baden-Baden 2010

Schärf, Wolf-Georg: Zur Frage der Inexistenz von Rechtsakten im Gemeinschaftsrecht, EuZW 2004, 333-334

Scharpf, Fritz Wilhelm: Demokratietheorie zwischen Utopie und Anpassung, Konstanz 1970

Ders.: Legitimationskonzepte jenseits des Nationalstaats, in: Schuppert, Gunnar Folke/ Pernice, Ingolf/Haltern, Ulrich R [Hrsg.]: Europawissenschaft, Baden-Baden 2005, 705-736

Ders.: Legitimationskonzepte jenseits des Nationalstaats, MPIfG Working Paper 04/6, November 2004, abrufbar unter: http://www.mpifg.de/pu/workpap/wp04-6/wp04-6.html - abgerufen am: 08.10.2014

Scharpf, Fritz Wilhelm: Regieren in Europa - Effektiv und demokratisch?, Frankfurt 1999

Schenke, Ralf P.: Die Garantie eines wirksamen Rechtsschutzes, in: Baumeister, Peter/ Roth, Wolfgang/Ruthig, Josef [Hrsg.]: Staat, Verwaltung und Rechtsschutz, Festschrift für Wolf-Rüdiger Schenke zum 70. Geburtstag, Berlin 2011, 305-330 [zitiert: FS Schenke]

Schenke, Wolf-Rüdiger: Die Haftung des Staates bei normativem Unrecht, DVBl 1975, 121-130

Schermers, Henry G. / Heukels, Ton / Mead, Philip [Hrsg.]: Non-Contractual Liability of the European Communities, Den Haag 1998

Scheuing, Dieter H.: Freizügigkeit als Unionsbürgerrecht, EuR 2003, 744-792

Ders.: Zur Grundrechtsbindung der EU-Mitgliedstaaten, EuR 2005, 162-191

Schimke, Martin: Zur Haftung der Bundesrepublik Deutschland gegenüber Bürgern wegen Nichtumsetzung der EG-Richtlinie über Pauschalreisen, EuZW 1993, 698-702

Schinkels, Boris: Unbegrenzte richtlinienkonforme Rechtsfortbildung als Haftung Privater für Legislativunrecht? - Für ein subjektives Recht auf Transparenz, JZ 2010, 394-401

Schlachter, Monika: Methoden der Rechtsgewinnung zwischen EuGH und der Arbeitsgerichtsbarkeit, ZfA 2007, 249-275

Schlenmer-Schulte, Sabine / Ukrow, Jörg: Haftung des Staates gegenüber dem Marktbürger für gemeinschaftsrechtswidriges Verhalten, EuR 1992, 82-95

Schlick, Wolfgang / Rinne, Eberhard: Die Rechtsprechung des BGH zum Staatshaftungsrecht (Teil 2), NVwZ 1997, 1171-1182

Schliesky, Utz: Souveränität und Legitimität von Herrschaftsgewalt - Die Weiterentwicklung von Begriffen der Staatslehre und des Staatsrechts im europa□ischen Mehrebenensystem, Tübingen 2004

Schmahl, Stefanie / Köber, Michael: Durchbrechung der Rechtskraft nationaler Gerichtsentscheidungen zu Gunsten der Effektivität des Unionsrechts?, EuZW 2010, 927-932

Schmidt am Busch, Birgit: Nebenwirkungen der Niederlassungsfreiheit der Art. 43, 48 EG für Apotheker, Übungsklausur, JA 2008, S. 715-721

Schmidt, Burkhard: Der Irrtum des Kollegialgerichts als Entschuldigungsgrund? NJW 1993, 1630-1631

Schmidt, Florian: Die Befugnis des Gemeinschaftsrichters zu unbeschränkter Ermessensnachprüfung - Die "pleine juridiction" im europäischen Gemeinschaftsrecht unter besonderer Berücksichtigung des Bußgeldverfahrens im Kartellrecht, Baden-Baden 2004

Ders.: Die Befugnis des Gemeinschaftsrichters zu unbeschränkter Ermessensnachprüfung - Die "pleine juridiction" im europäischen Gemeinschaftsrecht unter besonderer Berücksichtigung des Bußgeldverfahrens im Kartellrecht, Baden-Baden 2004

Schmidt-Preuß, Matthias: Der verfahrensrechtliche Charakter der Umweltverträglichkeitsprüfung DVBl 1995, 485-495

Ders.: Gegenwart und Zukunft des Verfahrensrechts, NVwZ 2005, 489-496

Schmitt-Kammler, Arnulf: Das "Sonderopfer" - ein lebender Leichnam im Staatshaftungsrecht?, NJW 1990, 2515-2520

Schmitz, Holger / Stammler, Philipp: Die Rechtsprechung des EuGH und des BVerfG zur zeitlichen Beschränkung von Urteilswirkungen, AöR 2011, 479-499

Schneider, Jens-Peter [Hrsg.]: Verwaltungsrecht in Europa: Band 2: Frankreich, Polen und Tschechien, Osnabrück 2009

Schneiders, Benedikt: Die Grundrechte der EU und die EMRK - das Verhältnis zwischen ungeschriebenen Grundrechten, Grundrechtecharta und Europäischer Menschenrechtskonvention, Baden-Baden 2010

Schoch, Friedrich: Die Verwaltung 2001 (34), 261-290

Ders.: Individualrechtsschutz im deutschen Umweltrecht unter dem Einfluß des Gemeinschaftsrechts, NVwZ 1999, 457-467

Ders.: Staatshaftung wegen Verstoßes gegen Europäisches Gemeinschaftsrecht, JURA 2002, 837-841

Schockweiler, Fernand: Die Haftung der EG-Mitgliedstaaten gegenüber dem einzelnen bei Verletzung des Gemeinschaftsrechts, EuR 1993, 107-133

Ders.: La responsabilite de l'autorite nationale en cas de violation du droit communautaire, RTDE 1992, 27-50

Schoißwohl, Birgit: Staatshaftung wegen Gemeinschaftsrechtsverletzung - Anspruchsgrundlage und materielle Voraussetzungen, Wien [u.a.] 2002

Scholl, Kirsten: Haftung zwischen den EG-Mitgliedstaaten bei Verletzung von Gemeinschaftsrecht, München 2005

Scholler, Heinrich [Hrsg.], Die Sicherung des Rechtsstaatsgebots im modernen europäischen Recht - Anhand von Garantien im Recht der Europäischen Union sowie in Russland und Deutschland, Berlin 2011

Scholz, Rupert: Wie lange bis "Solange III"?, NJW 1990, 941-946

Schorkopf, Frank: Der Europäische Weg - Grundlagen der Europäischen Union, Tübingen 2010

Schröder, Meinhard: Die Vorlagepflicht zum EuGH aus europarechtlicher und nationaler Perspektive EuR 2011, 808-827

Ders.: Neuerungen im Rechtsschutz der Europäischen Union durch den Vetrag von Lissabon, DÖV 2009, 61-66

Schroeder, Werner / Selmayr, Martin: Die EG, das GATT und die Vollzugslehre oder - Warum der EUGH manchmal das Völkerrecht ignoriert, JZ 1998, 344-349

Ders.: Neues zur Grundrechtskontrolle in der Europäischen Union, EuZW 2011, 462-467

Schubert, Jens M.: Anmerkung zu EuGH, Urt. v. 19.01.2010, Az: C-555/07, *Kücükdeveci*, EuZW 2010, 180-183

Schulz, Guido: Freizügigkeit für Unionsbürger, Frankfurt am Main [u.a.] 1996

Schulze, Reiner / Zuleeg, Manfred / Kadelbach, Stefan / Beljin, Saša [Hrsg.], Europarecht: Handbuch für die deutsche Rechtspraxis, 2. Aufl., Baden-Baden 2010 [zitiert: *Bearbeiter* in: Europarecht, Schulze/Zuleeg/Kadelbach [Hrsg.]

Schwarze, Jürgen: Die Befugnis zur Abstraktion im europäischen Gemeinschaftsrecht, Baden-Baden 1976

Ders.: Europäische Kartellbußgelder im Lichte übergeordneter Vertrags- und Verfassungsgrundsätze, EuR 2009, 171-191

Ders.: Europäisches Verwaltungsrecht - Entstehung und Entwicklung im Rahmen der Europäischen Gemeinschaft, Baden-Baden 1988

Ders.: Zukunftsaussichten für das Europäische Öffentliche Recht - Analyse im Lichte der jüngeren Rechtsentwicklung in den Mitgliedstaaten und der Europäischen Union, Baden-Baden 2010

Schwarze, Jürgen / Becker, Ulrich / Hatje, Armin / Schoo, Johann [Hrsg.], EU-Kommentar, 3. Aufl., Baden-Baden 2012 [zitiert: *Bearbeiter* in: Schwarze [Hrsg.], EU-Kommentar]

Schwarzenegger, Peter: Staatshaftung - Gemeinschaftsrechtliche Vorgaben und ihre Auswirkungen auf nationales Recht, Baden-Baden 2001

Schwarzer, Reality in the Economic Analysis of Tort Law: Does Tort Law Really Deter?, UCLA Law Review 1994 (42), 377-444

Schwerdtfeger, Angela: Der deutsche Verwaltungsrechtsschutz unter dem Einfluss der Aarhus-Konvention - Zugleich ein Beitrag zur Fortentwicklung der subjektiven öffentlichen Rechte unter besonderer Berücksichtigung des Gemeinschaftsrechts, Tübingen 2010

Dies.: Erweiterte Klagerechte für Umweltverbände – Anmerkung zum Urteil des EuGH v. 12.5.2011 in der Rechtssache Trianel, EuR 2012, 80-90

Seegers, Martin: Offenkundiger Verstoß eines obersten Gerichtes gegen das Gemeinschaftsrecht und die Haftung des Mitgliedsstaates, EuZW 2006, 564-566

Seer, Roman: Die Unvereinbarkeitserklärung des BVerfG am Beispiel seiner Rechtsprechung zum Abgabenrecht, NJW 1996, 285-291

Seidel, Martin: Pro futuro: Kraft Gemeinschaftsrechts Vorrang des höheren einzelstaatlichen Grundrechtsschutzes?, EuZW 2003, 97

Seiwald, Johann / Meyer, Renate / Hammerschmid, Gerhard / Egger-Peitler, Isabell / Höllerer, Markus A.: Neue Wege des Haushaltsmanagements, Berlin 2013

Selder, Johannes: Das Bundesverfassungsgericht und der gesetzliche Richter, ZRP 2011, 164-166

Selmer, Peter: Die Gewährleistung der unabdingbaren Grundrechtsstandards durch den EuGH - Zum "Kooperationsverha□ltnis" zwischen BVerfG und EuGH am Beispiel des Rechtsschutzes gegen die Bananenmarkt-Verordnung, Baden-Baden 1998

Seltenreich, Stephan: Die Francovich-Rechtsprechung des EuGH und ihre Auswirkung auf das deutsche Staatshaftungsrecht - Ein Ru□ckblick fu□nf Jahre nach dem Ergehen des Francovich-Urteils, Konstanz 1997

Serini, Katharina: Sanktionen der Europäischen Union bei Verstoß eines Mitgliedstaats gegen das Demokratie- oder Rechtsstaatsprinzip, Berlin 2009

Seyr, Sibylle: Der effet utile in der Rechtsprechung des EuGH, Berlin 2008

Shirvani, Foroud: Haftungsprobleme im Europäischen Verwaltungsverbund, EuR 2011, 619-635

Siegerist, Wiebke: Die Neujustierung des Kooperationsverhältnisses zwischen dem Europäischen Gerichtshof und den mitgliedstaatlichen Gerichten - Unter besonderer Berücksichtigung einer gemeinschaftsrechtlichen Staatshaftung für Judikativunrecht, Frankfurt am Main [u.a.] 2010

Simma, Bruno: Grundfragen der Staatenverantwortlichkeit in der Arbeit der International Law Commission, ArchVR 1986, 357-407

Sodan, Helge / Ziekow, Jan [Hrsg.]: Verwaltungsgerichtsordnung – Großkommentar, 4. Auflage, Baden-Baden 2014

Soell, Hermann: Das Ermessen der Eingriffsverwaltung - Zugleich eine Studie zur richterlichen Ermessenskontrolle im Kartellrecht und zur Bedeutung des détournement de pouvoir im französischen Verwaltungs- und europäischen Gemeinschaftsrecht, Heidelberg 1973

Soergel, Hans Theodor / Siebert, Wolfgang [Hrsg.], Bürgerliches Gesetzbuch - Mit Einführungsgesetz und Nebengesetzen - Kohlhammer-Kommentar, 13. Auflage, Stuttgart [u.a.] 1999

Spranger, Tade Matthias: Europäischer Grundrechtsschutz im Kontext vernetzter Rechtsordnungen, EuR 2009, 514-528

Starck, Christian / Berg, Wilfried / Pieroth, Bodo / Rill, Heinz P. / Ehlers, Dirk / Hänni, Peter: Der Rechtsstaat und die Aufarbeitung der vor-rechtsstaatlichen Vergangenheit. Eigentumsschutz, Sozialbindung und Enteignung bei der Nutzung von Boden und Umwelt, Heft 51, Berlin [u.a.] 1992 [zitiert: VVDStRL (51)]

Starck, Christian / v. Mangoldt, Hermann, / Klein, Friedrich [Hrsg.]: Kommentar zum Grundgesetz, München 2005

Staudinger, Ansgar / Schürmann, Dominik: Die Entwicklung des Reiserechts in den Jahren 2010/2011, NJW 2011, 2769-2775

Staudinger, Julius von [Begr.]: Kommentar zum Bürgerlichen Gesetzbuch - Mit Einführungsgesetz und Nebengesetzen, Buch 2: §§ 839, 839a, Berlin 2013 [zitiert: Staudinger [Begr.]]

Steiger, Dominik: Menschenrechte als subjektive Rechte - Unmittelbare Wirkung qua Ratifikation?, in: Christina Binder/Claudia Fuchs/ Matthias Goldmann/Thomas Kleinlein/Konrad Lachmeyer [Hrsg.], Völkerrecht im innerstaatlichen Bereich, Wien 2010, 129-154.

Stein, Torsten: "Bananen-Split?" - Entzweien sich BVerfG und EuGH über den Bananenstreit?, EuZW 1998, 261-264

Ders.: Die außervertragliche Haftung der EWG für rechtswidrige Verordnungen. Anmerkung zu den "Quellmehl"-Urteilen des Gerichtshofes der Europäischen Gemeinschaften, EuGRZ 1979, 540-542

Stein, Torsten / v. Buttlar, Christian: Völkerrecht, 13. Auflage, München 2013

Steinbeiß-Winkelmann, Christine: Europäisierung des Verwaltungsrechtsschutzes - Anmerkungen zu einer „unendlichen Geschichte", NJW 2010, 1233-1238

Steinberger, Helmut / Klein, Eckart / Thürer, Daniel / Schröder, Meinhard / Jarass, Hans D.: Der Verfassungsstaat als Glied einer europäischen Gemeinschaft / Verwaltungsrecht als Vorgabe für Zivil- und Strafrecht, Veröffentlichung der Vereinigung der deutschen Staatsrechtslehrer, Heft 50, Berlin [u.a.] 1991 [zitiert: VVDStRL (50)]

Steiner, Josephine: From Direct Effects to Francovich: Shifting Means of Enforcement of Community Law ELR 1993, 3-23

Steiner, Udo: Das Deutsche Arbeitsrecht im Kraftfeld von Grundgesetz und Europäischem Gemeinschaftsrecht, NZA 2008, 73-77

Stern, Klaus: Die Einwirkung des europäischen Gemeinschaftsrechts auf die Verwaltungsgerichtsbarkeit, JuS 1998, 769-776

Stewen, Susanne: Die Entwicklung des allgemeinen Freizügigkeitsrechts der Unionsbürger und seiner sozialen Begleitrechte, Tübingen 2011

Stickelbrock, Barbara: Inhalt und Grenzen richterlichen Ermessens im Zivilprozeß, Köln 2002

Stoffel, Wilhelm: Das Haftungssystem des internationalen Weltraumrechts, NJW 1991, 2181-2189

Stöhr, Karlheinz: Schadensersatzansprüche wegen verspäteter Umsetzung der EG-Pauschalreiserichtlinie, NJW 1999, 1063-1067

Stoppel, Dirk André: Grundfreiheitliche Schutzpflichten der Mitgliedstaaten im Europäischen Gemeinschaftsrecht, Düsseldorf 2002

Storr, Stefan: Abschied vom Spruchrichterprivileg?, DÖV 2004, 545-553

Ders.: Zur Bonität des Grundrechtsschutzes in der Europäischen Union, Der Staat 1997, 547-573

Streinz, Rudolf: Der Fall Mangold - eine "kopernikanische Wende im Europarecht"?, RdA 2007, 165-169

Ders. [Hrsg.], EUV/AEUV, Kommentar, 2. Aufl., München 2012 [zitiert: *Bearbeiter* in: Streinz, EUV/AEUV, 2012]

Ders.: „Gemeinschaftsrecht bricht nationales Recht". Verlust und Möglichkeiten nationaler politischer Gestaltungsfreiheit nach der Integration in eine supranationale Gemeinschaft, aufgezeigt am Beispiel des Lebensmittelrechts, insbesondere der sog. Novel Food-Verordnung, in: Köbler, Gerhard / Heinze, Meinhard / Hromadka, Wolfgang [Hrsg.], Europas universale rechtsordnungspolitische Aufgabe im Recht des dritten Jahrtausends, Festschrift für Alfred Söllner zum 70. Geburtstag, München 2000, 1139-1169 [zitiert: *Streinz*, in: FS Söllner]

Ders.: Anmerkungen zu dem EuGH-Urteil in der Rechtssache Brasserie du Pecheur und Factortame, EuZW 1996, 201-204

Ders.: Die Auslegung des Gemeinschaftsrechts bzw. Unionsrechts durch den EuGH, in: Griller, Stefan / Rill, Heinz Peter [Hrsg.], Rechtstheorie: Rechtsbegriff - Dynamik – Auslegung, Wien [u.a.] 2011, 223-264

Ders.: Staatshaftung für Verletzungen primären Gemeinschaftsrechts durch die Bundesrepublik Deutschland, EuZW 1993, 599-605

Ders.: Verfassungsvorbehalte gegenüber Gemeinschaftsrecht – Eine deutsche Besonderheit? Die Schranken der Integrationsermächtigung und ihre Realisierung in den Verfassungen der Mitgliedstaaten, in: Cremer, Hans-Joachim / Giegerich, Thomas / Richter, Dagmar / Zimmermann, Andreas [Hrsg.], Tradition und Weltoffenheit des Rechts: Festschrift für Helmut Steinberger, Berlin [u.a.] 2002, 1437-1468 [zitiert: *Streinz*, in: FS Steinberger]

Streinz, Rudolf / Herrmann, Christoph: Der Anwendungsvorrang des Gemeinschaftsrechts und die "Normverwerfung" durch deutsche Behörden, BayVBl 2008, 1-11

Streinz, Rudolf / Kruis, Tobias: Unionsrechtliche Vorgaben und mitgliedstaatliche Gestaltungsspielräume im Bereich des Glücksspielrechts, NJW 2010, 3745-3750

Streinz, Rudolf / Leible, Stefan: Die unmittelbare Drittwirkung der Grundfreiheiten - Überlegungen aus Anlass von EuGH - Angonese, EuZW 2000, 459-467

Strickrodt, Horst-Peter: Die Haftung der Mitgliedstaaten der Europäischen Gemeinschaft bei Verstößen gegen das Gemeinschaftsrecht, Halle 1999

Stüber, Stephan: Subjektive Rechte aus Gemeinschaftsrecht, JURA 2001, 798-803

Stuyck J. / Wytinck P.: Marleasing Anmerkung zu SA v. La Comercial Internacional de Alimentacion SA, Urt. v. 13.11.1990 (1991) Common Market Law Review 1991, 205-223

Suerbaum, Joachim: Die Kompetenzverteilung beim Verwaltungsvollzug des Europäischen Gemeinschaftsrechts in Deutschland, Berlin 1998

Ders.: Die Schutzpflichtdimension der Gemeinschaftsgrundrechte, EuR 2003, 390-416

Sydow, Gernot: Die Richtlinie als Instrument zur Entlastung des europäischen Gesetzgebers, JZ 2009, 373-379

Ders.: Die Richtlinie als Instrument zur Entlastung des europäischen Gesetzgebers, JZ 2009, 373-379

Szczeponek, Aldona: Die Umsetzung des Völkerrechts und des europäischen Gemeinschaftsrechts in Polen, Frankfurt am Main [u.a.] 2008

Terhechte, Jörg Philipp [Hrsg.]: Verwaltungsrecht der Europäischen Union, Baden-Baden 2011

Ders.: Der Vertrag von Lissabon: Grundlegende Verfassungsurkunde der europäischen Rechtsgemeinschaft oder technischer Änderungsvertrag?, EuR 2008, 143-189

Ders.: Temporäre Durchbrechung des Vorrangs des europäischen Gemeinschaftsrechts beim Vorliegen „inakzeptabler Regelungslücken"?, EuR 2006, 828-847

Tettinger, Peter / Stern, Klaus [Hrsg.]: Kölner Gemeinschaftskommentar zur Europäischen Grundrechte-Charta Europäische Grundrechte-Charta, München 2006

Thalmann, Peter: Zur Auslegung von Art. 263 Abs. 4 AEUV durch Rechtsprechung und Lehre - Zugleich ein Beitrag zur begrenzten Reichweite von Art. 47 Abs. 1 GRC wie auch zur Rolle der historischen Interpretation primären Unionsrechts, EuR 2012, 452-467

Thiele, Alexander: Das Rechtsschutzsystem nach dem Vertrag von Lissabon - (K)ein Schritt nach vorn?, EuR 2010, 30-50

Ders.: Individualrechtsschutz vor dem Europäischen Gerichthof durch die Nichtigkeitsklage, Baden-Baden 2006

Thoma, Richard: Über die Grundrechte im Grundgesetz der Bundesrepublik Deutschland, in: Wandersleb, Hermann / Traumann, Erich [Hrsg.], Recht-Staat-Wirtschaft, Band III, Düsseldorf 1951

Thomas M. J. Möllers / Redcay, Katharina: Das Bundesverfassungsgericht als europäischer Gesetzgeber oder als Motor der Union?, EuR 2013, 409-432

Thüsing, Gregor: Zur Unanwendbarkeit nationalen Rechts bei Verstoß gegen den europarechtlichen Gleichbehandlungsgrundsatz, ZIP 2010, 199-202

Thüsing, Gregor / Pötters, Stephan / Traut, Johannes: Der EuGH als gesetzlicher Richter i. S. von Art. 101 I 2 GG, NZA 2010, 930-933

Thüsing, Gregor / Traut, Johannes: Zur begrenzten Reichweite der Koalitionsfreiheit im Unionsrecht, RdA 2012, 65-73

Thym, Daniel: Die Reichweite der EU-Grundrechte-Charta - Zu viel Grundrechtsschutz?, NVwZ 2013, 889-896

Ders.: Freizügigkeit in Europa als Modell?EU-Migrationspolitik zwischen Offenheit und Abschottung, EuR 2011, 487-511

Tietjen, Daniel: Das System des gemeinschaftsrechtlichen Staatshaftungsrechts - Eine Darstellung der Haftungsdogmatik vor dem Hintergrund der dynamischen Rechtsprechung des Europäischen Gerichtshofes, Berlin 2010

Ders.: Die Bedeutung der deutschen Richterprivilegien im System des gemeinschaftsrechtlichen Staatshaftungsrechts - Das EuGH-Urteil Traghetti del Mediterraneo, EWS 2007, 15-19

Tomuschat, Christian: Das Francovich-Urteil des EuGH - Ein Lehrstück zum Europarecht, in: Due, Ole/Lutter, Marcus/Schwarze, Jürgen [Hrsg.], Festschrift für Ulrich Everling, Baden-Baden 1995, 1585-1609 [zitiert: *Tomuschat,* in: FS Everling]

Tonne, Michael: Effektiver Rechtsschutz durch staatliche Gerichte als Forderung des Europäischen Gemeinschaftsrechts, Köln [u.a.] 1997

Tonner, Klaus / Lindner, Beatrix: Immaterieller Schadensersatz und der EuGH, NJW 2002, 1475-1476

Ders.: Staatshaftung wegen verspäteter Umsetzung der EG-Pauschalreise-Richtlinie, ZIP 1993, 1205-1210

Travers, Noel: The Liability of Local Authorities for Breach of Community Directives by Member States, ELRev 1997 (22), 173-178

Triantafyllou, Dimitris: Haftung der Mitgliedstaaten für Nichtumsetzung von EG-Recht, DÖV 1992, 564-571

Ders.: Zur Europäisierung des subjektiven öffentlichen Rechts, DÖV 1997, 192-200

Ukrow, Jörg: Richterliche Rechtsfortbildung durch den EuGH - Dargestellt am Beispiel der Erweiterung des Rechtsschutzes des Marktbürgers im Bereich des vorläufigen Rechtsschutzes und der Staatshaftung, Baden-Baden 1995

Ders.: Unmittelbare Wirkung von Richtlinien und gemeinschaftsrechtliche Staatshaftung nach Maastricht, NJW 1994, 2469-2470

Ulber, Daniel: Die Rechtsprechung des Bundesverfassungsgerichts zu Zulässigkeit und Grenzen richterlicher Rechtsfortbildung, EuGRZ 2012, 365-377

Ullerich, Robert: Rechtsstaat und Rechtsgemeinschaft im Europarecht - Eine dogmatische und terminologische Untersuchung der europäischen Verträge und der Rechtsprechung des Europäischen Gerichtshofs - zugleich eine Gegenüberstellung zum Bundesverfassungsrecht, Baden-Baden 2011

Unruh, Peter: Die Unionstreue, EuR 2002, 41-66

Vallone, Angelo / Dubberke, Andreas: Karlsruhe locuta – causa non finite - Anmerkungen zur Sportwettenentscheidung des Bundesverfassungsgerichts, GewArch 2006, 240-241

Van den Bergh, Roger: Francovich and ist Aftermath - Member State Liability for Breaches of European Law from an Economic Perspective, in: Maduro, Miguel Poiares / Azoulai, Loïc [Hrsg.], The Past and Future of EU Law - The classics of EU law revisited on the 50th anniversary of the Rome Treaty, Oxford [u.a.] 2010, 423-430

Vedder, Christoph / Heintschel von Heinegg, Wolff [Hrsg.]: Europäisches Unionsrecht - EUV, AEUV, Grundrechte-Charta – Handkommentar, Baden-Baden [u.a.] 2012

Verlage, Christopher: Vergeltungszölle - Der EuGH rudert zurück, EuZW 2009, 9-11

Vesting, Christiane: Die vertragliche und außervertragliche Haftung der EG nach Art. 288 EGV - Unter Beruc□ksichtigung der prozessualen Durchsetzungsmo□glichkeiten, Frankfurt am Main [u.a.] 2003

Vogel, Hans-Jochen: Die Verwirklichung der Rechtsstaatsidee im Staatshaftungsrecht, Heidelberg [u.a.] 1977

von der Groeben, Hans / Schwarze, Jürgen [Hrsg.]: Kommentar zum Vertrag über die Europäische Union und zur Gründung der Europäischen Gemeinschaft, 6. Auflage, Baden-Baden 2003

Voßkuhle, Andreas: Das Kompensationsprinzip - Grundlagen einer prospektiven Ausgleichsordnung für die Folgen privater Freiheitsbestätigung - Zur Flexibilisierung des Verwaltungsrechts am Beispiel des Umwelt- und Planungsrechts, Tübingen 1999

Ders.: Der europäische Verfassungsgerichtsverbund, NVwZ 2010, 1-8

Wahrig, Gerhard / Krämer, Hildegard / Zimmer, Harald: Brockhaus - Deutsches Wörterbuch, Band 4, 18. Auflage, Wiesbaden [u.a.] 1982

Waldhoff, Christian: Die Rückwirkung von EuGH-Entscheidungen, EuR 2006, 615-636

Wallrabenstein, Astrid: Die Grundrechte, der EuGH und die Charta KJ 2002, 381-397

Walter, Maja: Integrationsgrenze Verfassungsidentität – Konzept und Kontrolle aus europäischer, deutscher und französischer Perspektive, ZaöRV 2012, 177-200

Wang, Fu-Ching: Die Frage nach dem Verhältnis des gemeinschaftsrechtlichen Instituts der Staatshaftung zum deutschen Staatshaftungsrecht, München 2003

Weber, Albrecht: Vom Verfassungsvertrag zum Vertrag von Lissabon, EuZW 2008, 7-14

Weber, Claus: Neue Konturen des gemeinschaftsrechtlichen Staatshaftungsanspruchs nach der Entscheidung des EuGH in der Rechtssache Konle, NVwZ 2001, 287-289

Wegener, Bernhard W.: Anmerkung zu EuGH, Rs. C-224/01, *Köbler*, EuR 2004, 84-91

Ders.: Rechte des Einzelnen: die Interessentenklage im europäischen Umweltrecht, Baden-Baden 1998 [zitiert: Rechte des Einzelnen]

Ders.: Staatshaftung für die Verletzung von Gemeinschaftsrecht durch nationale Gerichte?, EuR 2002, 785-800

Wehlau, Andreas: Die Ausgestaltung des gemeinschaftsrechtlichen Staatshaftungsanspruchs, DZWir 1997, 100-106

Ders.: Die Rechtsprechung des Gerichtshofes der Europäischen Gemeinschaft zur Staatshaftung der Mitgliedstaaten nach Gemeinschaftsrecht : ein Beitrag zur Funktion des Gerichtshofes im Rechtssystem der Gemeinschaft, Hamburg 1996

Weiß, Wolfgang: Bestandskraft nationaler belastender Verwaltungsakte und EG-Recht, DÖV 2008, 477-487

Ders.: Die Einschränkung der zeitlichen Wirkung von Vorabentscheidungen nach Art. 177 EGV, EuR 1995, 377-397

Ders.: Grundrechtsschutz durch den EuGH: Tendenzen seit Lissabon, EuZW 2013, 287-292

Weitzel, Christian: Justiziabilität des Rechtssetzungsermessens - Zugleich ein Beitrag zur Theorie des Ermessens, Berlin 1998

Wenzel, Joachim: Die Bindung des Richters an Gesetz und Recht, NJW 2008, 345-349

Wetter, Irmgard: Die Grundrechtscharta des Europäischen Gerichtshof, Frankfurt am Main [u.a.] 1998

Wieczorek, Bernhard / Schütze, Rolf A. [Hrsg.]: Zivilprozessordnung und Nebengesetze - Großkommentar, 4. Auflage, Berlin [u.a.] 2014

Wihl, Tim: Effektiv undemokratisches Regieren - Output als Legitimationsquelle für politische Herrschaft?, Forum Recht, 2009, 49-51

Wilhelm, Georg: EU- Rechtsschutz gegen die „EU-Sanktionen", ecolex 2000, 181

Wins, Elmar: Weltraumhaftung im Völkerrecht, Berlin 2000

Winter, Gerd: Die Vereinbarkeit des Gesetzentwurfs der Bundesregierung über die Umweltverträglichkeitsprüfung mit der EG-Richtlinie 5/337, NuR 1989, 197 - 205

Ders.: Direktwirkung von EG-Richtlinien, DVBl 1991, 657-666

Ders.: Individualrechtsschutz im deutschen Umweltrecht unter dem Einfluß des Gemeinschaftsrechts, NVwZ 1999, 467-475

Ders.: Rechtsschutz gegen Behörden, die Umweltrichtlinien der EG nicht beachten, NuR 1991, 453-457

Winter, J.A.: Direct applicability and direct effect. Two distinct and different concepts in community law, CMLRev 1972, 425-438

Wohlfahrt, Christian: Veränderungen des Lissabon-Vertrages im Hinblick auf die Doktrin der unmittelbaren Wirkung, ZaöRV 2010, 523-545

Wolf, Christoph: Die Staatshaftung der Bundesrepublik Deutschland und der Französischen Republik für Verstöße gegen das Gemeinschaftsrecht (EGV), Berlin 1999

Wolf, Joachim: Die gegenwärtige Entwicklung der Lehre über die völkerrechtliche Verantwortlichkeit der Staaten, ZaöRV 1983, 481-536

Wölker, Ulrich: Die Normenhierarchie im Unionsrecht in der Praxis, EuR 2007, 32-56

Wollenschläger, Ferdinand: Das EU-Vergaberegime für Aufträge unterhalb der Schwellenwerte, NVwZ 2007, 388-396

Ders.: Verteilungsverfahren - Die staatliche Verteilung knapper Güter - Verfassungs- und unionsrechtlicher Rahmen, Verfahren im Fachrecht, bereichsspezifische und verwaltungsrechtliche Typen- und Systembildung Verteilungsverfahren, Tübingen 2010

Wollgast, Heike: Das haftende Subjekt der gemeinschaftsrechtlich gebotenen Staatshaftung in der Bundesrepublik Deutschland, Köln 1999

Wroblewski, Bartlomiej P.: Die Staatshaftung für legislatives Unrecht in Deutschland - Eine rechtshistorische, rechtsdogmatische und rechtsvergleichende Untersuchung, Baden-Baden 2005

Wunderlich, Nina: Das Verhältnis von Union und Mitgliedstaaten am Beispiel des Vertragsverletzungsverfahrens, EuR Beiheft 3/2012, 49-61

Wurmnest, Wolfgang: Grundzüge eines europäischen Haftungsrechts - Eine rechtsvergleichende Untersuchung des Gemeinschaftsrechts, Tübingen 2003

Zantis, Christina: Das Richterspruchprivileg in nationaler und gemeinschaftsrechtlicher Hinsicht, Frankfurt am Main [u.a.] 2010

Zenner, Martin: Die Haftung der EG-Mitgliedstaaten für die Anwendung europarechtswidriger Normen, München 1995

Ziegenhorn, Gero: Kontrolle von mitgliedstaatlichen Gesetzen „im Anwendungsbereich des Unionsrechts" am Maßstab der Unionsgrundrechte, NVwZ 2010, 803-808

Ziehm, Cornelia: Das neue Schutzniveau des Atomgesetzes, ZUR 2011, 3-8

Zuleeg, Manfred: Die Europäische Gemeinschaft als Rechtsgemeinschaft, NJW 1994, 545-549

Ders.: Umweltschutz in der Rechtsprechung des Europäischen Gerichtshofs, NJW 1993, 31-38

Kolibri 360 GmbH
Ferdinand-Jühlke-Straße 7
99095 Erfurt, Deutschland
produktsicherheit@kolibri360.de